오쌤의 진짜 다지기

1등의 자신감으로 반드시 합격!
System 세법

# 세법

메가 공무원

# ◆ 저자의 글
## Preface

### 오진다

'오진다'의 사전적 정의는 '마음에 흡족하게 흐뭇하다.', '허술한 데가 없이 알차다.' 입니다. 시험장에 들어가기 직전까지 손에 쥐고 의지하며 **학습해 왔던 모든 것을 담을 수 있는 압축서**를 만들면서 이보다 적당한 제목이 있을까 싶었습니다. 세법1과 세법2 기본서의 모든 내용을 완벽히 정리해 넣으면서 스스로 '오진다'를 여러 번 외쳤고, 이를 통해 공부할 수험생들이 '오진다' 외쳐 주기를 설레는 마음으로 작업했습니다.

### 시스템 세법의 화룡점정

세법 기본서가 제시한 '시스템'대로 따라 했다면, 세법 오진다 역시 그 '시스템'을 그대로 반복하시면 됩니다. 강의를 듣고 당장 무엇을 해야 할지 몰라 방황하는 수험생과 오진다 안에 주어진 도식과 내용에 따라 학습만 하면 되는 수험생의 여정은 그 결과가 확실히 다를 것입니다. 방대한 세법의 양을 압축한 오진다의 시스템을 따라가기만 하면 세법은 정복 가능할 것입니다. 공무원 세법은 말 문제 중심의 객관식 세법입니다. 시스템 세법의 마무리 여정에 해당하는 세법 전제 응용문제풀이 과정에서 **세법 오진다를 함께 활용한다면 학습에 시너지가 날 것입니다.**

### 다지고 다져서 준비한 단권화

오진다는 약 1,000페이지에 달하는 기본서 내용을 빠짐없이 한 권으로 담았습니다. 기본서로 법조문을 눈에 익혔다면, 오진다의 풍부한 시각적 자료를 통해 텍스트만으론 이해하기 어려웠던 세법을 더욱 효과적으로 학습할 수 있을 것입니다. 수험생들이 헷갈릴 만한 개념들을 비교하여 한눈에 들어오도록 정리하였고, 기본강의에서 다뤘던 암기팁도 담았습니다. 저의 커리큘럼을 따랐던 수험생이라면 암기팁을 이용해 세법 오진다를 200% 활용하실 수 있습니다.

### 항목별 중요도 표시

모든 시험 범위를 공부하는 것이 가장 좋은 방법이겠지만, 공무원 세법의 범위는 너무나 넓기 때문에 시간이 부족하여 선택적 학습을 하는 학생들에게는 중요도별로 정리하는 것을 추천합니다. 1회독 할 때에는 중요도 ★★★ 만, 2회독을 할 때에는 중요도 ★★★ 와 ★★☆, 3회독에는 전범위 회독을 한다면 시간대비 효율이 높아질 것입니다.

### 2025 개정세법 반영

세법 오진다에 반영된 2025년 개정세법은 NEW로 표시하였습니다. 개정세법의 내용은 2025년 1월 1일부로 시행된 개정세법 및 2025년 2월 28일부로 시행된 세법 시행령을 바탕으로 작성하였습니다. 수험목적상 중요한 개정 내용은 모두 반영하여 완벽하게 대비할 수 있도록 하였습니다.

### 막판 정리의 끝판왕!

수험 공부량이 방대한 **공무원시험은 막판 일주일의 정리가 너무나 중요합니다**. 그동안 많은 시간을 들여 학습했던 내용들을 빠짐없이 정리하고 머리에 챙겨 시험장에 들어가야 합니다. 본인이 스스로 시간을 내어 정리를 하려고 하면 시간이 너무 많이 소요되므로 가장 중요한 내용들을 모두 정리해 두었습니다. 제가 강조한 내용 외에 **본인의 약점을 보완할 내용들을 채워 넣으면 자기만의 완벽한 무기로 거듭날 수 있을 것입니다.**

2025년 3월

오정화

# ◆ 차례
## Contents

## 제1편 조세법 총론
- 01 조세법 총론 — 008

## 제2편 국세기본법
- 01 총칙 — 014
- 02 국세부과의 원칙과 세법적용의 원칙 — 023
- 03 납세의무의 성립·확정·소멸 — 027
- 04 납세의무의 확장 — 036
- 05 국세와 일반채권과의 관계 — 043
- 06 과세 — 048
- 07 국세환급금과 국세환급가산금 — 060
- 08 조세불복제도 — 066
- 09 납세자의 권리 및 보칙 — 079

## 제3편 국세징수법

- 01 총칙 및 보칙 — 102
- 02 임의적 징수절차 — 110
- 03 강제적 징수절차 — 124

## 제4편 부가가치세법
- 01 총칙 및 보칙 — 160
- 02 과세거래 — 178
- 03 공급시기 및 공급장소 — 193
- 04 영세율과 면세 — 199
- 05 세금계산서와 영수증 — 211
- 06 과세표준 — 223
- 07 매입세액과 차가감납부세액의 계산 — 234
- 08 부가가치세 신고와 납부 — 248
- 09 겸영사업자의 안분계산 — 260
- 10 간이과세 — 265

# 제5편 법인세법

01 총칙 280
02 법인세 계산구조 290
03 익금과 익금불산입 300
04 손금과 손금불산입 311
05 손익의 귀속시기 324
06 자산의 취득가액 및 자산·부채의 평가 329
07 의제배당 335
08 감가상각비 338
09 지급이자 손금불산입 348
10 기업업무추진비와 기부금 352
11 충당금 359
12 준비금 367
13 부당행위계산의 부인 370
14 과세표준의 계산 376
15 산출세액 및 차감납부세액 381
16 법인세 납세절차 392
17 기타 법인세 395
18 합병 및 분할 402
19 연결납세제도 412

# 제6편 소득세법

01 총칙 424
02 금융소득 431
03 사업소득 439
04 근로소득 452
05 연금소득 및 기타소득 459
06 소득금액계산의 특례 469
07 종합소득과세표준의 계산 475
08 차감납부세액의 계산 480
09 퇴직소득세 490
10 양도소득세 494
11 소득세의 납세절차 507

# 제7편 상속세 및 증여세법

01 상속세 514
02 증여세 523
03 상속세 및 증여세의 납세절차 534
04 재산의 평가 541

# 제1편

# 조세법 총론

**01** 조세법 총론

# 조세법 총론

## 1 조세의 개념과 분류

### ❶ 조세의 개념  중요도 ★☆☆

| 조세의 정의 | 국가 또는 지방자치단체가 그의 경비충당을 위한 재정수입을 조달할 목적으로 법률에 규정된 과세요건을 충족한 모든 자에게 직접적 반대급부 없이 부과하는 금전급부 |
|---|---|
| 조세부과 주체 | 국가 또는 지방자치단체 (공공단체가 부과하는 공과금은 조세가 아님) |
| 과세목적 | 국가 또는 지방자치단체의 경비충당을 위한 재정수입을 조달할 목적<br>(위법행위에 대한 제재에 주된 목적을 두고 부과되는 벌금·과료·과태료 등은 조세가 아님) |
| 과세근거·대상 | 법률에 규정된 과세요건을 충족한 모든 자에게 부과 |
| 무보상성 | 직접적 반대급부 없이 부과. 즉, 조세 납부에 대한 개별적·직접적 보상이 따르지 않음 |
| 납부방법 | 금전납부를 원칙으로 함 (예외적으로 물납 허용: 국세 중 상속세, 지방세 중 재산세) |

### ❷ 조세의 분류  중요도 ★☆☆

| 구분 | 분류기준 | 분류 |
|---|---|---|
| 과세의 주체 | 과세의 주체가 국가인지, 지방자치단체인지 | 국세/지방세 |
| 세수의 용도 | 세수의 용도가 특정된 것인지, 일반경비 충당 목적인지 | 목적세/보통세 |
| 전가 여부 | 납세의무자와 담세자가 일치하는지 | 직접세/간접세 |
| 납세의무자의 인적사항 고려 | 조세 부과 시 납세의무자의 인적사항 중심인지, 물적사항 중심인지 | 인세/물세 |
| 과세표준의 계산단위 | 과세표준을 수량을 기준으로 산정하는지, 금액을 기준으로 산정하는지 여부 | 종량세/종가세 |
| 독립된 세원의 유무 | 독립된 세원에 따라 부과하는지, 다른 조세에 부가되는지 여부 | 독립세/부가세 |

## ❸ 우리나라 현행 조세체계

중요도 ★☆☆

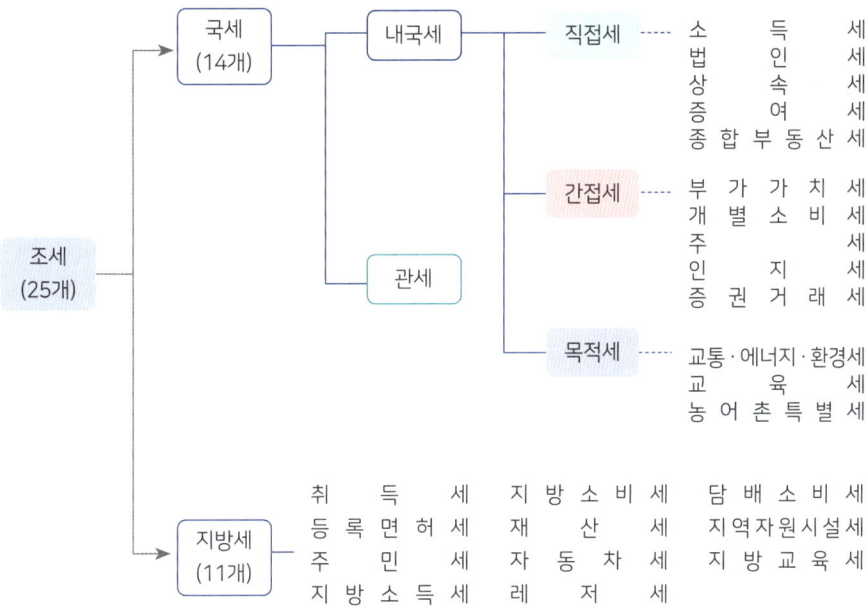

## 2 조세법의 기본원칙

중요도 ★★☆

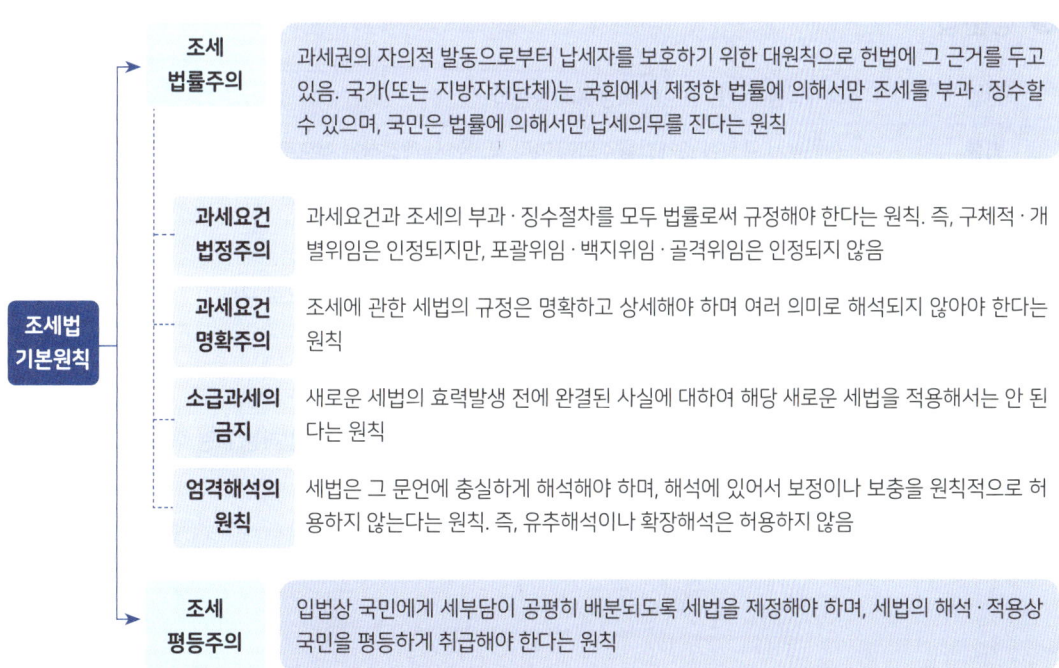

> [참고] 해석의 정의

| 문리해석 | 원칙 | 해당 조문을 문자·문구·문장에 대한 국어학적 또는 문법적으로 해석하는 것 |
|---|---|---|
| 논리해석 | 보충적·제한적 허용 | 해당 조문의 목적, 취지, 관련된 다른 조항과의 관계, 해당 법률의 다른 일반조항 등에 비추어 논리적으로 분석하여 해석하는 것 |
| 확장해석 | 허용X | 법령에 사용된 문언을 그것이 통상 사용되고 있는 의미보다 넓은 의미로 해석하는 것 |
| 유추해석 | 허용X | 법규정에 있는 사항과 없는 사항 사이의 공통·유사성을 발견하고 전자의 규정을 후자의 사항에 보충·적용하도록 해석하는 것 |

[헌법 제59조에서 규정한 조세법률주의]

조세의 종목과 세율은 법률로 정한다

## 3 조세법의 법원

### ❶ 법원의 개념

중요도 ★☆☆

| 성문법 | 문자로 표시되고 일정한 형식과 절차를 거쳐 제정된 것 |
|---|---|
| 불문법 | 성문법 외의 법 |

### ❷ 성문법

중요도 ★☆☆

| 헌법 | 조세법률주의를 규정한 최상위의 성문법 |
|---|---|
| 법률 | 헌법에서 규정한 조세법률주의에 따라 국회에서 제정하는 것으로 조세법원 중 핵심적인 내용 |
| 조약과 국제법 | 헌법에 따라 체결·공포된 조약과 일반적으로 승인된 국제법규 |
| 명령 | 입법기관인 국회의 의결을 거치지 않고 행정부가 제정하는 법규<br>제정권자에 따라 시행령(대통령령)과 시행규칙(기획재정부령)으로 구분 |
| 조례와 규칙 | ① 조례: 지방의회가 제정하는 법규<br>② 규칙: 지방자치단체의 장이 제정하는 법규 |
| 행정규칙 | 상급행정기관이 하급행정기관의 권한행사를 지휘하기 위하여 발하는 훈령·예규·통첩 등 |

[현행 조세법의 3단 체계]

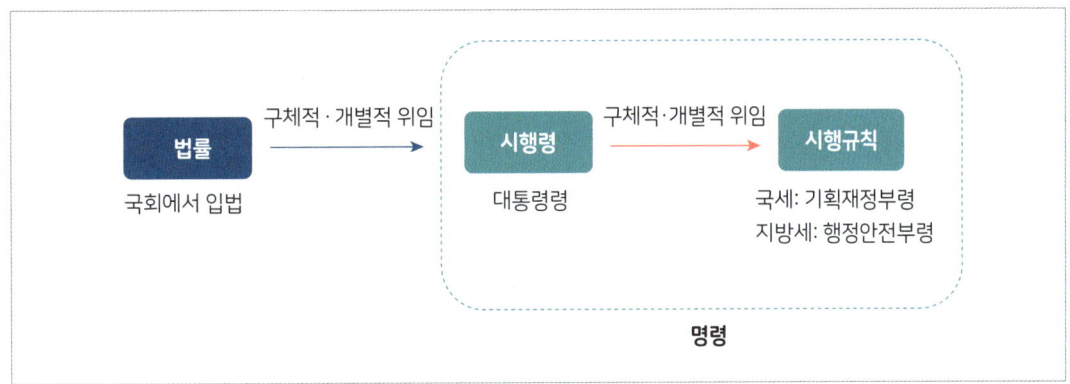

## ❸ 불문법  중요도 ★☆☆

| 판례 | 법원에서 판결이 난 재판의 선례 |
|---|---|
| 관습법 | 관습 가운데 국민들의 법적 확신을 얻은 것 |
| 조리 | 사물의 당연한 이치 |

# 제 2 편

# 국세기본법

01 총칙

02 국세부과의 원칙과 세법적용의 원칙

03 납세의무의 성립·확정·소멸

04 납세의무의 확장

05 국세와 일반채권과의 관계

06 과세

07 국세환급금과 국세환급가산금

08 조세불복제도

09 납세자의 권리 및 보칙

# 01 총칙

제2편 국세기본법

## 1 통칙

### ❶ 「국세기본법」의 목적  중요도 ★☆☆

: 국세에 관한 기본적이고 공통적인 사항과 납세자의 권리·의무 및 권리구제에 관한 사항을 규정함으로써 국세에 관한 법률관계를 명확하게 하고, 과세를 공정하게 하며, 국민의 납세의무의 원활한 이행에 이바지함

[세법별 목적 비교]

| 구분 | 목적 |
| --- | --- |
| 「국세징수법」 | 「국세징수법」은 국세의 징수에 필요한 사항을 규정함으로써 국민의 납세의무의 적정한 이행을 통하여 국세수입을 확보하는 것을 목적으로 함 |
| 「부가가치세법」 | 「부가가치세법」은 부가가치세의 과세 요건 및 절차를 규정함으로써 부가가치세의 공정한 과세, 납세의무의 적정한 이행 확보 및 재정수입의 원활한 조달에 이바지함을 목적으로 함 |
| 「소득세법」 | 「소득세법」은 개인의 소득에 대하여 소득의 성격과 납세자의 부담능력 등에 따라 적정하게 과세함으로써 조세부담의 형평을 도모하고 재정수입의 원활한 조달에 이바지함을 목적으로 함 |
| 「법인세법」 | 「법인세법」은 법인세의 과세 요건과 절차를 규정함으로써 법인세를 공정하게 과세하고, 납세의무의 적절한 이행을 확보하며, 재정수입의 원활한 조달에 이바지함을 목적으로 함 |
| 「상속세 및 증여세법」 | 「상속세 및 증여세법」은 상속세 및 증여세의 과세 요건과 절차를 규정함으로써 상속세 및 증여세의 공정한 과세, 납세의무의 적정한 이행 확보 및 재정수입의 원활한 조달에 이바지함을 목적으로 함 |

### ❷ 「국세기본법」의 성격  중요도 ★★☆

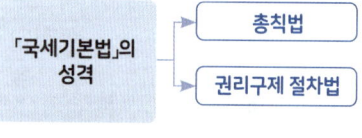

- 총칙법: 「국세기본법」은 국세에 관한 기본적이고 공통적인 사항을 규정하는 총칙법임
- 권리구제 절차법: 「국세기본법」은 국세에 관한 위법 또는 부당한 처분에 대한 불복절차를 규정하는 권리구제 절차법임

## ❸ 용어의 정의  중요도 ★★★

| 국세 | 국가가 부과하는 조세로 「지방세기본법」에서 규정하는 지방세와 관세는 제외. 즉, 관세를 포함하지 않는 '내국세'만을 의미 |
|---|---|
| 지방세 | 「지방세기본법」에서 규정하는 세목 |
| 세법 | **개별세법**: 국세의 종목과 세율을 정하고 있는 법률<br>**일반세법**: 「국세징수법」, 「조세특례제한법」, 「국제조세조정에 관한 법률」, 「조세범처벌법」 및 「조세범 처벌절차법」<br>※ 「국세기본법」·「지방세법」·「관세법」은 포함하지 않음 주의 |
| 가산세 | 세법에서 규정하는 의무의 성실한 이행을 확보하기 위하여 세법에 따라 산출한 세액에 가산하여 징수하는 금액 |
| 강제징수비 | 「국세징수법」 중 강제징수에 관한 규정에 따른 재산의 압류, 보관, 운반과 매각에 든 비용(매각을 대행시키는 경우 그 수수료를 포함)<br>※ 강제징수비는 국세에 속하지 않음 주의 |
| 공과금 | 「국세징수법」에서 규정하는 강제징수의 예에 따라 징수할 수 있는 채권 중 국세, 관세, 임시수입부가세, 지방세와 이에 관계되는 강제징수비를 제외한 것 |
| 납세의무자 | 세법에 따라 국세를 납부할 의무가 있는 자(국세를 징수하여 납부할 의무는 제외) |
| 납세자 | ① 납세의무자(연대납세의무자와 납세자를 갈음하여 납부할 의무가 생긴 경우의 제2차 납세의무자 및 보증인을 포함)<br>② 세법에 따라 국세를 징수하여 납부할 의무를 지는 자 |
| 제2차 납세의무자 | 납세자가 납세의무를 이행할 수 없는 경우에 납세자를 갈음하여 납세의무를 지는 자 |
| 보증인 | 납세자의 국세 또는 강제징수비의 납부를 보증한 자 |
| 원천징수 | 세법에 따라 원천징수의무자가 국세(이에 관계되는 가산세는 제외)를 징수하는 것 |
| 과세기간 | 세법에 따라 국세의 과세표준 계산의 기초가 되는 기간 |
| 과세표준 | 세법에 따라 직접적으로 세액산출의 기초가 되는 과세대상의 수량 또는 가액<br>**EX** 수량으로 표시되는 조세 → 종량세, 금액으로 표시되는 조세 → 종가세 |
| 과세표준신고서 | 국세의 과세표준과 국세의 납부 또는 환급에 필요한 사항을 적은 신고서 |
| 과세표준수정신고서 | 당초에 제출한 과세표준신고서의 기재사항을 수정하는 신고서 |
| 법정신고기한 | 세법에 따라 과세표준신고서를 제출할 기한 |
| 전자신고 | 과세표준신고서 등 「국세기본법」 또는 세법에 따른 신고 관련 서류를 국세청장이 정하여 고시하는 정보통신망(국세정보통신망)을 이용하여 신고하는 것 |
| 세무공무원 | 국세청장, 지방국세청장, 세무서장 또는 그 소속 공무원 등에 해당하는 사람 |
| 세무조사 | 국세의 과세표준과 세액을 결정 또는 경정하기 위하여 질문하거나 해당 장부 등(장부·서류 또는 그 밖의 물건)을 검사·조사하거나 그 제출을 명하는 활동 |
| 특수관계인 | 본인과 친족관계, 경제적 연관관계, 경영지배관계에 있는 자 |

  **주요 법정신고기한 정리**

| 구분 | | 법정신고기한 |
|---|---|---|
| 법인세 | | 각 사업연도 종료일이 속하는 달의 말일부터 3개월 이내 |
| 소득세 | | 해당 과세기간의 다음 연도 5월 1일부터 5월 31일까지 |
| 부가가치세 | 일반과세자 | 예정신고기간 또는 과세기간이 끝난 후 25일 이내 |
| | 간이과세자 | 과세기간이 끝난 후 25일 이내 |
| 상속세 | | 상속개시일이 속하는 달의 말일부터 6개월(9개월) 이내 |
| 증여세 | | 증여받은 날이 속하는 달의 말일부터 3개월 이내 |

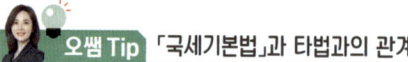  **세법상 특수관계인 중 친족 범위 개정**

| 개정 전 | 개정 후 |
|---|---|
| 6촌 이내의 혈족 | 4촌 이내의 혈족 |
| 4촌 이내의 인척 | 3촌 이내의 인척 |
| 배우자(사실상의 혼인관계에 있는 자를 포함) | 배우자(사실상의 혼인관계에 있는 자를 포함) |
| 친생자로서 다른 사람에게 친양자 입양된 자 및 그 배우자·직계비속 | 친생자로서 다른 사람에게 친양자 입양된 자 및 그 배우자·직계비속 |
| - | 혼외 출생자의 생부·생모(본인의 금전이나 그 밖의 재산으로 생계를 유지하는 자 또는 생계를 함께 하는 자로 한정) |

### ❹ 다른 법률과의 관계   중요도 ★★★

| 세법과의 관계 | 국세에 관하여 세법에 별도의 규정이 있는 경우를 제외하고는 「국세기본법」에서 정하는 바에 따름 |
|---|---|
| 「관세법」과의 관계 | 「관세법」이 「국세기본법」에 우선함 |
| 다른 법률과의 관계 | 불복청구에 대하여 국세기본법이 「행정심판법」에 우선함. 「감사원법」은 선택적 지위에 있음 |

**오쌤 Tip** 「국세기본법」과 타법과의 관계

① 「국세기본법」 < 세법 → 국세에 관하여 세법에 별도의 규정이 있는 경우를 제외하고는 「국세기본법」에서 정하는 바에 따름
② 「국세기본법」 < 「관세법」 등
③ 「국세기본법」 ≒ 「감사원법」
④ 「국세기본법」 > 「행정심판법」
⑤ 「국세기본법」 > 「행정소송법」

## 2 기간과 기한

### ❶ 기간과 기한 (중요도 ★☆☆)

| 기간과 기한의 의미 | ① 기간: 어느 시점에서 어느 시점까지의 계속된 시간<br>② 기한: 법률행위의 효력발생·소멸이나 채무이행을 위해 정해진 일정 시점 |
|---|---|
| 기간의 계산 | 「국세기본법」 또는 그 세법에 특별한 규정이 있는 것을 제외하고는 「민법」을 준용 |
| 기간의 기산점 | ① 초일불산입 (「민법」: 초일불산입 말일산입)<br>② 기간이 오전 0시부터 시작하는 때에는 초일을 산입<br>③ 연령계산에는 출생일을 산입 |
| 기간의 만료점 | ① 기간 말일의 종료로 기간이 만료<br>② 기간을 주·월·연으로 정한 때에는 역(曆)에 따라 계산 (즉, 월이나 연의 장단을 문제삼지 않음)<br>③ 주·월·연의 처음으로부터 기간을 기산하지 않는 때에는 최후의 주·월·연에서 그 기산일에 해당하는 날의 전일로 기간이 만료<br>④ 월 또는 연으로 정한 경우에 최종의 월에 해당 일이 없을 때에는 그 월의 말일로 기간이 만료 (기간을 '일'로 정한 때에는 적용되지 않음) |

### ❷ 기한의 특례 (중요도 ★★★)

| 조건 | 기한 |
|---|---|
| 토요일 및 일요일, 공휴일 및 대체공휴일, 근로자의 날 | 다음 날 |
| 기한 만료일에 국세정보통신망의 가동이 정지되어 전자신고나 전자납부를 할 수 없는 경우 | 그 장애가 복구된 날의 다음 날 |

> **오쌤 Tip** 기간의 계산 사례
>
> | 구분 | 기산일 | 만료일 | 비고 |
> |---|---|---|---|
> | ① 12월 2일부터 10일 | 12월 3일 | 12월 12일 | 초일불산입, 일로 계산 |
> | ② 4월 30일부터 1개월 | 5월 1일 | 5월 31일 | 기간을 월로 정한 때에는 역에 따라 계산 |
> | ③ 2월 5일부터 2개월 | 2월 6일 | 4월 5일 | 월의 처음으로부터 기간을 기산하지 않는 때에는 최후의 월에서 그 기산일에 해당하는 날의 전일로 기간이 만료 |
> | ④ 12월 31일부터 2개월 | 1월 1일 | 2월 말일 | 월로 정한 경우에 최종의 월에 해당 일이 없을 때에는 그 월의 말일로 기간이 만료 |
> | ⑤ 11월 25일부터 1개월 | 11월 26일 | 12월 26일 | 기간 말일이 토요일 또는 공휴일 등에 해당하는 때에는 그 다음 날로 기간이 만료 |

## ❸ 서류제출의 효력발생시기 〔중요도 ★★★〕

| 원칙 | 도달주의<br>: 서류에 의한 의사표시의 효력은 해당 서류가 상대방에게 도달한 날에 발생 | |
|---|---|---|
| 예외 | 납세자의 권리보호가 필요할 때 | |
| | 우편으로 과세표준신고 등*1 | 발신주의<br>:「우편법」에 따른 우편날짜도장이 찍힌 날 |
| | 우편으로 불복청구 등*2 | |
| | 우편날짜도장이 찍히지 않았거나 분명하지 않은 경우 | 통상 걸리는 배송일수를 기준으로 발송한 날로 인정되는 날 |
| | 우편으로 제출한 불복청구서가 불복청구기간을 지나서 도달한 경우 | 그 기간의 만료일에 적법한 청구를 한 것으로 봄 |
| | 전자신고 등*3 | 국세청장에게 전송된 때 |

*1 과세표준신고 등: 과세표준신고서, 과세표준수정신고서, 경정청구서 또는 과세표준신고·과세표준 수정신고·경정청구
*2 불복청구 등:「국세기본법」에 따른 이의신청·심사청구 또는 심판청구
*3 수출대금입금증명서 등 전자신고 시 제출해야 하는 관련 서류로서 국세청장이 지정하여 고시하는 서류에 대해서는 **10일**의 범위에서 제출기한을 연장할 수 있다.

## ❹ 천재지변 등으로 인한 기한의 연장 〔중요도 ★★★〕

| 의미 | 천재지변 등에 해당하는 사유로「국세기본법」또는 세법에서 규정하는 **신고, 신청, 청구, 그 밖에 서류의 제출 또는 통지**를 정해진 기한까지 할 수 없다고 인정하는 경우나 납세자가 기한 연장을 신청한 경우에 관할 세무서장은 그 기한을 연장할 수 있음 (납세담보 및 납부기한 연장 신청·승인은「국세징수법」으로 이관) |
|---|---|
| 연장 방법 | 납세자의 신청에 의한 연장 or 관할 세무서장의 직권으로 연장 |
| 연장 사유 | ① **천재**지변<br>② 납세자가 **화**재, 전화, 그 밖의 재해를 입거나 도난을 당한 경우<br>③ 납세자 또는 그 동거가족이 **질병**이나 중상해로 6개월 이상의 치료가 필요하거나 사망하여 상중인 경우<br>④ 정전, 프로그램 오류 등의 사유로 한국은행 및 체신관서의 **정보통신**망의 정상적인 가동이 불가능한 경우<br>⑤ **금융**회사 등(한국은행 국고대리점 및 국고수납대리점인 금융회사 등만 해당) 또는 체신관서의 휴무나 그 밖의 부득이한 사유로 정상적인 세금납부가 곤란하다고 국세청장이 인정하는 경우<br>⑥ **권한** 있는 기관에 장부나 서류가 압수 또는 영치된 경우<br>⑦ 납세자의 장부 작성을 **대행**하는 세무사 또는 공인회계사가 화재, 전화, 재해 등을 입거나 도난을 당한 경우<br>⑧ 그 밖에 ②, ③ 또는 ⑥에 준하는 사유가 있는 경우<br>〔암기팁〕 **연장**이는 **천재** **화**가의 **질병**으로 **정보통신**이 **금**지되어 **권한**을 **대행**! |

| | |
|---|---|
| 연장 절차 | ① 신청: 기한 만료일 3일 전까지 문서로 관할 세무서장에게 신청<br>② 승인 및 통지: 관할 세무서장은 기한을 연장하였을 때에는 문서로 지체 없이 관계인에게 통지 (기한 만료일 3일 전까지 한 기한 연장 신청에 대해서는 기한 만료일 전에 그 승인 여부를 통지)<br>③ 공고: 다음 중 어느 하나에 해당하는 경우에는 관보 또는 일간신문에 공고하는 방법으로 통지를 갈음<br>　㉠ 정전, 프로그램의 오류, 그 밖의 부득이한 사유로 한국은행 및 체신관서의 정보**통신망**의 정상적인 **가동**이 **불가능**한 경우에 해당하는 사유가 전국적으로 일시에 발생하는 경우<br>　㉡ 기한 연장의 통지 대상자가 **불특정다수**인 경우<br>　㉢ 기한 연장 사실을 그 대상자에게 개별적으로 통지할 **시간적 여유**가 없는 경우 |
| 연장<br>가능기간 | ① 일반 기한 연장: 3개월 이내. 해당 기한연장의 사유가 소멸되지 않는 경우 1개월의 범위에서 추가 연장 가능<br>② **신고** 기한 연장: **9**개월을 넘지 않는 범위에서 **연장** 가능  암기팁▷ **9**두 **신고 연장**전 |

## 3  서류의 송달

### ❶ 서류 송달의 의미   중요도 ★☆☆

: 국세에 관한 행정처분의 내용 및 이에 관련되는 사항을 당사자 또는 이해관계인에게 문서로써 알리는 절차

### ❷ 송달받아야 할 자   중요도 ★★★

| 원칙 | 명의인(서류에 수신인으로 기재된 자) | |
|---|---|---|
| 예외 | ① 보충수령인에게 송달<br>　㉠ 교부송달 또는 등기우편송달의 경우에 명의인을 만나지 못한 때에는 그 사용인이나 그 밖의 종업원 또는 동거인으로서 사리를 판별할 수 있는 사람(보충수령인)에게 서류를 송달<br>　㉡ 서류를 송달받아야 할 자 또는 보충수령인이 정당한 사유 없이 수령을 거부하는 경우에는 송달할 장소에 서류를 두고 오는 '유치송달'이 가능<br>② 특례 | |
| | 구분 | 내용 |
| | 연대납세의무자 | ㉠ 연대납세의무자에게 서류를 송달할 때에는 그 대표자<br>㉡ 대표자가 없을 때에는 연대납세의무자 중 국세를 징수하기에 유리한 자<br>㉢ 납부의 고지와 독촉에 관한 서류는 연대납세의무자 모두에게 각각 송달 |
| | 상속재산관리인 | 상속이 개시된 경우 상속재산관리인이 있을 때에는 상속재산관리인의 주소 또는 영업소에 서류를 송달 |
| | 납세관리인 | 납세관리인이 있을 때에는 납부의 고지와 독촉에 관한 서류는 그 납세관리인의 주소 또는 영업소에 송달 |
| | 교정시설 및 국가<br>경찰관서의 장 | 송달받을 자가 교정시설 또는 국가경찰관서의 유치장에 체포·구속 또는 유치된 사람인 경우 교정시설 및 국가경찰관서의 장에게 송달 |

## ❸ 송달장소  중요도 ★★☆

| 원칙 | 명의인의 주소·거소·영업소 또는 사무소(전자송달인 경우에는 전자우편주소)에 송달 |
|---|---|
| 신고 시 | 주소 또는 영업소 중에서 송달장소를 정부에 신고한 경우에는 그 신고된 장소에 송달 |

## ❹ 송달의 방법  중요도 ★★★

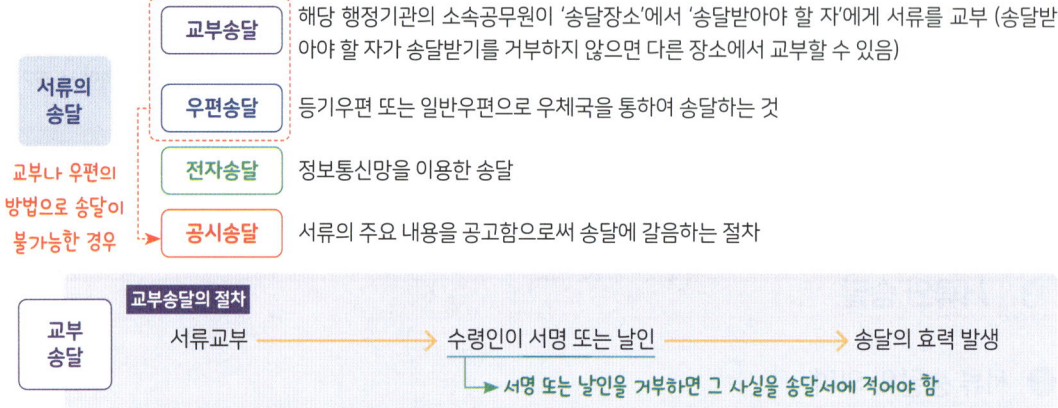

**서류의 송달**
- 교부송달: 해당 행정기관의 소속공무원이 '송달장소'에서 '송달받아야 할 자'에게 서류를 교부 (송달받아야 할 자가 송달받기를 거부하지 않으면 다른 장소에서 교부할 수 있음)
- 우편송달: 등기우편 또는 일반우편으로 우체국을 통하여 송달하는 것
- 전자송달: 정보통신망을 이용한 송달
- 공시송달: 서류의 주요 내용을 공고함으로써 송달에 갈음하는 절차

(교부나 우편의 방법으로 송달이 불가능한 경우)

**교부송달의 절차**
서류교부 → 수령인이 서명 또는 날인 → 송달의 효력 발생
↳ 서명 또는 날인을 거부하면 그 사실을 송달서에 적어야 함

**우편송달**
① 원칙: 등기우편 or 일반우편(둘 다 가능)
② 예외
- 등기우편만 송달 가능한 경우: 납부의 고지·독촉·강제징수 또는 세법에 따른 정부의 명령과 관계되는 서류
- 일반우편으로 송달 가능한 경우: 다음에 해당하는 납부고지서로서 **50만원 미만**에 해당하는 납부고지서
  - ㉠ **부**가가치세 예**정**고지세액의 납부고지서  [암기팁] 부정소중에
  - ㉡ **소**득세 **중간예**납세액의 납부고지서
  - ㉢ 신고납부제도를 취하는 국세에 대한 과세표준신고서를 법정신고기한까지 제출하였으나 과세표준신고액에 상당하는 세액의 전부 또는 일부를 납부하지 않아 발급하는 납부고지서

**전자송달**
① 원칙: 송달받아야 할 자가 신청한 경우에만 가능
② 신청으로 간주하는 경우: 납부고지서가 송달되기 전에 납세자가 국세정보통신망을 통해 소득세 중간예납세액과 부가가치세 예정고지세액·예정부과세액을 전액 자진납부한 경우 자진납부한 시점에 전자송달을 신청한 것으로 간주
③ 전자송달이 불가능한 경우: 정보통신망의 장애로 전자송달이 불가능한 경우 교부 또는 우편방법으로 송달
④ 전자송달 신청 자동철회: 다음의 기한까지 3회NEW 연속 열람하지 않은 경우 세 번째NEW로 열람하지 않은 서류에 대한 다음의 기한의 다음 날에 전자송달 신청을 철회한 것으로 봄
  - ㉠ 해당 서류에 납부기한 등 기한이 정하여진 경우: 정하여진 해당 기한
  - ㉡ 위 ㉠ 외의 경우: 국세정보통신망에 해당 서류가 저장된 때부터 1개월이 되는 날
  - 예외: 전자송달된 납부고지서 또는 독촉장NEW의 납부기한까지 해당 국세를 전액 납부한 경우 철회한 것으로 보지 않음
⑤ 전자송달 철회신청: 전자송달의 철회는 신청서를 관할 세무서장에게 제출한 날의 다음 날부터 적용, 철회 후 전자송달을 재신청하는 경우에는 철회 신청일부터 30일이 지난 날 이후에 신청 가능
⑥ 전자송달이 가능한 서류
  - 납부고지서 및 독촉장 ┐
  - 국세환급금통지서     ├ 국세청장이 해당 납세자로 하여금 국세정보통신망에 접속하여 해당 서류를 열람할 수 있게 함
  - 신고안내문 ─ 국세청장이 해당 납세자가 지정한 전자우편주소로 송달해야 함
  - 그 밖에 국세청장이 정하는 서류

> **공시송달**
> ① 사유
>   ㉠ 주소 또는 영업소가 국외에 있고 송달하기 곤란한 경우
>   ㉡ 주소 또는 영업소가 분명하지 않은 경우
>   ㉢ 등기우편으로 송달하였으나 수취인이 부재중으로 반송됨으로써 납부기한까지 송달이 곤란하다고 인정되는 경우
>   ㉣ 세무공무원이 2회 이상 납세자를 방문(처음 방문과 마지막 방문 사이의 기간이 공휴일 및 토요일 제외 3일 이상이어야 함)했으나 수취인이 부재중으로 확인되어 납부기한까지 송달이 곤란하다고 인정되는 경우
>
> ② 방법
>   ─ 게시: 세무서의 게시판, 국세정보통신망, 해당 서류의 송달장소를 관할하는 특별자치시·특별자치도·시·군·구의 게시판이나 그 밖의 적절한 장소에 게시
>       → 국세정보통신망을 이용하여 공시송달을 할 때에는 다른 공시송달 방법과 함께 해야 함
>   ─ 게재: 관보 또는 일간신문에 게재

### ❺ 송달의 효력발생시기  (중요도 ★★☆)

| 교부송달·우편송달·전자송달 | 도달주의<br>단, 전자송달의 경우 전자우편주소에 입력된 때 or 국세정보통신망에 저장된 때 |
|---|---|
| 공시송달 | 공고한 날부터 14일이 지난 때 |

## 4 인격

### ❶ 인격의 의미  (중요도 ★☆☆)
: 권리·의무의 주체가 될 수 있는 지위 또는 자격 (권리능력)

### ❷ 인격의 부여  (중요도 ★★★)

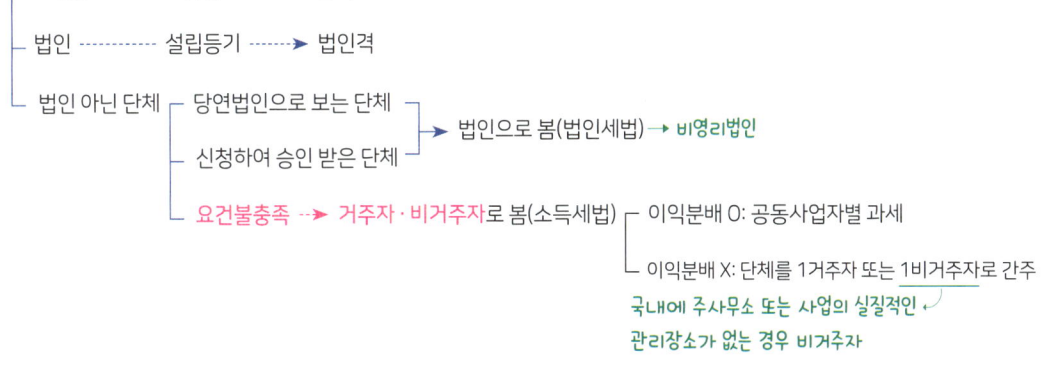

국내에 주사무소 또는 사업의 실질적인 관리장소가 없는 경우 비거주자

### 법인으로 보는 법인 아닌 단체

| 당연법인으로 보는 단체 | ① 전제: 수익을 구성원에게 분배하지 않은 것<br>② 요건: 다음의 어느 하나에 해당하는 것<br>　㉠ 주무관청의 허가 또는 인가를 받아 설립되거나 법령에 따라 주무관청에 등록한 사단, 재단, 그 밖의 단체로서 등기되지 아니한 것<br>　㉡ 공익을 목적으로 출연된 기본재산이 있는 재단으로서 등기되지 아니한 것 |
|---|---|
| 신청하여 승인 받은 단체 | ① 전제: 관할 세무서장에게 신청하여 승인받은 것<br>② 요건: 다음의 요건을 모두 갖춘 것<br>　㉠ 단체의 조직과 운영에 관한 규정을 가지고 대표자나 관리인을 선임하고 있을 것<br>　㉡ 단체 자신의 계산과 명의로 수익과 재산을 독립적으로 소유·관리할 것<br>　㉢ 단체의 수익을 구성원에게 분배하지 않을 것<br>③ 변경의 제한: 신청에 따라 법인으로 보는 단체는 관할 세무서장의 승인을 받은 날이 속하는 과세기간과 그 과세기간이 끝난 날부터 3년이 되는 날이 속하는 과세기간까지는 「소득세법」에 따른 거주자 또는 비거주자로 변경할 수 없음 |

### ❸ 법인으로 보는 단체의 납세의무 이행 방법　　중요도 ★★☆

| 신고 | 단체의 국세에 관한 의무는 그 대표자나 관리인이 이행해야 함. 이때 대표자나 관리인을 선임하거나 변경신고를 하려는 경우에는 관할 세무서장에게 문서로 신고해야 함 |
|---|---|
| 무신고 | 단체가 대표자나 관리인의 선임신고 또는 변경신고를 하지 않은 경우에 관할 세무서장은 그 단체의 구성원 또는 관계인 중 1명을 '국세에 관한 의무를 이행하는 사람'으로 지정할 수 있으며 문서로 통지해야 함 |

### ❹ 법인이 아닌 단체에 대한 개별세법의 취급　　중요도 ★★★

| 「법인세법」 | 법인으로 보는 법인격 없는 단체는 「법인세법」에 따른 비영리법인으로 봄 |
|---|---|
| 「소득세법」 | 법인으로 보는 단체 외의 법인 아닌 단체는 거주자(또는 비거주자)로 봄 |
| 「부가가치세법」 | 법인으로 보는 경우에는 그 단체가 독립하여 부가가치세 납세의무를 지며, 법인으로 보지 않는 경우에는 개인사업자로서 부가가치세 납세의무를 짐 |
| 「상속세 및 증여세법」 | 법인이 아닌 단체는 영리법인과 달리 상속세 또는 증여세 납세의무를 짐 |

### ❺ 전환 국립대학 법인　　중요도 ★☆☆

| 의미 | 「고등교육법」에 따른 국립대학 법인 중 국립학교 또는 공립학교로 운영하다가 법인별 설립근거가 되는 법률에 따라 국립대학법인으로 전환된 법인 |
|---|---|
| 원칙 | 국세의 납세의무(국세를 징수하여 납부할 의무는 제외)를 적용할 때에는 전환 국립대학 법인을 별도의 법인으로 보지 아니하고 국립대학 법인으로 전환되기 전의 국립학교 또는 공립학교로 봄. 즉, 국가 또는 지방자치단체로 보아 법인세를 비과세함 |
| 예외 | 해당 법인의 설립근거가 되는 법률에 따른 교육·연구 활동에 지장이 없는 범위 외의 수익사업을 하는 경우의 납세의무에 대해서는 별도의 법인으로 보아 법인세를 과세함 |

# 02 국세부과의 원칙과 세법적용의 원칙

## 1 국세부과의 원칙과 세법적용의 원칙

중요도 ★★★

| 구분 | 국세부과의 원칙 | 세법적용의 원칙 |
|---|---|---|
| 의미 | 국세를 부과하는 과정에서 지켜야 할 원칙 | 세법의 해석과 적용 시 공무원이 따라야 할 기본적 지침 |
| 대상 | 과세관청과 납세자 모두에게 준수가 요구되는 원칙 | 과세관청에 대해서만 준수가 요구되는 원칙 |
| 개별세법특례 | 각 세법에 특별규정이 있는 경우 개별세법을 우선 적용 | 개별세법에 특례규정을 둘 수 없음 |
| 원칙 | ① **실**질과세의 원칙<br>② **신**의성실의 원칙<br>③ **근**거과세의 원칙<br>④ **조**세감면의 사후관리 | ① **세**법해석의 기준 (납세자 재산권의 부당한 침해 금지)<br>② **소**급과세의 금지<br>③ **세**무공무원 재량의 한계<br>④ **기**업회계의 존중 |

## 2 국세부과의 원칙

### ❶ 실질과세의 원칙

중요도 ★★★

| 의미 | 법적 형식이나 외관에 관계없이 실질에 따라 세법을 해석하고 과세요건 사실을 인정해야 한다는 원칙. 이는 조세평등주의를 보다 구체화한 원칙임 |
|---|---|
| 적용 | ① 소득 귀속자에 대한 실질과세: 과세 대상의 귀속이 명의일 뿐이고 사실상 귀속되는 자가 따로 있을 때에는 사실상 귀속되는 자를 납세의무자로 하여 세법을 적용<br>② 거래 내용에 따른 실질과세: 과세 대상의 명칭이나 형식에 관계없이 그 실질 내용에 따라 적용<br>③ 우회거래에 대한 실질과세: 제3자를 통한 간접적인 방법이나 둘 이상의 행위 또는 거래를 거치는 방법으로 「국세기본법」 또는 세법의 혜택을 부당하게 받기 위한 것으로 인정되는 경우에는, 그 경제적 실질내용에 따라 당사자가 직접 거래를 한 것으로 보거나 연속된 하나의 행위 또는 거래를 한 것으로 봄 |
| 한계 | 조세법률주의에 대한 침해를 최소화하도록 제한적으로 적용 |
| 실질과세원칙에 우선하는 개별세법의 규정 | 국세에 관하여 세법에 별도의 규정이 있는 경우를 제외하고는 국세기본법에서 정하는 바에 따르는데 실질과세 원칙의 경우에는 개별세법에 규정이 있으므로 개별세법을 우선 적용함<br>**EX**▶ ① 「법인세법」상 소득처분 중 사외유출 시 소득의 귀속이 불분명한 경우 대표자 상여처분<br>② 「상증세법」상 명의신탁재산의 증여의제 |

## ❷ 신의성실의 원칙  중요도 ★★★

| | |
|---|---|
| 의미 | 권리 또는 의무를 행사함에 있어서 상대방의 신뢰에 어긋나지 않도록 신의에 따라 성실하게 이행해야 한다는 원칙 |
| 적용 | 납세자, 세무공무원 (과세관청 측에 적용되는 경우가 거의 대부분이며, 과세관청 측에 보다 더 절실한 준수가 요청됨) |
| 요건 | 「국세기본법」은 신의칙의 적용요건에 관해 아무런 규정도 두지 않고 있으나 학설과 판례에 의해 확립됨<br><br>**세무공무원에게 적용하기 위한 요건**<br>① 납세자의 신뢰의 대상이 되는 과세관청의 공적 견해표시가 있어야 함<br>② 납세자가 과세관청의 견해표시를 신뢰하고, 그 신뢰에 납세자의 귀책사유가 없어야 함<br>③ 납세자가 과세관청의 견해표시에 대한 신뢰를 기초로 하여 어떤 행위를 해야 함<br>④ 과세관청이 당초의 견해표시에 반하는 적법한 행정처분을 해야 함<br>⑤ 과세관청의 그러한 배신적 처분으로 인하여 납세자가 불이익을 받아야 함<br><br>**납세자에게 적용하기 위한 요건**<br>① 객관적으로 모순된 행태가 존재함<br>② 그 행태가 납세의무자의 심한 배신행위에 기인함<br>③ 과세관청의 신뢰가 보호받을 가치가 있음 |
| 효과 | 과세관청이 납세자에게 행한 처분이 적법하더라도 그 처분이 신의성실의 원칙을 위배했다면 납세자는 그 처분의 취소를 청구할 수 있음. 단, 조세법률주의의 제약하에서 개별적으로 납세자의 신뢰를 보호할 가치가 큰 경우에 한해서만 적용됨 |

## ❸ 근거과세의 원칙  중요도 ★★☆

| | |
|---|---|
| 의미 | 장부 등 직접적인 자료에 입각하여 납세의무를 확정해야 한다는 원칙 |
| 적용 | ① 실지조사: 정부는 납세의무자가 비치·기장한 장부와 증빙서류에 의하여 각 과세기간의 세액을 실지조사 결정해야 함<br>② 장부의 기록 내용이 사실과 다르거나 장부의 기록에 누락된 것이 있을 경우: '그 부분에 대해서만' 정부가 조사한 사실에 따라 결정할 수 있음. 이때, 정부는 정부가 조사한 사실과 결정의 근거를 결정서에 적어야 함<br>③ 결정서의 열람·복사: 행정기관의 장은 해당 납세의무자 또는 그 대리인이 구술로 요구하면 결정서를 열람 또는 복사하게 하거나 그 등본 또는 초본이 원본과 일치함을 확인해야 함. 이때 열람하거나 복사한 사람의 서명을 요구할 수 있음 |

## ❹ 조세감면의 사후관리  중요도 ★☆☆

| | |
|---|---|
| 의미 | 정부는 국세를 감면한 경우에 그 감면의 취지를 성취하거나 국가정책을 수행하기 위하여 필요하다고 인정하면 세법에서 정하는 바에 따라 사후관리를 함 |
| 적용 | ① 운용범위의 결정: 감면한 세액에 상당하는 자금 또는 자산의 운용 범위를 정할 수 있음<br>② 감면 취소 및 징수: 정한 운용 범위를 벗어난 자금 또는 자산에 상당하는 감면세액은 세법에서 정하는 바에 따라 감면을 취소하고 징수할 수 있음 |

## 3  세법적용의 원칙

### ❶ 세법해석의 기준(납세자 재산권의 부당한 침해 금지)  중요도 ★★★

| 의미 | 세법을 해석·적용할 때에는 과세의 형평과 해당 조항의 합목적성에 비추어 납세자의 재산권이 부당하게 침해되지 않도록 해야 함. 즉, 조세법률주의에 따라 엄격하게 해석해야 한다는 것을 의미함 |
|---|---|
| 적용 | ① 국세예규심사위원회: 세법해석을 위하여 기획재정부에 국세예규심사위원회를 둠<br>② 세법해석에 대한 질의회신: 기획재정부장관 및 국세청장은 세법의 해석과 관련된 질의에 대하여 세법해석의 기준에 따라 해석하고 회신해야 함<br>③ 세법해석의 기준 적용 시 세법의 적용: 세법 외의 법률 중 국세의 부과·징수·감면 또는 그 절차에 관하여 규정하고 있는 조항은 세법해석의 기준을 적용함에 있어 세법으로 봄 |
| 질의<br>회신 | ① 국세청장이 민원인에게 직접 회신 → 기획재정부장관에게 사본 송부<br>  : 국세청장은 회신한 문서의 사본을 해당 문서의 시행일이 속한 달의 다음달 말일까지 기획재정부장관에게 송부<br>② 기획재정부장관이 국세청장에게 이송 → 민원인에게 통지<br>  : 기획재정부장관에게 제출된 세법 해석과 관련된 질의는 국세청장에게 이송하고 그 사실을 민원인에게 통지<br>③ 기획재정부장관이 민원인에게 직접 회신 → 국세청장에게 사본 송부<br>  ㉠ 기재부장관에게 의견을 첨부하여 해석을 요청해야 하는 사안으로 국세예규심사위원회의 심의를 거쳐야 하는 질의<br>  ㉡ 국세청장의 세법 해석에 대하여 다시 질의한 사항으로 국세청장의 회신문이 첨부된 경우의 질의<br>  ㉢ 세법이 새로 제정되거나 개정되어 이에 대한 기획재정부장관의 해석이 필요한 경우<br>  ㉣ 세법의 입법 취지에 따른 해석이 필요한 경우로서 납세자의 권리보호를 위하여 필요하다고 기획재정부장관이 인정하는 경우 |

### ❷ 소급과세의 금지  중요도 ★★★

| 의미 | 법적안정성 및 예측가능성의 보장을 위해 법규의 제정·개정 전에 완료된 사실에 대하여 새로 제정·개정된 법규 등을 소급하여 적용하지 않음 |
|---|---|
| 적용 | ① 입법상의 소급과세 금지: 국세를 납부할 의무가 성립한 소득, 수익, 재산, 행위 또는 거래에 대해서는 그 성립 후의 새로운 세법에 따라 소급하여 과세하지 않음<br>② 행정상의 소급과세 금지: 세법의 해석이나 국세행정의 관행이 일반적으로 납세자에게 받아들여진 후에는 그 해석이나 관행에 의한 행위 또는 계산은 정당한 것으로 보며, 새로운 해석이나 관행에 의하여 소급하여 과세되지 않음<br>③ 소급과세금지원칙 적용 시 세법의 적용: 세법 외의 법률 중 국세의 부과·징수·감면 또는 그 절차에 관하여 규정하고 있는 조항은 소급과세금지원칙을 적용함에 있어 세법으로 봄 |
| 소급과세<br>금지의 기준시점 | 납세의무 성립일 |

| 진정소급과<br>부진정소급 | 구분 | 진정소급 | 부진정소급 |
|---|---|---|---|
| | 개념 | 납세의무의 성립일 이후에 개정된 세법 등을 소급하여 적용하는 것 | 과세기간 중(납세의무 성립일 전)에 개정된 세법 등을 과세기간 개시일로 소급하여 적용하는 것 |
| | 허용<br>여부 | 원칙: 허용X<br>예외: 허용(소급적용이 납세자에게 유리한 경우 등) | 원칙: 허용<br>예외: 허용X(공익과 비교해 납세자의 신뢰를 보호할 가치가 있다고 판단할 특단의 사정이 있는 경우 등) |

> **오쌤 Tip** 소급과세 금지의 원칙에서의 주의점
>
> ① 납세의무의 확정일이 아닌 **성립일**을 기준으로 적용함
> ② 납세자의 신뢰를 보호하기 위한 신의성실원칙을 구체화한 규정이므로 납세자에게 **유리한 경우에는 소급효를 인정**함

> **오쌤 Tip** 진정소급 vs 부진정소급
>
>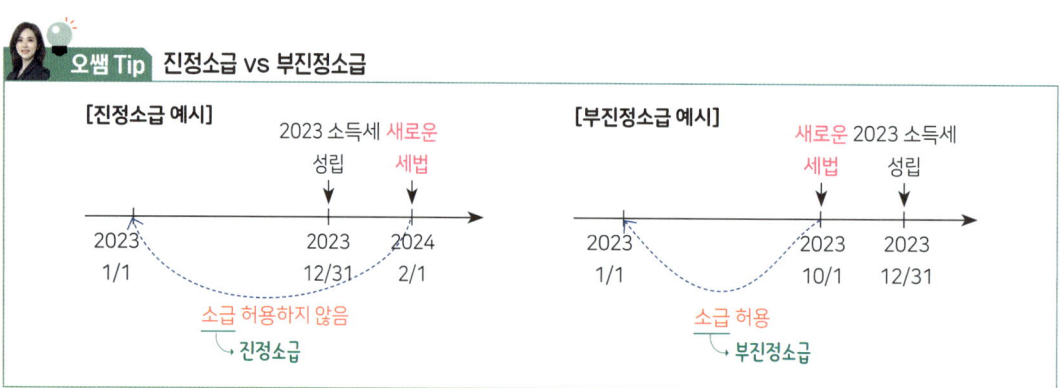

### ❸ 세무공무원 재량의 한계  〔중요도 ★★☆〕

| 의미 | 세무공무원이 재량으로 직무를 수행할 때에는 과세의 형평과 해당 세법의 목적에 비추어 일반적으로 적당하다고 인정되는 한계를 엄수해야 함 |
|---|---|

### ❹ 기업회계의 존중  〔중요도 ★★☆〕

| 의미 | 세무공무원이 국세의 과세표준을 조사·결정할 때에는 해당 납세의무자가 계속하여 적용하고 있는 기업회계의 기준 또는 관행으로서 일반적으로 공정·타당하다고 인정되는 것은 존중해야 함 |
|---|---|
| 적용 | 세법 > 기업회계기준<br>: 기업회계기준 및 관행은 세법에 특별한 규정이 있는 경우에는 세법규정을 따르고 세법에 규정이 없는 경우에 한해 보충적으로 적용하며 기업회계를 보충적으로 적용하기 위해서는 「국세기본법」상의 요건을 갖추어야 함 |

# 03 납세의무의 성립·확정·소멸

## 1 납세의무의 성립·확정·소멸

중요도 ★☆☆

: 모든 납세의무는 성립·확정·소멸의 과정을 거침

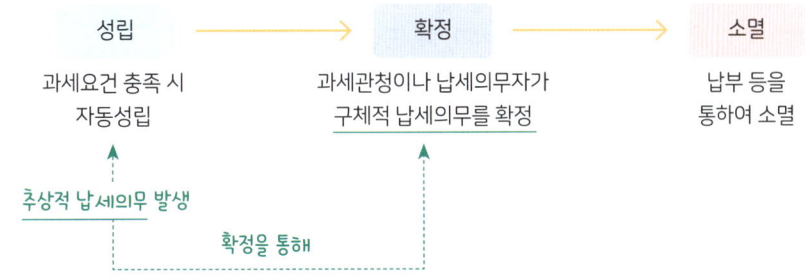

## 2 납세의무의 성립

### ❶ 납세의무 성립의 의미와 과세요건

중요도 ★★☆

| 의미 | 각 세법이 정하는 과세요건이 충족됨으로써 납세의무가 객관적으로 생겨나는 것. 납세의무의 성립 시점은 과세권자와 납세자 간의 조세법률관계가 성립하는 시점이고, 소급과세의 금지를 판단하는 기준점이 됨 |
|---|---|
| 성립에 필요한 법률상의 요건 | ① 납세의무자: 세법에 따라 국세를 납부할 의무가 있는 자<br>② 과세대상: 조세부담을 지우는 대상 EX 소득(소득세, 법인세), 소비(부가가치세, 개별소비세, 주세)<br>③ 과세표준: 과세대상의 수량 또는 가액을 계산할 수 있어야 함<br>④ 세율: 과세표준에 대한 세액의 비율 |

## ❷ 납세의무 성립시기　　중요도 ★★★

| | |
|---|---|
| 법인세 | ① 원칙: 과세기간이 끝나는 때<br>② 원천징수하는 법인세: 수입금액을 지급하는 때<br>③ 청산소득에 대한 법인세: 해당 법인이 해산하는 때<br>④ 중간예납하는 법인세: 중간예납기간이 끝나는 때 |
| 소득세 | ① 원칙: 과세기간이 끝나는 때<br>② 원천징수하는 소득세: 소득금액을 지급하는 때<br>③ 납세조합이 징수하는 소득세: 과세표준이 되는 금액이 발생한 달의 말일<br>④ 예정신고·납부하는 소득세: 과세표준이 되는 금액이 발생한 달의 말일<br>⑤ 중간예납하는 소득세: 중간예납기간이 끝나는 때 |
| 부가가치세 | ① 원칙: 과세기간이 끝나는 때<br>② 수입재화에 대한 부가가치세: 세관장에게 수입신고하는 때<br>③ 예정신고(예정부과)기간에 대한 부가가치세: 예정신고(예정부과)기간이 끝나는 때 |
| 상속세 | 상속을 개시하는 때 |
| 증여세 | 증여에 의하여 재산을 취득하는 때 |
| 개별소비세, 주세 및 교통·에너지·환경세 | 과세물품을 제조장으로부터 반출하는 때, 과세장소에 입장하거나 과세유흥장소에서 유흥음식행위를 한 때 또는 과세영업장소에서 영업행위를 한 때<br>다만, 수입물품의 경우에는 세관장에게 수입신고를 하는 때 |
| 인지세 | 과세문서를 작성한 때 |
| 증권거래세 | 해당 매매거래가 확정되는 때 |
| 종합부동산세 | 과세기준일(매년 6월 1일) |
| 교육세 | ① 원칙: 본세의 납세의무가 성립한 때<br>② 금융·보험업자의 수익금액에 부과되는 교육세: 과세기간이 끝나는 때 |
| 농어촌특별세 | 본세의 납세의무가 성립한 때 |
| 가산세<br>link-p.53-56 | ① 무신고·과소신고·초과환급신고가산세: 법정신고기한이 경과하는 때<br>② 납부지연가산세<br>　㉠ 지연일수 1일마다 0.022% 적용분: 법정납부기한 경과 후 1일마다 그 날이 경과하는 때<br>　㉡ 체납 시 3% 적용분: 납부고지서에 따른 납부기한이 경과하는 때<br>③ 원천징수 등 납부지연가산세<br>　㉠ 지연일수 1일마다 0.022% 적용분: 법정납부기한 경과 후 1일마다 그 날이 경과하는 때<br>　㉡ 미납 시 3% 적용분: 법정납부기한이 경과하는 때<br>④ 그 밖의 가산세: 가산할 국세의 납세의무가 성립한 때 |
| 기타 | 수시부과하여 징수하는 국세: 수시부과할 사유가 발생한 때 |

## 3 납세의무의 확정

### ❶ 납세의무 확정의 의미  중요도 ★☆☆

: 이미 성립한 납세의무에 대하여 구체적으로 확인하는 절차

### ❷ 납세의무 확정의 방법  중요도 ★★★

| 구분 | 신고납부제도 | 정부부과제도 |
|---|---|---|
| 의미 | 확정의 권한을 1차적으로 납세의무자에게 부여하고 과세권자의 확정권은 2차적·보충적 지위에 유보하는 제도 | 확정의 권한을 과세권자에게만 부여하고 있는 제도 |
| 확정시기 | ① 신고: 납세의무자가 과세표준과 세액을 **신고했을 때에 확정**.<br>② 무신고 등: 무신고 또는 과세표준과 세액이 세법이 정하는 바와 맞지 않은 경우에는 정부가 과세표준과 세액을 결정·경정하는 때에 그 결정·경정에 따라 확정 | 해당 국세의 과세표준과 세액을 정부가 결정(부과처분)하는 때에 확정. 구체적으로는 그 **결정통지서**가 납세의무자에게 **도달되는 시점에 확정**의 효력이 발생 |
| 조세포탈범의 기수시기 | 신고납부기한의 경과시점 | 정부의 결정에 의한 납부기한 경과시점 |
| 세목 | 소득세, 법인세, 부가가치세, 개별소비세, 주세, 증권거래세, 교육세 및 교통·에너지·환경세, 신고납부방식을 선택한 경우의 종합부동산세 | 상속세·증여세<br>종합부동산세(납세자가 신고하는 경우 제외) |

### ❸ 납세의무 확정시기  중요도 ★★★

| | |
|---|---|
| 법인세 | ① 원칙: 납세의무자가 과세표준과 세액을 정부에 신고했을 때<br>② 원천징수하는 법인세: 수입금액을 지급하는 때 **(자동확정)**<br>③ 중간예납하는 법인세(세법에 따라 정부가 조사결정하는 경우는 제외): 중간예납기간이 끝나는 때 **(자동확정)** |
| 소득세 | ① 원칙: 납세의무자가 과세표준과 세액을 정부에 신고했을 때<br>② 원천징수하는 소득세: 소득금액을 지급하는 때 **(자동확정)**<br>③ 납세조합이 징수하는 소득세: 과세표준이 되는 금액이 발생한 달의 말일 **(자동확정)**<br>④ 예정신고·납부하는 소득세: 납세의무자가 과세표준과 세액을 정부에 신고했을 때 |
| 부가가치세 | ① 원칙: 과세표준과 세액을 정부에 신고했을 때<br>② 예정신고(예정부과)기간에 대한 부가가치세: 납세의무자가 과세표준과 세액을 정부에 신고했을 때 또는 정부가 결정(부과처분)하는 때 |
| 상속세 | 정부가 결정(부과처분)하는 때 (결정통지서 도달 시 효력발생) |
| 증여세 | 정부가 결정(부과처분)하는 때 (결정통지서 도달 시 효력발생) |

| 개별소비세, 주세 및 교통·에너지·환경세 | 과세표준과 세액을 정부에 신고했을 때 |
|---|---|
| 인지세 | 과세문서를 작성하는 때 **(자동확정)** |
| 증권거래세 | 과세표준과 세액을 정부에 신고했을 때 |
| 종합부동산세 | ① 신고납부방식을 선택한 경우: 과세표준과 세액을 정부에 신고했을 때<br>② 그 외: 정부가 결정(부과처분)하는 때 (결정통지서 도달 시 효력발생) |
| 교육세 | 납세의무자가 과세표준과 세액을 정부에 신고했을 때 |
| 납부지연가산세 및 원천징수 등 납부지연 가산세(납부고지서에 따른 납부기한 후의 가산세로 한정) | 납부고지서에 따른 납부기한이 지난 후 1일마다 그 날이 경과하는 때 **(자동확정)** |
| 기타 | 수시부과하여 징수하는 국세: 정부가 결정(부과처분)하는 때 (결정통지서 도달 시 효력발생) |

> **오쌤 Tip** 자동확정 국세
> ① **원천**징수하는 법인세와 소득세
> ② **납세**조합이 징수하는 소득세
> ③ **법**인세 **중**간예납
> ④ **인**지세
> ⑤ 납부지연 **가산세**
> **암기팁** 원천 납세 법중 인 가산세

### ❹ 확정된 납세의무의 변경      중요도 ★★★

| 수정신고의 효력 | ① 증액하여 확정: 신고납부 세목인 국세의 수정신고(과세표준신고서를 법정신고기한까지 제출한 자의 수정신고로 한정)는 당초의 신고에 따라 확정된 과세표준과 세액을 증액하여 확정하는 효력을 가짐<br>② 당초 확정세액에 대한 권리·의무관계: 당초 신고에 따라 확정된 세액에 관한 「국세기본법」 또는 세법에서 규정하는 권리·의무관계에 영향을 미치지 않음 |
|---|---|
| 기한 후 신고의 효력 | 해당 국세의 납세의무를 확정시키는 효력이 없음 |
| 경정 등의 효력 | ① 증액경정: 세법에 따라 당초 확정된 세액을 증가시키는 경정은 당초 확정된 세액에 관한 「국세기본법」 또는 세법에서 규정하는 권리·의무관계에 영향을 미치지 않음<br>② 감액경정: 세법에 따라 당초 확정된 세액을 감소시키는 경정은 그 경정으로 감소되는 세액 외의 세액에 관한 「국세기본법」 또는 세법에서 규정하는 권리·의무관계에 영향을 미치지 않음 |

## 4 납세의무의 소멸

### ❶ 개요  중요도 ★★★

- 실현되면서 소멸
  - **납부** ······ 납세의무자가 세액을 국고에 납입함에 따라 소멸 (금전납부가 원칙이지만, 상속세의 경우 물납도 인정)
  - **충당** ······ 납세의무자가 환급받을 세액을 납세의무자가 납부할 다른 세액과 상계함에 따라 소멸
- 미실현상태에서 소멸
  - **부과의 취소** ······ 유효하게 성립한 부과처분에 대하여 그 성립에 하자가 있음을 이유로 당초 부과시점으로 소급하여 그 처분의 효력을 상실시킴에 따라 소멸
  - **국세부과제척기간의 만료** ······ 과세관청이 국세를 부과할 수 있는 권리의 행사기간이 끝남에 따라 소멸
  - **국세징수권 소멸시효 완성** ······ 과세관청이 국세를 징수할 수 있는 권리를 일정기간 행사하지 아니함에 따라 소멸

### ❷ 국세부과 제척기간과 국세징수권 소멸시효  중요도 ★★★

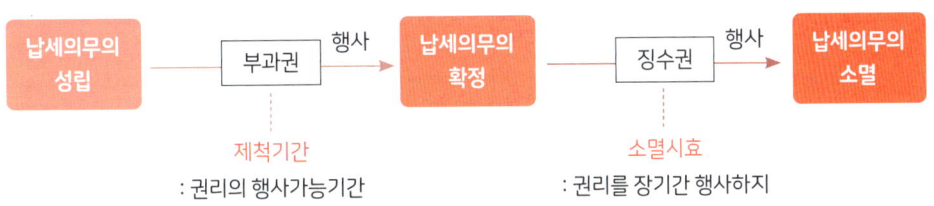

제척기간: 권리의 행사가능기간
소멸시효: 권리를 장기간 행사하지 않을 경우 소멸시키는 제도

| 구분 | 제척기간 | 소멸시효 |
|---|---|---|
| 의미 | 국세 부과권(형성권)의 존속 기간 | 국세 징수권(청구권)의 불행사 기간 |
| 기간 | 5년, 7년, 10년, 15년, 특례 | 5년 (5억원 이상은 10년) |
| 중단과 정지 | 없음 | 있음 |
| 효과 | 부과권이 **전진적** 소멸 (소급효과 없음)<br>: **장래를 향하여 부과권이 소멸**. 제척기간 만료 후에는 더 이상 국세부과에 관한 결정·경정결정·재경정결정·부과취소 등 어떠한 행위도 할 수 없게 됨(성립된 납세의무가 확정됨이 없이 소멸) | ① 징수권의 **소급적** 소멸<br>: **기산일에 소급하여 징수권이 소멸**. 국세는 물론 시효기간 중 발생한 그 국세의 강제징수비 및 이자상당액도 함께 소멸<br>② 종속된 권리의 소멸시효도 소멸<br>: 제2차 납세의무자와 납세보증인 및 물적납세의무자에게도 그 효력이 미침 |
| 기산일 | 국세를 부과할 수 있는 날<br>(신고의무 유무에 따라 구분됨) | 국세징수권을 행사할 수 있는 날<br>(확정권자에 따라 구분됨) |
| 납세자의 원용 | 필요 없음 | 필요 없음 |

## ❸ 국세부과 제척기간

### 일반 국세(상속·증여세 제외)

**❶ 일반적인 경우**

| 구분 | 제척기간 | |
| --- | --- | --- |
| | 일반거래 | 역외거래 |
| 원칙 | 5년 | 7년 |
| 무신고: 법정신고기한까지 과세표준신고서를 제출하지 않은 경우 | 7년 | 10년 |
| 부정행위: 부정행위로 국세를 포탈하거나 환급·공제 받은 경우 | 10년 | 15년 |
| 부정행위 소득처분: 부정행위로 포탈한 법인세의 소득처분금액에 대한 소득세 또는 법인세 | 10년 | 15년 |
| 부정행위 가산세: 부정행위로 세금계산서·계산서 불성실가산세 부과대상이 되는 경우 해당 가산세 | 10년 | - |

**❷ 일반 국세 제척기간의 특례**

| 구분 | 제척기간 |
| --- | --- |
| 5년 또는 7년의 제척기간이 끝난 날이 속하는 과세기간 이후의 과세기간에 「소득세법」 또는 「법인세법」에 따른 이월결손금 및 「조세특례제한법」에 따라 이월된 세액공제액<sup>NEW</sup>을 공제하는 경우 | 이월결손금 등을 공제한 과세기간의 법정신고기한으로부터 1년 |
| 부담부증여에 따라 증여세와 함께 「소득세법」에 따른 양도소득세가 과세되는 경우 | 아래 증여세 제척기간을 적용함 |

### 상속·증여세

**❶ 상속·증여세, 부담부증여 시 양도소득세**

| 구분 | 제척기간 |
| --- | --- |
| 원칙 | 10년 |
| 무신고: 신고서를 제출하지 않은 경우 | 15년 |
| 거짓: 신고서를 제출한 자가 거짓 신고 또는 누락신고한 경우 | 15년 |
| 부정행위: 부정행위로 포탈하거나 환급·공제받은 경우 | 15년 |

**❷ 상속·증여세 제척기간의 특례**

: 납세자가 부정행위로 상속세·증여세를 포탈하는 다음의 경우에 해당할 때에는 해당 재산의 상속 또는 증여가 있음을 안 날부터 1년 이내(단, 상속인이나 증여자 및 수증자가 사망한 경우나 포탈세액 산출의 기준이 되는 재산가액이 50억원 이하인 경우는 제외)

① 제3자의 명의: 제3자의 명의로 되어 있는 피상속인 또는 증여자의 재산을 상속인이나 수증자가 취득한 경우
② 계약이행기간 중의 재산: 계약에 따라 피상속인이 취득할 재산이 계약이행기간에 상속이 개시됨으로써 등기·등록 또는 명의개서가 이루어지지 않고 상속인이 취득한 경우
③ 국외소재 재산: 국외에 있는 상속재산이나 증여재산을 상속인이나 수증자가 취득한 경우
④ 등기 등이 필요 없는 서화·골동품 등 재산: 등기·등록 또는 명의개서가 필요하지 않은 유가증권, 서화, 골동품 등 상속재산 또는 증여재산을 상속인이나 수증자가 취득한 경우

⑤ 차명 금융재산: 수증자의 명의로 되어 있는 증여자의 금융자산을 수증자가 보유하고 있거나 사용·수익한 경우
⑥ 비거주자인 피상속인의 국내재산: 비거주자인 피상속인의 국내재산을 상속인이 취득한 경우
⑦ 명의신탁재산의 증여의제: 「상속세 및 증여세법」에 따른 명의신탁재산의 증여의제에 해당하는 경우
⑧ 상속재산 또는 증여재산인 가상자산을 「특정 금융거래정보의 보고 및 이용 등에 관한 법률」에 따라 신고가 수리된 가상자산사업자를 통하지 아니하고 상속인이나 수증자가 취득한 경우

## 기타 특례 제척기간

중요도 ★★☆

| 구분 | | 제척기간 |
|---|---|---|
| 조세쟁송의 경우 | ① 「국세기본법」에 따른 불복청구, 「감사원법」에 따른 심사청구 또는 「행정소송법」에 따른 소송에 대한 결정 또는 판결이 있는 경우[*1] | 결정 또는 판결이 확정된 날부터 **1년** |
| | ② 위 ①의 결정이나 판결이 확정됨에 따라 그 결정 또는 판결의 대상이 된 과세표준 또는 세액과 연동된 다른 세목(같은 과세기간으로 한정)이나 연동된 다른 과세기간(같은 세목으로 한정)의 과세표준 또는 세액의 조정이 필요한 경우 | |
| | ③ 「형사소송법」에 따른 소송에 대한 판결이 확정되어 「소득세법」상 기타소득에 해당하는 뇌물, 알선수재 및 배임수재에 의하여 받는 금품이 발생한 것으로 확인된 경우 | |
| | ④ 최초의 신고·결정 또는 경정에서 과세표준 및 세액의 계산 근거가 된 거래 또는 행위 등이 그 거래·행위 등과 관련된 소송에 대한 판결(판결과 같은 효력을 가지는 화해나 그 밖의 행위를 포함)에 의하여 다른 것으로 확정된 경우 | |
| 상호합의의 경우 | 조세조약에 부합하지 않는 과세의 원인이 되는 조치가 있는 경우 그 조치가 있음을 안 날부터 3년 이내(조세조약에서 따로 규정하는 경우에는 그에 따름)에 그 조세조약의 규정에 따른 상호합의 절차가 신청된 것으로서 그에 대하여 상호합의가 이루어진 경우 | 그 상호합의 절차의 종료일부터 **1년** |
| 조세쟁송 외 소송 판결의 경우 | ① 최초의 신고·결정 또는 경정에서 과세표준 및 세액의 계산 근거가 된 거래 또는 행위 등이 그 거래·행위 등과 관련된 소송에 대한 판결에 의하여 다른 것으로 확정된 경우<br>② 「형사소송법」에 따른 소송에 대한 판결이 확정되어 뇌물 또는 알선수재 및 배임수재에 의하여 받는 금품이 발생한 것으로 확인된 경우 | 판결이 확정된 날부터 **1년** |
| 역외거래의 경우 | 역외거래와 관련하여 원칙적인 제척기간이 지나기 전에 「국제조세조정에 관한 법률」에 따라 조세의 부과와 징수에 필요한 조세정보를 외국의 권한 있는 당국에 요청하여 조세정보를 요청한 날부터 2년이 지나기 전까지 조세정보를 받은 경우 | 조세정보를 받은 날부터 **1년** |
| 다국적기업 그룹의 국가별 실효세율이 변경된 경우 | 「국제조세조정에 관한 법률」에 따른 국가별 실효세율이 변경된 경우 | 국가별 실효세율의 변경이 있음을 안 날부터 **1년** |

| 경정청구 또는 조정권고의 경우 | ① 「국세기본법」에 따른 통상적인 경정청구가 있는 경우 | 경정청구일 또는 조정권고일부터 **2개월** |
|---|---|---|
| | ② 「국세기본법」에 따른 후발적 사유로 인한 경정청구가 있는 경우 | |
| | ③ 「국제조세조정에 관한 법률」에 따른 국세의 정상가격과 관세의 과세가격 간 조정을 위한 경정청구 또는 조정권고가 있는 경우 | |
| | 위 ①~③의 경정청구 또는 조정권고가 있는 경우 그 경정청구 또는 조정권고의 대상이 된 과세표준 또는 세액과 연동된 다른 과세기간의 과세표준 또는 세액의 조정이 필요한 경우 | 위 ①~③에 따른 경정청구일 또는 조정권고일부터 **2개월** |

*1 결정 또는 판결에 의하여 다음의 어느 하나에 해당하는 경우 당초의 부과처분을 취소하고 그 결정 또는 판결이 확정된 날부터 1년 이내에 다음의 구분에 따른 자에게 경정이나 그 밖에 필요한 처분을 할 수 있음

㉠ 명의대여 사실이 확인된 경우: 실제로 사업을 경영한 자
㉡ 과세의 대상이 되는 재산의 귀속이 명의일 뿐이고 사실상 귀속되는 자가 따로 있다는 사실이 확인된 경우: 재산의 사실상 귀속자
㉢ 「소득세법」 및 「법인세법」에 따른 국내원천소득의 실질귀속자가 확인된 경우: 국내원천소득의 실질귀속자 또는 「소득세법」 및 「법인세법」에 따른 원천징수의무자

## ❹ 국세부과 제척기간의 기산일  중요도 ★★★

| 구 분 | | 부과제척기간의 기산일 |
|---|---|---|
| 원칙 | ① 과세표준과 세액을 신고하는 국세 (신고하는 종합부동산세는 제외) | 과세표준신고기한*2의 다음 날 |
| | ② 종합부동산세*3 및 인지세 | 납세의무 성립일 |
| 예외 | ③ 원천징수의무자 또는 납세조합에 대하여 부과하는 국세 | 법정납부기한의 다음 날 |
| | ④ 과세표준신고기한 또는 법정납부기한이 연장되는 경우 | 그 연장된 기한의 다음 날 |
| | ⑤ 공제·면제·비과세 또는 낮은 세율의 적용 등에 따른 세액을 의무불이행 등의 사유로 징수하는 경우 | 공제세액 등을 징수할 수 있는 사유가 발생한 날 |

*2 중간예납·예정신고기한과 수정신고기한은 과세표준신고기한에 포함되지 아니함
*3 과세형평을 위하여 신고 여부 불문 납세의무 성립일로 함

## ❺ 국세징수권의 소멸시효  중요도 ★★★

| 5억원 이상의 국세 | 10년 | 국세의 금액은 가산세를 제외한 금액으로 함 |
|---|---|---|
| 이 외 | 5년 | |

## ❻ 국세징수권의 소멸시효 기산일  중요도 ★★☆

| 구 분 | | 소멸시효의 기산일 |
|---|---|---|
| 원칙 | ① 신고에 의하여 납세의무가 확정되는 국세의 경우 신고한 세액 | 그 법정신고납부기한의 다음 날 |
| | ② 정부가 결정·경정*4 또는 수시부과결정하는 경우 납부고지한 세액 | |
| 예외 | ③ 원천징수의무자 또는 납세조합으로부터 징수하는 국세로서 납부고지한 원천징수세액 또는 납세조합징수세액 | 그 납부고지에 따른 납부기한의 다음 날 |
| | ④ 인지세로서 납부고지한 인지세액 | |
| | ⑤ 원칙적인 기산일 ①의 법정신고납부기한이 연장되는 경우 | 그 연장된 기한의 다음 날 |

*4 신고납부세목을 무신고하여 정부가 결정하거나 과소신고하여 정부가 경정하는 경우 포함

**오쌤 Tip** 헷갈릴 수 있는 제척기간 기산일 vs 소멸시효 기산일 정리

| 구분 | 제척기간 기산일 | 구분 | 소멸시효 기산일 |
|---|---|---|---|
| ① 과세표준과 세액을 신고하는 국세 | 신고기한의 다음 날 | ① 신고납부제도 국세를 신고한 경우 | 법정납부기한의 다음 날 |
| ② 원천징수의무자 또는 납세조합에 대하여 부과하는 국세 | 법정납부기한의 다음 날 | ② 원천징수의무자 또는 납세조합으로부터 징수하는 국세로서 납부고지한 세액 | 지정납부기한의 다음 날 (납부고지에 따른 납부기한의 다음 날) |
| ③ 과세표준신고기한 또는 법정납부기한이 연장되는 경우 | 그 연장된 기한의 다음 날 | ③ 법정신고납부기한이 연장되는 경우 | 그 연장된 기한의 다음 날 |

## ❼ 소멸시효의 중단과 정지  중요도 ★★★

| 구분 | 중단 | 정지 |
|---|---|---|
| 의미 | 시효의 진행 중에 권리의 행사로 볼 수 있는 사유가 발생하면 그 때까지 진행되어 온 시효기간이 효력을 잃어버리게 되는 것<br><br>**EX** 기산일 → 2년 → 중단 → 새로이 5년(10년)의 시효기간을 계산 | 시효의 진행 중에 권리자가 권리를 행사할 수 없는 사유가 발생하면 권리자에게 가혹하지 않도록 하기 위해 그 기간만큼 시효의 완성을 유예하는 것<br><br>**EX** 기산일 → 2년 → 정지 → 나머지 3년(8년)이 경과함으로써 시효완성 |
| 사유 | ① 납부고지<br>② 독촉<br>③ 압류*1<br>④ 교부청구 | ① 세법에 따른 **분납**기간<br>② 세법에 따른 납부고지의 **유예**·지정납부기한·독촉장에서 정하는 기한의 **연장**·징수 **유예**기간<br>③ 세법에 따른 압류·매각의 **유예**기간<br>④ **연부연납**기간<br>⑤ 세무공무원이 「국세징수법」에 따른 사해행위 취소소송이나 민법에 따른 채권자대위 소송을 제기하여 그 **소송이 진행 중**인 기간*2<br>⑥ 체납자가 국외에 **6개월 이상** 계속 체류하는 경우 해당 **국외 체류** 기간 |

*1 압류금지재산을 압류한 경우 또는 제3자의 재산을 압류한 경우에 해당하여 「국세징수법」에 따라 압류를 즉시 해제하는 경우는 제외함 (link-p.137)

*2 사해행위 취소소송이나 「민법」에 따른 채권자대위 소송의 제기로 인한 시효정지의 효력은 소송이 각하·기각 또는 취하된 경우에는 효력이 없음

# 04 납세의무의 확장

| 납세의무의 승계 | 연대납세의무 | | 보충적 납세의무 |
|---|---|---|---|
| ① **합병**법인의 납세의무 승계<br>② **상속**으로 인한 납세의무 승계 | 「국세기본법」 | • **공**유물·공동사업 등에 관한 연대납세의무<br>• 법인의 **분**할로 인한 연대납세의무<br>• **신**회사를 설립하는 경우 연대납세의무 | ① 제2차 납세의무<br>• **청**산인의 제2차 납세의무<br>• **출**자자의 제2차 납세의무<br>• **법**인의 제2차 납세의무<br>• **사**업양수인의 제2차 납세의무<br>② 양도담보권자의 물적납세의무<br>③ 납세보증인 |
| | 「법인세법」 | • 각 연결사업연도의 소득에 대한 법인세의 연결법인 간 연대납세의무<br>• 해산법인의 원천징수세액에 대한 청산인과 분배받은 자의 연대납세의무 | |
| | 「소득세법」 | • 공동사업합산과세 시 주된 공동사업자와 특수관계자의 연대납세의무<br>• 특수관계자 간 우회양도 시 증여자와 수증자의 양도소득세 연대납세의무 | |
| | 「상속·증여세법」 | • 상속세에 대한 상속인(수유자) 간 연대납세의무<br>• 증여세에 대한 증여자와 수증자의 연대납세의무 | |
| | 「인지세법」 | • 2인 이상이 공동으로 과세문서를 작성하는 경우 인지세의 연대납세의무 | |

「소득세법」＞「국세기본법」
: 「소득세법」상 공유물·공동사업에서 발생한 사업소득에 대하여 공동사업자 간 **개별납세의무**를 규정함

## 1 납세의무의 승계

### ❶ 납세의무의 승계의 의미 및 성격　　중요도 ★★☆

| 의미 | 일정한 사유로 인하여 본래의 납세자로부터 다른 자에게로 납세의무가 이전되는 것 |
|---|---|
| 법적 성격 | 당사자의 의사에 관계없이 법정 요건의 충족에 의해 강행적으로 이루어지며, 법정 요건이 충족되면 어떠한 별도의 처분이나 행위도 필요없이 **당연히 납세의무가 승계**됨 |

## ❷ 납세의무의 승계 비교 　　　　　　　　　　　　　　　　　　　중요도 ★★★

| 구분 | 합병법인의 납세의무 승계 | 상속으로 인한 납세의무 승계 |
|---|---|---|
| 본래의 납세의무자 | 합병으로 소멸된 법인(피합병법인) | 피상속인(사망자) |
| 납세의무 승계자 | 합병 후 존속하는 법인 또는 합병으로 설립된 법인 | 그 상속인(수유자 포함) 또는 상속재산관리인 |
| 승계되는 국세 (성립된 국세) | '납부할 국세 등'뿐만 아니라 '부과될 국세 등'도 승계(확정여부와 관계없이 **성립된 국세**는 모두 승계)<br>① 부과될 국세 등: 이미 성립하였으나 아직 확정되지 않은 국세 등<br>② 납부할 국세 등: 이미 확정되었으나 아직 납부되지 않은 국세 등 | |
| 승계한도 | 전액 승계<br>∵ 합병은 자발적으로 이루어진 것으로서 승계받을 재산에 대한 예측이 가능하므로 | ① 일반적인 경우<br>: 상속으로 받은 재산가액의 한도에서 승계<br>∵ 상속은 비자발적 승계로서 승계받을 재산에 대한 예측이 불가하므로<br><br>상속으로 받은 재산가액<br>= 상속으로 받은 (자산총액 - 부채총액) - 상속세<br><br>② 상속포기자의 경우<br>: 납세의무 승계를 피하면서 재산을 상속받기 위하여 피상속인이 상속인을 수익자로 하는 보험계약을 체결하고 피상속인의 사망으로 상속인이 「상속세 및 증여세법」상 상속재산으로 보는 보험금을 받은 경우에는 다음의 금액을 상속인이 상속받은 재산으로 보아 상속으로 받은 재산가액을 한도로 승계 NEW<br><br>㉠ 「민법」에 따라 상속을 한정승인 또는 포기한 상속인이 보험금을 받은 경우: 상속인이 받은 보험금 전액<br>㉡ 피상속인이 국세 또는 강제징수비를 체납한 상태에서 해당 보험의 보험료를 납입한 경우로서 상속인(「민법」에 따라 상속을 한정승인 또는 포기한 상속인은 제외)이 보험금을 받은 경우: 법에 따라 계산한 금액* |

*다음의 계산식에 따라 계산한 금액을 말함

상속받은 재산으로 보는 보험금 = ⓐ × $\dfrac{ⓑ}{ⓒ}$

ⓐ: 상속인이 받은 보험금
ⓑ: 피상속인이 최초로 보험료를 납입한 날부터 마지막으로 보험료를 납입한 날까지의 기간 중 국세를 체납한 일수
ⓒ: 피상속인이 최초로 보험료를 납입한 날부터 마지막으로 보험료를 납입한 날까지의 일수

### ❸ 기타사항  중요도 ★★☆

| | |
|---|---|
| 상속인이 2명 이상인 경우 | 각 상속인은 피상속인에게 부과되거나 그 피상속인이 납부할 국세 및 강제징수비를 「민법」에 따른 상속분(다음 ㉠~㉣ 중 어느 하나에 해당하는 경우에는 법으로 정하는 비율로 함)에 따라 나누어 계산한 국세 및 강제징수비를 상속으로 받은 재산의 한도에서 연대하여 납부할 의무를 짐<br>㉠ 상속인 중 수유자가 있는 경우<br>㉡ 상속인 중 「민법」에 따라 상속을 포기한 사람이 있는 경우<br>㉢ 상속인 중 「민법」에 따른 유류분을 받은 사람이 있는 경우<br>㉣ 상속으로 받은 재산에 보험금이 포함되어 있는 경우 |
| 대표자 신고 | 피상속인의 국세 및 강제징수비를 납부할 대표자를 정하여 상속개시일부터 30일 이내에 관할 세무서장에게 신고해야 함 (신고가 없을 경우 세무서장은 상속인 중 1명을 대표자로 지정 가능) |
| 상속인이 있는지 불분명한 경우 | ① 원칙: 상속인에게 해야 할 납부의 고지·독촉이나 그 밖에 필요한 사항은 상속재산관리인에게 해야 함<br>② 상속재산관리인도 없는 경우: 세무서장은 상속개시지를 관할하는 법원에 상속재산관리인의 선임을 청구할 수 있음 |
| 피상속인에게 한 처분·절차의 효력 | 피상속인에게 한 처분 또는 절차는 상속으로 납세의무를 승계하는 상속인이나 상속재산관리인에 대해서도 효력이 있음 |

## 2 연대납세의무

### ❶ 연대납세의무의 의미 및 성격  [중요도 ★☆☆]

| 의미 | 여러 명이 동일한 납세의무에 관하여 각각 독립하여 전액의 납세의무를 부담함 |
|---|---|
| 성격 | 연대납세의무자 중 1인이 전액을 납부하면 모든 납세의무자의 납부할 의무가 소멸하는 납세의무 |

### ❷ 연대납세의무의 적용(공분신)  [중요도 ★★★]

| 공유물·공동사업 등에 관한 연대납세의무 | 공유물, 공동사업 또는 그 공동사업에 속하는 재산과 관계되는 국세 및 강제징수비는 공유자 또는 공동사업자가 연대하여 납부할 의무를 짐 |
|---|---|
| 법인의 분할로 인한 연대납세의무 | ① 분할법인이 존속하는 경우 (불완전분할)<br>분할등기일 이전에 분할법인에 부과되거나 납세의무가 성립한 국세 및 강제징수비에 대하여 분할로 승계된 재산가액을 한도로 **분할법인, 분할신설법인, 분할합병의 상대방 법인**이 연대하여 납부할 의무가 있음<br>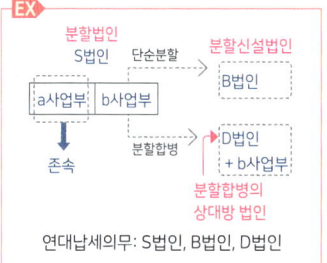<br>② 분할법인이 소멸하는 경우 (완전분할)<br>분할법인에 부과되거나 분할법인이 납부해야 할 국세 및 강제징수비에 대하여 분할로 승계된 재산가액을 한도로 **분할신설법인, 분할합병의 상대방 법인**이 연대하여 납부할 의무가 있음<br>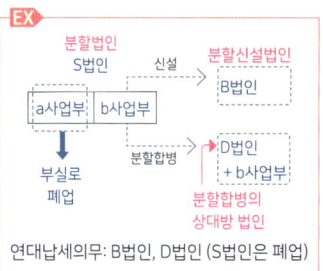 |
| 신회사를 설립하는 경우 연대납세의무 | 법인이 「채무자 회생 및 파산에 관한 법률」에 따라 신회사를 설립하는 경우 기존의 법인에 부과되거나 납세의무가 성립한 국세 및 강제징수비는 신회사가 연대하여 납부할 의무를 짐 |

### ❸ 연대납세의무의 효력  [중요도 ★★☆]

연대납세의무의 효력
- ① 소멸시효의 완성 -- 어느 연대납세의무자에 대하여 소멸시효가 완성한 때에는 그 부담부분에 한하여 다른 연대납세의무자도 그 납세의무를 면함, 즉 그 효력이 미침
- ② 부과처분의 무효 또는 취소의 사유 -- 어느 연대납세의무자의 1인에 대한 부과처분의 무효 또는 취소의 사유는 다른 연대납세의무자에게 그 효력이 미치지 아니함
- ③ 변제에 대한 구상권 -- 어느 연대납세의무자가 변제 기타 자기의 출재로 공동면책이 된 때에는 다른 연대납세의무자의 부담부분에 대하여 구상권을 행사할 수 있음

### ❹ 연대납세의무의 예외(「국세기본법」상 연대납세의무 규정에 우선하는 개별세법의 특례규정)  [중요도 ★★★]

: 「소득세법」에 따른 공동사업(사업소득이 발생하는 사업)에서 발생하는 소득금액은 공동사업자 간 손익분배비율에 의하여 분배되었거나 분배될 소득금액에 따라 공동사업자별로 소득세 납세의무를 짐

## 3 보충적 납세의무

### ❶ 보충적 납세의무의 특징  중요도 ★★☆

| 부종성 | 주된 납세의무의 존재를 전제로 하여 성립하고 주된 납세의무에 관하여 생긴 사유는 보충적 납세의무에도 효력이 있음 |
|---|---|
| 보충성 | 주된 납세자의 재산에 강제징수를 집행하여도 징수할 금액에 부족한 경우에 그 부족액에 대해서만 납부책임을 짐 |

### ❷ 제2차 납세의무(청출법사)  중요도 ★★★

| 구분 | 청산인 | 출자자 | 법인 | 사업양수인 |
|---|---|---|---|---|
| 요건 | ① 법인이 해산하여 청산 + ② 부과되거나 납부할 국세 등을 미납한 채 청산인이 잔여재산을 분배 or 인도 + ③ 그 법인에 강제징수를 집행해도 징수할 금액에 부족함 | 법인 (유가증권시장 및 코스닥시장 상장법인은 제외)의 재산으로 성립된 국세 등에 충당하여도 부족함 | ① 납세의무 확정 이후 + ② 출자자의 재산*1으로 그 출자자가 납부할 국세 등에 충당하여도 부족함 + ③ 출자지분 또는 소유주식에 매각불능 등의 사유*2가 있음 | ① 특수관계인 또는 조세회피를 목적으로 사업을 양수한 자에게 사업의 포괄 승계*3 + ② 양도일 이전에 확정된 그 사업에 관한 국세 + ③ 양도인의 재산으로 국세 등에 충당하여도 부족함 |
| 주된 납세 의무자 | 해산법인 | 법인 (**유가증권시장 및 코스닥시장 상장법인 제외**) | **납부기간 만료일 현재**의 과점주주, 무한책임사원 | 사업 양도인 |
| 제2차 납세 의무자 | 청산인, 잔여재산을 분배·인도받은 자 | **납세의무 성립일 현재**의 과점주주, 과점조합원 NEW*4, 무한책임사원(합자회사 무한책임사원, 합명회사 사원) | 법인(상장여부 불문) | 양도인과 **특수관계인**인 사업양수인 또는 양도인의 조세회피를 목적으로 사업을 양수한 자 |
| 대상 국세 | 부과되거나 납부할 국세 → 해산할 때나 잔여재산을 분배 또는 인도하는 때에 이미 납세의무가 성립된 국세에 한정하지 않고 법인이 납부해야할 모든 국세를 말함 | 성립 이후의 국세 | 확정 이후의 국세(납부기간 만료일 이후의 국세) | 양도일 이전에 확정된 그 사업에 관한 국세 (양도소득세 x) ↓ 둘 이상의 사업장 중 한 사업장만 승계한 경우 양수한 사업장에 배분되는 국세 등에 대해서만 제2차 납세의무를 짐 |
| 한도*6 | ① 청산인 : 분배·인도한 재산가액 ② 분배·인도받은 자 : 분배·인도받은 재산가액 ↳ 잔여재산을 분배·인도한 날 현재의 시가 | ① 무한책임사원 : 전액(한도 X) ② 과점주주*5, 과점조합원 : 지분비율 상당액(**의결권 없는 주식은 제외**) | 지분비율 상당액 | 양수한 재산가액 |

*1 그 법인의 발행주식 또는 출자지분은 제외
*2 매각불능 등의 사유

　㉠ 정부가 출자자의 소유주식 또는 출자지분을 재공매하거나 수의계약으로 매각하려 하여도 매수희망자가 없는 경우
　㉡ 그 법인이 외국법인인 경우로서 출자자의 소유주식 또는 출자지분이 외국에 있는 재산에 해당하여「국세징수법」에 따른 압류 등 강제징수가 제한되는 경우
　㉢ 법률 또는 그 법인의 정관에 의하여 출자자의 소유주식 또는 출자지분의 양도가 제한된 경우(「국세징수법」에 따라 공매할 수 없는 경우는 제외)

*3 사업의 포괄 승계: 사업장별로 그 사업에 관한 모든 권리(미수금 제외)와 의무(미지급금 제외)를 포괄 승계
*4 과점조합원: 영농조합법인 또는 영어조합법인의 조합원 1명과 그의 특수관계인 중 친족관계·경제적 연관관계·경영지배관계에 있는 자로서 그들의 출자액의 합계가 해당 조합의 출자총액의 50%를 초과하는 자들을 말함. 다만, 조합원 간에 손익분배비율을 정한 경우로서 그 손익분배비율이 출자액의 비율과 다른 경우에는 그들의 손익분배비율의 합계가 50%를 초과하는 자들을 과점조합원으로 함
*5 과점주주: 주주(또는 유한책임사원) 1인과 그의 특수관계인으로서 그들의 소유주식(또는 출자액) 합계가 해당 법인의 발행주식총수(또는 출자총액)의 50%를 초과하면서 법인의 경영에 지배적인 영향력을 행사하는 자. 과점주주의 자격판단에 있어 지분비율 계산 시 의결권 없는 주식은 제외
*6 한도

| 과점주주 등의 한도액 | 법인의 한도액 | 사업양수인의 한도액 |
|---|---|---|
| 징수부족액 × 지분비율<br><br>과점주주 등의 소유주식수 (또는 출자액)<br>―――――――――――――――――――<br>(발행주식총수 (또는 출자총액))<br><br>의결권 없는 주식은 제외 | 법인의<br>(자산총액 - 부채총액) × 지분비율<br><br>해당 국세(둘 이상의 국세의 경우, 납부기한이 뒤에 오는 국세)의 **납부기간 종료일 현재**의 시가<br><br>출자자의 소유주식수(또는 출자액)<br>―――――――――――――――――――<br>발행주식총수(또는 출자총액)<br><br>의결권 없는 주식을 포함 | 양수한 재산가액이란 다음의 가액을 의미함<br>① 양수대가<br>② 양수대가가 불분명한 경우: 양수한 자산·부채를「상속세 및 증여세법」의 규정을 준용하여 평가한 후 계산한 순자산의 가액<br>③ 위 ①과 시가의 차이가 3억원 이상이거나 시가의 30% 이상인 경우: ①과 ② 중 큰 금액 |

## ❸ 양도담보권자의 물적납세의무　　중요도 ★★★

### 3.1 양도담보와 양도담보재산의 의미

| 양도담보 | 채권의 담보수단으로 **채무자**(양도담보**설정자**)의 재산의 법적 소유권을 **채권자**(양도담보**권자**)에게 이전시키되, 채무자가 담보로 제공한 자산을 계속 사용·수익하는 제도 |
|---|---|
| 양도담보재산 | 당사자 간의 계약에 의하여 납세자가 그 재산을 양도하였을 때에 실질적으로 양도인에 대한 채권담보의 목적이 된 재산 |

### 3.2 양도담보권자의 물적납세의무

| 요건 | ① 본래의 납세자(양도담보**설정자**)*가 국세 및 강제징수비를 체납한 경우<br>② 납부고지서가 양도담보**권자**에게 송달되는 시점까지 양도담보재산이 존재<br>③ 양도담보의 설정이 양도담보설정자가 체납한 국세의 법정기일 후에 설정되었을 것<br>④ 양도담보재산을 제외하고는 양도담보설정자의 다른 재산에 대하여 강제징수를 집행하여도 징수할 금액에 미치지 못함 |
|---|---|

* 제2차 납세의무자도 납세자에 해당하므로 그 소유재산에 대한 양도담보권자는 물적납세의무를 지게 됨

| 물적 납세의무자 | 양도담보**권자**(채권자) |
|---|---|
| 한도 | 양도담보 재산가액 |
| 징수절차 | ① 세무서장이 양도담보권자에게 납부고지서에 의하여 고지<br>② 고지된 납부기한까지 이행하지 않는 경우 독촉 없이 바로 압류 |

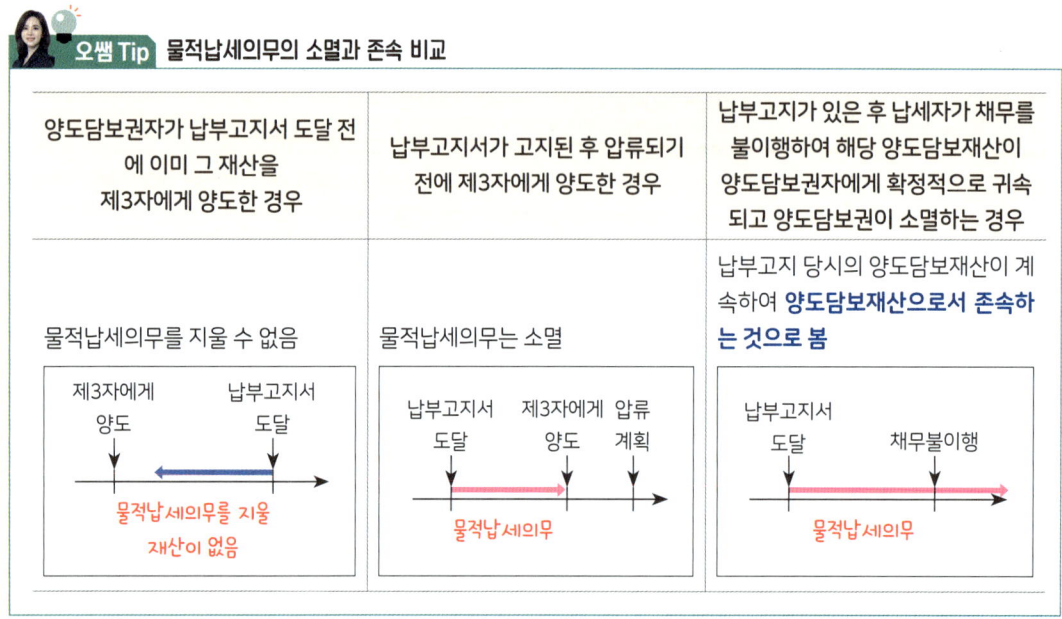

**오쌤 Tip** 물적납세의무의 소멸과 존속 비교

| 양도담보권자가 납부고지서 도달 전에 이미 그 재산을 제3자에게 양도한 경우 | 납부고지서가 고지된 후 압류되기 전에 제3자에게 양도한 경우 | 납부고지가 있은 후 납세자가 채무를 불이행하여 해당 양도담보재산이 양도담보권자에게 확정적으로 귀속되고 양도담보권이 소멸하는 경우 |
|---|---|---|
| 물적납세의무를 지울 수 없음 | 물적납세의무는 소멸 | 납부고지 당시의 양도담보재산이 계속하여 **양도담보재산으로서 존속하는 것으로 봄** |

### 3.3 양도담보 관련 기타사항

| 제3자와의 양도담보권 설정 | 납세자가 제3자와 짜고 거짓으로 재산에 담보권설정을 한 경우 그 행위의 취소를 법원에 청구할 수 있음 ← 입증책임은 세무서장에게 있음 |
|---|---|
| 특수관계자와의 양도담보권 설정 | 납세자가 법정기일 전 1년 내에 친족이나 그 밖의 특수관계인과 양도담보설정계약을 한 경우에는 이를 짜고 한 거짓계약으로 추정함 ← 입증책임은 납세자에게 있음 |
| 양도소득세 과세 제외 | 양도담보로서 자산을 양도한 경우에는 실질적인 양도가 아니므로 양도소득세를 과세하지 않음 |
| 부가가치세 과세 제외 | 채권담보목적에 불과하므로 재화의 공급으로 보지 않음. 즉, 부가가치세 과세대상이 아님 |
| 감가상각비 | 양도담보설정자가 직접 사용 시 양도담보설정자가 감가상각비를 계상함 |

## ❹ 납세보증인

: 납세보증인이란 납세자의 국세 또는 강제징수비의 납부를 보증한 자를 말하며, 납세보증인 제도는 본래의 납세자가 납세의무를 이행하지 않은 경우에 그 보증인으로 하여금 보충적으로 납세의무를 지도록 하는 제도임

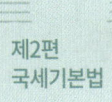
 국세와 일반채권과의 관계

## 1 국세의 우선권

### ❶ 국세우선의 일반원칙    중요도 ★★☆
: 국세 및 강제징수비는 다른 공과금이나 그 밖의 채권에 우선하여 징수함

### ❷ 국세우선의 적용시기    중요도 ★★☆

| 납세자의 재산을 강제환가절차에 의해 매각(또는 추심)하는 경우 | 그 매각대금(또는 추심금액) 중에서 국세 등을 우선하여 징수함 |
| --- | --- |
| 강제매각(또는 추심)절차가 개시되기 전에 납세자가 임의로 국세 등이 아닌 다른 채권을 먼저 변제하는 경우 | 국세우선권이 적용되지 않음 |

## 2 국세우선권에 대한 제한

### ❶ 국세우선권의 예외    중요도 ★★★

| 순위 | 법정기일 전 담보설정 | 법정기일 후 담보설정 |
| --- | --- | --- |
| 1순위 | ① 강제집행·경매·파산절차 소요비용<br>② 선집행 지방세·공과금의 체납처분비 또는 강제징수비 | |
| 2순위 | 당해 국세의 강제징수비 | |
| 3순위 | 소액임차보증금 및 최우선 변제대상 임금채권 | |
| 4순위 | 재산 자체에 부과된 국세(예외사항 있음) | |
| 5순위 | 담보채권 및 확정일자를 갖춘 임대차보증금 | 당해 국세 |
| 6순위 | 기타의 임금채권 | 담보채권 및 확정일자를 갖춘 임대차보증금 |
| 7순위 | 당해 국세 | 기타의 임금채권 |
| 8순위 | 공과금 및 일반채권 | 공과금 및 일반채권 |

## ❷ 직접경비 우선   중요도 ★★☆

| 집행비용 우선 | 강제집행, 경매 또는 파산 절차에 든 비용은 국세 및 강제징수비보다 우선 변제됨<br>→ 모든 채권자를 위한 공익비용이므로 우선적으로 변제<br>강제집행·경매·파산절차에 든 비용 > 강제징수비 > 국세(가산세 제외) > 가산세 |
|---|---|
| 선집행 지방세·공과금 | 선집행 지방세나 공과금의 체납처분비 또는 강제징수비는 국세 및 강제징수비보다 우선 징수됨<br>→ 지방세나 공과금 그 자체가 우선한다는 것이 아니고 단지 그 체납처분비 또는 강제징수비만이 우선한다는 의미임. 공과금 자체는 국세 등에 우선하지 못하며, 지방세 자체는 국세와 동순위이므로 압류선착수주의에 의해 판단함 |

## ❸ 피담보채권우선   중요도 ★★★

### 3.1 저당권 등에 의해 담보된 채권의 우선

| 담보설정일 > 법정기일<br>↓　　　↓<br>피담보채권 > 국세 | **법정기일 전에** 전세권, 질권 또는 저당권이 설정된 재산을 매각하여 그 매각금액에서 국세를 징수하는 경우 그 전세권, 질권 또는 저당권에 의하여 **담보된 채권(피담보채권)은 국세보다 우선 변제됨** |
|---|---|
| 법정기일 > 담보설정일<br>↓　　　↓<br>국세 > 피담보채권 | 법정기일 후에 담보된 채권(피담보채권)은 국세보다 우선 변제되지 않음 |
| 재산 자체에 부과되는 국세 | 재산 자체에 대하여 부과된 상속세, 증여세 및 종합부동산세는 법정기일 전에 설정된 전세권, 질권 또는 저당권에 의하여 담보된 채권보다 우선함. 즉, 저당권 등의 **설정시기를 불문하고** 재산 자체에 부과되는 국세는 **피담보채권보다 우선 징수**됨 |

### 3.2 가등기에 의해 담보된 국세

| 가등기설정일 > 법정기일<br>↓　　　↓<br>피담보채권 > 국세 | 법정기일 전에 설정된 가등기담보권에 의하여 담보된 채권(피담보채권)은 **국세보다 우선 변제됨** |
|---|---|
| 법정기일 > 가등기설정일<br>↓　　　↓<br>국세 > 피담보채권 | 법정기일 후에 가등기를 마친 사실이 증명되는 재산을 매각하여 그 매각금액에서 국세를 징수하는 경우 그 재산을 압류한 날 이후에 그 가등기에 따른 본등기가 이루어지더라도 그 국세는 그 가등기에 의해 담보된 채권(피담보채권)보다 우선함 |
| 재산 자체에 부과되는 국세 | 재산에 대하여 부과된 국세(상·증·종)는 법정기일 전에 설정된 가등기담보권에 의하여 담보된 채권보다 우선함. 즉, 가등기 **설정시기를 불문하고** 재산자체에 부과된 국세가 **피담보채권보다 우선 징수**됨 |

## 3.3 법정기일(≈ 납세의무 확정일, 납부고지서 도달일 vs 납부고지서의 발송일)

↑확정일   ↑법정기일

| | 구분 | 법정기일 |
|---|---|---|
| 원칙 | 과세표준과 세액의 신고에 따라 납세의무가 확정되는 국세(중간예납하는 법인세와 예정신고납부하는 부가가치세 및 양도소득세 포함)의 경우 신고한 해당 세액 | 그 신고일 |
| | 과세표준과 세액을 정부가 결정·경정 또는 수시부과 결정을 하는 경우 고지한 해당 세액 | 그 납부고지서의 발송일 |
| 예외 | 제2차 납세의무자(보증인 포함)의 재산에서 징수하는 국세 또는 양도담보재산에서 징수하는 국세 | 그 납부고지서의 발송일 |
| | 「부가가치세법」에 따른 신탁 관련 수탁자의 물적납세의무 규정에 따라 신탁재산에서 부가가치세 등을 징수하는 경우 | 그 납부고지서의 발송일 |
| | 「종합부동산세법」에 따라 신탁재산에서 징수하는 종합부동산세 | 그 납부고지서의 발송일 |
| | 인지세와 원천징수의무자나 납세조합으로부터 징수하는 국세 | 그 납세의무의 확정일 |
| | 「국세징수법」에 따라 납세자의 재산을 확정 전 보전압류하는 경우 그 압류와 관련하여 확정된 국세 | 그 압류등기일 또는 등록일 |

## 3.4 소액임차보증금 등의 우선

| 우선 변제되는 소액임차보증금 | 「주택임대차보호법」 또는 「상가건물 임대차보호법」에 따라 임차인이 우선하여 변제받을 수 있는 금액은 국세보다 우선 변제됨 |
|---|---|
| 그 외 보증금 | 법정기일 전에 대항요건과 확정일자를 갖춘 임차권이 설정된 재산을 매각하여 그 매각금액에서 국세를 징수하는 경우 그 임차권에 의하여 담보된 임대차보증금반환채권은 국세보다 우선 변제되고 법정기일 후에 대항요건과 확정일자를 갖춘 임차권의 경우에는 국세가 우선 변제됨 |
| 재산 자체에 부과되는 국세 | ① 원칙<br>해당 재산에 대하여 부과된 국세(상·증·종)는 법정기일 전에 설정된 대항요건과 확정일자를 갖춘 임차권에 의하여 담보된 임대차보증금반환채권보다 우선함<br>② 예외<br>임대차보증금반환채권[*1]은 해당 임차권 또는 전세권이 설정된 재산이 국세의 강제징수·경매 절차 등을 통하여 매각되어 그 매각금액에서 국세를 징수하는 경우 그 확정일자 또는 설정일보다 법정기일이 늦은 당해세[*2]의 우선 징수 순서에 대신하여 변제될 수 있음( 사례 1 참고)<br>→ 대신 변제되는 금액은 우선 징수할 수 있었던 당해세의 징수액에 한정하며, 임대차보증금반환채권 등보다 우선 변제되는 저당권 등의 변제액과 당해세를 우선 징수하는 경우에 배분받을 수 있었던 임대차보증금반환채권 등의 변제액에는 영향을 미치지 아니함 |

[*1] 「주택임대차보호법」에 따라 대항요건과 확정일자를 갖춘 임차권에 의하여 담보된 임대차보증금반환채권 또는 주거용 건물에 설정된 전세권에 의하여 담보된 채권
[*2] 해당 재산에 대하여 부과된 상속세·증여세·종합부동산세

> **사례 1** 당해세 우선 원칙의 예외

임대인 A가 B은행과 저당권 설정(4억원, 설정일 4/1) 및 임차인C와 주택 임대차 계약(2억원, 확정일자 5/1)을 맺은 후 종부세를 1억원(법정기일 6/1) 체납하여 해당 주택을 압류 후 매각 한 경우

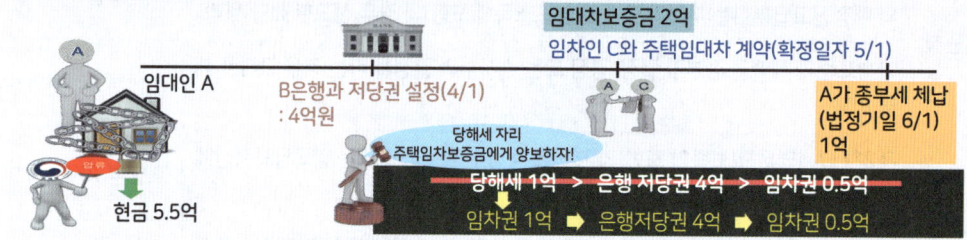

| 구분 | <1순위> | | <2순위> | | <3순위> | | <4순위> | |
|---|---|---|---|---|---|---|---|---|
| 기존 규정 | 법정기일이 늦은 당해세 | 1억원 | B은행의 저당권 | 4억원 | C의 임차권 | 0.5억원 | - | - |
| 개정 사항 | C의 임차권 | 1억원 | B은행의 저당권 | 4억원 | C의 임차권 | 0.5억원 | 법정기일이 늦은 당해세 | - |

### 3.5 소유자가 변경되는 경우의 국세우선의 원칙의 제한

| 원칙 | 직전 소유자 보유 시 전세권 등이 설정된 재산이 양도, 상속 또는 증여되어 소유자가 변경된 경우, 변경 후 소유자(현 소유자)가 체납한 국세에 대해서는 그 전세권 등에 대해 국세우선의 원칙을 적용하지 않음 |
|---|---|
| 예외 | 다음의 어느 하나에 해당할 경우 국세(법정기일이 전세권 등의 설정일보다 빠른 국세로 한정)를 우선하여 징수함<br>① 해당 재산의 직전 소유자가 전세권 등의 설정 당시 체납하고 있었던 국세 등을 고려하여 계산한 금액*의 범위 내에서는 국세를 우선하여 징수( 사례 2 참고)<br>② 해당 재산에 대하여 부과된 종합부동산세 |

* 해당 재산에 대한 전세권, 질권 또는 저당권의 설정일 또는 대항요건과 확정일자를 갖춘 임차권의 확정일자 중 가장 빠른 것보다 법정기일이 빠른 직전 소유자의 국세 체납액의 합계액

> **사례 2** 소유자가 변경되는 경우의 국세우선의 원칙의 제한

종전 임대인 A(체납액 3억원, 법정기일 6/1)가 임차인B와 주택 임대차 계약(2억원, 확정일자 8/1)을 맺은 후 압류되기 전에 현 임대인 C(체납액 4억원, 법정기일 7/1)에게 양도.

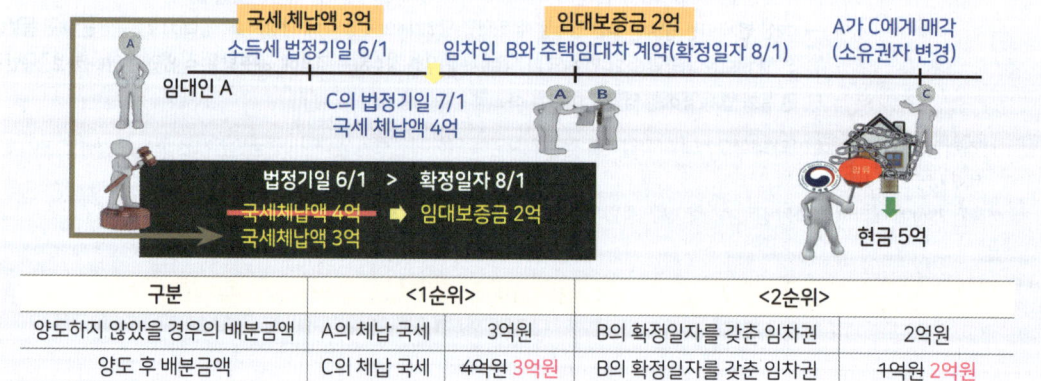

| 구분 | <1순위> | | <2순위> | |
|---|---|---|---|---|
| 양도하지 않았을 경우의 배분금액 | A의 체납 국세 | 3억원 | B의 확정일자를 갖춘 임차권 | 2억원 |
| 양도 후 배분금액 | C의 체납 국세 | 4억원 3억원 | B의 확정일자를 갖춘 임차권 | 1억원 2억원 |

### 3.6 짜고 거짓으로 한 담보권 등 설정에 대한 취소청구

| 제3자와의 담보권 설정 | 세무서장은 납세자가 제3자와 짜고 거짓으로 재산에 전세권, 질권 또는 저당권 및 가등기설정 계약 또는 양도담보설정계약 등을 하고 그 등기 또는 등록을 하거나 「주택임대차보호법」 또는 「상가건물 임대차보호법」에 따른 대항요건과 확정일자를 갖춘 임대차계약을 체결함으로써 그 재산의 매각금액으로 국세를 징수하기가 곤란하다고 인정할 때에는 그 행위의 취소를 법원에 청구할 수 있음 ← 입증책임은 세무서장에게 있음 |
|---|---|
| 특수관계자와의 담보권 설정 | 납세자가 국세의 법정기일 전 1년 내에 친족이나 그 밖의 특수관계인과 담보권 설정 계약 또는 임대차계약을 한 경우에는 짜고 한 거짓계약으로 추정함 ← 입증책임은 납세자에게 있음 |

### 3.7 임금채권의 우선

| 최우선 변제대상 임금채권 | **최종 3개월분의 임금, 최종 3년간의 퇴직급여, 재해보상금** 등은 강제징수비 등을 제외한 모든 국세에 항상 우선함 |
|---|---|
| 그 외 임금채권 | 담보된 채권 및 담보된 채권에 우선하는 조세·공과금에는 우선하지 않음 |


## 3 조세채권 상호 간의 우선순위

### ❶ 압류에 의한 우선   중요도 ★★☆

| 압류에 관계된 국세 등 우선 | 압류에 관계되는 국세 및 강제징수비는 교부청구(참가압류를 포함)된 다른 조세 및 강제징수비에 우선하여 징수함 |
|---|---|
| 압류선착수주의 | 징수권행사에 적극성을 가지는 쪽에 변제우선권을 주기 위해 압류선착수주의 |
| 압류에 관계된 지방세 우선 | 지방세 체납처분에 의하여 납세자의 재산을 압류한 경우에 국세 및 강제징수비의 교부청구(참가압류를 포함)가 있으면 교부청구된 국세 및 강제징수비는 압류에 관계되는 지방세의 다음 순위로 징수함 |

### ❷ 담보 있는 국세의 우선   중요도 ★☆☆

: 납세담보물을 매각하였을 때에는 담보에 관계된 국세 및 강제징수비는 다른 국세 및 강제징수비와 지방세에 우선하여 징수함

∴ 납세담보에 관계된 조세 > 강제징수한 조세(압류에 관계된 조세) > 교부청구(참가압류)한 조세

# 06 과세

제2편 국세기본법

## 1 관할관청

### ❶ 관할관청의 의미
중요도 ★☆☆

: 국세에 관한 사무를 담당하는 행정기관. 국세의 관할관청은 세목별로 그 납세지를 관할하는 세무서장임
  국세의 부과징수권의 행사나 납세의무의 이행에 있어서 기준이 되는 장소임.
  세목별로 각각 개별세법에서 규정하고 있음

### ❷ 과세표준신고의 관할
중요도 ★★☆

| 과세표준신고서의 제출 | ① 과세표준신고서: 신고 당시 해당 국세의 납세지를 관할하는 세무서장에게 제출<br>② 전자신고: 지방국세청장이나 국세청장에게 제출할 수 있음 |
|---|---|
| 신고 관할 위배 시 효력 | 과세표준신고서가 관할 세무서장 외의 세무서장에게 제출된 경우에도 그 신고의 효력에는 영향이 없음 |

### ❸ 결정 또는 경정 결정의 관할
중요도 ★★☆

| 결정·경정 관할 | 국세의 과세표준과 세액의 결정 또는 경정결정은 그 처분 당시 그 국세의 납세지를 관할하는 세무서장이 함 |
|---|---|
| 결정·경정 관할 위배 시 효력 | 관할 세무서장 외의 세무서장이 한 결정 또는 경정결정처분은 그 효력이 없음 |

### ❹ 적용의 제한 (세법 > 「국세기본법」)
중요도 ★★☆

: 「국세기본법」상 관할관청 규정은 개별 세법상 관할관청에 관한 특례규정이 없는 경우에만 적용

## 2 수정신고와 경정 등의 청구

| 과세관청 | 과세관청은 부과제척기간이 만료되기 전까지 결정·경정·재경정·부과취소 등을 할 수 있는 권한을 가짐 |
|---|---|
| 납세의무자 | 수정신고와 경정 등의 청구를 할 수 있는 권리를 인정 |

### ❶ 수정신고 및 경정청구  중요도 ★★★

| 구분 | 수정신고 | 경정청구 |
|---|---|---|
| 사유 | ① 이미 신고한 과세표준 및 세액이 과소<br>② 이미 신고한 결손금액 또는 환급세액이 과대<br>③ 원천징수의무자의 누락신고<br>④ 이미 신고한 내용이 불완전한 경우 (국고보조금 및 공사부담금에 상당하는 금액을 익금과 손금에 동시에 산입하지 않은 경우) | ① 이미 신고·결정·경정된 과세표준 및 세액 등이 과대<br>② 이미 신고·결정·경정된 결손금액, 세액공제액NEW 또는 환급세액이 과소 |
| 대상 | ① 법정신고기한까지 과세표준신고서를 제출한 자 (연말정산 또는 원천징수로 과세가 종결되어 과세표준 확정신고의무가 면제된 자 포함)<br>② 기한후과세표준신고서를 제출한 자 | ① 법정신고기한까지 과세표준신고서를 제출한 자 (법정신고기한까지 제출은 하였으나 자진납부하지 않은 경우도 포함, 원천징수의무자 또는 원천징수대상자도 연말정산 및 원천징수로 납세절차가 종결되는 소득에 대해 경정청구할 수 있음)<br>② 기한후과세표준신고서를 제출한 자<br>③ 「종합부동산세법」에 따른 납세의무자로서 종합부동산세를 부과·고지받은 자 |
| 신청자 | 납세의무자가 이를 정정하는 신고 | 납세의무자가 과세관청으로 하여금 정정하여 결정 또는 경정하도록 촉구하는 청구 |
| 기한 | 관할 세무서장이 각 세법에 따라 해당 국세의 과세표준과 세액을 결정 또는 경정하여 통지하기 전으로서 국세부과 제척기간이 끝나기 전까지<br>→ 즉, 관할 세무서장이 경정하여 통지한 경우 그 경정통지한 부분에 대해서는 수정신고를 할 수 없음 | ① 최초신고 및 수정신고: 법정신고기한이 지난 후 5년 이내<br>② 증액 결정·경정분: 처분이 있음을 안 날로(처분이 있은 날 X)부터 3개월NEW 이내 (법정신고기한이 지난 후 5년 이내에 한함) |
| 절차 | 수정신고를 하려는 자는 과세표준수정신고 및 추가자진납부계산서를 납세지 관할 세무서장에게 제출 | 납세의무자가 청구: 경정 등의 청구를 하려는 자는 결정 또는 경정청구서를 납세지 관할 세무서장에게 제출 |

| | | |
|---|---|---|
| 통지 | - | ① 세무서장은 그 청구를 받은 날부터 2개월 이내에 청구에 대한 결과를 통지해야 함<br>② 청구를 한 자가 2개월 이내에 아무런 통지(③의 상황 제외)를 받지 못한 경우에는 통지를 받기 전이라도 그 2개월이 되는 날의 다음 날부터 「국세기본법」 또는 「감사원법」에 따른 불복청구를 할 수 있음<br>③ 결정·경정의 청구를 받은 세무서장이 청구를 받은 날부터 2개월 내에 과세표준 및 세액결정 또는 경정이 곤란한 경우, 청구를 한 자에게 관련 진행상황 및 「국세기본법」 또는 「감사원법」에 따른 불복청구를 할 수 있다는 사실을 통지해야 함 |
| 효력 | ① 신고납부제도<br>㉠ 기한내신고에 대한 수정신고: 당초의 신고에 따라 확정된 과세표준과 세액을 증액하여 확정하는 효력을 가짐<br>㉡ 기한후신고에 대한 수정신고: 확정력 없음<br>② 정부부과제도<br>: 수정신고 시에도 세액이 확정되지 않음. 과세관청의 경정을 통해 확정 | 신고납부세목, 정부부과세목을 불문하고 세무서장이 결정 또는 경정하여 통지한 때에 확정의 효력이 발생<br>← 즉, 청구 시 확정 효력 X |

## ❷ 후발적 사유로 인한 경정 등의 청구    중요도 ★★★

| 대상 | ① 과세표준신고서를 법정신고기한까지 제출한 자 + 후발적 사유의 발생<br>② 국세의 과세표준 및 세액의 결정을 받은 자(기한후과세표준신고서를 제출한 자 포함) + 후발적 사유의 발생 |
|---|---|
| 기한 | 후발적 사유가 발생한 것을 안 날부터 3개월 이내 (발생한 날 X)<br>↳ 법정신고기한이 지난 후 5년이 지났더라도 가능함 주의 |
| 사유 | ① 최초의 신고·결정 또는 경정에서 과세표준 및 세액의 계산 근거가 된 거래 또는 행위 등이 그에 관한 심사청구, 심판청구, 「감사원법」에 따른 심사청구에 대한 결정이나 소송에 대한 판결(판결과 같은 효력을 가지는 화해나 그 밖의 행위를 포함한다)에 의하여 다른 것으로 확정되었을 때<br>② 소득이나 그 밖의 과세물건의 귀속을 제3자에게로 변경시키는 결정 또는 경정이 있을 때<br>③ 조세조약에 따른 상호합의가 최초의 신고·결정 또는 경정의 내용과 다르게 이루어졌을 때<br>④ 결정 또는 경정으로 인하여 그 결정 또는 경정의 대상이 된 과세표준 및 세액과 연동된 다른 세목(같은 과세기간으로 한정)이나 연동된 다른 과세기간(같은 세목으로 한정)의 과세표준 또는 세액이 세법에 따라 신고하여야 할 과세표준 또는 세액을 초과할 때<br>⑤ 최초의 신고·결정 또는 경정을 할 때 과세표준 및 세액의 계산 근거가 된 거래 또는 행위 등의 효력과 관계되는 관청의 허가나 그 밖의 처분이 법정신고기한이 지난 후 취소된 경우<br>⑥ 최초의 신고·결정 또는 경정을 할 때 과세표준 및 세액의 계산 근거가 된 거래 또는 행위 등의 효력과 관계되는 계약이 해제권의 행사에 의하여 해제되거나 해당 계약의 성립 후 발생한 부득이한 사유로 법정신고기한이 지난 후 해제되거나 취소된 경우<br>⑦ 최초의 신고·결정 또는 경정을 할 때 장부 및 증거서류의 압수, 그 밖의 부득이한 사유로 과세표준 및 세액을 계산할 수 없었으나 그 후 해당 사유가 법정신고기한이 지난 후 소멸한 경우 |

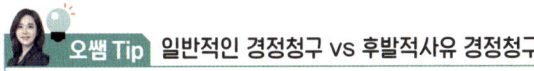 **오쌤 Tip** 일반적인 경정청구 vs 후발적사유 경정청구

| 구분 | 일반적인 경정청구 | 후발적사유 경정청구 |
|---|---|---|
| 대상 | ① 과세표준신고서를 법정신고기한 내에 제출한 자<br>② 기한후신고를 한 자 | ① 과세표준신고서를 법정신고기한 내에 제출한 자<br>② 과세표준과 세액의 결정을 받은 자 |
| 기한 | ① 법정신고기한이 지난 후 5년 이내<br>② 증액결정·경정분: 안 날부터 3개월 NEW | 후발적 사유가 발생한 것을 안 날부터 3개월 이내<br>→ 즉, 법정신고기한이 지난 후 5년이 지났더라도 가능 |
| 통지 | 청구를 받은 날부터 2개월 이내 | |

### ❸ 원천징수의무자 및 원천징수대상자에 대한 경정청구 허용   중요도 ★★☆

| 의미 | 법정신고기한까지 과세표준신고서를 제출한 자는 물론, 원천징수의무자 또는 원천징수대상자도 연말정산 및 원천징수로 납세절차가 종결되는 소득에 대해 경정청구할 수 있음 |
|---|---|
| 대상 | ①「소득세법」상 분리과세소득, 연말정산대상소득 및 퇴직소득 등 과세표준확정신고가 면제되는 소득이 있는 자 및 그 원천징수의무자<br>② 비거주자의 국내원천소득 중 분리과세소득에 해당하는 국내원천소득이 있는 자 및 그 원천징수의무자<br>③ 외국법인의 국내원천소득 중 분리과세소득에 해당하는 국내원천소득이 있는 자 및 그 원천징수의무자 |
| 기한 | 연말정산세액 또는 원천징수세액의 납부기한이 지난 후 5년 이내 |
| 요건 | 원천징수의무자가 연말정산 또는 원천징수에 의하여 근로소득자 등에 대한 소득세 또는 법인세를 납부하고 지급명세서를 제출기한까지 제출한 경우에만 경정청구 가능<br>→ 해당 소득의 지급일이 속하는 과세기간의 다음 연도 2월 말일(사업소득과 근로소득 또는 퇴직소득의 경우에는 다음 연도 3월 10일까지) |

### ❹ 기한 후 신고   중요도 ★★★

| 의미 | 법정신고기한까지 신고서를 제출하지 않은 자가 법정신고기한 경과 후에 자진해서 신고서를 제출하는 것 |
|---|---|
| 절차 | 관할 세무서장이 세법에 따라 해당 국세의 과세표준과 세액(가산세를 포함)을 결정하여 통지하기 전까지 신고 |
| 통지 | ① 관할 세무서장은 세법에 따라 신고일부터 3개월 이내에 해당 국세의 과세표준과 세액을 결정 또는 경정하여 신고인에게 통지<br>② 부득이한 사유로 신고일부터 3개월 이내에 결정 또는 경정할 수 없는 경우 그 사유를 신고인에게 통지해야 함 |
| 효력 | 기한 후 신고를 하더라도 해당 국세의 납세의무를 확정하는 효력은 없음 |
| 납부 | 기한후과세표준신고서를 제출한 자로서 세법에 따라 납부하여야 할 세액이 있는 자는 그 세액을 납부해야 함 |

**오쌤 Tip** 수정신고 vs 기한 후 신고

| 구분 | 수정신고 | 기한 후 신고 |
|---|---|---|
| 대상 | ① 과세표준신고서를 법정신고기한 내에 제출한 자<br>② 기한후과세표준신고서를 제출한 자 | 법정신고기한까지 과세표준신고서를 제출하지 않은 자 |
| 사유 | 과소신고, 과대환급신고, 원천징수의무자의 누락신고, 불완전한 신고 | 당초 무신고 시 |
| 기한 | 결정·경정하여 통지하기 전으로서 국세부과제척기간이 끝나기 전까지 | 결정하여 통지하기 전까지 |
| 통지 | - | 관할 세무서장이 신고일부터 3개월 이내에 결정하여 통지 |
| 효력 | ① 정부부과제도: 증액 확정력 없음<br>② 신고납부제도: 증액 확정력 있음 (단, 기한 후 신고에 대한 수정신고는 증액 확정력이 없음) | 확정력 없음 |

### ❺ 기한 후 자진납부  중요도 ★★☆

| 대상 | 과세표준신고서를 법정신고기한까지 제출하였으나 과세표준신고액에 상당하는 세액의 전부 또는 일부를 납부하지 아니하는 자 |
|---|---|
| 기한 | 세액과 가산세를 세무서장이 고지하기 전에 납부할 수 있음 |

### ❻ 신용카드 등으로 하는 국세납부  중요도 ★★☆

| 카드 납부 | 세법에 따라 신고하거나 과세관청이 결정·경정하여 고지한 세액을 국세납부대행기관을 통하여 신용카드 등(직불카드·통신과금서비스 포함)으로 납부할 수 있음 |
|---|---|
| 납부일 | 국세납부대행기관의 승인일을 납부일로 봄 |
| 국세납부대행기관 | 정보통신망을 이용하여 신용카드 등에 의한 결제를 수행하는 기관으로 지정받은 자<br>→ 납세자로부터 해당 납부세액의 1% 이내의 납부대행수수료를 받을 수 있음 |

## 3 가산세

### ❶ 가산세의 의미 및 특징   중요도 ★★☆

| 의미 | 세법에서 규정하는 의무의 성실한 이행을 확보하기 위하여 세법에 따라 산출한 세액에 가산하여 징수하는 금액 |
|---|---|
| 특징 | ① 해당 의무가 규정된 세법의 해당 국세의 세목: 가산세는 조세의 일종이므로 과세요건의 충족에 의해 성립하며 일정한 절차에 따라 확정되고 징수됨. 해당 국세를 감면하는 경우에는 가산세는 그 감면대상에 포함시키지 않음 주의<br>② 납부할 세액에 가산하거나 환급받을 세액에서 공제<br>③ 국가와 지방자치단체·지방자치단체조합에게도 「국세기본법」 또는 세법에서 정하는 바에 따라 가산세가 부과됨<br>④ 각 세법에서 개별적으로 규정한 의무 위반에 대한 가산세는 해당 세법에서 규정(신고의무나 납부의무 위반에 대한 가산세는 세법의 기본적이고 공통적인 사항이므로 「국세기본법」에서 규정) |

### ❷ 「국세기본법」상 가산세   중요도 ★★★

## ❸ 신고불성실가산세  중요도 ★★★

### 3.1 무신고가산세 및 과소·초과환급신고가산세

| 구분 | | | 가산세 산출 방법 [원칙] ㉠ <예외> Max[㉠, ㉡]*1 | |
|---|---|---|---|---|
| | | | ㉠ 납부세액기준*2 | ㉡ 수입금액 기준 |
| 신고 불성실 가산세*3 | 무신고 가산세 | 일반 | 무신고납부세액 × 20% | 수입금액 × $\dfrac{7}{10,000}$ |
| | | 부정 | 무신고납부세액 × 40% (역외거래분 60%) | 수입금액 × $\dfrac{14}{10,000}$ |
| | 과소신고 가산세 | 일반 | 과소신고납부세액 × 10% | - |
| | | 부정 | 과소신고납부세액 × 40% (역외거래분 60%) | 수입금액 × $\dfrac{14}{10,000}$ |
| | 초과환급 신고 가산세 | 일반 | 초과신고환급세액 × 10% | - |
| | | 부정 | 초과신고환급세액 × 40% (역외거래분 60%) | - |

*1 「소득세법」에 따른 복식부기의무자 또는 법인인 경우
*2 「부가가치세법」에 따른 사업자가 영세율과세표준을 과소신고·무신고한 경우(부정행위 포함)에는 ㉠의 금액에 영세율과세표준의 0.5%에 상당하는 금액을 더함
*3 「국세기본법」 및 세법에 따른 가산세와 세법에 따라 가산하여 납부하여야 할 이자 상당 가산액이 있는 경우 그 금액은 제외하고 신고불성실가산세를 산출함.

### 3.2 신고불성실가산세 미부과

| 구분 | 무신고가산세 | 과소신고·초과환급신고 가산세 |
|---|---|---|
| 「교육세법」에 따른 신고 중 금융·보험업자가 아닌 자의 교육세 과세표준 및 세액의 신고 | 부과되지 않음 | 부과되지 않음 |
| 「농어촌특별세법」에 따른 과세표준 및 세액의 신고 | 부과되지 않음 | 부과되지 않음 |
| 「종합부동산세법」에 따른 과세표준 및 세액의 신고 | 부과되지 않음 | 부과됨 |

### 3.3 과소·초과환급신고가산세 적용특례

: 「부가가치세법」에 따른 사업자가 아닌 자가 환급세액을 신고한 경우에도 과소신고·초과환급신고가산세를 적용함

### 3.4 신고불성실가산세 배제

① 「부가가치세법」에 따라 공급자가 대손세액공제를 받은 금액을 공급받은 사업자가 자신의 매입세액에서 빼지 않아 관할 세무서장이 공급받은 사업자의 매입세액에서 차감하는 경정을 하는 경우에는 신고불성실가산세를 적용하지 않음

② 「부가가치세법」에 따라 납부의무가 면제되는 간이과세자(공급대가 4,800만원 미만)인 경우에는 신고불성실가산세를 적용하지 않음

③ 다음 중 어느 하나에 해당하는 사유로 상속·증여세 과세표준을 과소신고한 경우에는 과소신고가산세를 적용하지 않음

> ⊙ 신고 당시 소유권에 대한 소송 등의 사유로 상속재산 또는 증여재산으로 확정되지 아니하였던 경우
> ⓒ 상속공제(증여공제)규정의 적용에 착오가 있었던 경우
> ⓒ 상속세 또는 증여세의 과세표준 신고기한까지 신고한 상속재산 또는 증여재산으로서 재산평가규정에 따라 평가한 가액으로 과세표준을 결정한 경우(부정행위로 상속세 및 증여세의 과세표준을 과소신고한 경우는 제외)
> ⓔ 법인세 과세표준 및 세액의 결정·경정으로 증여의제이익이 변경되는 경우(부정행위로 인하여 법인세의 과세표준 및 세액을 결정·경정하는 경우는 제외)

④ 다음의 어느 하나에 해당하는 경우 이와 관련한 과소신고·초과환급신고가산세를 적용하지 않음.

> ⊙ 법인세 과세표준 및 세액의 결정·경정으로 증여의제이익이 변경되는 사유로 양도소득세 과세대상 주식 등의 취득가액이 감소된 경우
> ⓒ 「상속세 및 증여세법」에 따라 평가한 가액으로 「소득세법」에 따른 부담부증여 시 양도로 보는 부분에 대한 양도소득세 과세표준을 결정·경정한 경우(부정행위로 양도소득세의 과세표준을 과소신고한 경우는 제외)
> ⓒ 「조세특례제한법」에 따라 통합투자세액공제를 받은 후 법령으로 정하는 부득이한 사유로 해당 세액공제 요건을 충족하지 못하게 된 경우

⑤ 예정신고 및 중간신고와 관련하여 신고불성실가산세가 부과되는 부분에 대해서는 확정신고와 관련하여 신고불성실가산세를 적용하지 않음.

⑥ 신고불성실가산세와 「소득세법」 및 「법인세법」에 따른 장부의 기록·보관 불성실 가산세 또는 「소득세법」에 따른 주식 등에 대한 장부의 비치·기록의무 및 기장 불성실가산세가 동시에 적용되는 경우에는 그 중 가산세액이 큰 가산세만 적용하고, 가산세액이 같은 경우에는 신고불성실가산세만 적용함.

## ❹ 납부지연가산세

중요도 ★★☆

### 4.1 납부지연가산세 = ① + ②

① 지연일수분: 미납부·과소납부·초과환급받은 세액 × 일수 × $\frac{2.2}{10,000}$

② 체납분: 납부고지서에 따른 납부기한까지 납부하지 않은 세액 또는 과소납부세액 × 3%

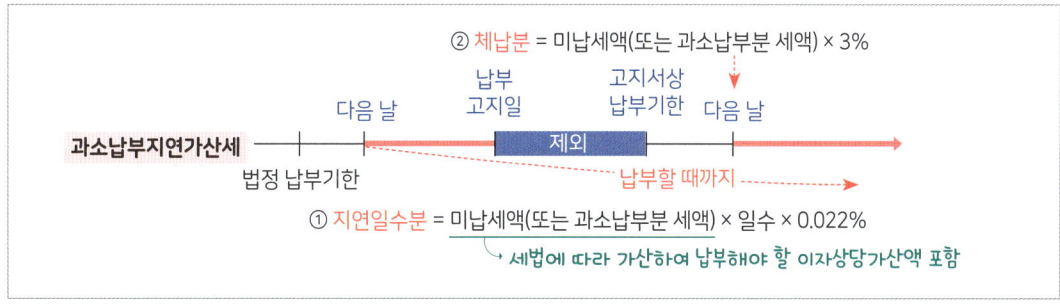

### 4.2 납부지연가산세 계산 시 고려사항

① 납부지연가산세는 「부가가치세법」에 따른 사업자가 아닌 자가 부가가치세액을 환급 받은 경우에도 적용함
② 국세(소득세, 법인세 및 부가가치세만 해당)를 과세기간을 잘못 적용하여 신고납부한 경우에는 납부지연가산세를 적용할 때 실제 신고납부한 날에 실제 신고납부한 금액의 범위에서 당초 납부하였어야 할 과세기간에 대한 국세를 자진납부한 것으로 봄 (단, 부정행위로 무신고한 경우 또는 부정행위로 과소신고·초과환급신고한 경우 제외)
(link-p.61 오쌤 Tip)

### 4.3 원천징수 등 납부지연가산세 = MIN[ ① + ②, ③ ]

① 미납분: 미납·과소납부세액 × 3%

② 지연일수분: 미납·과소납부세액 × 기간 × $\dfrac{2.2}{10,000}$

③ 한도: 미납·과소납부세액 × 50%
(위 ①의 금액과 ②의 금액 중 법정납부기한의 다음 날부터 납부고지일까지의 기간에 해당하는 금액을 합한 금액은 10%)

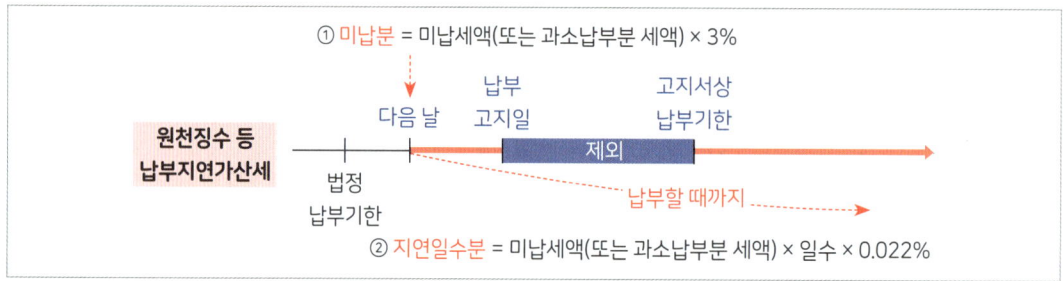

> **오쌤 Tip** 국세를 징수하여 납부할 의무
> ① 「소득세법」 또는 「법인세법」에 따라 소득세 또는 법인세를 원천징수하여 납부할 의무
> ② 「소득세법」에 따른 납세조합이 그 조합원에 대한 소득세를 징수하여 납부할 의무
> ③ 「부가가치세법」 대리납부규정에 따라 용역 등을 공급받는 자가 부가가치세를 징수하여 납부할 의무

### 4.4 납부지연가산세와 원천징수 등 납부지연가산세의 적용 제한

| | |
|---|---|
| 지연기간이 5년 초과 | 납부고지서에 따른 납부기한의 다음 날부터 납부일까지의 기간(지정납부기한과 독촉장에서 정하는 기한을 연장한 경우에는 그 연장기간은 제외)이 5년을 초과하는 경우에는 그 기간은 5년으로 함 |
| 세액이 150만원 미만 | 체납된 국세의 납부고지서별·세목별 세액이 150만원 미만인 경우에는 지연일수 1일당 0.022%의 가산세를 적용하지 않음 |

### 4.5 가산세 이중과세 방지

| | |
|---|---|
| 원천징수 등 납부지연가산세 적용분 | 원천징수 등 납부지연가산세가 적용되는 부분에 대해서는 납부지연가산세를 적용하지 않음 |
| 중간예납 등 납부지연가산세 적용분 | 중간예납·예정신고납부 및 중간신고납부와 관련하여 납부지연가산세가 부과되는 부분에는 확정신고납부와 관련하여 납부지연가산세를 적용하지 않음 |

### 4.6 납부지연가산세 적용 배제

| | |
|---|---|
| 납부지연 가산세 중 지연일수분 적용 배제 (법정납부기한의 다음 날부터 납부고지일까지의 기간에 한정) | ① 「부가가치세법」에 따른 사업자가 부가가치세 납부기한까지 어느 사업장에 대한 부가가치세를 다른 사업장에 대한 부가가치세에 더하여 신고납부한 경우<br>② 「부가가치세법」에 따라 공급받은 사업자가 대손세액을 매입세액에서 빼지 않아 세무서장이 경정하는 경우 그 대손세액에 상당하는 부분<br>③ 법인세 과세표준 및 세액의 결정·경정으로 증여의제이익이 변경되는 경우(부정행위로 인하여 법인세의 과세표준 및 세액을 결정·경정하는 경우는 제외)<br>④ 위 ③에 해당하는 사유로 양도소득세 과세대상 주식 등의 취득가액이 감소된 경우<br>⑤ 「상속세 및 증여세법」에 따라 상속세 또는 증여세를 신고한 자가 법정신고기한까지 상속세 또는 증여세를 납부한 경우로서 법정신고기한 이후 매매, 감정, 수용, 경매, 공매가 있는 때에 평가심의위원회의 심의에 따라 상속재산 또는 증여재산을 평가하여 과세표준과 세액을 결정·경정한 경우<br>⑥ 「소득세법」에 따른 부담부증여 시 양도로 보는 부분에 대하여 양도소득세 과세표준을 예정신고 또는 확정신고한 자가 법정신고기한까지 양도소득세를 예정신고납부 또는 확정신고납부한 경우로서 법정신고기한 이후 법령으로 정하는 방법에 따라 부담부증여 재산을 평가하여 양도소득세의 과세표준과 세액을 결정·경정한 경우 |
| 원천징수 등 납부지연 가산세 배제 | 다음에 해당하는 경우에는 원천징수 등 납부지연가산세를 적용하지 않음<br>① 소득세를 원천징수하여야 할 자가 우리나라에 주둔하는 미군인 경우<br>② 소득세를 원천징수하여야 할 자가 공적연금소득 또는 공적연금 관련법에 따라 받는 일시금을 지급하는 경우<br>③ 소득세 또는 법인세를 원천징수하여야 할 자가 국가, 지방자치단체 또는 지방자치단체조합인 경우[*1] |

[*1] 국가 등으로부터 근로소득을 받는 사람이 연말정산 시 근로소득자 소득·세액 공제신고서를 사실과 다르게 기재하여 부당하게 소득공제 또는 세액공제를 받아 국가 등이 원천징수하여야 할 세액을 정해진 기간에 납부하지 아니하거나 미달하게 납부한 경우는 가산세를 부과함

## ❺ 가산세 감면 등   중요도 ★★★

### 5.1 가산세 부과 제외 (100% 감면)

① 천재지변 등의 기한연장 사유에 해당하는 경우 (납부기한 연장 사유에 해당하는 경우 납부에 관한 가산세만 부과하지 않는다는 점 주의)
② 납세자가 의무를 이행하지 아니한 데 대한 정당한 사유가 있는 경우 (법령의 부지·착오, 부주의 등은 정당한 사유에 해당하지 않는다는 점 주의)
③ 세법해석에 관한 질의·회신 등에 따라 신고·납부하였으나 이후 다른 과세처분을 하는 경우
④ 수용, 도시계획결정, 기타법률 규정 등으로 인해 세법상 의무이행을 할 수 없게 된 경우
⑤ 「소득세법」 시행령에 따라 실손의료보험금을 의료비에서 제외할 때에 실손의료보험금 지급의 원인이 되는 의료비를 지출한 과세기간과 해당 보험금을 지급받은 과세기간이 달라 해당 보험금을 지급받은 후 의료비를 지출한 과세기간에 대한 소득세를 수정신고하는 경우(해당 보험금을 지급받은 과세기간에 대한 종합소득 과세표준 확정신고기한까지 수정신고하는 경우로 한정)

### 5.2 수정신고에 의한 가산세 감면(10%~90% 감면)

| 대상 | 과세표준신고서를 법정신고기한까지 제출한 자가 법정신고기한이 지난 후 2년 이내에 수정신고를 한 경우 (수정신고만 하고 납부하지 않은 경우 포함) |
|---|---|
| 감면대상 가산세 | 과소신고·초과환급신고가산세 |
| 감면율 | 법정신고 기한 90%~10% (법정신고기한 후 1개월~2년 이내)<br>90% (1개월 이내) / 75% (3개월 이내) / 50% (3개월 초과 6개월 이내) / 30% (6개월 초과 1년 이내) / 20% (1년 초과 1년 6개월 이내) / 10% (1년 6개월 초과 2년 이내) |
| 제한 | ① 과세표준과 세액을 경정할 것을 미리 알고 과세표준수정신고서를 제출한 경우[*1] 제외<br>② 당초 과세표준신고를 할 때 필수적인 첨부서류를 제출하지 아니하여 무신고로 보아 부과되는 가산세는 수정신고서를 제출하더라도 감면되지 않음 |

[*1] [결정·경정할 것을 미리 알고 제출한 경우]
  ㉠ 해당 국세에 관하여 세무공무원이 조사에 착수할 것을 알고 과세표준신고서 또는 기한후과세표준신고서를 제출한 경우
  ㉡ 해당 국세에 관하여 관할 세무서장으로부터 과세자료 해명통지를 받고 과세표준수정신고서를 제출한 경우

### 5.3 기한후신고에 의한 가산세 감면(20%~50% 감면)

| 대상 | 과세표준신고서를 법정신고기한까지 제출하지 않은 자가 법정신고기한이 지난 후 6개월 이내에 기한후신고를 한 경우 |
|---|---|
| 감면대상 가산세 | 무신고가산세 |
| 감면율 | 법정신고 기한 50%~20% (법정신고기한 후 1개월~6개월 이내)<br>50% (1개월 이내) / 30% (3개월 이내) / 20% (3개월 초과 6개월 이내) |
| 제한 | 과세표준과 세액을 결정할 것을 미리 알고 기한후과세표준신고서를 제출한 경우 제외 |

### 5.4 그 밖의 가산세 감면(50% 감면)

| 구분 | 가산세 감면 |
|---|---|
| 세법에 따른 예정신고기한(또는 중간신고기한)까지 예정신고(또는 중간신고)를 하지 않았으나 확정신고기한까지 과세표준신고한 경우[*2] | 무신고가산세 × 50% 감면 |
| 세법에 따른 예정신고기한(또는 중간신고기한)까지 예정신고(또는 중간신고)를 하였으나 과소신고·초과환급신고하여 확정신고기한까지 수정신고한 경우[*2] | 과소·초과환급신고가산세 × 50% 감면 |
| 과세전적부심사 결정·통지기간에 그 결과를 통지하지 않은 경우 | 납부지연가산세 × 50% 감면 |
| 세법에 따른 제출 등의 기한이 지난 후 1개월 이내에 해당 세법에 따른 제출 등의 의무를 이행하는 경우 | 의무위반에 대해 부과된 가산세 × 50% 감면 |

[*2] 과세표준과 세액을 경정할 것을 미리 알고 과세표준신고를 하는 경우는 감면 대상에서 제외

## 5.5 가산세의 한도

| 5천만원 한도 | 지급명세서제출불성실가산세, 계산서불성실가산세 등 단순위반과 관련된 가산세에 대해서는 그 의무위반의 종류별로 각각 5천만원(중소기업이 아닌 기업은 1억원)을 한도로 함 |
|---|---|
| 고의적인 위반 | 한도 없음 |

 **오쌤 Tip** 감면율별 간략 정리

| | |
|---|---|
| 100% | ① 천재지변 등의 기한연장 사유에 해당하는 경우<br>② 납세자가 의무를 이행하지 아니한 데 대한 정당한 사유가 있는 경우<br>③ 세법해석에 관한 질의·회신 등에 따라 신고·납부하였으나 이후 다른 과세처분을 하는 경우<br>④ 수용, 도시계획결정, 기타법률 규정 등으로 인해 세법상 의무이행을 할 수 없게 된 경우<br>⑤ 실손의료보험금 지급의 원인이 되는 의료비를 지출한 과세기간과 해당 보험금을 지급받은 과세기간이 달라 의료비를 지출한 과세기간에 대한 소득세를 수정신고하는 경우 |
| 50% | ① 법정신고기한 지난 후 3개월 초과 6개월 이내 수정신고 시의 과소신고·초과환급신고가산세<br>② 법정신고기한 지난 후 1개월 내에 기한후신고를 한 경우의 무신고가산세<br>③ 예정신고·중간신고 누락분(무신고 or 과소신고·초과환급신고)을 확정신고기한까지 신고한 경우 가산세<br>④ 과세전적부심사 결정·통지기간에 그 결과를 통지하지 않은 경우에는 결정·통지가 지연됨으로써 해당 기간에 부과되는 납부지연가산세<br>⑤ 세법에 따른 제출 등의 기한이 지난 후 1개월 이내에 해당 세법에 따른 제출 등의 의무를 이행하는 경우 제출 등의 의무위반에 대하여 세법에 따라 부과되는 가산세 |
| 30% | ① 법정신고기한이 지난 후 6개월 초과 1년 이내 수정신고 시의 과소신고가산세·초과환급신고가산세<br>② 법정신고기한이 지난 후 1개월 초과 3개월 내에 기한후신고를 하는 경우의 무신고가산세 |
| 20% | ① 법정신고기한이 지난 후 1년 초과 1년 6개월 이내 수정신고 시의 과소신고가산세·초과환급신고가산세<br>② 법정신고기한이 지난 후 3개월 초과 6개월 내에 기한후신고를 하는 경우의 무신고가산세 |

# 07 국세환급금과 국세환급가산금

## 1 국세환급금

### ❶ 국세환급금의 유형

| 구분 | 과오납금 | 환급세액 |
|---|---|---|
| 의미 | 당초부터 법률상 원인 없이 잘못 납부하거나 초과하여 납부한 금액 | 세법의 규정 등에 따라 발생하는 국세환급금으로서, 당초의 납부나 조세부담이 적법한 것이라는 점에서 과오납금과는 성질을 달리함 |
| 사유 | ① 착오납부한 경우<br>② 이중납부한 경우<br>③ 납부 후 그 납부의 기초가 된 신고 또는 부과를 경정하거나 취소한 경우 | ① 당초에 적법하게 중간예납이나 원천납부한 금액 등이 최종적으로 확정된 세액을 초과하는 경우<br>② 적법한 납부 후에 감면을 받거나 법령이 개정되어 납부의무가 소멸되는 경우<br>③ 부가가치세에 있어서 매입세액이 매출세액을 초과하는 경우 |

### ❷ 국세환급금의 대상자

| 원칙 | 과오납한 해당 납세자나 세법에 따라 환급 받을 납세자 |
|---|---|
| 예외 | 명의위장의 경우: 실질귀속자<br>과세 대상의 귀속이 명의일 뿐이고 실질귀속자가 따로 있어 명의대여자에 대한 과세를 취소하고 실질귀속자를 납세의무자로 하여 과세하는 경우 명의대여자 대신 실질귀속자가 납부한 것으로 확인된 금액은 실질귀속자의 기납부세액으로 먼저 공제하고 남은 금액이 있는 경우에는 실질귀속자에게 환급함 |
| 권리<br>양도 | ① 국세환급금에 관한 권리를 타인에게 양도할 수 있음<br>② 환급금채권자는 세무서장이 국세환급금통지서를 **발급하기 전**에 문서로 관할 세무서장에게 요구해야 함<br>③ 세무서장은 국세환급금에 관한 권리의 양도 요구가 있는 경우에 양도인 또는 양수인이 납부할 국세 및 강제징수비가 있으면 그 국세 및 강제징수비에 충당하고, 남은 금액을 양도 요구에 따라 지체 없이 환급해야 함 |

### ❸ 국세환급금의 결정

| 원칙 | 세무서장은 과오납금이 있거나 환급세액이 있을 때에는 즉시 과오납금 또는 환급세액을 국세환급금으로 결정해야 함 |
|---|---|
| 예외 | 국세(소득세·법인세·부가가치세만 해당)의 과세기간을 잘못 적용하여 신고납부한 경우 납부지연가산세를 적용할 때 실제 신고납부한 날에 실제 신고납부한 금액의 범위에서 당초 신고 납부하였어야 할 과세기간에 대한 국세를 자진납부한 것으로 보는 경우에는, 과오납금이 있는 경우에도 국세환급금으로 결정하지 않음 |

### ❹ 국세환급금의 충당

충당
- 세무서장에 의한 충당
  - 세무서장 직권 : 체납된 국세 및 강제징수비
    ↳ 체납된 국세·강제징수비와 국세환급금은 체납된 국세의 법정납부기한과 국세환급금 발생일 중 늦은 때로 소급하여 대등액에 관하여 소멸한 것으로 봄
  - 납세자의 동의 : 미납한 국세 (납부고지에 의하여 납부하는 국세 및 세법에 따라 자진납부하는 국세)
    ↳ 납부기한 전 징수 사유에 해당하면 동의 없이 충당이 가능
- 납세자의 청구 : 미납한 국세 (납부고지에 의하여 납부하는 국세 및 세법에 따라 자진납부하는 국세)
  ↳ 이 경우 충당된 세액의 충당청구를 한 날에 해당 국세를 납부한 것으로 봄

'충당'이란 국가의 환급금채무와 납세자의 조세채무를 상계하는 것

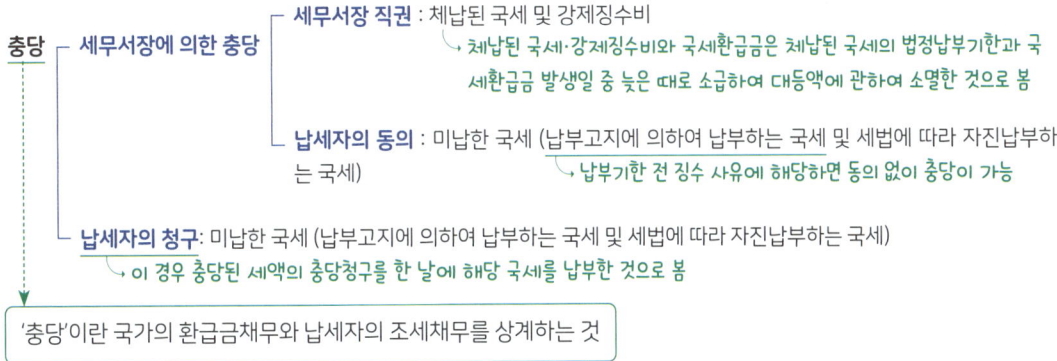

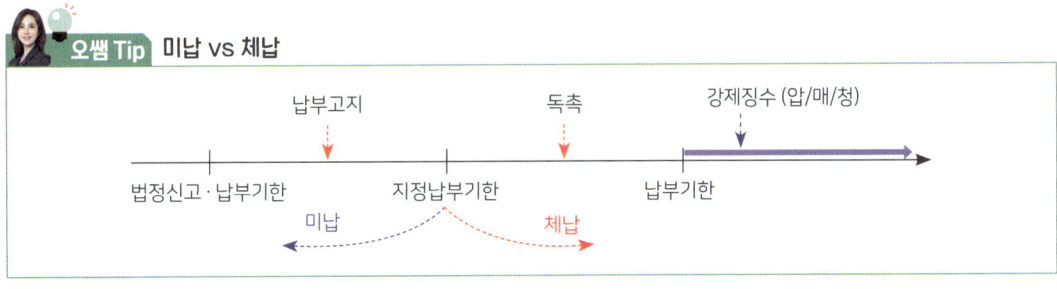

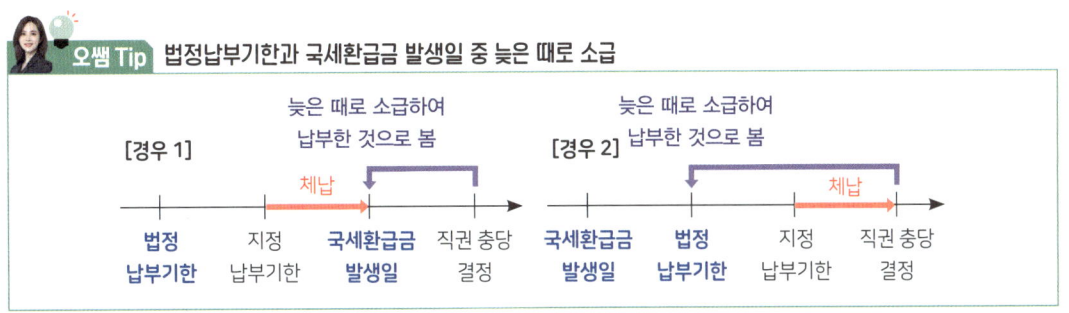

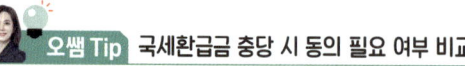 **오쌤 Tip** 국세환급금 충당 시 동의 필요 여부 비교

| 구분 | | 동의 필요 여부 |
|---|---|---|
| 납부고지에 의하여 납부하는 국세에 충당 | ① 일반적인 경우 | 동의하는 경우에만 충당 가능 |
| | ② 납부기한 전 징수 사유인 경우 | 동의 없이 충당 가능 |
| 세법에 따라 자진납부하는 국세에 충당 | | 동의하는 경우에만 충당 가능 |
| 체납된 국세 및 강제징수비에 충당 | | 동의 없이 충당 가능 |

### ❺ 원천징수의무자의 충당  중요도 ★★☆

| 원칙 | 충당하고 남은 금액을 환급<br>: 원천징수의무자가 원천징수하여 납부한 세액에서 환급받을 환급세액이 있는 경우 그 환급세액은 그 원천징수의무자가 원천징수하여 납부해야 할 세액에 충당하고, 남은 금액을 환급함 (단, 다른 세목의 원천징수세액에의 충당은 「소득세법」에 따른 원천징수이행상황신고서에 그 충당·조정명세를 기재하여 신고한 경우에만 충당할 수 있음) |
|---|---|
| 예외 | 즉시 환급: 다음의 경우 즉시 환급해야 함<br>① 원천징수의무자가 그 환급액을 즉시 환급해줄 것을 요구하는 경우<br>② 원천징수하여 납부해야 할 세액이 없는 경우 |

### ❻ 국세환급금의 충당순서  중요도 ★★☆

① 체납된 국세 및 강제징수비에 우선 충당
② 납세자가 납부고지에 의하여 납부하는 국세에 충당하는 것을 동의하거나 신청한 경우에는 납부고지에 의하여 납부하는 국세에 우선 충당
③ 충당할 국세환급금이 2건 이상인 경우에는 소멸시효가 먼저 도래하는 것부터 충당

### ❼ 국세환급금 지급  중요도 ★★☆

| 지급기한 | 국세환급금 중 충당한 후 남은 금액은 국세환급금의 결정을 한 날부터 30일 내에 환급청구권자에게 지급해야 함 |
|---|---|
| 지급절차 | ① 국세환급금의 계좌이체 지급: 세무서장은 금융회사 등 또는 체신관서에 계좌를 개설하고 세무서장에게 그 계좌를 신고한 납세자에게는 계좌이체방식으로 국세환급금을 지급할 수 있음<br>② 국세환급금의 현금지급: 세무서장은 국세환급금을 계좌이체방식으로 지급할 수 없는 납세자에게는 현금지급방식으로 지급할 수 있음 → 이 경우 납세자에게 국세환급금통지서를 송부해야 함 |
| 소액잔여금의 충당 | 충당한 후 남은 금액이 20만원 NEW 이하이고, 지급을 결정한 날부터 1년 이내에 환급이 이루어지지 아니하는 경우에는 납세자의 동의가 있는 것으로 보아 납부고지에 의하여 납부하는 국세에 충당할 수 있음 |
| 반환청구 | 세무서장이 국세환급금의 결정이 취소됨에 따라 이미 충당되거나 지급된 금액의 반환을 청구하는 경우에는 「국세징수법」의 고지·독촉 및 강제징수의 규정을 준용함 |

## ❽ 소멸시효  중요도 ★★☆

| 소멸시효의 완성 | ① 납세자의 국세환급금과 국세환급가산금에 관한 권리는 행사할 수 있는 때부터 5년간 행사하지 않으면 소멸시효 완성 ('행사할 수 있는 때'란 국세환급가산금의 기산일)<br>② 국세환급금의 소멸시효가 완성되면 국세환급가산금도 함께 소멸<br>③ 소멸시효에 관하여는 「국세기본법」 또는 세법에 특별한 규정이 있는 것을 제외하고는 「민법」에 따름 |
|---|---|
| 소멸시효의 중단 | ① 행정소송: 국세환급금과 국세환급가산금을 과세처분의 취소 또는 무효확인청구의 소 등 행정소송으로 청구한 경우 시효의 중단에 관하여 「민법」상 소멸시효의 중단사유 중 하나인 '청구'를 한 것으로 봄 ← 소멸시효 중단효력 O<br>② 환급청구의 안내·통지: 세무서장이 납세자의 환급청구를 촉구하기 위하여 납세자에게 하는 환급청구의 안내·통지 등으로 인하여 중단하지 않음 ← 소멸시효 중단효력 X |

## ❾ 물납재산의 환급  중요도 ★★☆

| 물납재산 환급 | 납세자가 상속세를 물납한 후 그 부과의 전부 또는 일부를 취소하거나 감액하는 경정 결정에 따라 환급하는 경우에는 해당 물납재산으로 환급해야 함. 단, 국세환급가산금은 지급하지 않음 |
|---|---|
| 금전환급 (물납으로 환급이 곤란한 경우) | 물납재산의 환급규정에도 불구하고 다음 중 어느 하나에 해당하는 경우 금전으로 환급해야 함<br>㉠ 해당 물납재산이 매각된 경우<br>㉡ 해당 물납재산의 성질상 분할하여 환급하는 것이 곤란한 경우<br>㉢ 해당 물납재산이 임대 중이거나 다른 행정용도로 사용되고 있는 경우<br>㉣ 해당 물납재산으로 환급하는 것이 곤란하다고 국세청장이 인정하는 경우 |
| 물납재산 환급 순서 | ① 납세자의 신청이 있는 경우: 그 신청에 따라 관할 세무서장이 환급<br>② 납세자의 신청이 없는 경우: 다음 순(상증세법에 따른 물납충당재산의 허가 순서의 역순)으로 환급<br>[1순위] 상속개시일 현재 상속인이 거주하는 주택 및 그 부수토지<br>[2순위] 다른 상속재산이 없거나 [4순위]~[6순위]까지의 상속재산으로 상속세 물납에 충당하더라도 부족한 경우에 해당하여 충당하였던 비상장주식 등<br>[3순위] 국채·공채·주권 및 내국법인이 발행하는 채권 또는 증권과 그 밖의 법으로 정하는 유가증권 (단, [2순위], [5순위], [6순위] 제외)<br>[4순위] 국내에 소재하는 부동산 (상속개시일 현재 상속인이 거주하는 주택 및 그 부수토지 제외)<br>[5순위] 최초로 거래소에 상장되어 물납허가통지서 발송일 전일 현재 법에 따라 처분이 제한된 경우에 해당하는 상장된 유가증권(국채 및 공채 제외)<br>[6순위] 국채 및 공채 |

## ❿ 물납재산의 유지·관리비용 부담 및 과실의 귀속  중요도 ★★★

| 수익적 지출 | 국가가 물납재산을 유지·관리하기 위하여 지출한 비용(수익적 지출)은 국가의 부담으로 함 |
|---|---|
| 자본적 지출 | 국가가 물납재산에 대하여 「법인세법 시행령」에 따른 자본적 지출을 한 경우에는 납세자의 부담으로 함 |
| 과실의 귀속 | 물납재산이 수납된 이후에 발생한 법정과실 및 천연과실은 납세자에게 환급하지 않고 국가에 귀속 |

## 2 국세환급가산금

### ❶ 국세환급가산금의 의미

: 국세환급금에 붙이는 법정이자로서, 납세자가 국세를 체납할 경우에 징수하는 가산세에 대응되는 것

$$국세환급가산금 = 국세환급금 \times 이자율 \times 이자계산기간$$

- 이자율: 시중은행의 1년 만기 정기예금 평균 수신금리를 고려하여 기획재정부장관이 정하여 고시하는 이자율(기본이자율). 단, 「국세기본법」·「감사원법」·「행정소송법」에 따른 불복절차를 제기하여 그 결정 또는 판결에 따라 세무서장이 국세환급금을 지급하는 경우로서 그 결정 또는 판결이 확정된 날부터 40일 이후에 납세자에게 국세환급금을 지급하는 경우 기본이자율의 1.5배 적용
- 이자계산기간: 국세환급가산금 기산일부터 지급결정을 하는 날(또는 충당하는 날)까지의 기간

### ❷ 국세환급가산금 적용 배제 (중요도 ★★☆)

: 다음 중 어느 하나에 해당하는 경우에는 국세환급가산금을 지급하지 않음

① 다음의 어느 하나에 해당하는 사유 없이 고충민원의 처리에 따라 국세환급금을 충당하거나 지급하는 경우
  ㉠ 경정 등의 청구
  ㉡ 이의신청, 심사청구, 심판청구, 「감사원법」에 따른 심사청구 또는 「행정소송법」에 따른 소송에 대한 결정이나 판결

> 고충민원: 국세와 관련하여 납세자가 경정 등의 청구, 불복 및 행정소송을 청구기한 또는 제소기한까지 청구·제기하지 아니한 사항에 대하여 과세관청에게 직권으로 필요한 처분을 해 줄 것을 요청하는 민원

② 상속세 물납 후 해당 물납재산으로 환급하는 경우

### ❸ 국세환급가산금의 기산일 (중요도 ★★★)

: 다음 구분에 따른 기준일의 **다음 날**

| 구분 | | 기준일 | |
|---|---|---|---|
| ① 착오납부, 이중납부 또는 납부 후 그 납부의 기초가 된 신고 또는 부과를 경정하거나 취소하여 발생한 국세환급금 | ㉠ 일반적인 경우 | 그 국세 납부일 | = 국세환급금 발생일 |
| | ㉡ 그 국세가 2회 이상 분할납부된 것인 경우 | 그 마지막 납부일[*1] | |
| | ㉢ 세법에 따른 중간예납액 또는 원천징수에 의한 납부액의 경우 | 해당 세목의 법정신고기한 만료일 | |
| ② 적법하게 납부된 국세의 감면으로 환급 | | 그 감면 결정일 | |
| ③ 적법하게 납부된 후 법률이 개정되어 환급 | | 그 개정된 법률의 시행일 | |
| ④ 「소득세법」, 「법인세법」, 「부가가치세법」, 「개별소비세법」, 「주세법」 또는 「조세특례제한법」에 따른 환급세액의 신고, 환급신청, 경정 또는 결정으로 인하여 환급하는 경우 | | **신고를 한 날**(신고한 날이 법정신고일 전인 경우에는 해당 법정신고일) **또는 신청을 한 날부터 30일이 지난 날**(세법에서 환급기한을 정하고 있는 경우에는 그 환급기한의 다음 날). 다만, 환급세액을 법정신고기한까지 신고하지 않음에 따른 결정으로 인하여 발생한 환급세액을 환급할 때에는 해당 결정일부터 30일이 지난 날로 함 | |

### ④ 국세환급금 발생일

: '국세환급금 발생일'이란 다음의 구분에 따른 날로 함

| 구분 | | 국세환급금 발생일 |
|---|---|---|
| ① 착오납부, 이중납부 또는 납부의 기초가 된 신고 또는 부과의 취소·경정에 따라 환급하는 경우 | ㉠ 일반적인 경우 | 그 국세 납부일 |
| | ㉡ 그 국세가 2회 이상 분할납부된 것인 경우 | 그 마지막 납부일[*1] |
| | ㉢ 세법에 따른 중간예납액 또는 원천징수에 의한 납부액의 경우 | 해당 세목의 법정신고기한 만료일 |
| ② 적법하게 납부된 국세의 감면으로 환급하는 경우 | | 그 감면 결정일 |
| ③ 적법하게 납부된 후 법률이 개정되어 환급하는 경우 | | 그 개정된 법률의 시행일 |
| ④ 「소득세법」, 「법인세법」, 「부가가치세법」, 「개별소비세법」, 「주세법」 또는 「조세특례제한법」에 따른 환급세액의 신고, 환급신청 또는 신고한 환급세액의 경정으로 인하여 환급하는 경우 | | **그 신고·신청일**. 다만, 환급세액을 신고하지 않은 경우(기한 후 신고를 한 경우를 포함)로서 결정에 의하여 환급세액을 환급하는 경우에는 해당 결정일로 함 |
| ⑤ 원천징수의무자가 연말정산 또는 원천징수하여 납부한 세액을 경정청구에 따라 환급하는 경우 | | 연말정산세액 또는 원천징수세액 납부기한의 만료일 |
| ⑥ 「조세특례제한법」에 따라 근로장려금을 환급하는 경우 | | 근로장려금의 결정일 |

[*1] 국세환급금이 마지막에 납부된 금액을 초과하는 경우 그 금액이 될 때까지 납부일의 순서로 소급하여 계산한 국세의 각 납부일로 함

# 08 조세불복제도

## 1 통칙

### ❶ 불복청구의 의미  중요도 ★☆☆

: 「국세기본법」 또는 세법에 따른 처분으로서 위법 또는 부당한 처분을 받거나 필요한 처분을 받지 못함으로 인하여 권리나 이익을 침해당한 자가 그 처분의 취소 또는 변경이나 필요한 처분을 청구하는 것

### ❷ 개요도  중요도 ★★★

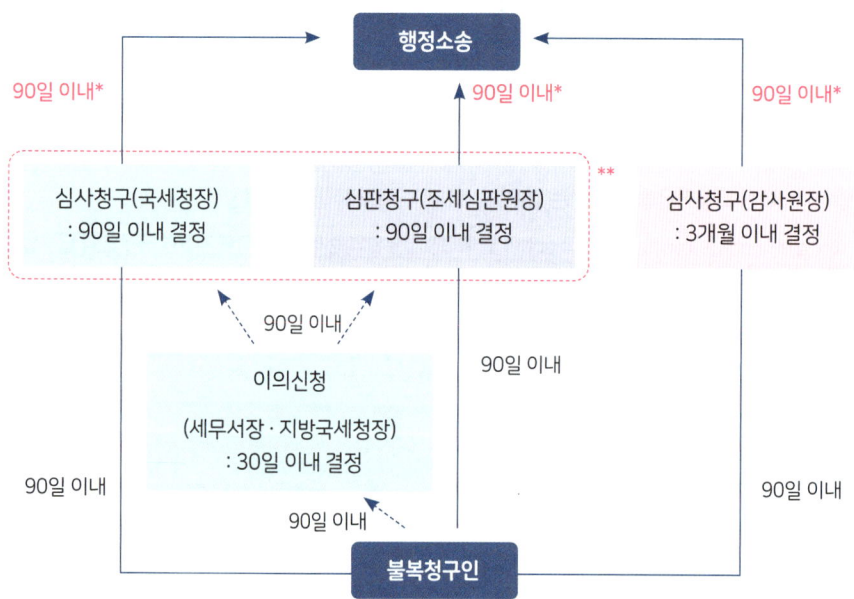

*는 불변기간임
**동일한 처분에 대해 심사청구와 심판청구 중복적용 불가능

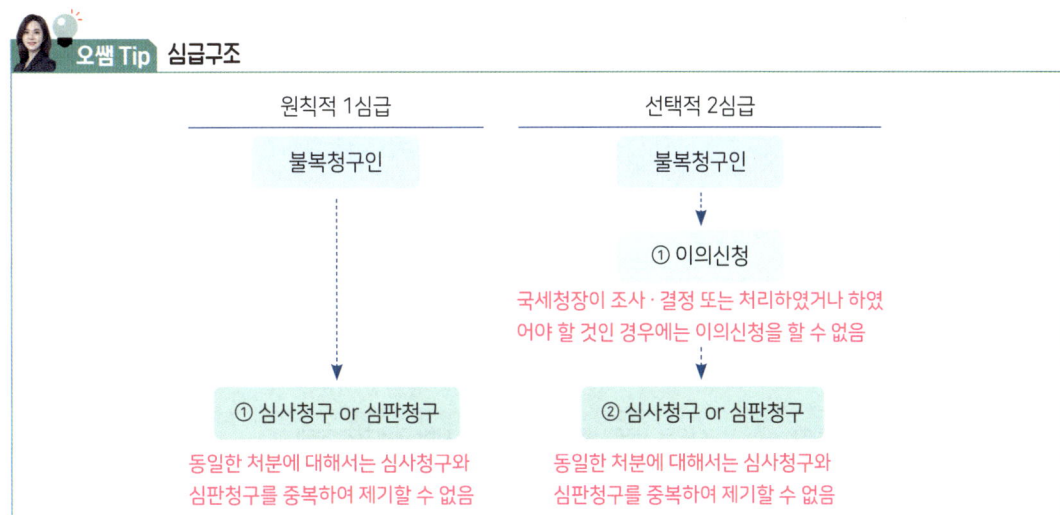

## ❸ 「국세기본법」과 타법과의 관계  중요도 ★★★

| | |
|---|---|
| 「국세기본법」<br>과의 관계 | ① 「국세기본법」이 「행정심판법」에 우선<br>② 「국세기본법」이 「행정소송법」에 우선: 국세에 관한 행정쟁송은 「국세기본법」에 따른 불복 또는 「감사원법」에 따른 감사원 심사청구를 적법하게 거치지 않으면 행정소송을 제기할 수 없도록 규정<br>↳ 심사청구 또는 심판청구에 대한 재조사 결정에 따른 처분청의 처분에 대한 행정소송은 심사청구 또는 심판청구를 거치지 않고도 제기할 수 있음 |
| 행정소송 | ① 국세 처분에 대한 행정소송은 심사청구·심판청구에 대한 결정의 통지를 받은 날부터 90일 이내에 제기[*1]<br><br>심사청구 or 심판청구 --90일--> 행정소송<br><br>② 재조사결정에 따른 처분청의 처분에 대해 불복청구를 거치지 않고 제기한 경우: 재조사 후 행한 처분청의 처분의 결과통지를 받은 날부터 90일 이내 행정소송을 제기[*2]<br><br>심사청구 or 심판청구 --90일--> 재조사 --90일--> 행정소송<br><br>③ 재조사결정에 따른 처분청의 처분에 대해 불복청구를 거쳐서 제기한 경우: 재조사 후 행한 처분청의 처분에 대하여 한 불복청구의 결정통지를 받은 날부터 90일 이내에 행정소송을 제기[*1]<br><br>심사청구 or 심판청구 --90일--> 재조사 --> 심사청구 or 심판청구 --90일--> 행정소송<br><br>[*1] 결정기간 내에 결정의 통지를 받지 못한 경우에는 그 결정기간이 지난 날부터 행정소송을 제기할 수 있음<br>[*2] 처분기간(조사를 연기하거나 조사기간을 연장하거나 조사를 중지한 경우에는 해당 기간을 포함)에 처분청의 처분 결과 통지를 받지 못하는 경우에는 그 처분기간이 지난 날부터 행정소송을 제기할 수 있음 |
| 「감사원법」<br>과의 관계 | 「국세기본법」과 「감사원법」은 선택적 지위<br>: 불복청구를 하고자 할 때, 「국세기본법」에 의한 규정과 「감사원법」에 의한 규정 중 선택하여 적용할 수 있지만, 중복해서 적용할 수는 없음 |

## 2 불복절차

### ❶ 이의신청  중요도 ★★★

| 개요 | 이의신청은 임의적인 절차에 해당하므로, 이의신청을 하지 않더라도 상위의 불복절차를 진행하는 데 아무런 영향이 없음 |
|---|---|
| 이의신청이 배제되는 경우 | 국세청장이 조사·결정 또는 처리하거나 하였어야 할 처분인 경우 이의신청 배제<br>㉠ 국세청의 감사결과로서의 시정지시에 따른 처분<br>㉡ 세법에 따라 국세청장이 하여야 할 처분 |
| 이의신청 청구 | ① 원칙: 세무서장 또는 세무서장 거쳐서 관할 지방국세청장에게 함<br>② 예외: 다음의 경우 관할 지방국세청장에게만 해야 하며, 세무서장에게 한 이의신청은 관할 지방국세청장에게 한 것으로 봄<br>㉠ 지방국세청장의 조사에 따라 과세처분을 한 경우<br>㉡ 세무서장에게 과세전적부심사를 청구한 경우 |
| 이의신청 결정 | 이의신청을 받은 세무서장과 지방국세청장은 각각 **국세심사위원회의 심의를 거쳐 결정**해야 함 |

### ❷ 불복의 대상  중요도 ★★☆

: 개괄주의 방식 -- 「국세기본법」 또는 세법에 따른 처분으로서 위법 또는 부당한 처분을 받거나 필요한 처분을 받지 못함으로 인하여 권리나 이익을 침해 당한 사항이면 그 처분의 내용에 관계없이 무엇이든 불복청구의 대상으로 함

**작위처분**
「국세기본법」 또는 세법의 규정과 다른 처분 또는 외견상 세법의 규정을 따르고 있지만 과세형평을 침해하는 처분 등을 포함하는 것
**EX** 국세의 부과, 압류·매각·청산 등의 강제징수

**부작위처분**
과세관청이 「국세기본법」 또는 세법의 규정에 따라 일정한 처분을 해야 할 의무가 있으나 그러한 처분을 하지 않은 것
**EX** 공제·감면신청에 대한 결정 및 경정청구에 대한 결정·경정, 국세의 환급 및 허가·승인, 압류해제

### ❸ 불복 대상에서 제외되는 처분  [암기팁] 불복 통과  중요도 ★★★

| 통고 등의 처분 | ① 「조세범 처벌절차법」에 따른 **통**고처분<br>↳ 이에 대한 불복은 고발의 절차를 거쳐 형사절차에 따라 사법심의 판결을 받게 되므로 불복대상에서 제외<br>② 「감사원법」에 따라 심사청구를 한 처분이나 그 심사청구에 대한 처분<br>↳ 이에 대한 불복은 행정소송을 따라야 하므로 중복적인 불복제기를 방지하기 위해 「국세기본법」에 따른 불복대상에서 제외<br>③ 「국세기본법」 및 세법에 따른 **과**태료 부과 처분<br>↳ 이에 대한 불복은 「질서위반행위규제법」에 따른 이의제기 절차를 따르기 때문에 불복대상에서 제외 |
|---|---|
| 불복청구에 대한 처분 | ① 심사청구 또는 심판청구에 대한 처분 → 행정소송만 제기 가능<br>② 재조사 결정에 따른 처분 → 심사/심판청구, 행정소송 가능<br>③ 이의신청에 의한 처분 → 심사/심판청구 가능 |

## ❹ 불복청구인

중요도 ★★☆

| | |
|---|---|
| 당사자 | 위법 또는 부당한 처분을 받거나 필요한 처분을 받지 못하여 권리 또는 이익의 침해를 받은 직접 당사자 (납세의무 승계자, 연대납세의무자 포함) |
| 이해관계인 | 처분으로 인하여 권리나 이익을 침해당하게 될 이해관계가 있는 자<br>① 제2차 납세의무자로서 납부고지서를 받은 자<br>② 양도담보권자의 물적납세의무를 지는 자로서 납부고지서를 받은 자<br>③ 「부가가치세법」에 따라 신탁 관련 수탁자의 물적납세의무를 지는 자로서 납부고지서를 받은 자<br>④ 「종합부동산세법」 신탁주택 및 신탁토지 관련 수탁자의 물적납세의무를 지는 자로서 납부고지서를 받은 자<br>⑤ 납세보증인 |
| 대리인 | ① 원칙: 불복청구인과 처분청은 대리인을 선임할 수 있음 (처분청도 가능함 주의) → 변호사, 세무사, 「세무사법」에 따른 세무사등록부 또는 공인회계사 세무대리업무등록부에 등록한 공인회계사<br>② 예외: 불복청구금액이 5천만원(지방세는 2천만원) 미만인 경우(소액심판)에는 그 배우자, 4촌 이내의 혈족 또는 그 배우자의 4촌 이내의 혈족을 대리인으로 선임할 수 있음<br>③ 대리인은 본인을 위하여 그 신청 또는 청구에 관한 모든 행위를 할 수 있으나, 그 **신청 또는 청구의 취하는 특별한 위임을 받은 경우에만** 할 수 있음<br>④ 대리인의 권한은 서면으로 증명해야 하며, 대리인 해임 시 서면으로 해당 재결청에 신고해야 함 |
| 국선대리인 | ① 신청: 불복청구인은 다음 요건을 모두 충족한 경우 대리인을 선정해 줄 것을 재결청에 신청할 수 있음<br>　㉠ 이의신청인 등이 다음의 어느 하나에 해당할 것<br>　　ⓐ 개인인 경우: 「소득세법」에 따른 종합소득금액이 5천만원 이하이고, 소유 재산의 평가 가액 합계액이 5억원 이하인 경우<br>　　ⓑ 법인인 경우: 수입금액(기업회계기준에 따라 계산한 매출액)이 3억원 이하이고, 기업회계기준에 따라 계산한 자산가액이 5억원 이하인 경우<br>　㉡ **상속세·증여세 및 종합부동산세가 아닌** 세목에 대한 신청 또는 청구일 것<br>　㉢ **5천만원** 이하의 신청 또는 청구일 것<br>② 통지: 위 ①의 요건을 모두 충족하는 경우 재결청은 지체 없이 국선대리인을 선정하고, 신청을 받은 날부터 5일 이내에 그 결과를 이의신청인 등과 국선대리인에게 각각 통지해야 함<br>③ 권한: 국선대리인은 본인을 위하여 그 신청 또는 청구에 관한 모든 행위를 할 수 있음<br>　(단, 신청 또는 청구의 취하는 특별한 위임을 받은 경우에만 할 수 있음) |

## ❺ 청구기간  중요도 ★★★

| | |
|---|---|
| **불복청구별 청구기한** | ① 불복청구인 → 이의신청 : 해당 처분이 있음을 안 날(처분의 통지를 받은 때에는 그 받은 날)부터 90일 이내에 제기<br>② 불복청구인 → 심사청구 or 심판청구 : 해당 처분이 있음을 안 날(처분의 통지를 받은 때에는 그 받은 날)부터 90일 이내에 제기<br>③ 불복청구인 → 이의신청 → 심사청구 or 심판청구 : 이의신청에 대한 결정의 통지를 받은 날부터 90일 이내에*1 제기<br><br>*1 다음의 어느 하나에 해당하는 경우 아래에서 정하는 날부터 90일 이내에 제기할 수 있음<br>㉠ 결정기간 내에 결정의 통지를 받지 못한 경우: 그 결정기간이 지난 날<br>㉡ 이의신청에 대한 재조사 결정이 있은 후 처분기간 내에 처분 결과의 통지를 받지 못한 경우<br>: 그 처분기간이 지난 날 |
| **발신주의** | ① 원칙: 청구기간을 계산할 때에는 처분을 하였거나 하였어야 할 세무서장에게 해당 불복청구서가 **제출된 때**에 불복청구를 한 것으로 함 (해당 청구서가 그 외의 세무서장·지방국세청장·국세청장에게 제출된 경우에도 같음)<br>② 예외: 청구기한까지 우편으로 제출한 불복청구서가 불복청구기간을 지나서 도달한 경우에도 그 기간의 만료일에 적법한 청구를 한 것으로 봄<br><br>[발송일 89일(우편으로 제출한 날 = 우편도장 찍힌 날) — 90일 만료일(적법하게 불복청구한 것으로 봄) — 도달일 92일] |
| **정보통신망을 통한 신청·청구** | 국세청장 또는 조세심판원장이 운영하는 정보통신망을 이용하여 신청서 및 청구서 등을 제출하는 경우에는 국세청장 또는 조세심판원장에게 신청서 및 청구서가 전송된 때에 「국세기본법」에 따라 제출된 것으로 봄 |
| **청구기간 연장** | ▶ 납부기한연장 사유 아님 주의<br>'연장이는 천재 화가의 질병으로 정보통신이 금지되어 권한을 대행'<br>기한연장 사유로 청구기간이 연장되는 경우 **그 사유가 소멸한 날부터 14일 이내**에 이의신청·심사청구 또는 심판청구를 할 수 있음 (단, 행정소송 제기기간은 불변기간으로 연장불가)<br><br>[과세관청의 결정 — 기한연장 사유 발생 — 90일 — 기한연장 사유 소멸 — 14일 — 청구기한] |
| **기간 불산입** | 상호합의절차가 개시된 경우 상호합의절차의 개시일부터 종료일까지의 기간은 다음 기간에 산입하지 않음<br>①「국세기본법」, 행정소송, 심사청구, 심판청구의 **청구기간**<br>②「국세기본법」 심사청구, 심판청구의 **결정기간** |

## ❻ 불복청구의 제출처와 결정기관  `중요도 ★★☆`

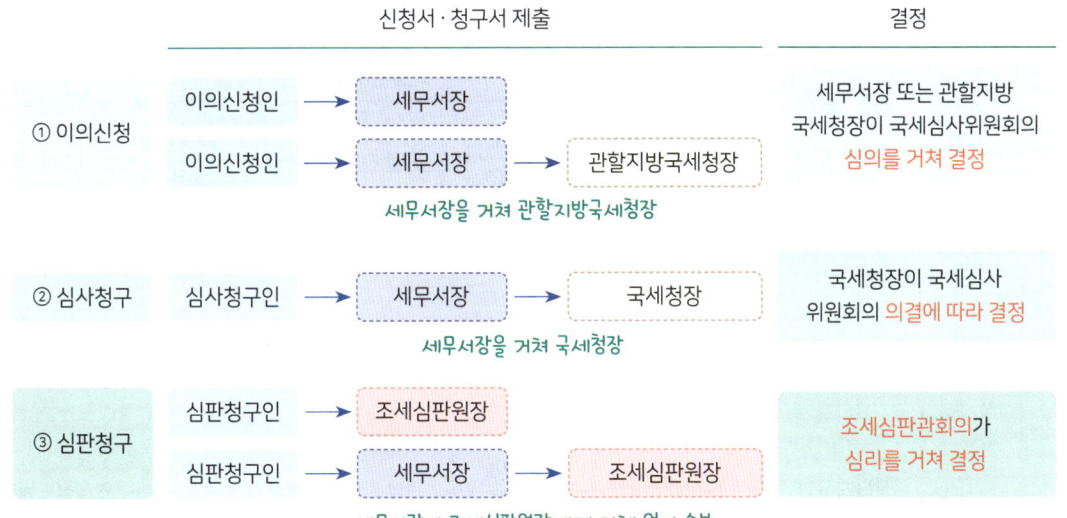

> **오쌤 Tip** 동일한 처분에 대한 중복제기

| | |
|---|---|
| 이의신청을 세무서장과 지방국세청장에게 중복제기 | 지방국세청장에게 제기한 것으로 봄[*1] |
| 이의신청과 심사청구를 중복제기 | 심사청구를 제기한 것으로 봄[*1] |
| 「국세기본법」에 따른 심사청구와 「감사원법」에 따른 심사청구를 중복제기 | 「감사원법」에 따른 심사청구를 제기한 것으로 봄[*1] |

[*1] 청구기간 경과 후 제기한 신청의 경우 제외

## ❼ 불복청구가 집행에 미치는 영향  `중요도 ★★☆`

| | |
|---|---|
| 원칙 | 집행 부정지:<br>이의신청·심사청구 또는 심판청구를 하더라도 세법에 특별한 규정이 있는 경우를 제외하고는 해당 **처분의 집행에 효력을 미치지 않음** → 불복청구 제도의 악용 방지 |
| 예외 | 집행 정지:<br>① 재결청이 인정하는 경우: 해당 재결청이 처분의 집행 또는 절차의 속행 때문에 이의신청인, 심사청구인 또는 심판청구인에게 **중대한 손해가 생기는 것을 예방할 필요성이 긴급하다고 인정할 때에는 집행정지를 결정할 수 있음**<br>→ 재결청은 집행정지 또는 집행정지의 취소에 관하여 심리·결정하면 지체 없이 당사자에게 통지해야 함<br>② 압류한 재산의 공매: 「국세기본법」에 의한 이의신청·심사청구 또는 심판청구가 계류 중에 있는 국세의 체납으로 인하여 압류한 재산에 대해서는 그 신청 또는 청구에 대한 결정이 확정되기 전에는 그 압류한 재산을 **공매할 수 없음**(단, 부패·변질 또는 감량되기 쉬운 재산으로서 속히 매각하지 아니하면 그 재산가액이 줄어들 우려가 있는 경우에는 공매 가능) |

## ❽ 불복청구의 기타사항  중요도 ★★☆

### 8.1 의견서·답변서의 송부

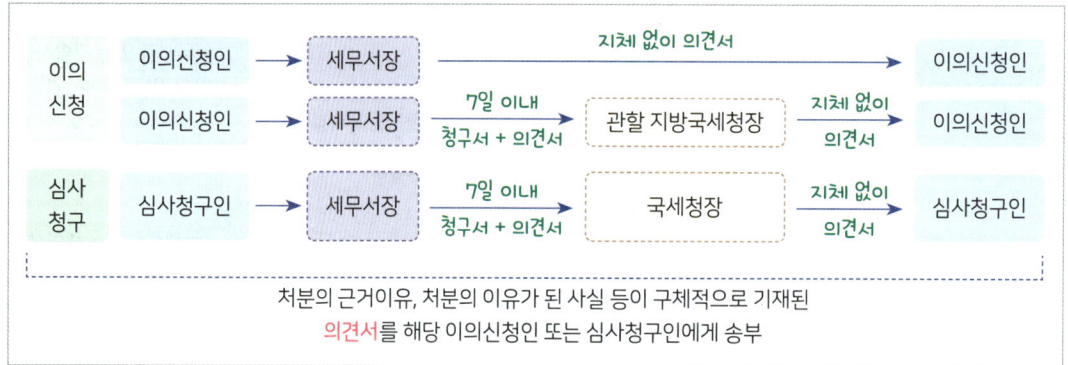

### 8.2 증거서류 및 증거물

| | |
|---|---|
| 증거서류 등 제출 | ① 불복청구인의 제출: 이의신청인·심사청구인 또는 심판청구인은 송부받은 의견서나 답변서에 대해 항변하기 위하여 증거서류나 증거물을 제출할 수 있음<br>② 불복청구인에게 제출 요구: 세무서장·지방국세청장·국세청장 또는 조세심판원장이 증거서류나 증거물에 대하여 기한을 정하여 제출할 것을 요구하는 경우 이의신청인·심사청구인 또는 심판청구인은 정해진 기한까지 해당 증거서류 또는 증거물을 제출해야 함 |
| 증거서류 등의 부본 | 지방국세청장·국세청장 또는 조세심판원장은 증거서류가 제출되면 증거서류의 부본을 지체 없이 해당 세무서장·지방국세청장 또는 피청구인에게 송부해야 함 |

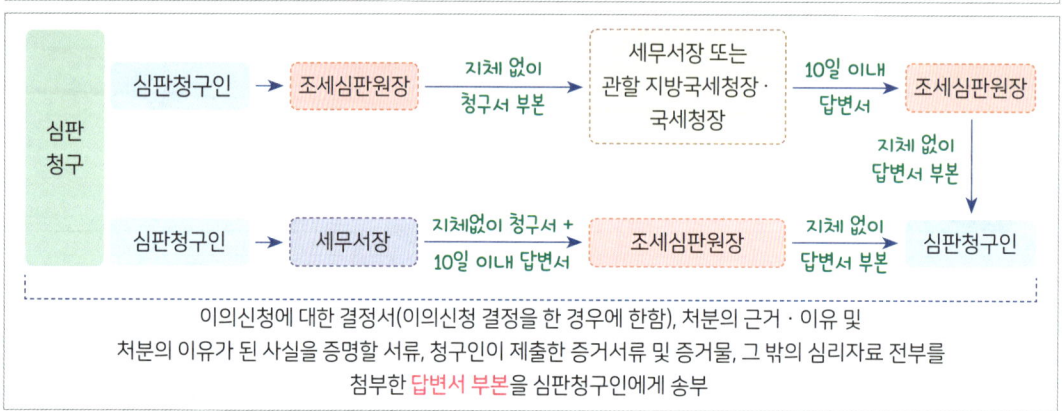

### 8.3 의견진술

| 신청 | 이의신청인·심사청구인 또는 심판청구인 또는 처분청(처분청의 경우는 심판청구에 한함)은 해당 재결청에 의견을 진술할 수 있으며 해당 재결청에 문서로 신청해야 함 |
|---|---|
| 통지 | 신청을 받은 재결청은 국세심사위원회, 조세심판관회의 또는 조세심판관합동회의의 회의개최일 3일(신청·청구를 최초로 심의하는 경우에는 회의 개최일 7일) 전까지 출석 통지 → 반드시 출석 X, 문서 제출로 갈음할 수 있음 |

① 이의신청
② 심사청구
③ 심판청구

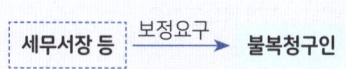

---

## 3 불복청구에 대한 결정과 효력

### ❶ 결정기관과 결정기간·보정기간  중요도 ★★☆

| 구분 | 결정기관 | 보정기간 | 결정기간 |
|---|---|---|---|
| 이의신청 | 세무서장 또는 지방국세청장 | 20일 이내 | 그 신청을 받은 날부터 30일 이내에 국세심사위원회의 **심의를 거쳐** 결정 → 이의신청인이 송부받은 의견서에 대해 이 결정기간 내에 항변하는 경우에는 60일 |
| 심사청구 | 국세청장 | 20일 이내 | 그 청구를 받은 날부터 90일 이내에 국세심사위원회의 **의결에 따라** 결정 |
| 심판청구 | 조세심판관회의 | 상당한 기간 | 그 청구를 받은 날부터 90일 이내에 **조세심판관회의가 심리를 거쳐** 결정 |

**보정**: 세무서장·지방국세청장·국세청장 또는 조세심판원장은 신청·청구의 내용이나 절차가 「국세기본법」 또는 세법에 적합하지 않거나 보정할 수 있다고 인정되면 보정할 것을 요구할 수 있음. 다만, 보정할 사항이 경미한 경우에는 직권으로 보정할 수 있으며 **보정기간은 청구기간 또는 결정기간에 산입하지 않음**

세무서장 등 → (보정요구) → 불복청구인
① 보정할 사항을 서면으로 작성하여 세무서장, 지방국세청장, 국세청장 또는 조세심판원장에게 제출
OR
② 출석하여 보정할 사항을 말하고 그 말한 내용을 소속 공무원이 기록한 서면에 서명 또는 날인

국세심사위원회 의결이 법령에 명백히 위반된다고 판단하는 경우 국세청장은 구체적인 사유를 적어 서면으로 국세심사위원회로 하여금 한 차례에 한정하여 다시 심의할 것을 요청할 수 있음

## ❷ 불복청구에 대한 심리와 결정 종류(각하, 기각, 인용)  중요도 ★★★

**부적법한 경우 (각하 사유)**
① 심판청구를 제기한 후 심사청구를 제기한 경우(같은 날 제기한 경우도 포함)
② 법에 정한 청구기간이 지난 후에 청구된 경우
③ 법에 정한 보정기간에 필요한 보정을 하지 아니한 경우
④ 심사청구가 적법하지 아니한 경우
⑤ 불복청구 대상이 되는 처분이 존재하지 아니한 경우
⑥ 불복청구의 대상이 되는 처분에 의하여 권리나 이익을 침해당하지 아니하는 경우
⑦ 불복청구의 대리인이 아닌 자가 대리인으로 불복을 청구하는 경우

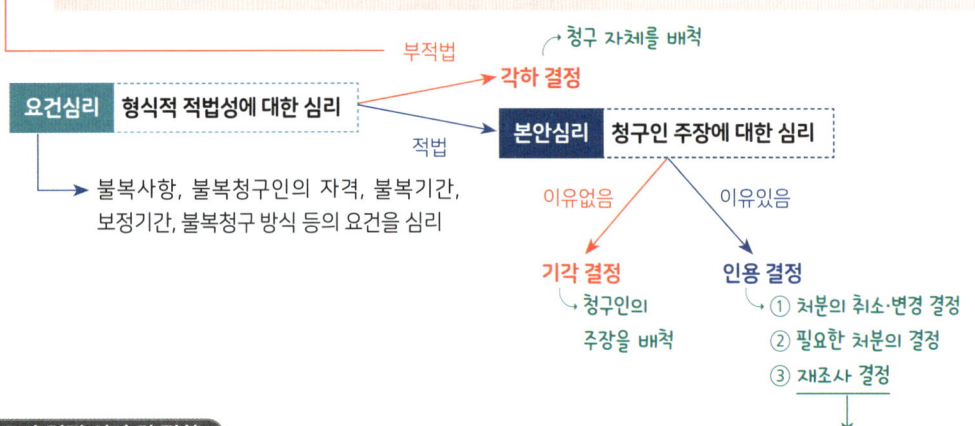

**재조사 결정 의미 및 절차**
① 의미: 처분의 취소·변경 결정 또는 필요한 처분의 결정을 하기 위해 사실관계를 재조사하여 그 결과에 따라 취소·변경하거나 필요한 처분을 하도록 하는 결정
② 절차: 재조사 결정이 있는 경우 처분청은 재조사 결정일로부터 60일 이내에 **결정서 주문에 기재된 범위에 한정하여 조사**하고, 그 결과에 따라 취소·경정하거나 필요한 처분을 해야 함 (처분청은 「국세기본법」에 따라 조사 연기·조사기간 연장·조사 중지 가능) 처분청은 재조사 결과에 따라 청구의 대상이 된 처분의 취소·경정을 하거나 필요한 처분을 하였을 때에는 그 처분결과를 지체 없이 서면으로 이의신청인, 심사청구인, 심판청구인 또는 과세전적부심사 청구인에게 통지해야 함
③ 당초 처분의 유지: 처분청은 재조사 결과 심사청구인의 주장과 재조사 과정에서 확인한 사실관계가 다른 경우 등 다음에 해당하는 경우에는 심사청구의 대상이 된 당초의 처분을 취소·경정하지 아니할 수 있음

㉠ 심사청구인의 주장과 재조사 과정에서 확인된 사실이 달라 당초 처분(원처분)의 유지가 필요한 경우
㉡ 재조사 과정에서 취소·경정 등을 위한 사실관계 확인이 불가능한 경우

**재조사 결정에 따른 처분에 대한 후심 쟁송문제**

| 당초 청구 | 재조사 결정에 대한 쟁송 ||||
|---|---|---|---|---|
| | 이의신청 | 심사청구 | 심판청구 | 행정소송 |
| 이의신청 | X | O | O | X |
| 심사청구 | X | O | X | O |
| 심판청구 | X | X | O | O |

 **오쌤 Tip** 재조사 결정 주의사항

① 중복조사 금지의 예외: 불복청구의 인용결정 중 재조사 결정에 따라 조사를 하는 경우(결정서 주문에 기재된 범위의 조사에 한정) **같은 세목 및 같은 과세기간에 대하여 재조사를 할 수 있음**
② 세무조사 결과통지의 예외: 불복청구의 인용결정 중 재조사 결정에 의한 조사를 마친 경우에는 **세무조사의 결과를 통지하지 않음**
③ 과세전적부심사 청구 배제: 불복청구의 인용결정 중 재조사 결정에 의한 세무조사를 하는 경우에는 **과세전적부심사를 청구할 수 없음**

### ❸ 결정의 통지 및 경정   중요도 ★★☆

| | |
|---|---|
| 기간 내 결정한 경우 | 신청·청구에 대한 결정을 한 때에는 결정기간 내에 그 이유를 기재한 결정서로 불복청구인에게 통지<br>↳ 결정서에 결정서를 받은 날부터 90일 이내에 이의신청인은 심사청구 또는 심판청구를, 심사청구인 또는 심판청구인은 행정소송을 제기할 수 있다는 내용을 적어야 함 |
| 기간 내 결정하지 못한 경우 | 재결청은 '이의신청인은 심사청구 또는 심판청구를, 심사청구인 또는 심판청구인은 행정소송 제기를 결정의 통지를 받기 전이라도 그 결정기간이 지난 날부터 할 수 있다는 내용'을 서면으로 지체 없이 그 신청인 또는 청구인에게 통지 |
| 결정 내용의 경정 | 심사청구에 대한 결정에 잘못된 기재, 계산착오, 그 밖에 이와 비슷한 잘못이 있는 것이 명백한 때에는 국세청장은 직권으로 또는 심사청구인의 신청에 의하여 이를 경정할 수 있음 (이의신청과 심판청구에도 준용) |

### ❹ 결정의 효력   중요도 ★★★

| | |
|---|---|
| 불가변력 | 해당 재결청 자신도 이에 구속되며 스스로 결정을 철회하거나 변경하는 것이 허용되지 않음 |
| 불가쟁력 | 당사자가 일정한 청구기간 내에 다음 심급에 불복청구를 하지 않거나 일정한 제소기간 내에 행정소송을 제기하지 않는 경우에는 그 결정은 형식적으로 확정되어 그 이후로는 그 결정의 내용에 대해 당연무효가 아닌 한 더이상 다툴 수 없게 됨 |
| 기속력 | 해당 행정청은 청구를 인용하는 재결청의 결정에 어긋나는 처분을 할 수 없음<br>↳ 각하 또는 기각에 적용될 여지가 없음 |

## 4 심판청구

### ❶ 결정절차  중요도 ★★☆

| | | |
|---|---|---|
| 원칙 | 조세심판관회의가 심리를 거쳐 결정<br>① 조세심판원장은 심판청구를 받으면 이에 관한 조사와 심리를 담당할 주심조세심판관 1명과 배석조세심판관 2명 이상을 지정하여 조세심판관회의를 구성하게 함<br>② 조세심판관회의는 공개하지 않지만 조세심판관회의 의장이 필요하다고 인정할 때에는 공개할 수 있음<br>③ 담당 조세심판관 3분의 2 이상의 출석으로 개의하고 출석조세심판관 과반수의 찬성으로 의결 | **조세심판관회의**<br>주심조세심판관 1명 / 배심조세심판관 2명 이상 |
| 경미 | 다음의 경우 조세심판관회의의 심리를 거치지 않고 주심조세심판관이 심리하여 결정할 수 있음<br>① 소액심판<br>: 국세 5천만원(지방세 2천만원) 미만 + 법령해석에 관한 것이 아님 or 유사청구사례 있음 or 아래 ③ 외의 각하결정사유에 해당함<br>② 과세표준 및 세액의 결정 외의 것으로서 유사한 청구에 대해 이미 결정된 사례가 있음<br>③ 청구기간이 지난 후 심판청구를 받은 경우에는 주심조세심판관이 심리하여 결정 | 주심조세심판관 1명 |
| 중대사안 | 다음의 경우 조세심판관합동회의가 심리를 거쳐 결정. 담당 조세심판관 3분의 2 이상의 출석으로 개의하고, 출석조세심판관 과반수의 찬성으로 의결함<br>① 세법의 해석이 쟁점이 되는 경우 + 종전의 조세심판원 결정이 없는 경우<br>② 종전에 조세심판원에서 한 세법의 해석·적용을 변경하는 경우<br>③ 조세심판관회의 간에 결정의 일관성을 유지하기 위한 경우<br>④ 국세행정에 중대한 영향을 미칠 것으로 예상되어 국세청장이 조세심판관합동회의에서 심리하여 줄 것을 요청하는 경우<br>⑤ 그 밖에 해당 심판청구사건에 대한 결정이 국세행정이나 납세자의 권리·의무에 중대한 영향을 미칠 것으로 예상되는 경우<br><br>➡ 조세심판관회의의 개최 통지를 받기 전까지 조세심판관합동회의 심리요청서를 조세심판원장에게 제출해야 하며 요청한 경우 국세청장은 이를 철회할 수 없음 주의 | **조세심판관합동회의**<br>조세심판원장 + 조세심판원장이 회의마다 지정하는 12명 이상 20명 이내의 상임조세심판관 및 비상임조세심판관(상임조세심판관과 같은 수 이상)<br><br>① 임기는 3년<br>② 상임조세심판관은 한 차례만 중임할 수 있으며, 비상임조세심판관은 한 차례만 연임할 수 있음<br>③ 다음의 어느 하나에 해당하는 경우가 아니라면 그 의사에 반하여 면직되거나 해촉되지 않음<br>㉠ 심신쇠약 등으로 장기간 직무를 수행할 수 없게 된 경우<br>㉡ 직무와 관련된 비위사실이 있는 경우<br>㉢ 직무태만, 품위손상이나 그 밖의 사유로 조세심판관으로서 적합하지 아니하다고 인정되는 경우<br>㉣ 「국세기본법」상 회피사유에 해당함에도 불구하고 회피하지 아니한 경우 |

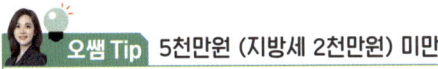 **오쌤 Tip** 5천만원 (지방세 2천만원) 미만

① 소액심판으로서 조세심판관회의의 심리를 거치지 않고 주심조세심판관이 심리하여 결정할 수 있는 금액
② 소액사건으로서 배우자, 4촌 이내의 혈족 또는 그 배우자의 4촌 이내의 혈족을 대리인으로 선임할 수 있는 불복청구금액

## ❷ 제척·회피 및 기피(조세심판관 자격에서 탈락)    중요도 ★★★

| | |
|---|---|
| 제척 | 다음 중 어느 하나에 해당하는 경우에는 심판관여로부터 제척됨 → **법규정상 제척됨**<br>① 심판청구인 또는 대리인인 경우(대리인이었던 경우를 포함)<br>② 위 ①에 규정된 사람의 친족·사용인이거나 친족·사용인이었던 경우(심판청구일을 기준으로 최근 5년 이내에 사용인이었던 경우로 한정)<br>③ 불복의 대상이 되는 처분, 처분에 대한 이의신청에 관하여 증언 또는 감정을 한 경우<br>④ 심판청구일 전 최근 5년 이내에 불복의 대상이 되는 처분, 처분에 대한 이의신청 또는 그 기초가 되는 세무조사(「조세범 처벌절차법」에 따른 조세범칙조사 포함)에 관여하였던 경우<br>⑤ 위 ③·④에 해당하는 법인·단체에 속하거나 심판청구일 전 최근 5년 이내에 속하였던 경우<br>⑥ 그 밖에 심판청구인 또는 그 대리인의 업무에 관여하거나 관여하였던 경우 |
| 회피 | 조세심판관(또는 심판조사관)은 자신에게 제척의 원인이 있을 때에는 주심조세심판관 또는 배석조세심판관의 지정에서 회피해야 함 → **조세심판관 스스로 회피함** |
| 기피 | ① 담당 조세심판관·심판조사관에게 공정한 심판을 기대하기 어려운 사정이 있다고 인정될 때 심판청구인은 그 조세심판관·심판조사관의 기피를 신청할 수 있음<br>　→ **심판청구인의 신청에 의해**<br>② 담당 조세심판관·심판조사관의 지정 또는 변경통지를 받은 날부터 7일 내에 문서로 신청해야하며 조세심판원장은 신청이 이유가 있는 경우 기피 신청을 승인해야 함 |

## ❸ 심리원칙 　　　　　　　　　　　　　　　　　　　　　　　중요도 ★★☆

| 사건의 병합과 분리 | 심판청구는 각각 개별적으로 심리함이 원칙이나, 조세심판관은 필요하다고 인정하면 여러 개의 심판사항을 병합하거나 병합된 심판사항을 여러 개의 심판사항으로 분리할 수 있음 |
|---|---|
| 질문·검사권 | <table><tr><th>담당 조세심판관의 권한</th><th>담당 조세심판관 외의 조세심판원 소속 공무원 권한</th></tr><tr><td>① 심판청구인·처분청·관계인 또는 참고인에 대한 질문<br>② 위 ①에 열거된 자의 장부·서류 그 밖의 물건의 제출 요구<br>③ 위 ①에 열거된 자의 장부, 서류, 그 밖의 물건의 검사 또는 감정기관에 대한 감정 의뢰</td><td>① 심판청구인·처분청·관계인 또는 참고인에 대한 질문<br>(장부, 서류 그 밖의 물건의 제출 요구는 할 수 없음 주의)<br>② 위 ①에 열거된 자의 장부, 서류, 그 밖의 물건의 검사 또는 감정기관에 대한 감정 의뢰</td></tr></table>→ 청구인이 정당한 사유 없이 질문 또는 요구(위 ①~③ 또는 p.72 8.2 증거서류 및 증거물 제출 요구)에 응하지 않아 심판하는 것이 현저히 곤란하다고 인정할 때는 그 부분에 관한 심판청구인의 주장을 인용하지 아니할 수 있음 |
| 사실판단 | 조세심판관은 심판청구에 관한 조사 및 심리의 결과와 과세형평을 고려하여 자유심증으로 사실을 판단함 |
| 불고불리의 원칙 | 심판청구를 한 처분 외의 처분에 대해서는 그 처분의 전부 또는 일부를 취소 또는 변경하거나 새로운 처분의 결정을 하지 못함 (이의신청과 심사청구에도 그대로 적용됨) |
| 불이익변경의 금지 | 심판청구에 대한 결정을 할 때 심판청구를 한 처분보다 청구인에게 불리한 결정을 하지 못함 (이의신청과 심사청구에도 그대로 적용됨) |

## ❹ 항고소송 제기사건의 통지 　　　　　　　　　　　　　　중요도 ★☆☆

: 국세청장, 지방국세청장, 세무서장은 심판청구를 거쳐 「행정소송법」에 따른 항고소송이 제기된 사건에 대하여 그 내용이나 결과 등 다음의 사항을 반기마다 그 다음 달 15일까지 조세심판원장에게 알려야 함

　㉠ 항고소송이 제기된 사건 목록과 해당 사건의 처리 상황 및 결과
　㉡ 항고소송 결과 원고의 승소판결이 확정된 경우 그 판결문 사본

# 09 납세자의 권리 및 보칙

제2편 국세기본법

## 1 납세자의 권리

### ❶ 납세자 권리헌장의 제정 및 교부   중요도 ★★☆

| 국세청장의 제정 | 국세청장은 납세자의 성실추정 등 규정된 사항과 그 밖의 납세자의 권리보호에 관한 사항을 포함하는 납세자권리헌장을 제정하여 고시해야 함 |
|---|---|
| 납세자 권리헌장 교부 | 다음 중 어느 하나의 경우에 해당하면 납세자권리헌장을 교부해야 함<br>① 세무조사(「조세범 처벌절차법」에 따른 조세범칙조사를 포함)<br>② 사업자등록증의 발급<br>③ 그 밖의 대통령령으로 정하는 경우 |
| 납세자 권리헌장 낭독 및 조사사유 설명 | 세무공무원은 세무조사를 시작할 때 조사원증을 납세자 또는 관련인에게 제시한 후 납세자권리헌장을 교부하고 그 요지를 직접 낭독해 주어야 하며, 조사사유, 조사기간, 납세자보호위원회에 대한 심의 요청사항·절차 및 권리구제 절차 등을 설명해야 함 |

### ❷ 납세자의 성실성 추정   중요도 ★★★

| 원칙 | 세무공무원은 납세자가 성실하며 납세자가 제출한 신고서 등이 진실한 것으로 추정해야 함 |
|---|---|
| 예외 | 납세자가 다음의 경우에 해당하면 납세자의 **성실성 추정을 배제함** → 다음의 경우는 **수시선정에 따른 조사사유**에도 해당됨<br>① 납세자가 세법에서 정하는 신고, 성실신고확인서의 제출, 세금계산서 또는 계산서의 작성·교부·제출, 지급명세서의 작성·제출 등의 **납세협력의무를 이행하지 않은 경우**<br>② 무자료거래, 위장·가공거래 등 **거래내용이 사실과 다른 혐의**가 있는 경우<br>③ **납세자에 대한 구체적인 탈세제보**가 있는 경우<br>④ 신고내용에 **탈루나 오류의 혐의를 인정할 만한 명백한 자료**가 있는 경우<br>⑤ 납세자가 세무공무원에게 **직무와 관련하여 금품을 제공하거나 금품 제공을 알선**한 경우 |

## ❸ 세무조사권 남용 금지  중요도 ★★★

| 세무조사의 남용금지 | 세무공무원은 적정하고 공평한 과세를 실현하기 위해 필요한 **최소한의 범위**에서 세무조사(조세범칙조사를 포함)를 해야 하며, 다른 목적 등을 위해 조사권을 남용해서는 안 됨 |
|---|---|
| 중복조사 금지 | 원칙: 세무공무원은 같은 세목 및 같은 과세기간에 대하여 재조사를 할 수 없음<br>예외: 재조사 가능<br>**[재조사 사유]**<br>① 불복청구의 인용결정 또는 과세전적부심사 청구의 채택결정 중 **재조사 결정에 따라** 조사를 하는 경우(결정서 주문에 기재된 범위의 조사에 한정)<br>② **국세환급금의 결정을 위한 확인조사**를 하는 경우<br>③ **거래상대방에 대한 조사**가 필요한 경우<br>④ **2개 이상의 과세기간**과 관련하여 잘못이 있는 경우<br>⑤ 부분조사*1를 실시한 후 **해당 조사에 포함되지 않는 부분**에 대하여 조사하는 경우<br>⑥ 부동산투기 등 경제질서 교란 등을 통한 세금탈루 혐의가 있는 자에 대해 **일제조사**를 하는 경우<br>⑦ 과세관청 외의 기관이 직무상 목적을 위해 작성하거나 취득해 **과세관청에 제공한 자료의 처리**를 위해 조사하는 경우<br>⑧ 조세탈루의 혐의를 인정할 만한 **명백한 자료**가 있는 경우<br>⑨ 「조세범 처벌절차법」에 따른 조세범칙행위의 혐의를 인정할 만한 **명백한 자료**가 있는 경우 (다만, 해당 자료에 대해 조세범칙조사심의위원회가 조세범칙행위의 혐의가 없다고 의결한 경우에는 조세범칙행위의 혐의를 인정할 만한 명백한 자료로 인정하지 않음)<br>⑩ 납세자가 세무공무원에게 **직무와 관련하여 금품을 제공하거나 금품제공을 알선**한 경우<br>*1 부분조사: 특정사항에 대한 확인을 위하여 필요한 부분에 한정한 조사 |
| 장부 등의 제출요구 | 세무공무원은 세무조사를 하기 위하여 필요한 **최소한의 범위에서 장부 등의 제출을 요구**해야 하며, 조사대상 세목 및 과세기간의 과세표준과 세액의 계산과 관련 없는 장부 등의 제출을 요구해서는 안 됨 |
| 저해행위 금지 | 누구든지 세무공무원으로 하여금 법령을 위반하게 하거나 지위 또는 권한을 남용하게 하는 등 **공정한 세무조사를 저해하는 행위를 해서는 안 됨** |

## ❹ 세무조사 시 조력을 받을 권리  중요도 ★★☆

: 납세자는 세무조사(조세범칙조사를 포함)를 받는 경우에 변호사, 공인회계사, 세무사로 하여금 조사에 참여하게 하거나 의견을 진술하게 할 수 있음

## ❺ 세무조사 관할  중요도 ★★☆

| 원칙 | 세무조사는 납세지 관할 세무서장 또는 지방국세청장이 수행함 |
|---|---|
| 예외 | 다음의 경우 국세청장이 그 관할을 조정할 수 있음<br>↳ 같은 지방국세청 소관 세무서 관할 조정의 경우에는 지방국세청장<br>① 납세자가 사업을 실질적으로 관리하는 장소의 소재지와 납세지가 관할을 달리 하는 경우<br>② 일정한 지역에서 주로 사업을 하는 납세자에 대하여 공정한 세무조사를 실시할 필요가 있는 경우 등 납세지 관할 세무서장 또는 지방 국세청장이 세무조사를 수행하는 것이 부적절하다고 판단되는 경우<br>③ 세무조사 대상 납세자와 출자관계에 있는 자, 거래가 있는 자 또는 특수관계인에 해당하는 자 등에 대한 세무조사가 필요한 경우<br>④ 세무관서별 업무량과 세무조사 인력 등을 고려하여 관할을 조정할 필요가 있다고 판단되는 경우 |

## ❻ 세무조사 대상자 선정  중요도 ★★★

> 세무공무원은 정기적으로 신고의 적정성을 검증하기 위하여 대상을 선정하여 세무조사를 할 수 있음. 이 경우 세무공무원은 객관적 기준에 따라 공정하게 그 대상을 선정해야 함
> (소규모 성실사업자에 대해서는 이러한 정기선정에 따른 세무조사를 하지 않을 수 있음)

> 세무공무원은 납세자의 성실성추정 배제 사유에 해당하는 경우에는 세무조사를 할 수 있음 (성실성 추정 배제 사유 = 수시조사 대상)

| 정기선정에 의한 조사 (정기조사) | 정기선정 이외의 조사 (수시조사) | 과세표준과 세액의 결정을 위한 세무조사 |
|---|---|---|
| ① 과세자료, 세무정보 및 회계성실도 자료 등을 고려하여 정기적으로 성실도를 분석한 결과 **불성실 혐의**가 있다고 인정하는 경우<br>② **최근 4과세기간 이상** 같은 세목의 세무조사를 받지 않은 납세자에 대하여 업종, 규모 등을 고려하여 신고내용이 적정한지를 검증할 필요가 있는 경우<br>③ **무작위추출방식으로 표본조사**를 하려는 경우 | ① **납세협력의무 불이행**<br>② 무자료·위장·가공거래 등 **거래내용이 사실과 다른 혐의**가 있는 경우<br>③ 납세자에 대한 **구체적인 탈세제보**가 있는 경우<br>④ 신고내용에 **탈루나 오류의 혐의를 인정할 만한 명백한 자료**가 있는 경우<br>⑤ 납세자가 세무공무원에게 **직무와 관련하여 금품을 제공하거나 금품 제공을 알선**한 경우 | 과세관청의 조사결정에 따라 과세표준과 세액이 확정되는 세목의 경우 과세표준과 세액을 결정하기 위해 세무조사를 할 수 있음 |

## ❼ 세무조사의 사전통지와 결과통지  중요도 ★★★

| 구분 | 사전통지 | 결과통지 |
|---|---|---|
| 원칙 | 세무공무원은 세무조사를 하는 경우에는 조사를 받을 납세자에게 **조사를 시작하기 20일**(이의신청·심사청구·심판청구·과세전적부심사에 대한 재조사 결정으로 재조사를 하는 경우에는 7일)<sup>NEW</sup> **전**에 조사대상 세목, 과세기간, 조사기간 및 조사 사유 등을 문서로 통지해야 함 | **조사를 마친 날부터 20일**(공시송달 사유에 해당하는 경우에는 **40일**) 이내에 조사결과를 납세자에게 설명하고, 이를 서면으로 납세자에게 통지해야 함 |
| 예외 | 사전통지를 하면 증거인멸 등으로 조사 목적을 달성할 수 없다고 인정되는 경우에는 사전통지를 하지 않을 수 있음. 대신 세무조사를 개시할 때 사전통지 사항, 사전통지를 하지 않은 사유 등이 포함된 세무조사통지서를 교부해야 함('세무조사통지서 교부 배제 사유'에 해당하는 경우 제외) | '세무조사 결과통지 배제 사유'에 해당하는 경우 세무조사의 결과를 통지하지 않음 |

> 세무조사의 결과통지의 기간 이내에 조사결과를 통지할 수 없는 부분이 있는 경우에는 납세자가 동의하는 경우에 한정하여 결과통지할 수 없는 부분을 제외한 조사결과를 통지할 수 있음
>
> [단, 사유가 해소된 된 때에는 그 사유가 해소된 날부터 20일(40일) 이내에 나머지 부분 통지]

**[부분통지 사유]**
① 「국제조세조정에 관한 법률」 및 조세조약에 따른 국외자료의 수집·제출 또는 상호합의절차 개시에 따라 외국 과세기관과의 협의가 진행 중인 경우
② 해당 세무조사와 관련하여 세법의 해석 또는 사실관계 확정을 위하여 기획재정부장관 또는 국세청장에 대한 질의 절차가 진행 중인 경우

**[공시송달 사유]**
① 국외 주소(또는 영업소)로 송달하기 곤란
② 주소(또는 영업소) 불분명
③ 서류를 등기우편으로 송달하였으나 수취인이 부재중인 것으로 확인되어 반송됨으로써 납부기한까지 송달이 곤란하다고 인정되는 경우
④ 세무공무원이 2회 이상 납세자를 방문해 교부하려고 했으나 수취인이 부재중인 것으로 확인되어 납부기한까지 송달이 곤란하다고 인정되는 경우 (처음 방문한 날과 마지막 방문한 날의 사이의 기간이 공휴일 및 토요일 제외 3일 이상)

### 오쌤 Tip  통지서 배제사유

| 세무조사 사전통지 배제 사유 | 세무조사통지서 교부 배제 사유 | 세무조사 결과통지 배제 사유 |
|---|---|---|
| 사전통지를 하면 증거인멸 등으로 조사 목적을 달성할 수 없다고 인정되는 경우 | ① 납세자가 세무조사 대상이 된 사업을 **폐업**한 경우<br>② 납세자가 납세관리인을 정하지 아니하고 국내에 **주소 또는 거소를 두지 아니한 경우**<br>③ 납세자 또는 납세관리인이 세무조사통지서의 **수령을 거부하거나 회피**하는 경우 | ① 불복청구의 인용결정 또는 과세전적부심사 청구의 채택결정 중 **재조사 결정에 의한 조사를 마친 경우**<br>② 납세관리인을 정하지 아니하고 국내에 **주소 또는 거소를 두지 아니한 경우**<br>③ 세무조사 결과통지서의 **수령을 거부하거나 회피**하는 경우<br>※ 폐업한 경우 ← 2019년 삭제개정되었으므로 오답선지로 나올 수 있음 주의 |

## ❽ 세무조사 연기와 세무조사 연장   중요도 ★★★

| 구분 | 세무조사 연기 | 세무조사 연장 |
|---|---|---|
| 의미 | 사전통지를 받은 납세자가 일정한 사유로 조사를 받기 곤란한 경우에는 관할 세무서의 장에게 조사를 연기해 줄 것을 신청할 수 있음 | 세무공무원은 조사대상 세목·업종·규모, 조사 난이도 등을 고려하여 세무조사 기간이 최소한이 되도록 해야 하지만 일정한 사유가 있으면 세무조사 기간을 연장할 수 있음 |
| 신청 절차 | 관할 세무관서의 장에게 조사 연기 신청 → 관할 세무관서의 장이 승인 여부 결정 → 결정 결과를 조사 개시 전까지 통지<br>연기 결정 시 연기한 기간도 함께 통지 | 세무공무원이 연장기간과 사유를 납세자에게 문서로 통지 |
| 사유 | ① **천재**지변<br>② **화**재, 그 밖의 재해로 사업상 심각한 어려움이 있을 때<br>③ 납세자 또는 납세관리인의 **질병**·장기**출장** 등으로 세무조사가 곤란하다고 판단될 때<br>④ **권한** 있는 기관에 장부, 증거서류가 압수되거나 영치되었을 때<br>⑤ 위 ①~④에 준하는 사유가 있을 때<br>〔암기팁〕 천재화가의 **질병**으로 **출장** 연기 **권한** | ① **세금탈루 혐의가 포착**되거나 조사 과정에서 조세범칙조사를 개시하는 경우<br>② **천재지변·노동쟁의**로 조사 중단된 경우<br>③ **거래처 조사** 또는 거래처 **현지확인** 및 금융거래 현지확인이 필요한 경우<br>④ 납세자가 장부·서류 등을 은닉하거나 제출을 지연하거나 거부하는 등 조사를 **기피하는 행위가 명백**한 경우<br>⑤ 납세자보호관 또는 담당관이 세금탈루혐의와 관련하여 **추가 사실 확인이 필요**하다고 인정하는 경우<br>⑥ 세무조사 대상자가 **세금탈루혐의에 대한 해명 등을 위하여 세무조사 기간의 연장을 신청한 경우**로서 납세자보호관 또는 담당관이 이를 인정하는 경우<br>〔암기팁〕 **탈루** 혐의로 조사 기간 연장한다고 하니, **천둥** 맞은 듯 **현기증**! |

## ❾ 세무조사 연기의 중단   중요도 ★★★

| 중단사유 | ① 천재지변 등 연기 사유가 소멸한 경우<br>② 조세채권 확보를 위하여 조사를 긴급히 개시할 필요가 있다고 인정되는 경우 |
|---|---|
| 중단절차 | 위 ①의 사유로 조사를 개시하는 경우, 조사 개시 5일 전까지 납세자에게 연기 사유가 소멸한 사실과 조사 기간을 통지하여야 함 |
| 세무조사 통지서 | 세무공무원은 증거인멸 등으로 조사 목적을 달성할 수 없다고 인정되는 경우에 해당하여, 사전통지를 하지 아니하고 조사를 개시하거나, 위 ②의 사유로 조사를 개시할 때 세무조사통지서를 세무조사를 받을 납세자에게 교부하여야 함 → 다만, 폐업 등 법으로 정하는 경우 제외 |

## ❿ 세무조사 기간의 제한  ★★☆

| 조사기간<br>의 제한 | 조사대상 과세기간 중 연간 수입금액 또는 양도가액이 가장 큰 과세기간의 연간 수입금액 또는 양도가액이 100억원 미만인 납세자에 대한 세무조사 기간은 20일 이내로 함 |
|---|---|
| 연장기간<br>의 제한 | ① 최초 연장: 관할 세무관서의 장의 승인 → 20일 이내로 연장<br>② 2회 이후 연장: 관할 상급 세무관서의 장의 승인 → 20일 이내로 연장 |
| 제한을<br>받지 않는<br>경우 | 다음에 해당하는 경우에는 세무조사 기간의 제한 및 세무조사 연장기간의 제한을 받지 않음<br>① **무**자료거래, 위장·가공거래 등 거래 내용이 사실과 다른 혐의가 있어 실제 거래 내용에 대한 조사가 필요한 경우<br>② **역**외거래를 이용하여 세금을 탈루하거나 국내 탈루소득을 해외로 변칙 유출한 혐의로 조사하는 경우<br>③ **명의**위장, 이중장부의 작성, 차명계좌의 이용, 현금거래의 누락 등의 방법을 통하여 세금을 탈루한 혐의로 조사하는 경우<br>④ **거짓**계약서 작성, 미등기양도 등을 이용한 부동산 투기 등을 통하여 세금을 탈루한 혐의로 조사하는 경우<br>⑤ **상속**세·증여세 조사, 주식변동 조사, 범칙사건 조사 및 출자·거래관계에 있는 관련자에 대하여 동시 조사를 하는 경우<br>[암기팁] 무역회사 명의 거짓 상속 |

## ⓫ 세무조사의 중지 및 조기종결  ★★☆

| 중지 | 세무공무원은 다음의 사유로 세무조사를 진행하기 어려운 경우에는 세무조사를 중지할 수 있음<br>① 세무조사 연기신청 사유에 해당하는 사유가 있어 납세자가 조사중지를 신청한 경우<br>② 국외자료의 수집·제출 또는 상호합의절차 개시에 따라 외국 과세기관과의 협의가 필요한 경우<br>③ 납세자의 소재가 불분명한 경우, 납세자가 해외로 출국한 경우, 납세자가 장부·서류 등을 은닉하거나 그 제출을 지연 또는 거부한 경우, 노동쟁의가 발생한 경우, 그 밖에 이와 유사한 사유가 있는 경우에 해당하여 세무조사를 정상적으로 진행하기 어려운 경우<br>④ 납세자보호관 또는 담당관이 세무조사의 일시중지를 요청하는 경우 |
|---|---|
| 중지<br>기간 | 중지기간은 세무조사 기간 및 세무조사 연장기간에 산입하지 않음 |
| 제한<br>사항 | 세무공무원은 세무조사의 중지기간 중에는 납세자에 대하여 국세의 과세표준과 세액을 결정 또는 경정하기 위한 질문을 하거나 장부 등의 검사·조사 또는 그 제출을 요구할 수 없음 |
| 조사<br>재개 | ① 그 중지사유가 소멸하게 되는 경우: 즉시 조사를 재개해야 함<br>② 조세채권의 확보 등 긴급히 조사를 재개해야 할 필요가 있는 경우: 세무조사를 재개할 수 있음 |
| 통지 | 세무공무원은 세무조사를 중지 또는 재개하는 경우에는 그 사유를 문서로 통지해야 함 |
| 조기<br>종결 | 세무공무원은 세무조사 기간을 단축하기 위해 노력해야 하며, 장부기록 및 회계처리의 투명성 등 납세성실도를 검토하여 더 이상 조사할 사항이 없다고 판단될 때에는 조사기간 종료 전이라도 조사를 조기에 종결할 수 있음 |

## ⑫ 세무조사 범위  중요도 ★★★

| 원칙 | 조사진행 중 **세무조사의 범위를 확대할 수 없음** |
|---|---|
| 예외 | 다음의 경우 세무공무원은 조사진행 중 세무조사의 범위를 확대할 수 있음<br>① 다른 과세기간·세목 또는 항목에 대한 구체적인 세금탈루 증거자료가 확인되어 다른 과세기간·세목 또는 항목에 대한 조사가 필요한 경우<br>② 명백한 세금탈루 혐의 또는 세법 적용의 착오 등이 있는 조사대상 과세기간의 특정 항목이 다른 과세기간에도 있어 동일하거나 유사한 세금탈루 혐의 또는 세법 적용 착오 등이 있을 것으로 의심되어 다른 과세기간의 그 항목에 대한 조사가 필요한 경우 |
| 통지 | 세무조사의 범위를 확대하는 경우에는 그 사유와 범위를 납세자에게 문서로 통지해야 함 |

## ⑬ 장부 등의 보관  중요도 ★★☆

| 원칙 | 세무공무원은 세무조사의 목적으로 납세자의 장부 등을 세무관서에 **임의로 보관할 수 없음** |
|---|---|
| 예외:<br>일시보관 | 세무공무원은 수시선정 세무조사 사유에 해당하는 경우에는 조사목적에 필요한 최소한의 범위에서 납세자, 소지자 또는 보관자 등 정당한 권한이 있는 자가 임의로 제출한 장부 등을 **납세자의 동의를 얻어** 세무관서에 **일시 보관**할 수 있음 → 이 경우 납세자로부터 **일시 보관 동의서**를 받아야 하며, **일시 보관증을 교부**해야 함 |
| 장부 등의<br>반환 | 세무공무원은 일시 보관하고 있는 장부 등에 대하여 납세자가 반환을 요청할 경우에는 그 반환을 요청한 날부터 14일 이내에 장부 등을 반환해야 함 (단, 세무조사에 지장이 없다고 판단될 때에는 요청한 장부 등을 즉시 반환해야 함) |
| 사본 보관 | 납세자에게 장부 등을 반환하는 경우 세무공무원은 장부 등의 사본을 보관할 수 있고, 그 사본의 원본과 다름없다는 사실을 확인하는 납세자의 서명 또는 날인을 요구할 수 있음 |
| 반환기간<br>연장 | 조사 목적을 달성하기 위하여 필요한 경우에는 납세자보호위원회의 심의를 거쳐 **한 차례만** 14일 이내의 범위에서 보관 기간을 연장할 수 있음 |

## ⑭ 통합조사 원칙    중요도 ★★★

: 세법에 따라 신고·납부의무가 있는 세목을 통합하여 실시하는 것을 원칙으로 하지만 일정한 경우 특정한 세목만을 조사하거나 필요한 부분에 한정한 조사(부분조사)를 할 수 있음

| 통합조사 | 특정 세목 조사 | 부분조사 |
|---|---|---|
| 세법에 따라 신고·납부의무가 있는 세목을 **통합하여 실시하는 것을 원칙**으로 함 | ① 세목의 특성, 납세자의 신고유형, 사업규모 또는 세금탈루 혐의 등을 고려하여 특정 세목만을 조사할 필요가 있는 경우<br>② 조세채권의 확보 등을 위하여 특정 세목만을 긴급히 조사할 필요가 있는 경우<br>③ 그 밖에 세무조사의 효율성 및 납세자의 편의 등을 고려하여 특정 세목만을 조사할 필요가 있는 경우 | ① 경정 등의 청구에 대한 처리 또는 국세환급금의 결정을 위하여 확인이 필요한 경우<br>② 불복청구의 인용결정 또는 과세전적부심사 청구의 채택결정 중 재조사 결정에 따라 사실관계의 확인 등이 필요한 경우<br>③ 거래상대방에 대한 세무조사 중에 거래 일부의 확인이 필요한 경우<br>④ 납세자에 대한 구체적인 탈세 제보가 있는 경우<br>⑤ 명의위장, 차명계좌의 이용을 통하여 세금을 탈루한 혐의에 대한 확인이 필요한 경우<br>⑥ 법인이 주식 등을 시가보다 높거나 낮게 거래하거나 불공정자본거래에 대한 구체적인 혐의가 있는 경우로서 해당 혐의에 대한 확인이 필요한 경우<br>⑦ 무자료거래, 위장·가공거래 등의 구체적인 혐의가 있는 경우로서 조세채권의 확보 등을 위하여 긴급한 조사가 필요한 경우<br>⑧ 과세관청 외의 기관이 직무상 목적을 위해 작성하거나 취득하여 과세관청에 제공한 자료의 처리를 위해 조사하는 경우<br>▶ ①과 ②의 경우 부분조사의 횟수 제한이 없음<br>▶ ③~⑧의 사유로 인한 부분조사는 같은 세목 및 같은 과세기간에 대해 2회를 초과하여 실시할 수 없음(즉 최대 2회) |

## ⑮ 비밀유지  중요도 ★☆☆

| | |
|---|---|
| 원칙 | 세무공무원은 과세정보(납세자가 세법에서 정한 납세의무를 이행하기 위해 제출한 자료나 국세의 부과·징수를 위하여 업무상 취득한 자료 등)를 **타인에게 제공 또는 누설하거나 목적 외의 용도로 사용해서는 안 됨** |
| 예외:<br>납세자의<br>과세정보<br>제공 | 다음의 경우에는 그 사용 목적에 맞는 범위에서 납세자 과세정보를 제공할 수 있으며, 아래 ③, ④를 제외한 과세정보의 제공 요구는 납세자의 인적사항, 과세정보의 사용목적, 요구하는 과세정보의 내용 및 기간 등을 기재한 문서로 해당 세무관서의 장에게 요구하여야 함<br>① 국가행정기관, 지방자치단체 등이 법률에서 정하는 조세, 과징금의 부과·징수 등을 위하여 사용할 목적으로 과세정보를 문서로 요구하는 경우<br>② 국가기관이 조세쟁송이나 조세범 소추를 위하여 과세정보를 문서로 요구하는 경우<br>③ 법원의 제출명령 또는 법관이 발부한 영장에 의하여 과세정보를 요구하는 경우<br>④ 세무공무원 간에 국세의 부과·징수 또는 질문·검사에 필요한 과세정보를 요구하는 경우<br>⑤ 통계청장이 국가통계작성 목적으로 과세정보를 문서로 요구하는 경우<br>⑥ 「사회보장기본법」에 따른 사회보험의 운영을 목적으로 설립된 기관이 관계 법률에 따른 소관 업무를 수행하기 위하여 과세정보를 문서로 요구하는 경우<br>⑦ 국가행정기관, 지방자치단체 또는 「공공기관의 운영에 관한 법률」에 따른 공공기관이 급부·지원 등을 위한 자격의 조사·심사 등에 필요한 과세정보를 당사자의 동의를 받아 문서로 요구하는 경우<br>⑧ 「국정감사 및 조사에 관한 법률」에 따른 조사위원회가 국정조사의 목적을 달성하기 위해 조사위원회의 의결로 비공개회의에 과세정보의 제공을 문서로 요청하는 경우<br>⑨ 다른 법률의 규정에 따라 과세정보를 문서로 요구하는 경우 |
| 안전성<br>확보조치 | 납세자의 과세정보를 제공받은 자는 과세정보의 안전성을 확보하기 위한 다음의 조치를 취해야 하며 조치의 이행 여부를 주기적으로 점검해야 함. 이때 국세청장은 점검결과의 제출을 요청할 수 있으며, 해당 요청을 받은 자는 그 점검결과를 국세청장에게 제출해야 함<br>① 과세정보의 유출, 변조 등을 방지하기 위한 정보보호시스템의 구축<br>② 과세정보 이용이 가능한 업무담당자 지정 및 업무담당자 외의 자에 대한 과세정보 이용 금지<br>③ 과세정보 보관기간 설정 및 보관기간 경과 시 과세정보의 파기 |

## ⑯ 정보제공  중요도 ★☆☆

: 납세자 본인의 권리 행사에 필요한 정보를 납세자(세무사 등 납세자로부터 세무업무를 위임받은 자 포함)가 요구하는 경우 세무공무원은 신속하게 정보를 제공해야 함

## ⑰ 납세자의 협력의무  중요도 ★☆☆

: 납세자는 세무공무원의 적법한 질문·조사, 제출명령에 대하여 성실하게 협력해야 함

**오쌤 Tip** 세무조사 사유별 비교

| 납세자의 성실성 추정 배제 사유<br>= 수시선정 조사 사유 | 재조사 가능 사유 | 부분조사 가능 사유 |
|---|---|---|
| ① 신고내용에 탈루나 오류의 혐의를 인정할 만한 명백한 자료가 있는 경우<br>② 납세자가 세무공무원에게 직무와 관련하여 금품을 제공하거나 금품 제공을 알선한 경우<br>③ 무자료거래, 위장·가공거래 등 거래내용이 사실과 다른 혐의가 있는 경우<br>④ 납세자에 대한 구체적인 탈세제보가 있는 경우<br>⑤ 납세자가 세법에서 정하는 신고, 성실신고확인서의 제출, 세금계산서 또는 계산서의 작성·교부·제출, 지급명세서의 작성·제출 등의 납세협력의무를 이행하지 않은 경우 | ① 조세탈루의 혐의를 인정할 만한 명백한 자료가 있는 경우<br>② 납세자가 세무공무원에게 직무와 관련하여 금품을 제공하거나 금품 제공을 알선한 경우<br>③ 「조세범 처벌절차법」에 따른 조세범칙행위의 혐의를 인정할 만한 명백한 자료가 있는 경우<br>④ 부동산투기 등 경제질서 교란 등을 통한 세금탈루 혐의가 있는 자에 대해 일제조사를 하는 경우<br>⑤ 국세환급금의 결정을 위한 확인조사를 하는 경우<br>⑥ 불복청구의 인용결정 또는 과세전적부심사 청구의 채택결정 중 재조사 결정에 따라 조사를 하는 경우(결정서 주문에 기재된 범위의 조사에 한정)<br>⑦ 거래상대방에 대한 조사가 필요한 경우<br>⑧ 과세관청 외의 기관이 직무상 목적을 위해 작성하거나 취득해 과세관청에 제공한 자료의 처리를 위해 조사하는 경우<br>⑨ 2개 이상의 과세기간과 관련하여 잘못이 있는 경우<br>⑩ 부분조사를 실시한 후 해당 조사에 포함되지 않는 부분에 대하여 조사하는 경우 | ① 명의위장, 차명계좌의 이용을 통하여 세금을 탈루한 혐의에 대한 확인이 필요한 경우<br>② 법인이 주식 등을 시가보다 높거나 낮게 거래하거나 불공정자본거래에 대한 구체적인 혐의가 있는 경우<br>③ 무자료거래, 위장·가공거래 등 구체적인 혐의가 있는 경우로서 조세채권의 확보 등을 위하여 긴급한 조사가 필요한 경우<br>④ 납세자에 대한 구체적인 탈세 제보가 있는 경우<br>⑤ 경정 등의 청구에 대한 처리 또는 국세환급금의 결정을 위하여 확인이 필요한 경우<br>⑥ 불복청구의 인용결정 또는 과세전적부심사 청구의 채택결정 중 재조사 결정에 따라 사실관계의 확인 등이 필요한 경우<br>⑦ 거래상대방에 대한 세무조사 중에 거래 일부의 확인이 필요한 경우<br>⑧ 과세관청 외의 기관이 직무상 목적을 위해 작성하거나 취득하여 과세관청에 제공한 자료의 처리를 위해 조사하는 경우 |

## 2 과세전적부심사 (사전적 권리구제제도)

### ❶ 과세전적부심사의 의미 및 과세예고통지  중요도 ★★☆

| 의미 | 국세처분을 받기 전에 납세자의 청구에 의해 그 국세처분의 타당성을 미리 심사하는 제도 |
|---|---|
| 과세예고통지 | 세무서장 또는 지방국세청장은 다음의 경우 미리 납세자에게 그 내용을 서면으로 통지해야 함<br>① 세무서 또는 지방국세청에 대한 지방국세청장 또는 국세청장의 업무감사결과(현지에서 시정조치하는 경우를 포함)에 따라 세무서장 또는 지방국세청장이 과세하는 경우<br>② 세무조사에서 확인된 것으로 조사대상자 외의 자에 대한 과세자료 및 현지 확인조사에 따라 세무서장 또는 지방국세청장이 과세하는 경우<br>③ 납부고지하려는 세액이 100만원 이상인 경우<br>다만, 다음의 경우는 제외함<br>　㉠ 「감사원법」에 따른 시정요구에 따라 세무서장 또는 지방국세청장이 과세처분하는 경우로서 시정요구 전에 과세처분 대상자가 감사원의 지적사항에 대한 소명안내를 받은 경우<br>　㉡ 기한후과세표준신고서를 제출한 자가 납부하여야 할 세액을 납부하지 아니하거나 과소납부한 경우로서 세무서장 또는 지방국세청장이 해당 기한후과세표준신고서에 기재된 과세표준 및 세액과 동일하게 과세표준 및 세액을 결정하는 경우 NEW |

### ❷ 과세전적부심사 청구  중요도 ★★★

| 원칙 | 세무조사 결과에 대한 서면통지나, 과세예고통지를 받은 자는 통지를 받은 날부터 30일 이내에 **통지를 한 세무서장이나 지방국세청장에게** 통지 내용의 적법성에 관한 과세전적부심사를 청구할 수 있음<br> |
|---|---|
| 예외 | 다음 중 어느 하나에 해당하는 사항에 대해서는 **국세청장에게 청구할 수 있음**<br>① 법령과 관련하여 국세청장의 유권해석을 변경하여야 하거나 새로운 해석이 필요한 것<br>② 국세청장의 훈령·예규·고시 등과 관련하여 새로운 해석이 필요한 것<br>③ 세무서 또는 지방국세청에 대한 국세청장의 업무감사 결과(현지에서 시정조치하는 경우를 포함)에 따라 세무서장 또는 지방국세청장이 하는 과세예고 통지에 관한 것<br>④ 위 ①~③의 규정에 해당하지 않는 사항 중 과세전적부심사 청구금액이 5억원 이상인 것<br>⑤ 「감사원법」에 따른 시정요구에 따라 세무서장 또는 지방국세청장이 과세처분하는 경우로서 시정 요구 전에 과세처분 대상자가 감사원의 지적사항에 대한 소명안내를 받지 못한 것 |

## ❸ 과세전적부심사 청구의 배제와 결정·경정 유보

중요도 ★★☆

| | |
|---|---|
| 청구의 배제 | 다음의 경우에는 과세전적부심사를 청구할 수 없음<br>① 납부기한 전 징수의 사유가 있거나 수시부과의 사유가 있는 경우<br>②「조세범 처벌법」위반으로 고발 또는 통고처분하는 경우(고발 또는 통고처분과 관련 없는 세목 또는 세액의 경우는 제외)<br>③ 세무조사 결과통지 및 과세예고통지를 하는 날부터 국세부과 제척기간의 만료일까지의 기간이 3개월 이하인 경우<br>④「국제조세조정에 관한 법률」에 따라 조세조약을 체결한 상대국이 상호합의절차의 개시를 요청한 경우<br>⑤ 불복청구 및 과세전적부심사의 재조사 결정에 의한 세무조사를 하는 경우 |
| 결정·경정의 유보 | 과세전적부심사청구서를 제출받은 세무서장·지방국세청장 또는 국세청장은 그 청구 부분에 대하여 과세전적부심사에 대한 결정이 있을 때까지 과세표준 및 세액의 결정이나 경정결정을 유보해야 함.<br><br>과세예고 통지 → 과세전적부심사 청구 → 기한 → 결정통지 → 기한<br>30일 / 결정/경정 유보 중 / 30일 |
| 유보의 배제 | 다음의 경우 유보하지 않음<br>① 과세전적부심사의 배제사유에 해당하는 경우<br>② 과세예고통지를 받은 자가 조기에 결정하거나 경정결정해 줄 것을 신청한 경우 |

### 오쌤 Tip  납부기한 전 징수 vs 수시부과의 사유

| 납부기한 전 징수 | 수시부과사유 |
|---|---|
| 납부기한까지 기다려서는 징수가 곤란하다고 인정될 때 납부기한 전에 징수 | 조세포탈우려가 인정될 때 조세채권을 조속히 확보하기 위한 목적으로 수시부과 |
| ① 국세 등 체납으로 강제징수 받은 경우<br>② 강제집행, 경매, 파산선고<br>③ 어음교환소에서 거래정지처분<br>④ 법인 해산 시<br>⑤ 조세포탈이 행위가 인정될 때<br>⑥ 납세관리인을 지정하지 않고 국내 주소를 두지 않은 경우 | ①「소득세법」상: 사업부진 등으로 장기휴업 또는 폐업상태가 되어 조세포탈 우려가 있는 경우<br>②「법인세법」상: 신고없이 본점이전, 사업부진으로 휴/폐업상태 등 조세포탈의 우려가 있는 경우 |
|「국세징수법」|「소득세법」or「법인세법」|

### ❹ 과세전적부심사 청구에 대한 결정    중요도 ★★★

: 과세전적부심사청구를 받은 세무서장·지방국세청장 또는 국세청장은 각각 국세심사위원회의 심사를 거쳐 결정하고 그 결과를 청구를 받은 날부터 30일 이내에 청구인에게 통지해야 함

**결정의 종류**

- **심사거부** 청구기간이 경과하거나 보정기간 내에 필요한 보정을 하지 않은 경우 및 그 밖에 청구가 적법하지 아니한 경우에 하는 결정 (조세불복상 **각하**에 대응)
- **불채택** 납세자의 청구가 이유가 없다고 판단되는 경우의 결정 (조세불복상 **기각**에 대응)
- **채택** 납세자의 청구에 이유가 있다고 판단되는 경우의 결정 (조세불복상 **인용**에 대응)
  → 구체적인 채택의 범위를 정하기 위하여 사실관계 확인 등 추가적으로 조사가 필요한 경우에는 통지를 한 세무서장이나 지방국세청장으로 하여금 이를 재조사하여 그 결과에 따라 당초 통지내용을 수정하여 통지하도록 하는 재조사 결정을 할 수 있음

### ❺ 기타    중요도 ★★★

| 구분 | 내용 |
|---|---|
| 가산세 감면 | 과세전적부심사 결정·통지기간 내에 그 결과를 통지하지 않은 경우에는 결정·통지가 지연됨으로써 해당 기간에 부과되는 납부지연가산세의 **50%**를 감면함 |
| 조기결정· 경정 신청 | 세무조사 결과의 서면통지 또는 과세예고통지를 받은 자는 과세전적부심사를 청구하지 않고 통지를 한 세무서장이나 지방국세청장에게 통지받은 내용의 전부 또는 일부에 대하여 과세표준 및 세액을 조기에 결정하거나 경정결정해 줄 것을 신청할 수 있음<br>→ 이 경우 해당 세무서장이나 지방국세청장은 신청받은 내용대로 즉시 결정이나 경정결정을 해야 함 |

> **오쌤 Tip** 과세전적부심사 vs 조세불복

| 구분 | 과세전적부심사 | 조세불복 |
|---|---|---|
| 특징 | 사전적 조세구제 | 사후적 조세구제 |
| 청구대상 | 열거주의<br>① 세무조사 결과통지<br>② 과세예고통지 | 개괄주의<br>① 위법 또는 부당한 처분<br>② 필요한 처분을 받지 못한 경우 |
| 청구인 | 직접당사자만 가능 | 직접당사자 및 이해관계자 |
| 청구기간 | 30일 이내 | 90일 이내 |
| 결정기간 | 30일 이내 | ① 이의신청: 30일 이내 (60일 이내)<br>② 심사청구, 심판청구: 90일 이내 |
| 결정의 종류 | ① 불채택<br>② (일부)채택<br>③ 심사거부 | ① 기각<br>② 인용<br>③ 각하 |
| 결정에 대한 불복여부 | 불복 대상이 아님 ← 추후 부과처분이 있을 경우 그 부과처분이 불복대상이 됨 | 불복 대상임 |

## 3 납세자 권리보호

### ❶ 국세청장의 납세자 권리보호  중요도 ★☆☆

| 국세청장의 납세자 권리보호 | 국세청장은 직무를 수행할 때에 납세자의 권리가 보호되고 실현될 수 있도록 성실하게 노력해야 함 |
|---|---|
| 납세자보호관 및 담당관 | 납세자의 권리보호를 위해 국세청에 납세자 권리보호업무를 총괄하는 납세자보호관을 두고, 세무서 및 지방국세청에 납세자 권리보호업무를 수행하는 담당관 각각 1인을 둠 → 이때 국세청장은 납세자보호관을 개방형 직위로 운영하고 납세자보호관 및 담당관이 업무를 수행할 때에 독립성이 보장될 수 있도록 해야 함 |
| 자료 공개 | 국세청장은 납세자 권리보호업무의 추진실적 등의 자료를 일반 국민에게 정기적으로 공개해야 함 |

### ❷ 납세자보호위원회  중요도 ★☆☆

| 목적 | 납세자 권리보호에 관한 사항을 심의하기 위하여 세무서, 지방국세청 및 국세청에 납세자보호위원회를 둠<br>*국세청 납세자보호위원회 위원 16명 → 18명 확대* |
|---|---|
| 설치 | 세무서, 지방국세청 및 국세청에 납세자보호위원회 설치 |

### ❸ 심의사항  중요도 ★☆☆

| 세무서 납세자보호위원회 및 지방국세청 납세자보호위원회 | ① 중소규모납세자 외의 납세자에 대한 세무조사 기간의 연장<br>② 중소규모납세자 외의 납세자에 대한 세무조사 범위의 확대<br>③ 세무조사 기간 연장 및 세무조사 범위 확대에 대한 중소규모납세자의 세무조사 일시중지 및 중지 요청<br>④ 위법·부당한 세무조사 및 세무조사 중 세무공무원의 위법·부당한 행위에 대한 납세자의 세무조사 일시중지 및 중지요청<br>⑤ 세무공무원의 조사목적을 달성하기 위해 필요한 경우로 한 차례만 14일 이내에 연장가능한 장부등의 일시보관기간 연장<br>⑥ 그 밖에 납세자보호담당관의 심의가 필요하다고 인정하는 안건 |
|---|---|
| 국세청 납세자보호위원회 심의사항 | ① 세무조사 기간 연장 및 세무조사 범위의 확대 등의 사항에 대하여 세무서 납세자보호위원회 또는 지방국세청 납세자보호위원회의 심의를 거친 세무서장 또는 지방국세청장의 결정에 대한 납세자의 취소 또는 변경 요청<br>② 그 밖에 납세자의 권리보호를 위한 국세행정의 제도 및 절차 개선 등으로서 납세자보호관이 심의가 필요하다고 인정하는 사항 |

### ❹ 납세자보호위원회의 준수사항 등  중요도 ★☆☆

| 비밀유지 | 납세자보호위원회의 위원은 업무 중 알게 된 과세정보를 타인에게 제공 또는 누설하거나 목적 외의 용도로 사용해서는 안 됨 |
|---|---|
| 제척 및 회피 | 납세자보호위원회의 위원은 공정한 심의를 기대하기 어려운 사정이 있다고 인정될 때에는 위원회에서 제척되거나 회피하여야 함 |

## 4 보칙

### ❶ 납세관리인  중요도 ★★☆

| 납세자가 국내에 주소 또는 거소를 두지 않는 경우 | 국세에 관한 사항을 처리하기 위하여 납세관리인을 정해야 함 (변호사, 세무사 또는 「세무사법」에 따른 세무사등록부 또는 공인회계사 세무대리업무등록부에 등록한 공인회계사를 납세관리인으로 지정 가능) |
|---|---|
| 국외로 주소 또는 거소를 이전한 경우 | |

### ❷ 고지금액의 최저한도  중요도 ★★☆

: 고지할 국세(인지세는 제외) 및 강제징수비를 합친 금액이 1만원 미만일 때에는 그 금액은 없는 것으로 봄
↳ 본세 및 그와 함께 고지하는 교육세 및 농어촌특별세를 합한 것

### ❸ 국세 행정에 대한 협조  중요도 ★★☆

: 세무공무원은 직무를 이행할 때 필요하면 국가기관·지방자치단체 또는 그 소속공무원에게 협조를 요청할 수 있으며, 요청을 받은 자는 정당한 사유가 없으면 협조해야 함. 정부는 납세지도를 담당하는 단체에 그 납세지도에 소요되는 경비의 전부 또는 일부를 교부금으로 지급할 수 있음

#### 오쌤 Tip 소액부징수·과세최저한

| | | |
|---|---|---|
| 소액부징수 | 이자소득 및 원천징수대상 사업소득 중 법령으로 정하는 사업소득을 제외한 소득세의 원천징수세액 | 1천원 미만 |
| | 납세조합의 소득세 징수세액 | 1천원 미만 |
| | 법인세 중간예납세액* | 50만원 미만 |
| | 소득세 중간예납세액 | 50만원 미만 |
| | 개인사업자와 대통령령으로 정하는 법인사업자에 대한 부가가치세 예정신고 고지세액 및 간이과세자 예정부과세액 | 50만원 미만 |
| 과세 최저한 | 기타소득금액 | 건별로 5만원 이하 |
| | 건별로 승마투표권, 승자투표권, 소싸움경기투표권, 체육진흥투표권의 권면에 표시된 금액의 합계액이 10만원 이하로서 적중한 개별투표당 환급금 | 10만원 이하 |
| | 건별로 승마투표권, 승자투표권, 소싸움경기투표권, 체육진흥투표권의 권면에 표시된 금액의 합계액이 10만원 이하로서 단위투표금액당 환급금이 단위투표금액의 100배 이하이면서 적중한 개별투표당 환급금 | 200만원 이하 |
| | 슬롯머신 및 투전기 등에 대한 당첨금품, 복권 당첨금 | 건별로 200만원 이하 |
| | 상속세 및 증여세의 과세표준 | 50만원 미만 |

* 직전 사업연도의 중소기업으로서 직전 사업연도의 산출세액을 기준으로 하는 방법에 따라 계산한 중간예납세액

## ❹ 포상금

### 4.1 포상금의 지급

포상금 지급시기: 국세청장은 포상지급기준일이 속하는 달의 말일부터 2개월 이내에 포상금을 지급해야 함

중요도 ★☆☆

| 내용 | 포상금 지급기준<br>(같은 사안에 대하여 중복신고가 있으면 최초로 신고한 자에게만 포상금을 지급) | 한도 | 기준일<br>지급 시기 |
|---|---|---|---|
| ① 조세를 탈루한 자에 대한 탈루세액 또는 부당하게 환급·공제받은 세액을 산정하는 데 중요한 자료를 제공한 자 | 지급요건을 갖춘 경우 지급함<br>탈루세액 또는<br>부당하게 환급· × 20%~5%<br>공제받은 세액 | 최대 40억원 | 포상금 지급에 관한 안내 기한의 종료일 |
| ② 체납자의 은닉재산을 신고한 자 | 지급요건을 갖춘 경우 지급함<br>은닉재산의<br>신고를 통하여 × 20%~5%<br>징수된 금액 | 최대 30억원 | |
| ③ 다음에 해당하는 행위를 한 신용카드가맹점 (가입요건에 해당하는 가맹점)을 신고한 자 (단, 결제대상 거래금액이 5천원 미만인 경우 제외)<br>㉠ 신용카드로 결제할 것을 요청하였으나 이를 거부하는 경우<br>㉡ 신용카드로 거래 시 대가를 현금 거래(현금영수증 발급 시 제외)보다 불리하게 기재해 신용카드매출전표를 발급하는 경우<br>④ 다음에 해당하는 행위를 한 현금영수증 가맹점을 신고한 자 (단, 발급 대상 거래금액이 5천원 미만인 경우는 제외)<br>㉠ 현금영수증 발급을 거부하는 경우<br>㉡ 현금영수증의 발급을 이유로 대가를 다르게 기재해 발급하는 경우<br>⑤ 「소득세법」 또는 「법인세법」에 따른 현금영수증 발급의무를 위반한 자를 신고한 자 | 발급 거부금액 등이<br>㉠ 5천원 이상 5만원 이하: 1만원<br>㉡ 5만원 초과 125만원 이하ᴺᴱᵂ: 발급 거부 금액 × 20%<br>㉢ 125만원ᴺᴱᵂ 초과: 25만원ᴺᴱᵂ<br><br>**지급요건** 다음의 어느 하나에 해당하는 경우<br>① 다음의 기간이 모두 지나 해당 불복 절차가 모두 종료되고, 탈루세액 등이 납부 또는 징수된 경우<br>㉠ 「국세기본법」에 따른 심사청구기간과 심판청구기간<br>㉡ 「감사원법」에 따른 심사청구의 제척기간과 행정소송 제기기간<br>㉢ 「행정소송법」에 따른 제소기간<br>② 「조세범 처벌법」에 따른 조세범칙행위로 인한 탈루세액 등에 따라 포상금을 지급하는 경우에는 「조세범 처벌절차법」에 따른 통고의 이행이나 재판에 의한 형이 확정된 경우 | 1인당 연간 100만원ᴺᴱᵂ | 신고내용이 사실로 확인된 날 |
| ⑥ 타인의 명의를 사용하여 사업을 경영하는 자를 신고한 자 | 신고 건별로 200만원을 포상금으로 지급할 수 있음 | - | 신고내용이 사실로 확인된 날 |
| ⑦ 해외금융계좌 신고의무 위반행위를 적발하는 데 중요한 자료를 제공한 자 | 해외금융계좌 신고의무 불이행에 따른 과태료금액 또는 벌금액 × 15%~5% | 20억원 | 재판에 의하여 형이 확정된 날 |
| ⑧ 타인 명의로 되어 있는 법인 또는 복식부기의무자에 해당하는 개인사업자의 금융자산을 신고한 자 | 탈루세액 등이 1천만원 이상인 신고 건별로 100만원을 포상금으로 지급할 수 있음 | 1인당 연간 5천만원 | 탈루세액 등이 확인된 날 |

### 4.2 포상금을 지급하지 않는 경우
: 다음에 해당하는 때에는 포상금을 지급하지 않음

① 탈루세액, 부당하게 환급·공제받은 세액 또는 은닉재산의 신고를 통해 징수된 금액이 5천만원 미만인 때
② 해외금융계좌 신고의무 불이행에 따른 과태료 금액이 2천만원 미만인 때
③ 공무원이 그 직무와 관련하여 자료를 제공하거나 은닉재산을 신고한 경우

### 4.3 비밀유지
: 포상금 지급과 관련된 업무를 담당하는 공무원은 신고자 또는 자료 제공자의 신원 등 신고 또는 제보와 관련된 사항을 그 목적 외의 용도로 사용하거나 타인에게 제공 또는 누설해서는 안 됨

## ❺ 과세자료의 제출과 그 수집에 대한 협조    중요도 ★☆☆

| 일반 | 과세자료를 제출할 의무가 있는 자는 과세자료를 성실하게 작성하여 정해진 기한까지 소관 세무서장에게 제출해야 함 |
|---|---|
| 국세정보통신망 이용 | 지방국세청장 또는 국세청장에게 제출할 수 있음 |
| 수집에 대한 협조 | 국가기관·지방자치단체·금융회사 등 또는 전자계산·정보처리시설을 보유한 자는 과세에 관계되는 자료 또는 통계를 수집하거나 작성하였을 때는 국세청장에게 통보해야 함 |

## ❻ 지급명세서 자료의 활용    중요도 ★☆☆

| 대상 | 이자소득·배당소득에 대한 지급명세서 |
|---|---|
| 용도 | ① 상속·증여 재산의 확인<br>② 조세탈루의 혐의를 인정할 만한 명백한 자료의 확인<br>③ 근로장려금 신청자격의 확인 |

## ❼ 서류접수증 발급    중요도 ★★☆

| 발급 의무 | 납세자 또는 세법에 따라 과세자료를 제출할 의무가 있는 자로부터 다음에 해당하는 서류를 받는 경우에 세무공무원은 납세자 등에게 접수증을 발급해야 함 ← 납세자 등으로부터 신고서 등을 국세정보통신망을 통해 받은 경우에는 그 접수사실을 전자적 형태로 통보할 수 있음<br>① 과세표준신고서 · 과세표준수정신고서 · 경정청구서 및 이들 신고 · 청구와 관련된 서류<br>② 과세표준 및 세액의 결정(경정)청구서<br>③ 이의신청서, 심사청구서, 심판청구서<br>④ 세법에 따른 제출기한이 정해진 서류, 그 외 국세청장이 납세자의 권익보호에 필요하다고 지정한 서류 |
|---|---|
| 발급 면제 | 다음에 해당하는 경우에는 접수증을 발급하지 않을 수 있음<br>① 납세자가 신고서 등의 서류를 우편이나 팩스로 제출하는 경우<br>② 납세자가 신고서 등을 세무공무원을 거치지 않고 지정된 신고함에 직접 투입하는 경우 |

> **오쌤 Tip**  서류제출 방법별 서류접수증 발급 절차 정리

| 납세자의 신고서 등 서류 제출 방법 | 서류접수증 발급 |
|---|---|
| 직접 제출하는 경우 | 접수증을 교부해야 함 |
| 국세정보통신망을 통해 제출하는 경우 | 전자적 형태로 통보할 수 있음 |
| 우편으로 제출하는 경우 | 접수증을 발급하지 않을 수 있음 |
| 팩스로 제출하는 경우 | |
| 지정된 신고함에 직접 투입하는 경우 | |

## ❽ 장부 등 비치 보존 　　중요도 ★★☆

| 원칙 | 납세자는 각 세법에서 규정하는 바에 따라 모든 거래에 관한 장부 및 증거서류를 성실하게 작성하여 그 거래사실이 속하는 과세기간에 대한 해당 국세의 **법정신고기한이 지난 날부터 5년간(역외거래의 경우 7년간)** 보존해야 하며, 장부 및 증거서류 중「국제조세조정에 관한 법률」에 따라 과세당국이 납세의무자에게 제출하도록 요구할 수 있는 자료의 경우에는「소득세법」또는「법인세법」에 따른 납세지(국세청장이나 관할 지방국세청장이 지정하는 납세지를 포함)에 갖춰 두어야 함 |
|---|---|
| 예외 | 부과제척기간이 연장되는 때는 그 연장되는 날까지 보존해야 함 |

## ❾ 불성실기부금수령단체 등 명단 공개 　　중요도 ★☆☆

### 9.1 명단 공개 개념 및 절차

| 명단 공개 | 국세청장은 비밀유지에 관한 규정에도 불구하고 일정한 경우에 해당하는 자의 인적사항 등을 공개할 수 있음 |
|---|---|
| 공개 절차 | ① 국세청장은 위원회의 심의를 거친 공개 대상자에게 명단공개 대상자임을 통지하여 소명 기회를 줌<br>② 통지일부터 6개월이 지난 후 위원회로 하여금 명단 공개 여부를 재심의하게 한 후 공개대상자를 선정<br>③ 관보에 게재하거나 국세정보통신망 또는 관할세무서 게시판에 게시하는 방법으로 공개 |

### 9.2 명단 공개 기간

| 유형 | 공개 기간 |
|---|---|
| 조세포탈범 | [원칙]<br>「조세범 처벌법」에 따라 유죄 판결이 확정된 자: 5년<br><예외><br>다음의 경우로「조세범 처벌법」에 따라 유죄 판결이 확정된 자 : 10년<br>　㉠ 상습적 조세포탈자<br>　㉡ 면세유의 부정 유통자<br>　㉢ 가짜석유제품의 제조 또는 판매 |
| 불성실 기부금 수령 단체 | 3년 |
| 해외금융계좌 신고의무위반자 | 5년 |
| 세금계산서발급의무 등 위반자 | |

### 9.3 불성실기부금수령단체 등 명단 공개 사유 및 명단 공개 배제 사유

| 명단공개 대상 | 명단을 공개하는 경우 | 명단을 공개하지 않는 경우 |
|---|---|---|
| 불성실 기부금 수령단체 | ① 최근 2년 내 「상증세법」상 의무불이행으로 추징당한 세액의 합계가 1천만원 이상<br>② 최근 3년간 기부자별·기부법인별 발급명세서를 작성·보관하고 있지 않은 경우<br>③ 최근 3년 이내 사실과 다른 기부금영수증을 5회 이상 발급하였거나, 발급한 금액이 5천만원 이상인 경우<br>④ 공익법인 등이 의무를 위반한 사실 또는 국세청장이 요구한 의무이행 여부를 보고하지 아니한 사실이 2회 이상 확인되는 경우 | ① 불성실기부금수령단체에 해당하는지에 대하여 국세기본법에 따른 이의신청, 심사청구, 심판청구, 「감사원법」에 따른 심사청구 또는 「행정소송법」에 따른 소송 중에 있는 경우<br>② 국세정보위원회가 공개할 실익이 없거나 공개하는 것이 부적절하다고 인정하는 경우 |
| 조세 포탈범 | 「조세범처벌법」에 따른 범죄 유죄판결이 확정된 자로서 포탈세액 등이 연간 2억원 이상인 경우 | 국세정보위원회가 공개할 실익이 없거나 공개하는 것이 부적절하다고 인정하는 경우 |
| 해외금융계좌 신고의무 위반자 | 「국제조세조정에 관한 법률」에 따른 해외금융계좌정보의 신고의무자로서 신고기한 내에 신고하지 않거나 과소신고한 금액이 50억원을 초과하는 경우 | ① 국세정보위원회가 신고의무자의 신고의무 위반에 정당한 사유가 있다고 인정하는 경우<br>② 수정신고 및 기한후신고를 한 경우(세무공무원이 조사에 착수한 것을 알았거나 과세자료 해명 통지를 받고 수정신고 및 기한후신고를 한 경우는 제외) |
| 세금계산서 발급의무 등 위반자 | 「특정범죄 가중처벌 등에 관한 법률」에 따른 범죄로 유죄판결이 확정된 사람<br>→ 재화 또는 용역을 공급하지(받지) 않고 다음 행위를 한 자 또는 알선하거나 중개한 자로, 가공·허위 기재금액 30억 이상<br>① 「부가가치세법」에 따른 세금계산서를 발급하거나 발급받은 행위<br>② 「소득세법」 및 「법인세법」에 따른 계산서를 발급하거나 발급받은 행위<br>③ 「부가가치세법」에 따른 매출·매입처별 세금계산서합계표를 거짓으로 기재하여 제출한 행위<br>④ 「소득세법」 및 「법인세법」에 따른 매출·매입처별계산서합계표를 거짓으로 기재하여 제출한 행위 | 국세정보위원회가 공개실익이 없거나 공개가 부적절하다고 인정한 경우 |

## ⑩ 통계자료의 작성 및 공개  중요도 ★☆☆

| 구분 | 내용 |
|---|---|
| 통계자료 작성 | 국세청장은 조세정책의 수립 및 평가 등에 활용하기 위하여 과세정보를 분석·가공한 통계자료를 작성·관리해야 함<br>↳ 납세자의 과세정보를 직접적인 방법 또는 간접적인 방법으로 확인할 수 없도록 작성돼야 함 |
| 통계자료 공개 | 세원의 투명성, 국민의 알 권리 보장 및 국세행정의 신뢰증진을 위해 국세청장은 통계자료를 국세정보위원회의 심의를 거쳐 국민에게 정기적으로 공개해야 함 |
| 국세정보시스템 | 국세청장은 국세정보를 공개하기 위하여 예산의 범위 안에서 국세정보시스템을 구축·운용할 수 있음 |
| 통계자료 제공 | 국세청장은 다음의 경우에 그 목적의 범위에서 통계자료를 제공해야 함<br>① 국회 소관 상임위원회가 의결로 세법의 제정법률안·개정법률안, 세입예산안의 심사 및 국정감사, 그 밖의 의정활동에 필요한 통계자료를 요구<br>② 국회예산정책처장이 의장의 허가를 받아 세법의 제정법률안·개정법률안에 대한 세수추계 또는 세입예산안의 분석을 위하여 필요한 통계자료를 요구<br>③ 국회 소관 상임위원회가 의결로 국세의 부과·징수·감면 등에 관한 자료를 요구<br>④ 정부출연연구기관의 장이 조세정책의 연구를 목적으로 통계자료를 요구 |
| 기초자료 제공 | 국세청장은 다음에 해당하는 자가 기초자료를 직접 분석하기를 원하는 경우 국세청 내에 설치된 국세통계센터 내에서 기초자료를 제공할 수 있음<br>① 국회위원<br>② 국회사무총장·국회도서관장·국회예산정책처장·국회입법조사처장 및 국회미래연구원장<br>③ 중앙행정기관 또는 지방자치단체의 장<br>④ 그 밖에 정부출연연구기관의 장 등 법으로 정하는 자 |
| 표본자료 제공 | 국세청장은 조세정책의 평가 및 연구를 목적으로 기초자료를 이용하려는 자가 소득세 관련 기초자료 일부의 제공을 요구하는 경우에는 표본자료를 전자매체에 수록하거나 정보통신망을 통해 제공하는 방법으로 요청받은 날부터 30일 이내 제공할 수 있음 |
| 통계자료 보안 | 제공되거나 송부된 통계자료(국민들에게 이미 공개된 것과 국회 소관 상임위원회가 의결로 국세의 부과 등에 관한 자료를 요구하는 경우 제외), 기초자료 및 표본자료를 알게 된 자는 그 자료를 목적 외의 용도로 사용해서는 안됨 |

## ⑪ 금품 수수 및 공여에 대한 징계 등  중요도 ★☆☆

| 금품 수수 | 세무공무원이 그 직무와 관련하여 금품을 수수하였을 때에는 「국가공무원법」에 따른 징계절차에서 그 금품 수수액의 5배 이내의 징계부가금 부과 의결을 징계위원회에 요구해야 함 ← 단, 다른 법률에 따라 형사처벌을 받거나 몰수·추징을 포함한 변상책임 등을 이행한 경우에는 징계위원회에 감경된 징계부가금 부과 의결 또는 징계부가금 감면을 요구해야 함 |
|---|---|
| 징계부가금 부과 의결 요구·감면요구 | ① 5급 이상 공무원 및 고위공무원단에 속하는 일반직공무원: 국세청장이 요구함 ← 세법에 따라 국세에 관한 사무를 세관장이 관장하는 경우에는 관세청장<br>② 6급 이하의 공무원: 소속기관의 장 또는 소속상급기관의 장이 요구함 |
| 징계부가금 강제징수 | 징계부가금 부과처분을 받은 세무공무원이 납부기간 내에 그 부가금을 납부하지 않은 때에는 징계권자는 국세강제징수의 예에 따라 징수할 수 있음 |

## ⑫ 벌칙  중요도 ★☆☆

| 직무집행 거부 등에 대한 과태료 | 관할 세무서장은 세법의 질문·조사권 규정에 따른 세무공무원의 질문에 대하여 거짓으로 진술하거나 그 직무집행을 거부 또는 기피한 자에게 5천만원 이하의 과태료를 부과·징수함 |
|---|---|
| 금품 수수 및 공여에 대한 과태료 | 관할 세무서장 또는 세관장은 세무공무원에게 금품을 공여한 자에게 그 금품 상당액의 2배 이상 5배 이하의 과태료를 부과·징수함 (단, 「형법」 등 다른 법률에 따라 형사처벌을 받은 경우에는 과태료를 부과하지 않고, 과태료를 부과한 후 형사처벌을 받은 경우에는 과태료 부과를 취소함) |
| 비밀유지 의무 위반에 대한 과태료 | 국세청장은 납세자의 과세정보를 타인에게 제공 또는 누설하거나 그 목적 외의 용도로 사용한 자에게 2천만원 이하의 과태료를 부과·징수함 (단, 「형법」 등 다른 법률에 따라 형사처벌을 받은 경우에는 과태료를 부과하지 않고, 과태료를 부과한 후 형사처벌을 받은 경우에는 과태료 부과를 취소함) |

# 제3편

# 국세징수법

**01** 총칙 및 보칙

**02** 임의적 징수절차

**03** 강제적 징수절차

# 01 총칙 및 보칙

## 1 총칙

### ❶ 「국세징수법」의 목적 및 성격   중요도 ★★☆

| 목적 | 「국세징수법」은 국세의 징수에 필요한 사항을 규정하여 국세수입을 확보함을 목적으로 함<br>• '국세'란, 「국세기본법」에 규정된 사항에 더하여 「상속세 및 증여세법」에 따른 연부연납가산금, 「조세특례제한법」에 따라 소득세 또는 법인세에 가산하여 징수하는 이자상당가산액 및 각 세법에 따른 가산세를 포함하는 개념임 |
|---|---|
| 징수절차 | ① 임의적 징수절차: 조세채권의 자발적 납부를 권하는 절차 (납부고지 → 독촉)<br>② 강제적 징수절차: 독촉에 의한 납부기한까지 국세 등을 완납하지 않은 경우에 압류·매각 및 청산의 과정을 통해 납세자의 재산에 대해 강제집행을 하는 절차 (압류 → 매각 → 청산)<br><br>징수 - 임의적 징수절차: ① 납부고지(일반, 제2차 납세의무자 등) ② 독촉 ③ 납부기한 전 징수<br>강제적 징수절차: ① 압류 → 매각 → 청산 ② 교부청구, 참가압류<br><br>[임의적 징수절차: 납부고지 - 납부기한 - 독촉 - 납부기한 / 강제적 징수절차: 압류 - 매각 - 청산 / 체납 시 납부지연가산세 부과] |
| 성격 | ① 속지주의의 적용: 「국세징수법」은 내국인뿐만 아니라 외국인에게도 적용됨<br>② 절차법: 「국세징수법」은 임의적 징수절차 외에도 세무공무원의 자력에 의한 강제적 징수절차를 규정하고 있으며 납세자가 국세에 관한 조세채무를 이행하지 않는 경우 「국세징수법」에 따른 절차로 징수함<br>③ 세법: 국세의 징수절차에 관한 사항을 규정한 총칙법으로 「국세기본법」상 해당함 |
| 원천징수에 대한 부적용 | 원천징수의무자가 납세의무자로부터 국세를 징수하는 경우에는 각 세법이 정하는 바에 따르며, 「국세징수법」이 적용되지 않음 |

### ❷ 다른 법률과의 관계   중요도 ★★☆

: 「국세징수법」에서 규정한 사항 중 「국세기본법」이나 다른 세법에 특별한 규정이 있는 것에 관하여는 그 법률에서 정하는 바에 따름. 즉, 「국세징수법」 < 다른 세법(「국세기본법」 포함)

### ❸ 용어의 정의 　　　　　　　　　　　　　　　　　　　　　중요도 ★★☆

| | |
|---|---|
| 체납자 | 국세를 체납한 자 |
| 체납액 | 체납된 국세와 강제징수비 |
| 납부기한 | 법에서 정한 납부기한(법정납부기한) 또는 납부고지서에서 지정한 납부기한(지정납부기한) |
| 체납 | 국세를 지정납부기한까지 납부하지 않는 것 |

### ❹ 체납액의 징수 순위 　　　　　　　　　　　　　　　　　　중요도 ★★★

① 강제징수비 → ② 국세(가산세 제외) → ③ 가산세

　　　　　　　　↳ '국세'는 다음의 순위로 징수함

　　　　　　교육세 → 농어촌특별세 → 교통·에너지·환경세 → 그 밖의 국세

## 2 보칙

### ❶ 납세증명서 　　　　　　　　　　　　　　　　　　　　　중요도 ★★★

| | |
|---|---|
| 의미 | 납세자가 국가·지방자치단체 등에 대하여 법이 정한 행위를 할 때 제출하는 서류로서 납세증명서는 발급일 현재 다음의 금액을 제외하고는 다른 체납액이 없다는 사실을 증명하는 문서를 말함 (본래의 납세의무자로서의 체납액을 비롯하여 연대납세의무, 제2차 납세의무, 양도담보권자의 물적납세의무 및 납세보증인의 의무에 대하여 부담하는 국세 체납액을 포함)<br>① 납부고지의 유예액<br>② 독촉장에서 정하는 기한의 연장에 관계된 금액<br>③ 압류·매각의 유예액<br>④ 「채무자 회생 및 파산에 관한 법률」에 따른 징수유예액 또는 강제징수에 따라 압류된 재산의 환가유예에 관련된 체납액<br>⑤ 「부가가치세법」에 따라 물적납세의무를 부담하는 수탁자가 그 물적납세의무와 관련하여 체납한 부가가치세 또는 강제징수비<br>⑥ 「종합부동산세법」에 따라 물적납세의무를 부담하는 수탁자가 그 물적납세의무와 관련하여 체납한 종합부동산세 또는 강제징수비<br>⑦ 「국세기본법」에 따라 물적납세의무를 부담하는 양도담보권자가 그 물적납세의무와 관련하여 체납한 국세 또는 강제징수비<br>⑧ 「조세특례제한법」상 재기중소기업인의 체납액 등에 대한 과세특례와 재기중소기업인에 대한 납부고지의 유예 등의 특례에 따른 재기중소기업인의 압류재산 매각 유예, 지정납부기한 등의 연장액<br>⑨ 「조세특례제한법」상 영세개인사업자의 체납액 징수특례에 따른 영세 개인사업자의 체납액 징수특례액 |
| 발급권자 | 납세증명서의 발급권자는 다음의 자로 함 |
| | **개인** : 주소지(주소가 없는 외국인의 경우에는 거소지) 또는 사업장 소재지 관할 세무서장 |
| | **법인** : **본점**(외국법인의 경우는 **국내 주사업장**) 소재지 관할 세무서장 (사업장 소재지 아님) |
| 발급절차 | ① 납세증명서를 발급받으려는 자는 관할 세무서장에게 발급신청에 관한 일정한 문서를 제출해야 함 ← 단, 국세청장이 납세자의 편의를 위하여 발급 세무서를 달리 정하는 경우, 그 발급 세무서의 장에게 제출해야 함<br>② 세무서장은 납세증명서의 발급신청을 받았을 때에는 그 사실을 확인하고 즉시 납세증명서를 발급해야 함<br>③ 발급신청은 본인은 물론 본인의 위임을 받은 제3자도 가능하며, 우편에 의하여 할 수도 있음 |

| | |
|---|---|
| 제출 | 납세자는 다음의 경우 납세증명서를 제출해야 함<br>① 국가, 지방자치단체 또는 **정부 관리기관으로부터 대금을 지급받을** 경우 (체납액이 없다는 사실의 증명이 필요하지 않은 경우로서 법으로 정하는 경우는 제외) → 계약체결 시 X<br>② 「출입국관리법」에 따른 외국인등록 또는 국내거소신고를 한 외국인이 체류기간 연장허가 등 **체류 관련 허가 등을 법무부장관**에게 신청하는 경우<br>③ 내국인이 해외이주 목적으로 「해외이주법」에 따라 **재외동포청장에게 해외이주신고**를 하는 경우 |
| 제출<br>특례 | 계약자 외의 자가 국가 등으로부터 대금을 지급받는 경우 다음에 따라 납세증명서를 제출해야 함 |

| 채권양도로 인한 경우 | 양도인과 양수인의 납세증명서 |
|---|---|
| 법원의 전부명령에 따르는 경우 | 압류채권자의 납세증명서 |
| 법에 따라 건설공사의 하도급대금을 수급사업자가 직접 지급받는 경우 | 수급사업자의 납세증명서 |

| | |
|---|---|
| 제출<br>간주 | 납세증명서의 제출 사유에 해당하더라도, 해당 주무관서는 국세청장(국세정보통신망을 통한 조회에 한정) 또는 관할 세무서장에게 조회하거나 납세자의 동의를 받아 행정정보의 공동이용을 통하여 그 체납사실 여부를 확인하는 경우에는 납세증명서를 제출받은 것으로 볼 수 있음 |
| 제출<br>예외 | 다음에 해당하면 납세증명서를 제출하지 않아도 됨<br>① 국가 및 지방자치단체로부터 수의계약에 따라 대금을 지급받는 경우(단, 비상재해가 발생한 경우에 국가 또는 지방자치단체가 소유하는 복구용 자재를 재해를 당한 자에게 매각하는 경우는 제외)<br>② 국가 또는 지방자치단체가 대금을 지급받아 그 대금이 국고 또는 지방자치단체 금고에 귀속되는 경우<br>③ 국세 강제징수에 따른 채권 압류로 관할 세무서장이 그 대금을 지급받는 경우<br>④ 「채무자 회생 및 파산에 관한 법률」에 따른 파산관재인이 납세증명서를 발급받지 못하여 관할 법원이 파산절차를 원활하게 진행하기 곤란하다고 인정하는 경우로서 관할 세무서장에게 납세증명서 제출의 예외를 요청하는 경우<br>⑤ 납세자가 계약대금 전액을 체납세액으로 납부하거나 계약대금 중 일부 금액으로 체납세액 전액을 납부하려는 경우 |
| 유효<br>기간 | 납세증명서를 발급한 날부터 30일간 유효하나, 발급일 현재 해당 신청인에게 납부고지된 국세가 있는 경우에는 해당 국세의 지정납부기한까지로 할 수 있음<br>→ 이 경우 해당 납세증명서에 그 사유와 유효기간을 분명하게 적어야 함 |

## ❷ 미납국세 등의 열람   중요도 ★★☆

| | |
|---|---|
| 의미 | ① 주거용 건물 또는 상가건물을 임차하여 사용하려는 자는 해당 건물에 대한 임대차계약을 하기 전 또는 임대차계약을 체결하고 임대차 기간이 시작하는 날까지 임대인의 동의를 받아 그 자가 납부하지 아니한 국세 또는 체납액의 열람을 임차할 건물 소재지의 관할 세무서장뿐만 아니라 다른 세무서장에게도 할 수 있으며, 신청을 받은 세무서장은 열람 신청에 따라야 함<br>② 임대차계약을 체결한 임차인으로서 해당 계약에 따른 보증금이 **1,000만원** 금액을 초과하는 자는 임대차 기간이 시작하는 날까지 **임대인의 동의 없이도** 열람 신청을 할 수 있으며, 신청을 받은 세무서장은 열람 내역을 지체 없이 임대인에게 통지하여야 함 |
| 범위 | 임차인은 건물 소유자가 납부하지 아니한 다음의 국세 또는 체납액의 열람을 신청할 수 있음<br>① 체납액<br>② 납부고지서를 발급한 후 지정납부기한이 도래하지 않은 국세<br>③ 각 세법에 따른 과세표준 및 세액의 신고기한까지 신고한 국세 중 납부하지 않은 국세 |

| 절차 | 열람 신청 | 열람 조치 |
|---|---|---|
| | 열람을 신청하려는 자 → 세무서장에게 제출<br><br>열람 신청서 + 건물 소유자의 동의를 증명할 수 있는 서류(임대인의 동의 없이 신청을 한 경우에는 임대차계약 사실을 증명할 수 있는 서류) + 임차인의 신분을 증명할 수 있는 서류 | 세무서장 → 열람을 신청하려는 자에게 열람할 수 있게 함<br>① 체납액 ············································ 즉시<br>② 납부고지서에 따른 납부기한 미도래 국세 ···· 즉시<br>③ 신고한 국세 중 납부하지 않은 국세  신고기한부터 30일이 지났을 때<br>→ 종합소득세는 60일 |

## ❸ 사업에 관한 허가 등의 제한

> 허가·인가·면허·등록 등(이하 '허가 등') 그 용어에 구애됨이 없이 법령에 의한 일반적인 제한·금지를 특정한 경우에 해제하거나 권리를 설정하여 적법하게 일정한 사실행위 또는 법률행위를 할 수 있게 하는 행정처분

중요도 ★★★

| 의미 | ① 관허사업: 국가나 지방자치단체가 허가하는 사업<br>② 사업에 관한 허가 등의 제한: 납세자가 정당한 사유 없이 국세를 체납할 때 관허사업을 제한하는 제도 |
|---|---|
| 제한 | **사전적 제한** — 허가 등의 갱신 및 신규 허가 등의 제한 요구 → 관할 세무서장(지방국세청장 포함)은 납세자가 허가 등을 받은 **사업과 관련된 소득세, 법인세 및 부가가치세**를 체납한 경우 해당 사업의 주무관청에 그 납세자에 대한 허가 등의 갱신과 그 허가 등의 근거 법률에 따른 신규 허가 등을 하지 않을 것을 요구할 수 있음<br><br>**사후적 제한** — 사업의 정지 또는 허가 등의 취소 요구 → 관할 세무서장은 허가 등을 받아 사업을 경영하는 자가 **해당사업과 관련된 소득세, 법인세 및 부가가치세를 3회 이상 체납하고 그 체납된 금액의 합계액이 500만원** 이상인 경우 해당 주무관청에 사업의 정지 또는 허가 등의 취소를 요구할 수 있음<br>→ 3회의 체납횟수는 납부고지서 1통을 1회로 봄 |
| 제한 배제 | 다음의 사유가 있는 경우 사업에 관한 허가 등을 제한하지 아니함<br><br>① 공시송달의 방법으로 납부고지된 경우<br>② 납세자가 재난 또는 도난으로 재산에 심한 손실을 입은 경우<br>③ 납세자 또는 그 동거가족이 질병이나 중상해로 6개월 이상의 치료가 필요한 경우 또는 사망하여 상중인 경우<br>④ 납세자가 경영하는 사업에 현저한 손실이 발생하거나 부도 또는 도산의 우려가 있는 경우<br>⑤ 강제집행 및 담보권 실행 등을 위한 경매가 시작되거나 파산선고를 받은 경우<br>⑥ 「어음법」및 「수표법」에 따른 어음교환소에서 거래정지처분을 받은 경우<br>⑦ 납세자의 총 재산 추산가액이 강제징수비를 징수하면 남을 여지가 없어 강제징수를 종료할 필요가 있는 경우<br>⑧ 위 ①~⑦에 준하는 사유가 있는 경우<br>⑨ 「부가가치세법」에 따라 물적납세의무를 부담하는 수탁자가 그 물적납세의무와 관련한 부가가치세 또는 강제징수비를 체납한 경우<br>⑩ 「종합부동산세법」에 따라 물적납세의무를 부담하는 수탁자가 그 물적납세의무와 관련한 종합부동산세 또는 강제징수비를 체납한 경우<br>⑪ 「국세기본법」에 따라 물적납세의무를 부담하는 양도담보권자가 그 물적납세의무와 관련한 국세 또는 강제징수비를 체납한 경우<br>⑫ 관할 세무서장이 납세자에게 납부가 곤란한 사정이 있다고 인정하는 경우<br>→ ⑫는 사후적 제한에 한정하여 정당한 사유로 인정 |
| 기타 절차 | 세무서장의 사업에 관한 허가 등 제한 요구가 있을 때 주무관청은 정당한 사유가 없으면 요구에 따라야 하며, 그 조치 결과를 즉시 관할 세무서장에게 알려야 함. 관할 세무서장은 그 이후 해당 국세를 징수한 경우 즉시 그 요구를 철회해야 함 |

## ④ 체납자료의 제공  ★★★

| | |
|---|---|
| 의미 | 세무서장(지방국세청장 포함)은 국세징수 또는 공익 목적을 위하여 필요한 경우로서 신용정보집중기관 등 일정한 자가 다음에 해당하는 체납자의 체납자료를 요구하는 경우에는 이를 제공할 수 있음<br>① 고액체납자: 체납 발생일부터 1년이 지나고 체납액이 500만원 이상인 자<br>② 상습체납자: 1년에 3회 이상 체납하고 체납액이 500만원 이상인 자 |
| 절차 | 체납자료를 요구하려는 자 → 관할 세무서장<br>요구자의 이름과 이용목적 등을 적은 문서를 제출<br>→ 관할 세무서장 → 체납자료를 요구한 자<br>체납자료를 파일이나 문서로 제공할 수 있음<br><br>제공한 자료가 체납액의 납부 등으로 체납자료에 해당되지 않게 된 경우 그 사실을 체납자료에 해당하지 않게 된 사유가 발생한 날부터 15일 이내에 요구자에게 통지해야 함 |
| 제공<br>배제 | 다음 중 어느 하나에 해당하는 경우에는 체납자료를 제공하지 않음<br>① 체납된 국세와 관련하여 이의신청·심사청구·심판청구 또는 행정소송이 계류 중인 경우<br>② 납세자가 재난 또는 도난으로 재산에 심한 손실을 입은 경우<br>③ 납세자가 경영하는 사업에 현저한 손실이 발생하거나 부도 또는 도산의 우려가 있는 경우<br>④ 압류·매각이 유예된 경우<br>⑤ 「부가가치세법」에 따라 물적납세의무를 부담하는 수탁자가 그 물적납세의무와 관련한 부가가치세 또는 강제징수비를 체납한 경우<br>⑥ 「종합부동산세법」에 따라 물적납세의무를 부담하는 수탁자가 그 물적납세의무와 관련한 종합부동산세 또는 강제징수비를 체납한 경우<br>⑦ 「국세기본법」에 따라 물적납세의무를 부담하는 양도담보권자가 그 물적납세의무와 관련한 국세 또는 강제징수비를 체납한 경우<br>┈▶ 사업에 관한 허가 등 제한 배제의 사유에도 해당됨 |
| 비밀<br>유지 | 체납자료를 제공받은 자는 이를 누설하거나 업무 목적 외의 목적으로 이용할 수 없음 |

## ⑤ 지급명세서 등의 재산조회 및 강제징수의 활용  ★★☆

: 국세청장·지방국세청장 또는 관할 세무서장은 「금융실명거래 및 비밀보장에 관한 법률」에도 불구하고 제출받은 이자소득 또는 배당소득에 대한 지급명세서 등 금융거래에 관한 정보를 체납자의 재산조회와 강제징수를 위하여 사용할 수 있음

## ❻ 출국금지 요청  ⭐⭐⭐

| | |
|---|---|
| 출국금지 요청 대상자 요건 | 국세청장은 다음 모두에 해당하는 사람에 대하여 법무부장관에게 출국금지를 요청해야 함<br>① 5천만원 이상의 국세를 정당한 사유 없이 체납한 자<br>② 관할 세무서장이 압류·공매, 담보 제공, 보증인의 납세보증서 등으로 조세채권을 확보할 수 없는 자<br>③ 강제징수를 회피할 우려가 있다고 인정되는 자<br>④ 다음 중 어느 하나에 해당하는 사람<br>　㉠ 배우자 또는 직계존비속이 국외로 이주(국외에 3년 이상 장기체류 중인 경우 포함)한 사람<br>　㉡ 출국금지 요청일 현재 최근 2년간 미화 5만달러 상당액 이상을 국외로 송금한 사람<br>　㉢ 미화 5만달러 상당액 이상의 국외자산이 발견된 사람<br>　㉣ 「국세징수법」에 따라 명단이 공개된 고액·상습체납자<br>　㉤ 출국금지 요청일을 기준으로 최근 1년간 체납된 국세가 5천만원 이상인 상태에서 ᴺᴱᵂ 사업 목적, 질병 치료, 직계존비속의 사망 등 정당한 사유 없이 국외 출입 횟수가 3회 이상이거나 국외 체류 일수가 6개월 이상인 사람<br>　㉥ 「국세징수법」에 따라 사해행위 취소소송 중이거나 「국세기본법」에 따라 제3자와 짜고 한 거짓계약에 대한 취소소송 중인 사람 |
| 출국금지 통보 | 법무부장관은 국세청장의 출국금지 요청에 따라 출국금지를 한 경우에 국세청장에게 그 결과를 정보통신망 등을 통하여 통보해야 함 |
| 강제해제 요청 | 국세청장은 출국금지 중인 사람에게 다음 사유(출국금지 사유의 해소)가 발생한 경우에는 **즉시** 법무부장관에게 출국금지 **해제를 요청해야 함**<br>① 체납액의 납부 또는 부과결정의 취소 등에 따라 체납된 국세가 5천만원 미만으로 된 경우<br>② 재산 압류, 담보제공, 보증인의 납세보증서 등으로 조세채권이 확보된 경우<br>③ 위 출국금지 요청 대상자 요건 ④에 해당하는 요건(㉠~㉥)이 해소된 경우 |
| 선택해제 요청 | 국세청장은 출국금지 중인 사람에게 다음 사유(불가피하다고 인정되는 사유)가 발생한 경우로서 강제징수를 회피할 목적으로 국외로 도피할 우려가 없다고 인정할 때에는 법무부장관에게 **출국금지의 해제를 요청할 수 있음**<br>① 국외건설계약 체결, 수출신용장 개설, 외국인과의 합작사업 계약 체결 등 구체적인 사업계획을 가지고 출국하려는 경우<br>② 국외에 거주하는 직계존비속이 사망하여 출국하려는 경우<br>③ 위 ①, ②의 사유 외에 본인의 신병 치료 등 불가피한 사유로 출국금지를 해제할 필요가 있다고 인정되는 경우 |

## ❼ 고액·상습체납자의 명단 공개  중요도 ★★★

| | |
|---|---|
| 명단 공개 취지 | 국세청장은 「국세기본법」상 비밀유지 규정에도 불구하고 일정한 요건을 갖춘 체납자의 인적사항 및 체납액 등을 공개함으로써 체납자의 경제활동 및 기타 대외활동에 대한 간접적인 제재를 가하고 있음 |
| 대상 요건 | 체납 발생일부터 1년이 지난 국세의 합계액이 2억원 이상인 경우 체납자의 인적사항 및 체납액 등을 공개할 수 있음 |
| 명단공개 제외 대상 | 다음에 해당하는 경우에는 명단공개 대상자의 요건에 해당된다 하더라도 그 명단을 공개할 수 없음<br>① 체납된 국세와 관련하여 심판청구 등이 계속 중인 경우<br>② 최근 2년간의 **체납액의 납부비율이 50%** 이상인 경우<br>③ 「채무자 회생 및 파산에 관한 법률」에 따른 회생계획인가의 결정에 따라 체납된 국세의 징수를 유예받고 그 유예기간 중에 있거나 체납된 국세를 회생계획의 납부일정에 따라 납부하고 있는 경우<br>④ 재산 상황, 미성년자 해당 여부 및 그 밖의 사정 등을 고려할 때 「국세기본법」에 따른 국세정보위원회가 공개할 실익이 없거나 공개하는 것이 부적절하다고 인정하는 경우<br>⑤ 「부가가치세법」에 따라 물적납세의무를 부담하는 수탁자가 물적납세의무와 관련된 부가가치세 또는 강제징수비를 체납하는 경우<br>⑥ 「종합부동산세법」에 따라 물적납세의무를 부담하는 수탁자가 그 물적납세의무와 관련한 종합부동산세 또는 강제징수비를 체납한 경우<br>⑦ 「국세기본법」에 따라 물적납세의무를 부담하는 양도담보권자가 그 물적납세의무와 관련한 국세 또는 강제징수비를 체납한 경우<br>┈▶ 체납자료의 제공 배제 사유에도 해당됨 |
| 대상자 선정절차 | [국세청장 → 명단공개 대상자]<br>국세정보위원회의 심의를 거친 공개 대상자에게 명단공개 대상자임을 통지하여 소명 기회를 줘야 함<br>→ 통지일로부터 6개월 경과 →<br>[국세청장 → 국세정보위원회]<br>국세청장은 위원회로 하여금 명단 공개 여부를 재심의하게 한 후 공개대상자를 선정함 |
| 공개 방법 | 관보에 게재하거나 국세정보통신망 또는 관할 세무서 게시판에 게시<br>(공개대상자가 법인인 경우 해당 법인의 대표자도 함께 공개) |

## ❽ 고액·상습체납자의 감치

### 8.1 개요

| 의미 | 법원은 검사의 청구에 따라 체납자가 일정한 사유에 해당하는 경우 체납된 국세가 납부될 때까지 체납자를 감치에 처할 수 있음 |
|---|---|
| 적용대상 | 다음 사유에 모두 해당하는 경우에 한하여 그 체납자를 감치에 처할 수 있음<br>① 국세를 3회 이상 체납하고, 체납 발생일부터 각 1년이 경과하였으며, 체납금액의 합계가 2억원 이상인 경우<br>② 체납된 국세의 납부능력이 있음에도 불구하고 정당한 사유 없이 체납한 경우<br>③ 「국세기본법」에 따른 국세정보위원회의 의결에 따라 해당 체납자에 대한 감치 필요성이 인정되는 경우 |
| 감치기간 | 법원은 검사의 청구에 따른 결정으로 30일 범위에서 체납된 국세가 납부될 때까지 감치할 수 있음 |

### 8.2 감치 절차

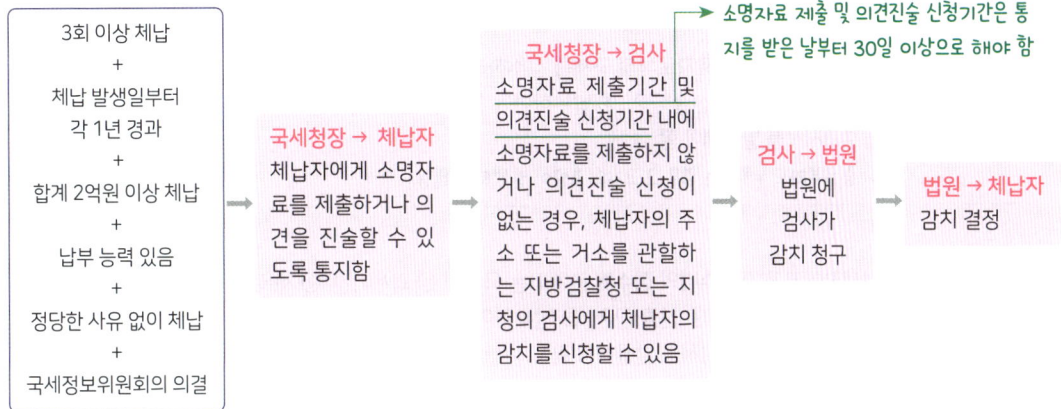

### 8.3 감치 기타 사항

| 의견진술 | 의견을 진술하려는 사람은 의견진술 신청기간에 진술하려는 내용을 간략하게 적은 문서(전자문서 포함)를 국세청장에게 제출해야 함 → 의견진술 신청을 받은 국세청장은 「국세기본법」에 따른 국세정보위원회의 회의 개최일 3일 전까지 신청인에게 회의 일시 및 장소를 통지해야 함 |
|---|---|
| 재감치 금지 | 감치에 처하여진 체납자는 동일한 체납 사실로 인하여 다시 감치되지 않음 |
| 집행종료 | 감치에 처하는 재판을 받은 체납자가 그 감치의 집행 중에 체납된 국세를 납부한 경우에는 감치집행을 종료해야 함 |
| 감치 결정 설명 및 협력의무 | 감치 집행 시 세무공무원은 감치 대상자에게 감치 사유, 감치 기간, 감치 집행의 종료 등 감치 결정에 대한 사항을 설명하고 그 밖의 감치 집행에 필요한 절차에 협력해야 함 |

# 02 임의적 징수절차

제3편 국세징수법

## 1 납부고지

### ❶ 개요

중요도 ★★☆

| 의미 | 납부고지: 납부기한을 지정하고 그 이행을 청구하는 임의적 징수절차 |
|---|---|
| 발급 제외 | 「국세기본법」에 따른 납부지연가산세 및 원천징수 등 납부지연가산세 중 지정납부기한이 지난 후의 가산세를 징수하는 경우에는 납부고지서를 발급하지 않을 수 있음 |
| 필수적 기재사항 | 관할 세무서장은 납세자로부터 국세를 징수하려는 경우 국세의 ① 과세기간, ② 세목, ③ 세액, ④ 산출 근거, ⑤ 납부하여야 할 기한 및 ⑥ 납부장소를 적은 납부고지서를 발급해야 함<br>이 중 일부라도 누락되는 경우 그 고지의 효력이 발생하지 않음 |
| 강제징수비 고지서 | 납세자에게 강제징수비의 징수에 관계되는 국세의 ① 과세기간, ② 세목, ③ 강제징수비의 금액, ④ 산출 근거, ⑤ 납부하여야 할 기한과 ⑥ 납부장소를 적은 강제징수비고지서를 발급해야 함 |

**6하 원칙**

| 누가 | 세목 |
|---|---|
| 언제 | 과세기간 |
| 어디서 | 납부장소 |
| 무엇을 | 세액 |
| 어떻게 | 납부할 기한 |
| 왜 | 산출근거 |

### ❷ 납부고지서의 발급시기

중요도 ★★☆

| 원칙 | 징수결정 즉시 |
|---|---|
| 예외 | 납부고지를 유예한 경우: 유예기간이 끝난 날의 다음 날 |

← 훈시규정이기 때문에 해당 규정에 따른 발급시기 이후에 발급된 고지서도 그 효력에는 영향이 없음

### ❸ 납부기한의 지정

중요도 ★★☆

: 관할 세무서장은 납부고지를 하는 날부터 30일 내로 납부기한을 지정할 수 있음

### ❹ 납부고지의 효력

중요도 ★★★

| 효력 시기 | 납세자에게 도달함으로써 그 효력이 발생함 (도달주의) → [비교] 납세자의 신고 등은 발신주의 |
|---|---|
| 확정 | 납부고지는 납세의무자의 납세의무를 확정지으며 부과처분으로서의 성격과 징수처분으로서의 성격을 모두 가짐 |
| 소멸시효의 중단 | 국세징수권의 소멸시효를 중단시키는 효력이 있으며 납부고지한 납부기한의 다음 날부로 새롭게 소멸시효가 시작됨 |

세금 얼마얼마 나왔습니다~ / 내세요~

**오쌤 Tip** 소멸시효의 중단과 정지

| 구분 | 소멸시효의 중단 | 소멸시효의 정지 |
|---|---|---|
| 의미 | 이미 경과한 시효기간의 효력을 상실 | 일정기간 동안 시효의 완성을 유예 |
| 사유 | ① 납부고지<br>② 독촉<br>③ 압류<br>④ 교부청구 | ① 세법에 따른 분납기간<br>② 납부고지의 유예기간<br>③ 압류·매각의 유예기간<br>④ 연부연납기간<br>⑤ 「국세징수법」에 따른 사해행위취소소송이나 「민법」에 따른 채권자대위소송을 제기하여 소송이 진행 중인 기간<br>⑥ 체납자가 국외에 6개월 이상 체류한 경우 체류기간 |
| 효력 | 이미 경과한 기간의 효력을 상실하고, 중단사유가 종료되면 새로이 시효 진행 | 정지사유 종료 후 이미 경과한 기간을 제외한 잔여기간 경과 후 시효 완성 |

### ❺ 제2차 납세의무자 등에 대한 납부고지  중요도 ★★☆

| 의미 | 관할 세무서장은 납세자의 체납액을 보충적 납세의무자로부터 징수하려는 경우 징수하려는 체납액과 관련된 사항이 기재된 납부고지서를 보충적 납세의무자에게 발급해야 함 |
|---|---|
| 보충적 납세의무자 | ① 제2차 납세의무자 ② 납세보증인 ③ 「국세기본법」 및 세법에 따라 물적납세의무를 부담하는 자 (물적납세의무자) |
| 고지서에 기재할 사항 | 다음의 사항을 모두 기재해야 함<br>① 징수하려는 체납액의 ㉠ 과세기간, ㉡ 세목, ㉢ 세액, ㉣ 산출 근거, ㉤ 납부하여야 할 기한, ㉥ 납부장소<br>② 제2차 납세의무자 등으로부터 징수할 ㉮ 금액, ㉯ 그 산출 근거, ㉰ 그 밖에 필요한 사항<br>→ 이 중 일부라도 누락되는 경우 그 고지의 효력이 발생하지 않음 주의 |
| 통지 | ① 관할 세무서장은 제2차 납세의무자 등에게 납부고지서를 발급하는 경우: 납세자에게도 통지<br>② 물적납세의무를 부담하는 자로부터 납세자의 체납액을 징수하는 경우: 납세자에게 통지 + 물적납세의무를 부담하는 자의 주소 또는 거소를 관할하는 세무서장에게도 통지 |
| 연대납세의무자 | 연대납세의무자 전원을 고지서에 기재해야 하며, 각자에게 모두 고지서를 발부해야 함 |

**오쌤 Tip** 고지서별 기재사항 비교

| 납세자 납부고지서 | 납세자 강제징수비고지서 | 보충적 납세의무자 납부고지서 |
|---|---|---|
| 국세의<br>① 과세기간<br>② 세목<br>③ 세액<br>④ 산출 근거<br>⑤ 납부하여야 할 기한<br>⑥ 납부장소 | 강제징수비 징수와 관계된 국세의<br>① 과세기간<br>② 세목<br>③ 강제징수비의 금액<br>④ 산출 근거<br>⑤ 납부하여야 할 기한<br>⑥ 납부장소 | 징수하려는 체납액의<br>① 과세기간<br>② 세목<br>③ 세액<br>④ 산출 근거<br>⑤ 납부하여야 할 기한<br>⑥ 납부장소<br>+<br>⑦ 제2차 납세의무자 등으로부터 징수할 금액<br>⑧ 징수할 금액의 산출 근거<br>⑨ 그 밖에 필요한 사항 |

## 2 독촉

### ❶ 개요 (중요도 ★★★)

| 의미 | 납세자를 비롯하여 연대납세의무자, 제2차 납세의무자나 납세보증인이 지정납부기한까지 국세를 완납하지 않은 경우에 독촉장을 통하여 그 납부를 촉구하는 절차 |
|---|---|
| 발급 제외 | 다음의 경우에는 독촉장을 발급하지 않음<br>① 국세를 납부기한 전에 징수하는 경우<br>② 체납된 국세가 1만원 미만인 경우<br>③ 「국세기본법」 및 세법에 따라 물적납세의무를 부담하는 경우(Link-p.41) |
| 효력 | ① 압류의 선행절차<br>② 국세징수권 소멸시효의 중단 |

### ❷ 독촉장의 발급시기 (중요도 ★★☆)

| 발급기한 | 지정납부기한이 지난 후 10일 이내 |
|---|---|
| 납부기한 | 독촉을 하는 날부터 20일 이내 |

← 훈시규정이기 때문에 해당 기한 규정을 위반하더라도 그 효력에 영향은 없음

## ❸ 독촉의 효력

중요도 ★★★

| 압류요건의 충족 | 독촉장에 의한 지정납부기한까지 납부하지 아니하면 압류의 요건이 충족되며, 독촉절차에 하자가 있으면 강제징수를 진행할 수 없음 |
|---|---|
| 소멸시효의 중단 | 국세징수권의 소멸시효를 중단시키는 효과가 있으며 독촉에 의한 납부기한의 다음 날부로 새롭게 소멸시효가 시작됨<br>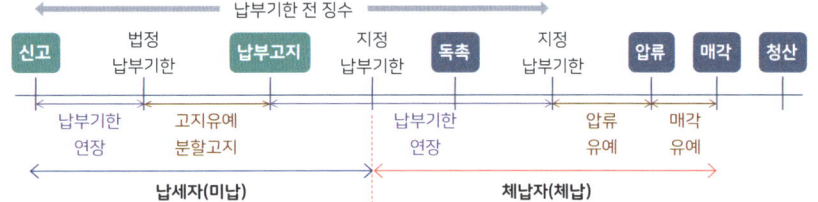 |

## 3 납부기한 전 징수

중요도 ★★★

| 의미 | 관할 세무서장이 납부기한까지 기다려서는 납세자로부터 해당 국세를 징수하기 어렵다고 예상되는 사유가 발생한 경우 납부기한 전에 국세를 징수하는 제도 |
|---|---|
| 사유 | 관할 세무서장은 납세자가 다음에 해당하는 사유가 있는 경우 **납부기한 전**이라도 이미 납세의무가 확정된 국세를 징수할 수 있음<br>① 법인이 **해산**한 경우<br>② 국세, 지방세 또는 공과금의 체납으로 **강제**징수 또는 체납처분이 시작된 경우<br>③「어음법」또는「수표법」에 따른 어음교환소에서 거래**정지**처분을 받은 경우<br>④ 강제집행 및 담보권 실행 등을 위한 **경매**가 시작되거나 파산선고를 받은 경우<br>⑤ 국세를 **포탈**하려는 행위가 있다고 인정되는 경우<br>⑥ 납세관리인을 정하지 않고 국내에 **주소**·거소를 두지 않게 된 경우<br>[암기팁] **낙지전**(납기전)골로 **해산**물 요리점 영업하다가 **강제 정지** 먹었어. 가게 **경매**로 넘겨야 해. 경매**포털주소** 혹시 알아? 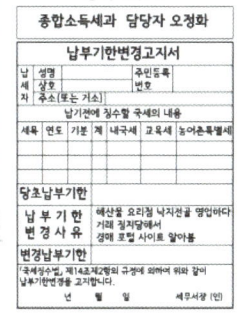 |
| 대상국세 | 납세의무가 **확정된** 국세에 대해서만 납부기한 전 징수가 가능함. 이때 제2차 납세의무자 또는 납세보증인에게도 고유의 납세의무에 속하는 국세와 마찬가지로 납부기한 전 징수를 할 수 있음 |

| 절차 | 관할 세무서장은 납부기한 전에 국세를 징수하려는 경우 당초의 납부기한보다 단축된 기한을 정하여 납세자에게 납부고지를 해야 함 (이미 납부고지를 한 상태라면 납부기한의 변경을 고지)<br><br>↓<br><br>납부고지서에 당초의 납부기한, 단축된 납부기한, 납부기한 전 징수 사유를 적어 납부기한 전에 징수한다는 것을 알려야 함 |
|---|---|
| 효력 | ① 독촉 절차 생략: 납부기한 전 징수의 고지를 받고 지정된 납부기한까지 완납하지 않으면 독촉절차를 거치지 않고 납세자의 재산을 압류할 수 있음<br>② 송달지연으로 인한 지정납부기한 등의 연장 배제: 납부기한 전 징수를 위한 고지의 경우 납부하여야 할 기한은 다음과 같이 함<br>   ⊙ 해당 고지서가 단축된 기한 전에 도달한 때: 그 단축된 기한<br>   ⓒ 해당 고지서의 단축된 기한이 지난 후에 도달한 때: 그 도달한 날<br>③ 납부기한 등의 연장 취소, 납부고지의 유예 취소: 납부기한 등의 연장 또는 납부고지의 유예를 한 후 납부기한 전 징수 사유에 해당하면 그 납부기한 등의 연장 또는 납부고지의 유예를 취소하고 연장 또는 유예와 관계되는 국세를 한꺼번에 징수할 수 있음<br>④ 직권 충당: 국세환급금 충당 시 동의 없이 충당이 가능함<br>⑤ 확정 전 보전압류: 관할 세무서장은 납세자에게 납부기한 전 징수의 사유가 있어 국세가 확정된 후 그 국세를 징수할 수 없다고 인정될 때에는 미리 지방국세청장의 승인을 받아 국세로 확정되리라고 추정되는 금액의 한도에서 납세자의 재산을 압류할 수 있음<br>⑥ 과세전적부심사 청구 배제: 납부기한 전 징수의 사유가 있으면 과세전적부심사를 청구할 수 없음 |

 **오쌤 Tip** 납부기한 전 징수가 가능한 확정 국세의 예

① 중간**예**납하는 **법**인세
② 납부**고**지를 한 국세
③ 과세표준 결정의 **통**지를 한 국세
④ 원천**징**수한 국세
⑤ 납세조합이 **징**수한 국세

**암기팁** **예법**은 **고통**스러워 **징징** ㅠㅠ 성문 **앞**(전=납기전) 알바

## 4 납부의 방법

중요도 ★★☆

| 납부방법 | 국세 또는 강제징수비는 다음의 방법으로 납부함<br>① 현금<br>②「증권에 의한 세입납부에 관한 법률」에 따른 증권<br>③ 지정된 국세납부대행기관을 통해 처리되는 다음의 어느 하나에 해당하는 결제수단<br>　㉠「여신전문금융업법」에 따른 신용카드 또는 직불카드<br>　㉡「정보통신망 이용촉진 및 정보보호 등에 관한 법률」에 따른 통신과금서비스 (핸드폰 소액결제)<br>　㉢ 그 밖에 위 ㉠ 또는 ㉡과 유사한 것으로서 법으로 정하는 것<br><br>※ ③의 방법으로 국세를 납부하는 경우에는 국세납부대행기관의 **승인일**을 납부일로 봄 |
|---|---|
| 기타사항 | ① 자동이체 가능: 납세자는 납부고지를 받은 국세 중 법에 정한 국세를 금융회사 등에 개설된 예금계좌로부터 자동이체하는 방법으로 납부할 수 있음 (단, 지정납부기한이 지난 국세는 자동이체 방법으로 납부할 수 없음)<br>② 국세납부대행기관의 수수료: 지정된 국세납부대행기관의 납부 대행 수수료는 해당 납부세액의 1% 이내에서 기획재정부령으로 정함 (현행 0.8%)<br>③ 제3자 납부가능: 제3자는 납세자를 위하여 납세자의 명의로 국세 및 강제징수비를 납부할 수 있음. 제3자는 납세자의 명의로 국세 및 강제징수비를 납부한 경우 국가에 대하여 그 납부한 금액의 반환을 청구할 수 없음 |

## 5 납부기한 등의 연장 등

### ❶ 개요

중요도 ★★★

| 의미 | ① 납부기한 등의 연장: 납세자가 재난 등의 사유로 국세를 납부기한 등(납부기한 또는 독촉장에서 정하는 기한)까지 납부할 수 없다고 인정되는 경우 관할 세무서장이 납부기한 등을 연장(세액을 분할 납부하도록 하는 것을 포함)하는 제도<br>② 납부고지의 유예: 납세자가 재난 등의 사유로 국세를 납부할 수 없다고 인정되는 경우 관할 세무서장이 납부고지를 유예(세액을 분할하여 납부고지하는 것을 포함)하는 제도<br><br>납부기한 등의 연장 등 ─ 재난 등으로 인한 납부기한 등의 연장, 납부고지의 유예<br>　　　　　　　　　　└ 송달 지연으로 인한 지정납부기한 등의 연장 |
|---|---|
| 대상 국세 | 확정된 국세만이 납부고지의 유예의 대상이 될 수 있으며, 각 세법에 따른 자진납부분 이외의 것과「상속세 및 증여세법」에 따른 연부연납분이 포함됨 |
| 대상자 | 원천징수의무자, 연대납세의무자, 제2차 납세의무자 및 납세보증인 |

## ❷ 일반 '연장 및 유예' 사유 및 기한   중요도 ★★★

| | |
|---|---|
| | 관할 세무서장은 납세자가 다음에 해당하는 사유로 국세를 납부기한 또는 <u>독촉장에서 정하는 기한까지</u> 납부할 수 없다고 인정되는 경우 납부기한 등을 연장하거나 납부고지를 유예할 수 있음<br>→ 즉, 독촉을 받은 후라도 기한 연장 가능 |
| 사유 | ① 납세자가 재난 또는 도난으로 재산에 심한 손실을 입은 경우<br>② 납세자가 경영하는 사업에 현저한 손실이 발생하거나 부도 또는 도산의 우려가 있는 경우<br>③ 납세자 또는 그 동거가족의 질병이나 중상해로 6개월 이상의 치료가 필요한 경우 또는 사망하여 상중인 경우<br>④ 정전, 프로그램의 오류 등의 사유로 한국은행 및 체신관서의 정보처리장치나 시스템을 정상적으로 가동시킬 수 없는 경우<br>⑤ 금융회사 등 또는 체신관서의 휴무 등의 사유로 정상적인 국세 납부가 곤란하다고 국세청장이 인정하는 경우<br>⑥ 권한 있는 기관에 장부나 서류 또는 그 밖의 물건이 압수 또는 영치된 경우 및 이에 준하는 경우<br>⑦ 납세자의 장부 작성을 대행하는 세무사 또는 공인회계사가 화재, 전화, 그 밖의 재해를 입거나 해당 납세자의 장부를 도난당한 경우<br>⑧ 위의 사유에 준하는 사유가 있는 경우 |
| 기한 | 납부기한 등의 연장 또는 납부고지의 유예를 한 경우 그 연장 또는 유예 기간을 연장 또는 유예한 날의 다음 날부터 9개월 이내로 정함(특별재난지역*·고용재난지역 등에 사업장이 소재한 특례에 해당하는 경우 최대 2년) |

\* 관할 세무서장은 특별재난지역의 경우 다음에 해당하는 자에 대해서도 소득세, 법인세, 부가가치세 및 이에 부가되는 세목에 대하여 납부기한 등의 연장 또는 납부고지의 유예를 적용할 수 있음 NEW

　㉠ 해당 특별재난지역에서 발생한 재난으로 인해 신체에 대한 피해를 입은 「소득세법」 및 「부가가치세법」에 따른 사업자
　㉡ 해당 특별재난지역에서 발생한 재난으로 인해 사망한 자에 귀속되는 사업장을 상속받은 「국세기본법」에 따른 상속인

## ❸ 분납 및 납부지연가산세 미부과   중요도 ★★☆

| | |
|---|---|
| 분납 | 관할 세무서장은 연장 또는 유예기간이 6개월을 초과하는 경우에는 가능한 한 연장 또는 유예기간 시작 후 6개월이 지난 날부터 3개월 이내에 균등액을 분납할 수 있도록 정해야 함<br>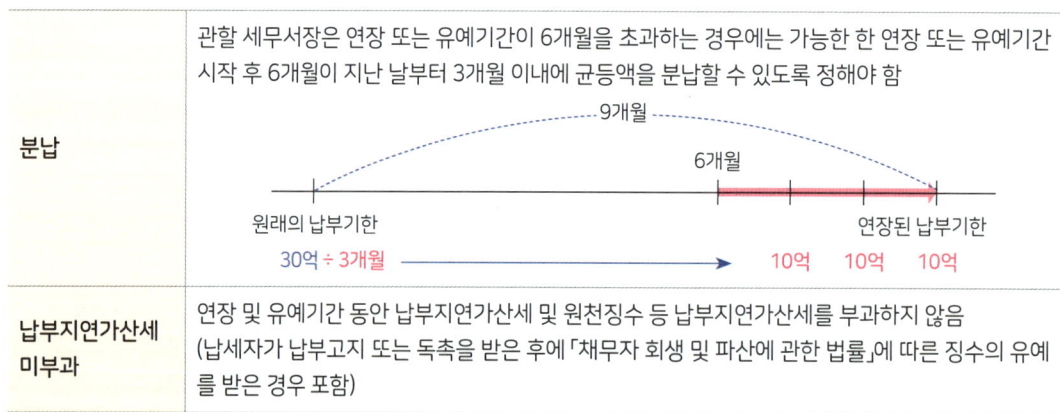 |
| 납부지연가산세 미부과 | 연장 및 유예기간 동안 납부지연가산세 및 원천징수 등 납부지연가산세를 부과하지 않음<br>(납세자가 납부고지 또는 독촉을 받은 후에 「채무자 회생 및 파산에 관한 법률」에 따른 징수의 유예를 받은 경우 포함) |

## ❹ 방법 및 절차   중요도 ★★★

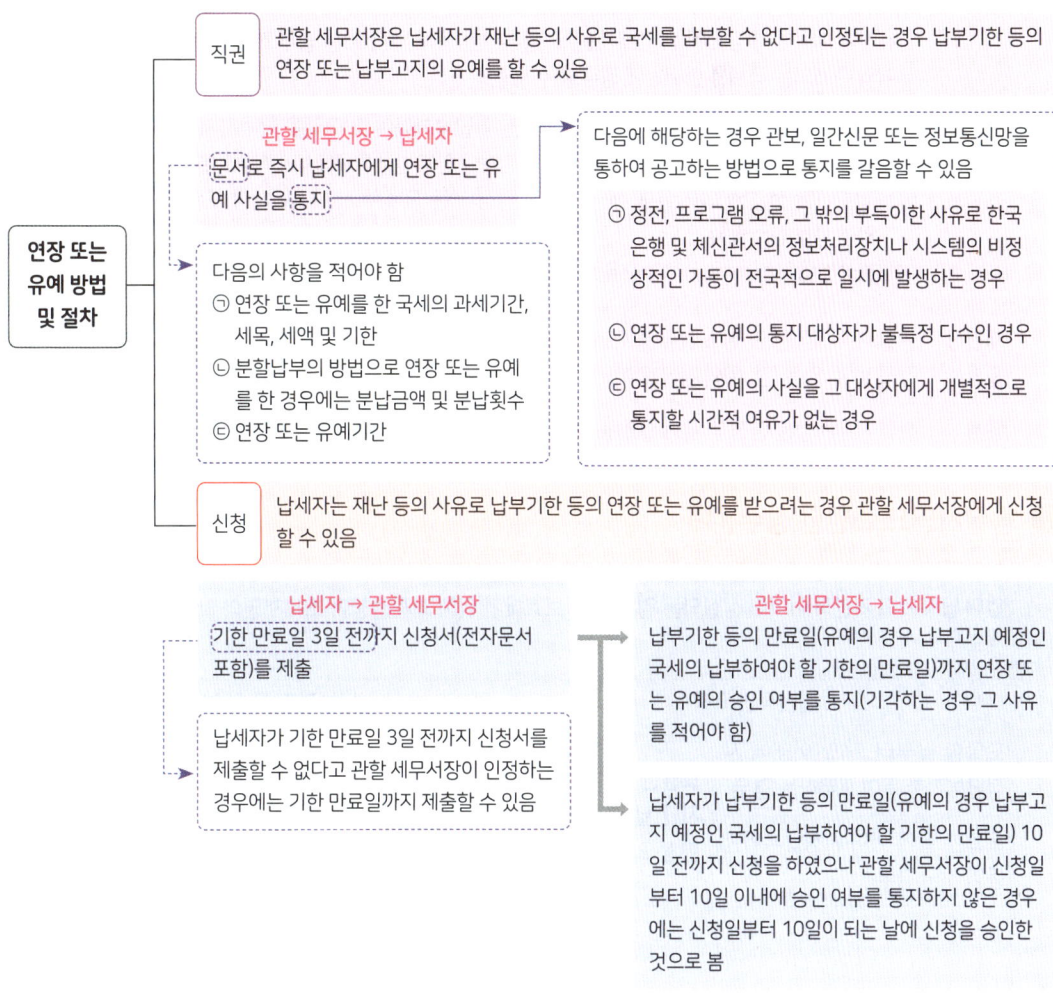

## ❺ 납세담보 요구   중요도 ★★☆

| 원칙 | 관할 세무서장은 부득이한 사유로 납부기한 등의 연장 또는 납부고지의 유예를 하는 경우 그 연장 또는 유예와 관계되는 금액에 상당하는 납세담보의 제공을 요구할 수 있음 |
|---|---|
| 예외 | 관할 세무서장은 다음의 경우 납세담보를 요구할 수 없음<br>① 납세자가 사업에서 심각한 손해를 입거나 그 사업이 중대한 위기에 처한 경우로서 관할 세무서장이 납부해야 할 금액, 과거 납부명세 등을 고려하여 납세자가 그 연장·유예 기간 내에 해당 국세를 납부할 수 있다고 인정하는 경우<br>② 납세자가 재난 또는 도난으로 재산에 심한 손실을 입은 경우<br>③ 정전, 프로그램의 오류, 그 밖의 부득이한 사유로 한국은행 및 체신관서의 정보처리장치나 시스템을 정상적으로 가동시킬 수 없는 경우<br>④ 금융회사 등 또는 체신관서의 휴무, 그 밖의 부득이한 사유로 정상적인 국세 납부가 곤란하다고 국세청장이 인정하는 경우<br>⑤ 위 ①~④와 유사한 사유에 해당하는 경우 |

## ❻ 연장 및 유예의 취소  중요도 ★★☆

| 취소 사유 | 납세자가 다음에 해당하게 된 경우에는 그 납부기한 등의 연장 또는 납부고지의 유예를 취소하고 연장 또는 유예와 관계되는 국세를 한꺼번에 징수할 수 있음<br>① 국세를 분할납부하여야 하는 각 기한까지 분할납부하여야 할 금액을 납부하지 아니한 경우<br>② 관할 세무서장의 납세담보물의 추가 제공 또는 보증인의 변경 요구에 따르지 아니한 경우<br>③ '납부기한 전 징수'의 사유에 해당되어 그 연장 또는 유예한 기간까지 연장 또는 유예와 관계되는 국세의 전액을 징수할 수 없다고 인정되는 경우<br>④ 재산 상황의 변동 등 일정한 사유로 연장 또는 유예를 할 필요가 없다고 인정되는 경우 |
|---|---|
| 재연장 불가 | 관할 세무서장은 위 취소 사유 중 ①, ②, ③에 따라 취소한 경우 그 국세에 대하여 다시 지정납부기한 등의 연장을 할 수 없음 (단, ④의 사유로 취소된 경우에는 재연장 가능) |
| 통지 | 관할 세무서장은 연장 및 유예를 취소한 경우 납세자에게 그 사실을 통지해야 함 |

## ❼ 송달지연으로 인한 징수유예  중요도 ★★★

: 부과과세방식으로 세액이 확정되는 경우 과세관청의 송달지연으로 납부고지서가 늦게 도달하여 납세자의 귀책사유 없이 납세자의 기한의 이익이 상실되는 경우 이를 보호하기 위해 과세관청이 조세채권의 확정을 내부적으로 유보하는 제도

| 일반적인 고지 | | 납부기한 전 징수에 따른 고지 | |
|---|---|---|---|
| 도달한 날부터 14일 이내에 지정납부기한 등이 도래하는 경우 | **도달한 날부터 14일이 지난 날**을 지정납부기한 등으로 함 | 단축된 기한 전에 도달한 경우 | **단축된 기한**을 납부하여야 할 기한으로 함 |
| 도달한 날에 이미 지정납부기한 등이 지난 경우 | | 단축된 기한이 지난 후에 도달한 경우 | **도달한 날**을 납부하여야 할 기한으로 함 |

 **오쌤 Tip** 송달지연으로 인한 징수유예

**일반적인 고지**

① 도달일부터 14일 이내에 지정납부기한이 도래하는 경우

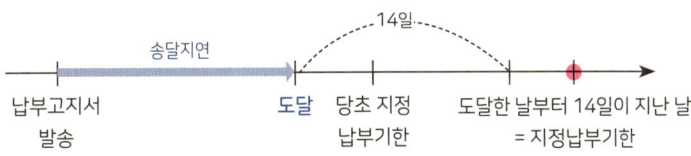

② 도달일에 이미 지정납부기한이 지난 경우

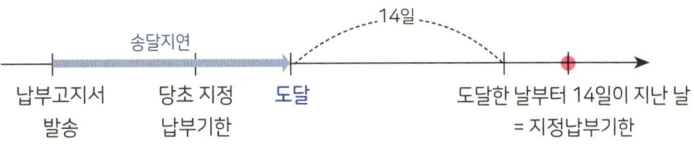

**납부기한 전 징수에 따른 고지**
늦은 날 [단축된 납부기한, 납부고지서 도달일]

① 단축된 기한 전에 도달

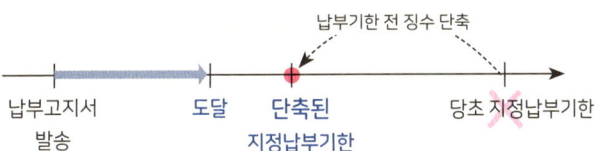

② 단축된 기한이 지난 후에 도달

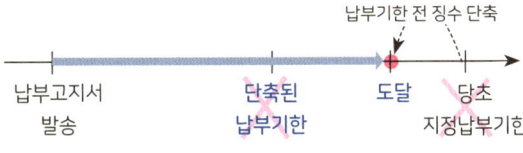

## 6 납세담보

### ❶ 납세담보의 의미    중요도 ★☆☆

: 납세자의 납세의무 불이행에 대비하여 국가가 조세채권을 보전하기 위하여 세법에 따라 납세자(또는 제3자)로부터 제공받는 담보

### ❷ 납세담보의 제공 사유    중요도 ★★☆

**납세담보를 제공하는 경우**

**납세의무자가 납세담보를 제공해야 하는 경우(강제사항)**
① 상속세·증여세 납부세액이 2천만원을 초과하여 연부연납하는 때
② 문화재자료 등의 상속세·증여세액을 징수유예할 때
③ 수입신고 수리 전에 과세물품을 보세구역으로부터 반출하고자 할 때

**납세의무자에게 납세담보를 요구할 수 있는 경우**
① 납부기한 등의 연장 또는 납부고지를 유예하는 경우
② 재산의 압류를 유예하거나 압류를 해제하는 경우
③ 과세 유흥장소의 경영자에 대한 납세 보전을 위하여 필요하다고 인정되는 경우
④ 주세 보전상 필요하다고 인정되는 경우

### ❸ 납세담보의 변경과 보충    중요도 ★★☆

| | |
|---|---|
| 변경 | 납세담보를 제공한 자는 관할 세무서장의 승인을 받아 그 담보를 변경할 수 있음. 세무서장은 납세자가 법에 정한 변경 사유에 해당하여 이미 제공한 납세담보의 변경승인을 신청하는 경우 그 변경을 **승인해야 함**<br>변경을 승인할 수 있다 ×<br>신청하는 경우 승인 없이 변경할 수 있다 × |
| 보충 | 관할 세무서장은 그 납세담보로는 국세 및 강제징수비의 납부를 담보할 수 없다고 인정할 때에는 담보를 제공한 자에게 담보물의 추가 제공 또는 보증인의 변경을 **요구할 수 있음** |

**납세담보의 변경 사유와 보충 사유**

**변경 사유: 납세자의 변경 신청 → 관할 세무서장**
① 보증인의 납세보증서를 갈음하여 다른 담보재산을 제공한 경우
② 제공한 납세담보의 가액이 변동되어 지나치게 많아진 경우
③ 납세담보로 제공한 유가증권 중 상환기간이 정해진 것이 그 상환시기에 이른 경우

**보충 사유: 관할 세무서장의 변경 요구 → 납세자**
① 납세담보물의 가액 감소
② 보증인의 자력 감소
③ 그 밖에 그 납세담보로는 국세 및 강제징수비의 납부를 담보할 수 없다고 인정하는 사유

## ❹ 납세담보의 종류와 평가방법 및 납세담보로 제공해야 할 가액  중요도 ★★★

| 담보 종류*1 | 제공 방법 | 평가 방법 | 납세담보로 제공해야 할 가액*2 |
|---|---|---|---|
| 금전 | 공탁하고 공탁수령증을 제출 | — | 담보할 국세의 110% 이상의 가액 |
| 국채증권 등 대통령령으로 정한 유가증권*3 | ① 미등록 유가증권: 공탁하고 공탁수령증 제출<br>② 등록 유가증권: 담보의 뜻을 등록하고 등록확인증 제출 | 담보로 제공하는 날의 전날을 평가기준일로 하여 「상속세 및 증여세법」을 준용하여 계산한 가액 | 담보할 국세의 120% 이상의 가액 |
| 납세보증 보험증권 | 납세보증보험증권*4을 제출 | 보험금액 | 담보할 국세의 110% 이상의 가액 |
| 납세보증인의 납세보증서 | 납세보증서 제출 | 보증금액 | 담보할 국세의 120% 이상의 가액*5 |
| 토지 | 등기필증, 등기완료통지서 또는 등록필증을 제시해야 하고 그에 따라 관할 세무서장은 저당권 설정을 위한 등기·등록 절차를 밟아야 함 | 「상속세 및 증여세법」에 따라 평가한 가액*7 | 담보할 국세의 120% 이상의 가액 |
| 보험에 든 등기·등록된 건물·공장재단·광업재단·선박·항공기 및 건설기계 | 그 등기필증, 등기완료통지서 또는 등록필증을 제시해야 하고 그에 따라 관할 세무서장은 저당권 설정을 위한 등기·등록 절차를 밟아야 함 + 화재보험에 든 경우 화재보험증권을 제출해야 함*6 | ① 건물: 「상속세 및 증여세법」에 따라 평가한 가액*7<br>② 기타의 재산: 감정가액 또는 시가표준액*7 | 담보할 국세의 120% 이상의 가액 |

*1 「국세징수법」상 납세담보재산은 열거주의에 의하므로 열거되지 아니한 재산은 금전적 가치가 있는 경우라 하더라도 이를 담보로 제공받을 수 없음. 즉 골프회원권, 보석류, 자동차 등은 납세담보로 제공할 수 없음
*2 국세가 확정되지 아니한 경우에는 국세청장이 정하는 가액에 상당하는 담보를 제공하여야 함
*3
  ㉠ 국채증권, 지방채증권 및 특수채증권
  ㉡ 증권시장에 주권을 상장한 법인이 발행한 사채권 중 보증사채 및 전환사채
  ㉢ 증권시장에 상장된 유가증권으로서 매매사실이 있는 것
  ㉣ 무기명 수익증권 및 환매청구가 가능한 수익증권
  ㉤ 양도성 예금증서
*4 보험증권의 보험기간은 납세담보를 필요로 하는 기간에 30일 이상을 더한 것이어야 하며, 납부해야 할 기한이 확정되지 않은 국세의 경우에는 국세청장이 정하는 기간 이상인 것으로 한정
*5 은행의 납세보증서는 담보할 국세의 110% 이상의 가액
*6 건물, 공장재단, 광업재단, 선박, 항공기 또는 건설기계의 경우 화재보험에 가입된 것만 납세담보로 제공할 수 있으며 그 보험기간은 납세담보를 필요로 하는 기간에 30일 이상을 더한 것이어야 함.
*7 담보를 제공하는 날을 평가기준일로 함 NEW

## ❺ 납세담보에 의한 납부와 징수  　　중요도 ★★☆

| 납부 | 납세담보로서 **금전을** 제공한 자는 그 금전으로 담보한 국세 및 강제징수비를 납부할 수 있음 |
|---|---|
| | 납세담보로 제공한 금전으로 국세 및 강제징수비를 납부하려는 자는 그 뜻을 적은 문서로 관할 세무서장에게 납부를 신청해야 함 → 신청한 금액에 상당하는 국세 및 강제징수비를 납부한 것으로 봄 |

| 징수 | 세무서장은 납세담보를 제공받은 국세 및 강제징수비가 그 담보의 기간에 납부되지 않으면 그 담보로써 국세 및 강제징수비를 징수함 |
|---|---|
| | **납세담보에 의한 징수** |
| | - 납세담보가 금전인 경우: 그 금전으로 해당 국세 및 강제징수비를 징수 |
| | - 납세담보가 금전 외인 경우: 법에 정한 방법으로 현금화하거나 징수한 금전으로 해당 국세 및 강제징수비를 징수 |
| | ※ 납세담보를 현금화한 금전으로 징수해야 할 국세 및 강제징수비를 징수하고 남은 금전이 있는 경우 공매대금의 배분방법에 따라 배분한 후 납세자에게 지급 |
| | ① 유가증권, 토지, 건물, 공장재단, 광업재단, 선박, 항공기 또는 건설기계인 경우<br>　: 공매절차에 따라 매각<br>② 납세보증보험증권인 경우<br>　: 해당 납세보증보험사업자에게 보험금의 지급을 청구<br>③ 납세보증서인 경우<br>　: 보증인으로부터 징수절차에 따라 징수 |

## ❻ 납세담보의 해제  　　중요도 ★★☆

| 해제 | 관할 세무서장은 납세담보를 제공받은 국세 및 강제징수비가 납부되면 지체 없이 담보 해제 절차를 밟아야 함 |
|---|---|
| 절차 | 관할 세무서장은 납세담보의 해제를 하려는 경우 그 뜻을 납세담보를 제공한 자에게 문서로 통지해야 함 → 이 경우 납세담보 제공에 따라 저당권 설정을 위한 등기 또는 등록을 촉탁하여 그 저당권이 설정된 납세담보를 해제할 때에는 관할등기소에 저당권 말소의 등기 또는 등록을 촉탁해야 함 |

## 7 체납액 징수관련 사실행위의 위탁

### ❶ 개요  중요도 ★★☆

| 의미 | 관할 세무서장은 독촉에도 불구하고 납부되지 않은 체납액을 징수하기 위하여 한국자산관리공사에 체납액 징수 관련 사실행위를 위탁할 수 있음 |
|---|---|
| 위탁 업무 | 관할 세무서장은 한국자산관리공사에 다음에 해당하는 업무를 위탁할 수 있음. 이 경우 즉시 그 위탁 사실을 체납자에게 통지해야 함<br>① 체납자의 주소 또는 거소 확인<br>② 체납자의 재산 조사<br>③ 체납액의 납부를 촉구하는 안내문 발송과 전화 또는 방문 상담<br>④ 위 ①~③의 규정에 준하는 단순 사실행위에 해당하는 업무로서 일정한 사항 |
| 위탁 사유 | 다음의 어느 하나에 해당하는 경우에 세무서장은 한국자산관리공사에 체납액 징수업무를 위탁할 수 있음<br>① 체납자별 체납액이 1억원 이상인 경우<br>② 관할 세무서장이 체납자 명의의 소득 또는 재산이 없는 등의 사유로 징수가 어렵다고 판단한 경우 |

### ❷ 체납액 징수관련 사실행위의 위탁 절차  중요도 ★☆☆

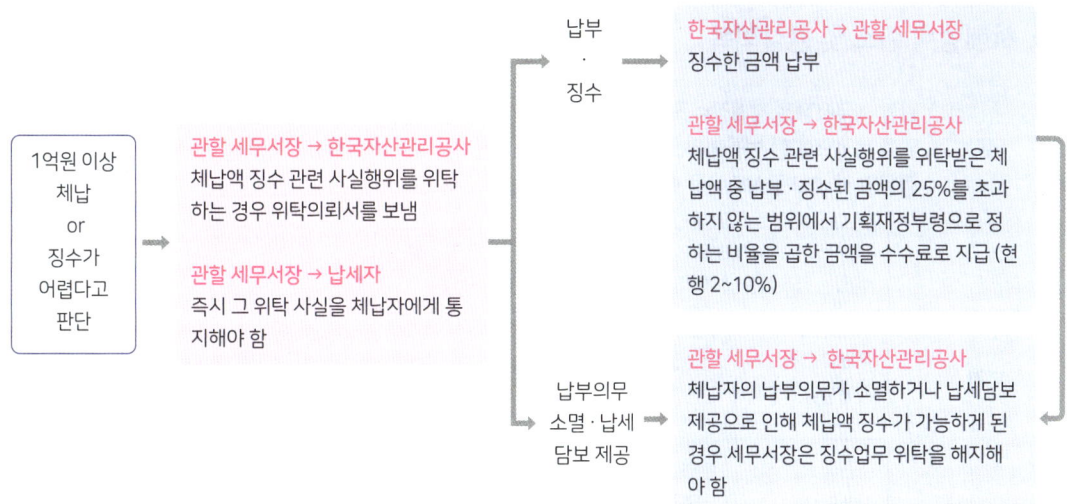

제3편 국세징수법

# 03 강제적 징수절차

## 1 통칙

### ❶ 강제징수   중요도 ★★☆

| 의미 | 납세자가 납부기한 내에 자력으로 납부하도록 하는 임의적 징수절차와 다르게 국세채권을 세무공무원이 직접 자력집행력을 통해 집행하는 절차 |
|---|---|

강제적 징수절차
- 협의의 강제징수: 압류 → 압류재산의 매각 → 청산
- 광의의 강제징수: 교부청구, 참가압류 포함

| 대상 | 납세자가 독촉 또는 납부기한 전 징수의 고지를 받고 지정된 기한까지 국세 또는 체납액을 완납하지 않은 경우 관할 세무서장(체납 발생 후 1개월이 지나고, 체납액이 5천만원 이상인 자의 경우는 지방국세청장을 포함)이 강제징수함 |
|---|---|

### ❷ 사해행위 취소 및 원상회복   중요도 ★★★

| 의미 | 관할 세무서장은 강제징수를 할 때 납세자가 국세의 징수를 피하기 위하여 한 재산의 처분이나 그 밖에 재산권을 목적으로 한 법률행위(「신탁법」에 따른 사해신탁을 포함)에 대하여 「신탁법」 및 「민법」을 준용하여 사해행위의 취소 및 원상회복을 법원에 청구할 수 있음 |
|---|---|
| 요건 | 제2차 납세의무자, 보증인 등으로부터 국세의 전액을 징수할 수 있는 경우에는 납세의무자를 무자력으로 인정하지 않음<br><br>**객관적 요건 - 사해행위 + 무자력**: 체납자가 재산권을 목적으로 한 법률행위로서 조세채권자를 해하는 행위(사해행위)를 해야 하며 양도한 재산 이외에 다른 자력이 없어(무자력) 국세를 완납할 수 없는 경우여야 함<br><br>**주관적 요건 - 사해의사**: 체납자가 법률 행위를 할 당시에 그 행위로 인해 조세채권자를 해하게 됨을 알고 있어야 하며 상대방도 체납자가 국세의 징수를 면탈하게 됨을 알고 있어야 함 |
| 행사방법 | 세무공무원이 사해행위의 취소를 청구하고자 할 때에는 수익자 또는 전득자를 상대로 민사소송을 제기해야 함 (세무공무원이 사해행위를 직권으로 취소할 수 없음 주의) |
| 효과 | ① 강제징수 집행: 사해행위취소소송에서 국가가 승소하면 재산권을 목적으로 한 법률행위는 취소되므로 과세관청은 해당 자산에 대해서 강제징수를 집행할 수 있게 됨<br>② 소멸시효 정지: 사해행위취소소송을 제기하여 그 소송이 진행 중인 기간에는 소멸시효가 진행되지 않음 |
| 충당 후 반환 | 사해행위의 취소에 의해 반환받은 재산에 대하여 강제징수를 하고 국세에 충당한 후 잔여가 있는 경우에는 그 잔여분은 그 재산의 반환을 한 수익자 또는 전득자에게 반환함 (체납자 아님 주의) |

**오쌤 Tip** 짜고 거짓으로 한 담보권 설정에 대한 취소청구 vs 사해행위 취소권

| 구분 | 짜고 거짓으로 한 담보권 설정에 대한 취소청구 | 사해행위 취소권 |
|---|---|---|
| 관련법 | 「국세기본법」 | 「국세징수법」 |
| 취소대상 | 재산에 대해 짜고 거짓으로 한 담보권 설정행위 | 재산권을 목적으로 하는 법률 행위 (매매 또는 증여 등) |
| 사해행위 | 짜고 거짓으로 한 담보권 설정행위로 인해 해당 재산의 매각대금으로 국세채권을 징수할 수 없는 상태 | 재산권을 목적으로 하는 법률행위로 책임재산이 감소하여 국세채권을 징수할 수 없는 무자력인 상태 |
| 요건 | 납세자와 제3자 간에 짜고 거짓으로 담보계약을 체결 | ① 납세자의 사해행위<br>② 납세자의 사해의사: 국세의 징수를 해하게 됨을 인식<br>③ 수익자 또는 전득자의 사해의사: 조세채권자를 해하게 됨을 인식 |
| 행사방법 | 민사소송제기 | 민사소송제기 |
| 취소의 효과 | 관할 세무서장은 담보권 설정이 없는 원상을 회복한 상태에서 재산의 매각대금으로 국세·가산세 징수 가능 | 관할 세무서장은 체납자 명의로 회복된 재산에 대해 강제징수절차 진행 |

### ❸ 가압류·가처분 재산에 대한 강제징수  중요도 ★★☆

| 강제징수 | 재판상의 가압류 또는 가처분을 받은 재산이 강제징수 대상인 경우에도 「국세징수법」에 따른 강제징수를 함 |
|---|---|
| 통지 | 재판상의 가압류 또는 가처분을 받은 재산을 압류하려는 경우 그 뜻을 해당 법원, 집행 공무원 또는 강제관리인에게 통지해야 함 |

→ 압류를 해제하려는 경우에도 동일

### ❹ 상속 또는 합병의 경우 강제징수의 속행 등  중요도 ★★★

| 체납자의 사망 또는 합병으로 인한 소멸 | 체납자의 재산에 대하여 강제징수를 시작한 후 체납자가 사망하였거나 체납자인 법인이 합병으로 소멸된 경우에도 그 재산에 대한 강제징수는 계속 진행해야 함 → 체납자가 사망한 후 체납자 명의의 재산에 대하여 한 압류는 그 재산을 상속한 상속인에 대하여 한 것으로 봄 |
|---|---|
| 체납자가 파산선고를 받은 경우 | 관할 세무서장은 체납자가 파산선고를 받은 경우라도 이미 압류한 재산이 있을 때에는 강제징수를 계속 진행해야 함 |

## ❺ 제3자의 소유권 주장  중요도 ★★★

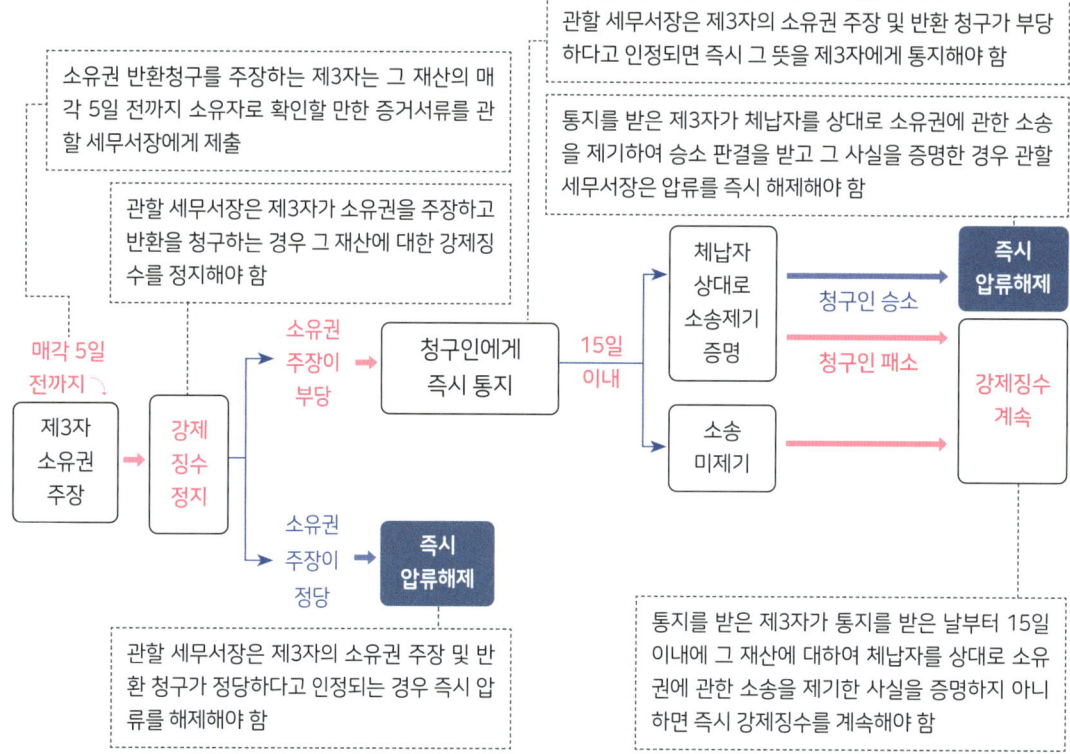

## ❻ 인지세와 등록면허세의 면제  중요도 ★☆☆

| 인지세 면제 | 압류재산을 보관하는 과정에서 작성하는 문서에 관하여는 인지세를 면제함 |
|---|---|
| 등록면허세 면제 | 다음의 등기 또는 등록과 관련해서는 등록면허세를 면제함<br>① 압류의 등기 또는 등록<br>② 압류 말소의 등기 또는 등록<br>③ 공매공고의 등기 또는 등록<br>④ 공매공고 말소의 등기 또는 등록 |

## ❼ 고액·상습체납자의 수입물품에 대한 강제징수의 위탁  중요도 ★★☆

| 세관장에게 위탁 | 관할 세무서장은 체납 발생일부터 1년이 지난 국세의 합계액이 2억원 이상인 경우 체납자의 수입물품에 대한 강제징수를 세관장에게 위탁할 수 있음 |
|---|---|
| 사전안내 | 관할 세무서장은 1개월 이내의 기간을 정하여 그 기간에 체납된 국세를 납부하지 않을 경우 체납자의 수입물품에 대한 강제징수가 세관장에게 위탁될 수 있다는 사실을 해당 체납자에게 사전에 알려야 함 |
| 통지 | 관할 세무서장은 세관장에게 강제징수를 위탁한 경우 즉시 그 위탁 사실을 체납자에게 통지해야 함 |
| 위탁철회 | 관할 세무서장은 체납자가 고액·상습체납자의 명단 공개 대상에서 제외되는 경우 즉시 해당 체납자의 수입물품에 대한 강제징수의 위탁을 철회해야 함 |

## ❽ 강제징수의 인계 　　　　　　　　　　　　　　　　중요도 ★★☆

| 원칙 | 관할 세무서장은 체납자가 관할구역 밖에 거주하거나 압류할 재산이 관할구역 밖에 있는 경우 체납자의 거주지 또는 압류할 재산의 소재지를 관할하는 세무서장에게 강제징수를 인계할 수 있음 |
|---|---|
| 예외 | 압류할 재산이 채권이거나 체납자의 거주지 또는 압류할 재산의 소재지가 둘 이상의 세무서가 관할하는 구역에 걸쳐 있는 경우에는 강제징수를 인계할 수 없음 |
| 세무서장의 인수거절 | 강제징수를 인계받은 세무서장은 압류할 재산이 해당 관할구역에 없는 경우 강제징수의 인수를 거절할 수 있음. 이때 체납자가 그 관할구역에 거주하고 있는 경우 강제징수를 인계받은 세무서장은 수색조서를 작성하여 강제징수를 인계한 관할 세무서장에게 보내야 함 |

↳ 세무공무원은 수색을 하였으나 압류할 재산이 없는 경우 수색조서를 작성해야 함

## 2 압류

### ❶ 통칙 　　　　　　　　　　　　　　　　중요도 ★★★

#### 1.1 압류의 의미 및 요건

| 의미 | 과세권자가 국세채권을 실현하기 위하여 체납자의 특정 재산에 대하여 처분을 금지시키기 위하여 과세관청이 행하는 강제행위 |
|---|---|
| 요건 | 관할 세무서장은 다음에 해당하는 경우 납세자의 재산을 압류함<br>① 납세자가 독촉을 받고 독촉장에서 정한 기한까지 국세를 완납하지 않은 경우<br>② '납부기한 전 징수'의 규정에 따라 납부고지를 받고 단축된 기한까지 국세를 완납하지 않은 경우<br>③ 납세자에게 '납부기한 전 징수'의 사유가 있어 국세가 확정된 후에는 해당 국세를 징수할 수 없다고 인정되는 경우 (확정 전 보전압류)<br>④ 양도담보권자가 고지된 납부기한까지 물적납세의무를 이행하지 않은 경우 (독촉 없이 바로 압류) |

#### 1.2 확정 전 보전압류

| 의미 | 납세자에게 납부기한 전 징수의 사유가 있어 국세가 확정된 후 그 국세를 징수할 수 없다고 인정될 때에는 미리 지방국세청장의 승인을 받아 국세로 확정되리라고 추정되는 금액의 한도에서 납세자의 재산을 압류할 수 있는 제도 |
|---|---|
| 사후통지 | 관할 세무서장은 납세자의 재산에 대해 확정 전 보전압류를 하려는 경우 미리 지방국세청장의 승인을 받아야 하고, 압류 후에는 납세자에게 문서로 그 압류 사실을 통지해야 함 |
| 압류해제 | 관할 세무서장은 다음에 해당하면 즉시 확정 전 보전압류를 해제해야 함<br>① 납세자가 납세담보를 제공하고 압류 해제를 요구한 경우<br>② 압류를 한 날부터 3개월(세무조사 중지기간은 제외)이 지날 때까지 압류에 따라 징수하려는 국세를 확정하지 아니한 경우 |
| 공매제한 | 확정 전 보전압류를 한 재산은 그 압류와 관계되는 국세의 납세 의무가 확정되기 전에는 공매할 수 없음 |

| 충당 | 다음 모두에 해당될 경우 관할 세무서장은 압류한 재산의 한도에서 확정된 국세를 징수한 것으로 볼 수 있음<br>① 확정 전 보전압류를 한 후 압류에 따라 징수하려는 국세를 확정하고<br>② 압류한 재산이 금전이거나 납부기한 내 추심 가능한 예금 또는 유가증권이며<br>③ 납세자가 신청한 경우 |
|---|---|

### 1.3 초과압류

| 원칙 | 관할 세무서장은 국세를 징수하기 위하여 필요한 재산 외의 재산을 압류할 수 없음 |
|---|---|
| 예외 | 불가분물 등 부득이한 경우에는 초과압류할 수 있음 |

### 1.4 압류재산 선택 시 제3자의 권리보호
: 관할 세무서장은 압류재산을 선택하는 경우 강제징수에 지장이 없는 범위에서 전세권·질권·저당권 등 체납자의 재산과 관련하여 제3자가 가진 권리를 침해하지 않도록 해야 함

### 1.5 압류조서

| 원칙 | 세무공무원은 체납자의 재산을 압류하는 경우 압류조서를 작성해야 함 |
|---|---|
| 예외 | 참가압류에 압류의 효력이 생긴 경우에는 압류조서를 작성하지 아니할 수 있음 |
| 등본 교부 | 압류재산이 다음에 해당하는 경우 압류조서 등본을 체납자에게 내주어야 함<br>① 동산 또는 유가증권 → 질권이 설정된 동산 또는 유가증권을 압류한 경우 그 동산 또는 유가증권의 질권자에게 압류조서의 등본을 내주어야 함<br>② 채권<br>③ 채권과 소유권을 제외한 그 밖의 재산권 |
| 기재 사항 | 압류조서에는 압류한 재산에 관하여 양도, 제한물권의 설정, 채권의 영수 및 그 밖의 처분을 할 수 없다는 뜻이 기재되어야 함 |
| 참여자의 서명날인 | 압류조서에는 압류에 참여한 세무공무원이 참여자와 함께 서명날인을 해야 함. 단, 참여자가 서명날인을 거부한 경우에는 그 사실을 압류조서에 적는 것으로 참여자의 서명날인을 갈음할 수 있음 |

### 1.6 수색

| 체납자의 주거 등 | 세무공무원은 재산을 압류하기 위하여 필요한 경우에는 체납자의 주거 등(주거·창고·사무실·선박·항공기·자동차 또는 그 밖의 장소)을 수색할 수 있고, 해당 주거 등의 폐쇄된 문·금고 또는 기구를 열게 하거나 직접 열 수 있음 |
|---|---|
| 제3자의 주거 등 | 세무공무원은 다음에 해당하는 경우 제3자의 주거 등을 수색할 수 있고, 폐쇄된 문·금고 또는 기구를 열게 하거나 직접 열 수 있음<br>① 체납자 또는 제3자가 제3자의 주거 등에 체납자의 재산을 감춘 혐의가 있다고 인정되는 경우<br>② 체납자의 재산을 점유·보관하는 제3자가 재산의 인도 또는 이전을 거부하는 경우 |
| 수색 시간 | 수색은 해가 뜰 때부터 해가 질 때까지만 할 수 있음. 단, 해가 지기 전에 시작한 수색은 해가 진 후에도 계속할 수 있음 → 주로 야간에 영업을 하는 장소에 대해서는 해가 진 후에도 영업 중에는 수색을 시작할 수 있음 |

| 수색 조서 | ① 수색 조서의 작성: 세무공무원은 수색을 하였으나 압류할 재산이 없는 경우 수색조서를 작성하고 수색조서에 참여자와 함께 서명날인해야 함 (단, 참여자가 서명날인을 거부한 경우에는 그 사실을 수색조서에 적는 것으로 참여자의 서명날인을 갈음할 수 있음)<br>② 수색조서의 효력: 수색을 하였으나 압류할 재산이 없어 수색조서를 작성한 경우에도 그 수색을 착수했을 때에 시효중단의 효력이 발생함 |
|---|---|

> 수색을 받은 체납자 또는 참여자에게 수색조서 등본을 내주어야 함

> 제3자의 주거 등을 수색한 경우에는 수색한 취지를 수색조서의 등본 등에 의거 체납자에게 통지해야 시효중단의 효력이 발생함

## 1.7 질문·검사

| 의미 | 세무공무원은 강제징수를 하면서 압류할 재산의 소재 또는 수량을 알아내기 위하여 필요한 경우 체납자 또는 체납자와 관계가 있는 자에게 구두 또는 문서로 질문하거나 장부, 서류 및 그 밖의 물건을 검사할 수 있음 |
|---|---|
| 서명날인 | 구두로 질문한 내용이 중요한 사항인 경우 그 내용을 기록하고 기록한 서류에 답변한 자와 함께 서명날인해야 함. 단, 답변한 자가 서명날인을 거부한 경우 그 사실을 본문의 서류에 적는 것으로 서명날인을 갈음할 수 있음 |

## 1.8 참여자

| 원칙 | 세무공무원은 수색 또는 검사를 하는 경우 그 수색 또는 검사를 받는 사람, 그 가족·동거인이나 사무원 또는 그 밖의 종업원을 참여시켜야 함 |
|---|---|
| 예외 | 참여시켜야 할 자가 없거나 참여 요청에 따르지 아니하는 경우 성인 2명 이상 또는 특별시·광역시·특별자치시·특별자치도·시·군·자치구의 공무원이나 경찰공무원 1명 이상을 증인으로 참여시켜야 함 |

## 1.9 증표 등의 제시

: 세무공무원은 압류, 수색 또는 질문·검사를 하는 경우 그 신분을 나타내는 증표 및 압류·수색 등의 통지서를 지니고 이를 관계자에게 보여줘야 함

## 1.10 압류·수색 또는 질문·검사 중의 출입 제한

: 세무공무원은 압류, 수색 또는 질문·검사를 하는 경우로서 강제징수를 위하여 필요하다고 인정하는 경우 체납자 및 참여자 등 관계자를 제외한 사람에 대하여 해당 장소에서 나갈 것을 요구하거나 그 장소에 출입하는 것을 제한할 수 있음

## 1.11 저당권자 등에 대한 압류 통지

| 과세관청 → 저당권자 등 | 저당권자 등 → 과세관청 |
|---|---|
| 관할 세무서장은 재산을 압류한 경우 전세권, 질권, 저당권 또는 그 밖에 압류재산 위의 등기 또는 등록된 권리자에게 그 사실을 통지해야 함 | 국세에 대하여 우선권을 가진 저당권자 등이 통지를 받고 그 권리를 행사하려는 경우 통지를 받은 날부터 10일 이내에 그 사실을 관할 세무서장에게 신고해야 함 |

## ❷ 압류 대상 자산 및 압류 제한

중요도 ★★★

### 2.1 압류 대상 자산
: 압류 대상 자산은 압류 당시에 체납자가 소유하는 재산 중 다음 모두에 해당하는 재산을 말함

① 국내 소재 재산
② 금전적 가치가 있고 양도 가능한 자산
③ '압류금지재산' 또는 '압류제한급여채권' 이외의 재산

### 2.2 압류 금지 재산

| 의미 | 납세자의 체납에도 불구하고 세무공무원이 압류할 수 없는 재산 |
|---|---|
| 성격 | 압류금지재산을 압류한 경우 그 압류는 원칙적으로 무효 또는 취소의 사유가 됨 |
| 압류 금지 재산 | 다음의 재산은 압류할 수 없음<br>① 체납자 또는 그 동거가족의 생활에 없어서는 아니 될 의복, 침구, 가구, 주방기구 등 생활필수품<br>② 체납자 또는 그 동거가족에게 필요한 3개월간의 식료품 또는 연료<br>③ 인감도장이나 그 밖에 직업에 필요한 도장<br>④ 제사 또는 예배에 필요한 물건, 비석 또는 묘지, 체납자 또는 그 동거가족의 장례에 필요한 물건<br>⑤ 족보·일기 등 체납자 또는 그 동거가족에게 필요한 장부 또는 서류<br>⑥ 직무 수행에 필요한 제복<br>⑦ 훈장이나 그 밖의 명예의 증표<br>⑧ 체납자 또는 그 동거가족의 학업에 필요한 서적과 기구<br>⑨ 발명 또는 저작에 관한 것으로서 공표되지 아니한 것<br>⑩ 주로 자기의 노동력으로 농업을 하는 사람에게 없어서는 아니 될 기구, 가축, 사료, 종자, 비료 등<br>⑪ 주로 자기의 노동력으로 어업을 하는 사람에게 없어서는 아니 될 어망, 기구, 미끼, 새끼물고기 등<br>⑫ 전문직 종사자·기술자·노무자, 그 밖에 노동자에게 없어서는 아니 될 기구, 비품 등<br>⑬ 체납자 또는 그 동거가족의 일상생활에 필요한 안경·보청기·의수족·지팡이 등 신체보조기구 및 경형자동차<br>⑭ 재해의 방지 또는 보안을 위하여 법령에 따라 설치하여야 하는 소방설비, 경보기구, 피난시설 등<br>⑮ 법령에 따라 지급되는 사망급여금 또는 상이급여금<br>⑯ 「주택임대차보호법」에 따라 우선변제를 받을 수 있는 금액<br>⑰ 체납자의 생계 유지에 필요한 소액금융재산 |

> **오쌤 Tip** 압류 금지 소액금융재산의 범위(국징령 31)
>
> ① 개인별 잔액이 250만원 미만인 예금(적금, 부금, 예탁금과 우편대체 포함)
> ② 다음의 구분에 따른 보장성보험의 보험금, 해약환급금 및 만기환급금
>
> | 구분 | 압류금지 금액 |
> |---|---|
> | ㉠ 모든 사망보험금 합산한 금액 중 | 1,500만원 이하 |
> | ㉡ 모든 보장성보험의 해약환급금 합산한 금액 중 | 250만원 이하 |
> | ㉢ 모든 보장성보험의 만기환급금 합산한 금액 중 | 250만원 이하 |
> | ㉣ 상해·질병·사고 등을 원인으로 체납자가 지급 받는 보장성보험의 보험금 중 | 실제 치료비[*1] + (보험계약별 보험금 − 실제 치료비) × $\frac{1}{2}$ |
>
> [*1] 실제 치료비: 진료비, 치료비, 수술비, 입원비, 약제비 등 치료 및 장애 회복을 위하여 실제 지출되는 비용

## 2.3 급여채권의 압류 제한

**압류금지 급여채권**

- 급료, 연금, 임금, 봉급, 상여금, 세비, 퇴직연금, 그 밖에 이와 비슷한 성질을 가진 급여채권 → 그 총액[*1]의 2분의 1에 해당하는 금액

  단, 다음의 경우 압류가 금지되는 금액은 각각 다음 구분에 따른 금액으로 함
  ① 급여채권 총액의 2분의 1에 해당하는 금액이 250만원에 미달하는 경우: 250만원
  ② 급여채권 총액의 2분의 1에 해당하는 금액이 표준적인 가구의 생계비를 고려하여 법으로 정하는 금액을 초과하는 경우: <아래 표 참고>

  [급료, 연금, 임금, 봉급, 상여금, 세비, 퇴직연금 등 급여채권의 압류금지 금액 정리]

  | 월급여총액 | 압류금지금액 |
  | --- | --- |
  | 500만원 이하 | 250만원 |
  | 500만원 초과 600만원 이하 | 급여총액의 1/2 |
  | 600만원 초과 | 300만원 + (급여총액의 1/2 - 300만원) × 1/2 |

- 퇴직금이나 그 밖에 이와 비슷한 성질을 가진 급여채권 → 그 총액[*1]의 2분의 1에 해당하는 금액

[*1] 급여채권의 총액은 근로소득의 금액의 합계액(비과세소득의 금액은 제외) 또는 퇴직소득의 금액의 합계액(비과세소득의 금액은 제외)에서 그 근로소득 또는 퇴직소득에 대한 소득세 및 소득세분 지방소득세를 뺀 금액으로 함

## 2.4 압류의 효력

**① 처분 금지의 효력이 있음**
- ㉠ 체납자는 압류한 재산에 관하여 양도, 제한물권의 설정, 채권의 영수, 그 밖의 처분을 할 수 없음
- ㉡ 채권 또는 그 밖의 재산권을 압류한 경우 제3채무자(압류한 채권의 채무자 및 그 밖의 재산권의 채무자 등)는 체납자에 대한 지급을 할 수 없음
- ㉢ 예탁유가증권지분을 압류한 경우 다음의 구분에 따른 자는 체납자에 대하여 계좌대체 및 증권반환을 할 수 없음
  - ⓐ 체납자가 예탁자인 경우: 예탁결제원
  - ⓑ 체납자가 투자자인 경우: 예탁자
- ㉣ 전자등록주식 등을 압류한 경우 다음의 구분에 따른 자는 체납자에 대하여 계좌대체 및 전자등록말소를 할 수 없음
  - ⓐ 체납자가 계좌관리기관 등인 경우: 전자등록기관
  - ⓑ 체납자가 계좌관리기관에 고객계좌를 개설한 자인 경우: 계좌관리기관
  - ⓒ 체납자가 특별계좌의 명의자인 경우: 명의개서대행회사 등

**② 소멸시효 중단의 효력이 있음**
압류는 국세징수권이라는 권리의 행사이므로 국세징수권의 소멸시효를 중단시키는 효력이 있음

**③ 우선징수의 효력이 있음**
압류선착수주의에 의거하여 국세 강제징수에 따라 납세자의 재산을 압류한 경우에 다른 국세 및 강제징수비 또는 지방세의 교부청구(참가압류를 한 경우 포함)가 있으면 압류와 관계되는 국세 및 강제징수비는 교부청구된 다른 국세 및 강제징수비 또는 지방세보다 우선하여 징수함

| ④ 과실에 압류의 효력이 미침 | ㉠ 원칙: 압류의 효력은 압류재산으로부터 생기는 천연과실 또는 법정과실에도 미침 ㉡ 예외: 다음의 경우 과실에 압류의 효력이 미치지 않음 ⓐ 체납자·제3자가 압류재산의 사용·수익을 하는 경우 그 재산으로부터 생기는 천연과실 ⓑ 성숙기에 도달하여 토지 또는 입목과 분리된 천연과실 (동산으로 압류) → 천연과실로서 성숙한 것은 토지 또는 입목과 분리하여 동산으로 볼 수 있음 ⓒ 압류 시까지 이미 발생한 법정과실 (채권으로 별도 압류) ⓓ 압류 전부터 법률 또는 계약에 따라 제3자가 수취권을 가지고 있는 천연과실 |
|---|---|
| ⑤ 상속·합병 시 강제징수의 효력이 승계됨 | 체납자의 재산에 대하여 강제징수를 시작한 후 체납자가 사망하였거나 체납자인 법인이 합병으로 소멸된 경우에도 그 재산에 대한 강제징수는 계속 진행해야 함. 즉, 강제징수의 효력이 상속인 또는 합병법인에게 미침. 따라서 체납자가 사망한 후 체납자 명의의 재산에 대하여 한 압류는 그 재산을 상속한 상속인에 대하여 한 것으로 봄 |

손글씨 메모 (ⓑ 옆): 그 재산의 매각으로 인해 권리를 이전할 때까지 수취되지 않은 천연과실은 제외

## 2.5 개별자산별 압류
### 2.5.1 부동산 등의 압류
#### 2.5.1.1 부동산 등의 범위와 압류 절차 및 효력

**범위 및 절차**

- **등기된 재산**
  ① 「부동산등기법」 등에 따라 등기된 부동산
  ② 「공장 및 광업재단 저당법」에 따라 등기된 공장재단 및 광업재단
  ③ 「선박등기법」에 따라 등기된 선박
  → 압류조서를 첨부하여 압류등기를 관할 등기소에 촉탁 → 체납자에게 압류사실을 통지
    → 압류등기가 완료된 때에 압류의 효력 발생*1

- **등록된 재산**
  ① 「자동차관리법」에 따라 등록된 자동차
  ② 「선박법」에 따라 등록된 선박(「선박등기법」에 따라 등기된 선박은 제외)
  ③ 「항공안전법」에 따라 등록된 항공기 또는 경량항공기
  ④ 「건설기계관리법」에 따라 등록된 건설기계
  → 압류의 등록을 관계 행정기관의 장 또는 지방자치단체의 장에게 촉탁 → 체납자에게 압류사실을 통지
    → 압류의 등록이 완료된 때에 압류의 효력 발생*1

- **미등기 부동산**
  등기되지 아니한 부동산
  → 토지대장 등본, 건축물대장 등본 또는 부동산종합증명서를 갖추어 보존등기 및 압류등기를 관할 등기소에 촉탁 → 체납자에게 압류사실을 통지
    → 압류등기가 완료된 때에 압류의 효력 발생*1

*1 압류의 효력은 해당 압류재산의 소유권이 이전되기 전에 「국세기본법」에 따른 법정기일이 도래한 국세의 체납액에 대해서도 미침

### 2.5.1.2 부동산 등의 압류 기타사항

| 구분 또는 분할 | 관할 세무서장은 압류를 하기 위하여 부동산, 공장재단 및 광업재단의 재산을 분할하거나 구분하려는 경우 분할 또는 구분의 등기를 관할 등기소에 촉탁해야 함. 그 합병 또는 변경 등기에 관하여도 또한 같음 |
|---|---|
| 점유 | 관할 세무서장은 압류한 자동차, 선박, 항공기 또는 건설기계가 은닉 또는 훼손될 우려가 있다고 인정되는 경우 체납자에게 인도를 명하여 이를 점유할 수 있음 |
| 사용·수익 | 체납자 또는 제3자(임차인 등)는 압류된 부동산, 공장재단, 광업재단, 선박, 항공기, 자동차 또는 건설기계를 사용하거나 수익할 수 있음. 단, 관할 세무서장은 그 가치가 현저하게 줄어들 우려가 있다고 인정할 경우에는 그 사용 또는 수익을 제한할 수 있음 |
| 정박·정류 | 관할 세무서장은 자동차, 선박, 항공기 또는 건설기계에 대하여 강제징수를 위하여 필요한 기간 동안 정박 또는 정류를 하게 할 수 있고 그러한 경우 그 감시와 보존에 필요한 처분을 해야 함. 단, 출항준비를 마친 선박 또는 항공기에 대해서는 정박 또는 정류를 하게 할 수 없음 |

### 2.5.2 동산과 유가증권의 압류
#### 2.5.2.1 동산과 유가증권의 범위와 압류 절차 및 효력

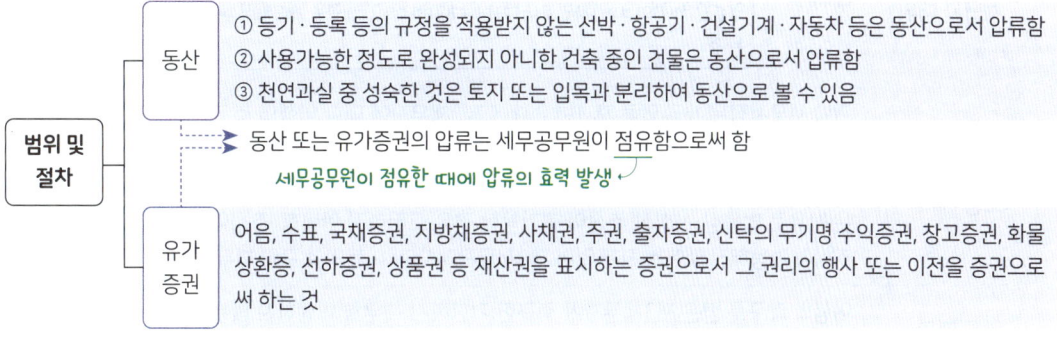

#### 2.5.2.2 동산과 유가증권의 압류 기타사항

| 제3자의 점유 | 세무공무원은 제3자가 점유하고 있는 체납자 소유의 동산 또는 유가증권을 압류하기 위해서는 먼저 그 제3자에게 문서로 해당 동산 또는 유가증권의 인도를 요구해야 함. 인도를 요구받은 제3자가 해당 동산 또는 유가증권을 인도하지 않는 경우 세무공무원은 제3자의 주거 등에 대한 수색을 통하여 이를 압류할 수 있음 |
|---|---|
| 배우자와 공유재산 | 세무공무원은 체납자와 그 배우자의 공유재산으로서 체납자가 단독 점유하거나 배우자와 공동 점유하고 있는 동산 또는 유가증권은 세무공무원이 점유함으로써 압류할 수 있음 |
| 보관 허용 | 운반하기 곤란한 동산은 체납자 또는 제3자에게 보관하게 할 수 있음. 이 경우 봉인이나 그 밖의 방법으로 압류재산임을 명백히 해야 함 |
| 사용·수익 | 관할 세무서장은 압류한 동산을 체납자 또는 이를 사용하거나 수익할 권리를 가진 제3자에게 보관하게 한 경우 강제징수에 지장이 없다고 인정되면 그 동산의 사용 또는 수익을 허가할 수 있음 |
| 금전 압류 | 관할 세무서장이 금전을 압류한 경우에는 그 금전 액수만큼 체납자의 압류에 관계되는 체납액을 징수한 것으로 봄 |
| 채권의 추심 | 관할 세무서장은 유가증권을 압류한 경우 그 유가증권에 따라 행사할 수 있는 금전의 급부를 목적으로 한 채권을 추심할 수 있음 |

### 2.5.3 채권의 압류
#### 2.5.3.1 채권의 범위와 압류 절차 및 효력

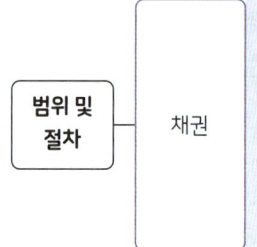

범위 및 절차 — 채권
① 압류의 대상이 되는 '채권'이란 금전 또는 매각할 수 있는 재산의 지급을 목적으로 하는 것만을 말하며, 장래 발생하는 채권이라도 압류 당시에 그 원인이 확정되어 있고 그 발생이 확실하다고 인정하는 것(ex. 장래 발생하는 급료채권 등) 및 당사자 간에 양도금지의 특약이 있는 것도 압류할 수 있음
② 신원보증금, 계약보증금 등의 조건부채권을 그 조건 성립 전에도 압류할 수 있음
③ 차용증서 또는 수취증권과 같은 증거증권은 유가증권이 아니므로 채권의 압류절차에 따라 압류함

→ 채권을 압류하려는 경우 그 사실을 제3채무자에게 통지해야 하며, 압류한 경우 그 사실을 체납자에게 통지해야 함
  → 채권 압류 통지서가 제3채무자에게 송달된 때 압류의 효력 발생

#### 2.5.3.2 채권의 압류 기타사항

| | |
|---|---|
| 체납자 대위 | 관할 세무서장은 제3채무자와 체납자에게 통지를 한 경우 체납액을 한도로 하여 체납자인 채권자를 대위함 → 압류한 채권의 채권자인 체납자에 대위하여 그 채권을 제3채무자로부터 자기의 이름으로 추심하는 것 |
| 이행 촉구·소송 제기 | 관할 세무서장은 채권 압류 후 1년 이내에 제3채무자에 대한 이행의 촉구와 채무 이행의 소송을 제기해야 함. 단, 체납된 국세와 관련하여 심판청구 등(「국세기본법」에 따른 이의신청·심사청구·심판청구, 「감사원법」에 따른 심사청구 또는 「행정소송법」에 따른 행정소송)이 계속 중이거나 그 밖에 이에 준하는 사유로 법률상·사실상 추심이 불가능한 경우 그러하지 아니함. 추심이 불가능한 사유가 해소되어 추심이 가능해진 때에는 지체 없이 제3채무자에 대한 이행의 촉구와 채무 이행의 소송을 제기해야 함 |
| 압류 해제 | 이행의 촉구를 받은 제3채무자가 촉구한 기한까지 채무를 이행하지 않는 경우로서 채무이행의 자력이 없다고 인정하는 경우에는 소송을 제기하지 않고 채권의 압류를 해제할 수 있음 |
| 채권 압류의 범위 | ① 원칙: 관할 세무서장은 채권을 압류하는 경우 체납액을 한도로 해야 함<br>② 예외: 압류하려는 채권에 국세보다 우선하는 질권이 설정되어 있어 압류에 관계된 체납액의 징수가 확실하지 아니한 경우 등 필요하다고 인정되는 경우 채권 전액을 압류할 수 있음 |
| 계속적 발생 채권의 압류 | 급료, 임금, 봉급, 세비, 퇴직연금 또는 그 밖에 계속적 거래관계에서 발생하는 이와 유사한 채권에 대한 압류의 효력은 체납액을 한도로 하여 압류 후에 발생할 채권에도 미침 |
| 조건부채권의 압류 | 관할 세무서장은 신원보증금, 계약보증금 등의 조건부채권을 그 조건 성립 전에도 압류할 수 있으며 이때 압류한 채권이 성립되지 않는 것으로 확정된 때에는 그 압류를 지체 없이 해제해야 함 |

### 2.5.4 그 밖의 재산권(무체재산권)의 압류

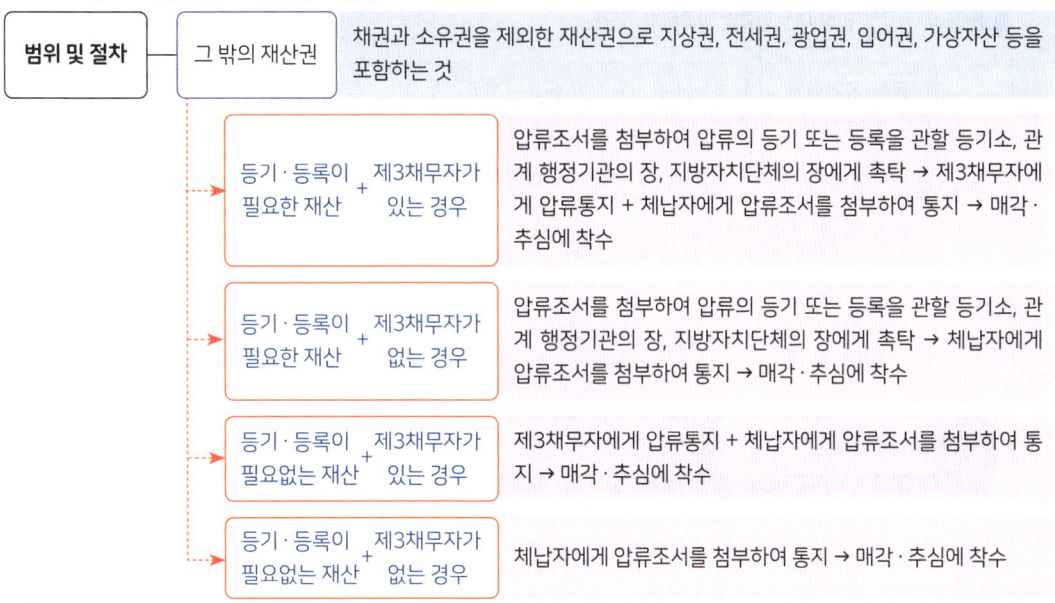

※ 「국세징수법」은 그 밖의 재산권의 압류에 관해서는 통지 등의 절차를 정하고 있을 뿐 압류의 효력이 발생하는 시기 등을 따로 정하고 있지 않음. 다양한 유형의 무체재산권 등에 관해서 일률적으로 압류의 효력이 발생하는 시기를 정하는 것이 적절하지 않다는 판례가 있음

### 2.5.5 국가 또는 지방자치단체의 재산에 관한 권리의 압류

| 소유권 이전 전 | 관할 세무서장은 체납자가 국가 또는 지방자치단체의 재산을 매수한 경우 소유권 이전 전이라도 그 재산에 관한 체납자의 국가 또는 지방자치단체에 대한 권리를 압류함 |
|---|---|
| 통지 및 촉탁 | 관할 세무서장은 압류를 한 경우 그 사실을 체납자에게 통지해야 하며 계약자의 성명 등을 적은 문서에 압류조서를 첨부하여 국가 또는 지방자치단체에 압류의 등록을 촉탁해야 함 → 촉탁을 받은 국가 또는 지방자치단체는 관계 대장에 그 사실을 등록하고 지체 없이 관할 세무서장에게 등록 사실을 통지해야 함 |
| 매수자 | 압류재산을 매각함에 따라 이를 매수한 자는 그 대금을 완납한 때에 그 재산에 관한 체납자의 국가 또는 지방자치단체에 대한 모든 권리·의무를 승계함 |

### 2.5.6 예탁된 유가증권 및 전자등록된 주식 등의 압류

| 압류 대상 | 압류 절차<br>압류 통지서가 송달된 때에 압류의 효력이 발생 | 압류 후 통지 |
|---|---|---|
| 예탁유가증권지분* | 압류하려는 경우 다음의 자에게 통지<br>㉠ 체납자가 예탁자인 경우: 예탁결제원<br>㉡ 체납자가 투자자인 경우: 예탁자 | 압류한 경우 그 사실을 체납자에게 통지하여야 함 |
| 전자등록주식 등 | 압류하려는 경우 다음의 자에게 통지<br>㉠ 체납자가 계좌관리기관 등인 경우: 전자등록기관<br>㉡ 체납자가 계좌관리기관에 고객계좌를 개설한 자인 경우<br>　: 계좌관리기관<br>㉢ 체납자가 특별계좌의 명의자인 경우: 명의개서대행회사 등 | |

*예탁결제원에 예탁된 유가증권(관련 법에 따라 예탁결제원에 예탁된 것으로 보는 경우를 포함)에 관한 공유지분

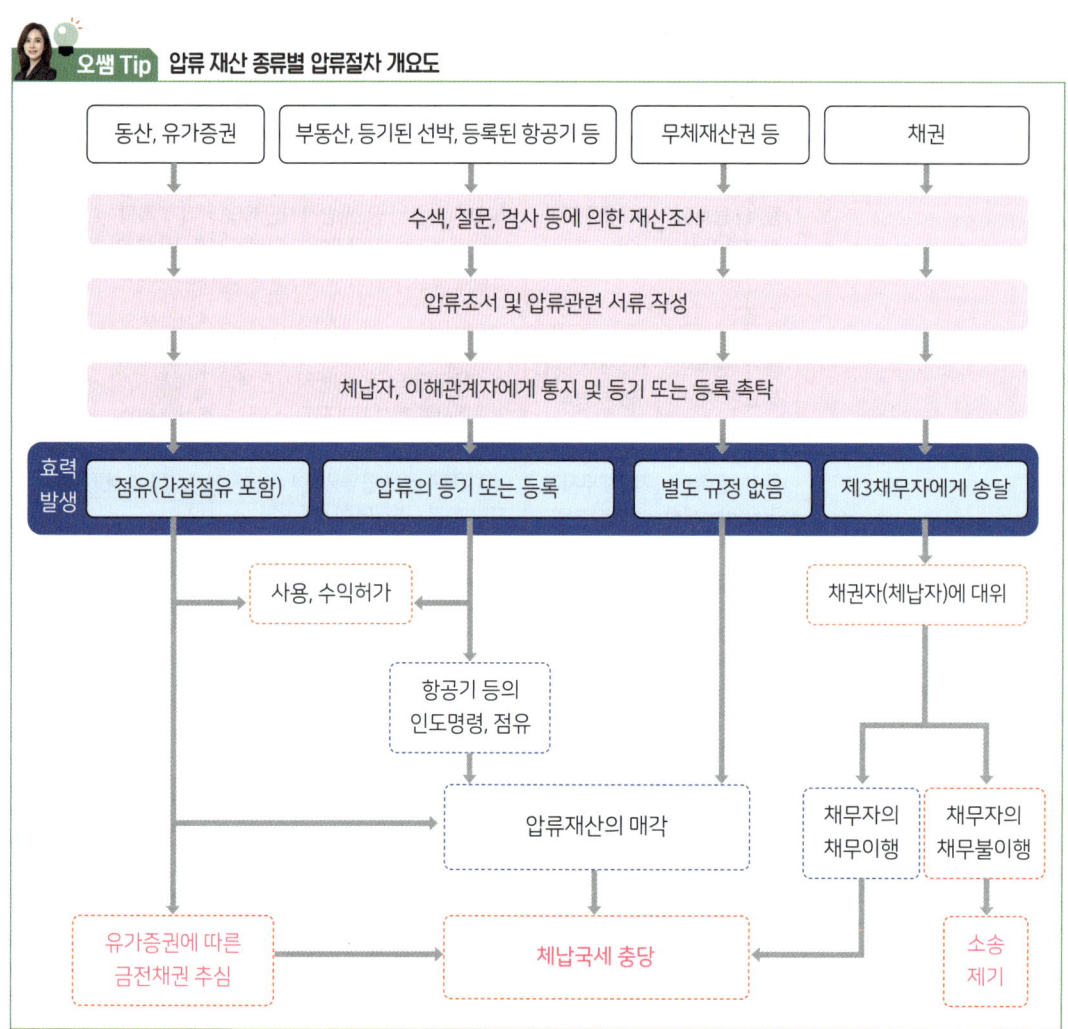

## 2.6 압류의 해제
### 2.6.1 압류의 해제 요건

| 필요적 해제요건 (즉시 해제해야 함) | 임의적 해제요건 (전부 또는 일부를 해제할 수 있음) |
|---|---|
| ① 압류와 관계되는 체납액의 전부가 납부 또는 충당된 경우<br>② 국세 부과의 전부를 취소한 경우<br>③ 여러 재산을 한꺼번에 공매하는 경우로서 일부 재산의 공매대금으로 체납액 전부를 징수한 경우<br>④ 총 재산의 추산가액이 강제징수비(압류에 관계되는 국세에 우선하는 채권 금액이 있는 경우 이를 포함)를 징수하면 남을 여지가 없어 강제징수를 종료할 필요가 있는 경우[*1] → 압류를 해제하려는 경우 국세체납정리위원회의 심의를 거쳐야 함<br>⑤ 위 ①~④에 준하는 사유로 압류할 필요가 없게 된 경우<br>⑥ 압류금지재산을 압류한 경우<br>⑦ 제3자의 재산을 압류한 경우<br>⑧ 제3자의 소유권 주장 및 반환 청구가 정당하다고 인정되는 경우<br>⑨ 제3자가 체납자를 상대로 소유권에 관한 소송을 제기하여 승소 판결을 받고 그 사실을 증명한 경우<br>⑩ 납세자가 납세담보를 제공하고 확정 전 보전압류 해제를 요구한 경우<br>⑪ 확정 전 보전압류를 한 날부터 3개월(국세 확정을 위해 실시한 세무조사가 천재지변 등 사유로 중지된 경우 그 중지기간은 뺌)이 지날 때까지 압류에 따라 징수하려는 국세를 확정하지 않은 경우<br>⑫ 조건 성립 전에 압류한 조건부채권(신원보증금, 계약보증금 등)의 조건이 성립되지 않는 것으로 확정된 경우 | ① 압류 후 재산가격이 변동하여 체납액 전액을 현저히 초과한 경우<br>② 압류와 관계되는 체납액의 일부가 납부 또는 충당된 경우<br>③ 국세 부과의 일부를 취소한 경우<br>④ 체납자가 압류할 수 있는 다른 재산을 제공하여 그 재산을 압류한 경우<br>⑤ 재산의 압류나 압류재산의 매각을 유예하는 때에 필요하다고 인정하는 경우 |

[*1] 교부청구 또는 참가압류가 있는 경우로서 교부청구 또는 참가압류와 관계된 체납액을 기준으로 남을 여지가 있는 경우는 제외

### 2.6.2 압류의 해제 절차

| | |
|---|---|
| 통지 | 관할 세무서장은 재산의 압류를 해제한 경우 그 사실을 그 재산의 압류 통지를 한 체납자, 제3채무자 및 저당권자 등에게 통지해야 함 |
| 압류 말소 등기·등록 | 관할 세무서장은 압류를 해제한 경우 압류의 등기 또는 등록을 한 것에 대해서는 압류 해제 조서를 첨부하여 압류 말소의 등기 또는 등록을 관할 등기소 등에 촉탁해야 함 |
| 압류재산 반환 | ① 관할 세무서장은 제3자에게 보관하게 한 압류재산의 압류를 해제한 경우 그 보관자에게 압류 해제 통지를 하고 압류재산을 체납자 또는 정당한 권리자에게 반환해야 함 → 관할 세무서장이 받았던 압류재산의 보관증은 보관자에게 반환해야 함<br>② 관할 세무서장은 필요하다고 인정하는 경우 보관자가 체납자 또는 정당한 권리자에게 그 압류재산을 직접 인도하게 할 수 있음 → 체납자 또는 정당한 권리자에게 보관자로부터 압류재산을 직접 인도받을 것을 통지해야 함 |
| 영수증 수취 | ① 원칙: 관할 세무서장은 보관 중인 재산을 반환하는 경우 영수증을 받아야 함<br>② 예외: 체납자 또는 정당한 관리자에게 압류조서에 영수 사실을 적고 서명날인하게 함으로써 영수증을 받는 것에 갈음할 수 있음 |

### 2.7 교부청구

| | |
|---|---|
| 의미 | 체납자의 재산에 대하여 이미 다른 기관에 의해 강제환가절차가 개시되어 있는 경우, 동일재산에 대한 중복압류를 피하고 환가대금 중 조세채권징수 목적을 달성하기 위해 그 집행기관에게 강제환가대금의 배분을 청구하는 절차 |
| 사유 | 관할 세무서장은 다음에 해당하는 경우 해당 관할 세무서장, 지방자치단체의 장, 공공기관의 장, 지방공사 또는 지방공단의 장, 집행법원, 집행공무원, 강제관리인, 파산관재인 또는 청산인에 대하여 해당 강제집행절차의 배당·배분 요구의 종기까지 체납액(지정납부기한이 연장된 국세를 포함)의 교부를 청구해야 함<br>① 국세, 지방세 또는 공과금의 체납으로 체납자에 대한 강제징수 또는 체납처분이 시작된 경우<br>② 체납자에 대하여 「민사집행법」에 따른 강제집행 및 담보권 실행 등을 위한 경매가 시작되거나 체납자가 「채무자 회생 및 파산에 관한 법률」에 따른 파산선고를 받은 경우<br>③ 체납자인 법인이 해산한 경우 |
| 대상국세 | 납세의무가 확정된 국세만이 교부청구의 대상이 될 수 있음. 교부청구는 사전에 독촉장을 발부하여 압류의 요건이 충족될 것을 필요로 하지는 않으며, 징수 유예기간 중이라 할지라도 가능함 |
| 효력 | 교부청구의 효력은 다음과 같음<br>① 강제환가절차에 따른 매각대금의 배분요구권<br>② 국세징수권의 소멸시효 중단<br>③ 교부청구를 받은 집행기관의 강제환가절차가 해제되거나 취소되는 경우 교부청구의 효력도 함께 상실<br>→ 참가압류는 압류의 효력이 상실되지 않고 유지할 수 있음 주의 |
| 해제 | 관할 세무서장은 납부, 충당, 국세 부과의 취소나 그 밖의 사유로 교부를 청구한 체납액의 납부의무가 소멸된 경우 그 교부청구를 해제해야 함 → 교부청구 해제 시 관할 세무서장은 그 사실을 교부청구를 받은 기관에 통지해야 함 |

> **오쌤 Tip** 납부기한 전 징수 사유 VS 교부청구 사유

| 납부기한 전 징수 사유 | 교부청구 사유 |
|---|---|
| ① 국세, 지방세 또는 공과금의 체납으로 강제징수 또는 체납처분이 시작된 경우<br>② 「민사집행법」에 따른 강제집행 및 담보권 실행 등을 위한 경매가 시작되거나 「채무자 회생 및 파산에 관한 법률」에 따른 파산선고를 받은 경우<br>③ 법인이 해산한 경우<br>④ 「어음법」 및 「수표법」에 따른 어음교환소에서 거래정지처분을 받은 경우<br>⑤ 국세를 포탈하려는 행위가 있다고 인정되는 경우<br>⑥ 납세관리인을 정하지 아니하고 국내에 주소 또는 거소를 두지 아니하게 된 경우 | ① 국세, 지방세 또는 공과금의 체납으로 체납자에 대한 강제징수 또는 체납처분이 시작된 경우<br>② 체납자에 대하여 「민사집행법」에 따른 강제집행 및 담보권 실행 등을 위한 경매가 시작되거나 체납자가 「채무자 회생 및 파산에 관한 법률」에 따른 파산선고를 받은 경우<br>③ 체납자인 법인이 해산한 경우 |

## 2.8 참가압류

| 의미 | 압류하려는 재산이 이미 다른 기관에서 압류하고 있을 때 교부청구보다 확실하게 강제징수를 집행하기 위하여 압류에 참가하는 행정처분 |
|---|---|
| 절차 | ① 압류참가: 관할 세무서장은 압류하려는 재산이 이미 다른 기관에 압류되어 있는 경우 참가압류 통지서를 선행압류기관(그 재산을 이미 압류한 기관)에 송달함으로써 교부청구를 갈음하고 그 압류에 참가할 수 있음<br>② 통지: 관할 세무서장은 참가압류 사실을 체납자, 제3채무자 등에게 통지해야 함<br>③ 참가압류 등기·등록: 관할 세무서장은 권리의 변동에 등기 또는 등록이 필요한 재산에 대하여 참가압류를 하려는 경우 참가압류의 등기 또는 등록을 관할 등기소 등에 촉탁해야 함 |
| 효력시기 | ① 선행압류기관이 압류를 해제한 경우: 다음의 시기로 소급하여 압류효력이 발생<br><table><tr><td>**권리의 변동에 등기 또는 등록이 필요한 재산**</td><td>참가압류의 등기 또는 등록이 완료된 때</td></tr><tr><td>**권리의 변동에 등기 또는 등록이 필요하지 않은 재산**</td><td>참가압류 통지서가 선행압류기관에 송달된 때</td></tr></table>② 둘 이상의 참가 압류가 있는 경우: 다음의 시기로 소급하여 압류효력이 발생<br><table><tr><td>**권리의 변동에 등기 또는 등록이 필요한 재산**</td><td>가장 먼저 참가압류의 등기 또는 등록이 완료된 때</td></tr><tr><td>**권리의 변동에 등기 또는 등록이 필요하지 않은 재산**</td><td>가장 먼저 참가압류 통지서가 송달된 때</td></tr></table> |
| 선행압류기관의 압류 해제 | ① 통지: 선행압류기관은 압류를 해제한 경우 압류가 해제된 재산 목록을 첨부하여 그 사실을 참가압류를 한 관할 세무서장에게 통지해야 함<br>② 동산·유가증권에 대한 압류 해제: 선행압류기관은 압류를 해제한 재산이 동산 또는 유가증권 등인 경우로서 해당 재산을 선행압류기관이 점유하고 있거나 제3자에게 보관하게 한 경우 참가압류를 한 관할 세무서장에게 직접 인도해야 함 ← 단, 제3자가 보관하고 있는 재산에 대해서는 그 제3자가 발행한 해당 보관증을 인도함으로써 재산을 직접 인도하는 것을 갈음할 수 있음 |
| 매각 | ① 매각촉구: 참가압류를 한 관할 세무서장은 선행압류기관이 그 압류재산을 장기간이 지나도록 매각하지 아니한 경우 이에 대한 매각을 선행압류기관에 촉구할 수 있음<br>② 참가압류를 한 관할 세무서장은 매각의 촉구를 받은 선행압류기관이 촉구를 받은 날부터 3개월 이내에 다음에 해당하는 행위를 하지 않은 경우 해당 압류재산을 매각할 수 있음<br>  ㉠ 수의계약으로 매각하려는 사실을 체납자 등에게 통지<br>  ㉡ 공매공고<br>  ㉢ 공매 또는 수의계약을 대행하게 하는 의뢰서의 송부<br>③ 선행압류기관에 통지: 참가압류를 한 관할 세무서장은 압류재산을 매각하려는 경우 그 내용을 선행압류기관에 통지해야 함<br>④ 인도: 선행압류기관은 통지를 받은 경우 점유하고 있거나 제3자에게 보관하게 하고 있는 동산 또는 유가증권 등 압류재산을 그 매각을 촉구한 관할 세무서장에게 인도해야 함 |

## 3 매각

### ❶ 통칙

중요도 ★☆☆

#### 1.1 매각

| 매각의 의미 | 체납된 조세채권에 충당하기 위하여 체납자의 의사와 관계없이 강제적으로 압류한 재산의 소유권을 이전하여 압류한 재산을 금전으로 바꾸도록 하는 행정처분 |
|---|---|
| 매각의 방법 | ① 압류재산은 **공매 또는 수의계약**으로 매각함<br>② 다음에 해당하는 압류재산의 경우 관할 세무서장은 **직접 매각**할 수 있으며, 직접 매각하려는 경우 매각 전에 그 사실을 체납자, 납세담보물소유자, 압류재산에 질권 또는 그 밖의 권리를 가진 자에게 통지하여야 함<br><br>　㉠ 증권시장에 상장된 증권: 증권시장에서의 매각<br>　㉡ 가상자산사업자를 통해 거래되는 가상자산: 가상자산사업자를 통한 매각 |
| 매각의 착수시기 | 관할 세무서장은 압류 후 1년 이내에 매각을 위한 다음에 해당하는 행위를 해야 함<br>→ 단, 심판청구 등이 계속 중인 경우, 매각을 유예한 경우, 감정평가가 곤란한 경우, 사실상 매각이 불가능한 경우에는 제외<br><br>① 수의계약으로 매각하려는 사실을 체납자 등에게 통지<br>② 공매공고<br>③ 공매 또는 수의계약을 대행하게 하는 의뢰서의 송부 |

#### 1.2 공매

| 공매의 방법 | 공매는 다음에 해당하는 방법(정보통신망을 이용한 것을 포함)으로 함<br><br>① 경쟁입찰: 공매를 집행하는 공무원이 공매예정가격을 제시하고, 공매예정가격 이상의 신청가격 중 최고가격을 문서로 신청한 자(최고가 매수신청인)를 매수인으로 정하는 방법<br>② 경매: 공매를 집행하는 공무원이 공매예정가격을 제시하고, 매수신청인에게 구두 등의 방법으로 신청가격을 순차로 올려 매수신청을 하게 하여 최고가 매수신청인을 매수인으로 정하는 방법 |
|---|---|
| 공매의 제한 | ① 원칙: 심판청구 등이 계속 중인 국세의 체납으로 압류한 재산은 그 신청 또는 청구에 대한 결정이나 소에 대한 판결이 확정되기 전에는 공매할 수 없음<br>② 예외: 압류한 재산이 부패·변질 또는 감량되기 쉬운 재산으로서 속히 매각하지 아니하면 그 재산가액이 줄어들 우려가 있는 경우에는 공매할 수 있음 |
| 개별공매와 일괄공매 | ① 원칙(개별공매): 여러 개의 재산을 공매에 부치는 경우 그 재산을 각각 공매해야 함<br>② 예외(일괄공매): 관할 세무서장이 해당 재산의 위치·형태·이용관계 등을 고려하여 그 재산을 일괄하여 공매하는 것이 알맞다고 인정하는 경우에는 직권으로 또는 이해관계인의 신청에 따라 일괄하여 공매할 수 있음<br><br>　　압류한 부동산 등, 동산, 유가증권, 그 밖의 재산권과 체납자를 대위하여 받은 물건(금전 제외) |

### 1.3 수의계약

| | |
|---|---|
| 사유 | 관할 세무서장은 압류재산이 다음에 해당하는 경우 수의계약으로 매각할 수 있음<br>① 수의계약으로 매각하지 아니하면 매각대금이 강제징수비 금액 이하가 될 것으로 예상되는 경우<br>② 부패·변질 또는 감량되기 쉬운 재산으로서 속히 매각하지 아니하면 그 재산가액이 줄어들 우려가 있는 경우<br>③ 압류한 재산의 추산가격이 1천만원 미만인 경우<br>④ 법령으로 소지 또는 매매가 금지 및 제한된 재산인 경우<br>⑤ 제1회 공매 후 1년간 5회 이상 공매하여도 매각되지 아니한 경우<br>⑥ 공매가 공익을 위하여 적절하지 아니한 경우 |
| 견적서<br>수령 | ① 원칙: 관할 세무서장은 압류재산을 수의계약으로 매각하려는 경우 추산가격조서를 작성하고 2인 이상으로부터 견적서를 받아야 함<br>② 예외: 위 사유 ⑤에 해당하여 수의계약을 하는 경우로서 그 매각금액이 최종 공매 시의 공매예정가격 이상인 경우에는 견적서를 받지 않을 수 있음 |
| 통지 | 관할 세무서장은 압류재산을 수의계약으로 매각하려는 경우 그 사실을 체납자, 납세담보물 소유자, 압류재산에 전세권·질권·저당권 또는 그 밖의 권리를 가진 자에게 통지해야 함 |

### 1.4 제2차 납세의무자 등의 매각 제한

| | |
|---|---|
| 원칙 | 제2차 납세의무자, 납세보증인 또는 물적납세의무자의 재산은 주된 납세자의 재산을 매각한 후에 매각함 |
| 예외 | 다음의 경우 그러하지 아니함<br>① 주된 납세자의 재산을 매각하기 현저하게 곤란한 사정이 있는 경우<br>② 제2차 납세의무자 등의 재산의 가액이 현저히 감소할 우려가 있는 경우<br>③ 기타 세무서장이 부득이하다고 판단하는 경우 |

## ❷ 공매의 준비  중요도 ★★☆

| | |
|---|---|
| 공매예정<br>가격의<br>결정 | ① 원칙: 관할 세무서장은 압류재산을 공매하려면 그 공매예정가격을 결정해야 함<br>② 예외: 관할 세무서장은 공매예정가격을 결정하기 어려운 경우 다음의 감정인에게 평가를 의뢰하여 그 가액을 참고할 수 있음 → 이 경우 감정평가금액 등을 고려하여 계산한 일정 수수료를 지급할 수 있음<br>　㉠ 부동산: 감정평가법인 또는 감정평가사<br>　㉡ 부동산 외의 재산: 해당 재산과 관련된 분야에 5년 이상 종사한 전문가 |
| 공매재산에<br>대한 현황<br>조사 | 관할 세무서장은 공매예정가격을 결정하기 위하여 공매재산의 현 상태, 점유관계, 임차료 또는 보증금의 액수, 그 밖의 현황을 조사해야 함<br>세무공무원은 조사를 위해 다음의 행위를 할 수 있음<br>　① 건물에 출입(필요한 경우 잠긴 문을 여는 등 적절한 처분을 할 수 있음)<br>　② 체납자 또는 건물을 점유하는 제3자에게 공매재산의 현황과 관련된 질문을 하거나 문서의 제시를 요구 |
| 공매장소 | ① 원칙: 공매는 지방국세청, 세무서, 세관 또는 공매재산이 있는 특별자치시·특별자치도·시·군·자치구에서 함<br>② 예외: 관할 세무서장이 필요하다고 인정하는 경우에는 다른 장소에서 공매 가능 |

| | |
|---|---|
| 공매보증 | ① 관할 세무서장은 압류재산을 공매하는 경우 필요하다고 인정하면 공매에 참여하려는 자에게 공매보증을 받을 수 있음<br><br>공매보증은 다음에 해당하는 것으로 함<br>　㉠ 금전<br>　㉡ 국공채<br>　㉢ 증권시장에 상장된 증권<br>　㉣ 「보험업법」에 따른 보험회사가 발행한 보증보험증권<br>→ 공매보증 금액은 공매예정가격의 100분의 10 이상으로 함<br><br>② 공매보증의 반환: 관할 세무서장은 다음의 경우 구분에 따른 자가 제공한 공매보증을 반환함<br><br><table><tr><td>㉠ 개찰 후</td><td>최고가 매수신청인을 제외한 다른 매수신청인</td></tr><tr><td>㉡ 매수인이 매수대금을 납부하기 전에 체납자가 매수인의 동의를 받아 압류와 관련된 체납액을 납부하여 압류재산의 매각결정이 취소된 경우</td><td>매수인</td></tr><tr><td>㉢ 차순위 매수신청인이 있는 경우로서 매수인이 대금을 모두 지급한 경우</td><td>차순위 매수신청인</td></tr><tr><td>㉣ 매수신청인이 매각결정기일 전까지 공매재산의 매수인이 되기 위하여 다른 법령에 따라 갖추어야 하는 자격을 갖추지 못하여 매각결정을 받지 못한 경우</td><td>매수신청인</td></tr></table><br>③ 충당: 다음에 해당하는 경우 관할 세무서장은 공매보증을 강제징수비, 압류와 관계되는 국세의 순으로 충당한 후 남은 금액은 체납자에게 지급함<br>　㉠ 최고가 매수신청인이 개찰 후 매수계약을 체결하지 아니한 경우<br>　㉡ 납부를 촉구해도 매수인이 매수대금을 지정된 기한까지 납부하지 아니한 사유로 압류재산의 매각결정이 취소된 경우<br>　㉢ 매수인이 차액납부 신청 후 배분기일에 차액납부를 하지 아니하거나 이의가 제기된 금액을 납부하지 아니하여 압류재산의 매각결정이 취소된 경우(Link-p.145) |
| 공매공고 | ① 공매공고사항: 대금 납부기한, 공매재산의 명칭, 소재, 공매장소와 일시, 배분요구의 종기, 매각결정일 등의 필요한 사항을 공고해야 함<br>② 동일 재산에 대한 공매공고: 관할 세무서장은 동일한 재산에 대한 향후의 여러 차례의 공매에 관한 사항을 한꺼번에 공고할 수 있음<br>③ 공고방법: 다음에 따른 게시 또는 게재와 함께 정보통신망을 통해 공매공고해야 함<br>　㉠ 지방국세청, 세무서, 세관, 특별자치시·특별자치도·시·군·자치구 등 적절한 장소에 게시<br>　㉡ 관보 또는 일간신문에 게재<br>④ 공고기간: 공매공고 기간은 10일 이상으로 함. 단, 그 재산을 보관하는 데에 많은 비용이 들거나 재산의 가액이 현저히 줄어들 우려가 있으면 이를 단축할 수 있음 |
| 배분요구의 종기 | ① 절차 진행에 필요한 기간을 고려하여, 최초의 입찰서 제출 시작일 이전으로 해야 함<br>② 공매공고에 대한 등기 또는 등록이 지연되거나 누락되는 등 법으로 정하는 사유로 공매 절차가 진행되지 못하는 경우에는 관할 세무서장은 배분요구의 종기를 최초의 입찰서 제출 마감일 이후로 연기할 수 있음 |
| 매각결정 기일 | 개찰일부터 7일(토요일, 일요일, 공휴일 및 대체공휴일은 제외) 이내로 정하여야 함 |

| | |
|---|---|
| 경매 방법으로 공매 | 관할 세무서장은 경매의 방법으로 재산을 공매하는 경우 법으로 정하는 바에 따라 경매인을 선정하여 이를 취급하게 할 수 있음 |
| 등기·등록 촉탁 | 관할 세무서장은 공매공고를 한 압류재산이 권리의 변동에 등기·등록이 필요한 경우 공매공고 즉시 그 사실을 등기부·등록부에 기입하도록 관할 등기소 등에 촉탁해야 함 |
| 공매통지 | 관할 세무서장은 공매공고를 한 경우 즉시 그 내용을 다음 각각의 자에게 통지해야 함<br>① 체납자<br>② 납세담보물 소유자<br>③ 공매재산이 공유물의 지분인 경우: 공매공고의 등기 또는 등록 전날 현재의 공유자<br>④ 공매재산이 부부공유의 동산·유가증권인 경우: 배우자<br>⑤ 공매공고의 등기 또는 등록 전날 현재 공매재산에 대해 전세권·질권·저당권 또는 그 밖의 권리를 가진 자<br><br>이 중 일부에 대한 공매통지의 송달 불능 등의 사유로 동일한 공매재산에 대하여 다시 공매공고를 하는 경우 그 이전 공매공고 당시 공매통지가 도달되었던 위 ③~⑤에 해당하는 자에 대하여 다시 하는 공매통지는 주민등록표 등본 등 공매 집행기록에 표시된 주소, 거소, 영업소 또는 사무소에 등기우편을 발송하는 방법으로 할 수 있음<br>← 발송한 때 효력 발생 |
| 배분요구 | ① 원칙: 공매공고의 등기·등록 전까지 등기·등록되지 않은 다음의 채권을 가진 자가 배분을 받으려는 경우 배분요구의 종기까지 관할 세무서장에게 배분을 요구해야 함<br>㉠ 압류재산과 관계되는 체납액<br>㉡ 교부청구와 관계되는 체납액·지방세 또는 공과금<br>㉢ 압류재산에 설정된 전세권·질권·저당권 또는 가등기담보권에 의하여 담보된 채권<br>㉣ 우선변제권이 있는 임차보증금 반환채권<br>㉤ 우선변제권이 있는 임금, 퇴직금, 재해보상금 및 그 밖에 근로관계로 인한 채권<br>㉥ 압류재산과 관계되는 가압류채권<br>㉦ 집행문이 있는 판결 정본에 의한 채권<br>② 전세권을 가진 자의 배분요구: 매각으로 소멸되지 아니하는 전세권을 가진 자는 배분을 받으려는 경우 배분요구의 종기까지 배분을 요구해야 함<br>③ 배우자의 배분요구: 체납자의 배우자는 공매재산이 압류한 부부공유의 동산 또는 유가증권인 경우 공유지분에 따른 매각대금의 지급을 배분요구의 종기까지 관할 세무서장에게 요구할 수 있음<br>④ 배분요구 철회불가: 배분요구에 따라 매수인이 인수해야 할 부담이 달라지는 경우 배분요구를 한 자는 배분요구의 종기가 지난 뒤에는 이를 철회할 수 없음<br>⑤ 채권신고대상자에 대한 촉구: 관할 세무서장은 채권신고대상자(공매공고의 등기 또는 등록 전에 등기 또는 등록된 위 ①의 채권을 가진 자)에게 채권의 유무, 그 원인 및 액수(원금, 이자, 비용, 그 밖의 부대채권을 포함)를 배분요구의 종기까지 관할 세무서장에게 신고하도록 촉구해야 함<br>⑥ 채권신고대상자의 무신고 시: 관할 세무서장은 채권신고대상자가 신고를 하지 않은 경우 등기사항증명서 등 공매 집행기록에 있는 증명자료에 따라 해당 채권신고대상자의 채권액을 계산함<br>이 경우 해당 채권신고대상자는 채권액을 추가할 수 없음 |
| 공매재산 명세서 | ① 공매재산명세서 작성: 관할 세무서장은 공매재산에 대하여 공매재산 현황조사를 기초로 공매재산의 명칭, 소재, 공매예정가격, 그 밖의 중요한 사항 등이 포함된 공매재산명세서를 작성해야 함<br>② 공매재산명세서 등의 자료 게시: 관할 세무서장은 공매재산명세서, 감정인이 평가한 가액에 관한 자료 및 입찰가격을 결정하는 데 필요한 자료 등을 입찰서 제출 시작 7일 전부터 입찰서 제출 마감 전까지 세무서에 갖추어 두거나 정보통신망을 이용하여 게시함으로써 입찰에 참가하려는 자가 열람할 수 있게 해야 함 |

| | |
|---|---|
| 국세에 우선하는 제한물권 | 관할 세무서장은 공매재산에 압류와 관계되는 국세보다 우선하는 제한물권 등이 있는 경우 제한물권 등을 매수인에게 인수하게 하거나 매수대금으로 그 제한물권 등에 의하여 담보된 채권을 변제하는 데 충분하다고 인정된 경우가 아니면 그 재산을 공매하지 못함 |
| 공유자·배우자의 우선매수권 | ① 공유자의 우선매수권: 공유자는 공매재산이 공유물의 지분인 경우 매각결정기일 전까지 공매보증을 제공하고 다음 각 구분에 따른 가격으로 공매재산을 우선매수하겠다는 신청을 할 수 있음<br><br>\| 최고가 매수신청인이 있는 경우 \| 최고가 매수신청가격 \|<br>\|---\|---\|<br>\| 최고가 매수신청인이 없는 경우 \| 공매예정가격 \|<br><br>② 체납자의 배우자의 우선매수권: 체납자의 배우자는 압류된 공매재산이 부부공유의 동산 또는 유가증권인 경우 위 ①을 준용하여 공매재산을 우선매수하겠다는 신청을 할 수 있음<br>③ 매각결정: 관할 세무서장은 위 ① 또는 ②의 우선매수 신청이 있는 경우 그 공유자 또는 체납자의 배우자에게 매각결정을 해야 함<br>④ 다수의 공유자의 우선매수 신청: 관할 세무서장은 여러 사람의 공유자가 우선매수 신청을 하고 위 ③의 절차를 마친 경우 공유자 간의 특별한 협의가 없으면 공유지분의 비율에 따라 공매재산을 매수하게 함<br>⑤ 매수대금 미납: 관할 세무서장은 매각결정 후 매수인이 매수대금을 납부하지 않은 경우 최고가 매수신청인에게 다시 매각결정을 할 수 있음 |
| 매수인의 제한 | ① 다음에 해당하는 자는 자기 또는 제3자의 명의나 계산으로 압류재산을 매수하지 못함<br>  ㉠ 체납자<br>  ㉡ 세무공무원<br>  ㉢ 매각 부동산을 평가한 감정평가법인 등<br>② 공매재산의 매수신청인이 매각결정기일(매각결정기일이 연기된 경우 연기된 매각결정기일) 전까지 공매재산의 매수인이 되기 위하여 다른 법령에 따라 갖추어야 하는 자격을 갖추지 못한 경우에는 공매재산을 매수하지 못함 |
| 공매참가의 제한 | 관할 세무서장은 다음에 해당한다고 인정되는 사실이 있는 자에 대해서는 그 사실이 있은 후 2년간 공매장소 출입을 제한하거나 입찰에 참가시키지 아니할 수 있음. 그 사실이 있은 후 2년이 지나지 아니한 자를 사용인이나 그 밖의 종업원으로 사용한 자와 이러한 자를 입찰 대리인으로 한 자에 대해서도 또한 같음<br>  ① 입찰을 하려는 자의 공매참가, 최고가 매수신청인의 결정 또는 매수인의 매수 대금 납부를 방해한 사실<br>  ② 공매에서 부당하게 가격을 낮출 목적으로 담합한 사실<br>  ③ 거짓 명의로 매수신청을 한 사실 |

## ❸ 공매의 실시  중요도 ★★☆

### 3.1 입찰서 제출과 개찰

| | |
|---|---|
| 입찰서 제출 | 공매를 입찰의 방법으로 하는 경우 공매재산의 매수신청인은 그 성명·주소, 매수하려는 재산의 명칭, 매수신청가격, 공매보증, 그 밖에 필요한 사항을 입찰서에 적어 개찰이 시작되기 전에 공매를 집행하는 공무원에게 제출해야 함 |
| 개찰 | 공매를 집행하는 공무원이 공개적으로 각각 적힌 매수신청가격을 불러 입찰조서에 기록하는 방법으로 개찰함 |
| 결정 | 공매를 집행하는 공무원은 최고가 매수신청인을 정함. 이 경우 최고가 매수신청가격이 둘 이상이면 즉시 추첨으로 최고가 매수신청인을 정함<br>→ 해당 매수신청인 중 출석하지 아니한 자 또는 추첨을 하지 아니한 자가 있는 경우 입찰 사무와 관계없는 공무원으로 하여금 대신하여 추첨하게 할 수 있음 |
| 재입찰 | 공매를 집행하는 공무원은 공매예정가격 이상으로 매수신청한 자가 없는 경우 즉시 그 장소에서 재입찰을 실시할 수 있음<br>→ 재입찰을 실시한 경우에는 최초의 공매예정가격을 줄이지 않음 |

### 3.2 매수대금의 차액납부

| | |
|---|---|
| 신청 대상 | 공매재산에 대하여 저당권이나 대항력 있는 임차권 등을 가진 매수신청인으로서 법령으로 정하는 자는 매각결정기일 전까지 관할 세무서장에게 자신에게 배분될 금액을 제외한 금액을 매수대금으로 납부(차액납부)하겠다는 신청을 할 수 있음 |
| 결정 통지 | 신청을 받은 관할 세무서장은 그 신청인을 매수인으로 정하여 매각결정을 할 때 차액납부 허용 여부를 함께 결정하여 통지하여야 함 |
| 거부 사유 | 관할 세무서장은 차액납부 여부를 결정할 때 차액납부를 신청한 자가 다음의 어느 하나에 해당하는 경우 차액납부를 허용하지 아니할 수 있음<br>㉠ 배분요구의 종기까지 배분요구를 하지 아니하여 배분받을 자격이 없는 경우<br>㉡ 배분받으려는 채권이 압류 또는 가압류되어 지급이 금지된 경우<br>㉢ 배분순위에 비추어 실제로 배분받을 금액이 없는 경우<br>㉣ 기타 ㉠~㉢에 준하는 사유가 있는 경우 |
| 배분기일 결정 및 배분 | 관할 세무서장은 차액납부를 허용하기로 결정한 경우 그 결정일부터 30일 이내의 범위에서 배분기일을 정하여 배분하여야 함(30일 이내에 배분계산서를 작성하기 곤란한 경우 배분기일을 30일 이내의 범위에서 연기할 수 있음) |
| 납부 | 관할 세무서장은 차액납부를 허용하기로 결정한 경우에는 별도로 대금납부기한을 정하지 아니하며, 배분기일에 매수인에게 차액납부를 하게 하여야 함 |
| 이의제기 | 관할 세무서장으로부터 차액납부를 허용하는 결정을 받은 매수인은 그가 배분받아야 할 금액에 대하여 이의가 제기된 경우 이의가 제기된 금액을 배분기일에 납부하여야 함 |

### 3.3 차순위 매수신청

| | |
|---|---|
| 차순위 매수신청 | 최고가 매수신청인이 결정된 후 해당 최고가 매수신청인 외의 매수신청인은 매각결정기일 전까지 공매보증을 제공하고 다음의 사유로 매각결정이 취소되는 경우 최고가 매수신청가격에서 공매보증을 뺀 금액 이상의 가격으로 공매재산을 매수하겠다는 신청을 할 수 있음<br>① 매수인이 매수대금을 지정된 기한까지 납부하지 아니한 경우<br>② 매수인이 배분기일에 차액납부를 하지 아니하거나 이의가 제기된 금액을 납부하지 아니한 경우 |
| 둘 이상의 차순위 매수신청자 | 관할 세무서장은 차순위 매수신청자가 둘 이상인 경우 최고액의 매수신청인을 차순위 매수신청인으로 정하고, 최고액의 매수신청인이 둘 이상인 경우에는 추첨으로 차순위 매수신청인을 정함 |
| 차순위 매각 여부 | 관할 세무서장은 차순위 매수신청이 있는 경우 매각결정을 취소한 날부터 3일(토요일, 일요일, 공휴일 및 대체공휴일은 제외) 이내에 차순위 매수신청인을 매수인으로 정하여 매각결정을 할 것인지 여부를 결정해야 함 |
| 매각결정 불가사유 | 다음의 매각결정 불가사유가 있는 경우에는 차순위 매수신청인에게 매각결정을 할 수 없음<br>① 공유자·배우자의 우선매수 신청이 있는 경우<br>② 차순위 매수신청인이 매수인의 제한 또는 공매참가의 제한을 받는 자에 해당하는 경우<br>③ 매각결정 전에 공매 취소·정지 사유가 있는 경우<br>④ 그 밖에 매각결정을 할 수 없는 중대한 사실이 있다고 관할 세무서장이 인정하는 경우 |

### 3.4 매각결정과 대금납부기한 등

| | |
|---|---|
| 매각결정 | ① 관할 세무서장은 위 매각결정 불가사유가 없으면 매각결정기일에 최고가 매수신청인을 매수인으로 정하여 매각결정을 해야 함 → 매각결정의 효력은 매각결정기일에 매각결정을 한 때에 발생함<br>② 최고가 매수신청인이 공매재산의 매수인이 되기 위하여 다른 법령에 따라 갖추어야 하는 자격을 갖추지 못한 경우에는 매각결정기일을 1회에 한정하여 당초 매각결정기일부터 10일 이내의 범위에서 연기할 수 있음 |
| 매각결정 통지 | 관할 세무서장은 매각결정을 한 경우 매수인에게 대금납부기한을 정하여 매각결정 통지서를 발급해야 함. 단, 권리 이전에 등기 또는 등록이 필요 없는 재산의 매수대금을 즉시 납부시킬 경우에는 구두로 통지할 수 있음 |
| 대금납부 기한 | 대금납부기한은 매각결정을 한 날부터 7일 이내로 함. 단, 관할 세무서장이 필요하다고 인정하는 경우에는 그 대금납부기한을 30일의 범위에서 연장할 수 있음 |

### 3.5 매수대금 납부의 촉구

| | |
|---|---|
| 납부의 촉구 | 관할 세무서장은 매수인이 매수대금을 지정된 대금납부기한까지 납부하지 아니한 경우 다시 대금납부기한을 지정하여 납부를 촉구해야 함 |

### 3.6 매각결정의 취소

| | |
|---|---|
| 체납액의 납부 | 매각결정을 한 후 매수인이 매수대금을 납부하기 전에 체납자가 압류와 관련된 체납액을 납부하고 매수인의 동의를 받아 매각결정의 취소를 신청하는 경우 압류재산의 매각결정을 취소하고 그 사실을 매수인에게 통지해야 함 → 이 경우 관할 세무서장은 공매공고의 등기 또는 등록을 말소할 것을 관할 등기소 등에 촉탁해야 함 |
| 매수대금의 미납 | 납부를 촉구하여도 매수인이 매수대금을 지정된 기한까지 납부하지 아니한 경우 압류재산의 매각결정을 취소하고 그 사실을 매수인에게 통지해야 함 |
| 차액납부의 미납 | 매수인이 배분기일에 차액납부를 하지 아니하거나 이의가 제기된 금액을 납부하지 아니한 경우 압류재산의 매각결정을 취소하고 그 사실을 매수인에게 통지하여야 함 |

### 3.7 재공매

| | |
|---|---|
| 재공매 사유 | 다음에 해당하는 경우 관할 세무서장은 재공매를 함<br>① 재산을 공매하여도 매수신청인이 없거나 매수신청가격이 공매예정가격 미만인 경우<br>② 납부를 촉구하여도 매수인이 매수대금을 지정된 기한까지 납부하지 않아 매각결정을 취소한 경우<br>③ 매수인이 배분기일에 차액납부를 하지 아니하거나 이의가 제기된 금액을 납부하지 아니한 경우 |
| 재공매 가격 | 관할 세무서장은 재공매를 할 때마다 최초의 공매예정가격의 100분의 10에 해당하는 금액을 차례로 줄여 공매하며, 최초의 공매예정가격의 50%에 해당하는 금액까지 차례로 줄여 공매해도 매각되지 아니할 때에는 새로 공매예정가격을 정하여 재공매를 할 수 있음. 단, 공매예정가격 이상으로 매수신청한 자가 없어 즉시 그 장소에서 재입찰을 실시한 경우에는 최초의 공매예정가격을 줄이지 않음 |
| 재공매 공고 | 재공매의 경우에는 공매공고 기간을 5일까지 단축할 수 있음 |

### 3.8 공매의 취소 및 정지

| | |
|---|---|
| 공매의 취소 | 다음에 해당하는 경우 관할 세무서장은 공매를 취소해야 함<br>① 해당 재산의 압류를 해제한 경우<br>② 관할 세무서장이 직권으로 공매대행 의뢰를 해제한 경우<br>③ 한국자산관리공사가 공매대행 의뢰를 해제한 경우 |
| 취소 공고 | 관할 세무서장은 매각결정기일 전에 공매를 취소한 경우 공매취소 사실을 공고해야 하며 공매공고의 등기 또는 등록을 말소할 것을 관할 등기소 등에 촉탁해야 함 |
| 공매의 정지 | 다음에 해당하는 경우 관할 세무서장은 공매를 정지해야 함<br>① 압류 또는 매각을 유예한 경우<br>② 「국세기본법」 또는 「행정소송법」에 따라 강제징수에 대한 집행정지의 결정이 있는 경우 |
| 공매 속행 | 위 정지 사유가 소멸되어 공매를 계속할 필요가 있다고 인정하는 경우 즉시 공매를 속행해야 함 |

## ❹ 매수대금의 납부와 권리의 이전   중요도 ★★☆

### 4.1 공매보증과 매수대금의 납부

| 금전 | 매수인이 공매보증으로 금전을 제공한 경우 그 금전은 매수대금으로서 납부된 것으로 봄 |
|---|---|
| 국공채 | 관할 세무서장은 매수인이 공매보증으로 국공채 등을 제공한 경우 그 국공채 등을 현금화하여야 함. 이 경우 그 현금화에 사용된 비용을 뺀 금액은 공매보증 금액을 한도로 매수대금으로서 납부된 것으로 봄<br><br>If 현금화에 사용된 비용을 뺀 금액 < 공매보증 금액 → [다시 대금납부기한을 정하여 매수인에게 그 부족액을 납부하게 함]<br><br>If 현금화에 사용된 비용을 뺀 금액 > 공매보증 금액 → 그 차액을 매수인에게 반환해야 함 |

### 4.2 매수대금 납부의 효과

| 매수인 | 매수인은 매수대금을 완납한 때에 공매재산을 취득함 |
|---|---|
| 체납자 | 관할 세무서장이 매수대금을 수령한 때에는 체납자로부터 매수대금만큼의 체납액을 징수한 것으로 봄 |

### 4.3 공매재산에 설정된 제한물권 등의 소멸과 인수 등

| 질권·저당권 및 가등기담보권 | 공매재산에 설정된 모든 질권·저당권 및 가등기담보권은 매각으로 소멸됨 |
|---|---|
| 지상권·지역권·전세권 및 등기된 임차권 | 지상권·지역권·전세권 및 등기된 임차권 등은 압류채권(압류와 관계되는 국세를 포함)·가압류채권 및 소멸하는 담보물권에 대항할 수 없는 경우 매각으로 소멸됨. 이 외의 경우는 지상권·지역권·전세권 및 등기된 임차권 등은 매수인이 인수함. 단, 전세권자가 배분요구를 한 전세권의 경우에는 매각으로 소멸됨 |
| 유치권 | 매수인은 유치권자에게 그 유치권으로 담보되는 채권을 변제할 책임이 있음 |

### 4.4 매각재산의 권리이전 절차

| 권리이전 절차 | 관할 세무서장은 매각재산에 대하여 체납자가 권리이전의 절차를 밟지 아니한 경우 체납자를 대신하여 그 절차를 밟음 |
|---|---|

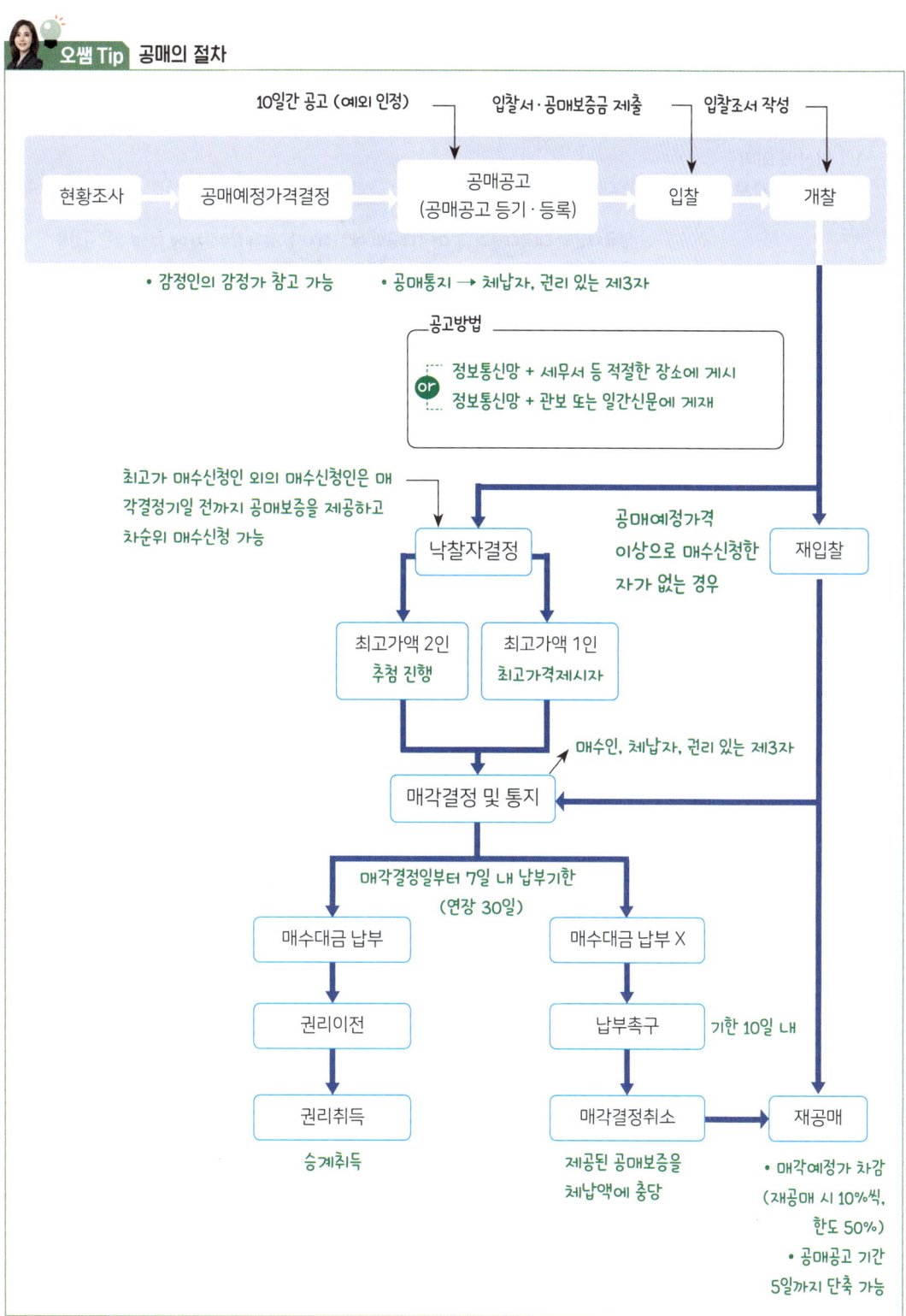

## 4 청산

### ❶ 배분범위 및 배분방법  중요도 ★☆☆

#### 1.1 청산의 의미
: 강제징수절차로 취득한 금전에 대하여 조세채권 등에 배분할 금액을 확정시키는 행정절차로 강제징수절차의 마지막 단계

> 압류재산의 매각대금과 그 매각대금의 예치이자 등 강제징수절차에 의해 얻은 금전을 국세 및 강제징수비와 기타채권에 배분하는 절차

#### 1.2 배분금전의 범위와 배분방법
##### 1.2.1 배분대상 금전별 배분방법

| 배분대상 금전 | 배분방법 |
|---|---|
| 압류한 금전 | 압류재산과 관계되는 체납액에 배분 |
| 교부청구에 따라 받은 금전 | 교부청구와 관계되는 체납액에 배분 |
| 채권·유가증권·그 밖의 재산권의 압류에 따라 체납자 또는 제3채무자로부터 받은 금전 | 해당 금전은 다음의 체납액과 채권에 배분함 ① 압류재산과 관계되는 체납액 ② 교부청구를 받은 체납액·지방세 또는 공과금 ③ 압류재산과 관계되는 전세권·질권·저당권·가등기담보권에 의해 담보된 채권 ④ 우선변제권이 있는 임차보증금 반환채권 ⑤ 우선변제권이 있는 임금, 퇴직금, 재해보상금 및 그 밖에 근로관계로 인한 채권 ⑥ 압류재산과 관계되는 가압류채권 ⑦ 집행문이 있는 판결정본에 의한 채권 |
| 압류재산의 매각대금 및 그 매각대금의 예치 이자 | |

> 배분요구의 종기까지 배분요구를 해야 하는 채권의 경우에는 배분요구를 한 채권에 대해서만 배분함

##### 1.2.2 상황별 배분방법

| 배분 후 잔액 | 관할 세무서장은 금전을 배분하고 남은 금액이 있는 경우 체납자에게 지급함 |
|---|---|
| 매각대금 부족 | 관할 세무서장은 매각대금이 체납액 및 채권의 총액보다 적은 경우 「민법」이나 그 밖의 법령에 따라 배분할 순위와 금액을 정하여 배분해야 함 |
| 잘못된 배분 | 국세보다 우선하는 채권이 있음에도 불구하고 배분 순위의 착오나 부당한 교부청구 또는 그 외에 준하는 사유로 체납액에 먼저 배분한 경우 관할 세무서장은 그 배분한 금액을 국세보다 우선하는 채권의 채권자에게 국세환급금 환급의 예에 따라 지급함 |

#### 1.3 국가 또는 지방자치단체의 재산에 관한 권리의 매각대금의 배분

| 순서 | 국가·지방자치단체의 재산에 관한 체납자의 권리를 압류·매각한 경우 다음 순서에 따라 매각대금을 배분함<br>국가 또는 지방자치단체가 체납자로부터 지급받지 못한 매각대금 ➡ 체납액 |
|---|---|
| 배분 후 잔액 | 관할 세무서장은 배분하고 남은 금액은 체납자에게 지급함 |

### 1.4 배분기일의 지정

| 배분기일 지정 | 관할 세무서장은 금전을 배분하려면 체납자, 제3채무자 또는 매수인으로부터 해당 금전을 받은 날부터 30일 이내에서 배분기일을 정하여 배분해야 함 |
|---|---|
| 배분기일 연기 | 30일 이내에 배분계산서를 작성하기 곤란한 경우에는 배분기일을 30일 이내에서 연기할 수 있음 |
| 통지 | ① 원칙: 관할 세무서장은 배분기일을 정한 경우 체납자 등(체납자, 채권신고대상채권자 및 배분요구를 한 채권자)에게 그 사실을 통지해야 함<br>② 예외: 체납자 등이 외국에 있거나 있는 곳이 분명하지 아니한 경우 통지하지 아니할 수 있음 |

## ❷ 배분계산서    중요도 ★☆☆

### 2.1 배분계산서의 작성

| 작성 | 관할 세무서장은 금전을 배분하는 경우 배분계산서 원안을 작성하고, 이를 배분기일 7일 전까지 갖추어야 함 |
|---|---|
| 열람 및 복사 | 체납자 등은 관할 세무서장에게 교부청구서, 감정평가서, 채권신고서, 배분요구서, 배분계산서 원안 등 배분금액 산정의 근거가 되는 서류의 열람 또는 복사를 신청할 수 있음<br>→ 열람·복사의 신청을 받은 경우 관할 세무서장은 이에 따라야 함 |

### 2.2 배분계산서에 대한 이의제기

| 출석한 체납자 | 배분기일에 출석한 체납자 등은 배분기일이 끝나기 전까지 자기의 채권과 관계되는 범위에서 배분계산서 원안에 기재된 다른 채권자의 채권 또는 채권의 순위에 대하여 이의제기를 할 수 있음 |
|---|---|
| 결석한 체납자 | 체납자는 배분기일에 출석하지 아니한 경우에도 배분계산서 원안이 갖추어진 이후부터 배분기일이 끝나기 전까지 문서로 이의제기를 할 수 있음 |
| 배분 | 관할 세무서장은 다음의 구분에 따라 배분계산서를 확정하여 배분을 실시하고, 확정되지 아니한 부분에 대해서는 배분을 유보함<br><br>배분 ─ 이의제기가 있는 경우: <table><tr><th>이의제기가 정당하다고 관할 세무서장이 인정</th><th>배분계산서 원안과 다른 내용으로 체납자 등이 한 합의가 있는 경우</th><th>확정 내용</th></tr><tr><td>O</td><td>X</td><td rowspan="2">인정된 이의제기의 내용 또는 합의에 따라 배분계산서를 수정하여 확정</td></tr><tr><td>X</td><td>O</td></tr><tr><td>X</td><td>X</td><td>배분계산서 중 이의제기가 없는 부분에 한정하여 확정</td></tr></table><br>─ 이의제기가 없는 경우: 배분계산서 원안대로 확정 |
| 동의 간주 | 배분기일에 출석하지 아니한 채권자는 배분계산서 원안과 같이 배분을 실시하는 데에 동의한 것으로 보고, 그가 다른 체납자 등이 제기한 이의에 관계된 경우 그 이의제기에 동의하지 아니한 것으로 봄 |
| 취하 간주 | 배분계산서 중 이의제기가 있어 확정되지 아니한 부분이 있는 경우 이의를 제기한 체납자 등이 관할 세무서장의 배분계산서 작성에 관하여 심판청구 등을 한 사실을 증명하는 서류를 배분기일부터 1주일 이내에 제출하지 아니하면 이의제기가 취하된 것으로 봄 |

## ❸ 배분금전의 예탁 및 배분  중요도 ★☆☆

### 3.1 배분금전의 예탁

| 사유 | 다음에 해당하는 사유가 있는 경우 관할 세무서장은 그 채권에 관계되는 배분금전을 「한국은행법」에 따른 한국은행(국고대리점을 포함)에 예탁해야 함<br>① 채권에 정지조건 또는 불확정기한이 붙어 있는 경우<br>② 가압류채권자의 채권인 경우<br>③ 체납자 등이 배분계산서 작성에 대하여 심판청구 등을 한 사실을 증명하는 서류를 제출한 경우<br>④ 그 밖의 사유로 배분금전을 체납자 등에게 지급하지 못한 경우 |
|---|---|
| 통지 | 관할 세무서장은 예탁한 경우 그 사실을 체납자 등에게 통지해야 함 |

### 3.2 예탁금에 대한 배분의 실시

| 추가 배분 | 관할 세무서장은 배분금전을 예탁한 후 다음에 해당하는 사유가 있는 경우 예탁금을 당초 배분받을 체납자 등에게 지급하거나 배분계산서 원안을 변경하여 예탁금에 대한 추가 배분을 실시해야 함<br>① 배분계산서 작성에 관한 심판청구 등의 결정·판결이 확정된 경우<br>② 그 밖에 예탁의 사유가 소멸한 경우 |
|---|---|
| 배분계산서 변경 | 관할 세무서장은 예탁금의 추가 배분을 실시하려는 경우 당초의 배분계산서에 대하여 이의를 제기하지 아니한 체납자 등을 위해서도 배분계산서를 변경해야 함 |
| 이의제기 | 체납자 등은 추가 배분기일에 배분계산서에 대한 이의를 제기할 경우 종전의 배분기일에서 주장할 수 없었던 사유만을 주장할 수 있음 |

## 5 기타

### ❶ 공매 등의 대행  중요도 ★★☆

#### 1.1 개요

| | |
|---|---|
| 공매 등의 대행 위탁 | 관할 세무서장은 다음의 공매 등에 전문지식이 필요하거나 그 밖에 직접 공매 등을 하기에 적당하지 않다고 인정되는 경우 한국자산관리공사에 공매 등을 대행하게 할 수 있음. 이 경우 공매 등은 관할 세무서장이 한 것으로 봄<br>① 공매<br>② 수의계약<br>③ 매각재산의 권리이전<br>④ 금전의 배분 |
| 수수료 지급 | 관할 세무서장은 한국자산관리공사가 공매 등을 대행하는 경우 법에서 정한 수수료를 지급할 수 있음 |
| 세무공무원으로 간주 | 한국자산관리공사가 업무를 대행하는 경우 한국자산관리공사의 직원은 「형법」이나 그 밖의 법률에 따른 벌칙을 적용할 때 세무공무원으로 봄 |
| 약식감정 의뢰 | 관할 세무서장은 필요한 경우 공매대행을 의뢰하기 전에 해당 압류재산의 공매를 통한 매각의 적절성 등에 관하여 한국자산관리공사에 분석을 의뢰할 수 있음 |
| 가족관계등록 전산정보의 공동이용 | 관할 세무서장(한국자산관리공사가 공매를 대행하는 경우에는 한국자산관리공사)은 공매를 위하여 필요한 경우 법에 따른 전산정보자료를 공동이용(「개인정보 보호법」에 따른 처리를 포함)할 수 있음 |

#### 1.2 전문매각기관의 매각 관련 사실행위의 대행 등

| | |
|---|---|
| 예술품 등에 대한 사실행위 | 관할 세무서장은 압류한 재산이 예술품 등(예술적·역사적 가치가 있어 가격을 일률적으로 책정하기 어렵고, 그 매각에 전문적인 식견이 필요하여 직접 매각을 하기에 적당하지 아니한 물품)인 경우 직권이나 납세자의 신청에 따라 전문매각기관을 선정하여 예술품 등의 감정, 매각기일·기간의 진행 등 매각에 관련된 사실행위를 대행하게 할 수 있음 |
| 전문매각기관 선정요건 | 국세청장은 다음 각각의 요건을 모두 충족하는 기관 중에서 전문매각기관으로 선정될 수 있는 대상 기관을 지정하여 관보 및 국세청 홈페이지에 공고해야 함<br>① 공고일이 속하는 연도의 직전 2년 동안 예술품 등을 경매를 통하여 매각한 횟수가 연평균 10회 이상일 것<br>② 정보통신망을 이용해서 예술품 등의 매각이 가능할 것 |
| 매각 대행기간 | 지정된 기관이 전문매각기관으로 선정되어 매각 관련 사실행위를 대행할 수 있는 기간은 국세청장이 공고한 날부터 2년으로 함 |
| 전문매각기관에 담보제공 요구 | 관할 세무서장은 전문매각기관에 예술품 등에 대한 매각 관련 사실행위의 대행을 의뢰하는 경우 의뢰하는 예술품 등의 감정가액에 상응하는 담보의 제공을 전문매각기관에 요구할 수 있음 |

| | |
|---|---|
| 전문매각기관 지정 취소 | 국세청장은 다음 중 어느 하나에 해당하는 경우 지정을 취소할 수 있음 → 이 경우 그 사실을 관보 및 국세청 홈페이지에 공고해야 함<br>① 해당 기관의 부도, 파산, 휴업·폐업, 공고 당시의 시설·자본금 등의 변동 등으로 예술품 등에 대한 매각 관련 사실행위의 대행이 곤란하다고 인정되는 경우<br>② 해당 기관 또는 그 대표자가 고액·상습체납자로 명단이 공개되거나 「조세범처벌법」에 따라 벌금 이상의 형을 선고받은 경우<br>③ 해당 기관의 임직원이 예술품 등에 대한 매각 관련 사실행위의 대행과 관련하여 「형법」상의 죄로 벌금 이상의 형을 선고받은 경우<br>④ 해당 기관 또는 그 대표자가 사회적 물의를 일으키거나 그 밖에 이에 준하는 사유가 있어 해당 기관의 예술품 등에 대한 매각 관련 사실행위의 대행이 적절하지 않다고 인정되는 경우 |
| 전문매각기관의 매수 금지 | 선정된 전문매각기관 및 전문매각기관의 임직원은 직접적으로든 간접적으로든 매각 관련 사실행위 대행의 대상인 예술품 등을 매수하지 못함 |
| 수수료 지급 | 관할 세무서장은 전문매각기관이 매각 관련 사실행위를 대행하는 경우 예술품 등에 대한 매각 관련 사실행위의 대행에 드는 실제 비용을 고려하여 법에서 정한 수수료를 지급할 수 있음 |
| 공무원으로 간주 | 전문매각기관이 매각 관련 사실행위를 대행하는 경우 전문매각기관의 임직원은 「형법」 규정을 적용할 때에는 공무원으로 봄 |

## ❷ 압류·매각의 유예   중요도 ★★★

| | |
|---|---|
| 의미 | 독촉에 의한 납부기한이 경과한 국세에 대하여 일정한 요건을 충족한 경우 압류나 매각을 일시 유예함으로써 납세자에게 기한의 이익을 주는 제도 |
| 요건 | 관할 세무서장은 체납자가 다음에 해당하는 경우 체납자의 신청 또는 직권으로 그 체납액에 대하여 강제징수에 따른 재산의 압류 또는 압류재산의 매각을 유예할 수 있음<br>① 국세청장이 성실납세자로 인정하는 기준에 해당하는 경우<br>② 재산의 압류나 압류재산의 매각을 유예함으로써 체납자가 사업을 정상적으로 운영할 수 있게 되어 체납액의 징수가 가능하게 될 것이라고 관할 세무서장이 인정하는 경우 |
| 유예기간 | ① 원칙: 압류 또는 매각의 유예의 기간은 그 유예한 날의 다음 날부터 1년 이내<br>② 예외: 특별재난지역*·고용재난지역 등에 소재한 중소기업에 해당하는 자가 소득세, 법인세, 부가가치세 및 이에 부가되는 세목에 대한 압류 또는 매각의 유예를 신청하는 경우 유예한 날의 다음 날부터 2년 이내로 정할 수 있음<br>③ 분할징수: 관할 세무서장은 압류 또는 매각이 유예된 체납세액을 압류 또는 매각의 유예기간 동안 분할하여 징수할 수 있음 |
| 담보제공 요구 | ① 원칙: 관할 세무서장은 재산의 압류를 유예하거나 압류를 해제하는 경우 그에 상당하는 납세담보의 제공을 요구할 수 있음<br>② 예외: 성실납세자가 체납세액 납부계획서를 제출하고 국세체납정리위원회가 체납세액 납부계획의 타당성을 인정하는 경우에는 납세담보의 제공을 요구하지 아니함 |
| 압류 해제 | 관할 세무서장은 압류나 매각을 유예하는 경우 필요하다고 인정하면 이미 압류한 재산의 압류를 해제할 수 있음 |
| 효력 | ① 압류 또는 매각이 유예됨<br>② 납세증명서 발급이 가능함<br>③ 체납자료를 제공하지 않음<br>④ 소멸시효가 정지됨 |

| | |
|---|---|
| 납부고지의 유예 준용 | 압류·매각의 유예 취소와 체납액의 일시징수에 관하여는 납부고지의 유예 취소와 일시징수 규정을 준용함 |

* 관할 세무서장은 특별재난지역의 경우 다음에 해당하는 자에 대해서도 압류 또는 매각의 유예를 적용할 수 있음 NEW

  ㉠ 「소득세법」에 따른 사업자(「조세특례제한법 시행령」에 따른 중소기업에 해당하는 사업자로 한정)로서 특별재난지역 선포의 사유가 된 재난으로 인해 신체에 피해를 입은 사람
  ㉡ 특별재난지역 선포의 사유가 된 재난으로 인해 사망한 피해사업자가 경영하던 사업장을 상속받은 상속인

### 오쌤 Tip 납부고지의 유예와 압류·매각의 유예의 비교

| 구분 | 납부고지의 유예 | 압류·매각의 유예 |
|---|---|---|
| 시기 | 납부기한이 경과하기 전 | 납부기한이 경과한 후 |
| 방법 | 체납자의 신청 또는 관할 세무서장의 직권 | |
| 담보제공 여부 | 담보제공을 요구할 수 있음 | |
| 유예기간 | ① 유예한 날의 다음 날부터 9개월 이내<br>② 고용재난지역 등에 사업장을 가진 자에 대한 특례규정이 적용되는 경우 2년 이내 | ① 유예한 날의 다음 날부터 1년 이내<br>② 고용재난지역 등에 소재한 중소기업 특례규정이 적용되는 경우 2년 이내 |

## ❸ 국세체납정리위원회  중요도 ★☆☆

| | |
|---|---|
| 설치 | 국세의 체납정리에 관한 사항을 심의하기 위하여 지방국세청과 1급지 세무서에 국세체납정리위원회를 둠 |
| 위원의 자격 | 국세체납정리위원회의 위원은 관계 공무원과 법률·회계 또는 경제에 관하여 자격을 보유하고 있거나 학식과 경험이 풍부한 사람 중에서 다음의 구분에 따른 사람이 됨<br>① 지방국세청에 두는 국세체납정리위원회: 지방국세청장이 임명 또는 위촉하는 사람<br>② 세무서에 두는 국세체납정리위원회: 세무서장이 임명 또는 위촉하는 사람 |
| 공무원으로 간주 | 국세체납정리위원회의 위원 중 공무원이 아닌 위원은 「형법」을 적용할 때 공무원으로 봄 |

**오쌤 Tip** 위원회 정리

| 구분 | 내용 |
|---|---|
| 국세예규 심사위원회 | 세법 해석을 위하여 기획재정부에 국세예규심사위원회를 둠 (link-세법1 p.49) |
| 국회 소관 상임위원회 | ① 기획재정부장관은 수립한 중장기 조세정책운용계획을 보고 (link-세법1 p.52)<br>② 국회 소관 상임위원회가 의결로 세법의 제정법률안·개정법률안, 세입예산안의 심사 및 국정감사, 그 밖의 의정활동에 필요한 통계자료를 국세청장에게 요구 (link-세법1 p.174)<br>③ 국회 소관 상임위원회가 의결로 국세의 부과·징수·감면 등에 관한 자료를 국세청장에게 요구 (link-세법1 p.174) |
| 평가심의 위원회 | 법정신고기한 이후 매매, 감정, 수용, 경매, 공매가 있는 때에 평가심의위원회의 심의에 따라 상속재산 또는 증여재산을 평가하여 과세표준과 세액을 결정·경정 (link-세법1 p.112) |
| 조세심판관회의 | 조세심판원장이 심판청구를 받으면 그 청구를 받은 날부터 90일 이내에 조세심판관회의가 심리를 거쳐 결정 (link-세법1 p.141) |
| 조세심판관 합동회의 | 심판청구가 중대한 사안인 경우 조세심판관합동회의가 심리를 거쳐 결정 (link-세법1 p.142) |
| 국세심사위원회 | ① 이의신청을 받은 세무서장과 지방국세청장은 각각 국세심사위원회의 심의를 거쳐 결정 (link-세법1 p.130)<br>② 국세청장은 심사청구를 받으면 그 청구를 받은 날부터 90일 이내에 국세심사위원회의 의결에 따라 결정 (link-세법1 p.137)<br>③ 과세전적부심사청구를 받은 세무서장·지방국세청장 또는 국세청장은 각각 국세심사위원회의 심사를 거쳐 결정 (link-세법1 p.162) |
| 납세자보호위원회 | ① 세무서 및 지방국세청 납세자보호위원회는 다음의 사항을 심의함 (link-세법1 p.163)<br>  ㉠ 중소규모납세자 외의 납세자에 대한 세무조사 기간의 연장<br>  ㉡ 중소규모납세자 외의 납세자에 대한 세무조사 범위의 확대<br>  ㉢ 세무조사 기간 연장 및 세무조사 범위 확대에 대한 중소규모납세자의 세무조사 일시중지 및 중지 요청<br>  ㉣ 위법·부당한 세무조사 및 세무조사 중 세무공무원의 위법·부당한 행위에 대한 납세자의 세무조사 일시중지 및 중지 요청<br>  ㉤ 세무조사 시 장부 등의 일시 보관 기간 연장<br>  ㉥ 그 밖에 납세자의 권리보호를 위하여 납세자보호담당관이 심의가 필요하다고 인정하는 안건<br>② 국세청 납세자보호위원회는 다음의 사항을 심의함 (link-세법1 p.164)<br>  Ⓐ 위 ㉠~㉣의 사항에 대하여 세무서 납세자보호위원회 또는 지방국세청 납세자보호위원회의 심의를 거친 세무서장 또는 지방국세청장의 결정에 대한 납세자의 취소 또는 변경 요청<br>  Ⓑ 그 밖에 납세자의 권리보호를 위한 국세행정의 제도 및 절차 개선 등으로서 납세자보호위원회의 위원장 또는 납세자보호관이 심의가 필요하다고 인정하는 사항 |

| | |
|---|---|
| 국세정보위원회 | ① 불성실기부금수령단체, 조세포탈범, 해외금융계좌 신고의무위반자, 또는 세금계산서발급의무등위반자, 고액·상습체납자의 인적사항, 국세추징명세, 포탈세액, 신고의무 위반금액, 부정 기재한 공급가액 등의 합계액 등에 대한 공개 여부를 심의 (link-세법1 p.172)<br>② 명단 공개 여부 재심의 (link-세법1 p.172)<br>③ 국세청장은 통계자료를 국세정보위원회의 심의를 거쳐 일반 국민에게 정기적으로 공개 (link-세법1 p.173)<br>④ 「국세징수법」에 따른 납세자에 대한 감치 필요성을 의결 (link-세법1 p.192) |
| 징계위원회 | ① 세무공무원이 그 직무와 관련하여 금품을 수수하였을 때에 그 금품 수수액의 5배 이내의 징계부가금 부과 의결 (link-세법1 p.175)<br>② 징계부가금 감면 의결 (link-세법1 p.175) |
| 국세체납<br>정리위원회 | ① 압류의 해제를 심의 (link-세법1 p.232)<br>② 성실납세자의 압류를 유예하거나 압류를 해제하는 경우로서 납세담보 제공 면제 여부 심의 (link-세법1 p.257) |

# 제4편

# 부가가치세법

01 총칙 및 보칙

02 과세거래

03 공급시기 및 공급장소

04 영세율과 면세

05 세금계산서와 영수증

06 과세표준

07 매입세액과 차가감납부세액의 계산

08 부가가치세 신고와 납부

09 겸영사업자의 안분계산

10 간이과세

# 01 총칙 및 보칙

제4편 부가가치세법

## 1 부가가치세의 기본이론

### ❶ 부가가치세의 의의와 목적  중요도 ★☆☆

> 사업자가 각 거래단계에서 새로 창출한 가치의 증가분으로서 각 단계에서 발생한 매출 총액에서 매입 총액을 차감한 금액

| 의의 | 재화나 용역 등을 생산하고 유통하는 과정에서 사업자가 창출한 부가가치에 대해 부과되는 조세 |
|---|---|
| 목적 | 부가가치세의 과세 요건 및 절차를 규정함으로써 부가가치세의 공정한 과세, 납세의무의 적정한 이행 확보 및 재정수입의 원활한 조달에 이바지함을 목적으로 함 |

### ❷ 우리나라 부가가치세의 특징  중요도 ★★☆

> [비교] 개별소비세나 주세도 간접세이지만 부가가치세와는 다르게 열거된 사항에 한정하여 특정한 재화나 용역의 소비행위에 대해서만 과세함

| 구분 | 내용 |
|---|---|
| 간접세 | 세금에 대한 납세의무를 지는 납세의무자와 그 세금을 실제로 부담하는 담세자가 다른 조세 |
| 일반소비세 | 원칙적으로 모든 재화나 용역의 소비행위에 대하여 과세 |
| 국세 및 지방세 | 차가감납부세액의 74.7%는 부가가치세(국세)로, 25.3%는 지방소비세(지방세) 과세 |
| 다단계 과세방식 | 재화나 용역에 대한 생산, 유통에 이르기까지 각 거래단계마다 창출한 부가가치에 대해 각각 과세 |
| 소비형 부가가치세 | 자본재에 대해서는 과세하지 않고 소비지출에 대해서만 계산하여 과세 |
| 전단계세액공제법 (전단계거래액공제법 아님 주의) | 매출세액에서 매입세액을 공제하여 납부세액을 계산하여 과세 → 세금계산서 등의 증빙을 통해 확인되는 매입세액만 공제 |
| 소비지국 과세원칙 | 국경세 조정방식 중 재화나 용역을 소비하는 국가에서 과세하는 조정방식 (한국 ↔ 외국: 수출 영세율 적용, 수입 과세) |
| 물세 | 납세의무자의 인적사항을 고려하지 않는 조세 |
| 사업장별 과세제도 | 원칙적으로 사업장별로 과세 (예외: 주사업장총괄납부, 사업자단위과세) |

## ❸ 용어의 정의

중요도 ★★☆

| 구분 | 내용 |
|---|---|
| 재화 | 재산 가치가 있는 물건 및 권리 |
| 용역 | 재화 외에 재산 가치가 있는 모든 역무와 그 밖의 행위 |
| 사업자 | 사업 목적이 영리이든 비영리이든 관계없이 사업상 독립적으로 재화 또는 용역을 공급하는 자 |
| 과세사업 | 부가가치세가 과세되는 재화 또는 용역을 공급하는 사업 |
| 면세사업 | 부가가치세가 면제되는 재화 또는 용역을 공급하는 사업 |
| 간이과세자 | 직전 연도의 재화와 용역의 공급에 대한 대가(부가가치세가 포함된 대가)의 합계액이 1억4백만원에 미달하는 사업자로서, 「부가가치세법」에서 따로 정하는 방법에 따라 간편한 절차로 부가가치세를 신고·납부하는 개인사업자 |
| 일반과세자 | 간이과세자가 아닌 사업자 |
| 비거주자 | 「소득세법」에 따른 비거주자 |
| 외국법인 | 「법인세법」에 따른 외국법인 |

→ 공급대가를 말함 ← 부가가치세가 포함되지 않은 공급가액과 헷갈리지 않도록 주의

**암기팁** ▶ 부가가치세가 포함되어 더 크므로 공급大가

「소득세법」 제1조의2 제1항 제2호 "비거주자"란 거주자가 아닌 개인을 말함

「법인세법」 제2조 제3호, 「법인세법 시행령」 제2조 제2항
"외국법인"이란 외국에 본점 또는 주사무소를 둔 단체(국내에 사업의 실질적 관리장소가 소재하지 아니하는 경우만 해당함)로서 설립된 국가의 법에 따라 법인격이 부여된 단체, 구성원이 유한책임사원으로만 구성된 단체, 구성원과 독립하여 자산을 소유하거나 소송의 당사자가 되는 등 직접 권리·의무의 주체가 되는 단체, 그 밖에 해당 외국단체와 동종 또는 유사한 국내의 단체가 「상법」 등 국내의 법률에 따른 법인인 경우의 그 외국단체 등에 해당하는 법인을 말함

## 2 납세의무자와 과세대상

### ❶ 납세의무자와 과세대상   중요도 ★★★

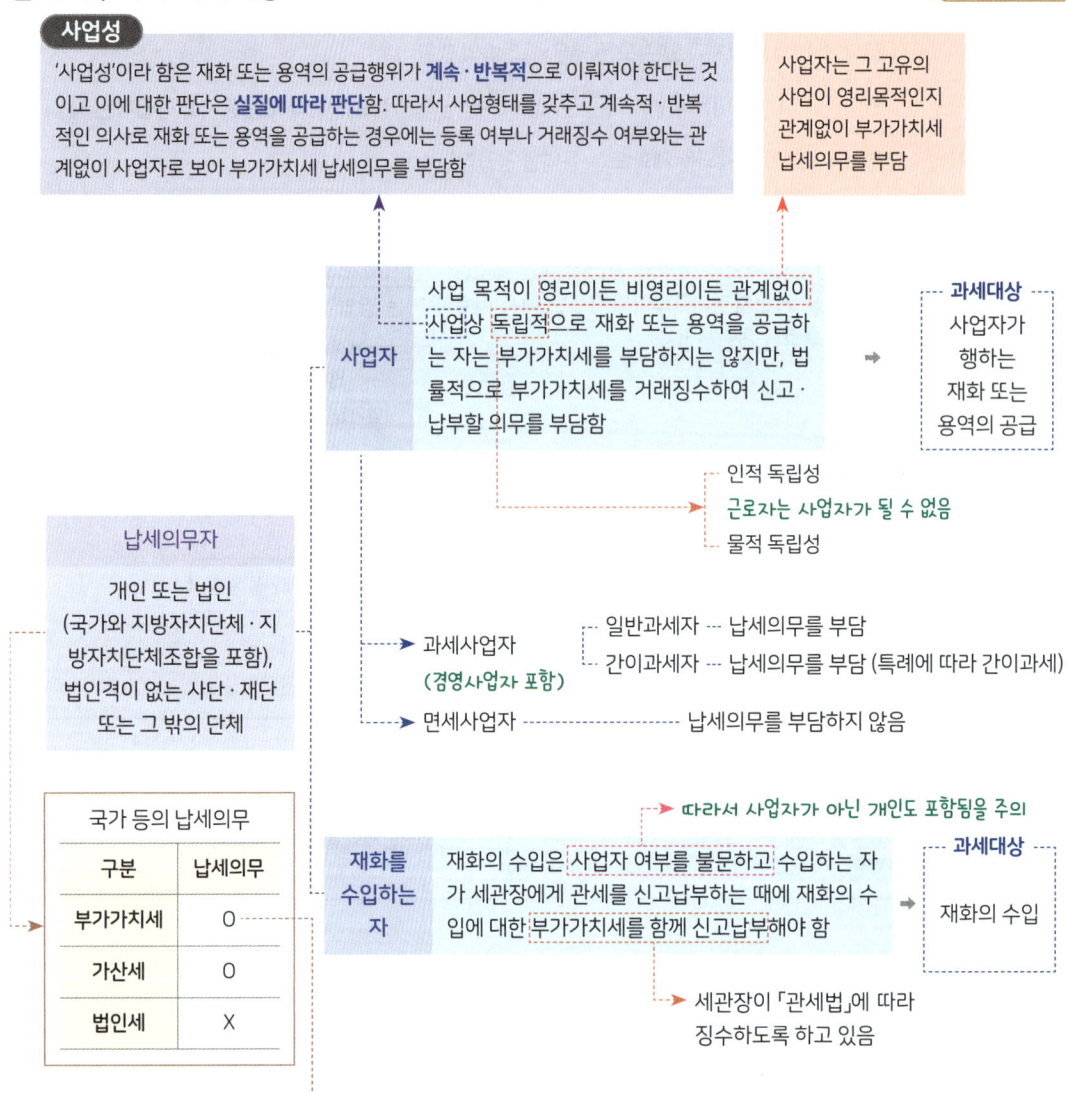

## ❷ 신탁 관련 수탁자의 부가가치세 납세의무  중요도 ★★★

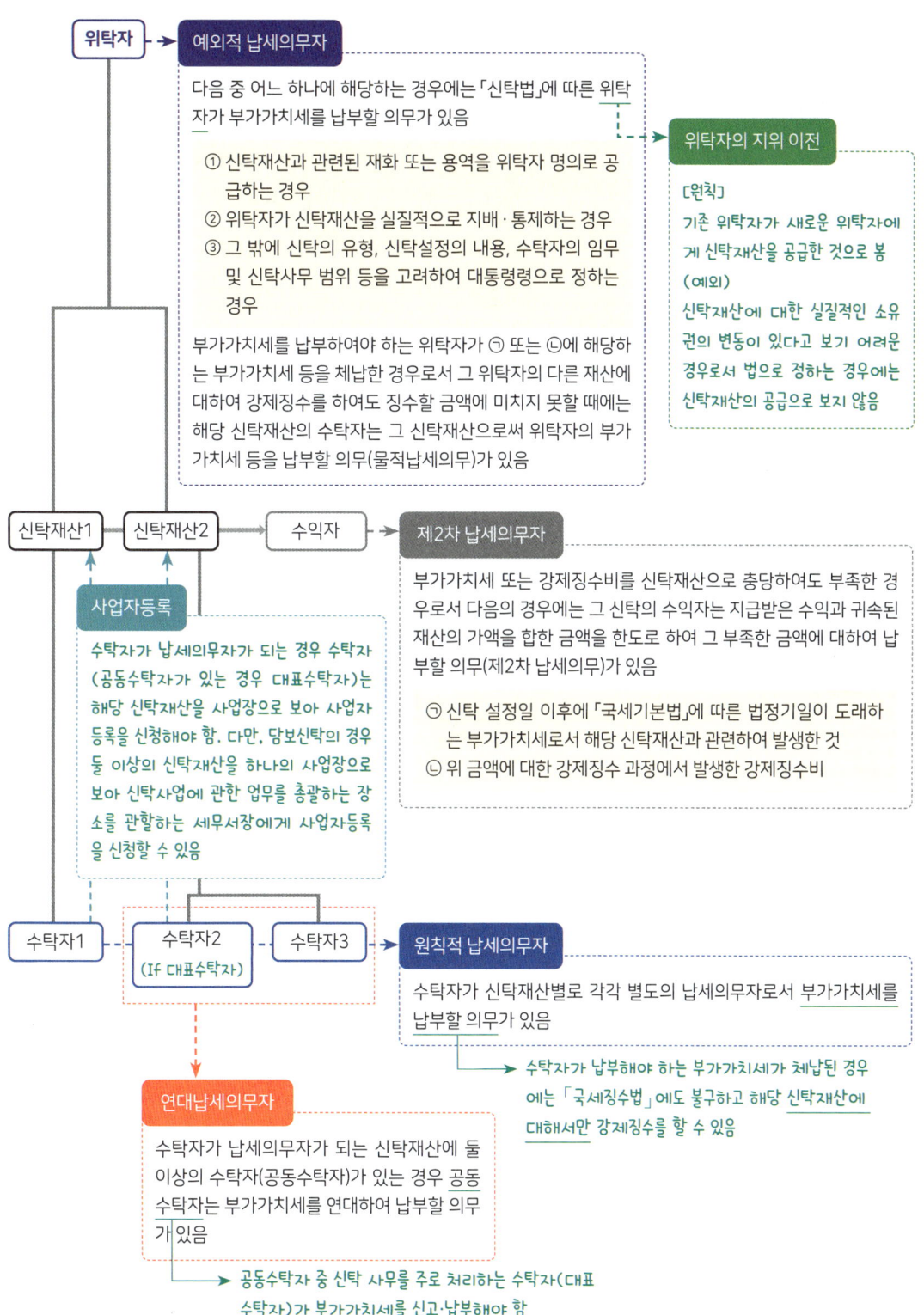

## 3 과세기간과 납세지

### ❶ 과세기간

중요도 ★★☆

#### 1.1 일반과세자의 과세기간과 간이과세자의 과세기간

| | 구분 | | 과세기간 | 예정신고기간과 과세기간 최종 3개월 | | 신고납부기한 |
|---|---|---|---|---|---|---|
| 일반 과세자 | 제1기 | | 1. 1. ~ 6. 30. | 예정신고기간 | 1. 1. ~ 3. 31. | 4. 25. |
| | | | | 과세기간 최종 3개월 | 4. 1. ~ 6. 30. | 7. 25. |
| | 제2기 | | 7. 1. ~ 12. 31. | 예정신고기간 | 7. 1. ~ 9. 30. | 10. 25. |
| | | | | 과세기간 최종 3개월 | 10. 1. ~ 12. 31. | 1. 25. |

일반과세자:
- 제1기: 예정신고기간 (~3/31, 신고납부 기한 4/25), 과세기간 최종 3개월 (~6/30, 신고납부 기한 7/25)
- 제2기: 예정신고기간 (~9/30, 신고납부 기한 10/25), 과세기간 최종 3개월 (~12/31, 신고납부 기한 1/25)

간이과세자: 1월 1일 ~ 12월 31일
- 과세기간: 1/1 ~ 12/31
- 예정부과기간: 1/1 ~ 6/30
- 예정부과기한까지 징수 ← 7월 1일부터 7월 10일까지 납부고지서를 발부 (7/25)
- 신고납부 기한: 1/25

## 1.2 신규사업을 시작한 경우

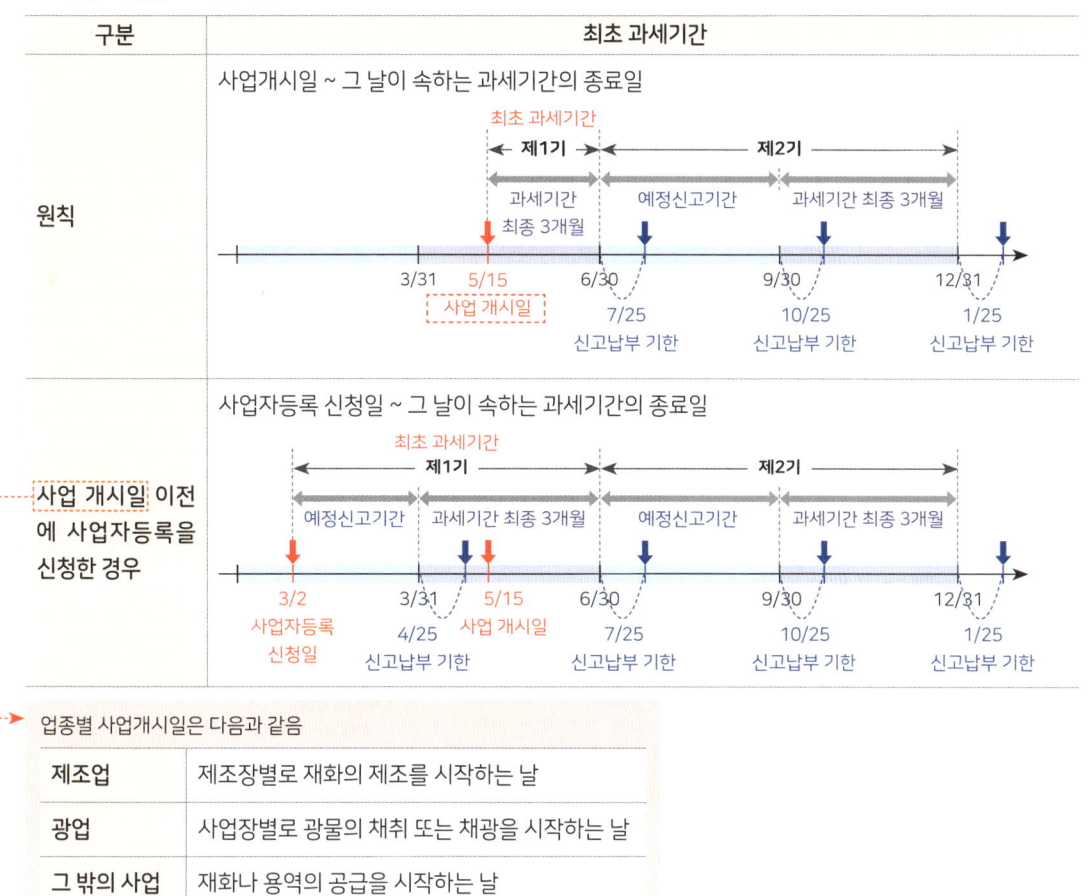

| 구분 | 최초 과세기간 |
|---|---|
| 원칙 | 사업개시일 ~ 그 날이 속하는 과세기간의 종료일 |
| 사업 개시일 이전에 사업자등록을 신청한 경우 | 사업자등록 신청일 ~ 그 날이 속하는 과세기간의 종료일 |

업종별 사업개시일은 다음과 같음

| 제조업 | 제조장별로 재화의 제조를 시작하는 날 |
|---|---|
| 광업 | 사업장별로 광물의 채취 또는 채광을 시작하는 날 |
| 그 밖의 사업 | 재화나 용역의 공급을 시작하는 날 |

## 1.3 사업자가 휴업하는 경우

| 구분 | 휴업일 |
|---|---|
| 일반적인 경우 | 그 사업을 실질적으로 휴업한 날<br>다만, 휴업한 날이 분명하지 아니한 경우에는 휴업신고서의 접수일 |
| 계절적인 사업인 경우 | 그 계절이 아닌 기간은 휴업기간 |

## 1.4 사업자가 폐업하는 경우

: 폐업일이 속하는 과세기간 개시일 ~ 폐업일

→ 사업을 폐업하는 경우 그 폐업일이 속하는 달의 다음 달 25일까지 반드시 동 기간에 대한 부가가치세를 확정신고하고 납부해야 함

| 구분 | 폐업일 |
|---|---|
| 합병으로 인한 소멸 | 합병법인의 변경등기일 또는 설립등기일 |
| 분할로 인한 폐업 | 분할법인의 분할변경등기일 |
| 분할로 인한 소멸 | 분할신설법인의 설립등기일 |
| 그 밖의 경우 | 사업장별로 그 사업을 실질적으로 폐업하는 날 |

폐업한 날이 분명하지 아니한 경우에는 폐업신고서의 접수일

### 1.5 사업 개시일 전에 사업자등록을 한 자가 사업을 실질적으로 시작하지 않는 경우

| | | |
|---|---|---|
| 원칙 | 사업자등록을 한 날부터 6개월이 되는 날까지 재화와 용역의 공급 실적이 없는 자에 대해서는 그 6개월이 되는 날을 폐업일로 간주 | |
| 예외 | 사업장의 설치기간이 6개월 이상이거나 그 밖의 정당한 사유로 인하여 사업 개시가 지연되는 경우에는 그러하지 않음 | |

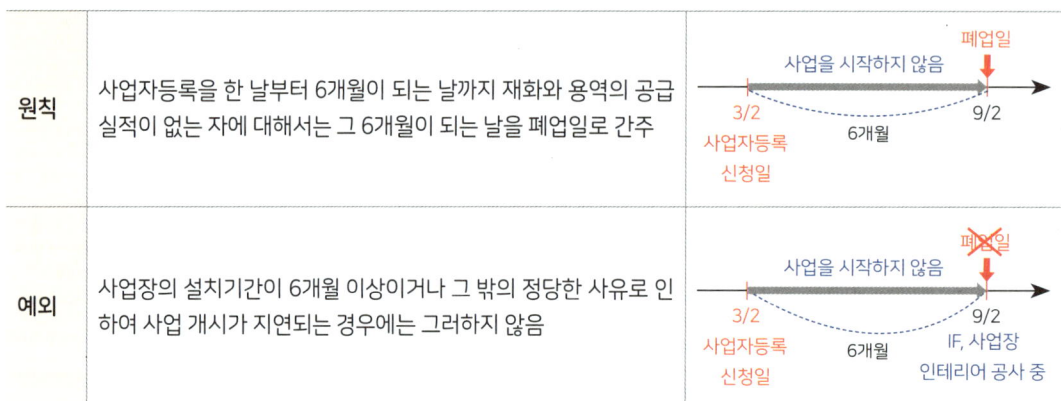

### 1.6 청산 또는 회생절차를 진행 중인 내국법인
: 해산으로 청산 중인 내국법인 또는 법원으로부터 회생계획인가 결정을 받고 회생절차를 진행 중인 내국법인이 사업을 실질적으로 폐업하는 날부터 25일 이내에 납세지 관할 세무서장에게 신고하여 승인을 받은 경우에는 잔여재산가액 확정일을 폐업일로 할 수 있음

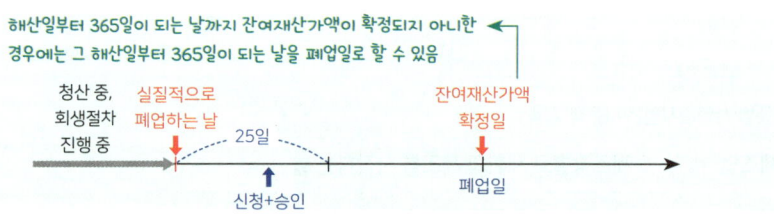

### 1.7 과세유형이 변경되는 경우

| 과세유형의 변경 | 간이과세자 규정을 적용하는 과세기간 |
|---|---|
| 일반과세자 → 간이과세자 | 그 변경 이후<br>7월 1일 ~ 12월 31일 |
| 간이과세자 → 일반과세자 | 그 변경 이전<br>1월 1일 ~ 6월 30일 |

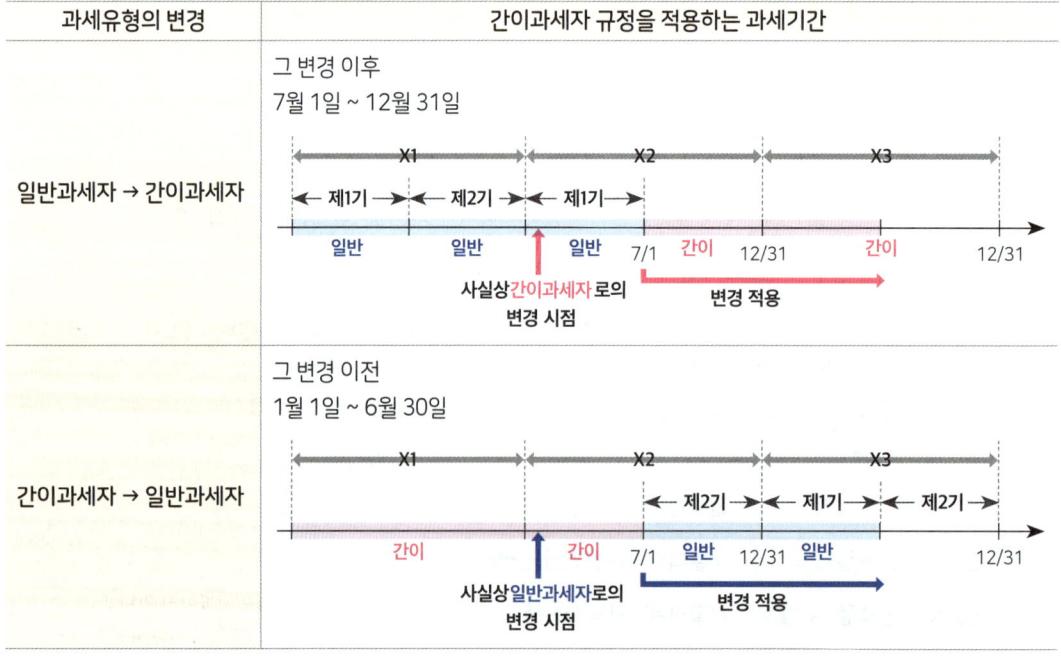

### 1.8 간이과세를 포기한 경우

: 간이과세자가 간이과세자에 관한 규정의 적용을 포기함으로써 일반과세자로 되는 경우 다음의 기간을 각각 하나의 과세기간으로 함

| 구분 | 간이과세자 규정을 적용하는 과세기간 | |
|---|---|---|
| 간이과세자의 과세기간 | 간이과세의 적용 포기의 신고일이 속하는 과세기간의 개시일부터 그 신고일이 속하는 달의 마지막 날*1까지<br>→ 포기신고일 아님 주의 | 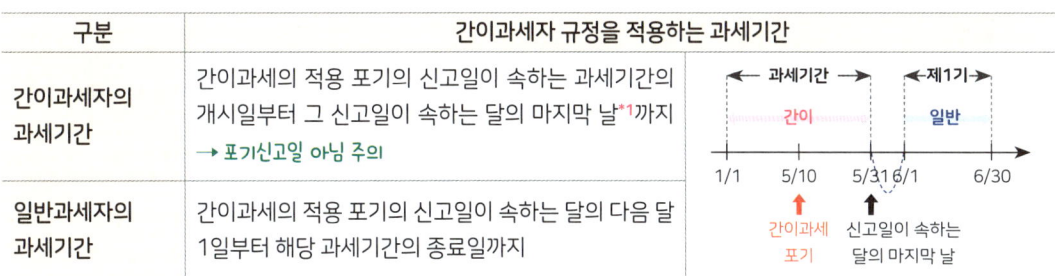 |
| 일반과세자의 과세기간 | 간이과세의 적용 포기의 신고일이 속하는 달의 다음 달 1일부터 해당 과세기간의 종료일까지 | |

*1 간이과세기간 사업실적은 간이과세자 과세기간이 끝난 후 다음 달 25일 이내에 반드시 부가가치세 확정신고를 해야 하며 재고매입세액공제를 받기 위해서는 *재고품 및 감가상각자산신고서*를 제출해야 함

## ❷ 납세지                          중요도 ★★☆

### 2.1 개요

| 의미 | 납세의무자의 납세의무 및 협력의무 이행과 정부의 조세부과·징수권을 행사하는 기준이 되는 장소 |
|---|---|
| 부가가치세의 납세지 | ① 원칙: 부가가치세는 사업장별 과세원칙에 따라 사업장을 기준으로 납세의무를 이행하도록 하고 있음<br><br>　㉠ 사업자: 각 사업장 소재지<br>　㉡ 재화를 수입하는 자: 「관세법」에 따라 수입을 신고하는 세관의 소재지<br><br>② 예외: 납세의무자의 편의를 위하여 예외적으로 사업장 과세원칙에서 벗어나 주사업장총괄납부와 사업자단위과세제도를 두고 있음<br><br>　㉠ 주사업장총괄납부: 주된 사업장에서 총괄하여 납부할 수 있음. 하지만 이러한 경우에도 신고와 세금계산서 발급 등은 각 사업장별로 행해야 함<br>　㉡ 사업자단위과세 제도: 본점 또는 주사무소의 소재지를 납세지로서 총괄하여 신고·납부할 수 있음. 이 경우에는 사업자등록과 세금계산서를 모두 한 가지 번호로 단일화함 |

## 2.2 사업장의 범위
### 2.2.1 일반적인 경우

| 구분 | 사업장 |
|---|---|
| 광업 | 광업사무소의 소재지 → 광업사무소가 광구 밖에 있을 때에는 광업사무소에서 가장 가까운 광구에 대하여 작성한 광업원부의 맨 처음에 등록된 광구 소재지에 광업사무소가 있는 것으로 봄 |
| 제조업 | 최종 제품을 완성하는 장소 → 포장만을 하거나 용기에 충전만을 하는 장소는 제외 |
| 건설업·운수업과 부동산매매업 | ① 법인인 경우: 법인의 등기부상의 소재지(지점소재지 포함)<br>② 개인인 경우: 사업에 관한 업무를 총괄하는 장소<br>③ 법인 명의 차량을 개인이 운용: 법인의 등기부상의 소재지(지점소재지를 포함)<br>④ 개인 명의 차량을 개인이 운용: 그 등록된 개인이 업무를 총괄하는 장소 |
| 부동산임대업 | ① 원칙: 부동산의 등기부상의 소재지<br>② 예외: 부동산임대업 중 다음의 어느 하나에 해당하는 사업자는 사업에 관한 업무를 총괄하는 장소<br>　㉠ 부동산상의 권리만 대여하는 사업자<br>　㉡ 한국자산관리공사, 농업협동조합자산관리회사, 기업구조조정 부동산투자회사, 예금보험공사 및 정리금융기관, 전기사업자, 전기통신사업자, 한국토지주택공사 등 |
| 다단계판매원 | ① 원칙: 해당 다단계판매원이 법에 의하여 등록한 다단계판매업자의 주된 사업장의 소재지<br>② 예외: 다단계판매원이 상시 주재하여 거래의 전부 또는 일부를 행하는 별도의 장소가 있는 경우 그 장소 |
| 무인자동판매기 | 사업에 관한 업무를 총괄하는 장소 ← 자판기 설치장소 아님 주의 |
| 우정사업조직의 방문접수배달 용역 | 사업에 관한 업무를 총괄하는 장소 |
| 한국철도공사 경영 사업 | 사업에 관한 업무를 지역별로 총괄하는 장소 |
| 국가 등이 공급하는 부동산임대업, 도·소매업, 음식·숙박업, 골프장·스키장 운영업, 기타 운동시설 운영업 | 사업에 관한 업무를 총괄하는 장소<br>← 단, 위임·위탁·대리에 의하여 재화 또는 용역을 공급하는 경우, 수임자·수탁자 또는 대리인이 그 업무를 총괄하는 장소 |
| 이동통신역무 제공 통신사업자 | ① 법인인 경우: 법인의 본점의 소재지<br>② 개인인 경우: 사업에 관한 업무를 총괄하는 장소 |
| 비거주자 또는 외국법인 | 「소득세법」·「법인세법」에 따른 국내사업장 (아래 오쌤Tip 확인) |
| 신탁재산 관련 납세의무자가 수탁자인 경우 | 신탁재산의 등기부상 소재지 또는 그 사업에 관한 업무를 총괄하는 장소 |
| 기타 | 사업에 관한 업무를 총괄하는 장소 |

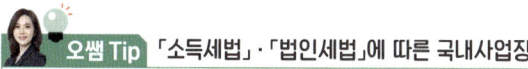 **오쌤 Tip** 「소득세법」·「법인세법」에 따른 국내사업장

(1) 국내사업장에 해당되는 장소

① 지점, 사무소 또는 영업소
② 상점이나 그 밖의 고정된 판매장소
③ 작업장, 공장 또는 창고
④ 6개월을 초과하여 존속하는 건축 장소, 건설·조립·설치공사의 현장 또는 이와 관련된 감독을 하는 장소
⑤ 고용인을 통하여 용역을 제공하는 장소로서 다음 중 어느 하나에 해당하는 장소

  ㉠ 용역이 계속 제공되는 12개월 중 합계 6개월을 초과하는 기간 동안 용역이 수행되는 장소
  ㉡ 용역이 계속 제공되는 12개월 중 합계 6개월을 초과하지 아니하는 경우로서 유사한 종류의 용역이 2년 이상 계속적·반복적으로 수행되는 장소

⑥ 광산·채석장이나 해저천연자원 또는 그 밖의 천연자원의 탐사 장소 및 채취 장소

(2) 국내사업장을 둔 것으로 보는 경우
위 (1)의 고정된 장소를 가지고 있지 아니한 경우에도 일정한 종속대리인을 두고 사업을 경영하는 경우 그 자의 사업장 소재지(사업장이 없는 경우에는 주소지, 거소지 순)에 국내사업장을 둔 것으로 봄

(3) 국내사업장에 해당되지 않는 장소

① 외국법인이 자산의 단순한 구입만을 위하여 사용하는 일정한 장소
② 외국법인이 판매를 목적으로 하지 아니하는 자산의 저장이나 보관만을 위하여 사용하는 일정한 장소
③ 외국법인이 광고, 선전, 정보의 수집 및 제공, 시장조사, 그 밖에 이와 유사한 활동만을 위하여 사용하는 일정한 장소
④ 외국법인이 자기의 자산을 타인으로 하여금 가공하게 할 목적으로만 사용하는 일정한 장소

### 2.2.2 예외적인 경우

| | |
|---|---|
| 사업장을 두지 않은 경우 | ① 사업자의 주소 또는 거소를 사업장으로 함<br>② 사업자가 사업장을 설치하지 않고 사업자등록도 하지 않은 경우에는 과세표준 및 세액을 결정·경정할 당시 사업자의 주소·거소 |
| 신청에 의한 사업자등록 | ① 사업장 외의 장소도 사업자의 신청에 따라 추가로 사업장으로 등록할 수 있음<br>② 무인자동판매기를 통해 재화·용역을 공급하는 사업의 경우에는 추가로 사업장을 등록할 수 없음 |
| 직매장, 하치장, 임시사업장 | 직매장은 사업장으로 보지만, 하치장과 임시사업장은 사업장에 해당 X |

> **오쌤 Tip** 직매장과 하치장, 임시사업장

| 구분 | 사업장 여부 | 사업자등록 | T/I 발급 | 설치 | 폐쇄 |
|---|---|---|---|---|---|
| 직매장[*1] | O | O | 직매장번호로 발급 | 사업자등록 규정에 따름 | |
| 하치장[*2] | X (사업장 아님) | X | 출고지시한 사업장 번호로 발급 | 10일 이내에 신고[*3] | - |
| 임시사업장[*4] | X (기존사업장에 포함) | | 기존사업장 번호로 발급 | 10일 이내에 신고[*5] | 10일 이내에 신고 |

[*1] 직매장: 사업자가 자기의 사업과 관련하여 생산하거나 취득한 재화를 직접 판매하기 위하여 특별히 판매시설을 갖춘 장소
[*2] 하치장: 사업자가 재화를 보관하고 관리할 수 있는 시설만 갖춘 장소로서 하치장설치신고서를 하치장 관할 세무서장에게 제출한 장소
[*3] **하치장 관할 세무서장**에게 10일 내에 설치 신고를 해야 하며, 신고를 받은 하치장 관할 세무서장은 10일 내에 **납세지 관할 세무서장**에게 그 사실을 통보해야 함
[*4] 임시사업장: 기존사업장이 있는 사업자가 그 기존사업장 외에 각종 경기대회·박람회·국제회의 기타 이와 유사한 행사가 개최되는 장소에서 국세청장이 정하는 바에 따라 임시로 사업장을 개설하는 것
[*5] 설치기간이 10일 내인 경우에는 임시사업장 개설신고를 하지 아니할 수 있음

## ❸ 주사업장총괄납부 vs 사업자단위과세    중요도 ★★★

| 구분 | 주사업장총괄납부 | 사업자단위과세 |
|---|---|---|
| 과세단위 | 사업장 | 사업자 |
| 의미 | 사업장이 둘 이상인 사업자(사업장이 하나이나 추가로 사업장을 개설하려는 사업자를 포함)가 주사업장총괄납부를 신청한 경우에 각 사업장의 납부세액 또는 환급세액을 통산하여 **주된 사업장에서 총괄하여 납부(환급)**할 수 있도록 하는 제도 | 사업장이 둘 이상인 사업자(사업장이 하나이나 추가로 사업장을 개설하려는 사업자를 포함)가 사업자 단위로 사업자등록을 신청한 경우에 **사업자 단위로 부가가치세를 신고·납부**할 수 있는 제도 |
| 사업장 | **주**된 **사업장**은 다음과 같음<br>① 법인사업자: 본**점**·주사무소 또는 지**점**·분사무소 중 선택<br>② **개**인사업자: **주**사무소<br>[암기팁] 주사가 점점 개주사 | 납세지는 다음과 같음<br>① 법인사업자: 본점·주사무소<br>② 개인사업자: 주사무소 |
| 신청 절차 | ① 계속사업자: 총괄납부하려는 과세기간 개시 20일 전에 주된 사업장의 관할 세무서장에게 신청<br>② 신규사업자: 주된 사업장의 **사업자등록증을 받은 날**부터 20일 이내 신청<br>③ 추가로 사업장 개설하려는 자: 추가 사업장의 사업 개시일부터 20일 이내 신청 (추가 사업장의 사업 개시일이 속하는 과세기간 이내로 한정) | ① 계속사업자: 사업자단위과세를 적용하려는 과세기간 개시 20일 전까지 신청<br>② 신규사업자: **사업 개시일**부터 20일 이내 사업자단위로 사업자등록을 신청<br>③ 추가로 사업장 개설하려는 자: 추가 사업장의 사업 개시일부터 20일 이내 신청 (추가 사업장의 사업 개시일이 속하는 과세기간 이내로 한정) |
| 승인 | 승인을 요건으로 하지 않음 | |

| | | |
|---|---|---|
| 변경 절차 | 주사업장총괄납부 사업자는 일정 사유가 발생한 경우(P.172 오쌤Tip 참고) 관할 세무서장에게 변경신청서를 제출하고, 제출한 날이 속하는 과세기간부터 총괄납부 적용 | 다음의 어느 하나에 해당하는 경우 지체 없이 사업자등록 정정신고서를 관할 세무서장이나 신고인의 편의에 따라 선택한 세무서장에게 제출(국세정보통신망에 따른 제출을 포함)해야 함<br>① 사업자 단위 과세 적용 사업장을 변경하는 경우<br>② 종된 사업장을 신설·이전·휴업·폐업하는 경우 |
| 적용 제외 | 다음 중 어느 하나에 해당하는 경우 주된 사업장 관할 세무서장은 주사업장총괄납부를 적용하지 않을 수 있음<br>→ 이 경우 그 적용을 하지 아니하게 된 날이 속하는 과세기간의 다음 과세기간부터 각 사업장에서 납부하여야 함<br>① 사업내용의 변경으로 총괄납부가 부적당하다고 인정되는 경우<br>② 주된 사업장의 이동이 빈번한 경우<br>③ 그 밖의 사정변경으로 인하여 총괄납부가 적당하지 않게 된 경우 | 주사업장 총괄 납부를 적용하지 아니하게 되거나 포기한 경우 주된 사업장 관할 세무서장은 지체 없이 그 내용을 해당 사업자와 주된 사업장 외의 사업장 관할 세무서장에게 통지하여야 함 |
| 포기 절차<br>(포기 제한 없음 주의!) | 주사업장총괄납부를 포기할 때에는 각 사업장에서 납부하려는 과세기간 개시 20일 전에 포기신고서를 주된 사업장 관할 세무서장에게 제출(국세정보통신망에 의한 제출을 포함)하여야 함<br>→ 이 경우 포기한 날이 속하는 과세기간의 다음 과세기간부터 각 사업장에서 납부해야 함 | 사업자단위과세 사업자가 각 사업장별로 신고·납부하거나 주사업장 총괄 납부를 하려는 경우 그 납부하려는 과세기간 개시 20일 전에 포기신고서를 사업자단위과세 적용 사업장 관할 세무서장에게 제출해야 함<br>→ 이 경우 그 포기한 날이 속하는 과세기간의 다음 과세기간부터 각 사업장별로 신고·납부하거나 주사업장 총괄 납부를 하여야 함 |
| 예정·확정·조기신고 | 각 사업장별로 이행함 | 본점 또는 주사무소에서 이행함 |
| 납부·환급 | 주된 사업장에서 총괄하여 납부·환급 | 본점 또는 주사무소에서 이행함 |
| 수정신고·경정청구 | 각 사업장별로 이행함 | 본점 또는 주사무소에서 이행함 |
| 결정·경정 | 각 사업장별 납세지 관할 세무서장 | 본점 또는 주사무소 관할 세무서장 |

 **오쌤 Tip** 주사업장총괄납부 변경 사유별 변경신청서 제출처

| 사유 | 변경신청서의 제출처 |
|---|---|
| 종된 사업장을 신설하는 경우 | 그 신설하는 종된 사업장 관할 세무서장 |
| 종된 사업장을 주된 사업장으로 변경하려는 경우 | 주된 사업장으로 변경하려는 사업장 관할 세무서장 |
| 사업자등록 정정사유가 발생하는 경우 | 그 정정사유가 발생한 사업장 관할 세무서장(법인의 대표자를 변경하는 때에는 주된 사업장 관할 세무서장) |
| 일부 종된 사업장을 총괄납부대상 사업장에서 제외하려는 경우 | 주된 사업장 관할 세무서장 |
| 기존의 사업장을 총괄납부대상 사업장에 추가하려는 경우 | 주된 사업장 관할 세무서장 |

신청서를 받은 종된 사업장의 관할 세무서장은 주된 사업장의 관할 세무서장에게 그 신청서를 지체 없이 보내야 함

### ❹ 과세 관할    중요도 ★★☆

| 납세의무자 | 과세 관할 |
|---|---|
| 사업자 | 납세지를 관할하는 세무서장 또는 지방국세청장 |
| 재화를 수입하는 자 | 납세지를 관할하는 세관장 |

## 4 사업자등록

### ❶ 의미    중요도 ★☆☆

: 「부가가치세법」상 납세의무자에 해당하는 사업자가 인적사항, 상호, 사업장의 소재지 등 사업내용을 신고하여 관할 세무서의 장부에 등재하는 것

↳ 그 취지는 부가가치세 업무의 효율적인 운영을 위한 것이므로 사업자등록증의 발급이 해당 사업자에게 특정 사업을 허용하거나 사업경영을 할 권리를 인정하는 것은 아님을 주의

### ❷ 신청    중요도 ★★★

| 원칙 | 사업장단위 등록<br>: 사업장마다 사업 개시일부터 20일 이내에 사업장 관할 세무서장에게 사업자등록을 신청해야 함<br>↳ 신규로 사업을 시작하려는 자는 사업 개시일 이전이라도 사업자등록을 신청할 수 있음<br>↳ 사업자등록의 신청을 사업장 관할 세무서장이 아닌 다른 세무서장에게도 할 수 있음 → 이 경우 사업장 관할 세무서장에게 사업자등록을 신청한 것으로 봄<br>**암기팁** 사업자등록 관련 20일, 하치장 임시사업장 신고 10일, **사업장이 아닌** 반푼이들 20일의 반 **10일**, 완전하지 않고 반푼이라 **보정요구 10일** |

| | |
|---|---|
| 예외 | ① 사업자단위 등록: 사업장이 둘 이상인 사업자(사업장이 하나이나 추가로 개설하려는 사업자 포함)의 경우 사업자 단위로 해당 사업자의 본점 또는 주사무소 관할 세무서장에게 등록을 신청할 수 있음<br>② 사업자등록 간주: 「소득세법」 및 「법인세법」에 따라 등록한 면세사업자가 추가로 과세사업을 경영하려는 경우 사업자등록 정정신고서를 제출하면 「부가가치세법」상 사업자등록 신청을 한 것으로 봄<br>③ 신탁재산과 관련된 부가가치세: 수탁자가 납세의무자가 되는 경우 수탁자(공동수탁자가 있는 경우 대표수탁자)는 해당 신탁재산을 사업장으로 보아 사업자등록을 신청해야 함<br>→ 담보신탁의 경우 둘 이상의 신탁재산을 하나의 사업장으로 보아 신탁사업에 관한 업무를 총괄하는 장소를 관할하는 세무서장에게 사업자등록을 신청할 수 있음 |

> 신탁재산의 등기부상 소재지, 등록부상 등록지 또는 신탁사업에 관한 업무를 총괄하는 장소를 사업장으로 함

**오쌤 Tip** 영위하는 사업의 과세 여부에 따른 사업자등록 여부

| 사업의 과세 여부 | 「부가가치세법」상 사업자등록 여부 | 「소득세법」 및 「법인세법」상 사업자등록 여부 |
|---|---|---|
| 과세사업자 | 사업자등록을 해야 함 | 「부가가치세법」상 사업자등록을 하면 「법인세법」 및 「소득세법」상 사업자등록은 면제 |
| 면세사업자 | 부가가치세 납세의무가 면제되므로 「부가가치세법」상 등록의무는 없음 | 「소득세법」 및 「법인세법」에 따른 등록은 해야 함. 이에 따라 등록한 면세사업자가 추가로 과세사업을 경영하려는 경우 사업자등록 정정신고서를 제출하면 「부가가치세법」상 사업자등록 신청을 한 것으로 봄 |
| 면세포기사업자 | 사업자등록을 해야 함 | 「부가가치세법」상 사업자등록을 하면 「법인세법」 및 「소득세법」상 사업자등록은 면제 |
| 과세사업과 면세사업의 겸영사업자 | | |

### ❸ 사업자등록증 발급  중요도 ★★☆

| | |
|---|---|
| 발급기한 | 사업자등록 신청을 받은 관할 세무서장은 사업자의 인적사항 및 사업자등록번호가 부여된 사업자등록증을 **신청일부터 2일 이내**(토요일, 공휴일 등 제외)에 신청자에게 발급해야 함 |
| 연장 | 사업장 시설, 사업현황을 확인하기 위하여 국세청장이 필요하다고 인정하는 경우에는 발급기한을 **5일 이내**에서 연장하고 조사한 사실에 따라 사업자등록증을 발급할 수 있음 |
| 보정요구 | 사업장 관할 세무서장은 10일 이내의 기간을 정하여 보정을 요구할 수 있음 → 이 경우 해당 보정기간은 사업자등록증 발급기간에 산입하지 않음 |
| 등록번호의 부여 | 사업자등록에 따른 등록번호는 사업장마다 관할 세무서장이 부여함<br>← 단, 사업자단위로 등록신청을 한 경우에는 사업자단위과세 적용 사업장에 한 개의 등록번호를 부여함 |

## ❹ 직권 등록과 등록 거부  중요도 ★★☆

| 직권 등록 | 사업자가 사업자등록을 하지 않는 경우에는 사업장 관할 세무서장이 조사하여 등록할 수 있음 |
|---|---|
| 등록 거부 | 사업 개시일 이전에 사업자등록의 신청을 받은 사업장 관할 세무서장은 신청자가 사업을 사실상 시작하지 않을 것이라고 인정될 때에는 등록을 거부할 수 있음 |

## ❺ 사업자등록증의 사후 관리  중요도 ★★☆

| | |
|---|---|
| 휴업 및 폐업의 신고 | 등록한 사업자는 휴업 또는 폐업을 하거나 등록사항이 변경되면 지체 없이 사업장 관할 세무서장에게 신고해야 함. 사업 개시일 이전에 등록을 신청한 자가 사실상 사업을 시작하지 않게 되는 경우에도 같음<br>① 폐업을 하는 사업자가 부가가치세 확정신고서에 폐업 연월일 및 그 사유를 적고 사업자등록증을 첨부하여 제출하는 경우에는 폐업신고서를 제출한 것으로 함<br>② 합병 후 존속하는 법인(신설합병의 경우에는 합병으로 설립된 법인) 또는 합병 후 소멸하는 법인이 법인합병신고서에 사업자등록증을 첨부하여 소멸법인의 폐업 사실을 소멸법인의 관할 세무서장에게 신고해야 함<br>③ 법령에 따라 허가를 받거나 등록, 신고 등을 하여야 하는 사업의 경우 주무관청에 휴업(폐업)신고서를 제출할 수 있으며, 휴업(폐업)신고서를 받은 주무관청은 지체 없이 관할 세무서장에게 그 서류를 송부(정보통신망을 이용한 송부 포함)해야 하고, 주무관청에 제출하여야 하는 해당 법령에 따른 신고서를 관할 세무서장에게 제출한 경우 관할 세무서장은 지체 없이 그 서류를 관할 주무관청에 송부해야 함 |
| 등록사항의 변경 | 등록사항 정정사유에 해당하면 지체 없이 관할 세무서장에게 사업자등록 정정신고를 해야 함. 등록사항의 정정사유별 재발급 기한은 다음과 같음<br><br>| 등록사항의 정정사유 | 재발급 기한 |<br>|---|---|<br>| ① 상호를 변경하는 경우<br>② 통신판매업자가 사이버몰의 명칭·도메인이름을 변경하는 경우 | 신고일 당일 |<br>| ③ 법인(또는 법인으로 보는 단체 외의 단체로서 「소득세법」에 따라 1거주자로 보는 단체)의 대표자를 변경하는 경우<br>④ 사업의 종류에 변동이 있는 경우<br>⑤ 사업장을 이전하는 경우*1<br>⑥ 상속으로 인하여 사업자의 명의가 변경되는 경우<br>⑦ 공동사업자의 구성원 또는 출자지분이 변경되는 경우<br>⑧ 임대인, 임차 목적물, 그 면적, 보증금, 임차료 또는 임대차기간이 변경되거나 새로 상가건물을 임차한 경우<br>⑨ 사업자단위과세사업자가 사업자단위과세적용 사업장을 변경 또는 이전하는 경우, 종된 사업장을 신설·이전하는 경우, 종된 사업장의 사업을 휴업·폐업하는 경우 | 신고일부터 2일 내 |<br><br>*1 사업장과 주소지가 동일한 사업자가 「주민등록법」에 따른 주소가 변경되면 사업장의 주소도 변경된 것으로 동의한 경우에는 「주민등록법」에 따른 전입신고를 하면 사업자등록 정정신고서를 제출한 것으로 봄 |

| | |
|---|---|
| 등록 말소 | 등록된 사업자가 다음에 해당하면 지체 없이 사업자 등록을 말소해야 함 → 이 경우 사업장 관할 세무서장은 지체 없이 사업자등록증을 회수해야 하며, 회수할 수 없는 경우에는 등록말소의 사실을 공시해야 함<br>① 폐업(사실상 폐업한 경우로서 법령으로 정하는 경우를 포함)한 경우<br>② 사업 개시일 이전에 등록신청을 하고 사실상 사업을 시작하지 않게 되는 경우<br> ㉠ 사업자가 사업자등록 후 정당한 사유 없이 6개월 이상 사업을 개시하지 않은 경우<br> ㉡ 사업자가 부도발생, 고액체납 등에 인하여 도산하여 소재 불명인 경우<br> ㉢ 사업자가 인·허가 취소 등의 사유로 사업수행이 불가능하여 사실상 폐업상태인 경우<br> ㉣ 사업자가 정당한 사유 없이 계속하여 둘 이상의 과세기간에 걸쳐 부가가치세 신고를 하지 않은 자로서 사실상 폐업상태에 있는 경우<br> ㉤ 그 밖에 사업자가 위와 유사한 사유로 사실상 사업을 시작하지 아니하는 경우 |
| 등록 갱신 | 사업장 관할 세무서장은 부가가치세의 업무를 효율적으로 처리하기 위하여 필요하다고 인정되면 사업자등록증을 갱신하여 발급할 수 있음 |
| 다른 세법에 따른 등록의 인정 | 개별소비세, 교통·에너지·환경세 납세의무자가 그 법에 따라 개업·휴업·폐업·변경 등 신고를 한 경우에는 사업자등록 신청, 휴업·폐업, 사업자등록 정정신고를 한 것으로 봄 |

## ❻ 사업자등록의무 불이행 시 제재 조치   중요도 ★★☆

### 6.1 매입세액 불공제

| | |
|---|---|
| 원칙 | 사업자등록을 신청하기 전의 매입세액은 매출세액에서 공제하지 않음 |
| 예외 | 공급시기가 속하는 과세기간이 끝난 후 20일 이내에 등록을 신청한 경우 등록신청일부터 공급시기가 속하는 과세기간의 기산일(일반과세자의 경우 제1기는 1월 1일, 제2기는 7월 1일이며 간이과세자의 경우 1월 1일)까지 역산한 기간 내의 매입세액은 매출세액에서 공제함 |

### 6.2 사업자등록 불성실가산세
: 사업자가 사업 개시일부터 20일 이내에 사업자등록을 신청하지 않은 경우, 다음의 미등록가산세를 부과함

미등록가산세 = 사업 개시일부터 등록을 신청한 날의 직전일까지의 공급가액 × 1%

## 5  보칙

### ❶ 장부의 작성·보관   중요도 ★☆☆

| 장부의<br>작성·보관 | 사업자는 자기의 납부세액 또는 환급세액과 관계되는 모든 거래사실을 대통령령으로 정하는 바에 따라 장부에 기록하여 사업장에 갖추어 두어야 함 |
|---|---|
| 구분 기록 | 사업자가 과세되는 재화·용역의 공급과 함께 부가가치세가 면제되는 재화·용역을 공급하거나 의제매입세액공제를 적용받는 경우에는 과세되는 공급과 면세되는 공급 및 면세농산물 등을 공급받은 사실을 각각 구분하여 장부에 기록해야 함 |
| 보존 의무 | 사업자는 기록한 장부와 발급하거나 발급받은 세금계산서, 수입세금계산서 또는 영수증을 그 거래사실이 속하는 과세기간에 대한 확정신고 기한 후 5년간 보존해야 함<br>← 단, 전자세금계산서 발급 사업자가 국세청장에게 전자세금계산서 발급명세를 전송한 경우에는 제외 |
| 장부기록<br>의무 의제 | 사업자가「법인세법」및「소득세법」에 따라 장부기록의무를 이행한 경우에는「부가가치세법」에 따른 장부기록의무를 이행한 것으로 봄 |

### ❷ 납세관리인   중요도 ★★☆

| 원칙 | 개인사업자가 다음의 어느 하나에 해당하는 경우에는 부가가치세에 관한 신고·납부·환급, 그 밖에 필요한 사항을 처리하는 납세관리인을 **정해야 함**<br>① 사업자가 사업장에 통상적으로 머무르지 않는 경우<br>② 사업자가 6개월 이상 국외에 체류하려는 경우 |
|---|---|
| 예외 | 사업자는 위 원칙에 해당하는 사유 외에도 부가가치세에 관한 신고·납부·환급, 그 밖에 필요한 사항을 처리하게 하기 위하여 일정하는 자를 납세관리인으로 **정할 수 있음** |
| 신고 | 납세관리인을 정하거나 변경하면 납세지 관할 세무서장에게 신고해야 함 |

### ❸ 질문·조사   중요도 ★★☆

| 질문·조사 | 부가가치세에 관한 사무에 종사하는 공무원은 부가가치세에 관한 업무를 위해 필요하면 납세의무자, 그와 거래를 하는 자, 납세의무자가 가입한 동업조합 등의 단체에 부가가치세 관련 사항을 질문하거나 그 장부·서류 등을 조사할 수 있음 |
|---|---|
| 제출 요구 | 납세지 관할 세무서장은 부가가치세의 납세보전 또는 조사를 위하여 납세의무자에게 장부·서류 또는 그 밖의 물건을 제출하게 하거나 그 밖에 필요한 사항을 명할 수 있음 |
| 조사원증 | 부가가치세에 관한 사무에 종사하는 공무원이 질문 또는 조사를 할 때에는 그 권한을 표시하는 조사원증을 지니고 이를 관계인에게 보여주어야 함 |
| 남용금지 | 부가가치세에 관한 사무에 종사하는 공무원은 직무상 필요한 범위 외에 다른 목적 등을 위해 그 권한을 남용해서는 아니 됨 |
| 과태료 | 납세지 관할 세무서장은 부가가치세의 납세보전 또는 조사를 위한 명령을 위반한 자에게는 2천만원 이하의 과태료를 부과함 |

### ❹ 자료제출 ★☆☆

: 다음의 어느 하나에 해당하는 자는 재화·용역의 공급과 관련하여 국내에서 판매 또는 결제를 대행하거나 중개하는 경우 법으로 정하는 바에 따라 관련 명세를 **매 분기 말일의 다음 달 15일**까지 국세청장에게 제출해야 함

① 「전기통신사업법」에 따른 부가통신사업자로서 통신판매업자의 판매 대행 또는 중개하는 자
② 「여신전문금융업법」에 따른 결제대행업체
③ 「전자금융거래법」에 따른 전자금융업자
④ 「외국환거래법」에 따른 전문외국환업무취급업자
⑤ 그 밖에 위 ①~④까지의 사업자와 유사한 사업을 수행하는 자로서 대통령령으로 정하는 자

## 02 과세거래

### 1 과세거래의 개요

중요도 ★★☆

**과세거래**

- **재화의 공급**: 사업자가 공급한 것에 한하여 과세하고, 속지주의에 따라 국내에서 공급한 재화에 대해서만 과세

  다음의 거래는 국내에서 공급한 것이 아닐지라도 국내에서 공급이 이루어진 것으로 간주함
  ① 우리나라 국적의 항공기·선박에서 이루어지는 거래
  ② 중계무역방식의 수출 등 특정수출로서 국내의 사업장에서 계약과 대가수령 등 거래가 이루어지는 것

- **용역의 공급**: 사업자가 공급한 것에 한하여 과세하고, 속지주의를 원칙으로 하되, 국외에서 제공하는 용역은 속인주의에 따라 납세지가 국내에 있는 경우에는 과세

  속인주의에 따른 용역의 과세 예시

  | 영위사업 | 납세지 | 과세여부 |
  |---|---|---|
  | 건설업 | 법인의 등기부상 소재지 (국내) | 과세함 |
  | 부동산임대업 | 부동산의 등기부상 소재지 (국외) | 과세하지 않음 |

- **재화의 수입**: 소비지국 과세원칙에 따라 사업자 여부를 불문하고 수입한 것에 대하여 과세
  → 용역의 수입은 과세대상에서 제외

> **재화·용역의 사업 구분**
> 재화나 용역을 공급하는 사업의 구분은 세법에 특별한 규정이 있는 경우를 제외하고는 통계청장이 고시하는 해당 과세기간 개시일 현재의 **한국표준산업분류**에 따름

## 2  재화의 공급

중요도 ★★★

**계약상, 법률상의 의미**
① '계약상의 원인'이란 일반 상거래에서와 같이 거래 당사자 간의 매매의사가 표시된 원인
② '법률상의 원인'이란 거래 당사자 간의 의사표시에 관계없이 수용, 판결 등의 사유로 재화의 인도 또는 양도가 강제되는 일체의 원인

계약상 또는 법률상의 모든 원인에 따라 재화를 인도하거나 양도하는 것

**과세거래**
- 실제공급
  - 매매계약에 의한 공급
  - 가공계약에 의한 공급
  - 교환계약에 의한 공급
  - 기타 원인에 의한 공급
  - 보세구역 내 특정창고 임치물의 국내반입
- 간주공급
  - 자가공급
  - 개인적 공급
  - 사업상 증여
  - 폐업 시 남아있는 재화

재화의 공급의제(간주공급)는 원칙적으로 재화의 실질적 공급으로 볼 수 없으나, 일정한 요건을 충족할 경우 재화의 공급으로 간주하여 과세하는 제도

**재화의 공급**
재화: 재산 가치가 있는 물건 및 권리

**비과세거래**
- 조달청·런던금속거래소의 창고증권의 양도로서 임치물의 반환이 수반되지 아니하는 것
- 공매, 경매 재화
- 수용대상 재화
- 담보의 제공
- 사업의 포괄적 양도
- 조세의 물납
- 사업장 간 판매목적 이외의 내부거래 등 (부가법통칙)
- 정비사업조합 공급 토지·건축물 (조특법)

**물건과 권리의 범위**

| 구분 | 범위 |
| --- | --- |
| 물건 | ① 상품, 제품, 원료, 기계, 건물 등 모든 유체물<br>② 전기, 가스, 열 등 관리할 수 있는 자연력 |
| 권리 | 광업권, 특허권, 저작권 등으로서 물건 외에 재산적 가치가 있는 모든 것 |

**유가증권**
유체물이라고 하더라도 증권과 같은 특수항목은 다음과 같이 처리함

| 구분 | 과세 여부 |
| --- | --- |
| 수표·어음·상품권 등 화폐대용증권, 주식 등 지분상품, 회사채 등 채무상품 | 과세대상 재화로 보지 않음 |
| 창고증권·선하증권·화물상환증 | 그 안의 운송물이나 보관물을 인도하는 효력이 있기 때문에 일반적으로 과세대상 재화로 봄 |

# ❶ 실제공급

중요도 ★★☆

| 매매계약에 의한 공급 | 현금판매·외상판매·할부판매·장기할부판매·조건부 및 기한부판매·위탁판매와 그 밖의 매매계약에 의하여 재화를 인도하거나 양도하는 것 |
|---|---|
| 가공계약에 의한 공급 | 사업자가 주요자재의 **전부 또는 일부를 부담**하고 상대방으로부터 인도받은 재화를 가공하여 새로운 재화를 만드는 가공계약에 따라 재화를 인도하는 것 |
| 교환계약에 의한 공급 | 사업자가 재화의 인도 대가로서 다른 재화를 인도받거나 용역을 제공받는 교환계약에 따라 재화를 인도하거나 양도하는 것 |
| 기타원인에 의한 공급 | 사업자가 사업에 관련된 재화를 경매·수용·현물출자와 그 밖의 법률상의 원인 또는 계약상의 원인에 따라 재화를 인도하거나 양도하는 것 |
| 보세구역 내 특정창고 임치물의 국내반입 | 국내로부터 보세구역에 있는 창고(보세구역 내 조달청 창고 및 런던금속거래소 지정창고)에 임치된 임치물을 국내로 다시 반입하는 것 |

## 1.1 가공계약

| 재화의 공급에 해당하는 경우 | 용역의 공급에 해당하는 경우 |
|---|---|
| 자기가 주요 자재의 <u>전부 또는 일부를 부담</u>하는 가공계약에 의하여 재화를 인도하는 것 | 자기가 주요 자재를 전혀 부담하지 않고, 상대방으로부터 인도받는 재화를 단순히 가공만 하는 것 |

> 건설업의 경우, 주요 자재의 전부 또는 일부를 부담하더라도 용역의 공급에 해당함

## 1.2 교환거래 중 소비대차거래

| 재화의 공급에 해당하는 경우 | 재화의 공급으로 보지 않는 경우 |
|---|---|
| 사업자 간에 상품·제품·원재료 등의 재화를 차용하여 사용·소비하고 동종 또는 이종의 재화를 반환하는 소비대차의 경우에 해당 재화를 차용하거나 반환하는 것은 각각 재화의 공급에 해당 | 한국석유공사가 법에 따라 비축된 석유를 수입통관하지 않고 보세구역에 보관하면서 국내사업장이 없는 비거주자 또는 외국법인과 **무위험차익거래방식으로 소비대차**하는 것 |

## 1.3 경매에 따른 공급

| 사적 경매 | 실질적으로는 매매계약에 해당하기 때문에 재화의 공급으로 봄 |
|---|---|
| 법적 경매 | 다음에 따라 재화를 인도 또는 양도하는 것은 재화의 공급으로 보지 아니함<br>① 「국세징수법」에 따른 공매(수의계약에 따라 매각하는 것을 포함)<br>② 「민사집행법」에 따른 경매(같은 법에 따른 강제경매, 담보권 실행을 위한 경매를 포함)<br>③ 「민법」·「상법」 등 그 밖의 법률에 따른 경매 |

### 1.4 수용에 따른 공급

| 재화의 공급에 해당하는 경우 | 재화의 공급으로 보지 않는 경우 |
|---|---|
| 수용은 매입하여 사용한다는 것인데, 이러한 수용에 따라 재화를 인도하거나 양도하는 것도 재화의 공급으로 간주함 | 「도시 및 주거환경정비법」, 「공익사업을 위한 토지 등의 취득 및 보상에 관한 법률」 등에 따른 법적 수용절차 및 사업시행자의 매도청구에 따라 재화를 인도하거나 양도하여 재화의 소유자가 그 대가를 수취하는 경우, 누가 재화를 철거했는지 여부를 불문하고 재화의 공급으로 보지 않음 |

### 1.5 대물변제

| 재화의 공급에 해당하는 경우 | 재화의 공급으로 보지 않는 경우 |
|---|---|
| 현금 대신 **현물을 통해** 차입금을 **변제**하는 경우 | **조세를 물납하는 경우** |

### 1.6 현물출자

| 재화의 공급에 해당하는 경우 | 재화의 공급으로 보지 않는 경우 |
|---|---|
| 사업자가 재화를 법인에 **현물출자**하는 경우 | 개인사업자가 법인설립을 위해 그 사업에 관한 모든 권리와 의무를 **포괄적으로 현물출자**하는 경우 → 재화의 공급으로 보지 않는 '사업의 양도'로 봄 |

### 1.7 출자지분

| 재화의 공급에 해당하는 경우 | 재화의 공급으로 보지 않는 경우 |
|---|---|
| ① 법인 또는 공동사업자가 출자지분을 **현물로 반환**하는 것<br>② 공동사업자 구성원이 각각 독립적으로 사업을 영위하기 위하여 공동사업의 사업용 고정자산인 건축물을 분할등기하는 경우 해당 건축물을 이전하는 것 | ① 법인 또는 공동사업자가 출자지분을 **현금으로 반환**하는 것<br>② 출자자가 자기의 **출자지분을 타인에게 양도·상속·증여**하는 것 |

### 1.8 기부채납

| 재화의 공급에 해당하는 경우 | 부가가치세가 면제되는 경우 |
|---|---|
| 사업자가 건물 등을 신축하여 국가 또는 지방자치단체에 기부채납하고 그 대가로 일정기간 해당 건물 등에 대한 무상사용·수익권을 얻는 경우 | ① 인허가 조건에 의하여 사회기반시설 등을 국가 등에 기부채납하는 경우<br>② 사업자가 생산·취득한 재화를 국가 등에 아무런 대가 관계없이 무상으로 기부채납하는 경우 |

## ❷ 간주공급

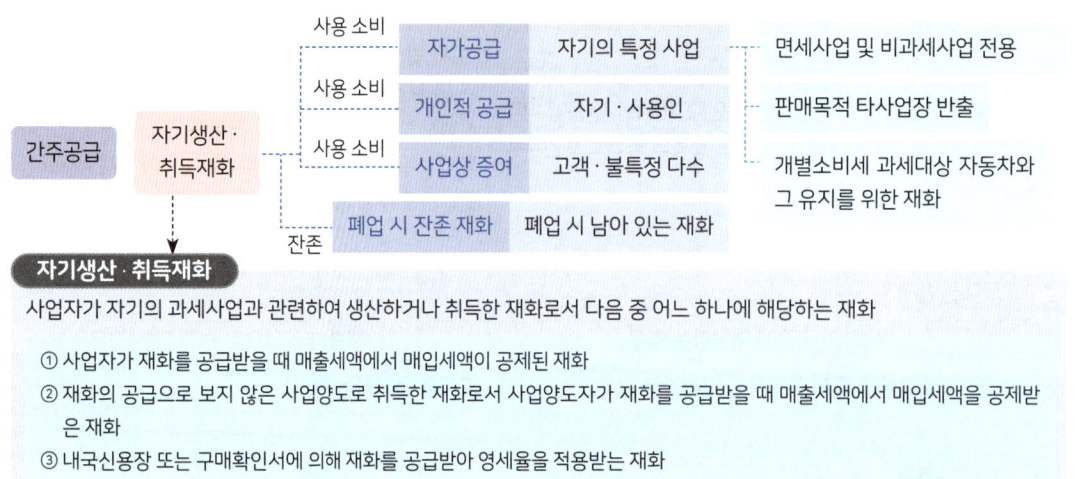

**자기생산·취득재화**

사업자가 자기의 과세사업과 관련하여 생산하거나 취득한 재화로서 다음 중 어느 하나에 해당하는 재화

① 사업자가 재화를 공급받을 때 매출세액에서 매입세액이 공제된 재화
② 재화의 공급으로 보지 않은 사업양도로 취득한 재화로서 사업양도자가 재화를 공급받을 때 매출세액에서 매입세액을 공제받은 재화
③ 내국신용장 또는 구매확인서에 의해 재화를 공급받아 영세율을 적용받는 재화

### 2.1 자가공급
#### 2.1.1 면세사업 및 비과세사업 전용

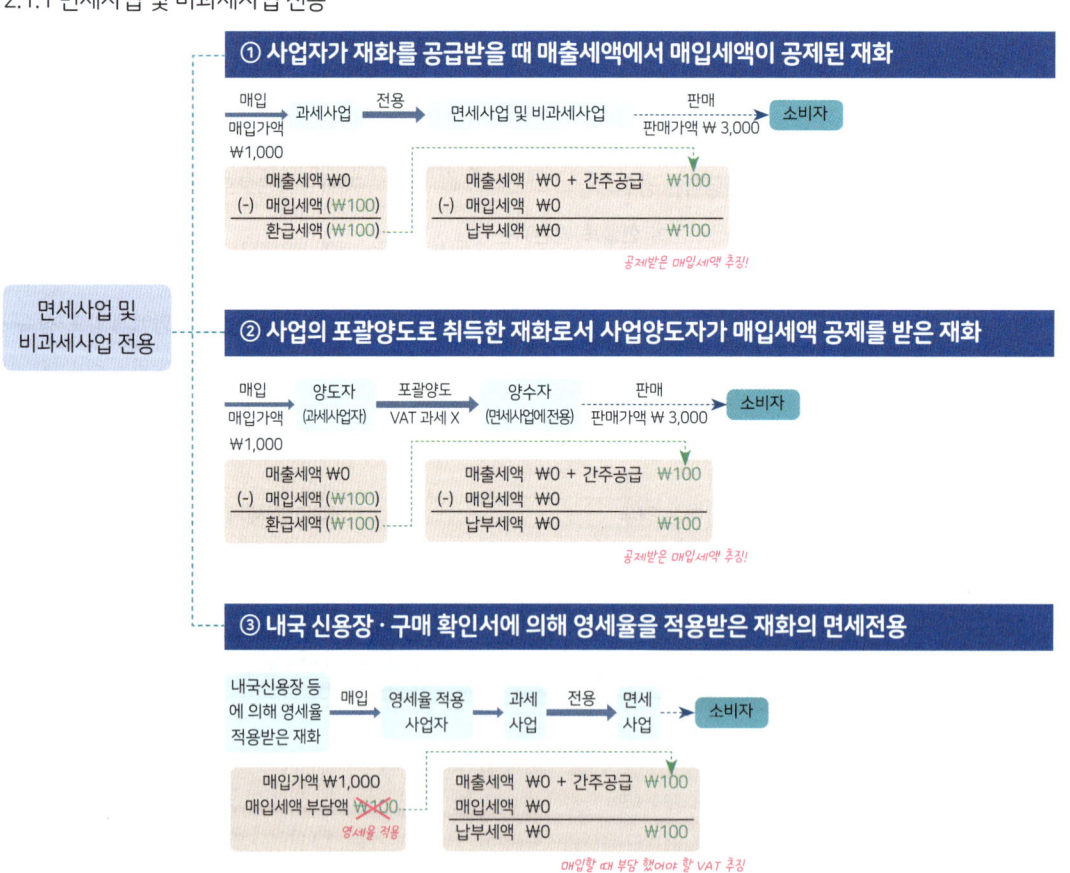

### 2.1.2 판매목적 타사업장 반출

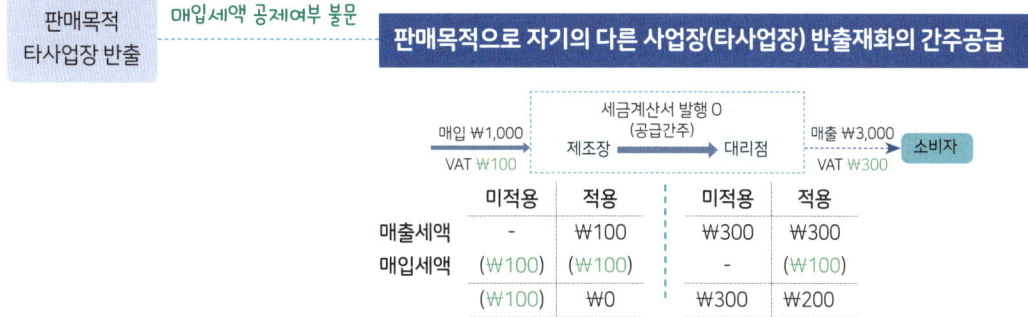

다음 중 어느 하나에 해당하는 경우 재화의 공급으로 보지 아니함

① 사업자가 사업자단위과세사업자로 적용을 받는 과세기간에 자기의 다른 사업장에 반출하는 경우
② 사업자가 주사업장총괄납부의 적용을 받는 과세기간에 자기의 다른 사업장에 반출하는 경우
 (단, 세금계산서를 발급하고 예정신고 또는 확정신고 규정에 따라 관할 세무서장에게 신고한 경우에는 재화의 공급으로 봄)

### 2.1.3 개별소비세 과세대상 자동차와 그 유지를 위한 재화

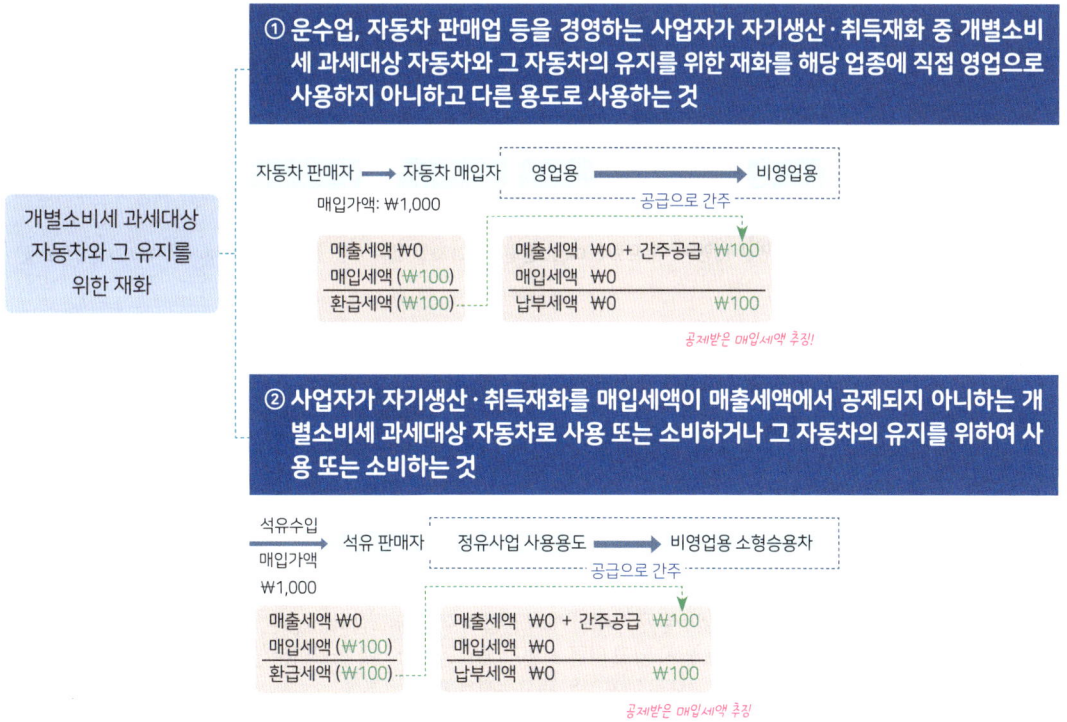

### 2.1.4 자가공급에 해당하지 않는 경우
: 사업자가 자기의 사업과 관련하여 생산하거나 취득한 재화를 자기의 과세사업을 위하여 다음과 같이 사용·소비하는 경우에는 재화의 공급으로 보지 않음

① 자기의 다른 사업장에서 원료·자재 등으로 사용·소비하기 위하여 반출하는 경우
② 자기 사업상의 기술개발을 위하여 시험용으로 사용·소비하는 경우
③ 수선비 등에 대체하여 사용·소비하는 경우
④ 사후무료서비스를 제공하기 위하여 사용·소비하는 경우
⑤ 불량품 교환 또는 광고선전을 위한 상품 진열 등의 목적으로 자기의 다른 사업장으로 반출하는 경우

### 2.2 개인적 공급

| 의미 | 사업자가 자신이 생산·취득한 재화(취득 시 매입세액이 공제된 재화 한정)를 사업과 직접 관계없이 자기의 개인적인 목적 등을 위하여 사용·소비하거나 그 사용인 또는 그 밖의 자가 사용·소비하는 것으로서 사업자가 그 대가를 받지 않거나 시가보다 낮은 대가를 받는 경우 사업주 스스로가 본인 또는 그 사용인 등에게 공급하는 것으로 보아 부가가치세를 과세하는 제도 |
|---|---|
| 적용 제외 | 다음의 것은 개인적 목적으로 사용하더라도 개인적 공급으로 보지 않기 때문에 과세하지 않음<br>① 매입 시 매입세액이 공제되지 아니한 것<br>② 사업자가 실비변상적이거나 복리후생적인 목적으로 그 사용인에게 대가를 받지 않거나 시가보다 낮은 대가를 받고 제공하는 것으로서 다음의 어느 하나에 해당하는 경우는 재화의 공급으로 보지 않음<br>　㉠ 사업을 위해 착용하는 작업복, 작업모 및 작업화를 제공하는 경우<br>　㉡ 직장연예 및 직장문화와 관련된 재화를 제공하는 경우<br>　㉢ 경조사와 관련된 재화 또는 설날·추석, 창립기념일 및 생일 등과 관련된 재화를 제공하는 경우 NEW |

*시가보다 낮은 대가를 받고 제공하는 것은 시가와 받은 대가의 차액에 한정함*

*각각 사용인 1명당 연간 10만원을 한도로 하며, 10만원을 초과하는 경우 해당 초과액에 대해서는 재화의 공급으로 봄*

### 2.3 사업상증여

| 의미 | 사업자가 자신이 생산·취득한 재화(취득 시 매입세액이 공제된 재화 한정)를 거래 상대방(자기의 고객이나 불특정 다수)에게 무상으로 증여(접대)한 경우에는 거래 상대방에게 공급한 것으로 보아 사업자에게 부가가치세를 과세하는 제도 |
|---|---|
| 적용 제외 | 다음을 거래 상대방에게 증여하는 경우에는 사업상 증여로 보지 않으므로 과세하지 않음<br>① 당초 매입 시 매입세액이 공제되지 아니한 것<br>② 증여하는 재화의 대가가 주된 거래인 재화 공급의 대가에 포함되는 경우<br>③ 사업을 위하여 대가를 받지 않고 다른 사업자에게 인도하거나 양도하는 견본품<br>④ 불특정다수인에게 무상으로 배포하는 광고선전용 재화<br>⑤ 「재난 및 안전관리 기본법」의 적용을 받아 특별재난지역에 공급하는 물품<br>⑥ 자기적립 마일리지 등으로만 전부를 결제받고 공급하는 재화 |

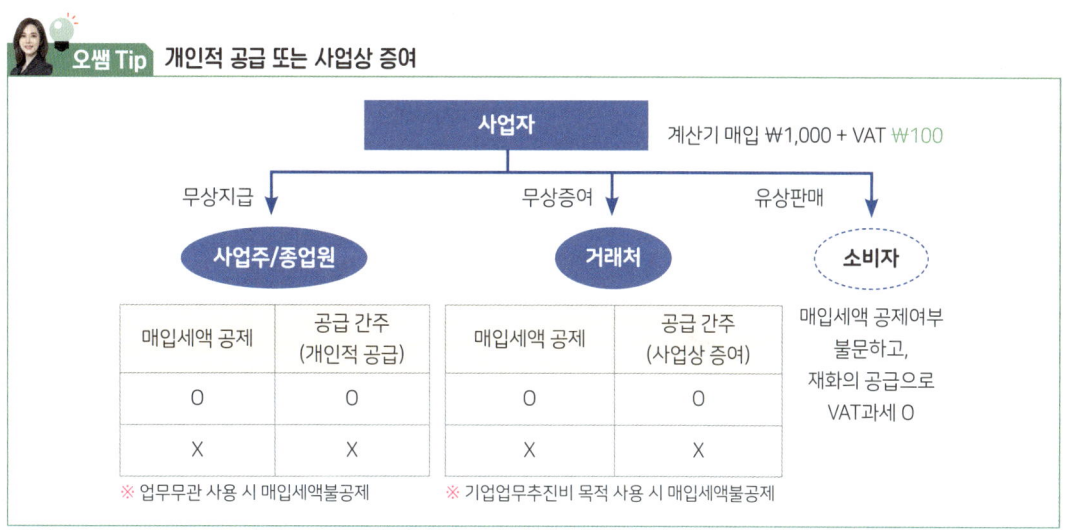

### 2.4 폐업 시 잔존 재화

| 의미 | 사업자가 자신이 생산·취득한 재화(취득 시 매입세액이 공제된 재화 한정)가 남아 있는 상태에서 폐업을 하는 경우(사업 개시일 이전에 사업자등록을 신청한 자가 사실상 사업을 시작하지 아니하게 되는 경우 포함)에는 폐업 시에 사업자 스스로가 본인에게 공급한 것으로 보아 부가가치세를 과세하는 제도 <br><br> 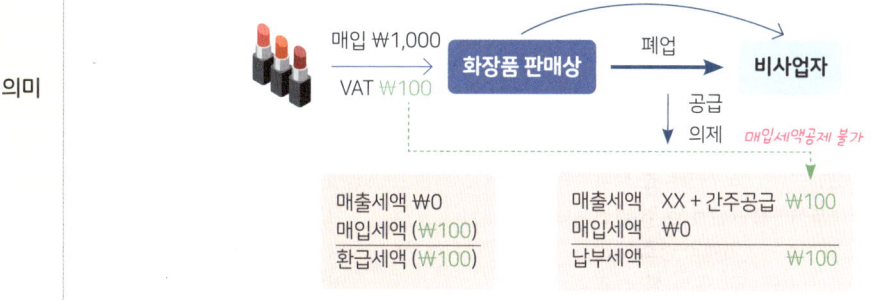 |
|---|---|
| 적용 제외 | 다음의 것은 폐업 시 남아 있는 재화로서 과세하지 않음 <br> ① 당초 매입 시 매입세액이 공제되지 아니한 것 <br> ② 사업자가 사업의 종류를 변경한 경우 변경 전 사업에 대한 잔존재화 <br> ③ 동일 사업장 내에서 2 이상의 사업을 겸영하는 사업자가 그 중 일부 사업을 폐지하는 경우 해당 폐지한 사업과 관련된 재고재화 <br> ④ 개인사업자 2인이 공동사업을 영위할 목적으로 사업장을 다른 사업자의 사업장에 통합하여 공동명의로 사업을 영위하는 경우에 통합으로 인하여 폐지된 사업장의 재고재화 <br> ⑤ 폐업일 현재 수입신고(통관)되지 아니한 미도착재화 <br> ⑥ 사업자가 직매장을 폐지하고 자기의 다른 사업장으로 이전할 때 해당 직매장의 재고재화 |

### 오쌤 Tip  간주공급별 세부 정리

| 구분 | | 당초 매입세액 불공제된 경우 | 세금계산서 | 간주공급 해당 시 과세표준 계산 |
|---|---|---|---|---|
| 자가공급 | 면세사업 전용재화 | 간주공급 X | 발급의무 없음 | 시가 |
| | 「개별소비세법」에 따른 소형승용차 및 그 유지 재화 | 간주공급 X | 발급의무 없음 | 시가 |
| | 판매목적 직매장 반출 | 간주공급 O | 발급의무 있음 | 취득가액(예외 인정) |
| 개인적 공급 | | 간주공급 X | 발급의무 없음 | 시가 |
| 사업상 증여 | | 간주공급 X | 발급의무 없음 | 시가 |
| 폐업 시 남아있는 재화 | | 간주공급 X | 발급의무 없음 | 시가 |

### 오쌤 Tip  간주공급으로 보지 않는 경우 정리

| 자가공급 | 개인적공급 | 사업상증여 | 폐업 시 잔존재화 |
|---|---|---|---|
| ① 타사업장의 원재료·자재 등 사용 목적 반출<br>② 시험연구용 사용<br>③ 광고진열용 반출<br>④ 불량품 교환, 수선비, 사후무료서비스 등으로 사용·소비 | ① 사업을 위해 착용하는 작업복·작업모·작업화<br>② 직장연예·직장문화와 관련된 용도로 사용되는 재화<br>③ 1인당 연 10만원 이내의 경조사 관련 또는 설날·추석, 창립기념일 및 생일 등과 관련된 재화 | ① 부수재화<br>② 대가수반이 없는 견본품<br>③ 불특정다수를 대상으로 한 광고선전물<br>④ 특별재난지역에 무상공급하는 재화<br>⑤ 자기적립마일리지로 전액을 결제받는 재화 | ① 사업자가 사업의 종류를 변경한 경우 변경 전 사업에 대한 잔존재화<br>② 동일 사업장 내에서 2 이상의 사업을 겸영하는 사업자가 그 중 일부 사업을 폐지하는 경우 폐지한 사업과 관련된 재고재화<br>③ 개인사업자 2인이 공동사업을 영위할 목적으로 한 사업자의 사업장을 다른 사업자의 사업장에 통합하여 공동명의로 사업을 영위하는 경우 통합으로 인하여 폐지된 사업장의 재고재화<br>④ 폐업일 현재 수입신고(통관)되지 아니한 미도착재화<br>⑤ 사업자가 직매장을 폐지하고 자기의 다른 사업장으로 이전하는 경우 해당 직매장의 재고재화 |

### ❸ 위탁매매   중요도 ★★☆

#### 3.1 위탁매매의 경우 재화의 공급 간주

| 원칙 | 위탁매매 또는 대리인에 의한 매매를 할 때에는 위탁자 또는 본인이 직접 재화를 공급하거나 공급받은 것으로 봄 |
|---|---|
| 예외 | 해당 거래 또는 재화의 특성상 또는 보관·관리상 위탁자 또는 본인을 알 수 없는 경우에는 수탁자 또는 대리인에게 재화를 공급하거나 수탁자 또는 대리인으로부터 재화를 공급받은 것으로 봄 |

### 3.2 위탁자 지위 이전에 대한 재화의 공급 간주

| | |
|---|---|
| 원칙 | 「신탁법」에 따라 위탁자 지위가 이전되는 경우 기존 위탁자가 새로운 위탁자에게 신탁 재산을 공급한 것으로 보며, 기존 위탁자가 해당 공급에 대한 부가가치세의 납세의무자가 됨 |
| 예외 | 신탁재산에 대한 실질적인 소유권의 변동이 있다고 보기 어려운 경우로서 다음의 어느 하나에 해당하는 경우에는 신탁재산의 공급으로 보지 아니함<br>① 「자본시장과 금융투자업에 관한 법률」에 따른 집합투자기구의 집합투자업자가 다른 집합투자업자에게 위탁자의 지위를 이전하는 경우<br>② 신탁재산의 실질적인 소유권이 위탁자가 아닌 제3자에게 있는 경우 등 위탁자의 지위 이전에도 불구하고 신탁재산에 대한 실질적인 소유권의 변동이 있다고 보기 어려운 경우 |

## ❹ 재화의 공급으로 보지 않는 경우  중요도 ★★★

※ 일반과세자로부터 사업을 포괄적으로 양도받은 자는 간이과세 적용이 불가능하지만, 양도받은 이후 간이과세 요건을 충족하는 경우 간이과세자에 관한 규정을 적용받을 수 있음

| 구분 | 재화의 공급으로 보지 않음 | 재화의 공급으로 봄 |
|---|---|---|
| 사업의 포괄적 양도 | 사업장별로 그 사업에 관한 모든 권리와 의무를 포괄적으로 승계시키는 사업의 양도를 하는 경우 | 사업양수인이 대가를 지급한 때에 그 대가를 받은 자로부터 부가가치세를 징수하여 납부한 경우에는 공급에 해당함 |
| 담보의 제공 | 질권, 저당권 또는 양도담보의 목적으로 동산, 부동산 및 부동산상의 권리를 제공하는 경우 | 담보를 제공한 이후 채무불이행으로 인해 담보물이 변제에 충당된 경우에는 공급으로 간주함 |
| 조세의 물납 | 「상속세 및 증여세법」 및 「지방세법」에 따라 사업용 자산으로써 상속세·재산세를 물납하는 경우 | - |
| 신탁재산의 소유권 이전 | 신탁재산의 소유권 이전으로서 다음의 어느 하나에 해당하는 경우<br>① 위탁자로부터 수탁자에게 신탁재산을 이전하는 경우<br>② 신탁의 종료로 인하여 수탁자로부터 위탁자에게 신탁재산을 이전하는 경우<br>③ 수탁자가 변경되어 새로운 수탁자에게 신탁재산을 이전하는 경우 | - |
| 재화의 멸실 | 화재·도난·재고감모손 등으로 인해 재화가 멸실된 경우 | - |
| 손해배상금 | 사업자가 각종 원인에 의하여 다음 예시에 따른 손해배상금 등을 받는 경우<br>① 소유 재화의 훼손·도난 등으로 가해자로부터 받는 손해 배상금<br>② 도급공사 및 납품계약의 기일지연으로 받는 지체상금<br>③ 공급받을 자의 해약으로 재화나 용역의 공급없이 받는 위약금 또는 손해배상금<br>④ 대여한 재화의 망실에 대하여 받는 변상금 | - |
| 위탁가공 원자재 무상 반출 | 사업자가 위탁가공을 위하여 원자재를 국외 수탁가공업자에게 대가 없이 반출한 경우 | 해당 재화를 가공한 이후 양도하는 경우, 그 원료의 반출에 대하여는 재화의 공급으로 보아 영세율을 적용함 |

## 3 용역의 공급

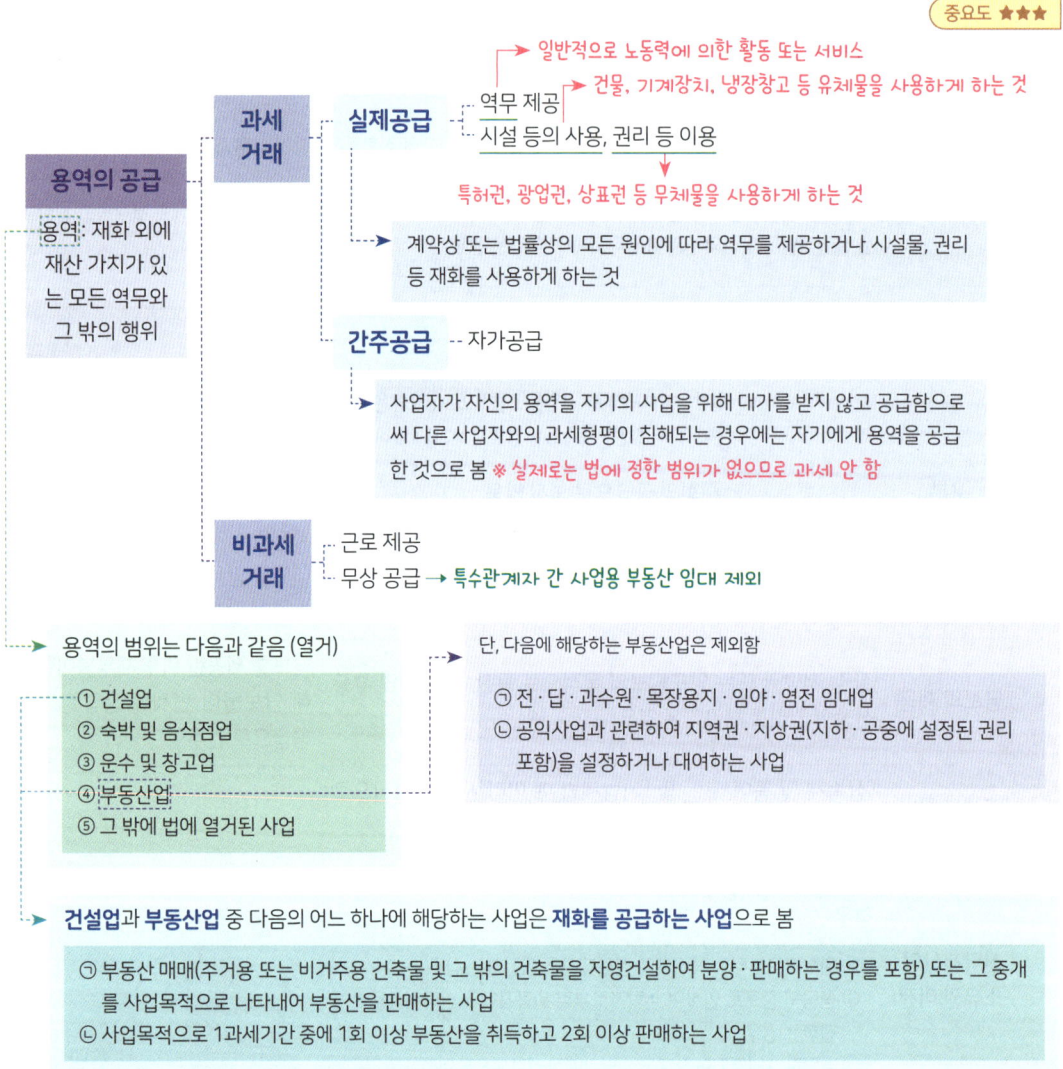

### ❶ 용역의 공급 개요

| 의미 | 계약상 또는 법률상의 모든 원인에 따른 것으로서 역무를 제공하는 것과 시설물, 권리 등 재화를 사용하게 하는 것 |
|---|---|
| 범위 | 다음에 해당하는 것은 용역의 공급으로 봄<br>① 건설업의 경우 건설업자가 건설자재의 전부 또는 일부를 부담하는 것<br>② 자기가 주요자재를 전혀 부담하지 않고 상대방으로부터 인도받은 재화를 단순히 가공만 하는 것<br>③ 산업상·상업상 또는 과학상의 지식·경험 또는 숙련에 관한 정보를 제공하는 것 |

## ❷ 용역의 공급 특례

### 2.1 무상공급

| 용역의 공급으로 보지 않는 경우 | 용역의 공급으로 보는 경우 |
|---|---|
| 사업자가 대가를 받지 않고 타인에게 용역을 공급하는 것 | 특수관계자에게 사업용 부동산의 임대용역을 무상으로 제공하는 것<br><br>단, 다음의 것은 용역의 공급으로 보지 않음<br>㉠ 산학협력단과 대학 간 사업 부동산의 임대용역<br>㉡ 「공공주택특별법」에 따른 공공주택사업자(국가, 또는 지방자치단체, 한국토지주택공사, 주택사업을 목적으로 설립된 지방공사 등)와 부동산투자회사 간 사업용 부동산의 무상임대용역 |

### 2.2 자가공급

| 용역의 공급으로 보지 않는 경우 | 용역의 공급으로 보는 경우 |
|---|---|
| 용역의 자가공급에 대하여는 부가가치세를 과세하지 않음<br>용역의 무상공급에 대하여 부가가치세를 과세하지 않는 것과 형평을 맞추기 위함<br><br>ex)<br>① 사업장 내에서 그 사용인에게 음식용역을 무상으로 제공<br>② 사용인의 직무상 부상 또는 질병을 무상으로 치료<br>③ 겸영사업자가 한 사업장의 재화 또는 용역의 공급에 필수적으로 부수되는 용역을 자기의 다른 사업장에서 공급 | 사업자가 자신의 용역을 자기의 사업을 위하여 대가를 받지 아니하고 공급함으로써 다른 사업자와의 과세형평이 침해되는 경우에는 자기에게 용역을 제공하는 것으로 봄 → 그 용역의 범위는 대통령령으로 정함<br>→ 현재 대통령령으로 정한 것은 없으므로 용역의 자가공급에 대해 과세하지 않는 것으로 해석함 |

### 2.3 고용관계에 따른 근로용역의 제공
: 고용관계에 따라 근로를 제공하는 것은 용역의 공급으로 보지 않음

### 2.4 조출료와 체선료

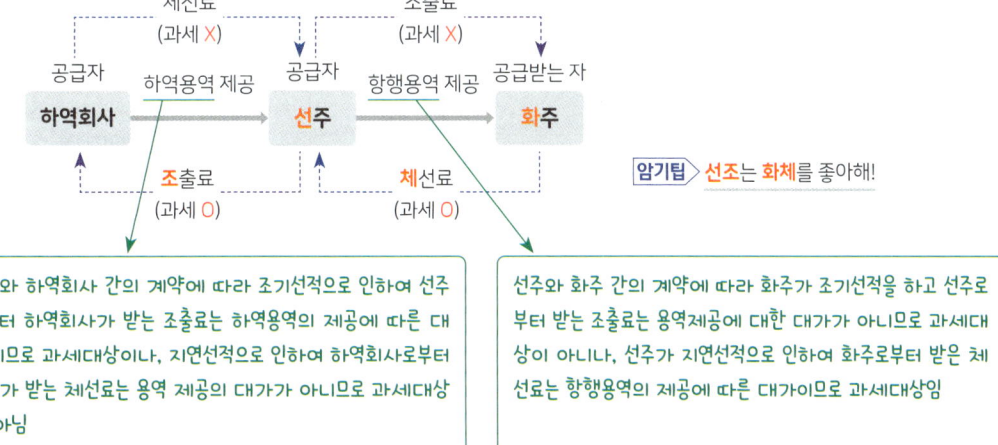

암기팁〉 선조는 화체를 좋아해!

선주와 하역회사 간의 계약에 따라 조기선적으로 인하여 선주로부터 하역회사가 받는 조출료는 하역용역의 제공에 따른 대가이므로 과세대상이나, 지연선적으로 인하여 하역회사로부터 선주가 받는 체선료는 용역 제공의 대가가 아니므로 과세대상이 아님

선주와 화주 간의 계약에 따라 화주가 조기선적을 하고 선주로부터 받는 조출료는 용역제공에 대한 대가가 아니므로 과세대상이 아니나, 선주가 지연선적으로 인하여 화주로부터 받은 체선료는 항행용역의 제공에 따른 대가이므로 과세대상임

## 2.5 입회금과 특별회비 등

| 용역의 공급으로 보지 않는 경우 | 용역의 공급으로 보는 경우 |
|---|---|
| ① 골프장·테니스장 경영자가 이용자로부터 받는 입회금 중 일정기간 거치 후 **반환하는 입회금**<br>② 협회 등 단체가 대가관계 없이 회원으로부터 받는 협회비·찬조비 및 특별회비 등 | 골프장·테니스장 경영자가 장소이용자로부터 받는 입회금 중 일정기간 거치 후 **반환하지 않는 입회금** |

## 2.6 분철료
: 광업권자가 광업권을 대여하고 그 대가로 분철료를 받는 경우에는 과세대상이 됨

# 4 재화의 수입

## ❶ 재화의 수입 개요

중요도 ★★★

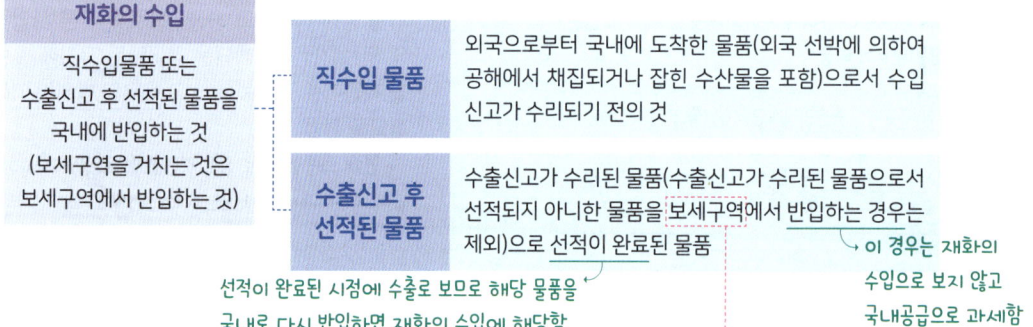

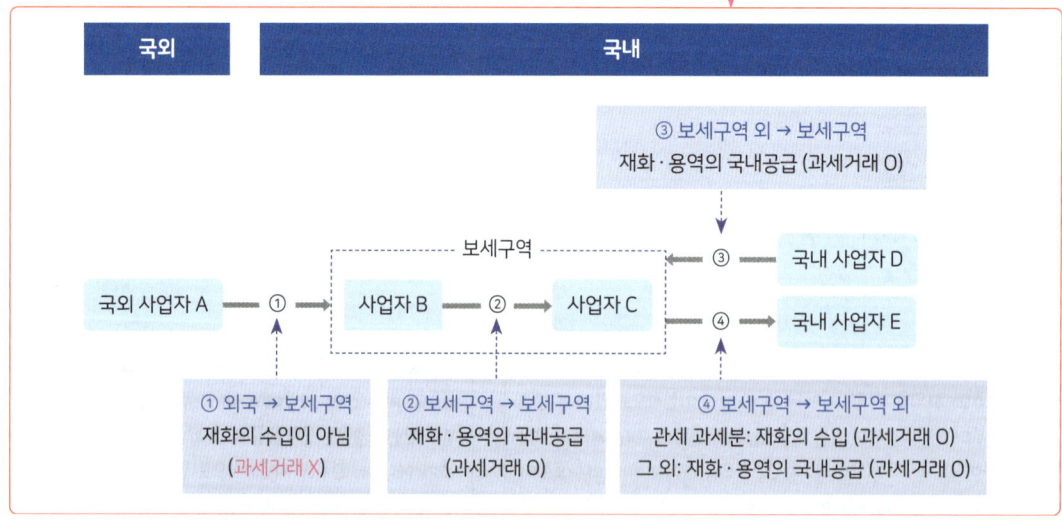

## ❷ 징수 방법

중요도 ★★★

: 재화의 수입에 대한 부가가치세는 세관장이 「관세법」에 따라 징수함

## 5 부수재화 또는 용역의 공급

### ❶ 주된 거래에 부수되는 재화·용역 　　중요도 ★★☆

: 주된 재화 또는 용역의 공급에 부수되어 공급되는 것으로서 다음에 해당하는 재화 또는 용역의 공급은 **주된 재화 또는 용역의 공급에 포함되는 것**으로 봄 (keyword: 통상적으로 or 주된 거래 → 별도의 공급으로 보지 않음)

| 범위 | 과세여부 판단 |
|---|---|
| 해당 대가가 주된 재화 또는 용역의 공급에 대한 대가에 **통상적으로 포함**되어 공급되는 재화 또는 용역<br>**EX** 공급하는 재화의 포장용기 및 운반용역, 조경공사용역을 공급하면서 제공하는 수목·화초 | 부수공급의 과세 및 면세 여부는 주된 거래에 따름 (keyword: 통상적으로 "포함" → 주된 거래에 따름)<br><br>주된 거래: 쌀(면세) / 공급하는 재화·용역: 배달(면세) → 운반비 별도로 안 받음 (배달은 과세용역이지만 쌀이 면세이므로 면세)<br><br>주된 거래: TV(과세) / 공급하는 재화·용역: 배달(과세) → 운반비 별도로 안 받음 (TV가 과세이므로 배달도 과세) |
| 거래의 관행으로 보아 **통상적으로** 주된 재화 또는 용역의 공급에 **부수**하여 공급되는 것으로 인정되는 재화 또는 용역<br>**EX** 아이스크림 판매 시 제공되는 드라이아이스, 항공기 내에서 무상으로 식사를 제공하는 행위 | 주된 거래인 재화 또는 용역의 공급에 흡수되는 것으로 보아 별도의 사업상 증여로 보지 않음 (keyword: 통상적으로 "부수" → 별도의 사업상 증여로 보지 않음) |

### ❷ 주된 사업에 부수되는 재화·용역 　　중요도 ★★☆

: 주된 사업에 부수되는 다음에 해당하는 재화 또는 용역의 공급은 별도의 공급으로 보되, 과세 및 면세 여부 등은 주된 사업의 과세 및 면세 여부 등을 따름 (keyword: 주된 사업 → 별도의 공급으로 봄)

| 범위 | 과세여부 판단 |
|---|---|
| **주된 사업**과 관련하여 **우연히 또는 일시적**으로 공급되는 재화 또는 용역<br>**EX** 금융업자가 사업용 부동산을 양도하는 경우, 제조업자가 사용하던 화물 차량을 매각하는 경우, 부동산임대업자가 사용하던 건물을 매각하는 경우 | 해당 재화 또는 용역이 면세대상이라면 주된 사업이 과세사업이든 면세사업이든 면세되지만, 해당 재화 또는 용역이 과세대상이라면 주된 사업에 따라 판단함 (keyword: 우연히 일시적 → 과과과 빼고 다 면세)<br><br>주된 거래: 유통업(과세) / 공급하는 재화·용역: 건물(과세) → 우연히 또는 일시적으로 공급되는 재화(건물)가 과세대상이면 주된 사업(유통업)에 따라 판단함 (유통업이 과세이므로 건물도 과세) **과과과**<br><br>주된 거래: 학원업(면세) / 공급하는 재화·용역: 건물(면세) → 우연히 또는 일시적으로 공급되는 재화(건물)가 과세대상이면 주된 사업(학원업)에 따라 판단함 (학원업이 면세이므로 건물은 과세대상이더라도 면세) |

| 주된 사업과 관련하여 주된 재화의 생산 과정이나 용역의 제공 과정에서 **필연적으로 생기는 재화** | 부수공급의 과세 및 면세 여부는 주된 사업에 따름 (keyword: 필연 → 과세사업&과세는 필연, 면세사업&면세는 필연) |
|---|---|
| (EX) 참치캔을 제조하는 사업자가 판매하는 참치알, 밀가루 제조하는 과정에서 생산되는 밀기울, 옥수수 전분을 제조하는 과정에서 생산되는 옥피) | 주된 사업 / 필연적으로 생기는 재화<br>참치캔(과세) → 참치알(과세) → 주된 사업에 따라 판단함 (참치캔이 과세이므로 참치알은 면세대상이더라도 과세)<br>밀가루(면세) → 밀기울(면세) → 주된 사업에 따라 판단함 (밀가루가 면세이므로 밀기울도 면세) |

### 오쌤 Tip  부수재화 또는 용역의 공급 정리

**[주된 거래에 부수되는 재화·용역 = 별도의 공급으로 보지 않음]**

| 구분 | 주된 거래 | 공급되는 재화 또는 용역 | 과세·면세 구분 |
|---|---|---|---|
| 통상적으로 포함되어 공급되는 재화 또는 용역 | 과세거래 | 과세대상 | 과세 |
| | | 면세대상 | 과세 |
| | 면세거래 | 과세대상 | 면세 |
| | | 면세대상 | 면세 |
| 관행으로 보아 통상적으로 공급에 부수하여 공급되는 재화 또는 용역 | 과세거래 | 과세대상 | 주된 거래인 재화 또는 용역의 공급에 흡수되는 것으로 보아 별도의 사업상 증여로 보지 않음 |
| | | 면세대상 | |
| | 면세거래 | 과세대상 | |
| | | 면세대상 | |

**[주된 사업에 부수되는 재화·용역 = 별도의 공급으로 봄]**

| 구분 | 주된 사업 | 공급되는 재화 또는 용역 | 과세·면세 구분 |
|---|---|---|---|
| 우연히 또는 일시적으로 공급되는 재화 또는 용역<br>(과과만 과세!) | 과세사업 | 과세대상 | 과세 |
| | | 면세대상 | 면세 |
| | 면세사업 | 과세대상 | 면세 |
| | | 면세대상 | 면세 |
| 필수(필연)적으로 생기는 재화 | 과세사업 | 과세대상 | 과세 |
| | | 면세대상 | 과세 |
| | 면세사업 | 과세대상 | 면세 |
| | | 면세대상 | 면세 |

# 03 공급시기 및 공급장소

제4편 부가가치세법

## 1 공급시기

### ❶ 공급시기의 의미

중요도 ★☆☆

: 재화나 용역의 <u>공급이 이루어진 시기</u> → 해당 거래에 대한 과세가 어느 과세기간에 귀속되는가를 결정하고, 이를 기반으로 세금계산서를 발급해야 하므로 과세를 결정하는 데 있어 중요한 기준이 됨

### ❷ 재화의 공급시기

중요도 ★★★

#### 2.1 일반적 공급시기

| 재화의 이동이 필요한 경우 | 재화가 인도되는 때 |
|---|---|
| 재화의 이동이 필요하지 않은 경우 | 재화가 이용 가능하게 되는 때 |
| 위의 규정을 적용할 수 없는 경우 | 재화의 공급이 확정되는 때 |

#### 2.2 거래형태별 공급시기

| 거래형태 | | 거래형태별 공급시기 |
|---|---|---|
| 현금판매, 외상판매 또는 할부판매 | | 재화가 인도 or 이용가능하게 되는 때 |
| 상품권 등을 현금·외상으로 판매하고 그 후 해당 상품권 등이 현물과 교환되는 경우 | | 재화가 실제로 인도되는 때 ↳ 상품권 판매시점이 아님 주의 |
| 재화의 공급으로 보는 가공 | | 가공된 재화를 인도하는 때 |
| 반환조건부 판매, 동의조건부 판매, 그 밖의 조건부 판매 및 기한부 판매 | | 그 조건이 성취되거나 기한이 지나 판매가 확정되는 때 |
| 장기할부판매로 재화를 공급하는 경우 | | 대가의 각 부분을 받기로 한 때 |
| 전력이나 그 밖에 공급단위를 구획할 수 없는 재화를 계속적으로 공급하는 경우 | | |
| 완성도기준지급조건부 또는 중간지급조건부로 재화를 공급하는 경우 | | 대가의 각 부분을 받기로 한 때*1 |
| 간주공급 | ① 자가공급 | 재화를 사용·소비하는 때 |
| | ② 사업상 증여 | 재화를 증여하는 때 |
| | ③ 폐업 시 잔존재화의 자가공급 | 폐업일 |
| | ④ 판매목적 타사업장 반출 | 재화를 반출하는 때 |

*1 단, 재화가 인도되거나 이용가능하게 되는 날 이후에 받기로 한 대가의 부분에 대해서는 재화가 인도되거나 이용가능하게 되는 날

| | | |
|---|---|---|
| 수출재화 | ① 내국물품의 국외반출 및 중계무역방식의 수출 | 수출재화의 선(기)적일 |
| | ② 원양어업 및 위탁판매수출 | 수출재화의 공급가액이 확정되는 때 |
| | ③ 외국인도수출 및 위탁가공무역방식의 수출 | 외국에서 해당 재화가 인도되는 때 |
| 임치물의 반환 | ① 창고증권을 소지한 사업자가 조달청 창고 또는 거래소 지정창고에서 실물을 넘겨받은 후 보세구역의 다른 사업자에게 해당 재화를 인도하는 경우 | 해당 재화를 인도하는 때 |
| | ② 해당 재화를 실물로 넘겨받는 것이 재화의 수입에 해당하는 경우 | 그 수입신고 수리일 |
| | ③ 국내로부터 조달청 창고 또는 거래소의 지정창고에 임치된 임치물이 국내로 반입되는 경우 | 그 반입신고 수리일 |
| 내국신용장에 의하여 공급하는 재화 | | 재화를 인도하는 때 |
| 무인판매기를 이용한 재화의 공급 | | 무인판매기에서 현금을 꺼내는 때 |
| 폐업 전에 공급*2한 재화의 공급시기가 폐업일 이후에 도래하는 경우 | | 폐업일 |

*2 재화의 인도·양도가 이루어지지 않더라도 공급의 상대방, 시기, 가액을 확정할 수 있는 계약 등의 원인이 폐업 전에 발생한 경우를 포함

### 2.3 기타 거래형태별 공급시기

| 거래형태 | 거래형태별 공급시기 |
|---|---|
| 사업자가 보세구역 안에서 보세구역 밖의 국내에 재화를 공급하는 경우가 재화의 수입에 해당하는 경우 | 수입신고 수리일 |
| 위탁판매·대리인에 의한 매매 | 수탁자·대리인의 공급을 기준으로 공급시기 규정을 적용*1 |
| 시설대여업자로부터 시설 등을 임차하고 그 시설 등을 공급자 또는 세관장으로부터 직접 인도받은 경우(리스거래) | 사업자가 공급자로부터 재화를 직접 공급받거나 외국으로부터 재화를 직접 수입한 것으로 보아 공급시기의 규정을 적용 |

*1 해당 거래·재화의 특성상(또는 보관·관리상) 위탁자·본인을 알 수 없는 경우에는 위탁자와 수탁자 또는 본인과 대리인 사이에도 별개의 공급이 이루어진 것으로 보아 공급시기의 규정을 적용

> **오쌤 Tip** 리스거래
>
>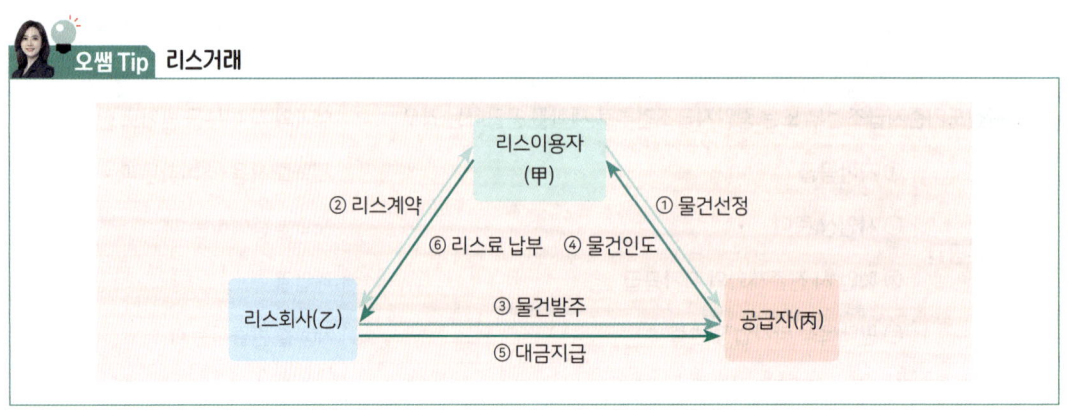

| | | |
|---|---|---|
| 장기할부<br>판매 | 재화를 공급하고 그 대가를 월부, 연부 그 밖의 할부의 방법에 따라 받는 것 중 다음 요건을 모두 갖춘 것을 말함<br>① 해당 재화의 인도일의 다음 날부터 최종할부금 지급기일까지의 기간이 1년 이상인 것<br>② 2회 이상으로 분할하여 대가를 받을 것 | ① 1년 이상<br>② 2회 이상<br>인도 ― 대금 ― 대금 |
| 완성도기준<br>지급조건부 공급 | 건물의 건설·선박의 건조·기계의 제작 등과 같이 그 생산에 일정한 기간이 소요되는 재화를 인도하기 전에 재화의 완성비율에 따라 대가를 지급받기로 한 조건의 공급을 말함 | |
| 중간지급<br>조건부 공급 | 다음 요건을 모두 갖춘 것을 말함<br>① 계약금을 받기로 한 날의 다음 날부터 재화를 인도하는 날(또는 재화를 이용가능하게 하는 날)까지의 기간이 6개월 이상일 것<br>② 그 기간 이내에 계약금 외의 대가를 분할하여 받는 경우 | ① 6개월 이상<br>② 3회 이상<br>계약금 ― 중도금 ― 잔금 ― 인도 |

## ❸ 용역의 공급시기

중요도 ★★☆

### 3.1 일반적 공급시기
: 용역이 공급되는 시기는 다음 중 어느 하나에 해당하는 때로 함

① 역무의 제공이 완료되는 때
② 시설물, 권리 등 재화가 사용되는 때

### 3.2 거래형태별 공급시기

| 거래형태 | 거래형태별 공급시기 |
|---|---|
| 장기할부조건부 또는 그 밖의 조건부, 공급단위를 구획할 수 없는 용역(부동산의 임대)을 계속적으로 공급하는 경우 | 대가의 각 부분을 받기로 한 때 |
| 완성도기준지급조건부 또는 중간지급조건부 | 대가의 각 부분을 받기로 한 때[1] |
| 부동산임대용역을 공급하는 경우에 전세금 또는 임대보증금에 대한 간주임대료 | |
| 부동산임대용역을 둘 이상의 과세기간에 걸쳐 공급하고 그 대가를 선불 또는 후불로 받는 경우에 월수에 따라 안분계산한 임대료 | |
| 다음의 어느 하나에 해당하는 용역을 둘 이상의 과세기간에 걸쳐 계속적으로 제공하고 그 대가를 선불로 받는 경우<br>㉠ 헬스클럽장 등 스포츠센터를 운영하는 사업자가 연회비를 미리 받고 회원들에게 시설을 이용하게 하는 것<br>㉡ 사업자가 다른 사업자와 상표권 사용계약을 할 때 사용대가 전액을 일시불로 받고 상표권을 사용하게 하는 것<br>㉢ 「노인복지법」에 따른 노인복지시설(유료인 경우에만 해당)을 설치·운영하는 사업자가 그 시설을 분양받은 자로부터 입주 후 수영장·헬스클럽장 등을 이용하는 대가를 입주 전에 미리 받고 시설 내 수영장·헬스클럽장 등을 이용하게 하는 것<br>㉣ 그 밖에 ㉠~㉢의 규정과 유사한 용역 | 예정신고기간 또는 과세기간의 종료일 |
| 「사회기반시설에 대한 민간투자법」의 방식을 준용하여 설치한 시설에 대하여 둘 이상의 과세기간에 걸쳐 계속적으로 시설을 이용하게 하고 그 대가를 받는 경우 | |

[1] 역무의 제공 완료 이후 받기로 한 대가는 역무제공이 완료되는 날을 공급시기로 봄

| 역무의 제공이 완료된 때 또는 대가를 받기로 한 때를 공급시기로 볼 수 없는 경우 | 역무의 제공이 완료되고 그 공급가액이 확정되는 때 |
|---|---|
| 폐업 전에 공급한 용역의 공급시기가 폐업일 이후에 도래하는 경우 | 폐업일 |

### ④ 재화의 수입시기  〔중요도 ★★★〕

: 「관세법」에 따른 수입신고가 수리된 때

### ⑤ 재화 및 용역의 공급시기의 특례  〔중요도 ★★★〕

: 세금계산서는 공급시기에 발급하는 것을 원칙으로 하며, 이 외의 시기에 발급한 것은 인정하지 않는 것이 원칙이나 다음의 공급시기 특례를 인정함

#### 5.1 공급시기 전에 세금계산서(선세금계산서)를 발급하는 경우

**① 공급시기 도래 전에 대가를 받고 세금계산서를 발급한 경우**

: 사업자가 재화 또는 용역의 공급시기가 되기 전에 재화 또는 용역에 대한 대가의 전부 또는 일부를 받고, 그 받은 대가에 대하여 세금계산서 또는 영수증을 발급하면 그 세금계산서 등을 발급하는 때를 공급시기로 봄 → 이 경우의 세금계산서는 원칙적인 공급시기 전까지 발급할 수 있으며, 대가의 지급시기와 발급시기의 과세기간이 다른 경우에는 세금계산서 발급이 이루어진 때를 공급시기로 봄

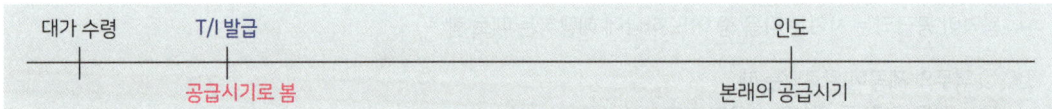

**② 공급시기 도래 전에 세금계산서를 발급하고 대가를 받는 경우**

㉠ 선발급하고 7일 이내 대가 수령

: 사업자가 재화 또는 용역의 공급시기가 되기 전에 세금계산서를 발급하고, 그 발급일부터 7일 이내에 대가를 받으면 해당 세금계산서를 발급한 때를 재화 또는 용역의 공급시기로 봄

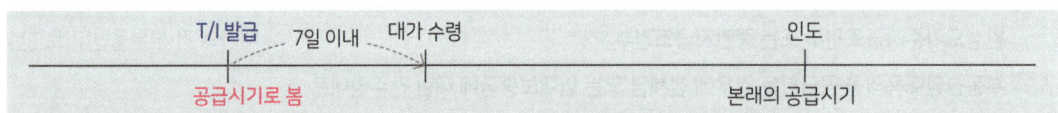

㉡ 선발급하고 7일 이후 대가 수령 (30일 이내 수령 약정)

: 거래 당사자 간의 계약서·약정서 등에 대금 청구시기(세금계산서 발급일)와 지급시기를 따로 적고, 대금 청구시기와 지급시기 사이의 기간이 30일 이내인 경우 그 재화 또는 용역의 공급시기가 되기 전에 공급하는 사업자가 세금계산서를 발급하고 그 세금계산서 발급일부터 7일이 지난 후 대가를 받더라도 해당 세금계산서를 발급한 때를 재화 또는 용역의 공급시기로 봄

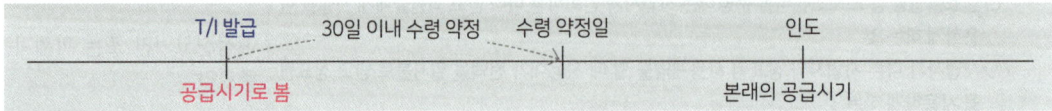

ⓒ 선발급하고 7일 이후 대가 수령 (동일 과세기간 내에 공급시기 도래)

: 재화 또는 용역의 공급시기가 세금계산서 발급일이 속하는 과세기간 내(공급받는 자가 조기환급을 받은 경우에는 세금계산서 발급일부터 30일 이내)에 도래하는 경우 그 재화 또는 용역의 공급시기가 되기 전에 공급하는 사업자가 세금계산서를 발급하고 그 세금계산서 발급일부터 7일이 지난 후 대가를 받더라도 해당 세금계산서를 발급한 때를 재화 또는 용역의 공급시기로 봄

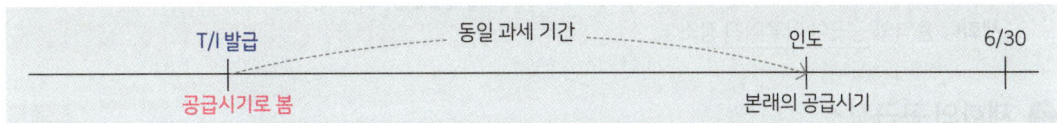

### ③ 대가를 받지 않고 공급시기 전에 세금계산서를 발급하는 경우

: 사업자가 할부로 재화 또는 용역을 공급하는 경우 등으로서 다음에 해당하는 공급시기(대가의 각 부분을 받기로 한 때)가 되기 전에 세금계산서 또는 영수증을 발급하는 경우에는 그 발급한 때를 각각 그 재화 또는 용역의 공급시기로 봄

ⓐ 장기할부판매로 재화를 공급하거나 장기할부조건부로 용역을 공급하는 경우
ⓑ 전력이나 그 밖의 공급단위를 구획할 수 없는 재화를 계속적으로 공급하는 경우
ⓒ 부동산 임대용역 등 공급단위를 구획할 수 없는 용역을 계속적으로 공급하는 경우
ⓓ 외국항행용역의 공급으로서 「상법」에 따라 발행된 선하증권에 따라 거래사실이 확인되는 경우(용역의 공급시기가 선하증권 발행일로부터 90일 이내인 경우로 한정)

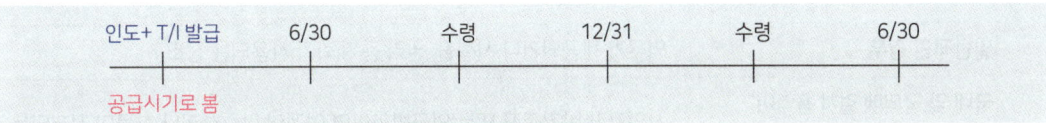

## 5.2 공급시기 후에 세금계산서(후세금계산서)를 발급하는 경우

: 재화·용역의 공급시기 후에 세금계산서를 발급하면 이를 인정하지 않는 것이 원칙이나, 다음의 어느 하나에 해당하는 경우 '재화·용역의 공급일이 속하는 달의 다음 달 10일까지' 세금계산서를 발행할 수 있음 → 이 경우 선세금계산서와는 달리 세금계산서의 발행일자와는 무관하게 공급의 시기는 변하지 않고 **본래의 공급시기 규정을 그대로 적용함**

### ① 거래처별로 달의 1일부터 말일까지의 공급가액을 합하여 세금계산서를 발급하는 경우

: 거래처별로 달의 1일부터 말일까지의 공급가액을 합하여 해당 달의 말일을 작성연월일로 하여 세금계산서를 발급하는 경우 재화·용역의 공급일이 속하는 달의 다음 달 10일까지 세금계산서를 발행할 수 있음

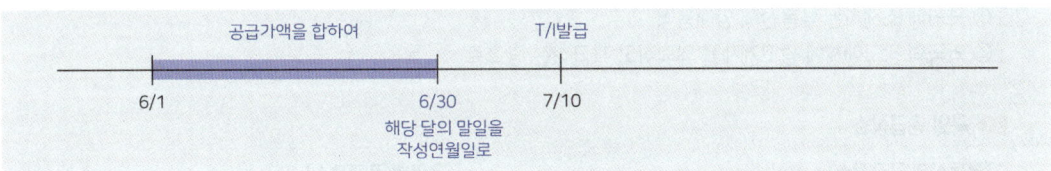

### ② 거래처별로 달의 1일부터 말일까지의 기간 이내 임의로 정한 기간의 공급가액을 합하여 세금계산서를 발급하는 경우

: 거래처별로 달의 1일부터 말일까지의 기간 이내에 사업자가 임의로 정한 기간의 공급가액을 합하여 그 기간의 종료일을 작성연월일로 하여 세금계산서를 발급하는 경우 재화·용역의 공급일이 속하는 달의 다음 달 10일까지 세금계산서를 발행할 수 있음

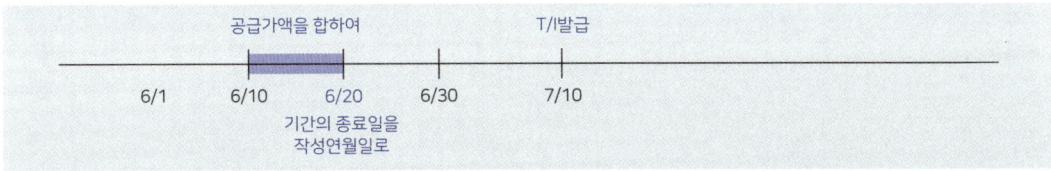

### ③ 관계 증명서류 등에 따라 실제 거래사실이 확인되어 세금계산서를 발급하는 경우

: 관계 증명서류 등에 따라 실제거래사실이 확인되는 경우로서 해당 거래일을 작성 연월일로 하여 세금계산서를 발급하는 경우 재화 또는 용역의 공급일이 속하는 달의 다음 달 10일까지 세금계산서를 발급할 수 있음

## 2 공급장소

### ❶ 공급장소의 의미
공급장소에 따라 국내거래인지 국외거래인지를 구분할 수 있으므로 공급장소는 과세권이 미치는 거래(국내거래)인지를 결정할 수 있는 기준이 됨

중요도 ★★☆

: 재화나 용역의 공급이 이루어진 장소

### ❷ 재화의 공급장소

중요도 ★★★

| 재화의 이동이 필요한 경우 | 재화의 이동이 시작되는 장소 |
|---|---|
| 재화의 이동이 필요하지 않은 경우 | 재화의 공급시기에 재화가 있는 장소 |
| 국외 사업자로부터 권리를 공급받는 경우 | 공급받는 자의 국내에 있는 사업장의 소재지 또는 주소지 |

### ❸ 용역의 공급장소

중요도 ★★★

| 일반적인 경우 | 역무가 제공되거나 시설물, 권리 등 재화가 사용되는 장소 |
|---|---|
| 국내 및 국외에 걸쳐 용역이 제공되는 국제운송의 경우 | 사업자가 비거주자 또는 외국법인이면 여객이 탑승하거나 화물이 적재되는 장소 |
| 국외 사업자가 국내에 공급하는 전자적 용역 | 용역을 공급받는 자의 사업장 소재지, 주소지 또는 거소지 |

### ❹ 국외 공급장소

중요도 ★★★

: 다음의 용역은 용역과 관련된 재화가 사용되는 장소가 국외이므로 과세하지 않음

① 국외에 소재하는 부동산의 임대용역
② 외국의 광고매체에 광고게재를 의뢰하고 지급하는 광고료

**EX** 국외 공급장소

[부동산의 공급장소]

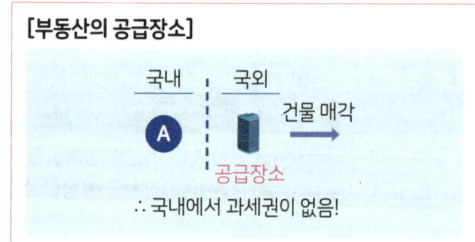

∴ 국내에서 과세권이 없음!

[용역의 공급장소]

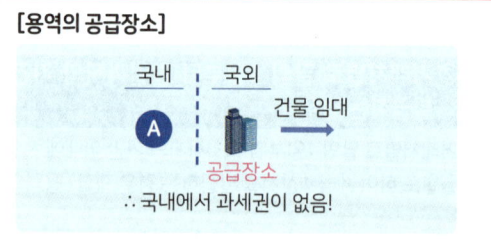

∴ 국내에서 과세권이 없음!

제4편 부가가치세법

# 04 영세율과 면세

## 1 영세율과 면세의 개념과 원리

### ❶ 영세율과 면세의 의미  중요도 ★★☆

| 영세율 | 법에 규정된 일정한 재화 또는 용역의 공급에 대하여 영 퍼센트(0%)의 세율을 적용하는 제도로 매출세액은 영 퍼센트의 세율을 적용받아 '0'의 값을 갖지만, 매입세액은 그대로 공제 가능한 '완전면세제도' |
|---|---|
| 면세 | 법에 규정된 일정한 재화 또는 용역의 공급에 대하여 부가가치세 납세의무를 면제하는 제도로 면세가 적용되는 경우 납세의무가 없기 때문에 매출세액은 '0'의 값을 갖고, 매입세액 공제는 불가능한 '부분면세제도' |

### ❷ 영세율제도와 면세제도의 취지  중요도 ★☆☆

| 영세율 | 소비지국 과세원칙에 따라 소비 국가에서 과세되게 함으로써 **국제적인 이중과세를 방지** |
|---|---|
| 면세 | 생활필수품, 국민후생 관련 재화·용역에 대한 세부담을 덜어 **조세부담의 역진성을 완화** |

### ❸ 영세율 적용사업자와 면세사업자의 협력의무  중요도 ★★★

| 영세율 | 적용 세율이 0%인 것을 제외하고는 부가가치세 납세의무가 동일하게 부여되므로 각종 협력의무(사업자등록, 세금계산서 발급, 과세표준 신고 등)를 이행해야 함 |
|---|---|
| 면세 | 면세가 적용되는 사업자는 원칙적으로는 부가가치세 납세의무가 없으므로 「부가가치세법」상 협력의무를 부담하지는 않음 → 단, 「소득세법」 또는 「법인세법」상 협력의무(사업자등록, 장부의 작성·보관, 계산서의 발급과 제출 등의 의무)는 부담한다는 점 주의 |

## 2 영세율

### ❶ 적용대상자  중요도 ★★☆

↗ 영세율은 과세사업자에 한하여 적용이 가능하므로 면세사업자는 별도로 면세포기절차를 거치지 않고는 영세율을 적용받을 수 없음

| 거주자 또는 내국법인 | 과세사업자 또는 면세포기절차를 거친 면세사업자 중 거주자·내국법인 |
|---|---|
| 비거주자 또는 외국법인 | 상호주의에 따라 해당 국가에서 대한민국의 거주자 또는 내국법인에 대하여 동일하게 면세하는 경우에만 영세율을 적용<br>① 해당 외국의 조세로서 우리나라의 부가가치세 또는 이와 유사한 성질의 조세를 면제하는 경우<br>② 그 외국에 우리나라의 부가가치세 또는 이와 유사한 성질의 조세가 없는 경우 |

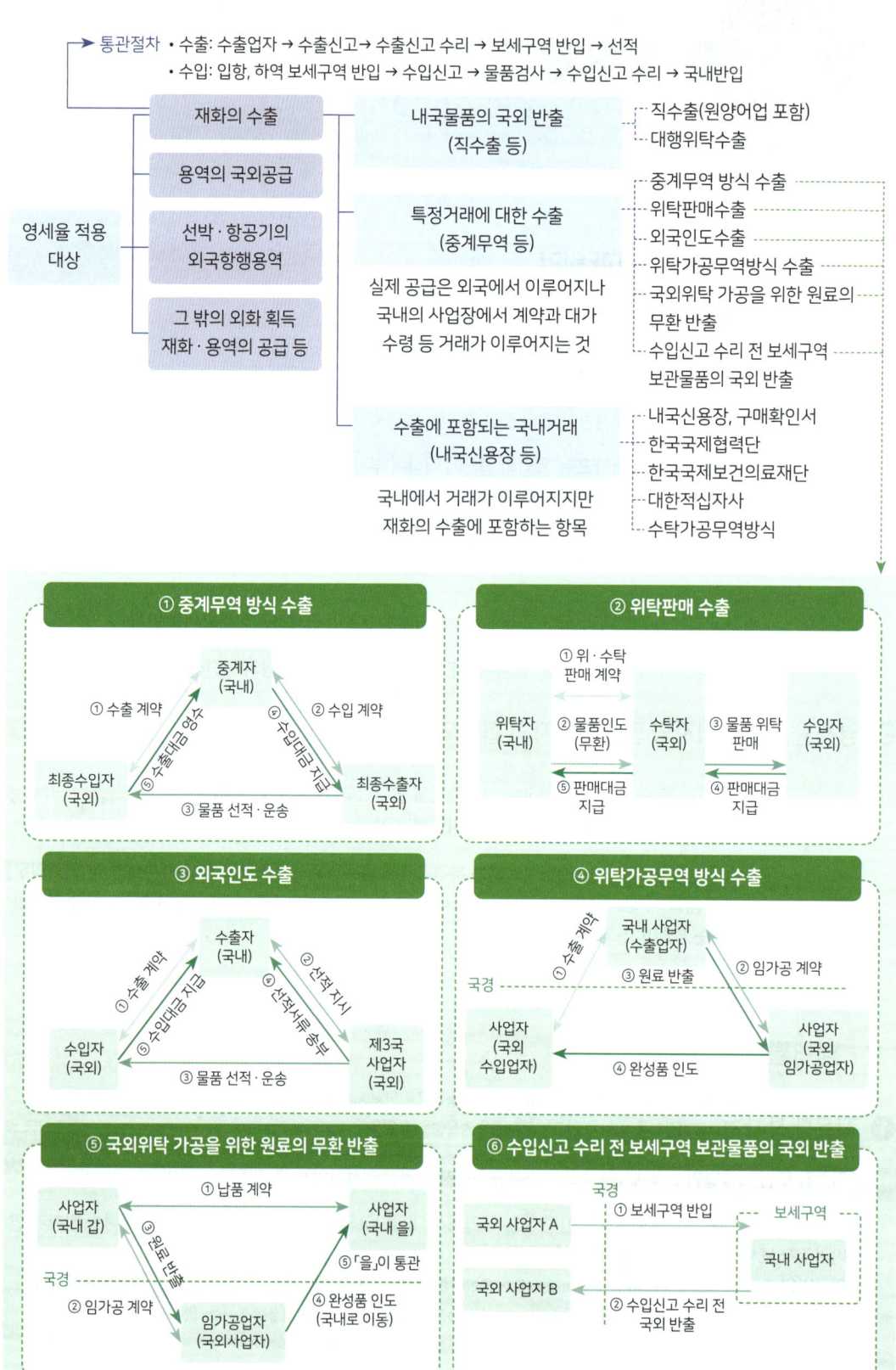

## ❷ 재화의 수출

중요도 ★★★

### 2.1 내국물품의 국외 반출

**내국물품의 국외 반출**

- **직수출**: 내국물품(대한민국 선박에 의하여 채집되거나 잡힌 수산물을 포함)을 외국으로 반출하는 직수출은 유상·무상거래를 불문하고 영세율을 적용함 → 세금계산서 발급의무 없음
  ① 자기사업을 위하여 대가를 받지 아니하고 국외의 사업자에게 견본품을 반출하는 경우에는 재화의 공급으로 보지 아니함
  ② 건설업을 영위하는 사업자가 자기의 사업과 관련하여 생산 또는 취득한 재화를 자기의 해외건설공사에서 건설용 자재로 사용하거나 소비할 목적으로 국외로 반출하는 경우에는 재화의 공급으로 보지 아니함

- **대행위탁수출**: 수출품 생산업자가 수출업자와 수출대행계약을 체결하여 수출업자의 명의로 수출하는 경우에 수출품 생산업자가 외국으로 반출하는 재화는 유상·무상거래를 불문하고 영의 세율을 적용함 → 세금계산서 발급의무 없음
  수출대행수수료는 영세율 대상이 아니므로 수출업자는 수출대행용역의 대가(대행수수료)에 대하여 세금계산서를 발급해야 함

### 2.2 국외에서 재화가 공급되지만 국내에서 거래가 이루어지는 특정 형태의 수출

**국외에서 재화가 공급되지만 국내에서 거래가 이루어지는 특정 형태의 수출**

- **중계무역 방식의 수출**: 수출할 것을 목적으로 물품 등을 수입하여 보세구역 및 보세구역 외 장치의 허가를 받은 장소 또는 자유무역지역 외의 국내에 반입하지 않는 방식의 수출 → 세금계산서 발급의무 없음

- **위탁판매 수출**: 물품 등을 무환으로 수출하여 해당 물품이 판매된 범위에서 대금을 결제하는 계약에 의한 수출 → 세금계산서 발급의무 없음

- **외국인도 수출**: 수출대금은 국내에서 영수하지만 국내에서 통관되지 않은 수출물품 등을 외국으로 인도하거나 제공하는 수출 → 세금계산서 발급의무 없음

- **위탁가공무역 방식의 수출**: 가공임을 지급하는 조건으로 외국에서 가공(제조·조립·재성·개조를 포함)할 원료의 전부 또는 일부를 거래 상대방에게 수출하거나 외국에서 조달하여 가공한 후 가공물품 등을 외국으로 인도하는 방식의 수출 → 세금계산서 발급의무 없음

- **원료 등의 국외반출**: 원료를 대가 없이 국외의 수탁가공 사업자에게 반출하여 가공한 재화를 양도하는 경우에 그 원료의 반출 → 세금계산서 발급의무 **있음**

- **수입신고 수리 전 보세구역 보관물품의 국외반출**: 「관세법」에 따라 수입의 신고가 수리되기 전의 물품으로서 보세구역에 보관하는 물품의 외국으로의 반출 → 세금계산서 발급의무 없음

**2.3 국내에서 거래가 이루어지지만 재화의 수출에 포함하는 항목**

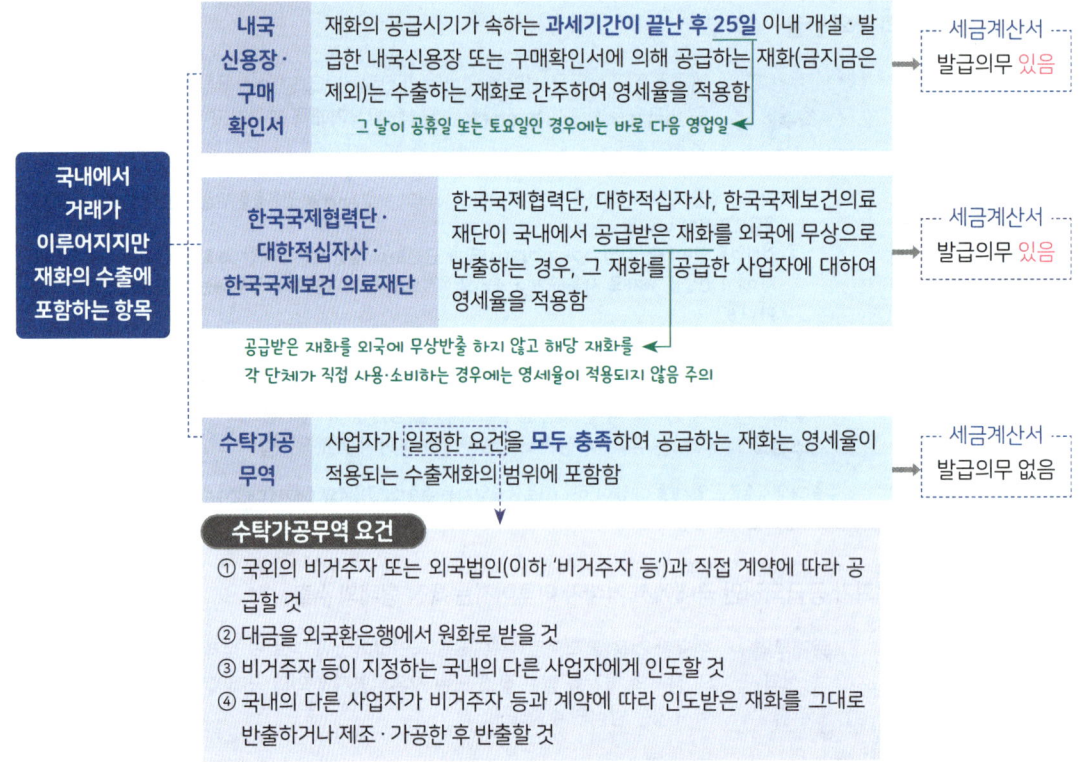

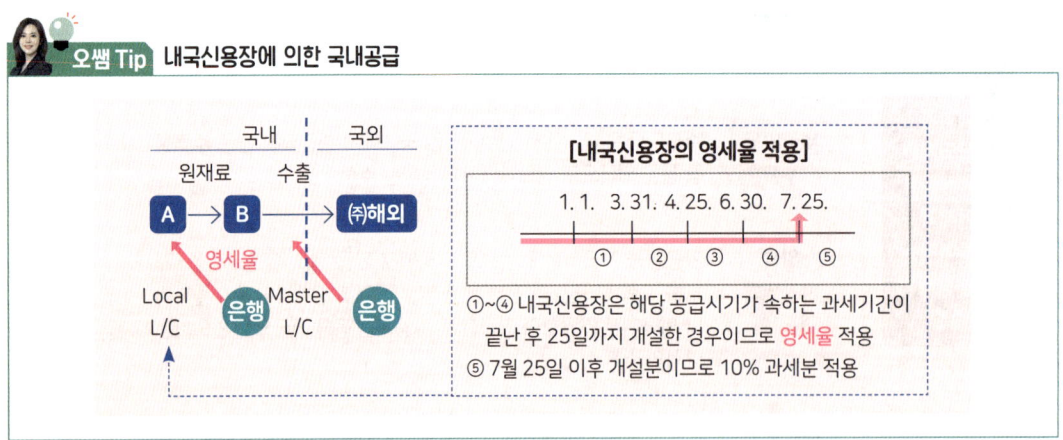

## ❸ 용역의 국외공급    중요도 ★★★

: 국외에서 공급하는 용역은 해당 용역을 제공하는 사업자의 납세지가 국내에 있는 경우 거래 상대방이나 대금결제 방법을 불문하고 영세율을 적용함

| 구분 | 세금계산서 |
|---|---|
| ① 국외에서 제공하는 용역을 공급받는 거래 상대방이 국내사업장이 없는 비거주자·외국법인인 경우 | 발급의무 없음 |
| ② 그 외의 경우 | 발급의무 있음 |

### ❹ 선박 또는 항공기에 의한 외국항행용역의 공급   중요도 ★★☆

: 선박 또는 항공기에 의한 외국항행용역(상업서류송달용역을 포함)의 공급에 대하여는 영세율을 적용함. 이때 외국항행용역을 공급하는 사업자가 자기의 사업에 부수하여 공급하는 재화 또는 용역으로서 다음의 것도 영세율을 적용함

- ㉠ 다른 외국항행사업자가 운용하는 선박 또는 항공기의 탑승권을 판매하거나 화물운송계약을 체결하는 것
- ㉡ 외국을 항행하는 선박 또는 항공기 내에서 승객에게 공급하는 것
- ㉢ 자기의 승객만이 전용하는 버스를 탑승하게 하는 것
- ㉣ 자기의 승객만이 전용하는 호텔에 투숙하게 하는 것

선박·항공기에 의해 여객이나 화물을 다음과 같이 수송하는 것
- ⓐ 국내 → 국외
- ⓑ 국외 → 국내
- ⓒ 국외 → 국외

| 구분 | 세금계산서 |
|---|---|
| ① 용역을 공급받는 사업자가 국내사업장이 없는 비거주자·외국법인인 경우<br>② 항공기의 외국항행용역 및 「항공사업법」에 의한 상업서류송달용역 | 발급의무 없음 |
| ③ 그 외의 경우 | 발급의무 있음 |

### ❺ 대금결제방법에 제한이 있는 영세율 적용 항목   중요도 ★★★

#### 5.1 국내에서 비거주자 또는 외국법인에 공급되는 일정한 사업에 해당하는 용역

: 국내에서 비거주자 또는 외국법인에 공급하는 일정한 재화 또는 사업에 해당하는 용역에 대해서 법에 정한 요건이 충족되는 경우 영세율을 적용함 (세금계산서 발급의무 X)

> 국내에 거소를 둔 개인, 외교공관 등의 소속 직원, 우리나라에 상주하는 국제연합군 또는 미합중국 군대의 군인 또는 군무원은 제외

① 일정한 재화: 비거주자·외국법인이 지정하는 국내사업자에게 인도되는 재화로서 해당 사업자의 과세사업에 사용되는 재화
② 일정한 사업에 해당하는 용역: 전문, 과학 및 기술서비스업(전문서비스업, 사업시설관리 및 사업지원서비스, 투자자문업의 경우 상호주의를 적용), 무형재산권 임대업, 통신업, 컨테이너수리업, 보세구역 내의 보관 및 창고업 등

① 국내사업장이 없는 비거주자·외국법인: 대금을 외국환은행에서 원화로 받거나 법이 정하는 방법*1으로 받는 것
② 국내사업장이 있는 비거주자·외국법인: 국외의 비거주자·외국법인과 직접 계약하여 공급 + 대금을 외국환은행에서 원화로 받거나 법이 정하는 방법*1으로 받는 것
*1 법이 정하는 방법:
- ㉠ 외화를 직접 송금받아 외국환은행에 매각하는 방법
- ㉡ 국내사업장이 없는 비거주자 또는 외국법인에 재화·용역을 공급하고 그 대가를 해당 비거주자 또는 외국법인에 지급할 금액에서 빼는 방법 등

#### 5.2 종합여행업자가 외국인에게 공급하는 관광알선용역

: 「관광진흥법 시행령」에 따른 종합여행업자가 외국인관광객에게 공급하는 관광알선용역으로서 그 대가를 다음의 방법에 의하여 받으면 영세율을 적용함 (세금계산서 발급의무 X)

① 외국환은행에서 원화로 받은 것
② 외화 현금으로 받은 것 중 국세청장이 정하는 관광알선수수료명세표와 외화매입증명서에 의하여 외국인관광객과의 거래임이 확인되는 것

#### 5.3 외국인전용판매장 등을 경영하는 자가 공급하는 재화 또는 용역

: 다음의 어느 하나에 해당하는 사업자가 국내에서 공급하는 재화 또는 용역에 대해 영세율을 적용함. 단, 그 대가를 외화로 받고 그 외화를 외국환은행에서 원화로 환전하는 경우로 한정함 (원칙적으로 세금계산서 발급의무 O)

① 「개별소비세법」에 따른 지정을 받아 외국인전용판매장을 경영하는 자
② 「조세특례제한법」에 따른 주한외국군인 및 외국인선원 전용 유흥음식점업을 경영하는 자

## ❻ 대금결제방법에 제한이 없는 영세율 적용 항목

### 6.1 특정 수출재화임가공용역(수출재화염색임가공 포함)

① 내국신용장 또는 구매확인서에 의하여 공급하는 수출재화임가공용역 (내국신용장·구매확인서가 그 용역의 공급시기가 속하는 과세기간이 끝난 후 25일, 그 날이 공휴일 또는 토요일인 경우 바로 다음 영업일 이내에 개설·발급되어야 함)
② 수출업자와 직접 도급계약에 의하여 수출재화를 임가공하는 수출재화임가공용역. 다만, 사업자가 부가가치세를 별도로 적은 세금계산서를 발급한 경우에는 영세율을 적용하지 않음.
　→ 수출업자를 통하여 대행수출을 시키는 수출품 생산업자를 포함하되, 내국신용장 또는 구매확인서에 의하여 수출재화를 수출업자에게 공급하는 사업자는 포함하지 아니함

**오쌤 Tip** 수출재화임가공용역(수출재화염색임가공용역 포함)의 과세방법 정리

| 구분 | 영세율 적용 여부 | 세금계산서 |
|---|---|---|
| 내국신용장 또는 구매확인서에 의하여 공급 (단, 공급시기가 속하는 과세기간 종료 후 25일 이내 개설될 것) | 영세율 O | 발급의무 있음 |
| 수출업자(대행위탁수출업자)와 직접 도급계약 | 영세율 O | 발급의무 있음 |
| 수출업자(대행위탁수출업자)와 직접 도급계약 + 사업자가 부가가치세를 별도로 적은 세금계산서를 발급 | 영세율 X | 발급의무 있음 |
| "내국신용장에 의하여 수출재화를 수출업자에게 공급하는 사업자"와 직접 도급계약 | 영세율 X | 발급의무 있음 |

### 6.2 기타

① 우리나라에 상주하는 외교공관, 영사기관(명예영사관원을 장으로 하는 영사기관은 제외), 국제연합과 이에 준하는 국제기구(우리나라가 당사국인 조약과 그 밖의 국내법령에 따라 특권과 면제를 부여받을 수 있는 경우만 해당) 등에 재화 또는 용역을 공급하는 경우
② 외교공관 등의 소속 직원으로서 해당 국가로부터 공무원 신분을 부여받은 자 또는 외교부장관으로부터 이에 준하는 신분임을 확인받은 자 중 내국인이 아닌 자에게 일정한 방법에 따라 재화 또는 용역을 공급하는 경우
　← 상호면세주의 적용
③ 외국을 항행하는 선박 및 항공기 또는 원양어선에 공급하는 재화 또는 용역
　← 단, 사업자가 부가가치세를 별도로 적은 세금계산서를 발급한 경우는 제외
④ 우리나라에 상주하는 국제연합군 또는 미합중국군대에 공급하는 재화 또는 용역

 **오쌤 Tip** 기타 외화 획득 재화 또는 용역의 공급 등 영세율 적용 항목의 세금계산서 발급의무 정리

| 구분 | 대금결제방법 제한 | 세금계산서 |
|---|---|---|
| 5.1 국내에서 비거주자 또는 외국법인에 공급되는 일정한 사업에 해당하는 용역에 대해서 법에 정한 요건이 충족되어 영세율을 적용하는 경우 | 제한 있음 | 발급의무 없음 |
| 5.2 종합여행업자가 외국인에게 공급하는 관광알선용역 | 제한 있음 | 발급의무 없음 |
| 5.3 외국인전용판매장 등을 경영하는 자가 공급하는 재화 또는 용역 | 제한 있음 | 발급의무 있음 |
| 6.1 특정 수출재화임가공용역(수출재화염색임가공 포함) | 제한 없음 | 발급의무 있음 |
| 6.2 기타 | 제한 없음 | 발급의무 없음* |

\* 외항선박 등의 사업자가 국내사업자인 경우에는 세금계산서 발급의무 있음

## 3 면세

### ❶ 적용 대상

중요도 ★★★

#### 1.1 기초생활필수 재화 또는 용역

| 면세 | 과세 |
|---|---|
| 국내외 식용 미가공식료품 → 식용으로 제공되는 농·축·수·임산물은 가공되지 않거나 본래 성질이 유지되는 1차 가공에 한해 국산과 외국산을 구분하지 않고 면세하며 김치, 단무지, 젓갈류 등을 거래단위로 포장하여 판매하는 경우에도 한시적으로(22년 7월 1일~25년 12월 31일) 면세함 | 국내외 식용 가공식료품 |
| 국내 비식용 미가공식료품 → 비식용으로 제공되는 농·축·수·임산물은 국산만 면세 | 국외 비식용 미가공식료품 |
| 수돗물 | 선박급수업에 사용되는 수돗물, 생수 |
| 연탄과 무연탄 | 유연탄, 갈탄, 착화탄 |
| 기저귀·분유, 여성용 생리 처리 위생용품 | - |
| 여객운송용역 중 지하철, 시내버스, 시외고속버스, 일반선박 | 여객운송용역 중 우등·고급고속버스, 항공기, 전세버스, 택시, 특수자동차, 특종선박, 고속철도에 의한 여객운송용역, 화물운송용역 |
| 주택 및 범위(한계면적) 내의 주택부수토지 임대용역 | 사업용 건물과 그 부수토지의 임대용역, 주택부수토지 한계면적 초과분 |
| 「공동주택관리법」에 따라 관리주체 또는 입주자대표회의가 제공하는 공동주택 어린이집의 임대용역 | - |

 **겸용주택의 임대용역**

| 구분 | 면세되는 부분 | 과세되는 부분 |
|---|---|---|
| 주택면적 > 사업용 건물면적 | 전부를 주택으로 보고 면세 | 총토지면적 − MAX[주택의 연면적, 건물정착면적 × 5배(10배)] |
| 주택면적 ≤ 사업용 건물면적 | 주택 면적만 면세 (주택 외 면적은 주택으로 보지 않음) | ① 주택부수토지 계산: MIN[㉠, ㉡]<br>㉠ 총토지면적 × $\dfrac{\text{주택면적}}{\text{총 건물면적}}$<br>㉡ 한도: MAX[주택의 연면적, 주택정착면적 × 5배(10배)]<br>② 사업용건물 부수토지 = 총토지면적 − 주택부수토지 |

## 1.2 국민후생용역

| 면세 | 과세 |
|---|---|
| 의료보건용역과 혈액(치료·예방·진단 목적으로 조제한 동물의 혈액을 포함 NEW), 장의용역 | 미용목적 성형수술·피부시술 |
| 수의사가 제공하는 용역<br>다만, 동물의 진료용역은 다음의 어느 하나에 해당하는 진료용역으로 한정함<br>① 가축에 대한 진료용역<br>② 수산동물에 대한 진료용역<br>③ 장애인 보조견에 대한 진료용역<br>④ 기초생활수급자가 기르는 동물의 진료용역<br>⑤ 위 ①~④에 따른 진료용역 외에 질병 예방 및 치료를 목적으로 하는 동물의 진료용역으로서 별도로 고시하는 용역 | 반려동물 진료용역(면세 대상 제외) 및 용품 |
| 약사의 의약품 조제용역 | 약사가 판매하는 의약품<br>(조제용역은 면세) |
| 다음의 어느 하나에 해당하는 시설 등에서 학생, 수강생, 훈련생, 교습생 또는 청강생에게 지식, 기술 등을 가르치는 교육용역<br>① 주무관청의 허가 또는 인가를 받거나 주무관청에 등록되거나 신고된 학교, 학원, 강습소, 훈련원, 교습소 또는 그 밖의 비영리단체<br>② 청소년수련시설, 산학협력단, 사회적기업, 법에 등록된 과학관·박물관·미술관<br>③ 법에 따라 설립인가를 받은 사회적 협동조합<br>교육용역 제공시 필요한 교재·실습자재·기타 교육용구의 대가를 수강료 등에 포함하여 받거나 별도로 받는 때에도 주된 용역인 교육용역의 부수재화·용역으로 보아 면세함 | ①「체육시설의 설치·이용에 관한 법률」에 따른 무도학원<br>②「도로교통법」에 따른 자동차 운전학원 |

### 1.3 부가가치 생산요소

| 면세 | 과세 |
|---|---|
| 토지의 공급<br>↳ 과세사업자가 토지를 공급한 경우에도 면세우선원칙에 따라 토지의 공급은 면세함 | 건물의 공급(면세사업에 부수되는 건물 공급은 면세) |
| 금융·보험용역, 금융·보험사업 외의 사업을 하는 자가 주된 사업에 부수하여 금융·보험용역과 같거나 유사한 용역을 제공하는 것(금융·보험용역에 포함되는 것으로 보아 면세) | - |
| ① 개인이 물적 시설 없이 근로자를 고용하지 않고 독립된 자격으로 용역을 공급하고 대가를 받는 인적용역: 직업운동가, 댄서, 가수, 고용관계 없는 자가 강연을 하고 대가를 받는 경우 등<br>② 개인·법인 또는 법인격 없는 사단·재단, 그 밖의 단체가 독립된 자격으로 용역을 공급하고 대가를 받는 인적용역: 국선변호인의 국선변호, 학술연구용역, 기술연구용역, 「가사근로자법」에 따른 가사서비스 제공기관이 제공하는 용역 가정 내 청소, 세탁, 주방일 및 가구구성원의 보호·양육 등 가사서비스 등 | |

다음에 해당하는 용역은 금융·보험 용역으로 보지 않음
㉠ 복권, 입장권, 상품권, 지금형주화 또는 금지금에 관한 대행용역. 단, 수익증권 등 금융업자의 금융상품 판매대행용역, 유가증권의 명의개서 대행용역, 수납·지급 대행용역 및 국가·지방자치단체의 금고대행용역은 제외함
㉡ 기업합병 또는 기업매수의 중개·주선·대리, 신용정보서비스 및 은행업에 관련된 전산시스템과 소프트웨어의 판매·대여 용역
㉢ 부동산 임대용역
㉣ 위 ㉠과 ㉡에 따른 용역과 유사한 용역
㉤ 감가상각자산의 대여용역(「여신전문금융업법」에 따른 시설대여업자가 제공하는 시설대여용역은 제외하되, 그 시설대여업자가 자동차를 대여하고 정비용역을 함께 제공하는 경우는 포함)
㉥ 그 밖에 법으로 정하는 것

### 1.4 문화관련 재화 또는 용역

| 면세 | 과세 |
|---|---|
| 도서(실내 도서 열람 및 도서대여용역 포함)·신문·잡지·관보 및 뉴스통신, 비영리 법인이나 그 밖의 단체가 발행하는 기관지 또는 이와 유사한 출판물과 관련되는 용역 | 광고(ex. 신문이나 잡지 내에 실린 광고), 면세사업자인 통신사업자가 특정회원을 대상으로 금융정보 등 특정한 정보를 제공하는 경우 |
| 예술창작품, 비영리 목적의 예술행사·문화행사, 아마추어 운동경기 | 골동품(100년이 초과된 것), 모방품, 영리 목적의 예술·문화행사 |
| 도서관, 과학관, 박물관, 미술관, 동물원, 식물원, 전쟁기념관 | 오락 및 유흥시설과 함께 있는 동물원, 식물원 및 해양수족관 |

### 1.5 그 밖의 면세 항목

| 면세 | 과세 |
|---|---|
| 우표, 인지, 증지, 복권과 공중전화 | 수집용 우표 |
| 판매가격이 200원(20개비당) 이하인 담배, 「담배사업법」에 따른 특수용담배 중 영세율이 적용되지 않는 담배 | 그 외 담배 |
| 종교, 자선, 학술, 구호, 그 밖의 공익을 목적으로 하는 단체가 공급하는 일정한 재화 또는 용역<br><br>㉠ 주무관청의 인허가를 받거나 주무관청에 등록된 일정한 공익단체(종교단체의 경우에는 그 소속단체 포함)가 그 고유의 사업목적을 위하여 일시적으로 공급하거나 실비 또는 무상으로 공급하는 재화·용역<br>㉡ 학술 등 연구단체가 그 연구와 관련하여 실비 또는 무상으로 공급하는 재화 또는 용역<br>㉢ 지정문화재를 소유·관리하고 있는 종교단체의 경내지 및 경내지 안의 건물·공작물 임대용역<br>㉣ 공익목적으로 기숙사를 운영하는 사업자가 학생 또는 근로자를 위하여 실비 또는 무상으로 공급하는 음식·숙박용역<br>㉤ 저작권위탁관리업자가 저작권자를 위해 실비 또는 무상으로 공급하는 신탁관리용역<br>㉥ 비영리교육재단이 외국인학교의 설립·경영사업을 영위하는 자에게 제공하는 학교시설 이용 등 교육환경 개선과 관련된 용역<br>㉦ 「저작권법」에 따른 보상금수령단체인 사업자가 저작권자를 위하여 실비 또는 무상으로 공급하는 보상금수령 관련 용역 | |
| ① 국가·지방자치단체·지방자치단체조합이 공급하는 재화 또는 용역(법에 열거된 과세대상은 제외)<br>② 다음에 해당하는 항목에 대해서는 면세를 적용<br><br>㉠ 국방부·국군이 군인, 군무원과 이들의 배우자·직계존비속에게 제공하는 소매업, 음식점업·숙박업, 기타 스포츠시설 운영업(골프연습장 운영업은 제외) 관련 재화 또는 용역<br>㉡ 국가, 지방자치단체, 지방자치단체조합이 그 소속 직원의 복리후생을 위하여 구내에서 식당을 직접 경영하여 음식을 공급하는 용역<br>㉢ 국가 또는 지방자치단체가 사업시행자로부터 사회기반시설 또는 사회기반시설의 건설용역을 기부채납받고 그 대가로 부여하는 시설관리운영권 | 국가·지방자치단체·지방자치단체조합이 공급하는 재화 또는 용역 중 다음의 것은 부가가치세 과세됨<br><br>㉠ 우정사업조직이 소포우편물을 방문접수하여 배달하는 용역<br>㉡ 우정사업조직이 우편주문판매를 대행하는 용역<br>㉢ 고속철도에 의한 여객운송용역<br>㉣ 부동산임대업, 도매 및 소매업, 음식점업·숙박업, 골프장 및 스키장 운영업, 기타 스포츠 시설 운영업에서 공급하는 재화·용역<br>㉤ 「국민건강보험법」에 따라 요양급여의 대상에서 제외되는 쌍커풀수술, 코성형수술, 유방확대·축소술, 지방흡인술, 주름살제거술에 해당하는 진료용역, 수의사의 애완동물 진료용역 |

③ 국가·지방자치단체·지방자치단체조합 또는 공익단체에 무상으로 공급하는 재화 또는 용역*1

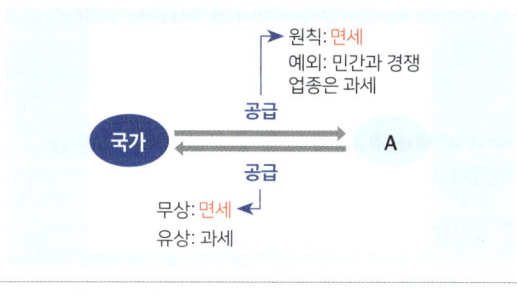

| 국민주택규모 이하의 공급 및 건설용역 | - |

*1 자기의 사업과 **관련하여** 생산·취득한 재화를 국가·지방자치단체 등에 무상으로 공급하는 경우 해당 재화의 **매입세액은** 매출세액에서 **공제함**(link-p.243)

## 1.6 재화의 수입에 대한 면세

| 구분 | 면세대상 |
|---|---|
| 「부가가치세법」에 따른 면세대상 | ① 미가공식료품(식용으로 제공되는 농산물, 축산물, 수산물과 임산물 포함)<br>② 도서·신문 및 잡지<br>③ 학술연구단체·교육기관 또는 문화단체가 과학·교육·문화용으로 수입하는 재화<br>④ 종교의식·자선·구호 등 공익 목적으로 외국으로부터 종교단체·자선단체·구호단체에 기증되는 재화<br>⑤ 외국으로부터 국가·지방자치단체 또는 지방자치단체조합에 기증되는 재화<br>⑥ 거주자가 받는 소액물품으로서 관세가 면제되는 재화<br>⑦ 이사·이민, 상속으로 인하여 수입하는 재화로서 관세가 면제되거나 해당 간이세율이 적용되는 재화<br>⑧ 여행자의 휴대품, 별송 물품 및 우송 물품으로서 관세가 면제되거나 해당 간이세율이 적용되는 재화<br>⑨ 그 밖에 「부가가치세법」에 따라 열거된 관세가 무세이거나 감면되는 일정한 재화. 다만, 관세가 경감되는 경우에는 경감되는 부분만 해당함 |
| 「조세특례제한법」에 따른 면세대상 | ① 무연탄<br>② 과세사업에 사용하기 위한 선박 ← 단, 제3자에게 판매하기 위하여 선박을 수입하는 경우는 제외<br>③ 과세사업에 사용하기 위한 「관세법」에 따른 보세건설물품<br>④ 국제경기대회의 시설 제작·건설 및 경기운영에 사용하기 위한 물품으로서 국내제작이 곤란한 것<br>⑤ 그 밖에 「조세특례제한법」에서 정하는 대상 |

## ❷ 면세포기　　　　　　　　　　　　　　　　　　　　　　　　　중요도 ★★★

| | |
|---|---|
| 면세포기의 의미 | 매입세액 공제 등 과세사업자로서 적용받을 수 있는 혜택을 얻기 위하여 면세사업자가 면세적용을 포기하고 과세사업자로 전환할 수 있도록 하는 제도 |
| 면세포기의 도입취지 | 누적효과의 제거<br>↳ 면세재화를 수출하거나 중간단계사업자에게 매출하는 경우 매입세액을 공제받지 못해 상대적으로 비싼 가격을 매기게 되고, 이로 인해 가격경쟁력에서 다른 사업자보다 불리하게 되는 현상 |
| 면세포기의 적용대상 | 다음의 재화 또는 용역에 대해서만 면세를 포기할 수 있도록 규정하고 있음<br>① 영세율 적용대상이 되는 재화 또는 용역<br>② 공익단체 중 학술 등 연구단체가 그 연구와 관련하여 실비 또는 무상으로 공급하는 재화 또는 용역 |
| 면세포기의 신청 | ① 면세포기신고서를 관할 세무서장에게 제출하고, 지체 없이 사업자등록을 해야 함<br>② 면세포기에는 시기의 제한이 없으며 언제든지 가능함<br>③ 승인을 요건으로 하지 않음 |
| 면세 재적용 | ① 면세의 포기를 신고한 사업자는 신고한 날부터 3년간은 면세 적용이 불가함<br>② 3년 경과 후 부가가치세의 면제를 받으려면 면세적용신고서 제출과 함께 발급받은 사업자등록증을 제출 |
| 면세포기의 효력 | 면세를 포기하게 되면 과세사업자로 전환되며 사업자등록을 한 이후의 거래분부터 적용됨 |
| 면세포기의 범위 | 면세되는 둘 이상의 사업 또는 종목을 영위하는 사업자는 면세포기대상이 되는 재화 또는 용역의 공급 중에서 면세포기하고자 하는 재화·용역의 공급만을 구분하여 면세포기 할 수 있음<br>↳ 영세율 적용 대상이 되는 것만을 면세포기한 사업자가 면세되는 재화·용역을 국내에 공급하는 경우에는 면세포기의 효력이 없음 |

제4편 부가가치세법

# 05 세금계산서와 영수증

## 1 세금계산서

### ❶ 세금계산서의 기능과 종류

중요도 ★★★

| | |
|---|---|
| 세금계산서의 의미 | 과세사업자가 재화 또는 용역을 공급할 때 부가가치세를 거래징수하고 이 거래사실과 그 내용을 증명하기 위하여 공급을 받는 자에게 발급하는 세금영수증<br>'거래징수'란 사업자가 재화 또는 용역을 공급하는 경우에 공급가액에 10%의 세율을 적용하여 계산한 부가가치세를 재화·용역을 공급받는 자로부터 징수하는 것 |
| 세금계산서의 기능 | 세금계산서는 거래사실과 내용을 증명하는 과세자료로서의 기능뿐만 아니라 거래에 대한 영수증·송장·청구서의 기능을 수행함<br>공급하는 사업자의 입장에서는 세금계산서를 발급함으로써 매출세액을 공급받는 자로부터 징수할 수 있고, 이를 근거로 공급받은 자는 발급받은 세금계산서를 요약한 매입처별세금계산서합계표를 제출하여 매입세액을 공제받을 수 있음 |
| 세금계산서의 종류 | 정규세금계산서 ─ 세금계산서 ─ 사업자가 공급받는 자에게 발급<br>　　　　　　　　└ ① 전자세금계산서<br>　　　　　　　　└ ② 종이세금계산서<br>　　　　　　  └ 수입세금계산서 ─ 세관장이 수입자에게 발급 |
| 세금계산서 발급절차 | 재화·용역을 공급하는 과세사업자는 공급자용과 공급받는자용 각 1매로 총 2매를 작성하여 1조로 세금계산서를 발급해야 함 → 거래 상대방에게 발급해야 함.<br>미발급 시 가산세: 미발급분에 대한 공급가액 × 2%<br>공급받는 자는 발급받은 세금계산서를 요약한 매입처별세금계산서합계표를 제출해야 함 → 미제출 시 매입세액 불공제<br>공급자는 발급한 세금계산서를 요약한 매출처별 세금계산서합계표를 제출해야 함<br>→ 미제출 시 가산세: 미제출분에 대한 공급가액 × 0.5% |

#### 1.1 필요적 기재사항과 임의적 기재사항

| 필요적 기재사항 | 임의적 기재사항 |
|---|---|
| 다음의 필요적 기재사항은 반드시 기재하여야 하는 사항으로, 일부라도 기재되지 않은 경우 세금계산서로서 아무런 효력이 없음<br>① 공급하는 사업자의 등록번호와 성명 또는 명칭<br>② 공급받는 자의 등록번호(사업자가 아니거나 등록한 사업자가 아닌 경우 고유번호 또는 공급받는 자의 주민등록번호)<br>③ 공급가액과 부가가치세액<br>④ 작성 연월일 | 다음의 임의적 기재사항은 일부가 기재되지 않았더라도 세금계산서로서 유효함<br>① 공급하는 자의 주소<br>② 공급받는 자의 상호·성명·주소<br>③ 단가와 수량<br>④ 공급 연월일 등 |

필요적 기재사항 등이 착오 또는 착오 외의 사유로 잘못 적힌 경우 수정세금계산서를 발급할 수 있음 (link-P. 217)

## ❷ 세금계산서의 발급과 전송  중요도 ★★☆

| | |
|---|---|
| 세금계산서 발급의무자 | 세금계산서를 발급해야 하는 발급의무자는 부가가치세가 과세되는 재화나 용역을 공급하는 사업자로, 이때 세금계산서는 공급을 받는 자에게 발급해야 함<br>↳ 따라서 영세율 적용 사업자는 세금계산서에 대한 발급의무가 있으나, 면세사업자는 세금계산서에 대한 발급의무가 없음 |
| 전자세금계산서의 의미 | 전자적인 방법으로 발급하는 세금계산서로, 세금계산서에 기재할 사항, 작성자의 신원 및 계산서의 변경 여부 등을 확인할 수 있는 공인인증시스템을 거쳐 정보통신망으로 발급하는 것 |
| 전자세금계산서 발급의무자 | 법인사업자와 전자세금계산서 발급 의무 개인사업자는 세금계산서를 발급할 경우 **전자적 방법**으로 세금계산서를 발급해야 함 → 전자세금계산서를 발급하여야 하는 사업자가 아닌 사업자도 전자세금계산서를 발급 및 발급명세를 전송 가능!<br><br>직전 연도의 '사업장별 재화 및 용역의 공급가액(면세 공급가액을 포함)'의 합계액이 **8천만원** 이상인 개인사업자<br><br>관할 세무서장은 개인사업자가 전자세금계산서 의무 발급 개인사업자에 해당하는 경우에는 **전자세금계산서를 발급해야 하는 날이 시작되기 1개월 전까지** 그 사실을 해당 개인사업자에게 통지해야 함 → 만약 개인사업자가 전자세금계산서를 발급해야 하는 날이 시작되기 1개월 전까지 해당 통지를 받지 못한 경우에는 통지서를 수령한 날이 속하는 달의 **다음 다음 달** 1일부터 전자세금계산서를 발급해야 함<br><br>**개인사업자의 전자세금계산서 발급 의무 기간**<br>① 사업장별 재화 및 용역의 **공급가액(면세 공급가액을 포함)**의 합계액이 8천만원 이상인 해의 다음 해 제2기 과세기간부터 전자세금계산서를 발급하여야 함<br>    8천만원<br>    (과세 + 면세)         전자<br>    ├─────────┼─────────┼───<br>    1/1          12/31        7/1<br>② 수정신고 또는 결정·경정으로 사업장별 재화와 용역의 공급가액(면세공급가액 포함)의 합계액이 8천만원 이상인 경우 전자세금계산서 발급 의무 기간은 수정신고 등을 한 날이 속하는 과세기간의 **다음 과세기간**으로 함 |
| 전자세금계산서 발급명세 전송의무 | 전자세금계산서를 발급했을 때에는 **전자세금계산서 발급일의 다음 날까지** 전자세금계산서 발급명세를 국세청장에게 전송해야 함<br><br>**전자세금계산서 발급명세 전송(지연전송 포함) 혜택**<br>① 예정신고 또는 확정신고 시 매출·매입처별세금계산서합계표를 제출하지 않을 수 있음<br>② 세금계산서 보존의무(5년)의 면제<br>③ 전자세금계산서 발급 전송에 대한 세액공제(link-p.244) |

## ❸ 세금계산서 관련 제재  중요도 ★★☆

### 3.1 기재사항 누락 및 부실기재 시 제재 조치

| 발급한 자(공급자)에 대한 제재 | 발급받은 자(공급받은 자)에 대한 제재 |
| --- | --- |
| 세금계산서불성실가산세가 부과됨<br>(link-p.245) | 매입세액 공제를 적용받지 못함<br>→ 별도의 가산세는 없음 |

### 3.2 전자세금명세서 발급명세 전송불성실가산세

: 전자세금계산서 발급명세를 전송하지 않거나 지연하여 전송한 경우 전자세금계산서 발급명세 전송불성실가산세가 부과됨  공급가액 × 0.3% (0.5%)

## ❹ 세금계산서 발급시기  중요도 ★★★

| 원칙 | 세금계산서는 사업자가 본래의 재화 또는 용역의 공급시기에 발급해야 함 |
| --- | --- |
| 예외 | 선(先)세금계산서(link-p.196)와 후(後)세금계산서(link-p.197)를 발급할 수 있도록 특례를 인정하고 있음 |

## ❺ 매입자발행 세금계산서에 따른 매입세액 공제 특례  중요도 ★★☆

### 5.1 매입자발행 세금계산서

| 의미 | 세금계산서 발급의무자(영수증 발급대상 사업자 중 세금계산서 발급 요구 시 발급 의무가 있는 자 포함)가 재화 또는 용역을 공급하고 세금계산서 발급시기에 세금계산서를 공급받는 자(매입자)에게 발급하지 않은 경우, 공급받은 자(면세사업자 포함)가 관할 세무서장의 확인을 받아 발행하는 세금계산서<br>↓ 사업자의 부도·폐업, 공급 계약의 해제·변경 또는 그 밖에 법으로 정한 사유가 발생한 경우로서 사업자가 수정세금계산서를 발급하지 않은 경우를 포함 |
| --- | --- |
| 매입세액공제 | 매입자발행세금계산서에 기재된 그 부가가치세액은 매출세액에서 공제할 수 있는 매입세액으로 보며, 매입자발행세금계산서의 신청인은 예정신고 및 확정신고 또는 「국세기본법」에 따른 경정청구 시 매입자발행세금계산서합계표를 제출한 경우 매입자발행세금계산서에 기재된 매입세액을 해당 재화 또는 용역의 공급시기에 해당하는 과세기간의 매출세액 또는 납부세액에서 매입세액으로 공제받을 수 있음 |
| 금액 제한 | 건당 공급대가가 5만원 이상 |

## 5.2 매입자발행 세금계산서 발급 절차

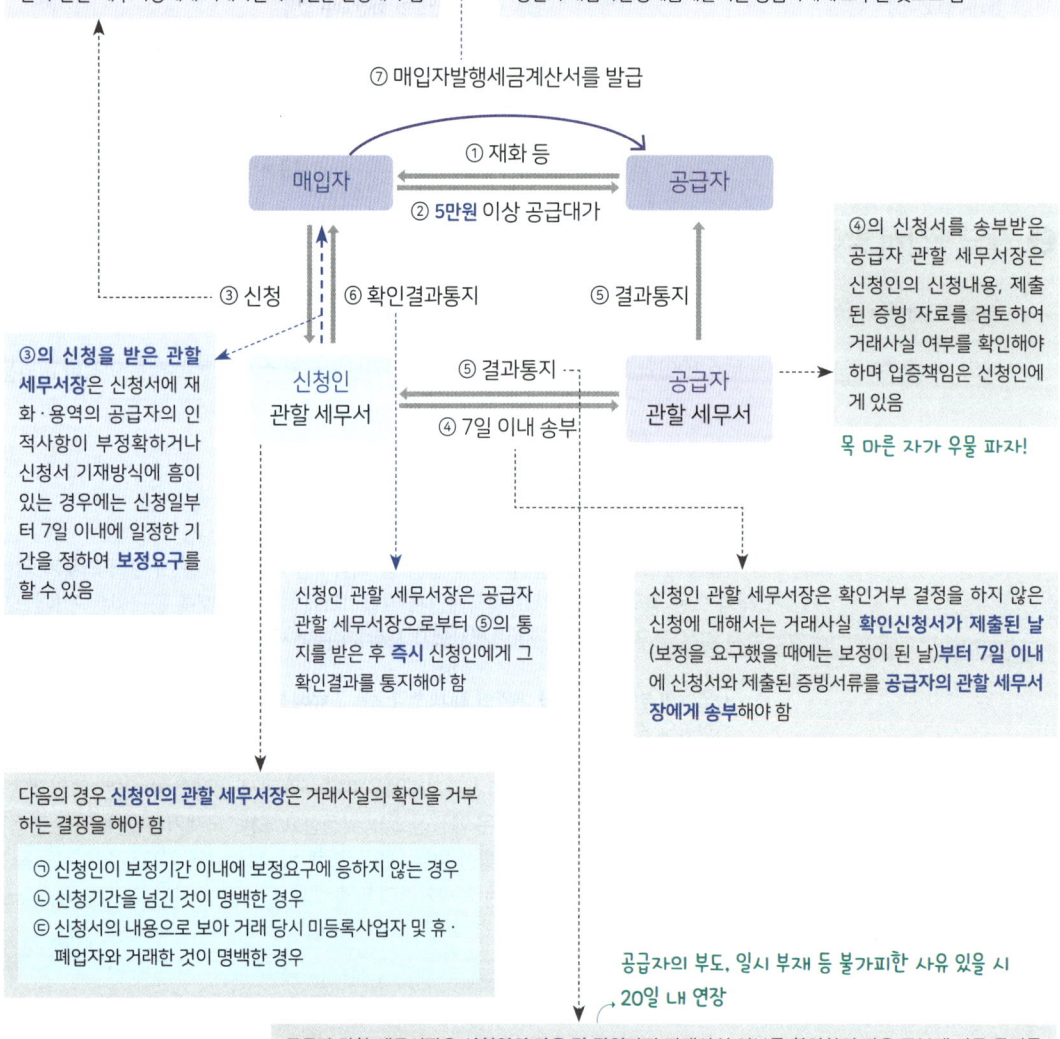

## ❻ 특수한 경우의 세금계산서 발급

중요도 ★★★

### 6.1 위탁매매
: 위탁판매·대리인에 의한 매매의 경우 위탁자(본인)가 직접 재화를 공급하거나 공급받은 것으로 봄

| 구분 | | 세금계산서 발급 시 명의 | 등록번호 |
|---|---|---|---|
| 위탁매출 | 수탁자(대리인)가 재화를 인도 | **위탁자(본인)의 명의**로 세금계산서를 발급 | 수탁자 또는 대리인의 등록번호를 덧붙여 적어야 함 |
| | 위탁자(본인)가 직접 재화를 인도 | **위탁자(본인)의 명의**로 세금계산서를 발급 | |
| | 위탁자(본인)를 알 수 없는 경우 | 위탁자(본인)는 수탁자(대리인)에게, 수탁자(대리인)는 거래 상대방에게 공급한 것으로 보아 각각 세금계산서를 발급 | - |
| 위탁매입 | | **위탁자(본인)**을 공급받는 자로 하여 세금계산서를 발급 | 수탁자 또는 대리인의 등록번호를 덧붙여 적어야 함 |

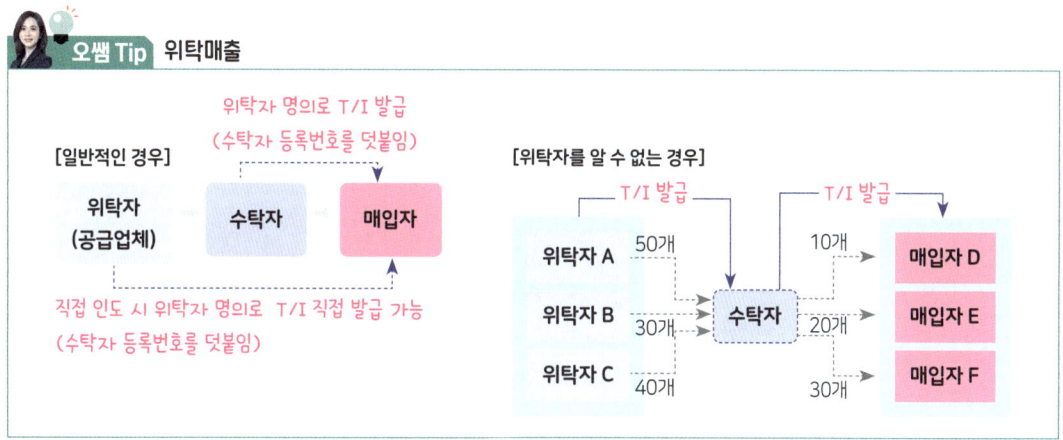

오쌤 Tip  위탁매출

### 6.2 기타

| 「조달사업에 관한 법률」에 의한 물자의 공급 | 공급자 또는 세관장이 해당 실수요자에게 직접 세금계산서를 발급해야 함<br><br>물자를 조달할 때에 그 물자의 실수요자를 알 수 없는 경우에는 조달청장에게 세금계산서를 발급하고, 조달청장이 실제로 실수요자에게 그 물자를 인도할 때에는 그 실수요자에게 세금계산서를 발급할 수 있음 |
|---|---|
| 수용으로 인한 재화의 공급 | 위탁매매를 준용하여 해당 사업의 시행자가 세금계산서를 발급할 수 있음 |
| 용역의 공급에 대한 주선 및 중개 | |
| 리스거래 | 납세의무가 있는 사업자가 시설대여업자로부터 시설 등을 임차하고, 그 시설 등을 공급자 또는 세관장으로부터 직접 인도받는 경우에는 공급자 또는 세관장이 그 사업자에게 직접 세금계산서를 발급할 수 있음 |
| 창고증권의 양도로 임치물의 반환 | 조달청장이 발행한 창고증권의 양도로 임치물의 반환이 수반되는 경우로서 그 임치물을 반환받는 자를 알 수 없는 때에는 조달청장에게 세금계산서를 발급하고, 조달청장이 실제로 임치물을 반환받는 자에게 인도할 때 임치물을 반환받는 자에게 세금계산서를 발급할 수 있음 |

| | |
|---|---|
| 합병 | ① 원칙: 법인 간의 흡수합병에 있어서 합병등기일 전 실제 합병한 경우 실제 합병일로부터 합병등기일까지 피합병법인의 사업장에서 거래된 재화의 공급 및 매입분에 대하여는 **피합병법인 명의로 세금계산서**를 발급하거나 발급받고 부가가치세를 신고·납부함<br>② 예외: 합병에 따라 소멸하는 법인이 합병계약서에 기재된 합병을 할 날부터 합병등기일까지의 기간에 재화 또는 용역을 공급하거나 공급받는 경우 **합병 이후 존속하는 법인 또는 합병으로 신설되는 법인이 세금계산서**를 발급하거나 발급받을 수 있음 |
| 분할·분할합병 NEW | 분할 또는 분할합병에 따라 소멸하는 법인이 해당 계약서에 기재된 분할 또는 분할합병을 할 날부터 분할등기일 또는 분할합병등기일까지의 기간에 재화 또는 용역을 공급하거나 공급받는 경우 다음의 어느 하나에 해당하는 법인으로서 해당 재화 또는 용역에 대한 권리와 의무를 승계한 법인이 세금계산서를 발급하거나 발급받을 수 있음<br>　㉠ 분할 또는 분할합병 이후 존속하는 법인<br>　㉡ 분할 또는 분할합병으로 신설되는 법인 |

## ❼ 수정세금계산서 또는 수정전자세금계산서의 발급  `중요도 ★★★`

: 세금계산서 또는 전자세금계산서의 기재사항을 **착오로 잘못 적거나** 세금계산서 또는 전자세금계산서를 발급한 후 그 기재사항에 **변경사유가 발생하면** 수정세금계산서(수정한 세금계산서) 또는 수정전자세금계산서(수정한 전자세금계산서)를 발급할 수 있음

`암기팁` **새로운 작성일**로 변환해

### 7.1 수정세금계산서의 발급

| 구분 | | | 작성·발급방법 | 작성연월 | 비고란 | 발급 기한 |
|---|---|---|---|---|---|---|
| ① 새로운 작성일자 발급 | 환입 | | 환입 금액분에 대하여 **붉은색 글씨**로 쓰거나 음(-)의 표시를 하여 | 환입된 날 | 당초 세금 계산서 작성일 | 환입된 날 **다음 달 10일**까지 발급 |
| | 계약의 해제 | | **붉은색 글씨**로 쓰거나 음(-)의 표시를 하여 | 계약 해제일 | | 계약해제일 **다음 달 10일**까지 발급 |
| | 계약의 해지 등에 따른 공급가액 변동 | | 추가되는 금액은 검은색 글씨로 쓰고, 차감되는 금액은 **붉은색 글씨**로 쓰거나 음(-)의 표시를 하여 세금계산서 1장 발급 | 증감 사유 발생일 | | 증감사유 발생일 **다음 달 10일**까지 발급 |
| ② 당초 작성일자 발급 | 내국신용장 등 사후발급 | | 영세율 적용분은 검은색 글씨로 영세율 세금계산서 1장 발급 + 당초 세금계산서의 내용대로 **붉은색 글씨**로 쓰거나 음(-)의 표시를 하여 세금계산서 1장 발급 (총 2장) | 당초 세금 계산서 작성 일자 | 내국 신용장 개설일 | 내국신용장 개설일 다음 달 10일까지 발급 (과세기간 종료 후 25일 이내에 개설된 경우 25일까지 발급) |
| | 필요적 기재사항 등이 잘못 적힌 경우* | 착오 | 수정하여 검은색 글씨로 정확한 세금계산서 1장 발급 + 당초 세금계산서의 내용대로 **붉은색 글씨**로 쓰거나 음(-)의 표시를 하여 세금계산서 1장 발급 (총 2장) | | - | 착오 사실을 인식한 날 |
| | | 착오 외 | | | | 공급일이 속하는 과세기간에 대한 확정신고기한의 다음날부터 1년까지 |
| | 세율을 착오로 잘못 작성한 경우* | | | | | 착오사실을 인식한 날 |
| | 착오에 의한 이중 발급 | | 당초 세금계산서의 내용대로 음(-)의 표시로 세금계산서 1장 발급 | | | 착오 사실을 인식한 날 |
| | 면세 등 발급 대상이 아닌 거래를 잘못 발급 | | 당초 세금계산서의 내용대로 **붉은색 글씨**로 쓰거나 음(-)의 표시를 하여 세금계산서 1장 발급 | | | 착오 사실을 인식한 날 |

* 과세표준 또는 세액을 경정할 것을 미리 알고 있는 경우는 제외

### 7.2 과세유형이 전환된 후 수정세금계산서의 발급

| 일반과세자 → 간이과세자 | 간이과세자 → 일반과세자 |
| --- | --- |
| 일반과세자에서 간이과세자로 과세유형이 전환된 후 과세유형전환 전에 공급한 재화 또는 용역에 위 7.1의 ①에 해당하는 사유가 발생한 경우에는 위 7.1의 ①의 절차에도 불구하고 **처음에 발급한 세금계산서 작성일**을 수정세금계산서 또는 수정전자세금계산서의 작성일로 적고, **비고란에 사유 발생일**을 덧붙여 적은 후 추가되는 금액은 검은색 글씨로 쓰고 차감되는 금액은 **붉은색 글씨**로 쓰거나 음(-)의 표시를 하여 수정세금계산서나 수정전자세금계산서를 발급할 수 있음 | 간이과세자에서 일반과세자로 과세유형이 전환된 후 과세유형전환 전에 공급한 재화 또는 용역에 위 7.1의 ①에 해당하는 사유가 발생하여 수정세금계산서나 수정전자세금계산서를 발급하는 경우에는 위 7.1의 ①의 절차에도 불구하고 **처음에 발급한 세금계산서 작성일**을 수정세금계산서 또는 수정전자세금계산서의 작성일로 적고, **비고란에 사유 발생일**을 덧붙여 적은 후 추가되는 금액은 검은색 글씨로 쓰고 차감되는 금액은 **붉은색 글씨**로 쓰거나 음(-)의 표시를 해야 함 |

## ⑧ 수입세금계산서   중요도 ★☆☆

### 8.1 수입세금계산서
: 세관장은 수입되는 재화에 대하여 부가가치세를 징수할 때에는 수입세금계산서를 수입하는 자에게 발급해야 함

부가가치세의 납부가 유예(link - p.251)되는 때에도 수입세금계산서를 발급해야 함 주의

### 8.2 수정수입세금계산서

| | |
| --- | --- |
| 수정수입 세금계산서 발급 사유 | 다음의 어느 하나에 해당하는 경우에는 세관장은 수입하는 자에게 수정수입세금계산서를 발급해야 함<br>① 「관세법」에 따라 세관장이 과세표준 또는 세액을 결정 또는 경정하기 전에 수입하는 자가 수정신고를 하는 경우(아래 ③에 따라 수정신고하는 경우 제외)<br>② 「관세법」에 따라 세관장이 과세표준 또는 세액을 결정 또는 경정하는 경우(수입하는 자가 해당 재화의 수입과 관련하여 다음의 어느 하나에 해당하지 아니하는 경우로 한정)<br>　㉠ 「관세법」을 위반하여 고발되거나 통고처분을 받은 경우(미수범의 경우를 포함)<br>　㉡ 「관세법」에 따른 부정한 행위 또는 「자유무역협정의 이행을 위한 관세법의 특례에 관한 법률」에 따른 부정한 행위로 관세의 과세표준 또는 세액을 과소신고한 경우<br>　㉢ 수입자가 과세표준 또는 세액을 신고하면서 관세조사 등을 통하여 이미 통지받은 오류를 다음 신고 시에도 반복하는 등 중대한 잘못이 있는 경우<br>③ 수입하는 자가 세관공무원의 관세조사 등 대통령령으로 정하는 행위가 발생하여 과세표준 또는 세액이 결정 또는 경정될 것을 미리 알고 그 결정·경정 전에 「관세법」에 따라 수정신고하는 경우(해당 재화의 수입과 관련하여 위 ㉠~㉢의 어느 하나에 해당하지 아니하는 경우로 한정)<br>④ 세관장은 위 ② 또는 ③에 따른 결정·경정 또는 수정신고에 따라 수정수입세금계산서를 발급한 후 수입하는 자가 위 ㉠~㉢의 어느 하나에 해당하는 사실을 알게 된 경우에는 이미 발급한 수정수입세금계산서를 그 수정 전으로 되돌리는 내용의 수정수입세금계산서를 발급하여야 함<br>⑤ 세관장은 수입하는 자가 「관세법」을 위반하여 고발되거나 통고처분을 받은 경우(미수범의 경우를 포함)에 해당하여 위 ② 또는 ③에 따라 수정수입세금계산서를 발급하지 아니하였거나 ④에 따라 수정수입세금계산서를 다시 발급한 이후에 수입하는 자가 무죄 취지의 불기소 처분이나 무죄 확정판결을 받은 경우에는 당초 세관장이 결정 또는 경정한 내용이나 수입하는 자가 수정신고한 내용으로 수정수입세금계산서를 발급하여야 함 |
| 수정수입 세금계산서 발급 신청 및 통지 | 세관장이 수정수입세금계산서를 발급하지 않는 경우 수입하는 자는 「국세기본법」에 따른 제척기간 내에 해당 부가가치세를 징수한 세관장에게 수정수입세금계산서 발급신청서를 제출함으로써 수정수입세금계산서의 발급을 신청할 수 있음 → 세관장은 신청을 받은 날부터 2개월 이내에 수정수입세금계산서를 발급하거나 발급할 이유가 없다는 뜻을 신청인에게 통지해야 하며, 수정수입세금계산서를 발급한 세관장은 수정된 매출처별 세금계산서합계표를 해당 세관 소재지를 관할하는 세무서장에게 제출하여야 함 |

### 8.3 수정수입세금계산서의 발급

| 구분 | 작성·발급방법 |
|---|---|
| 원칙 | 세관장이 수정수입세금계산서를 발급하는 경우에는 **부가가치세를 납부받거나 징수 또는 환급한 날을 작성일**로 적고, **비고란에 최초 수입세금계산서 발급일 등**을 덧붙여 적은 후 추가되는 금액은 검은색 글씨로 쓰고, 차감되는 금액은 **붉은색 글씨**로 쓰거나 음(-)의 표시를 하여 발급함 |
| 예외 | 세관장이 수정수입세금계산서를 발급하지 않아 **수입하는 자의 신청에 따라** 수정수입세금계산서를 발급하는 경우에는 그 **작성일은 발급결정일**로 적고 **비고란에 최초 수입세금계산서 발급일 등**을 덧붙여 적은 후 추가되는 금액은 검은색 글씨로 쓰며, 차감되는 금액은 **붉은색 글씨**로 쓰거나 음(-)의 표시를 하여 발급함 |

## 2 영수증

### ❶ 영수증의 의미와 종류    중요도 ★☆☆

: 공급받는 자의 등록번호와 부가가치세액을 따로 기재하지 않는 계산서

영수증 ┬ 신용카드매출전표 ┐ 주로 사업자가 아닌 소비자를 상대하는 업종을
       ├ 현금영수증       ┤ 영위하는 사업자가 발급
       └ (일반적인) 영수증 ── 영세사업자 등이 발급

### ❷ 영수증 발급 사업자    중요도 ★★☆

: 다음의 어느 하나에 해당하는 자가 재화·용역을 공급(부가가치세 면제되는 재화·용역의 공급은 제외)하는 경우 재화·용역의 공급시기에 공급받는 자에게 세금계산서를 발급하는 대신 영수증을 발급함

① 일정사업자 ← MUST! 영수증 발급해야 함
② 일정 요건을 만족하는 간이과세자 ← MUST! 영수증 발급해야 함
③ 일정 조건을 만족하는 전기사업자 등 ← 선택! 영수증 발급할 수 있음

#### 일정사업자 (일반과세자, 간이과세자 모두에게 적용)

주로 사업자가 아닌 자에게 재화 또는 용역을 제공하는 사업자로 다음에 해당하는 자는 영수증을 **발급해야 함**

① 소매업, 음식점업(다과점업 포함), 숙박업
② 미용·욕탕 및 유사 서비스업
③ 입장권을 발행하여 경영하는 사업
④ 변호사업, 공인회계사업, 세무사업 등 간이과세가 배제되는 사업 서비스업 및 행정사업(사업자에게 공급하는 것은 제외)
⑤ 우정사업조직이 소포우편물을 방문 접수하여 배달하는 용역을 제공하는 사업
⑥ 면세하지 않는 의료보건용역을 제공하는 사업, 수의사가 제공하는 동물 진료용역
⑦ 무도학원, 자동차학원 사업
⑧ 전자서명인증사업자가 인증서를 발급하는 사업
⑨ 공인인증기관이 공인인증서를 발급하는 사업
⑩ 간편사업자등록을 한 사업자가 국내에 전자적 용역을 공급하는 사업
⑪ 여객운송업
⑫ 주로 사업자가 아닌 소비자에게 재화 또는 용역을 공급하는 사업으로서 세금계산서 발급이 불가능하거나 현저히 곤란한 사업 (ex. 도정업, 떡방앗간, 양복점업, 양화점업, 운수업, 부동산중개업, 주거용 건물공급업 등)

#### 일정 요건을 만족하는 간이과세자

다음의 간이과세자는 영수증을 **발급해야 함**

① 직전 연도의 **공급대가**의 합계액이 **4천 8백만원** 미만인 자 (신규로 사업을 시작한 개인사업자의 경우 환산한 금액)
② 신규로 사업을 시작하는 개인사업자로서 간이과세자로 하는 최초의 과세기간 중에 있는 자

→ 간이과세자가 발급받았거나 발급한 세금계산서 또는 영수증을 보관하였을 때에는 장부기록의무를 이행한 것으로 봄

#### 간이과세자의 영수증 발급 적용 기간

① 영수증 발급 규정이 적용되거나 적용되지 않게 되는 기간은 해의 1월 1일부터 12월 31일까지의 공급대가의 합계액(신규로 사업을 시작한 개인사업자의 경우 환산한 금액)이 **4천8백만원에 미달하거나 그 이상이 되는 해의 다음 해의 7월 1일부터 그 다음 해의 6월 30일까지**로 함
② 영수증 발급에 관한 규정이 적용되는 기간은 **사업개시일부터 사업을 시작한 해의 다음 해인 6월 30일**까지로 함

**일정 조건을 만족하는 전기사업자 등**

다음의 경우 해당 사업자는 영수증을 <u>발급할 수 있음</u> → 해당 사업자가 영수증을 발급하지 않으면 세금계산서를 발급해야 함
재화와 용역을 공급받는 자가 사업자등록증을 제시하고, 세금계산서의 발급을 요구하는 경우는 제외

① 임시사업장 개설 사업자가 그 임시사업장에서 사업자가 아닌 소비자에게 재화·용역을 공급하는 경우
② 전기사업자가 산업용이 아닌 전력을 공급하는 경우
③ 전기통신사업자가 전기통신역무를 제공하는 경우(부가통신사업자가 통신판매업자에게 부가통신역무를 제공하는 경우는 제외)
④ 도시가스사업자가 산업용이 아닌 도시가스를 공급하는 경우
⑤ 집단에너지를 공급하는 사업자가 산업용이 아닌 열 또는 산업용이 아닌 전기를 공급하는 경우
⑥ 방송사업자·인터넷 멀티미디어 방송제공 사업자가 아닌 자에게 방송용역을 제공하는 경우

**세금계산서 발급 금지**

다음의 사업자는 상대방이 세금계산서의 발급을 요구하더라도 세금계산서를 발급할 수 없음

㉠ 미용·욕탕 및 유사 서비스업
㉡ 입장권을 발행하여 경영하는 사업
㉢ 면세하지 않는 의료보건용역을 제공하는 사업, 수의사가 제공하는 동물 진료용역
㉣ 무도학원, 자동차학원 사업
㉤ 간편사업자등록을 한 사업자가 국내에 전자적 용역을 공급하는 사업
㉥ 여객운송업(전세버스운송사업 제외)

### ❸ 특례  중요도 ★★☆

| 공급받는 자의 세금계산서 요구 | 위 ❷ 영수증 발급 사업자 규정에도 불구하고 재화와 용역을 공급받는 자가 사업자등록증을 제시하고, 세금계산서의 발급을 요구하는 경우에는 세금계산서를 발급해야 함<br>↳ 세금계산서 발급 금지 업종 제외 |
|---|---|
| 등록기의 설치 | 위 ❷ 영수증 발급 사업자 규정에도 불구하고 영수증을 발급하는 사업자는 금전등록기를 설치하여 영수증을 대신하여 공급대가를 적은 계산서를 발급할 수 있음<br>→ 이 경우 사업자가 계산서를 발급하고 해당 감사테이프를 보관한 경우에는 영수증을 발급하고 장부의 작성을 이행한 것으로 보며, 현금수입을 기준으로 부가가치세를 부과할 수 있음 |

### ❹ 매입자의 매입세액 공제  중요도 ★★☆

| 원칙 | 일반적인 영수증은 세금계산서의 효력을 가지지 못하므로, **영수증을 발급받는 자**는 이를 근거로 한 **매입세액 공제를 받지 못함** |
|---|---|
| 예외 | 다음의 요건을 **모두 충족**한 경우에는 영수증 수취 시에도 매입세액 공제가 가능함<br>① 일반과세자(세금계산서 발급 금지 업종 제외) 또는 세금계산서 발급대상 간이과세자로부터 받은 신용카드매출전표 등 (신용카드매출전표, 현금영수증, 직불카드영수증, 기명식선불카드영수증 등)<br>② 공급가액과 부가가치세가 별도로 구분기재<br>③ 신용카드매출전표 등 수령명세서를 제출<br>④ 해당 신용카드매출전표 등을 5년간 보존<br>⑤ 일정 요건을 만족하는 간이과세자 의 영수증 발급 적용 기간[*1] 규정에 따라 영수증을 발급해야 하는 기간에 발급한 신용카드매출전표 등이 아닐 것 |

[*1] ㉠ 직전 연도의 공급대가의 합계액(직전 과세기간에 신규로 사업을 시작한 개인사업자의 경우 환산한 금액)이 4천800만원 미만인 자: 4천800만원에 미달하게 되는 해의 다음 해의 7월 1일부터 그 다음 해의 6월 30일까지
㉡ 신규로 사업을 시작하는 개인사업자로서 간이과세자로 하는 최초의 과세기간 중에 있는 자: 사업 개시일부터 사업을 시작한 해의 다음 해의 6월 30일까지

## 3 세금계산서 및 영수증의 발급의무 면제

### ❶ 발급의무 면제 대상 재화·용역  중요도 ★★☆

: 다음의 재화나 용역을 공급하는 경우에는 세금계산서 또는 영수증의 발급의무가 면제됨. 이러한 면제대상 사업자는 세금계산서를 발급하지 않더라도 세금계산서불성실가산세를 부과받지 않음

**① 최종소비자 대상 업종**
**② 간주공급**
③ 부동산임대보증금에 대한 간주임대료
④ 영세율 적용 대상이 되는 일정한 재화·용역
**⑤ 이중공제 금지**
⑥ 그 밖에 국내사업장이 없는 비거주자 또는 외국법인에 공급하는 재화 또는 용역. 단, 다음의 경우는 세금계산서를 발급해야 함
  ㉠ 비거주자 또는 외국법인이 해당 외국의 사업자임을 증명하는 서류를 제시하고 세금계산서 발급을 요구하는 경우
  ㉡ 외국법인연락사무소에 재화 또는 용역을 공급하는 경우

**최종소비자 대상 업종**
① 택시운송 사업자, 노점·행상을 하는 사람, 무인자동판매기를 이용하여 재화·용역을 공급하는 자
② 전력·도시가스를 실제로 소비하는 자(사업자가 아닌 자로 한정)를 위하여 전기사업자·도시가스사업자로부터 전력·도시가스를 공급받는 명의자, 도로 및 관련시설 운영용역을 공급하는 자가 공급하는 재화·용역
③ 미용, 욕탕 및 유사서비스업을 영위하는 자가 공급하는 재화·용역
④ 소매업을 영위하는 자가 공급하는 재화 또는 용역, 전자서명인증사업자가 인증서를 발급하는 용역(단, 공급받는 자가 세금계산서의 발급을 요구하지 않은 경우에 한함)
⑤ 간편사업자등록을 한 국외사업자가 국내에 전자적 용역을 공급하는 경우

**간주공급**
① 면세사업 전용
② 개별소비세 과세대상 자동차와 그 유지를 위한 재화
③ 개인적 공급
④ 사업상 증여
⑤ 폐업 시 잔존 재화
간주공급 중 판매목적으로 다른 사업장에 반출하는 경우에는 세금계산서를 발급해야 함 주의

**이중공제 금지**
사업자가 신용카드매출전표·직불카드영수증·기명식 선불카드·현금영수증 등을 발급한 경우에는 세금계산서를 발급할 수 없음

---

**오쌤 Tip 세금계산서를 발급해야 하는 영세율 적용 대상이 되는 일정한 재화·용역**

① 내국신용장(구매확인서)에 의한 공급
② 한국국제협력단·한국국제보건의료재단 등에 공급하는 재화로서 외국에 무상으로 반출하는 재화
③ 수출재화임가공용역
④ 용역의 국외공급 및 외국항행용역 공급(공급받는 자가 국내에 사업장이 없는 비거주자 또는 외국법인인 경우와 항공기의 외국항행용역 및 「항공사업법」에 따른 상업서류 송달용역은 제외)
⑤ 원료를 대가 없이 국외의 수탁가공 사업자에게 반출하여 가공한 재화를 양도하는 경우 그 원료의 반출

## 4 세금계산서합계표

### ❶ 세금계산서합계표의 의미와 기능

| | |
|---|---|
| 의미 | 사업자가 거래로 인하여 세금계산서를 수수한 경우에 수수한 세금계산서의 총합을 계산하고 이를 표로서 작성하여 제출하는 합계표 |
| 기능 | 과세관청이 부가가치세를 과세하는 데 있어 과세근거로 사용되며 **매출처별 세금계산서합계표**와 **매입처별 세금계산서합계표**를 상호비교하여 그 거래의 적정성을 확인할 수 있도록 함 |

↳ 매출처별 세금계산서합계표: **공급자가 제출**
↳ 매입처별 세금계산서합계표: **공급받는 자가 제출**

### ❷ 세금계산서합계표의 제출

#### 2.1 사업자의 세금계산서합계표 제출의무

| | |
|---|---|
| 원칙 | 사업자는 세금계산서 또는 수입세금계산서를 발급하였거나 발급받은 경우에는 매출처별 세금계산서합계표와 매입처별 세금계산서합계표를 해당 **예정신고 또는 확정신고를 할 때 제출해야 함**<br><br>↓<br><br>예정신고와 함께 매출·매입처별 세금계산서합계표를 제출하지 못하는 경우에는 해당 예정신고기간이 속하는 과세기간의 확정신고와 함께 제출할 수 있음 |
| 예외 | 전자세금계산서를 발급하거나 발급받고 전자세금계산서 발급명세를 해당 재화 또는 용역의 공급시기가 속하는 과세기간(예정신고의 경우에는 예정신고기간) **마지막 날의 다음 달 11일까지** 국세청장에게 전송한 경우에는 해당 예정신고 또는 확정신고를 할 때 매출·매입처별 세금계산서합계표를 제출하지 않을 수 있음 |

#### 2.2 세관장의 매출처별 세금계산서합계표 제출의무
: 수입세금계산서를 발급한 세관장은 **매출처별 세금계산서합계표**를 해당 세관 소재지를 관할하는 세무서장에게 제출해야 함
↳ 매입처별 세금계산서합계표 아님 주의

#### 2.3 국가 또는 면세사업자의 매입처별 세금계산서합계표 제출의무
: 세금계산서를 발급받은 **국가·지방자치단체·지방자치단체조합, 면세사업자, 외국법인의 연락사무소** 등은 부가가치세의 납세의무가 없는 경우에도 **매입처별 세금계산서합계표**를 해당 **과세기간이 끝난 후 25일 이내**에 납세지 관할 세무서장에게 제출해야 함
↳ 매출처별 세금계산서 합계표 아님 주의

제4편 부가가치세법

# 06 과세표준

## 1 부가가치세 계산구조와 매출세액 계산구조

중요도 ★★☆

```
    매 출 세 액
(-) 매 입 세 액
    납 부 세 액
(-) 경 감 · 공 제 세 액
(-) 예 정 신 고 미 환 급 세 액
(-) 예 정 고 지 세 액
(-) 수 시 부 과 세 액  NEW
(+) 가         산        세
    차 가 감 납 부 세 액
       ↳ 74.7%는 국세, 25.3%는
          지방소비세
```

**매출세액 계산구조** → 해당 과세기간에 공급한 재화 또는 용역의 공급가액을 합한 금액

| 구분 | | 과세표준 | 세율 | 세액 |
|---|---|---|---|---|
| 과세 | 세금계산서발급분 | XXX | 10% | XXX |
| | 매입자발행세금계산서 | XXX | | XXX |
| | 기타 | XXX | | XXX |
| 영세율 | 세금계산서발급분 | XXX | 0% | 0 |
| | 기타 | XXX | | 0 |
| 예정신고누락분 | | XXX | | XXX |
| 대손세액가감 | | - | | XXX |
| 합계 | | XXX | | XXX |

## 2 일반적인 경우

### ❶ 재화·용역의 공급에 대한 과세표준   중요도 ★★★

#### 1.1 유상공급
##### 1.1.1 개요

**과세표준**: 재화 또는 용역의 공급에 대한 부가가치세의 과세표준은 해당 과세기간에 공급한 재화 또는 용역의 공급가액을 합한 금액으로 함

공급가액은 다음의 가액을 말하며, 사업자는 이러한 공급가액에 10%의 세율을 곱하여 매출세액을 공급받는 자로부터 거래징수해야 함

**금전으로 대가를 받는 경우** ··· 그 대가

사업자가 재화 또는 용역을 공급하고 그 대가로 받은 금액이 다음에 해당하는 경우에는 그 대가로 받은 금액에 '100/110'을 곱한 금액을 공급가액으로 함

① 부가가치세가 포함되어 있는지가 불분명한 경우
② 공급가액과 부가가치세가 별도 표시되어 있지 않은 경우

**금전 외의 대가를 받는 경우** ··· 자기가 공급한 재화·용역의 시가

공급가액 + VAT = 공급대가

→ **일반과세자의 과세표준**: 부가가치세를 포함하지 않은 금액

→ **간이과세자의 과세표준**: 부가가치세를 포함한 금액

**암기팁** VAT가 포함되어 더 크므로 공급大가 간이(과세자) 크다(大)

---

**「부가가치세법」상 시가의 적용 순서**

 사업자가 특수관계인이 아닌 자와 해당 거래와 유사한 상황에서 계속적으로 거래한 가격 또는 제3자 간에 일반적으로 거래된 가격

 1순위의 시가를 산정할 수 없는 경우, 사업자가 그 대가로 받은 재화 또는 용역의 가격 (공급받은 사업자가 특수관계인이 아닌 자와 해당 거래와 유사한 상황에서 계속적으로 거래한 해당 재화 및 용역의 가격 또는 제3자 간에 일반적으로 거래된 가격을 말함)

 1순위와 2순위의 시가를 모두 산정할 수 없는 경우, 「소득세법」 또는 「법인세법」의 부당행위계산의 부인계산 시 시가가 불분명할 때에 적용하는 가격

### 1.1.2 공급가액에 포함되는 항목과 포함되지 않는 항목

> 직접적으로 관련되는 경우에는 과세표준에 포함함 주의

| 공급가액에 포함되는 것 넣자 | 공급가액에 포함되지 않는 것 넣지 말자 |
|---|---|
| ① 장기할부판매 또는 할부판매의 이자상당액<br>② 대가의 일부로 받는 운송비, 포장비, 하역비, 운송보험료, 산재보험료 등<br>③ 개별소비세, 주세 또는 교통·에너지·환경세가 과세되는 경우 개별소비세, 주세, 교육세·농어촌특별세 및 교통·에너지·환경세 상당액 | ① 매출에누리, 매출환입, 매출할인된 금액<br>② 공급받는 자에게 도달하기 전에 파손·훼손 또는 멸실한 재화의 가액<br>③ 재화·용역의 공급과 직접 관련되지 않는 국고보조금과 공공보조금<br>④ 공급에 대한 대가의 지급이 지체되었음을 이유로 받는 연체이자<br>⑤ 반환조건부 용기대금과 포장비용 (단, 반환조건으로 공급한 용기 및 포장을 회수할 수 없어 변제받는 경우 공급가액에 포함함)<br>⑥ 사업자가 음식·숙박 용역이나 개인서비스 용역을 공급하고 그 대가와 함께 받는 종업원의 봉사료를 세금계산서 등에 그 대가와 구분하여 적고 종업원에게 지급한 사실이 확인된 경우의 그 봉사료 (단, 사업자가 그 봉사료를 자기의 수입금액에 계상하는 경우에는 과세표준에 포함함)<br>⑦ 거래 상대방으로부터 인도받은 원자재 등을 사용하여 제조·가공한 재화를 공급하거나 용역을 제공하는 경우 해당 원자재 등의 가액 (단, 재화 또는 용역을 공급하고 그 대가로 원자재 등을 받는 경우에는 과세표준에 포함함) |

## 1.2 마일리지 등의 적립 및 결제

### 1.2.1 마일리지 등을 적립하는 경우
: 사업자가 재화나 용역을 공급하면서 마일리지를 적립하는 경우, 기업회계기준과 달리 해당 마일리지를 **과세표준에서 공제하지 않음**

→ 수익차감: 이연수익인식

### 1.2.2 마일리지 등으로 결제받는 경우

| | |
|---|---|
| 원칙 | 공급가액 = ① + ②<br>① 마일리지 등 외의 수단으로 결제받은 금액<br>② 자기적립 마일리지 등 외의 마일리지 등으로 결제받은 부분에 대하여 재화 또는 용역을 공급받는 자 외의 자로부터 보전받았거나 보전받을 금액<br> |
| 예외 | 자기적립 마일리지 등 외의 마일리지 등으로 대금의 전부 또는 일부를 결제받은 경우로서 다음의 어느 하나에 해당하는 경우에는 공급한 재화·용역의 **시가**를 공급가액으로 함<br>① 재화·용역을 공급받는 자 외의 자로부터 보전받아야 할 금액을 보전받지 않고 자기생산·취득재화를 공급한 경우<br>② 재화·용역을 공급받는 자 외의 자로부터 보전받아야 할 금액과 관련하여 특수관계인으로부터 부당하게 낮은 금액을 보전받거나 아무런 금액을 받지 않아 조세의 부담을 부당하게 감소시킬 것으로 인정되는 경우 |

## 1.3 부당행위계산의 부인

: 사업자가 특수관계인에 대한 재화 또는 용역(**수탁자가 위탁자의 특수관계인에게 공급하는 신탁재산과 관련된 재화 또는 용역을 포함**)의 공급이 다음의 어느 하나에 해당하는 경우로서 조세의 부담을 부당하게 감소시킬 것으로 인정되는 경우에는 공급한 재화 또는 용역의 **시가**를 공급가액으로 봄

① 재화의 공급에 대하여 부당하게 낮은 대가를 받거나 아무런 대가를 받지 아니한 경우
② 용역의 공급에 대하여 부당하게 낮은 대가를 받는 경우
③ 용역의 공급에 대하여 대가를 받지 않는 경우로서 사업용 부동산의 임대용역 등을 공급하는 것

**오쌤 Tip** 특수관계인 여부에 따른 부당행위계산의 부인에 해당하는 재화·용역의 공급 정리

| 구분 | | 특수관계인 | 특수관계인 외의 자 |
|---|---|---|---|
| 재화의 공급[*1] | 무상 공급[*2] | 시가 | 시가 |
| | 저가 공급 | | 해당 거래가액 |
| 용역의 공급[*1] | 무상 공급 | ① 과세되는 사업용 부동산임대용역을 무상 공급: 시가<br>② 그 외의 경우: 공급이 아님 | 공급이 아님 |
| | 저가 공급 | 시가 | 해당 거래가액 |

[*1] 수탁자가 위탁자의 특수관계인에게 공급하는 신탁재산과 관련된 재화 또는 용역을 포함
[*2] 특수관계인에 대한 조세부담 부당 감소 목적 외의 무상공급 및 특수관계인 외의 자에 대한 무상공급으로서 매입 시 매입세액 공제를 받지 않은 것에 대해서는 부가가치세를 과세하지 않음

## 1.4 과세표준에서 공제하지 않는 금액

| 과세표준에 포함하지 않는 것 | 과세표준에서 공제하지 않는 것 빼지 말자 |
|---|---|
| ① 매출에누리, 매출환입[*1], 매출할인[*2]<br>② 도달 전에 파손·훼손·멸실한 재화 가액<br>③ 재화·용역의 공급과 직접 관련되지 않는 국고보조금과 공공보조금<br>④ 공급에 대한 대가의 지급이 지체되었음을 이유로 받는 연체이자<br>⑤ 반환조건부 용기대금과 포장비용<br>⑥ 대가와 구분 기재된 종업원의 봉사료<br>⑦ 거래 상대방으로부터 인도받은 원자재 등을 사용하여 제조·가공한 재화를 공급하거나 용역을 제공하는 경우 해당 원자재 등의 가액 | ① 판매장려금 (단, 현물로 지급하는 판매장려금은 사업상 증여로 보아 과세표준에 포함)<br>② 대손금<br>③ 하자보증금 |

[*1] 매출환입은 환입일이 속하는 과세기간의 과세표준에서 차감
[*2] 매출할인은 감액사유가 발생한 날이 속하는 과세기간의 과세표준에서 차감

 **판매장려금 정리**

| 구분 | | 지급한 판매장려금 | 수령한 판매장려금 |
|---|---|---|---|
| 「부가가치세법」 | 현금지급 | 과세표준에서 공제하지 않음 | 과세표준에 포함하지 않음 |
| | 현물지급 | **사업상 증여로 보아 과세표준에 포함** | |
| 「법인세법」 | | 손금으로 인정 | 익금에 산입 |
| 「소득세법」 | | 필요경비로 인정 | 총수입금액에 산입 |

[판매장려금 지급 시]
A(공급자) → 공급 10,000 / 대가 10,000 수령 → B
장려금 2,000 지급
→ A 과세표준: 현금: 10,000 − 0 = 10,000
　　　　　　　현물: 10,000 − 0 + 2,000 = 12,000

[판매장려금 수령 시]
A(매입자) → 매입 10,000 / 대가 10,000 지급 → B
장려금 2,000 수령
→ A 과세표준: 0

### 1.5 공급형태별 공급가액의 계산

| 구분 | 공급가액 |
|---|---|
| 외상판매 및 할부판매의 경우 | 공급한 재화의 총가액 |
| 장기할부판매의 경우 | 계약에 따라 받기로 한 대가의 각 부분 |
| 완성도기준지급조건부·중간지급조건부의 경우 | |
| 계속적으로 재화·용역을 공급하는 경우 | |
| 둘 이상의 과세기간에 걸쳐 계속적으로 일정한 용역을 제공하고 그 대가를 선불로 받는 경우 | 선불로 받은 금액 × $\dfrac{\text{각 과세대상기간의 개월 수}}{\text{계약기간의 개월 수}^{*1}}$ |

*1 해당 계약기간의 개시일이 속하는 달이 1개월 미만이면 1개월로 하고, 해당 계약기간의 종료일이 속하는 달이 1개월 미만이면 산입하지 않음

### 1.6 외화의 환산

| 구분 | 공급가액 |
|---|---|
| 공급시기가 되기 전에 원화로 환가한 경우 | **환가한 금액** |
| 공급시기 이후에 외국통화나 그 밖의 외국환 상태로 보유하거나 지급받은 경우 | **공급시기**의 「외국환거래법」에 따른 기준환율 또는 재정환율에 따라 계산한 금액 |

### 1.7 기타

| 구분 | 공급가액 |
|---|---|
| 기부채납 | 해당 기부채납의 근거가 되는 법률에 따라 기부채납된 가액 (기부채납된 가액에 부가가치세가 포함된 경우 그 부가가치세는 제외) |
| 위탁가공무역방식의 수출 | 완성된 제품의 인도가액 |

## ❷ 재화의 수입에 대한 과세표준

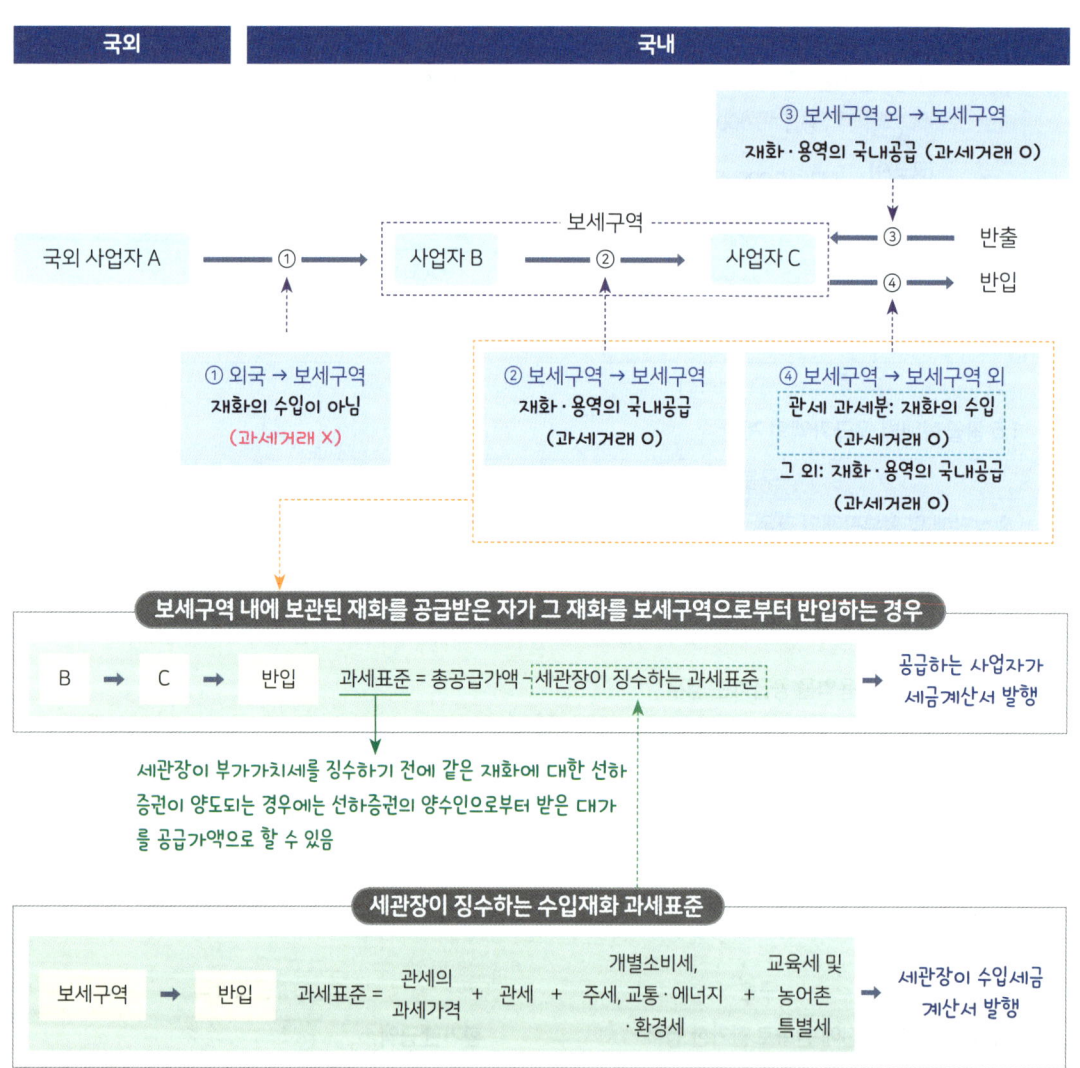

## 3 간주공급

### ❶ 간주공급  중요도 ★★★

#### 1.1 원칙

| 비상각자산의 경우 | 자기가 공급한 재화·용역 또는 폐업 시 남아있는 재화의 **시가**를 공급가액으로 봄 |
|---|---|
| 상각자산의 경우 | 다음의 금액을 공급가액으로 봄 |

| | | |
|---|---|---|
| 상각자산의 경우 | 건물 및 구축물 | 취득가액[*1] × (1 - 5% × 경과된 과세기간 수[*2])<br>한도 20 |
| | 그 밖의 감가상각자산 | 취득가액[*1] × (1 - 25% × 경과된 과세기간 수[*2])<br>한도 4 |

[*1] 매입세액을 공제받은 해당 재화의 가액
[*2] 과세기간 개시일 후에 감가상각자산을 취득하거나 해당 재화가 공급된 것으로 보게 되는 경우에는 그 과세기간의 개시일에 해당 재화를 취득하거나 해당 재화가 공급된 것으로 봄

#### 1.2 과세사업에 제공한 감가상각자산을 면세사업에 일부 사용하는 경우

: 과세사업에 제공한 감가상각자산을 면세사업에 일부 사용하는 경우에는 면세사업에 해당하는 부분만 가려내기 위해서 공급가액 기준으로 다음과 같이 안분하여 계산함. 단, 면세공급가액비율이 5% 미만인 경우에는 공급가액이 없는 것으로 봄

| 건물 및 구축물 | 취득가액 × (1 - 5% × 경과된 과세기간 수) × ( 일부 사용일이 속하는 과세기간의 면세공급가액 / 총공급가액 ) |
|---|---|
| 그 밖의 감가상각자산 | 취득가액 × (1 - 25% × 경과된 과세기간 수) × ( 일부 사용일이 속하는 과세기간의 면세공급가액 / 총공급가액 ) |

### ❷ 판매목적 타사업장 반출재화의 간주공급  중요도 ★★★

| 구분 | 공급가액 또는 과세표준 |
|---|---|
| 원칙 | 「법인세법」 또는 「소득세법」 규정에 따른 취득가액 |
| 취득가액에 일정액을 가산하여 공급하는 경우 | 취득가액에 일정액을 더한 금액 |
| 개별소비세, 주세, 교통·에너지·환경세가 부과되는 재화의 경우 | 개별소비세, 주세 및 교통·에너지·환경세의 과세표준 + 개별소비세, 주세 및 교통·에너지·환경세 + 교육세 및 농어촌특별세 |

## 4 부동산의 임대 및 공급

### ❶ 토지와 건물의 일괄공급  중요도 ★★★

#### 1.1 토지와 건물의 실지거래가액을 각각 구분할 수 있는 경우 공급가액
: 토지의 공급은 면세되지만, 국민주택을 제외한 건물 등(건물 또는 구축물)의 공급은 과세되므로 사업자가 토지와 그 토지에 정착된 건물 등을 함께 공급하는 때에 각각의 공급가액이 구분되는 경우에는 과세대상인 건물 등의 실지거래가액을 기준으로 공급가액(과세표준)을 계산함

#### 1.2 토지와 건물 등의 실지거래가액이 구분되지 않는 경우
##### 1.2.1 건물 등의 공급가액
실지거래가액이 구분되지 않는 경우에는 다음의 방법에 따라 안분계산한 금액을 건물 등의 공급가액으로 함

| 구분 | 건물 등의 공급가액(과세표준) |
|---|---|
| 공급가액에 부가가치세가 포함되지 않은 경우 | 부가가치세가 제외된 일괄공급가액 × $\dfrac{건물 등의 가액}{건물 등의 가액 + 토지가액}$ |
| 공급가액에 부가가치세가 포함된 경우 | 부가가치세가 포함된 일괄공급가액 × $\dfrac{건물 등의 가액}{건물 등의 가액 × \dfrac{110}{100} + 토지가액}$ |

① 실지거래가액 중 토지의 가액과 건물 또는 구축물 등의 가액의 구분이 불분명한 경우
② 실지거래가액으로 구분한 토지와 건물 등의 가액이 '실지거래가액이 구분되지 않는 경우'에 해당해 안분계산한 금액과 30% 이상 차이가 나는 경우 ← 단, 다른 법령에서 정하는 바에 따라 가액을 구분한 경우 등 아래의 일정한 사유에 해당하는 경우는 제외
  ㉠ 다른 법령에서 정하는 바에 따라 토지와 건물 등의 가액을 구분한 경우
  ㉡ 토지와 건물 등을 함께 공급받은 후 건물 등을 철거하고 토지만 사용하는 경우

##### 1.2.2 건물 등의 가액과 토지가액의 산정 순서

감정평가가액 → 기준시가 → 장부가액 → 취득가액

| 순위 | | 조건 | 안분방법 |
|---|---|---|---|
| 1순위 | | 감정평가인의 감정가액이 있는 경우 | **감정평가가액**에 비례하여 안분 |
| 2순위 | 감정가액 없고 | 기준시가가 모두 있으면 | 공급계약일 현재의 **기준시가**에 따라 계산한 가액에 비례하여 안분 |
| | | 기준시가가 일부 있으면 | 장부가액(없는 경우 취득가액)에 비례하여 안분한 후, 기준시가가 있는 자산에 대해서는 그 합계액을 다시 기준시가에 안분 |
| 3순위 | | 기준시가가 모두 없으면 | **장부가액**(없는 경우 취득가액)에 비례하여 안분 |
| 4순위 | | 장부가액도 없으면 | 국세청장이 정하는 바에 따라 안분 |

## ❷ 부동산 임대용역의 공급

중요도 ★★★

### 2.1 일반적인 경우

과세표준 = 임대료 + 간주임대료 + 관리비수입

**임대료**
① 일반 임대료의 과세표준: 공급시기 규정에 따라 **대가의 각 부분을 받기로 한 때 받기로 약정한 임대료**
② 둘 이상의 과세기간에 걸쳐 공급하고 선불 또는 후불로 받은 경우의 과세표준: 예정신고기간 또는 과세기간의 종료일에 다음과 같이 안분한 금액을 과세표준으로 함

$$\text{임대료} = \text{선불 또는 후불로 수령한 임대료} \times \frac{\text{해당 과세기간 중 임대월수}}{\text{총임대계약 기간월수}}$$

**간주임대료**
사업자가 부동산임대용역을 공급하고 전세금 또는 임대보증금을 받는 경우 금전 외의 대가를 받는 것으로 보아 다음과 같이 계산한 금액을 공급가액으로 함
(세금계산서에 대한 발급의무 없음)

$$\text{간주임대료} = \text{해당 기간의 전세금 또는 임대보증금} \times \text{정기예금 이자율} \times \frac{\text{과세대상기간의 일수}}{365(\text{윤년에는 } 366)}$$

**관리비수입**
과세표준에 포함하되, 임차인이 부담하여야 할 보험료·수도료 및 공공요금을 별도로 구분징수하여 납입을 대행하는 경우 그 금액은 포함하지 않음

### 2.2 겸용주택의 경우
: 과세되는 부동산임대용역과 면세되는 주택임대용역을 함께 공급하는 때에는 그 귀속을 따져 공급가액을 계산해야 함

**임대구분과 임대료 등의 구분이 불분명한 경우**

구분이 불분명한 경우의 공급가액 = ① + ②

① 과세되는 건물임대 공급가액 = 임대료 총액 × $\dfrac{\text{건물가액}}{\text{건물가액 + 토지가액}}$ × $\dfrac{\text{과세되는 건물임대면적}}{\text{총건물임대면적}}$

② 과세되는 토지임대 공급가액 = 임대료 총액 × $\dfrac{\text{토지가액}}{\text{건물가액 + 토지가액}}$ × $\dfrac{\text{과세되는 토지임대면적}}{\text{총토지임대면적}}$

건물가액 또는 토지가액은 예정신고기간 또는 과세기간이 끝난 날 현재의 기준시가에 따름

## 5 대손세액공제

### ❶ 대손세액공제의 의미  중요도 ★★★

→ 사업자가 재화·용역 등을 공급하면서 공급받는 자로부터 채권 등을 받은 뒤 후일에 해당 채권 등에 대한 대손이 발생하여 확정된 경우를 말함

: **대손이 확정된 경우** 공급자는 이미 납부한 부가가치세를 대손이 확정된 날이 속하는 과세기간의 **매출세액에서 뺄 수 있고**, 공급받는 자는 이미 공제받은 매입세액을 대손이 확정된 날이 속하는 과세기간의 **매입세액에서 빼게** 하는 제도

→ 공급자의 경우 거래징수하지 못한 부가가치세를 부담했기 때문에 이를 다시 매출세액에서 빼주는 구조

← 공급받은 자의 경우 부담하지 않은 부가가치세를 매입세액으로 공제받았기 때문에 이를 다시 매입세액에서 빼주는 구조

### ❷ 대손세액공제의 적용요건  중요도 ★★★

: 대손세액공제를 적용 받기 위해서는 다음의 **요건을 모두 충족**해야 함

① 일반과세자의 **부가가치세 과세 채권**일 것
 → 간이과세자나 면세사업자에게는 적용 불가
 ⇒ 부가가치세가 과세되지 않는 대여금 등의 경우는 제외하고 외상매출금이나 매출채권 등에 대해서만 대손세액공제를 적용

② **대손사유**를 충족할 것

③ **법에 정하는 기간** 이내에 대손이 확정되었을 것
 ⇒ 공급일부터 10년이 지난 날이 속하는 과세기간에 대한 확정신고기한까지

④ 대손세액공제(변제)신고서 등을 **제출**할 것
 → 확정신고 시에만 가능함 주의. 즉, 예정신고 시 적용 불가
 ⇒ 부가가치세 확정신고서에 대손세액 공제신고서와 대손사실을 증명하는 서류를 첨부하여 관할세무서장에게 제출해야 함

**대손사유**
㉠ 「소득세법」 및 「법인세법」에 따라 대손사유로 인정되는 경우: 대손확정으로 인하여 회수할 수 없는 금액을 해당 대손금으로 인정(link-p.363)
㉡ 「채무자 회생 및 파산에 관한 법률」에 따른 법원의 회생계획인가 결정에 따라 채무를 출자전환하는 경우: 대손되어 회수할 수 없는 금액은 출자전환하는 시점의 출자전환된 매출채권 장부가액과 출자전환으로 취득한 주식·출자지분의 시가와의 차액으로 함

 **오쌤 Tip** 예정신고 적용 배제 대상 = 확정신고 시에만 적용 가능(link-p.249)

① **과세**전용매입세액의 **공제** → **과전공**
② **전자**신고세액**공제** → **전자공학**
③ **가산세**
④ 납부·환급세액 재**계산** → **계산**
⑤ **대손세액공제** ┐
⑥ **환급**(조기환급 제외) ┘ → **대환**장

**암기팁** 과전공 전자공학 가산세 계산 대환장 파티 확정

### ❸ 대손세액의 계산  중요도 ★★☆

$$대손세액 = 대손금액(부가가치세 포함된 금액) \times \frac{10}{110}$$

## ❹ 대손금의 처리  중요도 ★★☆

| 구분 | | 대손금의 처리 | 과세표준 | 납부세액 |
|---|---|---|---|---|
| 채권의 대손이 확정된 때 | 공급자 | 대손세액을 대손이 확정된 날이 속하는 과세기간의 **매출세액에서 뺄 수 있음** | 영향 없음 | 감소 ⬇ |
| | 공급받는 자 | 매입세액공제를 받았던 대손세액을 대손이 확정된 날이 속하는 과세기간의 **매입세액에서 뺌** | 영향 없음 | 증가 ⬆ |
| 대손금을 회수한 때 | 공급자 | 대손세액을 회수한 날이 속하는 과세기간의 **매출세액에 더함** | 영향 없음 | 증가 ⬆ |
| | 공급받는 자 | 대손세액을 변제한 날이 속하는 과세기간의 **매입세액에 더함** | 영향 없음 | 감소 ⬇ |

## ❺ 통지 및 결정·경정  중요도 ★★☆

| 통지 | 공급자의 관할 세무서장은 대손세액공제 사실을 공급받는 자의 관할 세무서장에게 통지해야 함 |
|---|---|
| 결정·경정 | 공급을 받은 사업자가 대손세액에 해당하는 금액을 빼지 않은 경우에는 공급을 받은 사업자의 관할 세무서장이 빼야 할 매입세액을 결정 또는 경정해야 함 → 이 경우 신고불성실가산세와 납부지연가산세의 적용을 배제함 |

## ❻ 대손세액공제와 「법인세법」상 대손금의 관계  중요도 ★★☆

: 「부가가치세법」에 따라 대손세액공제를 받은 부가가치세 매출세액미수금은 「법인세법」상 대손사유가 충족되어도 손금에 산입하지 아니함(이중혜택 방지)

> **오쌤 Tip** 세법별 대손금을 회수한 경우 정리
>
> | 「부가가치세법」 | 대손세액공제를 적용한 이후에 대손금을 회수한 경우 대손세액을 회수한 날이 속하는 과세기간의 매출세액에 더함 |
> |---|---|
> | 「소득세법」 | 필요경비에 산입한 대손금 또는 대손충당금과 상계한 대손금 중 회수된 금액은 그 회수한 날이 속하는 과세기간의 총수입금액에 산입함 |
> | 「법인세법」 | 손금산입한 대손금 중 회수한 금액은 그 회수한 날이 속하는 사업연도의 소득금액을 계산할 때 익금에 산입함 |

# 07 매입세액과 차가감납부세액의 계산

## 1 매입세액의 계산구조

**❶ 매입세액의 계산구조**　　　　　　　　　　　　　　　중요도 ★☆☆

|  |  |
|---|---|
| 　　　세금계산서수령분 매입세액 | ← 공제하지 아니하는 매입세액도 세금계산서수령분 매입세액에 모두 포함시킨 후, 공제하지 아니하는 매입세액으로 별도로 빼는 구조 |
| (+) 예 정 신 고 누 락 분 | ← 예정신고 시 누락한 매입세액은 확정신고하는 때에 매입세액에 포함하여 신고하면 공제받을 수 있음 |
| (+) 매입자발행세금계산서 매입세액 | ← 요건을 충족하여 발급받으면 공제할 수 있는 매입세액으로 봄 |
| (+) 신 용 카 드 매 출 전 표 등 수 령 분 | ← 공제하지 아니하는 매입세액은 포함시키지 않음 주의 (즉, 공제되는 매입세액만 포함) |
| (+) 의 　제 　매 　입 　세 　액 | |
| (+) 과 세 사 업 전 환 매 입 세 액 | |
| (+) 재 　고 　매 　입 　세 　액 | |
| (+) 변 　제 　대 　손 　세 　액 | |
| 　　　　합　　　　　　　계 | |
| (-) 공 제 하 지 아 니 하 는 매 입 세 액 | |
| (-) 공 통 매 입 세 액 중 면 세 사 업 분 | |
| (-) 대 손 처 분 받 은 세 액 | |
| 　　매　입　세　액　공　제　액 | |

### ❷ 매입세액 공제요건  〔중요도 ★★★〕

: 매출세액에서 공제되는 매입세액과 그 공제시기는 다음과 같음

| 공제하는 매입세액 | 공제시기 |
|---|---|
| 사업자가 자기의 사업을 위하여 사용하였거나 사용할 목적으로 공급받은 재화·용역에 대한 부가가치세액 (사업의 포괄양도 시 양수자 대리납부제도에 따라 양수자가 납부한 부가가치세액을 포함) | 재화·용역을 공급받는 시기가 속하는 과세기간의 매출세액에서 공제 |
| 사업자가 자기의 사업을 위하여 사용하였거나 사용할 목적으로 수입하는 재화의 수입에 대한 부가가치세액 | 재화의 수입시기가 속하는 과세기간의 매출세액에서 공제 |

**[과세사업 요건]**
'자기의 사업을 위하여' 매입한 부가가치세액만 공제되기 때문에, **사업과 관련성**이 있어야 하며, **과세사업에 한하여** 매입세액 공제를 적용받을 수 있음

**[사용 요건]**
**이미 사용한 것은 물론**이고, 사용할 목적(즉, **앞으로 사용할 예정**)으로 공급받은 재화나 용역에 대한 부가가치세액도 매입세액 공제를 적용 받을 수 있음

→ '사용시점'에 공제하는 것이 아니라 사용하였거나 사용할 재화를 '매입(수입)하는 시점'에 매입세액 공제를 적용함

**[증빙 요건]**
매입세액을 공제받기 위해서는 거래징수를 한 사실이나 납부한 사실이 증명돼야 하며, 이러한 증명은 공급을 받으면서 **발급받은 세금계산서 또는 수입세금계산서 등을 요약한 매입처별 세금계산서합계표 등을 제출**하여 이루어짐

---

## 2  매입세액 계산구조 구성내용

### ❶ 세금계산서 수령분 매입세액  〔중요도 ★★☆〕

: '세금계산서 수령분 매입세액'이란 **수령한 세금계산서에 의하여 확인되는 매입세액**을 의미함

### ❷ 예정신고 누락분  〔중요도 ★★☆〕

: 예정신고 시 누락한 매입세액은 **확정신고하는 때에 매입세액에 포함하여 신고**한 경우 매입세액공제를 받을 수 있음

### ❸ 매입자발행세금계산서 매입세액  〔중요도 ★★☆〕

: 요건을 충족하여 발급받은 매입자발행세금계산서에 기재된 부가가치세액은 **공제할 수 있는 매입세액으로 봄**. 따라서 예정신고, 확정신고 또는 경정청구 시 매입자발행세금계산서합계표를 제출하면, 해당 매입세액에 대한 매입세액공제를 적용 받을 수 있음

## ❹ 신용카드매출전표 등 수령분 매입세액  중요도 ★★☆

### 4.1 공제할 수 있는 매입세액
: 영수증의 일종이라고 하더라도 다음의 요건을 **모두 충족**한 신용카드매출전표 등 '법정증빙'을 발급받으면 매입세액 공제가 가능함(link-p.220)

> ① 일반과세자(세금계산서 발급 금지 업종 제외) 또는 세금계산서 발급대상 간이과세자로부터 받은 신용카드매출전표 등 (신용카드매출전표, 현금영수증, 직불카드영수증, 기명식선불카드영수증 등)
> ② 공급가액과 부가가치세가 별도로 구분기재
> ③ 신용카드매출전표 등 수령명세서를 제출
> ④ 해당 신용카드매출전표 등을 5년간 보존
> ⑤ 일정 요건을 만족하는 간이과세자 의 영수증 발급 적용 기간*1 규정에 따라 영수증을 발급해야 하는 기간에 발급한 신용카드매출전표 등이 아닐 것

*1 ㉠ 직전 연도의 공급대가의 합계액(직전 과세기간에 신규로 사업을 시작한 개인사업자의 경우 환산한 금액)이 4천800만원 미만인 자: 4천800만원에 미달하게 되는 해의 다음 해의 7월 1일부터 그 다음 해의 6월 30일까지
㉡ 신규로 사업을 시작하는 개인사업자로서 간이과세자로 하는 최초의 과세기간 중에 있는 자: 사업 개시일부터 사업을 시작한 해의 다음 해의 6월 30일까지

### 4.2 적격증빙의 범위
: 신용카드매출전표 등의 범위에는 다음과 같은 항목들이 포함됨

> ① 신용카드매출전표
> ② 직불카드영수증
> ③ 결제대행업체를 통한 신용카드매출전표
> ④ 실제 명의가 확인되는 선불카드영수증
> ⑤ 현금영수증발급장치에 의한 현금영수증
> ⑥ 직불전자지급수단 영수증
> ⑦ 실제 명의가 확인되는 선불전자지급수단 영수증
> ⑧ 전자지급결제대행에 관한 업무를 하는 금융회사 또는 전자금융업자를 통한 신용카드매출전표

### 4.3 배제대상
세금계산서 발급 금지업종을 경영하는 사업자로부터 발급받은 것은 부가가치세액이 별도로 구분가능한 신용카드매출전표 등을 발급받더라도 매입세액을 공제할 수 없음

> **세금계산서 발급 금지 업종**
> '세금계산서 발급 금지업종'이라 함은 미용·욕탕 및 유사서비스업, 전세버스운송사업을 제외한 여객운송업, 입장권을 발행하여 경영하는 사업, 부가가치세가 과세되는 진료용역을 공급하는 사업, 부가가치세가 과세되는 수의사가 제공하는 동물진료용역, 무도학원·자동차운전학원 등 「부가가치세법」상 세금계산서를 발급할 수 없는 업종을 말함(link-p.220)

## ❺ 의제매입세액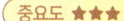

### 5.1 의제매입세액의 의미와 취지

| 의미 | 과세사업자가 면세농산물 등을 원재료로 하여 제조·가공하여 과세사업에 사용할 경우, 면세농산물 등을 공급받거나 수입할 때 실제로 매입세액을 부담하지 않았으나, 부담한 것으로 간주하는 금액 |
|---|---|
| 취지 | 면세농산물에 대해 매입세액을 의제하여 공제할 수 있도록 함으로써 환수효과와 누적효과를 완화하여 최종소비자의 세부담을 줄이고 농어민을 지원하기 위한 제도 |

### 5.2 의제매입세액공제의 적용요건
: 의제매입세액공제를 적용받기 위해서는 다음의 요건을 모두 충족해야 함

| 적용대상자 요건 | 사업자등록을 한 **과세사업 영위 사업자에 한정**하여 의제매입세액공제를 적용받을 수 있음. 업종은 불문하며, 겸영사업자도 의제매입세액공제를 적용받을 수 있으나 **간이과세자는 적용을 받을 수 없음** |
|---|---|
| 과세사업 요건 | 면세농산물 등을 원재료로 하여 제조·가공한 **재화 또는 창출한 용역의 공급이 과세대상**이어야 함. 단, 면세포기를 하고 영세율을 적용받은 경우는 제외함 |
| 서류제출 및 신고 요건 | 의제매입세액을 공제받으려는 사업자는 면세농산물 등을 공급받은 사실을 증명하는 의제매입세액 공제신고서와 매입처별 계산서합계표, 신용카드매출전표 등 수령명세서, 매입자발행계산서합계표를 납세지 관할 세무서장에게 제출해야 함. 단, 제조업을 경영하는 사업자가 **농어민으로부터 면세농산물 등을 직접 공급**받는 경우에는 **의제매입세액공제 신고서만** 제출함 |

### 5.3 의제매입세액 공제시점

| 원칙 | 의제매입세액은 매입세액이므로 **구입일이 속하는 예정신고기간 및 확정신고기간에 공제** |
|---|---|
| 예외 | ① 예정신고 시 공제받지 못한 의제매입세액은 그 예정신고기간이 속하는 과세기간의 확정신고 시 공제받을 수 있음<br>② 예정신고나 확정신고 시 공제받지 못한 의제매입세액은 다음의 경우에 관련 서류를 제출함으로써 의제매입세액을 공제받을 수 있음<br>　㉠ 「국세기본법」에 따른 수정신고·경정청구·기한후신고를 하는 경우<br>　㉡ 세무서장 등이 경정을 하는 경우 사업자가 경정기관의 확인을 거쳐 경정기관에 제출하는 경우 |

## 5.4 의제매입세액공제의 계산

: 의제매입세액은 다음과 같이 계산하고 해당 의제매입세액은 매출세액에서 공제할 수 있음

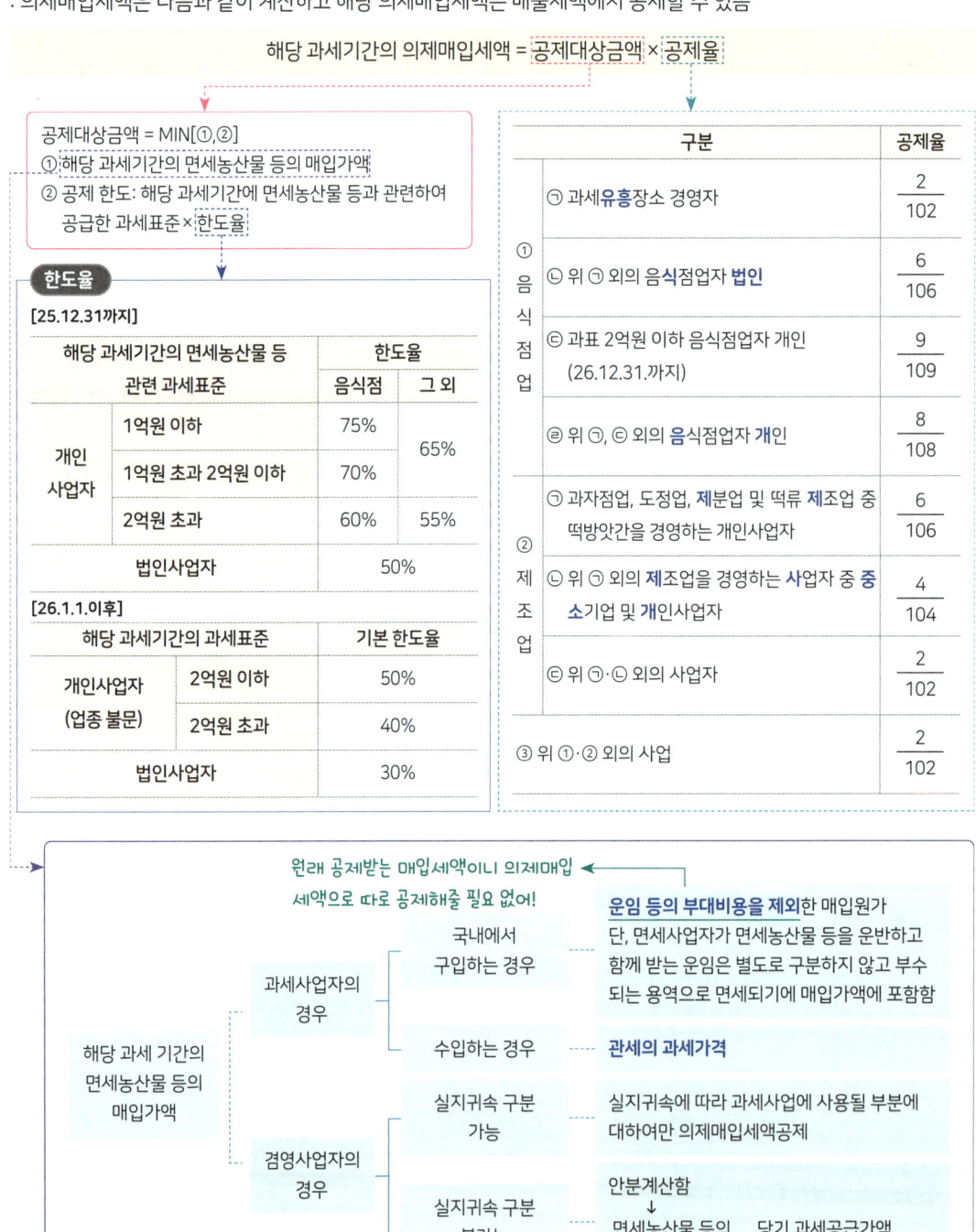

### 5.5 의제매입세액공제의 계산 특례

: 해당 과세기간이 속하는 1역년 동안 계속하여 제조업을 영위하고, 제1기에 공급받은 면세농산물 등의 가액을 1역년에 공급받은 면세농산물 등의 가액으로 나누어 계산한 비율이 75% 이상이거나 25% 미만인 경우 다음을 적용

의제매입세액 = MIN[①, ②] - 제1기에 공제받은 의제매입세액
① 1역년의 면세농산물 등 공제대상 매입가액 × 공제율
② 한도: 1역년의 과세표준 합계액 × 한도율 × 공제율

### 5.6 의제매입세액의 추징

: 다음과 같이 공제요건을 위배한 경우 공제했던 의제매입세액을 납부세액에 가산하거나 환급세액에서 공제해야 함

① 면세농산물 등을 **그대로 양도 또는 인도**하는 경우
② 면세농산물 등을 **면세사업, 그 밖의 목적을 위하여 사용하거나 소비**하는 경우

## ❻ 과세사업 전환 매입세액

중요도 ★★★

### 6.1 원칙   비상각자산 안됨 주의 ◀           ▶ 예정신고 안됨 주의

: 면세사업 등에 사용하던 <u>감가상각자산</u> <u>일부 또는 전부를 과세사업에 사용하거나 소비</u>하는 경우, 과세사업에 사용하거나 소비하는 날이 속하는 과세기간에 대한 <u>확정신고</u>와 함께 과세사업 전환 감가상각자산 신고서를 작성하여 각 납세지 관할 세무서장에게 신고함으로써 구입 시 공제받지 못한 매입세액을 과세사업 전환 시 공제받을 수 있음

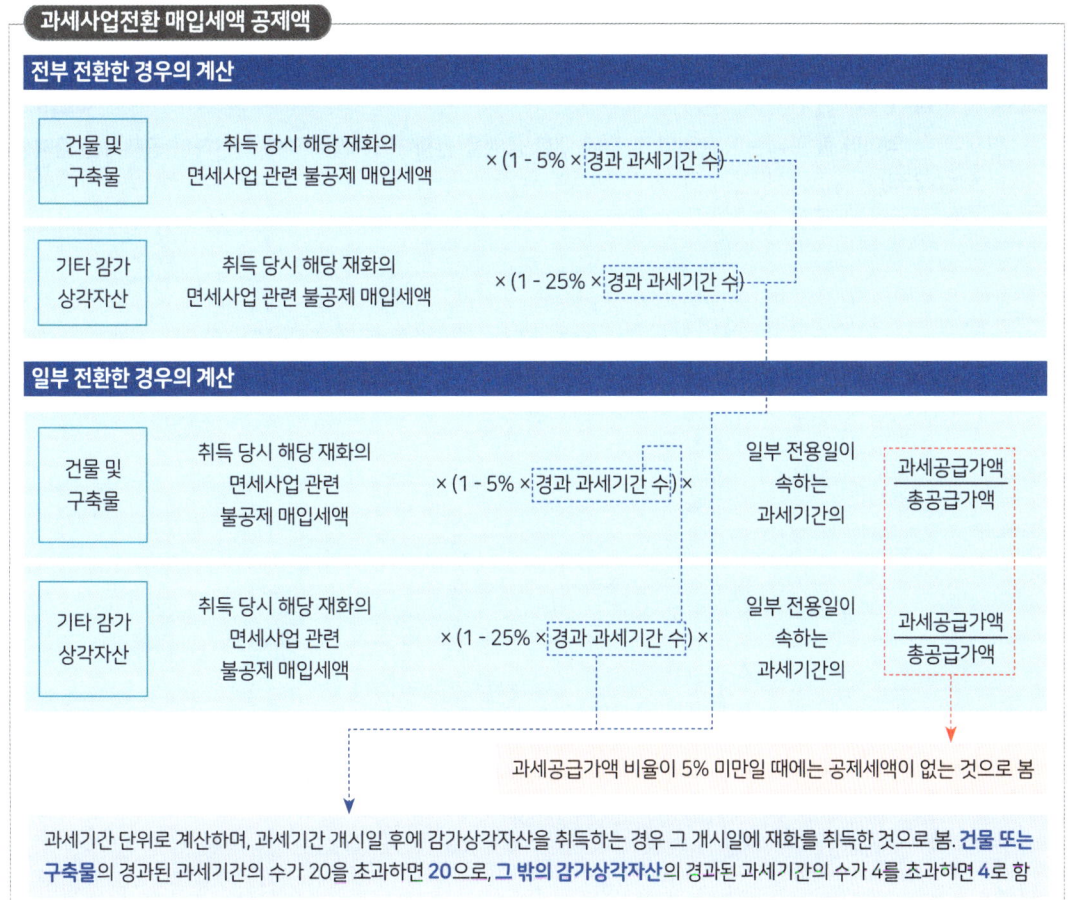

과세기간 단위로 계산하며, 과세기간 개시일 후에 감가상각자산을 취득하는 경우 그 개시일에 재화를 취득한 것으로 봄. **건물 또는 구축물**의 경과된 과세기간의 수가 20을 초과하면 **20**으로, **그 밖의 감가상각자산**의 경과된 과세기간의 수가 4를 초과하면 **4**로 함

6.2 예외

: 과세사업에 사용·소비한 날이 속하는 해당 과세기간 중 과세사업과 면세사업의 공급가액이 없거나 둘 중 한 사업의 공급가액이 없는 경우에 그 과세기간에 대한 안분계산은 다음의 순서에 따름

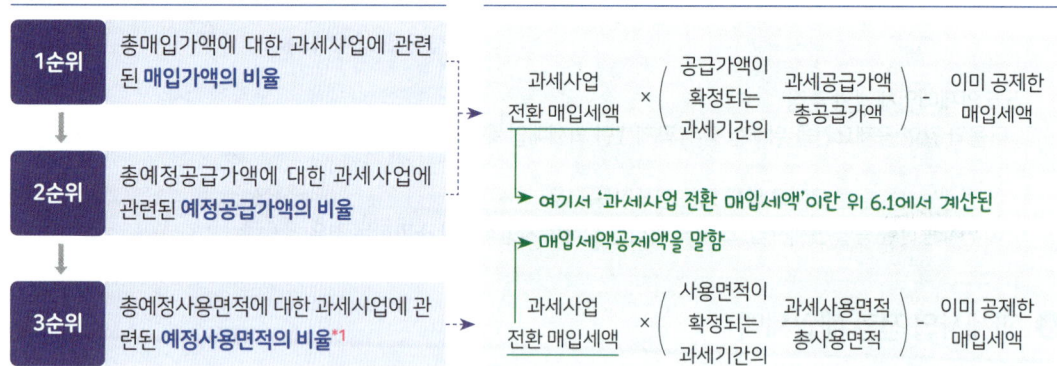

*1 취득 시 면세사업과 관련하여 매입세액이 공제되지 않은 건물에 대하여 과세사업과 면세사업에 제공할 예정면적을 구분할 수 있는 경우에는 3순위의 비율을 1순위·2순위의 비율에 우선하여 적용함 (예정사용면적 → 매입가액 → 예정공급가액)

## ❼ 재고매입세액

중요도 ★☆☆

: 10장 간이과세에서 다룸(link - p.272)

## ❽ 변제대손세액

중요도 ★☆☆

: 변제대손세액이라 함은 대손이 확정되고, 그에 대한 금액을 변제하여 매입세액에 가산하여 공제하는 금액을 말함 (link - p.233)

## ❾ 공제하지 아니하는 매입세액  중요도 ★★★

| | |
|---|---|
| 세금계산서의 미수취 또는 부실기재 | 세금계산서·수입세금계산서를 발급받지 않은 경우의 매입세액 또는 발급받은 세금계산서·수입세금계산서에 필요적 기재사항의 전부 또는 일부가 적히지 않았거나 사실과 다르게 적힌 경우의 매입세액(공급가액이 사실과 다르게 적힌 경우에는 실제 공급가액과의 차액을 말함)은 공제하지 않음 |
| 매입처별 세금계산서 합계표의 미제출 또는 부실기재 | 매입처별 세금계산서합계표를 제출하지 아니한 경우의 매입세액 또는 제출한 매입처별 세금계산서합계표의 기재사항 중 거래처별 등록번호 또는 공급가액의 전부 또는 일부가 적히지 아니하였거나 사실과 다르게 적힌 경우 그 기재사항이 적히지 않은 부분 또는 사실과 다르게 적힌 부분의 매입세액은 매출세액에서 공제하지 않음 |
| 사업과 직접 관련없는 매입세액 | 사업과 직접적인 관련이 없는 지출에 대한 매입세액은 공제되지 않음<br>↳ '사업과 직접 관련이 없는 지출'이란, 「법인세법」·「소득세법」에 따른 업무무관비용 또는 「법인세법」에 따른 공동경비 중 법정기준을 초과하여 손금불산입한 금액을 말함 |
| 비영업용 소형승용차의 구입과 임차 및 유지에 관한 매입세액 | 개별소비세 과세대상 소형승용자동차의 구입과 임차 및 유지에 관한 매입세액은 공제되지 않음. 단, 운수업, 자동차판매업, 자동차임대업, 운전학원업, 무인경비업 및 이와 유사한 업종에 직접 영업으로 사용되는 자동차에 대한 매입세액은 공제함 |
| 기업업무추진비 관련 매입세액 | 기업업무추진비와 이와 유사한 비용의 지출과 관련된 매입세액은 공제하지 않음<br>↳ 「법인세법」·「소득세법」에 따른 기업업무추진비 및 이와 유사한 비용 |
| 면세사업 등 관련 매입세액 | 부가가치세 면세사업 등에 관련된 매입세액(면세사업 등을 위한 투자에 관련된 매입세액 포함)은 매출세액에서 공제하지 않음 |
| 토지의 자본적 지출 관련 매입세액 | 토지의 자본적 지출에 관련된 매입세액으로서 다음의 것은 공제하지 않음<br>① 토지의 취득 및 형질변경, 공장부지 및 택지의 조성 등에 관련된 매입세액<br>② 건축물이 있는 토지를 취득하여 그 건축물을 철거하고 토지만을 사용하는 경우에는 철거한 건축물의 취득 및 철거 비용과 관련된 매입세액<br>③ 토지의 가치를 현실적으로 증가시켜 토지의 취득원가를 구성하는 비용에 관련된 매입세액 |
| 사업자등록 전 매입세액 | 사업자등록을 신청하기 전의 매입세액은 매출세액에서 공제하지 않음. 단, 공급시기가 속하는 과세기간이 끝난 후 **20일 이내에 등록을 신청**한 경우 **등록신청일부터 공급시기가 속하는 과세기간 기산일까지 역산한 기간 내의 매입세액**은 매출세액에서 공제함 |

 **오쌤 Tip** 미수취·부실기재 세금계산서임에도 매입세액공제를 적용할 수 있는 세금계산서

다음 중 어느 하나에 해당하는 경우에는 매입세액공제를 적용할 수 있음
① 사업자등록을 신청한 사업자가 사업자등록증 발급일까지의 거래에 대하여 해당 사업자 또는 대표자의 주민등록번호를 적어 발급받은 경우
② 발급받은 세금계산서의 필요적 기재사항 중 일부가 착오로 사실과 다르게 적혔으나 그 세금계산서에 적힌 나머지 필요적 기재사항 또는 임의적 기재사항으로 보아 거래사실이 확인되는 경우
③ 재화 또는 용역의 공급시기 이후에 발급받은 세금계산서로서 해당 공급시기가 속하는 과세기간에 대한 확정신고기한까지 발급받은 경우
④ 전자세금계산서 의무발급 사업자로부터 발급받은 전자세금계산서로서 국세청장에게 전송되지 않았으나 발급한 사실이 확인되는 경우
⑤ 전자세금계산서 의무발급 사업자로부터 발급받은 전자세금계산서 외의 세금계산서로서 재화 또는 용역의 공급시기가 속하는 과세기간에 대한 확정신고기한까지 발급받았고, 그 거래사실도 확인되는 경우
⑥ 재화 또는 용역의 공급시기가 속하는 과세기간에 대한 확정신고기한이 지난 후 세금계산서를 발급받았더라도 그 세금계산서의 발급일이 확정신고기한 다음 날부터 1년 이내이고 다음 중 어느 하나에 해당하는 경우

　㉠「국세기본법 시행령」에 따른 과세표준수정신고서와 경정청구서를 세금계산서와 함께 제출하는 경우
　㉡ 해당 거래사실이 확인되어 납세지 관할 세무서장 등이 결정 또는 경정하는 경우

⑦ 실제로 재화·용역을 공급하거나 공급받은 사업장이 아닌 사업장을 적은 세금계산서를 발급받았더라도 그 사업장이 총괄하여 납부하거나 사업자단위과세사업자에 해당하는 사업장인 경우로서 그 재화 또는 용역을 실제로 공급한 사업자가 납세지 관할 세무서장에게 해당 과세기간에 대한 납부세액을 예정신고·확정신고하고 납부한 경우
⑧ 재화 또는 용역의 공급시기 전에 세금계산서를 발급받았더라도 재화 또는 용역의 공급시기가 그 세금계산서의 발급일부터 6개월 이내에 도래하고 해당 거래사실이 확인되어 납세지 관할 세무서장 등이 결정 또는 경정하는 경우
⑨ 다음의 어느 하나에 해당하는 경우로서 그 거래사실이 확인되고 거래 당사자가 납세지 관할 세무서장에게 해당 납부세액을 예정신고·확정신고하고 납부한 경우

　㉠ 거래의 실질이 위탁매매 또는 대리인에 의한 매매에 해당함에도 불구하고 거래 당사자 간 계약에 따라 위탁매매 또는 대리인에 의한 매매가 아닌 거래로 하여 세금계산서를 발급받은 경우
　㉡ 거래의 실질이 위탁매매 또는 대리인에 의한 매매에 해당하지 않음에도 불구하고 거래 당사자 간 계약에 따라 위탁매매 또는 대리인에 의한 매매로 하여 세금계산서를 발급받은 경우
　㉢ 거래의 실질이 용역의 공급에 대한 주선·중개에 해당함에도 불구하고 거래 당사자 간 계약에 따라 용역의 공급에 대한 주선·중개가 아닌 거래로 하여 세금계산서를 발급받은 경우
　㉣ 거래의 실질이 용역의 공급에 대한 주선·중개에 해당하지 않음에도 불구하고 거래 당사자 간 계약에 따라 용역의 공급에 대한 주선·중개로 하여 세금계산서를 발급받은 경우
　㉤ 다른 사업자로부터 사업(용역을 공급하는 사업으로 한정한다. 이하 이 호에서 같다)을 위탁받아 수행하는 사업자가 위탁받은 사업의 수행에 필요한 비용을 사업을 위탁한 사업자로부터 지급받아 지출한 경우로서 해당 비용을 공급가액에 포함해야 함에도 불구하고 거래 당사자 간 계약에 따라 이를 공급가액에서 제외하여 세금계산서를 발급받은 경우
　㉥ 다른 사업자로부터 사업을 위탁받아 수행하는 사업자가 위탁받은 사업의 수행에 필요한 비용을 사업을 위탁한 사업자로부터 지급받아 지출한 경우로서 해당 비용을 공급가액에서 제외해야 함에도 불구하고 거래 당사자 간 계약에 따라 이를 공급가액에 포함하여 세금계산서를 발급받은 경우
　㉦ 매출에누리에 해당하는 금액을 공급가액에서 제외해야 함에도 불구하고 거래 당사자 간 계약에 따라 이를 공급가액에 포함하여 세금계산서를 발급받은 경우(공급하는 자가 해당 금액을 공급가액에서 제외하는 수정세금계산서를 발행하지 아니한 경우에 한함)

⑩ 신탁재산과 관련하여 수탁자를 납세의무자로 하는 규정에 따라 부가가치세를 납부해야 하는 수탁자가 위탁자를 공급받는 자로 하여 발급된 세금계산서의 부가가치세액을 매출세액에서 공제받으려고 하는 경우로서 그 거래사실이 확인되고 재화 또는 용역을 공급한 자가 납세지 관할 세무서장에게 해당 납부세액을 신고하고 납부한 경우
⑪ 신탁재산과 관련하여 위탁자를 납세의무자로 하는 규정에 따라 부가가치세를 납부해야 하는 위탁자가 수탁자를 공급받는 자로 하여 발급된 세금계산서의 부가가치세액을 매출세액에서 공제받으려고 하는 경우로서 그 거래사실이 확인되고 재화 또는 용역을 공급한 자가 납세지 관할 세무서장에게 해당 납부세액을 신고하고 납부한 경우

 **오쌤 Tip** 미제출·부실기재 매입처별 세금계산서합계표임에도 매입세액공제를 적용할 수 있는 매입처별 세금계산서합계표

① 매입처별 세금계산서합계표의 거래처별 등록번호 또는 공급가액이 착오로 사실과 다르게 적힌 경우로서 발급받은 세금계산서에 의해 거래사실이 확인되는 경우 → 가산세 **없음**
② 매입처별 세금계산서합계표(또는 신용카드매출전표등 수령명세서)를 「국세기본법」에 따른 수정신고, 경정청구, 기한후과세표준신고와 함께 제출한 경우 → 가산세 **없음**
③ 관할 세무서장 등이 과세표준과 세액을 경정을 하는 경우 사업자가 발급받은 세금계산서 또는 신용카드매출전표 등을 경정기관의 확인을 거쳐 해당 경정기관에 제출하는 경우 → 가산세 있음

**오쌤 Tip** 철거비용 비교

| 건축물이 있는 토지를 취득하여 그 건축물을 철거하고 토지만 사용하는 경우 | 철거비용과 관련된 매입세액 불공제 |
|---|---|
| 기존 보유하던 노후건물을 철거하는 경우 | 철거비용과 관련된 매입세액 공제 |

**오쌤 Tip** 국가·지방자치단체 등에 무상으로 공급하는 경우 매입세액 공제

| 자기의 사업과 **관련하여** 생산하거나 취득한 재화를 무상으로 공급 | 매입세액 공제 |
|---|---|
| 자기의 사업과 **관련없이** 취득한 재화를 무상으로 공급 | 매입세액 불공제 |

## 3 차가감납부세액의 계산

### ❶ 차가감납부세액 계산구조

중요도 ★☆☆

```
       납    부    세    액
( - ) 경 감 및 공 제 세 액
( - ) 예 정 신 고 미 환 급 세 액
( - ) 예 정 고 지 세 액
( - ) 수 시 부 과 세 액  NEW
( + ) 가        산       세
    차 가 감 납 부 세 액
```

← 차가감납부세액의 74.7%는 국세인 부가가치세로, 25.3%는 지방소비세로 함.
부가가치세와 지방소비세를 신고, 납부, 경정 및 환급할 경우에는 부가가치세와 지방소비세를 모두 합한 금액을 신고, 납부, 경정 및 환급함

## ❷ 경감 및 공제세액

중요도 ★★☆

### 2.1 신용카드 등의 사용에 따른 세액공제 등

**2.1.1 신용카드 등의 사용에 따른 세액공제 등 적용 대상자**
: 다음에 해당하는 사업자가 부가가치세가 과세되는 재화·용역을 공급하고 세금계산서의 발급시기에 신용카드매출전표 등을 발급하거나 법으로 정하는 전자적 결제수단에 의하여 대금을 결제받는 경우에는 신용카드 등의 사용에 따른 세액공제 금액을 납부세액에서 공제함

> ① 영수증발급대상자: 주로 사업자가 아닌 자에게 재화·용역을 공급하는 사업자로 영수증발급사업자 (법인사업자와 직전 연도의 재화·용역의 공급가액 합계액이 사업장을 기준으로 10억원을 초과하는 개인사업자는 제외)
> ② 간이과세자: 영수증을 발급하는 간이과세자(직전 공급대가 4,800만원 미만), 최초 과세기간 신규 개인 사업자 (link-p.266)
> ③ 증명서류: 부가가치세가 과세되는 재화·용역을 공급하고 신용카드매출전표 등 법정증빙을 발급하거나, 전자적 결제수단에 의하여 대금을 결제받을 것

**2.1.2 신용카드 등의 사용에 따른 세액공제 등 계산**

신용카드 등의 사용에 따른 세액공제액 = MIN[발급금액 또는 결제금액 × 1.3%, 연간 1,000만원]

- 신용카드 등의 사용에 따른 세액공제액이 그 공제액을 차감하기 전의 납부할 세액을 초과하면 그 초과하는 부분은 없는 것으로 보아 환급하지 않음
- 부가가치세를 포함한 공급대가

### 2.2 전자세금계산서 발급·전송에 대한 세액공제 특례

| 전자세금계산서 발급 전송에 대한 세액공제 | 직전 연도의 사업장별 재화 및 용역의 공급가액(부가가치세 면세공급가액을 포함)의 합계액이 3억원 미만인 개인사업자(해당 연도에 신규로 사업을 시작한 개인사업자를 포함)가 전자세금계산서를 **2027년 12월 31일까지** NEW 발급(전자세금계산서 발급명세를 전자세금계산서 발급일의 다음 날까지 국세청장에게 전송한 경우로 한정)하는 경우에는 전자세금계산서 발급 건수 등을 고려하여 발급 건당 **200원**을 해당 과세기간의 부가가치세 납부세액에서 공제할 수 있음 ← 공제한도는 연간 100만원<br><br>이러한 세액공제액이 그 금액을 차감하기 전의 납부할 세액 다납부세액 - 뺄 세액 + 더할 세액(가산세 제외)]를 초과하면 그 초과하는 부분은 없는 것으로 봄<br>→ 즉, 환급하지 않음 |
|---|---|
| 신청 절차 | 세액공제를 적용받으려는 개인사업자는 예정신고 또는 확정신고 시 법으로 정한 전자세금계산서 발급세액공제신고서를 납세지 관할 세무서장에게 제출해야 함 |

### 2.3 「조세특례제한법」상 세액공제

| 전자신고에 대한 세액공제 | 납세자가 직접 전자신고 방법으로 부가가치세 확정신고를 하는 경우에는 해당 납부세액에서 **1만원**을 공제하거나 환급세액에서 가산함. 단, 매출가액과 매입가액이 없는 일반과세자에 대해서는 세액공제를 적용하지 않음 |
|---|---|
| 현금영수증 사업자에 대한 세액공제 | 현금영수증 결제를 승인하고 전송할 수 있는 시스템을 갖추고 현금영수증사업의 승인을 받은 현금영수증사업자(현금영수증가맹점)는 현금영수증 결제 건수 및 지급명세서의 건수에 따라 일정한 금액(현금영수증 결제건수 × 12원 ± 30%)을 해당 과세기간의 부가가치세 납부세액에서 공제받거나 환급세액에 가산함 [2025년 12월 31일까지 결제분(지급명세서의 경우 제출분)에 한정] |

## ❸ 가산세

### 3.1 신고 및 납부와 관련된 가산세

→ 무신고·과소신고한 영세율과세표준 × 0.5%

| 구분 | | 가산세 |
|---|---|---|
| 무신고 가산세 | 원칙 | 무신고 납부세액 × 20% + 영세율과세표준신고불성실가산세 |
| | 부정행위 | 무신고 납부세액 × 40% + 영세율과세표준신고불성실가산세 |
| 과소신고·초과환급 신고 가산세 | 원칙 | 과소신고납부세액 등 × 10% + 영세율과세표준신고불성실가산세 |
| | 부정행위 | 부정과소신고납부세액 등 × 40% + 그 외 과소신고납부세액 등 × 10% + 영세율과세표준신고불성실가산세 |
| 납부지연 가산세 | 미납·과소납·초과환급 가산세 | 법정납부기한까지 납부해야 할 세액 중 납부고지서에 따른 납부기한까지 미납세액 × 3% + 일수 × 0.022% |

### 3.2 「부가가치세법」상 가산세

| 구분 | 부과사유 | 가산세 |
|---|---|---|
| 사업자등록 불성실가산세 | 사업자가 사업 개시일부터 20일 이내에 사업자등록을 신청하지 않은 경우 | 공급가액 × 1%<br>사업 개시일부터 등록을 신청한 날의 직전일까지의 공급가액 합계액 |
| | 국외사업자 등이 사업의 개시일부터 20일 이내에 간편사업자등록을 하지 않은 경우 | 공급가액 × 1%<br>사업 개시일부터 등록한 날의 직전일까지의 공급가액 합계액 |
| | 타인명의(배우자와 해당 사업을 승계받은 피상속인 제외)로 사업자등록을 하거나 그 타인명의의 사업자등록을 이용하여 사업을 하는 것으로 확인되는 경우 | 공급가액 × 2% NEW<br>그 타인 명의의 사업 개시일부터 실제 사업을 하는 것으로 확인되는 날의 직전일까지의 공급가액 합계액 |
| 세금계산서 불성실가산세 | 재화·용역을 공급하지(받지) 않고 세금계산서 등을 발급한(발급받은) 경우 | 해당 세금계산서상의 공급가액 × 3% |
| | 사업자가 아닌 자가 재화·용역을 공급하지(받지) 않고 세금계산서 등을 발급한(발급받은) 경우 | 공급가액 × 3% |
| | 재화·용역을 공급하고(받고) 실제로 재화·용역을 공급하는(받는) 자가 아닌 자의 명의로 세금계산서 등을 발급한(발급받은) 경우 | 공급가액 × 2% |
| | 세금계산서의 발급시기가 지난 후 해당 재화 또는 용역의 공급시기가 속하는 과세기간에 대한 확정신고 기한까지 세금계산서를 발급하지 않은 경우 | |

| | | |
|---|---|---|
| | 재화·용역을 공급하고(받고) 세금계산서 등의 공급가액을 과다하게 기재한 경우 | 과다기재분에 대한 공급가액 × 2% |
| | 세금계산서의 발급시기가 지난 후 해당 재화 또는 용역의 공급시기가 속하는 과세기간에 대한 확정신고 기한까지 세금계산서를 발급한 경우 | 공급가액 × 1% |
| | 둘 이상의 사업장을 가진 사업자가 재화 또는 용역을 공급한 사업장 명의로 세금계산서를 발급 하지 아니하고 자신의 다른 사업장 명의로 세금계산서를 발급한 경우 | |
| | 전자세금계산서 발급의무자가 세금계산서의 발급 시기에 전자세금계산서 외의 세금계산서를 발급한 경우 | |
| | 세금계산서의 필요적 기재사항의 전부 또는 일부가 착오 또는 과실로 적혀 있지 아니하거나 사실과 다른 경우(단, 나머지 필요적 기재사항 또는 임의적 기재사항으로 거래사실이 확인되는 경우는 제외) | |
| | 전자세금계산서 발급명세 전송기한이 지난 후 재화 또는 용역의 공급시기가 속하는 과세기간에 대한 확정신고기한까지 국세청장에게 전자세금계산서 발급명세를 전송하지 않은 경우 | 공급가액 × 0.5% |
| | 전자세금계산서 발급명세 전송기한이 지난 후 재화 또는 용역의 공급시기가 속하는 과세기간에 대한 확정신고기한까지 국세청장에게 전자세금계산서 발급명세를 전송하는 경우 | 공급가액 × 0.3% |
| 매입처별 세금계산서 합계표 불성실가산세 | 매입처별 세금계산서합계표를 제출하지 아니한 경우 또는 제출한 매입처별 세금계산서합계표의 기재사항 중 거래처별 등록번호 또는 공급가액의 전부 또는 일부가 적혀 있지 아니하거나 사실과 다르게 적혀 있는 경우(단, 다음의 경우에는 제외함)<br>㉠ 매입처별 세금계산서합계표 과세표준수정신고서와 함께 제출하는 경우<br>㉡ 매입처별 세금계산서합계표 경정청구서와 함께 제출하여 경정기관이 경정하는 경우<br>㉢ 매입처별 세금계산서합계표 또는 신용카드매출전표등 수령명세서를 기한후 과세표준신고서와 함께 제출하여 관할 세무서장이 결정하는 경우<br>㉣ 매입처별 세금계산서합계표의 거래처별 등록번호 또는 공급가액이 착오로 사실과 다르게 적힌 경우로서 발급받은 세금계산서에 의하여 거래사실이 확인되는 경우 | 공급가액[*1] × 0.5% |
| | p.242 오쌤팁 ③, ⑥, ⑧에 해당하는 경우로서 매입세액공제를 받은 경우 | |
| | 제출한 매입처별 세금계산서합계표의 기재사항 중 공급가액을 사실과 다르게 과다하게 적어 신고한 경우 | 과다기재한 공급가액 × 0.5% |
| 매출처별 세금계산서 합계표 불성실가산세 | 매출처별 세금계산서합계표를 제출하지 아니한 경우 | 미제출·부실기재분 공급가액 × 0.5% |
| | 제출한 매출처별 세금계산서합계표의 기재사항 중 거래처별 등록번호 또는 공급가액의 전부 또는 일부가 적혀 있지 않거나 사실과 다르게 적혀 있는 경우 | |
| | 예정신고를 할 때 제출하지 못하여 해당 예정신고기간이 속하는 과세기간에 확정신고를 할 때 매출처별 세금계산서합계표를 제출하는 경우 | 공급가액 × 0.3% |

[*1] 매입처별 세금계산서합계표에 따르지 않고 세금계산서 또는 수입세금계산서에 따라 공제받은 매입세액에 해당하는 공급가액

| 신용카드 매출전표 등 가산세 | 신용카드매출전표 등을 발급받아 예정신고·확정신고를 할 때 제출하여 공제받지 않고 경정 시 경정기관의 확인을 거쳐 제출하여 매입세액을 공제받은 경우 | 공급가액 × 0.5% |
|---|---|---|
| | 매입세액을 공제받기 위해 제출한 신용카드매출전표 등 수령명세서에 공급가액을 과다하게 적은 경우 | 과다하게 적은 공급가액[*2] × 0.5% |
| 현금매출명세서 등 제출 불성실 가산세 | 현금매출명세서 또는 부동산임대공급가액명세서를 제출하지 않거나 제출한 수입금액이 사실과 다르게 적힌 경우 | 미제출분의 수입금액·제출한 수입금액과 실제 수입금액과의 차액 × 1% |

[*2] 착오로 기재된 경우로서 신용카드매출전표 등에 따라 거래사실이 확인되는 부분의 공급가액은 제외

### 3.3 가산세 중복적용 배제
: 「법인세법」 또는 「소득세법」상 신용카드 및 현금영수증 발급 불성실 가산세를 적용받는 부분은 「부가가치세법」상 세금계산서 미발급 가산세 및 매출처별 세금계산서합계표 부실기재가산세를 적용하지 아니함

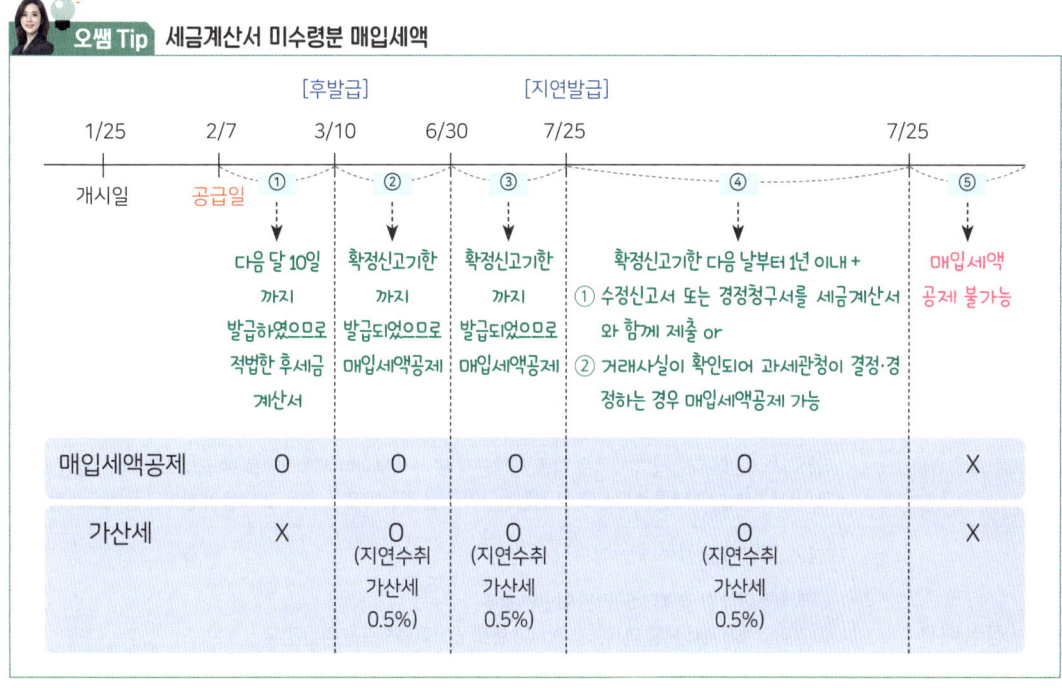

# 08 부가가치세 신고와 납부

## 1 예정신고와 납부

### ❶ 일반과세자의 예정신고와 납부 절차                중요도 ★★★

#### 1.1 원칙: 예정신고와 납부

| 신고 | 사업자는 각 예정신고기간이 끝난 후 25일 이내에 각 예정신고기간에 대한 과세표준과 납부세액 또는 환급세액을 관할 세무서장에게 신고해야 함(예정신고기간 중 매월 또는 매2월에 조기환급신고를 한 때에 이미 신고한 내용은 예정신고 대상에서 제외) |
|---|---|
| 납부 | 예정신고기간의 납부세액(해당 예정신고기간에 대해 수시부과한 세액은 공제함 NEW)을 부가가치세 예정신고서와 함께 각 납세지 관할 세무서장(주사업장총괄납부의 경우 주된 사업장의 관할 세무서장)에게 납부하거나「국세징수법」에 따른 납부서를 작성하여 한국은행(그 대리점을 포함) 또는 체신관서에 납부해야 함 |

#### 1.2 예외: 예정고지와 납부

| 결정 | 납세지 관할 세무서장은 개인사업자와 직전 과세기간 공급가액의 합계액이 1억 5천만원 미만인 법인사업자에 대하여는 각 예정신고기간마다 직전 과세기간에 대한 납부세액*의 50%로 결정하여 아래 기간 내에 납부고지서를 발부하여 해당 예정신고기간이 끝난 후 25일까지 징수함 |
|---|---|
| | <table><tr><th>구분</th><th>납부고지서 발부기간</th></tr><tr><td>제1기 (1. 1. ~ 3. 31.)</td><td>4. 1. ~ 4. 10.</td></tr><tr><td>제2기 (7. 1. ~ 9. 30.)</td><td>10. 1. ~ 10. 10.</td></tr></table> |
| | * 직전과세기간에 대한 납부세액은 각종 세액공제 및 수시부과한 세액 NEW을 뺀 금액으로 하고, 결정 또는 경정과 「국세기본법」에 따른 수정신고 및 경정청구에 따른 결정이 있는 경우 그 내용이 반영된 금액으로 함 |
| 징수 배제 | 다음에 해당하는 경우에는 징수하지 않음<br>① 징수하여야 할 금액이 50만원 미만인 경우<br>② 간이과세자에서 해당 과세기간 개시일 현재 일반과세자로 변경된 경우<br>③ 「국세징수법」상 납부기한 등의 연장 사유로 관할 세무서장이 징수해야 할 금액을 사업자가 납부할 수 없다고 인정되는 경우 |
| 예외: 신고 선택 | 다음의 사유가 있는 사업자는 각 예정신고기간에 대한 과세표준과 납부세액(해당 예정신고기간에 대해 수시부과한 세액은 공제함 NEW) 또는 환급세액을 관할 세무서장에게 신고할 수 있으며 이 경우 예정고지를 위한 관할 세무서장의 결정은 없었던 것으로 봄<br>① 휴업·사업 부진 등으로 인해 각 예정신고기간의 공급가액 또는 납부세액이 직전 과세기간의 공급가액 또는 납부세액의 3분의 1에 미달하는 자<br>② 각 예정신고기간분에 대하여 조기환급을 받으려는 자 |

## ❷ 예정신고 적용배제대상 = 확정신고 시에만 적용  〔중요도 ★★☆〕

① **과세전**용매입세액의 **공제** → **과전공**
② **전자**신고세액**공제** → **전자공학**
③ **가산세**
④ 납부·환급세액 재**계산** → **계산**
⑤ **대**손세액공제
⑥ **환급**(조기환급 제외)

〔암기팁〕 **과전공 전자공학 가산세 계산 대**환**장 파티 확정**

## ❸ 간이과세자 예정고지  〔중요도 ★★☆〕

: 사업장 관할 세무서장은 간이과세자에 대하여 직전 과세기간에 대한 납부세액의 50%를 1월 1일부터 6월 30일까지의 납부세액으로 결정하여 예정부과기간이 끝난 후 25일 이내까지 징수함 (link - P.276)

## ❹ 납부·환급의 사후처리  〔중요도 ★★☆〕

| 신고 납부 | 예정신고에 의해 이미 신고한 부분은 확정신고 시 신고내용에서 제외 |
|---|---|
| 고지 납부 | 예정고지하여 징수되는 금액은 확정신고 시 기납부세액의 성격으로 납부세액에서 차감 후 납부함 |
| 환급 | 예정신고 시 환급세액이 발생하면 조기환급의 경우를 제외하고는 바로 환급하지 않으며, 확정신고 시 납부세액에서 예정신고 미환급세액으로 차감한 후 납부함 |

## 2 확정신고와 납부

### ❶ 일반과세자의 확정신고와 납부 절차  〔중요도 ★★☆〕

| 원칙 | 사업자(간이과세자 포함)는 각 과세기간에 대한 과세표준과 납부세액 또는 환급세액을 그 과세기간이 끝난 후 25일(폐업하는 경우 폐업일이 속한 달의 다음 달 25일) 이내에 납세지 관할 세무서장에게 신고해야 함<br>→ 사업자는 확정신고를 할 때 다음의 금액을 확정신고 시의 납부세액에서 빼고 부가가치세 확정신고서와 함께 각 납세지 관할 세무서장(주사업장총괄납부의 경우 주된 사업장의 관할 세무서장)에게 납부하거나 「국세징수법」에 따른 납부서를 작성하여 한국은행(그 대리점을 포함) 또는 체신관서에 납부해야 함<br><br>① 조기 환급을 받을 환급세액 중 환급되지 아니한 세액<br>② 예정고지에 따라 징수되는 금액<br>③ 수시부과한 세액 NEW |
|---|---|
| 예외 | 예정신고를 한 사업자 또는 조기에 환급을 받기 위하여 신고한 사업자는 이미 신고한 과세표준과 납부한 납부세액 또는 환급받은 환급세액은 신고하지 않음 |

## ❷ 예정신고 시 제출서류　　중요도 ★☆☆

: 부가가치세의 예정신고를 할 때에는 부가가치세 예정신고서를 각 납세지 관할 세무서장에게 제출(국세정보통신망에 의한 제출을 포함)하여야 하며, 다음 구분에 따른 서류를 첨부하지 아니한 부분은 신고로 보지 아니함(조기환급 신고를 할 때 이미 신고한 내용은 예정신고 대상에서 제외)

> ㉠ 영세율이 적용되는 과세표준의 경우 기획재정부령에서 지정한 영세율 첨부서류
> ㉡ 「조세특례제한법」에 따라 영세율이 적용되는 과세표준의 경우 「조세특례제한법 시행령」 및 「농·축산·임·어업용 기자재 및 석유류에 대한 부가가치세 영세율 및 면세 적용 등에 관한 특례 규정」에 따른 서류

### 오쌤 Tip  예정신고기한과 확정신고기한 정리

| 구분 | | | 예정신고기간 | 기한 | 방법 |
|---|---|---|---|---|---|
| 법인 사업자 | 공급가액 합계액 1억 5천이상 | 제1기 | 1.1. ~ 3.31. | 4.25. | 신고 |
| | | 제2기 | 7.1. ~ 9.30. | 10.25. | 신고 |
| | 신규 법인사업자 | 제1기에 사업개시 | 사업 개시일 ~ 3.31. | 4.25. | 신고 |
| | | 제2기에 사업개시 | 사업 개시일 ~ 9.30. | 10.25. | 신고 |
| | 사업 개시일 이전에 사업자등록 신청 | 제1기에 신청 | 신청일 ~ 3.31. | 4.25. | 신고 |
| | | 제2기에 신청 | 신청일 ~ 9.30. | 10.25. | 신고 |
| | 공급가액 합계액 1억 5천 미만 | 제1기 | 1.1. ~ 3.31. | 4.25. | 결정/신고 |
| | | 제2기 | 7.1. ~ 9.30. | 10.25. | 결정/신고 |
| 개인 사업자 | 일반과세자 | 제1기 | 1.1. ~ 3.31. | 4.25. | 결정/신고 |
| | | 제2기 | 7.1. ~ 9.30. | 10.25. | 결정/신고 |
| | 간이과세자 (공급대가 합계액 1억4백만원 미만) | - | 1.1. ~ 6.30. | 7.25. | 결정/신고 |

P.248 '**예외: 신고선택**'사유에 해당하는 경우 신고 선택 가능

| 구분 | | 확정신고기간 | 기한 | 방법 |
|---|---|---|---|---|
| 일반법인 | 제1기 | 1.1. ~ 6.30. | 7.25. | 신고 |
| | 제2기 | 7.1. ~ 12.31. | 1.25. | 신고 |
| 폐업법인 | 제1기에 폐업 | 1.1. ~ 폐업일 | 폐업일이 속한 달의 다음 달 25일 | 신고 |
| | 제2기에 폐업 | 7.1. ~ 폐업일 | 폐업일이 속한 달의 다음 달 25일 | 신고 |
| 간이과세자 | - | 1.1. ~ 12.31. | 1.25. | 신고 |

## 3 납부의 유예

### ❶ 납부유예의 의미  ★★★

: 재화를 수입하는 경우, 해당 수입에 대한 관세를 세관장에게 신고·납부할 때 그 재화의 부가가치세를 함께 신고·납부해야 하지만 일정 요건을 갖춘 중소·중견사업자가 자기의 과세사업에 사용하기 위한 물품을 제조·가공할 원재료를 수입하는 경우에 한해 납부를 유예할 수 있는 제도

| 중소기업 | 중견기업 |
|---|---|
| ① 직전 사업연도에 중소 중견기업에 해당할 것 ||
| ② 납부유예대상여부 확인 요청일 현재 3년간 계속하여 사업을 경영하였을 것 ||
| ③ 납부유예대상여부 확인 요청일 현재 2년간 국세(관세 포함)를 체납한 사실이 없을 것 ||
| ④ 납부유예대상여부 확인 요청일 현재 2년간 「조세범처벌법」 또는 「관세법」 위반으로 처벌받은 사실이 없을 것 ||
| ⑤ 최근 2년간 납부유예가 취소된 사실이 없을 것 ||
| ⑥ 직전 사업연도에 영세율재화의 공급가액 합계액 ≥ 총 공급가액 × 30% 또는 수출액이 50억원 이상일 것 | ⑥ 직전 사업연도에 영세율재화의 공급가액 합계액 ≥ 총 공급가액 × 30% |

### ❷ 납부유예의 신청과 절차  ★★★

| 신청과 통지 | 납부유예받으려는 중소·중견사업자는 부가가치세 납부유예 적용 신청서를 관할 세관장에게 제출해야 하고, 신청을 받은 관할 세관장은 신청일부터 1개월 이내에 납부유예의 승인 여부를 결정하여 해당 중소·중견사업자에게 통지해야 함 → 승인하는 경우 그 유예기간은 1년으로 함 |
|---|---|
| 수입세금계산서 발급 | 수입세금계산서에 부가가치세 납부유예 표시를 하여 발급해야 함 → 즉, 납부가 유예되는 때에도 수입계산서는 발급해야 함 |
| 유예된 세액의 납부 | 납부유예받은 자는 납세지 관할 세무서장에게 예정신고·확정신고 등을 할 때 그 납부유예된 세액을 정산하거나 납부해야 함 → 이 경우 납세지 관할 세무서장에게 납부한 세액은 세관장에게 납부한 것으로 봄 |

### ❸ 납부유예의 취소  ★★★

: 부가가치세의 납부가 유예된 중소·중견사업자가 다음의 사유에 해당하는 경우에 세관장은 그 납부의 유예를 취소할 수 있음 → 이 경우 세관장은 해당 중소·중견사업자에게 그 취소 사실을 통지해야 함

① 해당 중소·중견사업자가 국세를 체납한 경우
② 해당 중소·중견사업자가 「조세범처벌법」 또는 「관세법」 위반으로 고발된 경우
③ 요건을 충족하지 아니한 중소·중견사업자에게 납부유예를 승인한 사실을 관할 세관장이 알게 된 경우

## 4 대리납부

### ❶ 대리납부  중요도 ★★☆

: 공급하는 자가 납세의무자인 일반적인 납부형식과는 달리, 공급받는 자가 그 대가를 받은 자로부터 부가가치세를 징수하는 것

| 구분 | 대리납부 징수의무자 | 대리납부 시기 |
| --- | --- | --- |
| 수입 용역 (또는 권리)의 대리납부 | 다음에 해당하는 국외사업자로부터 용역 등을 국내에 반입하는 자<br>① 「소득세법」·「법인세법」에 따른 국내사업장이 없는 비거주자 또는 외국법인<br>② 국내사업장이 있다하더라도 그 국내사업장과 관련없는 용역 등을 공급하는 자 | 일정한 국외사업자로부터 용역 등을 국내에 반입하는 자가 **그 대가를 지급하는 때**에 부가가치세를 징수하여 해당 대가를 지급한 날이 속하는 예정신고기한 및 확정신고기한까지 납부 |
| 사업양도의 대리납부 | 그 사업에 관한 모든 권리와 의무를 포괄적으로 양수(승계)받는 자 | 사업의 양도(이에 해당하는지 여부가 분명하지 아니한 경우를 포함)에 따라 **그 대가를 지급하는 때**에 부가가치세를 징수하여 그 대가를 지급하는 날이 속하는 달의 다음 달 25일까지 확정신고를 통해 납부 |

### ❷ 수입 용역 등의 대리납부  중요도 ★★☆

| 공급하는 자 | ① 「소득세법」·「법인세법」에 따른 **국내사업장이 없는** 비거주자 또는 외국법인<br>② 국내사업장이 있는 비거주자 또는 외국법인 중 그 국내사업장과 관련없는 용역 등을 공급하는 자 |
| --- | --- |
| 징수의무자 | 위 공급하는 자에게 대리납부 대상 용역 등을 공급받는 자로서 다음의 어느 하나에 해당하는 경우<br>① 면세사업자 ← 즉, 공급받은 그 용역 등을 과세사업에 제공하는 경우에는 대리납부의무가 없음.<br>② 사업자가 아닌 자 단 매입세액이 공제되지 않는 용역 등을 공급받는 경우는 대리 납부의무가 있음 |
| 공급 장소 | 공급받는 자의 사업장 또는 주소지를 해당 용역 등이 공급되는 장소로 봄 |
| 과세대상 | 위 공급하는 자로부터 국내에서 공급받는 용역 또는 권리(국내에 반입하는 것으로서 관세와 함께 부가가치세를 신고·납부하여야 하는 재화의 수입에 해당하지 아니하는 경우를 포함)<br>부가가치세가 면제되는 용역은 대리납부의 대상이 아님 |
| 납부절차 | 공급받는 자가 징수한 부가가치세는 해당 대가를 지급한 날이 속하는 예정신고기한 및 확정신고기한까지 부가가치세 대리납부신고서를 제출하여 부가가치세를 징수한 사업장 또는 주소지 관할 세무서장에게 납부하거나 「국세징수법」에 따른 납부서를 작성하여 한국은행 또는 체신관서에 납부해야 함<br>부가가치세 대리납부신고서는 과세표준신고서가 아니므로 수정신고 및 경정청구의 대상이 될 수 없음 주의 |

| | |
|---|---|
| 대리납부세액 계산 | ① 과세사업과 면세사업에 공통으로 사용하지만 실지귀속을 알 수 없는 경우 다음과 같이 안분계산 함 ← 공급가액이 없으면 일반과세자의 공통매입세액 안분계산 규정을 준용<br><br>면세사업 등에 관련된 매입세액 = 공통매입세액 × 대가의 지급일이 속하는 과세기간의 $\dfrac{면세공급가액}{총공급가액}$<br><br>② 대가를 외화로 받은 경우, 다음 지급방식에 따라 외화를 환산함<br>  ㉠ 보유 중인 외화로 지급: 지급일 현재의「외국환거래법」에 따른 기준환율 또는 재정환율<br>  ㉡ 원화를 외화로 매입하여 지급: 지급일 현재의 대고객외국환매도율에 따라 계산한 금액 |
| 대리납부지연 가산세 | 대리납부 징수의무자가 징수해야 할 세액을 법정납부기한까지 납부하지 않거나 과소납부한 경우에는 다음의 금액을 가산세로 함<br><br>대리납부지연가산세 = MIN[㉠ + ㉡, 한도]<br>  ㉠ 미납세액·과소납부세액 × 3%<br>  ㉡ 미납세액·과소납부세액 × 일수 × 0.022%<br>     납부고지일부터 납부고지서에 따른 납부기한까지의 기간은 제외<br><br>미납세액·과소납부세액 × 50% (㉠의 금액과 ㉡ 중 법정납부기한의 다음 날부터 납부고지서에 따른 기간에 해당하는 금액을 합한 금액은 10%를 적용)<br><br>대리납부지연 가산세가 부과되는 부분에 대해서는「국세기본법」에 따른 납부지연 가산세를 적용하지 않음 |

## ❸ 사업양도의 대리납부    중요도 ★★☆

| | | |
|---|---|---|
| 일반적인 경우 | 사업양도인 | 사업의 포괄양도는 재화의 공급이 아니므로 세금계산서를 발급하지 않음 |
| | 사업양수인 | 매입세액공제 불가 |
| 사업양도 시 양수자가 부가가치세를 대리납부한 경우 | 사업양도인 | 재화의 공급으로 인정 |
| | 사업양수인 | 매입세액공제 가능 |
| 납부절차 | | 사업을 양수받는 자는 그 대가를 지급하는 때에 그 대가를 받은 자로부터 부가가치세를 징수하여 그 대가를 지급하는 날이 속하는 달의 다음 달 25일까지 부가가치세 대리납부 신고서와 함께 사업장 관할 세무서장에게 납부하거나「국세징수법」에 따른 납부서를 작성하여 한국은행 또는 체신관서에 납부하여야 함 |

## 5 환급

### ❶ 일반환급  중요도 ★★★

: 납세지 관할 세무서장은 각 과세기간별로 그 과세기간에 대한 환급세액을 확정신고한 사업자에게 그 **확정신고기한이 지난 후 30일 이내**에 **환급해야 함** → 예정신고기간에 대한 환급세액은 바로 환급하지 않고 확정신고 시 납부세액에서 예정신고미환급세액으로 차감함

### ❷ 조기환급  중요도 ★★☆

| 의미 | 납세지 관할 세무서장은 일정한 요건에 해당하여 조기환급을 신고한 사업자에게 그 **신고기한이 지난 후 15일 이내**에 환급세액을 조기에 **환급할 수 있음** |
|---|---|
| 대상 | 환급을 신고한 사업자가 다음의 어느 하나에 해당하는 경우<br>① 사업자가 영세율을 적용받는 경우<br>② 사업자가 감가상각 대상인 사업 설비를 신설·취득·확장 또는 증축하는 경우<br>③ 사업자가 재무구조개선계획을 이행 중인 경우 |

| 조기환급 시기 | 구분 | 예정신고기간 중 또는 과세기간 최종 3개월 중 매월 또는 매 2월 | 조기환급 시기 |
|---|---|---|---|
| | 예정신고 시 조기환급 | 예정신고기한 (4.25., 10.25.) | 예정신고기한 지난 후 15일 이내 환급해야 함 |
| | 확정신고 시 조기환급 | 확정신고기한 (7.25., 1.25.) | 확정신고기한 지난 후 15일 이내 환급해야 함 |
| | 조기환급기간에 대한 조기환급 | 조기환급기간이 끝난 날부터 25일 이내 | 조기환급신고기한이 지난 후 15일 이내 환급 |

**조기환급기간**

| 구분 | 1월 | 2월 | 3월 | 4월 | 5월 | 6월 | 7월 | 8월 | 9월 | 10월 | 11월 | 12월 |
|---|---|---|---|---|---|---|---|---|---|---|---|---|
| 매월 | O | O | | O | O | | O | O | | O | O | |
| 매2월 | | O | | | O | | | O | | | O | |

| 방법 | ① 예정신고기간·과세기간 조기환급: 조기환급을 받으려는 사업자가 부가가치세 예정신고서(또는 확정신고서)를 매출·매입처별 세금계산서합계표 등과 함께 제출한 경우에는 이를 조기환급을 신고한 것으로 봄 ← 조기환급신고를 할 때 이미 신고한 내용은 예정신고·확정신고 대상에서 제외함 주의<br>② 조기환급기간에 대한 조기환급: 조기환급을 받으려는 사업자가 조기환급신고기한에 조기환급신고서와 함께 영세율 첨부서류 및 매출·매입처별 세금계산서합계표 등을 제출함으로써 조기환급기간에 대한 과세표준과 환급세액을 관할 세무서장에게 신고 ← 이때 매출·매입처별 세금계산서합계표를 제출한 경우에는 예정신고 또는 확정신고와 함께 매출·매입처별 세금계산서합계표를 제출한 것으로 봄 |
|---|---|
| 제출서류 | ① 예정신고서(또는 확정신고서), 조기환급기간에 대한 신고 시 조기환급신고서<br>② 매출·매입처별 세금계산서합계표<br>③ 감가상각자산 취득명세서 (해당될 경우에 한함)<br>④ 재무구조개선계획서 (해당될 경우에 한함) |
| 기타 | 조기환급세액은 영의 세율이 적용되는 공급분에 관련된 매입세액·시설투자에 관련된 매입세액 또는 국내 공급분에 대한 매입세액을 **구분하지 않고 사업장별로** 해당 매출세액에서 매입세액을 공제하여 계산함 |

### ❸ 경정환급

: 관할 세무서장은 결정·경정에 의한 추가환급세액이 있는 경우에는 **지체 없이** 사업자에게 **환급해야 함**

>  **오쌤 Tip** 환급 규정의 비교

| 구분 | 일반환급 | 조기환급 | 경정 시 환급 |
|---|---|---|---|
| 환급 가능 기간 | 확정신고기간 | 조기환급기간, 예정신고기간, 과세기간 | 규정 없음 |
| 신고기한 | 각 대상기간 종료일로부터 25일 이내 | | 규정 없음 |
| 환급 | 신고기한 지난 후 30일 이내 | 신고기한 지난 후 15일 이내 | 즉시 |

## 6 결정 및 경정

### ❶ 결정 및 경정 대상

| | |
|---|---|
| 원칙 | 납세지 관할 세무서장 등은 사업자가 다음에 해당하는 경우에만 해당 예정신고기간 및 과세기간에 대한 부가가치세의 과세표준과 납부세액 또는 환급세액을 조사하여 결정 또는 경정함<br>① 예정신고 또는 확정신고를 하지 아니한 경우<br>② 예정신고 또는 확정신고를 한 내용에 오류가 있거나 내용이 누락된 경우<br>③ 확정신고를 할 때 매출·매입처별 세금계산서합계표를 제출하지 아니한 경우<br>④ 제출한 매출·매입처별 세금계산서합계표에 기재사항의 전부 또는 일부가 적혀 있지 아니하거나 사실과 다르게 적혀 있는 경우<br>⑤ 부가가치세를 포탈할 우려가 있는 경우 |
| 예외 | 소매업, 음식점업 등과 같이 영수증을 발급해야 하는 업종을 경영하는 사업자로서 같은 장소에서 계속하여 5년 이상 사업을 경영한 자에 대해서는 객관적인 증명자료로 보아 과소하게 신고한 것이 분명한 경우에만 경정할 수 있음 |

### ❷ 결정·경정 기관

| | |
|---|---|
| 원칙 | 부가가치세의 과세표준과 납부·환급세액의 결정·경정은 **각 납세지 관할 세무서장**이 함<br>재화의 수입에 대한 것은 세관장이 함 |
| 예외 | ① 국세청장이 특히 중요하다고 인정하는 경우: **납세지 관할 지방국세청장 또는 국세청장**이 결정·경정할 수 있음<br>② 주사업장 총괄 납부를 하는 경우: 각 납세지 관할 세무서장, 납세지 관할 지방국세청장 또는 국세청장이 과세표준과 납부세액 또는 환급세액을 결정하거나 경정하였을 때에는 지체 없이 납세지 관할 세무서장 또는 총괄 납부를 하는 주된 사업장의 관할 세무서장에게 통지하여야 함 |

## ❸ 결정·경정의 방법     중요도 ★★☆

| 원칙 | 납세지 관할 세무서장 등은 각 예정신고기간 및 과세기간에 대한 과세표준과 납부세액 또는 환급세액을 조사하여 결정 또는 경정하는 경우에는 세금계산서, 수입세금계산서, 장부 또는 그 밖의 증명 자료를 근거로 하여야 함 |
|---|---|
| 예외 | 일정 사유에 해당하면 추계하여 결정·경정함 |

## ❹ 추계     중요도 ★★☆

| 추계사유 | 납세지 관할 세무서장 등은 다음의 어느 하나에 해당하는 경우 추계할 수 있음<br>① 과세표준을 계산할 때 필요한 세금계산서, 수입세금계산서, 장부 또는 그 밖의 증명 자료가 없거나 그 중요한 부분이 갖추어지지 않은 경우<br>② 세금계산서, 수입세금계산서, 장부 또는 그 밖의 증명 자료의 내용이 시설규모, 종업원 수와 원자재·상품·제품 또는 각종 요금의 시가에 비추어 거짓임이 명백한 경우<br>③ 세금계산서, 수입세금계산서, 장부 또는 그 밖의 증명 자료의 내용이 원자재 사용량, 동력 사용량이나 그 밖의 조업 상황에 비추어 거짓임이 명백한 경우 |
|---|---|
| 추계방법 | ① 같은 업종, 같은 현황의 다른 사업자와 비교하여 계산<br>② 업종별로 투입원재료에 대하여 조사한 생산수율로 계산<br>③ 매출액과 사업관련 수량/가액의 관계를 정한 영업효율을 적용하여 계산<br>④ 국세청장이 사업의 종류별·지역별로 정한 원단위 투입량, 비용관계비율, 상품회전율, 부가가치율에 따라 계산<br>⑤ 추계 경정·결정 대상 사업자에 대하여 위 ②~④까지의 비율을 계산할 수 있는 경우에는 그 비율을 적용하여 계산<br>⑥ 입회조사기준에 따라 계산 |
| 매입세액<br>공제 여부 | 추계하여 납부세액을 계산할 때 공제하는 매입세액은 발급받은 세금계산서를 관할 세무서장에게 제출하고 그 기재내용이 분명한 부분으로 한정함 → 재해 또는 그 밖의 불가항력으로 인하여 발급받은 세금계산서가 소멸되어 세금계산서를 제출하지 못하게 되었을 때에는 해당 사업자에게 공급한 거래상대방이 제출한 세금계산서에 의하여 확인되는 것을 납부세액에서 공제하는 매입세액으로 함 |

## ❺ 수시부과 결정 NEW　　중요도 ★☆☆

| 요건 | 납세지 관할 세무서장 등은 사업자가 과세기간 중에 다음의 어느 하나에 해당하는 경우에는 수시부과기간에 대한 부가가치세를 부과할 수 있다.<br>① 거짓세금계산서 등을 발급·수취한 경우*1<br>② 그 밖에 사업장 현황, 영업 상황 등을 고려하여 법령으로 정하는 사유*2로 부가가치세를 포탈할 우려가 있는 경우 |
|---|---|
| 수시부과 기간 | 수시부과는 해당 과세기간의 개시일부터 수시부과사유가 발생한 날까지를 수시부과기간으로 하여 적용함. → 이 경우 수시부과사유가 부가가치세를 확정신고하여야 하는 날 이전에 발생한 경우로서 사업자가 직전 과세기간에 대한 확정신고를 하지 않은 경우에는 직전 과세기간을 수시부과기간에 포함한다. |

*1 다음의 어느 하나에 해당하는 경우를 말함

　㉠ 재화 또는 용역을 공급하지 아니하고 세금계산서 또는 신용카드매출전표 등(이하 '세금계산서 등')을 발급한 경우
　㉡ 재화 또는 용역을 공급받지 아니하고 세금계산서 등을 발급받은 경우
　㉢ 재화 또는 용역을 공급하고 실제로 재화 또는 용역을 공급하는 자가 아닌 자 또는 실제로 재화 또는 용역을 공급받는 자가 아닌 자의 명의로 세금계산서 등을 발급한 경우
　㉣ 재화 또는 용역을 공급받고 실제로 재화 또는 용역을 공급하는 자가 아닌 자의 명의로 세금계산서 등을 발급받은 경우
　㉤ 재화 또는 용역을 공급하고 세금계산서 등의 공급가액을 과다하게 기재한 경우
　㉥ 재화 또는 용역을 공급받고 공급가액을 과다하게 기재한 세금계산서 등을 발급받은 경우

*2 다음의 어느 하나에 해당하는 경우(= 부가가치세를 포탈할 우려가 있는 경우)를 말함 NEW

　㉠ 사업장의 이동이 빈번한 경우
　㉡ 사업장의 이동이 빈번하다고 인정되는 지역에 사업장이 있을 경우
　㉢ 휴업 또는 폐업 상태에 있을 경우
　㉣ 신용카드가맹점 또는 현금영수증가맹점 가입 대상자로 지정받은 사업자가 정당한 사유 없이 신용카드가맹점 또는 현금영수증가맹점으로 가입하지 아니한 경우로서 사업 규모나 영업 상황으로 보아 신고 내용이 불성실하다고 판단되는 경우
　㉤ 조기환급 신고의 내용에 오류가 있거나 내용이 누락된 경우

## ❻ 재결정·경정　　중요도 ★★☆

: 납세지 관할 세무서장 등은 결정하거나 경정한 과세표준과 납부세액 또는 환급세액에 오류가 있거나 누락된 내용이 발견되면 **즉시 다시 경정**함

## 7 전자적 용역을 공급하는 국외사업자의 부가가치세

### ❶ 적용 대상  중요도 ★★☆

| | |
|---|---|
| 국외사업자 | 정보통신망을 통하여 이동통신단말장치 또는 컴퓨터 등으로 공급하는 용역으로서 다음의 어느 하나에 해당하는 전자적 용역을 국내에 제공하는 국외사업자<br>① 게임·음성·동영상 파일 또는 소프트웨어 등 대통령령으로 정하는 용역<br>② 광고를 게재하는 용역<br>③「클라우드컴퓨팅 발전 및 이용자 보호에 관한 법률」에 따른 클라우드컴퓨팅서비스<br>④ 재화 또는 용역을 중개하는 용역<br>⑤ 그 밖에 이와 유사한 용역 |
| 제3자 | 국외사업자가 다음의 어느 하나에 해당하는 제3자를 통하여 국내에 전자적 용역을 공급하는 경우에 그 제3자[*1]를 의미<br>① 정보통신망 등을 이용하여 전자적 용역의 거래가 가능하도록 오픈마켓이나 그와 유사한 것을 운영하고 관련 서비스를 제공하는 자<br>② 전자적 용역의 거래에서 중개에 관한 행위 등을 하는 자로서 구매자로부터 거래대금을 수취하여 판매자에게 지급하는 자<br>③ 그 밖에 이와 유사하게 전자적 용역의 거래에 관여하는 자 |

[*1] 다음의 어느 하나에 해당하는 비거주자 또는 외국법인을 포함

㉠「소득세법」또는「법인세법」에 따른 국내사업장이 없는 비거주자 또는 외국법인
㉡ 국내사업장과 관련없이 용역 등을 공급하는 비거주자 또는 외국법인

### ❷ 간편사업자등록  중요도 ★★☆

| | |
|---|---|
| 등록 대상 | ① **국외사업자**가 전자적 용역을 국내에 제공하는 경우(등록사업자[*]의 과세사업 또는 면세사업에 대하여 용역을 공급하는 경우는 제외)에는 사업의 개시일부터 20일 이내에 간편사업자등록을 해야 함<br>② 국외사업자가 일정한 제3자를 통해 국내에 전자적 용역을 공급하는 경우[등록사업자[*]의 과세사업 또는 면세사업에 대하여 용역을 공급하는 경우나「부가가치세법」에 따른 국외사업자의 용역 등 공급 특례(위탁매매인 등 특례 link-p.259)가 적용되는 경우는 제외]에는 그 **제3자**가 해당 전자적 용역을 공급한 것으로 보며, 그 제3자는 사업 개시일부터 20일 이내에 간편사업자등록을 해야 함 |
| 등록 절차 | 간편사업자등록을 하려는 사업자는 국세정보통신망에 접속하여 사업자 및 대표자의 이름과 용역을 제공하는 국외 주소 등 필요사항을 입력하는 방식으로 국세청장에게 간편사업자등록을 해야 함 |
| 통지 | 국세청장은 간편사업자등록을 한 자에 대하여 간편사업자등록번호를 부여하고, 사업자(납세관리인이 있는 경우 납세관리인 포함)에게 통지(정보통신망을 이용한 통지를 포함)해야 함 |
| 공급 시기 | 빠른 때 [구매자가 공급하는 자로부터 전자적 용역을 제공받은 때, 구매자가 전자적 용역을 구매하기 위하여 대금의 결제를 완료한 때] |
| 납세지 | 사업자의 신고·납부의 효율과 편의를 고려하여 국세청장이 지정 |

[*]「부가가치세법」,「소득세법」,「법인세법」에 따라 사업자등록을 한 자

| | |
|---|---|
| 세금계산서 발급의무 면제 | 간편사업자등록을 한 사업자가 국내에 공급하는 전자적 용역에 대해서는 세금계산서를 발급하지 아니할 수 있음 |
| 신고 | 국세정보통신망에 접속하여 일정한 사항을 입력하는 방식으로 부가가치세 예정 신고 또는 확정 신고 및 납부를 하여야 함 |
| 납부 | 외국환은행의 계좌에 납입하는 방식으로 함 → 간편사업자등록을 한 사업자가 국내 공급 전자적 용역의 대가를 외국통화나 그 밖의 외국환으로 받은 경우 과세기간 종료일(또는 예정신고기간 종료일)의 기준환율을 적용하여 환가한 금액을 과세표준으로 할 수 있음 → 이 경우 국세청장은 정보통신망을 이용하여 통지·고시하는 방법 등으로 사업자(납세관리인 포함)에게 기준환율을 알려야 함 |
| 보관 의무 | 간편사업자등록을 한 자는 전자적 용역의 공급에 대한 거래명세(등록사업자의 과세사업 또는 면세사업에 대하여 용역을 공급하는 경우의 거래명세를 포함)를 그 거래사실이 속하는 과세기간에 대한 확정신고 기한이 지난 후 5년간 보관해야 함 |
| 거래명세서 제출 요구 | 국세청장은 부가가치세 신고의 적정성을 확인하기 위해 간편사업자등록을 한 자에게 전자적 용역 거래명세서를 제출할 것을 요구할 수 있음 → 간편사업자등록을 한 자는 요구를 받은 날부터 60일 이내에 전자적 용역 거래명세서를 국세청장에게 제출해야 함 |
| 폐업 시 말소 | 국세청장은 간편사업자등록을 한 자가 국내에서 폐업한 경우(사실상 폐업한 경우로서 법으로 정하는 경우를 포함) 간편사업자등록을 말소할 수 있음 |

## 8 국외사업자의 용역 등 공급에 관한 특례

중요도 ★☆☆

| | |
|---|---|
| 특례 내용 | 국외사업자가 사업자등록의 대상으로서 다음의 하나에 해당하는 자를 통하여 국내에서 용역 등을 공급하는 경우에는 해당 위탁매매인 등이 해당 용역 등을 공급한 것으로 봄<br>① 위탁매매인<br>② 준위탁매매인<br>③ 대리인<br>④ 중개인(구매자로부터 거래대금을 수취하여 판매자에게 지급하는 경우에 한정) |

# 09 겸영사업자의 안분계산

## 1 겸영사업자의 과세체계

중요도 ★★★

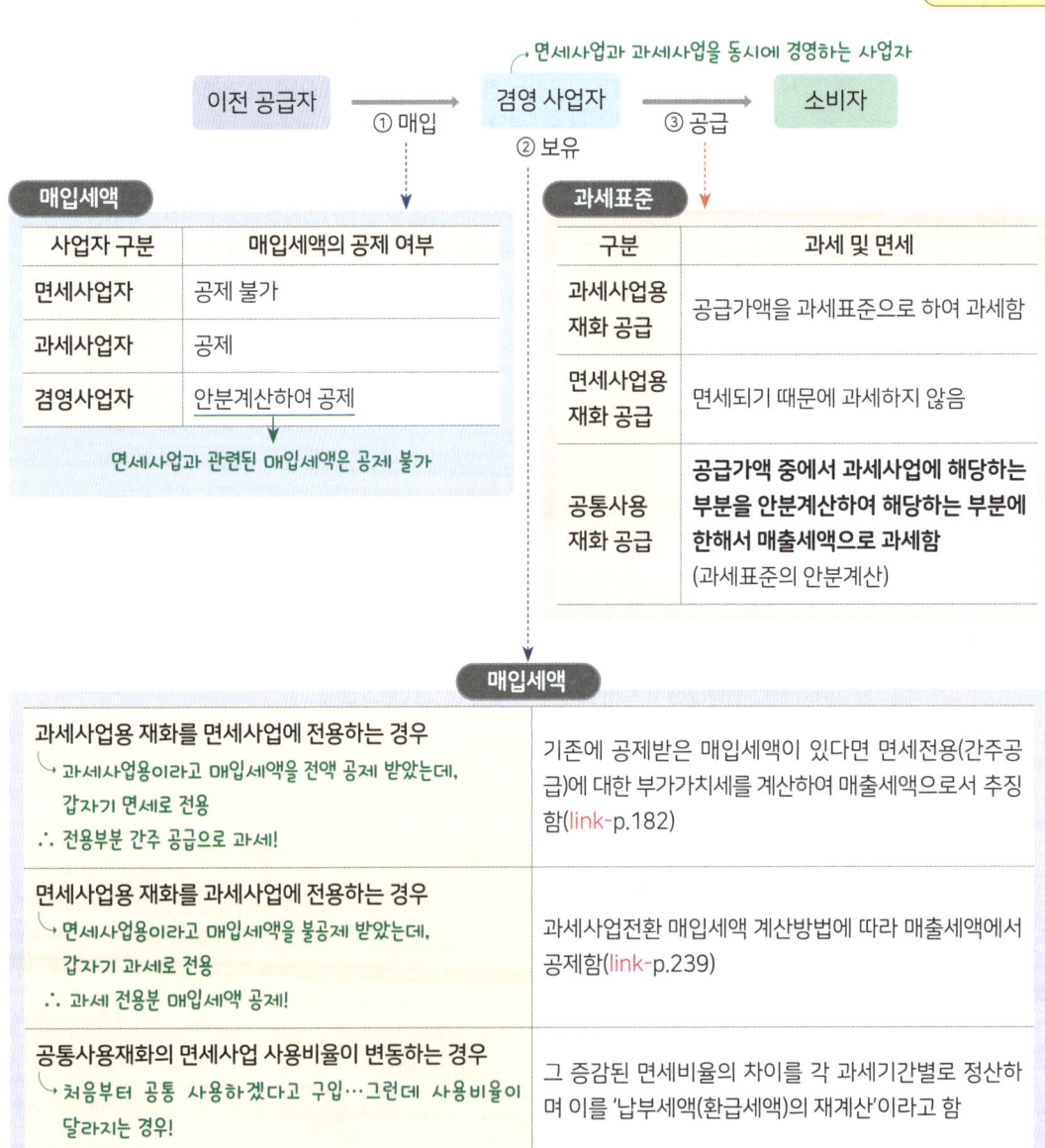

## 2 공급단계의 안분계산

### ❶ 안분계산의 적용  중요도 ★★★

| 원칙 | 과세사업과 면세사업에 공통으로 사용하는 재화를 공급하는 경우 과세표준은 다음에 따라 계산함 |
|---|---|

$$\text{과세표준} = \text{재화의 공급가액} \times \frac{\text{직전 과세기간의 과세공급가액}}{\text{직전 과세기간의 총공급가액}}$$

휴업, 천재지변 등으로 인하여 직전 과세기간에 대한 공급가액이 없는 경우, 그 재화를 공급한 날에 **가장 가까운 과거 과세기간의 공급가액을 적용**하여 계산함

| 예외 | 다음의 재화를 공급하는 경우 과세표준은 아래의 산식에 따라 계산함 |
|---|---|

① 매입시점에 공통매입세액을 사용면적비율에 따라 안분한 재화
② 납부세액(환급세액)을 사용면적비율에 따라 재계산한 재화

$$\text{과세표준} = \text{재화의 공급가액} \times \frac{\text{직전 과세기간의 과세사용면적}}{\text{직전 과세기간의 총사용면적}}$$

휴업, 천재지변 등으로 인하여 직전 과세기간에 대한 사용면적비율이 없는 경우, 그 재화를 공급한 날에 **가장 가까운 과거 과세기간의 사용면적비율을 적용**하여 계산함

### ❷ 안분계산을 생략하는 경우  중요도 ★★★

: 다음에 해당하는 경우에는 안분계산을 생략하고 해당 재화의 공급가액 전부를 과세표준으로 간주함

① 재화를 공급하는 날이 속하는 과세기간의 직전 과세기간의 총공급가액 중 면세공급가액이 5% 미만인 경우
 (단, 해당 재화의 공급가액이 5,000만원 이상인 경우는 제외함)
② 재화의 공급단위별 공급가액이 50만원 미만인 경우
③ 재화를 공급하는 날이 속하는 과세기간에 신규로 사업을 시작하여 직전 과세기간이 없는 경우

## 3 매입단계의 안분계산

### ❶ 안분계산의 적용    중요도 ★★★

**원칙**

① 실지귀속 구분 가능: 과세사업과 면세사업에 관련된 매입세액의 계산은 실지귀속에 따라 공제 여부를 판단함. 따라서 실지귀속을 구분할 수 있는 매입세액은 그 실지귀속을 분명히 따질 수 있는 비율을 적용하여 안분함
② 실지귀속 구분 불가능: 법이 정하는 경우를 제외하고는 획일적인 공통매입세액 안분기준을 적용하여 다음과 같이 계산하는데 이것을 '공통매입세액의 안분계산'이라고 함

$$\text{면세사업에 관련된 매입세액} = \text{공통매입세액} \times \frac{\text{해당 과세기간의 면세공급가액}}{\text{해당 과세기간의 총공급가액}}$$

- 공통매입세액과 관련된 해당 과세기간의 과세사업에 대한 공급가액과 면세사업에 대한 공급가액의 합계액
- 공통매입세액과 관련된 해당 과세기간의 면세사업에 대한 수입금액 + 면세사업 등과 관련하여 받았으나 과세표준에 포함되지 않는 국고보조금, 공공보조금 및 그 밖의 유사한 금액

**예외**

과세·면세 겸용 재화를 공급받은 과세기간 중에 그 재화를 공급하여 직전 과세기간의 공급가액 실적에 따라 과세표준에 포함되는 공급가액을 안분계산한 경우에는 다음과 같이 계산함

$$\text{면세사업에 관련된 매입세액} = \text{공통매입세액} \times \frac{\text{직전 과세기간의 면세공급가액}}{\text{직전 과세기간의 총공급가액}}$$

### ❷ 안분계산을 생략하는 경우    중요도 ★★★

: 다음에 해당하는 경우에는 안분계산을 생략하고 해당 재화의 공통매입세액 전부를 공제할 수 있는 매입세액으로 간주함

① 해당 과세기간의 총공급가액 중 면세공급가액이 5퍼센트 미만인 경우
   (단, 공통매입세액이 5백만원 이상인 경우는 제외)
② 해당 과세기간 공통매입세액 합계액이 5만원 미만인 경우
③ 신규로 사업을 시작하여 공통사용재화 공급 시 과세표준의 안분계산을 생략하고 해당 재화의 공급가액 전부를 과세표준으로 간주한 경우 그 재화의 매입세액

## ❸ 공통매입세액의 정산  중요도 ★☆☆

### 당기 과세사업 공급가액과 면세사업 공급가액이 둘 다 있는 경우

① 예정신고를 하는 때에는 예정신고기간(3개월)의 면세공급가액 비율로 안분계산하고 **확정신고 시** 해당 과세기간(6개월)의 **면세공급가액 비율로 정산**하는 유형 → 차이가 5% 미만인 경우에도 정산함

② 공통사용재화의 구입 시 구입한 과세기간의 면세비율로 안분계산한 후, 그 후 과세기간의 **면세비율이 증감될 때마다 확정신고 시 정산**하는 유형 (납부세액 또는 환급세액의 재계산) → 차이가 5% 미만인 경우 정산 안함

각 과세기간마다 면세비율 증감으로 인하여 과대 또는 과소된 매입세액을 납부세액에 가산하거나 환급세액에 가산하는데, 이러한 제도를 '납부세액 또는 환급세액의 재계산'이라고 함

#### 재계산 적용 요건

다음의 요건을 **모두 충족 시** 재계산을 적용

㉠ 과세사업과 면세사업에 공통으로 사용하고 있는 감가상각자산일 것
㉡ 해당 과세기간의 면세비율과 해당 감가상각자산의 취득일이 속하는 과세기간에 적용하였던 면세비율 간의 차이가 5% 이상일 것
㉢ 재계산세액은 확정신고와 함께 납부할 것

#### 재계산 배제 사유

다음의 경우 재계산을 하지 않음

㉠ 과세사업에 제공하던 감가상각자산이 자기생산·취득재화의 간주공급에 해당하는 경우
㉡ 과세사업과 면세사업에 공통으로 사용된 감가상각자산을 공급하는 경우, 해당 재화를 공급하는 날이 속하는 과세기간에는 재계산을 하지 않음

#### 재계산 방법

| 구분 | 재계산 방법 |
|---|---|
| 건물 또는 구축물 | 공통매입세액 × (1 - 5% × 경과된 과세기간 수) × 증감된 면세비율 |
| 기타의 감가상각자산 | 공통매입세액 × (1 - 25% × 경과된 과세기간 수) × 증감된 면세비율 |

### 당기의 과세사업과 면세사업의 공급가액이 없거나 어느 한 사업의 공급가액이 없는 경우

③ 당기에는 **대용치**로 안분계산하고, 확정치가 확정되는 과세기간에 그 차이를 **정산**하는 유형 → 차이가 5% 미만인 경우에도 정산함

#### 대용치 안분계산 순위

| 구분 | 일반적인 경우 | 건물·구축물을 신축·취득하여 예정사용면적을 구분할 수 있는 경우 |
|---|---|---|
| 1순위 | 면세사업에 관련된 **매입**가액 / 총 매입가액(공통매입가액은 제외) | 면세사업에 관련된 **예정사용면적** / 총 예정사용면적 |
| 2순위 | 면세사업에 관련된 **예정공급**가액 / 총 예정공급가액 | 면세사업에 관련된 **매입**가액 / 총 매입가액(공통매입가액은 제외) |
| 3순위 | 면세사업에 관련된 **예정사용면적** / 총 예정사용면적 | 면세사업에 관련된 **예정공급**가액 / 총 예정공급가액 |

→ 이 경우 이후 과세사업과 면세사업의 공급가액이 모두 있게되는 경우에도 과세사업과 면세사업의 사용면적이 확정되기 전의 과세기간까지는 예정사용면적 비율을 계속 적용하고, 과세사업과 면세사업의 사용면적이 확정되는 과세기간에 면세사용면적비율에 따라 공통매입세액을 정산함

 **오쌤 Tip** 안분계산 비교

| 구분 | 공급단계의 안분계산 | 매입단계의 안분계산 |
|---|---|---|
| 원칙 | 과세표준 = 재화의 공급가액 × (직전 과세기간의 과세공급가액 / 직전 과세기간의 총공급가액) | 면세사업에 관련된 매입세액 = 공통매입세액 × (해당 과세기간의 면세공급가액 / 해당 과세기간의 총공급가액) |
| 예외 | 과세표준 = 재화의 공급가액 × (직전 과세기간의 과세사용면적 / 직전 과세기간의 총사용면적) | 면세사업에 관련된 매입세액 = 공통매입세액 × (직전 과세기간의 면세공급가액 / 직전 과세기간의 총공급가액) |
| 구조 | Q. 신규사업자? → YES → 안분생략<br>NO ↓<br>Q. 공급단위별 공급가액 50만원 미만? → YES → 안분생략<br>NO ↓<br>Q. 재화의 공급가액 5,000만원 미만 + 5% 미만? → YES → 안분생략<br>NO ↓<br>안분 | Q. 신규사업자 + 당기매입·당기매각? → YES → 안분생략<br>NO ↓<br>Q. 공통매입세액 합계액 5만원 미만? → YES → 안분생략<br>NO ↓<br>Q. 공통매입세액 합계액 500만원 미만 + 5% 미만? → YES → 안분생략<br>NO ↓<br>안분 |

제4편 부가가치세법

# 10 간이과세

## 1 간이과세의 개요

### ❶ 간이과세제도의 의미  중요도 ★☆☆
:「부가가치세법」상 일정 소득 이하의 영세사업자로 하여금 비교적 간편하게 납세의무를 이행하고 있도록 규정한 제도

### ❷ 간이과세자의 적용 범위  중요도 ★★★

#### 2.1 일반적인 적용 기준
: 다음의 경우에는 간이과세제도를 적용받을 수 있음

| | |
|---|---|
| 원칙 | 직전 연도의 공급대가의 합계액이 **1억4백만원에 미달**하는 개인사업자<br>∴ 따라서 1억4백만원 이상인 사업자 안됨    ∴ 따라서 법인사업자 안됨<br>1억4백만원의 계산은 휴업한 자는 휴업기간을, 신규로 사업을 개시한 자는 사업개시 전의 기간을, 사업을 포괄양수한 자는 양수 전의 기간을 제외한 나머지 기간에 대한 공급대가를 12개월로 환산한 금액을 뜻함 → 이 경우 1개월 미만의 끝수가 있으면 1개월로 함 |
| 예외 | **부동산임대업, 과세유흥장소**는 직전 연도의 공급대가의 합계액이 **4,800만원 미만**인 자 |

#### 2.2 간이과세 배제 사업자
: 다음에 해당하는 사업자는 직전 연도 공급대가와 관계없이 간이과세자로 보지 않음

| | |
|---|---|
| 간이과세가 적용되지 않는 다른 사업장을 보유하고 있는 사업자 | 개인사업자가 둘 이상의 사업장을 보유하는 경우에 일반과세를 적용받는 사업장이 있으면 간이과세를 적용받을 수 없으나, 다음의 사업에 대해서는 해당 사업장이 간이과세에 해당되는 경우라면 다른 사업장의 간이과세 적용 여부와 관계없이 간이과세를 적용함<br>① 개인택시운송업, 용달 및 개별 화물자동차운송업, 그 밖의 도로화물운송업<br>② 이용업, 미용업<br>③ 그 밖에 이와 유사한 것 |
| 법에서 정하는 사업을 경영하는 자 | ① 광업<br>② 제조업 ← 주로 최종소비자에게 직접 재화를 공급하는 사업으로 과자점업, 도정업, 제분업, 양복점업 등 국세청장이 정하는 사업은 제외<br>③ 상품중개업 및 도매업 ← 소매업을 경영하는 경우를 포함하되, 재생용 재료수집 및 판매업은 제외<br>④ 부동산매매업<br>⑤ 직전연도 공급대가 합계액이 4,800만원 이상인 부동산임대업 사업자<br>⑥ 직전연도 공급대가 합계액이 4,800만원 이상인 과세유흥장소를 경영하는 자<br>⑦ 부동산임대업으로서 기획재정부령으로 정하는 것<br>⑧「개별소비세법」에 따른 과세유흥장소를 경영하는 사업으로서 기획재정부령으로 정하는 것<br>⑨ 변호사업, 변리사업, 공인회계사업, 세무사업 등 전문직 사업서비스업<br>⑩ 사업장 소재 지역, 사업의 종류, 규모를 고려하여 국세청장이 정하는 사업 |

| | |
|---|---|
| | ⑪ 전전년도 기준 복식부기의무자가 경영하는 사업<br>⑫ 전기·가스·증기 및 수도 사업<br>⑬ 건설업 ← 주로 최종소비자에게 직접 재화 또는 용역을 공급하는 사업으로서 도배·배관·냉난방 공사업·내장 목공사업 등 법으로 정하는 사업은 제외<br>⑭ 전문·과학·기술서비스업, 사업시설 관리·사업지원 및 임대 서비스업<br>　← 주로 최종소비자에게 직접 용역을 공급하는 사업으로서 가정용품 임대업·행사영상촬영업 등 법으로 정하는 사업은 제외 |
| 일정한 사업 양수자 | 재화의 공급으로 보지 않는 사업의 양도에 따라 일반과세자로부터 양수한 사업자는 **직전 연도 공급대가와 관계없이** 간이과세자로 보지 않음<br>사업을 양수한 이후 공급대가의 합계액이 1억4백만원에 미달하는 경우 간이과세자가 될 수 있음 주의 |
| 둘 이상의 사업장이 있는 경우 | 둘 이상의 사업장의 공급대가 합계액이 1억4백만원 이상 사업자<br>→ 부동산임대업 또는 과세유흥장소에 해당하는 사업장을 둘 이상 경영하고 있는 사업자의 경우 그 둘 이상의 사업장의 직전 연도의 공급대가(하나의 사업장에서 둘 이상의 사업을 경영하는 사업자의 경우 부동산임대업 또는 과세유흥장소의 공급대가만을 의미)의 합계액이 4,800만원 이상인 사업자 |

### 2.3 신규사업자의 간이과세 적용

| | |
|---|---|
| 사업자등록 시 간이과세를 적용 | 신규로 사업을 시작하는 개인사업자는 **사업을 시작한 날이 속하는 연도**의 공급대가의 합계액이 **1억4백만원에 미달될 것으로 예상**되면 사업 개시일부터 20일 이내에 사업자등록을 신청할 때 관할 세무서장에게 간이과세의 적용을 신청할 수 있음 → 이 경우 최초 과세기간에 간이과세자로 함<br>← 간이과세 배제 사업을 영위하는 경우 그러하지 않음 주의 |
| 사업자등록을 하지 않은 사업자 | 사업자등록을 하지 않은 개인사업자로서 사업을 시작한 날이 속하는 연도의 공급대가의 합계액이 1억4백만원에 미달한 경우에만 최초의 과세기간에 간이과세자로 함 ← 간이과세 배제 사업을 영위하는 경우 그러하지 않음 주의 |

### 2.4 결정 또는 경정의 경우

: 결정 또는 경정한 공급대가가 1억4백만원 이상인 개인사업자는 **그 결정 또는 경정한 날이 속하는 과세기간까지** 간이과세자로 봄

## ❸ 간이과세자의 특징    중요도 ★★★

① 간이과세자와 일반과세자의 납부세액은 상이하게 계산됨. 일반과세자는 매출세액에서 매입세액을 공제하여 납부세액을 계산했다면, 간이과세자는 납부세액을 구할 때 매입세액을 공제하는 것이 아니라, 매입세액에 일정한 부가가치율을 곱한 금액을 세액공제로 적용할 뿐임
② 세금계산서를 발급하는 것을 원칙으로 하며 예외적으로 영수증을 발급함
③ 간이과세자는 매입한 금액에 10%의 부가가치세율을 적용한 매입세액을 공제받는 구조를 적용하지 않기 때문에, **매입세액을 별도로 환급하는 구조가 존재하지 않음**

 **오쌤 Tip** 일반과세자와 간이과세자의 비교

| 구분 | 일반과세자 | 간이과세자 |
|---|---|---|
| 발급증빙 | 세금계산서 또는 영수증 | |
| 과세표준 | 공급가액 | 공급대가 |
| 납부세액의 계산 | 매출세액 – 매입세액 | 과세표준 × 부가가치율 × 10% |
| 매입세액의 처리 | 납부세액 계산 시 공제 | 세액공제를 통해 적용 |
| 의제매입세액 적용 | 업종제한 없음 | 불가능 |
| 개인일 때 예정신고 | 직전 납부세액의 50%를 예정고지하여 징수함(일부 제외) | 세무서장이 예정부과(일부 제외) |
| 포기제도 | 없음 | 있음 |

## 2 과세유형의 변경

### ❶ 의미    중요도 ★★☆

| 직전 연도의 공급대가 | 과세유형의 변경 |
|---|---|
| 직전 연도 공급대가 1억4백만원 미만 | 일반과세자 ⇒ 간이과세자 |
| 직전 연도 공급대가 1억4백만원 이상 | 간이과세자 ⇒ 일반과세자 |

### ❷ 변경 시기    중요도 ★★★

| 구분 | 변경된 과세유형의 적용 시기 |
|---|---|
| 일반적인 경우 | 간이과세자에 관한 규정이 적용되거나 적용되지 않게 되는 기간은 해의 1월 1일부터 12월 31일까지의 공급대가의 합계액이 1억4백만원에 미달하거나 그 이상이 되는 해의 **다음 해의 7월 1일부터 그 다음 해의 6월 30일까지**로 함 |
| 신규사업자 | 신규로 사업을 개시한 사업자의 경우 간이과세자에 관한 규정이 적용되거나 적용되지 아니하게 되는 기간은 최초로 사업을 개시한 해의 **다음 해의 7월 1일부터 그 다음 해의 6월 30일까지**로 함<br><br>[간이과세자로 시작할 경우]　　　　　　[일반과세자로 시작할 경우]<br>사업개시일 X1 X2 X3　　　　　　사업개시일 X1 X2 X3<br>　　　　1기 2기 1기　　　　　　　　　　　1기 2기 1기<br>1억4백만원 이상　일반과세자　　　　1억4백만원 미만　간이과세자<br>(환산)　　　　　　　　　　　　　　　(환산) |

| 구분 | | 간이과세 적용 배제 | 간이과세 재적용 |
|---|---|---|---|
| 기타 특례 | 간이과세 배제사업을 신규로 겸영 | 해당 사업 개시일이 속하는 과세기간의 **다음 과세기간**부터 간이과세에 관한 규정을 적용하지 않음 | 일반과세자로 전환된 사업자로서 해당 연도 공급대가의 합계액이 1억4백만원 미만인 사업자가 **간이과세 배제대상 사업을 폐지하는 경우**에는 해당 사업의 폐지일이 속하는 연도의 **다음 연도 7월 1일부터 간이과세자에 관한 규정을 적용함** |
| | 일반과세 사업장을 신규로 개설 | | - |
| | 기준 사업장이 있는 경우 | | ⓐ 기준사업장의 해의 1월 1일부터 12월 31일까지의 공급대가가 1억4백만원에 미달하는 경우에는 그 미달하는 해의 다음 해의 7월 1일부터 그 다음 해의 6월 30일까지의 기간 동안에 기준사업장과 그 기준사업장을 보유함에 따라 일반과세자로 전환된 사업장 모두에 간이과세에 관한 규정을 적용함<br>ⓑ 기준사업장이 폐업되는 경우에는 기준사업장을 보유함에 따라 일반과세자로 전환된 사업장에 대하여 폐업일이 속하는 연도의 다음 연도 7월 1일부터 간이과세에 관한 규정을 적용함<br>➤ 기준사업장을 보유함에 따라 일반과세로 전환된 사업장의 해의 1월 1일부터 12월 31일까지의 공급대가의 합계액이 1억4백만원 이상이거나 광업, 제조업 등 간이과세 배제 사업을 경영하는 경우에는 적용하지 아니함 |
| | 간이과세의 포기신고를 하는 경우 | 일반과세자에 관한 규정을 적용받으려는 달이 속하는 과세기간의 **다음 과세기간**부터 해당 사업장 외의 사업장에 간이과세자에 관한 규정을 적용하지 않음 | |

### ❸ 변경 절차    중요도 ★★☆

#### 3.1 변경 통지
: 관할 세무서장이 그 변경되는 과세기간 개시 20일 전까지 과세자에게 그 사실을 통지

#### 3.2 변경 통지의 효력
: 납세자에게 유리하게 규정을 적용

| 구분 | 변경통지 |
|---|---|
| 일반과세자 ⇒ 간이과세자 | 부동산임대업을 제외하고 **변경통지와 관계없이** 간이과세자에 대한 규정을 적용 |
| 간이과세자 ⇒ 일반과세자 | 변경통지를 받은 날이 속하는 과세기간까지는 간이과세자에 관한 규정을 적용 |

*통지를 받은 날이 속하는 과세기간까지는 일반과세자에 관한 규정을 적용*

## 3  간이과세의 포기 및 재적용

### ❶ 개요    중요도 ★★☆

: 간이과세자는 간이과세자에 해당한다고 하더라도 간이과세제도의 적용을 포기하고 일반과세자 관련 규정을 적용하여 세액을 납부할 수 있음. 이는 면세포기제도와 마찬가지로, 누적효과를 제거하여 다음의 문제점을 해결하기 위함임

> ① 세금계산서 미발급으로 인한 간이과세자와의 거래 기피
> ② 거액의 매입세액이 발생한 경우 매입세액 공제를 통한 환급의 불가능
> ③ 간이과세자 변경 시 거액의 재고납부세액으로 인한 세부담
> ④ 재화나 용역의 공급이 영세율 적용 대상인 경우에도 매입세액 공제를 통한 환급의 불가능

### ❷ 포기 절차    중요도 ★★★

| | | |
|---|---|---|
| 일반적인 경우 | 간이과세를 포기하고 일반과세를 적용받으려는 자는 일반과세자에 관한 규정을 **적용받으려는 달의 전달 마지막 날**까지 납세지 관할 세무서장에게 *간이과세포기신고서*를 제출(국세정보통신망에 의한 제출을 포함)해야 함 | 간이과세포기신고서 제출<br>5/1부터 일반과세자 적용<br>2/28  3/31  4/30  5/31  6/30 |
| 신규로 사업을 시작하는 경우 | 신규로 사업을 시작하는 개인사업자가 사업자등록을 신청할 때 납세지 관할 세무서장에게 간이과세자에 관한 규정의 적용을 포기하고 일반과세자에 관한 규정을 적용받으려고 신고한 경우에는 **공급대가 수준에 관계없이** 일반과세자에 관한 규정을 적용받을 수 있음 | |

## ❸ 포기의 효력  중요도 ★★☆

### 3.1 과세기간의 구분
: 간이과세자가 간이과세를 포기함으로써 일반과세자로 되는 경우 다음의 구분에 따라 과세기간을 산정함

| 간이과세자의 과세기간 | 간이과세 포기 신고일이 속하는 과세기간의 개시일 ~ 그 신고일이 속하는 달의 마지막 날 |
|---|---|
| 일반과세자의 과세기간 | 간이과세 포기 신고일이 속하는 달의 다음 달 1일 ~ 그 날이 속하는 과세기간의 종료일 |

### 3.2 간이과세의 적용 제한

| 구분 | 해당 기간 |
|---|---|
| 일반적인 경우 | ① 원칙<br>: 간이과세를 포기하는 일반적인 경우 **일반과세자에 관한 규정을 적용받으려는 달의 1일부터 3년이 되는 날이 속하는 과세기간**까지 간이과세 적용 불가<br><br>포기 ↓ X1 X2 X3 ↓ FREE<br>1/1  5/1 7/1 12/31  5/1 7/1 12/31  5/1 7/1 12/31  5/1 6/30<br><br>② 예외<br>: 간이과세의 포기를 신고한 개인사업자 중 직전 연도의 공급대가의 합계액이 4천8백만원 이상 1억4백만원 미만인 개인사업자 등 법령으로 정하는 개인사업자는 적용 제한 기간 이전이라도 간이과세자에 관한 규정을 적용받을 수 있음 |
| 신규사업자의 경우 | 신규사업자가 사업자등록과 동시에 간이과세를 포기하는 경우 사업 개시일이 속하는 달의 1일부터 3년이 되는 날이 속하는 과세기간까지 간이과세 적용 불가 |
| 포기 후 재적용 | 간이과세 적용 제한기간이 지난 후 간이과세규정을 다시 적용받으려는 개인사업자는 그 적용받으려는 과세기간 개시 10일 전까지 간이과세적용신고서를 관할 세무서장에게 제출하여야 함<br>→ 이 경우 그 적용을 받을 수 있는 자는 해당 과세기간 직전 해의 1월 1일부터 12월 31일까지의 재화 또는 용역의 공급대가의 합계액이 1억4백만원에 미달하는 개인사업자로 한정 |

### 오쌤 Tip  면세 포기와 간이과세 포기의 비교

| 구분 | 면세 포기 | 간이과세 포기 |
|---|---|---|
| 승인 여부 | 불필요 | |
| 신고기한 | 없음 | 일반과세를 적용하고자 하는 달의 전달 마지막 날까지 신고서 제출 |
| 재적용 신고기한 | 없음 | 간이과세를 적용하고자 하는 과세기간 개시 10일 전까지 간이과세적용신고서를 제출 |
| 강제 적용기간의 기산 | 포기신고일부터 3년간 | 3년이 되는 날이 속하는 과세기간까지 |

## 4 간이과세자의 부가가치세 계산구조

### ❶ 납부세액의 계산    중요도 ★★☆

```
      납  부  세  액  ←----- 납부세액 = 과세표준 × 업종별 부가가치율 × 10%
  (+) 재 고 납 부 세 액  ←
  (-) 공    제    세    액
  (+) 가         산         세
  (-) 예 정 고 지(신 고) 세 액
  (-) 수 시 부 과 한  세 액  NEW
      차 가 감 납 부 세 액
```

간이과세자의 과세표준은 해당 과세기간의 '공급대가'의 합계액으로 함. 이때 과세기간은 해의 1월 1일부터 12월 31일까지를 말하되, 예정부과기간(1.1. ~ 6. 30.)의 세액을 신고하고 납부하려는 경우에는 예정부과기간을 말함

해당 과세기간에 대한 공급대가의 합계액이 **4,800만원 미만이면 납부세액의 납부의무를 면제**하되, 이 경우에도 **재고납부세액은 납부해야 함**

① 면제하는 경우 사업자등록불성실가산세는 적용하지 않지만, 사업 개시일로부터 20일 이내에 사업자등록을 신청하지 않은 경우(고정 사업장이 없는 경우는 제외)에는 다음과 같이 미등록가산세를 부과함

> 미등록가산세
> = MAX[공급대가의 합계액 × 0.5%, 5만원]

② 납부의무가 면제되는 사업자가 자진납부한 사실이 확인되면 납세지 관할 세무서장은 납부한 금액을 환급해야 함

직전 3년간 신고된 업종별 평균 부가가치율 등을 고려하여 5% ~ 50% 범위에서 법으로 정함

| 구분 | 업종별 부가가치율 |
|---|---|
| ① 소매업, 재생용 재료수집 및 판매업, 음식점업 | 15% |
| ② 제조업, 농업·임업·어업, 소화물 전문 운송업 | 20% |
| ③ 숙박업 | 25% |
| ④ 건설업, 운수 및 창고업, 정보통신업 | 30% |
| ⑤ 금융 및 보험 관련 서비스업, 전문·과학 및 기술서비스업, 부동산 관련 서비스업, 부동산임대업 등 | 40% |
| ⑥ 그 밖의 서비스업 | 30% |

간이과세자가 둘 이상의 업종에 공통으로 사용하던 재화를 공급하여 업종별 실지귀속을 구분할 수 없는 경우에 적용할 부가가치율은 다음 산식에 따라 계산한 율의 합계로 함

적용 부가가치율 = 해당 재화와 관련된 각 업종별 부가가치율 × (해당 재화 공급일이 속하는 과세기간의 해당 재화 관련 각 업종의 공급대가 / 총공급대가)

> 휴업 등으로 인해 해당 과세기간의 공급대가가 없는 경우 그 재화를 **공급한 날에 가장 가까운 과세기간의 공급대가를 적용**하여 계산

## ❷ 재고납부세액 및 재고매입세액의 계산   중요도 ★★★

### 2.1 재고납부세액 및 재고매입세액의 의미

| 재고납부세액 | 일반과세자에서 간이과세자로 변경되는 경우 공제할 수 있는 매입세액이 줄어드는 만큼 **추가적으로 납부하는 세액** |
|---|---|
| 재고매입세액 | 간이과세자에서 일반과세자로 변경되는 경우 공제할 수 있는 매입세액이 증가하는 만큼 **추가적으로 공제하는 세액** |

### 2.2 계산대상 자산

: 과세유형이 변경되는 날 현재에 있는 다음의 재고품 등이 계산대상이 됨(포괄적 사업양도로 인해 양수한 자산으로서 매입세액 공제를 받은 재화 등은 계산대상 자산에 포함하고 매입세액이 공제되지 않는 재화 등은 제외됨)

① 재고품: 저장품을 제외한 상품, 제품(반제품 및 재공품을 포함), 재료(부재료 포함)
② 건설중인 자산
③ 감가상각자산

　㉠ 건물 또는 구축물: 취득·건설 또는 신축 후 10년 이내의 것으로 한정함
　㉡ 그 외의 자산: 취득 또는 제작 후 2년 이내의 것으로 한정함

> **오쌤 Tip** 재고납부세액 및 재고매입세액의 비교

| 구분 | 재고납부세액 | 재고매입세액 |
|---|---|---|
| 계산하는 경우 | 일반과세자 → 간이과세자 | 간이과세자 → 일반과세자 |
| 차가감납부세액에 미치는 영향 | 가산 | 차감 |
| 신고 | 변경일의 직전 과세기간에 대한 확정신고와 함께 신고 | |
| 통지기한 | 간이과세자로 변경된 날부터 90일 이내 | 신고기한이 지난 후 1개월 이내 |
| 적용 부가가치율 대상 | 간이과세자로 변경되는 날 | 일반과세자로 변경되기 직전일 (단, 감가상각자산은 그 자산의 취득일이 속하는 과세기간) |
| 증빙에 의해 취득가액 확인이 어려운 경우 | 시가에 따라 재고납부세액 과세 | 적용하지 않음 |

### 2.3 재고납부세액의 계산(일반과세자 → 간이과세자)

| 구분 | 재고납부세액 |
|---|---|
| 재고품 | 재고금액 $\times \dfrac{10}{100} \times (1 - 5.5\%)$ |
| 건설중인자산 | 건설중인자산과 관련된 매입세액 $\times (1 - 5.5\%)$ |
| 매입한 감가상각자산 | 취득가액 $\times (1 - 체감률 \times 경과된 과세기간수) \times \dfrac{10}{100} \times (1 - 5.5\%)$ |
| 직접 제작·건설한 감가상각자산 | 자산의 제작 등과 관련된 매입세액 $\times (1 - 체감률 \times 경과된 과세기간수) \times (1 - 5.5\%)$ |

## 2.4 재고매입세액의 계산(간이과세자 → 일반과세자)

| 구분 | 재고매입세액 |
|---|---|
| 재고품 | 재고금액 × $\frac{10}{110}$ × (1 - 5.5%) |
| 건설중인자산 | 건설중인자산과 관련된 매입세액 × (1 - 5.5%) |
| 매입한 감가상각자산 | 취득가액 × (1 - 체감률 × 경과된 과세기간수) × $\frac{10}{110}$ × (1 - 5.5%) |
| 직접 제작·건설한 감가상각자산 | 자산의 제작 등과 관련된 매입세액 × (1 - 체감률 × 경과된 과세기간수) × (1 - 5.5%) |

## 2.5 재고납부세액 및 매입세액의 납부와 공제

| | |
|---|---|
| 재고납부세액 | 간이과세자로 변경된 날이 속하는 과세기간에 대한 확정신고를 할 때 납부세액에 더하여 납부함<br>납부세액이 없는 경우에도 재고납부세액은 납부해야 함 주의 |
| 재고매입세액 | 신고한 재고금액의 승인을 받은 날이 속하는 예정신고기간 또는 과세기간의 매출세액에서 공제함<br>일반과세자가 간이과세자로 변경된 후에 다시 일반과세자로 변경되는 경우에는 간이과세자로 변경된 때에 재고납부세액을 납부하지 않은 재고품 등에 대해서는 재고품 등의 신고와 재고매입세액 공제에 관한 규정을 적용하지 않음 주의 |

## 2.6 재고품 등의 신고 및 승인

| 구분 | 신고 | 승인 통지 |
|---|---|---|
| 재고매입세액 | 과세유형이 변경되는 경우에는 그 변경되는 날 현재에 있는 재고품 등을 그 변경되는 날의 **직전 과세기간에 대한 확정신고**와 함께 *재고품 등 신고서*를 작성하여 각 납세지 관할 세무서장에게 신고해야 함 | 신고기한이 지난 후 1개월 이내 공제될 재고매입세액을 통지해야 함 |
| 재고납부세액 | | 간이과세자로 변경된 날부터 90일 이내에 납부할 재고납부세액을 통지해야 함 |

> 그 기한 이내에 통지하지 않으면 해당 사업자가 신고한 재고금액을 승인한 것으로 봄

**무신고 or 과소신고**

신고하지 않거나 과소하게 신고한 경우 다음에 따라 처리함

① 일반과세자 ⇒ 간이과세자: 관할 세무서장이 재고금액을 조사하여 해당 **재고납부세액을 결정하고 통지해야 함**
② 간이과세자 ⇒ 일반과세자: 관할 세무서장이 **재고매입세액을 별도로 결정·통지하지 않기** 때문에 재고매입세액 공제를 받기 위해서는 해당 금액을 적절히 신고해야 함

## ❸ 공제세액의 계산

중요도 ★☆☆

### 3.1 「부가가치세법」상 세액공제

| 구분 | 공제세액의 계산 |
|---|---|
| 매입세금계산서 등 수취세액공제 | 간이과세자가 재화·용역 등을 매입하면서, 다른 사업자로부터 세금계산서 등을 발급받아 매입처별 세금계산서합계표 또는 신용카드매출전표 등 수령명세서를 납세지 관할 세무서장에게 제출하는 경우에는 **공급대가 × 0.5%**를 납부세액에서 공제함(매입세액불공제 대상 매입세액에 대해서는 적용하지 않음) → 이 경우 매입세금계산서합계표에 기재한 사항 중 거래처별 등록번호, 공급가액의 전부 또는 일부가 적히지 않았거나 사실과 다르게 적힌 경우에는 위 공제를 적용하지 않음 ← 납부세액을 초과하는 경우 그 초과하는 부분은 없는 것으로 보아 환급하지 않음 |
| 신용카드매출전표 등 세액공제 | 간이과세자 중 직전 연도의 공급대가의 합계액(직전 과세기간에 신규로 사업을 시작한 개인사업자의 경우 환산한 금액)이 4천800만원 미만인 자 또는 신규로 사업을 시작하는 개인사업자로서 간이과세자로 하는 최초의 과세기간 중에 있는 자가 부가가치세가 과세되는 재화·용역을 공급하고 세금계산서 발급 시기에 신용카드매출전표 등 적격증빙을 발급하는(또는 전자화폐로 대금을 결제받는) 경우에는, 다음의 금액을 납부세액에서 공제함 ← 납부세액을 초과하는 경우 그 초과하는 부분은 없는 것으로 보아 환급하지 않음<br><br>MIN[①, ②]<br>① (신용카드매출전표 등 발급금액 + 결제금액) × 1.3%<br>② 한도액: 연간 1,000만원 |
| 전자세금계산서 발급 전송에 대한 세액공제 | 간이과세자*가 전자세금계산서를 2027년 12월 31일까지 NEW 발급(전자세금계산서 발급명세를 전자세금계산서 발급일의 다음 날까지 국세청장에게 전송한 경우로 한정)하고 전자세금계산서 발급세액공제신고서를 납세지 관할 세무서장에게 제출한 경우의 전자세금계산서 발급 건수 당 200원을 곱하여 계산한 금액을 연간 100만원 한도로 공제함 |

\* 다음의 간이과세자의 경우는 제외함
  ㉠ 직전 연도의 공급대가의 합계액(직전 과세기간에 신규로 사업을 시작한 개인사업자의 경우 12개월로 환산한 금액)이 4천800만원 미만인 자
  ㉡ 신규로 사업을 시작하는 개인사업자로서 간이과세자로 하는 최초의 과세기간 중에 있는 자

### 3.2 「조세특례제한법」상 세액공제

| 구분 | |
|---|---|
| 전자신고에 대한 세액공제 | 일반과세자를 준용(link - p.244) → 납세자가 직접 전자신고 방법으로 부가가치세 확정신고를 하는 경우에는 해당 납부세액에서 **1만원**을 공제하거나 환급세액에서 가산함. → 공제세액의 합계가 「부가가치세법」상 세액공제 및 재고납부세액을 가감한 후의 납부세액을 초과하더라도 그 초과하는 부분은 없는 것으로 보아 환급하지 않음 |
| 현금영수증사업자에 대한 세액공제 | 일반과세자 규정 준용(link - p.244) → 현금영수증 결제 건수 및 지급명세서의 건수에 따라 일정한 금액을 해당 과세기간의 부가가치세 납부세액에서 공제받거나 환급세액에 가산함. → 공제세액의 합계가 「부가가치세법」상 세액공제 및 재고납부세액을 가감한 후의 납부세액을 초과하더라도 그 초과하는 부분은 없는 것으로 보아 환급하지 않음 |

## ❹ 간이과세자의 가산세  중요도 ★★☆

| 구분 | 가산세의 계산 |
|---|---|
| 사업자등록 불성실가산세 | ① 타인명의등록: 공급대가의 합계액 × 1% NEW<br>② 미등록: 공급대가의 합계액 × 0.5% |
| 세금계산서 발급 불성실가산세 | 일반과세자 규정을 준용 |
| 세금계산서 수취 불성실 가산세[*1] | **공급대가**[*2] × **0.5%** |
| 매출처별 세금계산서합계표 관련 가산세 | 일반과세자 규정을 준용 |
| 세금계산서 미수취 가산세 | 일반과세자 규정을 준용 |
| 그 외 신고불성실가산세, 납부지연가산세 등 | 일반과세자 규정을 준용 |

[*1] 영수증을 발급하여야 하는 기간(link - p.219)에 세금계산서를 발급받지 아니한 경우는 제외
[*2] 세금계산서 등을 발급받고 공제받지 아니한 경우로서 결정·경정 기관의 확인을 거쳐 매입세액으로 공제받는 경우에는 공급가액의 0.5%를 가산세로 함

## ❺ 납부세액계산의 특례  중요도 ★☆☆

: 결정 또는 경정하거나 「국세기본법」에 따라 수정신고한 간이과세자의 해당 연도의 공급대가의 합계액이 1억4백만원 이상인 경우 결정·경정 과세기간의 다음 과세기간(결정·경정 과세기간이 신규로 사업을 시작한 자의 최초 과세기간인 경우에는 해당 과세기간의 다음 과세기간)의 납부세액은 일반과세자에 관한 규정을 준용하여 다음과 같이 계산함

$$\text{납부세액} = \text{매출세액} - \text{매입세액} = \left(\text{공급대가} \times \frac{100}{110}\right) \times 10\% - (\text{매입세액} - \text{이미 공제받은 매입세액})$$

## 5 신고·납부와 결정·경정 및 징수

### ❶ 예정고지와 예정신고                                    중요도 ★★★

#### 1.1 예정고지

| 예정부과기한 | 사업장 관할 세무서장은 간이과세자에 대하여 예정부과기간(1월 1일 ~ 6월 30일)의 납부세액을 결정하여 예정부과기한(**예정부과기간이 끝난 후 25일 이내**)까지 부과징수함 |
|---|---|
| | 예정부과기간의 납부세액 = 직전 과세기간에 대한 납부세액* × 50% |
| | 직전 과세기간에 일반과세자에서 간이과세자로 유형변경되어 그 변경 이후 7월 1일부터 12월 31일까지의 과세기간에 해당되는 경우 **직전 과세기간 납부세액의 100%**를 예정부과기간 납부세액으로 함 |
| | * 각종 세액공제 및 수시부과한 세액 NEW을 뺀 금액으로 하고, 결정·경정과 수정신고 및 경정청구에 따른 결정이 있는 경우에는 그 내용이 반영된 금액으로 함 |
| 납부고지서 | 관할 세무서장은 예정부과기간의 납부세액에 대하여 7월 1일부터 7월 10일까지 납부고지서를 발부해야 함 |
| 예정부과 납부세액의 징수 배제 | 다음의 경우에는 예정부과기간에 세액을 징수하지 아니함<br>① 징수하여야 할 금액이 50만원 미만인 경우<br>② 간이과세자가 일반과세자로 변경되어 그 변경 이전 1월 1일부터 6월 30일까지의 과세기간이 적용되는 간이과세자의 경우<br>③ 「국세징수법」에 따른 납부기한 등의 연장사유(link - p.116)로 관할 세무서장이 징수해야 할 금액을 사업자가 납부할 수 없다고 인정되는 경우 |

**오쌤 Tip** 신고·납부 비교

| 예정부과 | 확정신고 |
|---|---|
| 예정부과기간이 끝난 후 25일 이내 납부 | 그 과세기간이 끝난 후 25일 이내에 신고·납부 |

### 1.2 예정신고

: 위 **1.1 예정고지** 원칙에도 불구하고 사업부진 등으로 인하여 간이과세자도 예정신고를 하는 경우가 있음

→ 이때 예정고지 원칙에 따른 결정이 있었다고 하더라도 그 결정은 없었던 것으로 봄

**예정신고 사유**

① 휴업 또는 사업부진 등으로 인한 경우: **예정신고 가능**

휴업 또는 사업부진 등으로 인하여 예정부과기간의 공급대가의 합계액(또는 납부세액)이 직전 과세기간의 공급대가의 합계액(또는 납부세액)의 **1/3에 미달**하는 간이과세자는 예정부과기간의 과세표준과 납부세액을 예정부과기한까지 사업장 관할 세무서장에게 신고 및 납부할 수 있음

② 예정부과기간에 세금계산서 발급한 경우: **예정신고 해야 함**

**예정부과기간에 세금계산서를 발급한 간이과세자**는 예정부과기간의 과세표준과 납부세액을 예정부과기한까지 사업장 관할 세무서장에게 신고해야 함

**오쌤 Tip 간이과세자의 세금계산서 발급의무**

| 구 분 | 세금계산서 | 매입세액공제 |
|---|---|---|
| 소매업, 재생용 재료수집 및 판매업, 음식점업 | 발행 못 함 | 공제 불가 |
| 직전연도 공급대가 합계액이 4,800만원 미만인 자 | | |
| 직전연도 공급대가 합계액이 4,800만원 이상 1억4백만원 미만인 자 | 발행해야 함 | 공제 가능 |

## ❷ 간이과세자의 신고와 납부   중요도 ★★☆

: 간이과세자는 과세기간의 과세표준과 납부세액을 그 과세기간이 끝난 후 25일(폐업하는 경우 폐업일이 속한 달의 다음 달 25일) 이내에 납세지 관할 세무서장에게 매출·매입처별 세금계산서합계표와 함께 간이과세자부가가치세 신고서를 제출하고 납세지 관할 세무서장 또는 한국은행 등에 납부하여야 함 → 예정부과 또는 예정신고에 따라 납부한 세액은 공제하고 납부함

## ❸ 간이과세자에 대한 결정·경정과 징수   중요도 ★★☆

: 간이과세자에 대한 과세표준과 납부세액의 결정, 수시부과 결정 NEW 또는 경정 및 징수에 관하여는 일반과세자에 대한 규정을 준용함(link - p.255)

# 제5편

# 법인세법

| | | | |
|---|---|---|---|
| 01 | 총칙 | 11 | 충당금 |
| 02 | 법인세 계산구조 | 12 | 준비금 |
| 03 | 익금과 익금불산입 | 13 | 부당행위계산의 부인 |
| 04 | 손금과 손금불산입 | 14 | 과세표준의 계산 |
| 05 | 손익의 귀속시기 | 15 | 산출세액 및 차감납부세액 |
| 06 | 자산의 취득가액 및 자산·부채의 평가 | 16 | 법인세 납세절차 |
| | | 17 | 기타 법인세 |
| 07 | 의제배당 | 18 | 합병 및 분할 |
| 08 | 감가상각비 | 19 | 연결납세제도 |
| 09 | 지급이자 손금불산입 | | |
| 10 | 기업업무추진비와 기부금 | | |

# 01 총칙

## 1 법인세의 의의와 분류

### ❶ 법인세의 의미 및 분류                    중요도 ★★★

| 의미 | 법인이 얻은 소득에 대하여 그 법인에게 부과되는 조세 (← 개인이 얻은 소득에 대해 개인에게 부과되는 조세는 소득세) <br> 「법인세법」은 포괄적 소득개념으로서 순자산증가설의 입장을 취하고 있음 <br><br> 세법 과세 근거 <br> ┌─ 순자산증가설 ─┐   ┌─ 소득원천설 ─┐ <br> 계속적·일시적           계속적·경상적 <br> 경상적·비경상적 <br> 「법인세법」                「소득세법」 ||
|---|---|---|
| 분류 (과세소득) | 각 사업연도 소득 | 내국법인의 각 사업연도의 소득은 그 사업연도에 속하는 익금의 총액에서 그 사업연도에 속하는 손금의 총액을 뺀 금액으로 함 <br> ← 기본적인 법인세의 과세소득임 |
| | 토지 등 양도소득 | 법인이 일정한 토지 등(주택·별장과 비사업용 토지)을 양도함으로써 발생하는 소득 <br> ← 법인의 부동산투기를 방지하기 위해 과세하는 소득임 |
| | 청산소득 | 법인의 해산(합병·분할에 의한 해산은 제외)에 의한 잔여재산의 가액에서 자본금 또는 출자금과 잉여금의 합계액을 공제한 금액 <br> ← 청산할 때 단 한 번 과세되는 소득임. 잔여재산가액확정일이 속하는 달의 말일부터 3개월 이내 신고·납부함. 내국법인이 해산한 경우의 각 사업연도의 소득에 대한 법인세는 청산소득에 대한 신고·납부에 의해 비로소 최종적으로 정산됨 |
| | 미환류소득 | 상호출자제한기업집단에 속하는 법인이 기업소득 중 일정액을 투자, 임금 증가 등으로 환류하지 않은 소득 ← 세율 20% |

## ❷ 법인 설립신고    중요도 ★★★

: 내국법인은 그 <u>설립등기일</u>부터 **2개월 이내**에 법인 설립신고서에 정관과 주주 등의 명세서와 사업자등록 서류 등을 첨부하여 납세지 관할 세무서장에게 신고해야 하며, 「법인세법」에 따른 사업자등록을 한 때에는 법인 설립신고를 한 것으로 봄

→ 법인과세 신탁재산의 경우 수탁자의 명칭과 본점이나 주사무소 또는 실질적 관리장소의 소재지와 대표자의 성명을 기재

| 사업의 실질적 관리장소를 두게 되는 경우 | 그 실질적 관리장소를 두게 된 날 |
|---|---|
| 법인과세 신탁재산의 경우 | 설립일 |

## ❸ 실질과세    중요도 ★★☆

: 법인세의 과세소득이 되는 금액의 계산에 관한 규정은 소득·수익 등의 명칭이나 형식에도 불구하고 <u>그 실질 내용에 따라 적용함</u>

→ 즉, 자산이나 사업에서 생기는 수입의 전부 또는 일부가 법률상 귀속되는 법인과 사실상 귀속되는 법인이 서로 다른 경우에는 그 수입이 사실상 귀속되는 법인에 대하여 「법인세법」을 적용함

# 2 법인세의 납세의무자

## ❶ 납세의무자의 의미    중요도 ★★★

: 다음의 법인은 「법인세법」에 따라 그 소득에 대한 법인세를 납부할 의무가 있음

① 내국법인
② 국내원천소득이 있는 외국법인

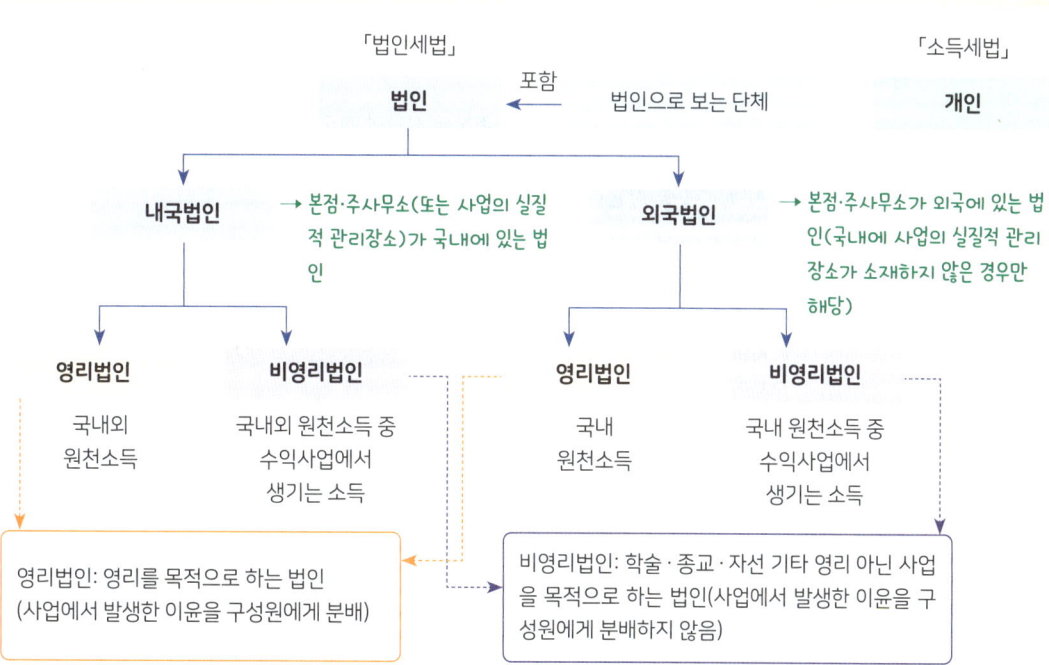

## ❷ 비과세법인과 과세법인  중요도 ★★★

| 구분 | | 각 사업연도 소득에 대한 법인세 | 토지 등 양도소득에 대한 법인세 | 청산소득에 대한 법인세 |
|---|---|---|---|---|
| 내국법인 | 영리법인 | 국내외 모든 소득 | 과세 | 과세 |
| | 비영리법인 | 국내외 수익사업 소득 | 과세 | **과세 안함** |
| 외국법인 | 영리법인 | 국내원천소득 | 과세 | **과세 안함** |
| | 비영리법인 | 국내원천소득 중 수익사업소득 | 과세 | **과세 안함** |
| 국가·지방자치단체 (지방자치단체를 포함) | 비과세 법인으로 봄 | **과세 안함** | **과세 안함** | **과세 안함** |
| 외국정부와 외국 지방자치단체 | 비영리 외국법인으로 봄 | 국내원천소득 중 수익사업 소득 | 과세 | **과세 안함** |

## ❸ 기타의 법인세 납세의무  중요도 ★★★

| 원천징수소득 | 내국법인 및 외국법인과 「소득세법」에 따른 거주자 및 비거주자 중 「법인세법」에 따라 법인세를 원천징수하는 자는 해당 법인세를 납부할 의무가 있음 |
|---|---|
| 연결납세법인의 연대납세의무 | 각 연결사업연도의 소득에 대한 법인세(각 연결법인의 토지 등 양도소득에 대한 법인세와 미환류소득에 대한 법인세를 포함)를 연대하여 납부할 의무가 있음 |

## ❹ 신탁소득  중요도 ★★★

| 신탁 소득 | 원칙 | 수익자 |
|---|---|---|
| | 예외 : 위탁자 | **법으로 정하는 요건** 중 어느 하나를 충족하는 신탁의 경우에는 그 신탁의 위탁자가 법인세를 납부할 의무가 있음<br><br>**법으로 정하는 요건**<br>① 위탁자가 신탁을 해지할 수 있는 권리, 수익자를 지정하거나 변경할 수 있는 권리, 신탁 종료 후 잔여재산을 귀속 받을 권리를 보유하는 등 신탁재산을 실질적으로 지배·통제할 것<br>② 신탁재산 원본을 받을 권리에 대한 수익자는 위탁자로, 수익을 받을 권리에 대한 수익자는 위탁자의 지배주주 등의 배우자 또는 같은 주소 또는 거소에서 생계를 같이 하는 직계존비속(배우자의 직계존비속을 포함)으로 설정했을 것 |
| | 예외 : 수탁자 | 목적신탁 등으로서 위 위탁자의 **법으로 정하는 요건** 에 해당하지 않는 신탁(「자본시장과 금융투자업에 관한 법률」에 따른 투자신탁 및 「소득세법」에 따른 비금전 신탁 수익증권*이 발행된 신탁 NEW은 제외)의 경우 신탁재산에 귀속되는 소득에 대하여 그 신탁의 수탁자(내국법인 또는 거주자인 경우에 한정)가 법인세를 납부할 의무가 있음 → 이 경우 **신탁재산별로 각각을 하나의 내국법인으로 봄** |

*금전이 아닌 재산의 신탁계약에 의한 수익권이 표시된 수익증권으로서 법령으로 정하는 수익증권(2025.7.1.부터 적용)

## 법인과세 신탁재산의 각 사업연도의 소득에 대한 법인세 과세특례

(← 법인과세 신탁재산) (→ 법인과세 수탁자)

내국법인으로 보는 신탁재산 및 이에 귀속되는 소득에 대하여 법인세를 납부하는 신탁의 수탁자에 대해서는 「법인세법」 총칙 및 내국법인의 각사업연도소득에 대한 법인세 규정에 우선하여 적용함

| 구분 | 내용 |
|---|---|
| 설립일 | 법인과세 신탁재산은 「신탁법」에 따라 그 **신탁이 설정된 날**에 설립된 것으로 봄 |
| 사업연도 | 법인과세 수탁자는 법인과세 신탁재산에 대한 사업연도를 따로 정하여 법인 설립신고 또는 사업자등록과 함께 납세지 관할 세무서장에게 사업연도를 신고해야 함 ↳ 사업연도의 기간은 1년을 초과하지 못함 주의 |
| 납세지 | 법인과세 신탁재산의 법인세 납세지는 그 **법인과세 수탁자의 납세지**로 함 |
| 구분 과세 | 법인과세 수탁자는 법인과세 신탁재산에 귀속되는 소득에 대하여 그 밖의 소득과 구분하여 법인세를 납부해야 함 → 하나의 법인과세 신탁재산에 둘 이상의 수탁자가 있는 경우 수탁자 중 신탁사무를 주로 처리하는 수탁자(대표 수탁자)로 신고한 자 (대표 수탁자 외의 수탁자는 연대납세의무 있음) |
| 수익자의 제2차 납세의무 | 재산의 처분 등에 따라 법인과세 수탁자가 법인과세 신탁재산의 재산으로 그 법인과세 신탁재산에 부과되거나 그 법인과세 신탁재산이 납부할 법인세 및 강제징수비를 **충당하여도 부족한 경우**에는 그 신탁의 수익자(신탁이 종료되어 신탁재산이 귀속되는 자를 포함)는 **분배받은 재산가액 및 이익을 한도로** 그 부족한 금액에 대하여 제2차 납세의무를 짐 |
| 소득처분 | 법인과세 신탁재산이 그 이익을 수익자에게 분배하는 경우 배당으로 봄 |
| 소득공제 | ① 원칙<br>: 신탁재산이 수익자에게 배당한 경우에 그 금액을 배당을 결의한 잉여금 처분의 대상이 되는 사업연도의 소득금액에서 공제함.<br>② 예외<br>: 배당을 받은 법인과세 신탁재산의 수익자에 대하여 법에 따라 배당에 대한 소득세 또는 법인세가 비과세되는 경우에는 그 금액을 해당 배당을 결의한 잉여금 처분의 대상이 되는 사업연도의 소득금액에서 공제하지 아니함 |
| 특례 적용 배제 | 신탁계약의 변경 등으로 법인과세 신탁재산에 해당하지 않게 되는 경우 **그 사유가 발생한 날이 속하는 사업연도분부터** 적용하지 않음. 또한, 법인과세 신탁재산에 대해서는 성실신고확인서 제출의무 및 중간예납 의무 규정을 적용하지 않음 |
| 해산일 | 법인과세 신탁재산은 「신탁법」에 따라 그 **신탁이 종료된 날**(신탁이 종료된 날이 분명하지 않은 경우에는 「부가가치세법」에 따른 폐업일)에 해산된 것으로 봄 |

## 3 사업연도

: 법인의 소득을 계산하는 1회계기간을 사업연도라고 함

### ❶ 본래의 사업연도  중요도 ★★☆

| 법령이나 정관 등에 사업연도의 규정이 있는 경우 | | 사업연도는 법령이나 법인의 정관 등에서 정하는 1 회계기간으로 함  이 기간은 1년을 초과하지 못함 주의 |
|---|---|---|
| 법령이나 정관 등에 사업연도의 규정이 없는 경우 | 사업연도 신고 시 | 신고한 내용에서 정하는 1 회계기간  이 기간은 1년을 초과하지 못함 주의 |
| | 사업연도 무신고 시 | 매년 1월 1일부터 12월 31일까지 |

### ❷ 사업연도 신고  중요도 ★★☆

#### 2.1 내국법인의 사업연도 신고
: 법령이나 법인의 정관 등에 사업연도에 관한 규정이 없는 내국법인은 따로 사업연도를 정하여 법인 설립신고 또는 사업자등록과 함께 납세지 관할 세무서장에게 사업연도를 신고해야 함

↳ 사업개시일부터 20일 이내

설립등기일·사업의 실질적 관리장소를 두게 된 날 또는 법인과세 신탁재산의 경우에는 설립일부터 2개월 이내

#### 2.2 외국법인의 사업연도 신고

| 국내사업장이 있는 외국법인 | 국내 사업장이 있는 외국법인으로서 법령이나 정관 등에 사업연도에 관한 규정이 없는 법인은 따로 사업연도를 정하여 **국내사업장 설치신고(국내사업장을 가지게 된 날부터 2월 이내)또는 사업자등록과 함께** 납세지 관할 세무서장에게 사업연도를 신고해야 함 |
|---|---|
| 국내사업장이 없으나 부동산소득 등이 있는 외국법인 | 국내사업장이 없는 외국법인으로서 국내원천 부동산소득 또는 자산·권리양도소득이 있는 법인은 따로 사업연도를 정하여 **그 소득이 최초로 발생하게 된 날부터 1개월 이내**에 납세지 관할 세무서장에게 사업연도를 신고해야 함 |
| 그 외의 외국법인 | 국내사업장이 없는 외국법인으로서 부동산소득 또는 자산·권리양도소득이 없는 경우에는 사업연도 신고의무가 없음 |

## ❸ 최초 사업연도 개시일 ★★★

| 내국법인 | | 설립등기일 |
|---|---|---|
| 외국법인 | 원칙 | 국내사업장을 가지게 된 날 |
| | 국내사업장이 없는 경우 | 부동산소득 또는 양도소득이 최초로 발생한 날 |
| 법인으로 보는 단체 (link-p.22) | 법령에 설립일이 정해진 경우 | 설립일 |
| | 주무관청의 허가 또는 인가를 요하는 단체와 주무관청에 등록된 단체 | 허가일·인가일 또는 등록일 |
| | 공익을 목적으로 출연된 기본 재산이 있는 재단으로서 등기되지 아니한 단체 | 그 기본재산의 출연을 받은 날 |
| | 「국세기본법」에 따라 납세지 관할 세무서장의 승인을 얻은 단체 | 그 승인일 |
| 최초 사업연도 개시일 전에 손익이 발생한 경우의 특례 | | 최초 사업연도의 개시일 전에 생긴 손익을 사실상 그 법인에 귀속시킨 것이 있는 경우, 조세포탈의 우려가 없을 때에는 최초 사업연도의 기간이 1년을 초과하지 않는 범위 내에서 이를 해당 법인의 최초 사업연도의 손익에 산입할 수 있음<br>→ 이 경우 최초 사업연도의 개시일은 당해 법인에 귀속시킨 손익이 최초로 발생한 날 |

※ 법인으로 보는 단체는 설립등기가 이루어지지 않은 상태이므로

## ❹ 사업연도의 변경 ★★★

| 원칙 | 직전 사업연도 **종료일부터 3개월 이내**에 납세지 관할 세무서장에게 신고해야 함 |
|---|---|
| 변경신고를 기한까지 하지 않은 경우 | 그 법인의 사업연도는 변경되지 않은 것으로 봄 |
| 법에 따라 사업연도가 정해지는 법인 | 관련 법령의 개정에 따라 사업연도가 변경된 경우에는 사업연도 변경신고를 하지 아니한 경우에도 그 법령의 개정 내용과 같이 사업연도가 **변경된 것으로 봄** |
| 사업연도가 변경된 경우의 사업연도 | 종전의 사업연도 개시일부터 변경된 사업연도 개시일 **전날**까지의 기간을 1사업연도로 함. 단, 그 기간이 1개월 미만인 경우에는 **변경된 사업연도**에 그 기간을 포함 |
| 신설 법인 | 최초 사업연도가 경과하기 전에는 사업연도를 **변경할 수 없음** |
| 사업연도변경신고서를 미리 제출한 경우 | 직전 사업연도 종료일 이전에 제출한 경우에도 적법한 변경신고로 봄 |
| 사업연도변경신고서를 늦게 제출한 경우 | 변경신고한 당해 사업연도는 변경되지 아니한 것으로 보고 그 **다음 사업연도부터 사업연도가 변경**됨 |

## ❺ 사업연도 의제  중요도 ★★☆

: 법인에게 해산·합병·분할 등 특수한 사유가 발생하는 경우 본래의 사업연도에도 불구하고 그 사유발생일을 기준으로 사업연도를 나누는 것을 의미함

### 5.1 내국법인의 해산·청산

| | |
|---|---|
| 내국법인이 사업연도 중에 합병 또는 분할에 따라 해산한 경우 | 그 사업연도 개시일 ~ 합병**등기일** 또는 분할**등기일** |
| 그 외 내국법인이 사업연도 중에 해산(파산)한 경우 | 다음의 기간을 각각 1사업연도로 봄<br>① 그 사업연도 개시일 ~ 해산(파산)**등기일**<br>② 해산(파산)등기일 **다음 날** ~ 그 사업연도 종료일 |
| 청산 중인 내국법인의 잔여재산가액이 사업연도 중에 확정된 경우 | 그 사업연도 개시일 ~ 잔여재산가액 **확정일** |
| 청산 중인 내국법인이 「상법」에 따라 사업을 계속하는 경우 | 다음의 기간을 각각 1사업연도로 봄<br>① 그 사업연도 개시일 ~ 계속**등기일**[*1]<br>② 계속등기일 **다음 날** ~ 그 사업연도 종료일 |

[*1] 계속등기를 하지 않은 경우 사실상의 사업 계속일

### 5.2 그 외 기타 사업연도 의제

| | |
|---|---|
| 내국법인이 사업연도 중에 법령에 따른 조직변경을 한 경우 | 조직변경 **전**의 사업연도가 계속되는 것으로 봄<br>즉, 사업연도 의제 규정을 적용하지 않는다는 의미 |
| 내국법인이 사업연도 중에 연결납세방식을 적용받는 경우 | 그 사업연도 개시일 ~ 연결사업연도 개시일의 **전날** |
| 국내사업장이 있는 외국법인이 사업연도 중에 그 국내사업장을 가지지 아니하게 된 경우[*1] | 그 사업연도 개시일 ~ 그 사업장을 가지지 않게 된 날 |
| 국내사업장이 없는 외국법인이 국내원천소득이 발생하지 않게 되어 납세지 관할 세무서장에게 이를 신고한 경우 | 그 사업연도 개시일 ~ 신고일 |
| 사업연도 기간 중에 설립무효 또는 설립취소의 판결을 받은 경우 | 그 사업연도 개시일 ~ 확정판결일 |

[*1] 해당 국내사업장을 가지지 않게 되더라도 국내에 다른 사업장을 계속하여 가지고 있는 경우에는 의제사업연도를 적용하지 않고 신고한 사업연도(무신고 시는 1.1. ~ 12.31.)를 적용함

## 4 납세지

### ❶ 법인의 납세지  중요도 ★★★

: '납세지'란 납세의무자가 납세의무를 이행하고 과세권자가 부과징수를 행하는 기준이 되는 장소를 의미함

| 내국법인 | | 그 법인의 등기부에 따른 본점이나 주사무소의 소재지<br>국내 본점이나 주사무소가 없으면, 사업을 실질적으로 관리하는 장소 |
|---|---|---|
| 외국법인 | 국내사업장이 있는 경우 | ① 국내사업장의 소재지<br>② 둘 이상의 국내사업장이 있는 외국법인에 대하여는 주된 사업장의 소재지(주된 사업장 소재지의 판정은 최초로 납세지를 정하는 경우에만 적용) |
| | 국내사업장이 없는 경우 | ① 국내사업장이 없는 외국법인으로서 부동산소득 또는 자산·권리양도 소득이 있는 외국법인의 경우에는 각각 그 자산의 소재지<br>② 둘 이상의 자산이 있는 경우에는 납세지로 신고하는 장소 → 이 경우 그 신고는 국내원천소득이 발생한 날부터 1월 이내에 납세지 관할 세무서장에게 해야 함 |
| 법인으로 보는 단체<br>설립등기를 하지 않기 때문에 등기부에 따른 소재지 적용을 할 수 없음 | 사업장이 있는 경우 | ① 사업장의 소재지<br>둘 이상의 사업장이 있는 경우에는 주된 사업장*1의 소재지<br>② 주된 소득이 부동산임대소득인 단체의 경우에는 그 부동산의 소재지 ← 둘 이상의 부동산을 가지고 있는 경우에는 주된 부동산*1의 소재지 |
| | 사업장이 없는 경우 | ① 당해 단체의 정관 등에 기재된 주사무소의 소재지<br>② 정관 등에 주사무소에 관한 규정이 없는 단체의 경우에는 그 대표자 또는 관리인의 주소 |

*1 주된 사업장 또는 주된 부동산의 소재지라 함은 직전 사업연도의 사업수입금액이 가장 많은 사업장 또는 부동산의 소재지를 의미함

### ❷ 원천징수한 법인세의 납세지  중요도 ★★☆

: 해당 원천징수의무자의 소재지

| 원천징수의무자 | | | 원천징수한 법인세의 납세지 |
|---|---|---|---|
| 개인 | 거주자 | 원칙 | 그 거주자의 주된 사업장 소재지 |
| | | 주된 사업장 외의 사업장에서 원천징수를 하는 경우 | 그 사업장의 소재지 |
| | | 사업장이 없는 경우 | 그 거주자의 주소지 또는 거소지 |
| | 비거주자 | 원칙 | 그 비거주자의 주된 국내사업장 소재지 |
| | | 주된 국내사업장 외의 국내사업장에서 원천징수를 하는 경우 | 그 국내사업장의 소재지 |
| | | 국내사업장이 없는 경우 | 그 비거주자의 거류지 또는 체류지 |

| 법인 | 원칙 | 해당 법인의 본점·주사무소 소재지 |
|---|---|---|
| | 본점이나 주사무소가 소재하지 않는 경우 | 사업의 실질적 관리장소의 소재지 |
| | 외국법인 | 해당 법인의 주된 국내사업장 |
| | 법인의 지점·영업소 또는 그 밖의 사업장이 독립채산제에 의해 독자적으로 회계사무를 처리하는 경우 | 사업장의 소재지(그 사업장의 소재지가 국외에 있는 경우는 제외) → 법인이 지점·영업소 또는 그 밖의 사업장에서 지급하는 소득에 대한 원천징수세액을 본점 등에서 전자계산조직 등에 의해 일괄계산하는 경우로서 본점 등의 관할 세무서장에게 신고하거나 「부가가치세법」에 따라 사업자단위로 관할 세무서장에게 등록한 경우에는 해당 법인의 본점 등의 소재지로 함 |
| 법인으로 보는 단체 | | 그 단체의 법인세 납세지 (위 ❶ 법인의 납세지 규정을 따름) |

### ❸ 합병 또는 분할로 소멸하는 법인의 납세지   중요도 ★★☆

: 법인이 사업연도 중에 합병 또는 분할로 인하여 소멸한 경우 피합병법인 등의 각 사업연도의 소득에 대한 법인세 납세지는 합병법인 등의 납세지로 할 수 있음 → 이 경우 납세지의 변경을 신고해야 함

### ❹ 법인과세 신탁재산의 납세지   중요도 ★★☆

: 법인과세 신탁재산의 법인세 납세지는 그 법인과세 수탁자의 납세지로 함

### ❺ 납세지의 변경   중요도 ★★☆

> 납세지가 변경된 법인이 「부가가치세법」의 규정에 따라 그 변경된 사실을 신고한 경우에는 「법인세법」에 따른 납세지 변경신고를 한 것으로 봄

| 납세지 변경신고 | 납세지가 변경된 경우 **변경된 날부터 15일 이내**에 변경 후의 납세지 관할 세무서장에게 이를 신고해야 함 → 신고를 받은 세무서장은 그 신고받은 내용을 변경 전의 납세지 관할 세무서장에게 통보해야 함 |
|---|---|
| 변경신고를 하지 않은 경우 | 종전의 납세지를 그 법인의 납세지로 함. 단, 법정기일이 경과한 후라 하더라도 소정의 신고를 한 경우에는 신고한 날로부터 **변경된 등기부상의 본점 또는 주사무소의 소재지**를 법인의 납세지로 함 |
| 외국법인의 납세지 변경신고 | 외국법인도 납세지가 변경된 경우에는 변경신고를 해야 하며, 납세지를 국내에 가지지 않게 된 경우 납세지 관할 세무서장에게 신고해야 함 |

**오쌤 Tip** 변경신고 정리

| 구분 | 신고기한 | 신고기한 후 신고 시 |
|---|---|---|
| 사업연도 | 직전 사업연도 종료일 + 3개월 이내 | 다음 사업연도부터 적용 |
| 납세지 | 변경된 날 + 15일 이내 | 변경신고일부터 적용 |

## ❻ 납세지의 지정

| | |
|---|---|
| 지정권자 | 관할 지방국세청장 (새로이 지정될 납세지가 그 관할을 달리하는 경우에는 국세청장) |
| 지정 사유 | 다음의 어느 하나에 해당하여 납세지가 그 법인의 납세지로 적당하지 않다고 인정되는 경우 그 납세지를 지정권자가 지정할 수 있음<br>① 내국법인의 본점 등의 소재지가 등기된 주소와 동일하지 않은 경우<br>② 내국법인의 본점 등의 소재지가 자산 또는 사업장과 분리되어 있어 조세포탈의 우려가 있다고 인정되는 경우<br>③ 둘 이상의 국내사업장을 가지고 있는 외국법인의 경우로서 주된 사업장의 소재지를 판정할 수 없는 경우<br>④ 국내사업장이 없는 외국법인으로서 부동산소득 또는 자산·권리 양도소득이 있는 외국법인이 둘 이상의 자산이 있는 경우로서 납세지 신고를 하지 않은 경우 |
| 지정 통지 | 납세지 지정 시 그 법인의 당해 사업연도 종료일부터 45일 이내에 해당 법인에게 이를 알려야 하며, 기한 내에 알리지 않은 경우에는 종전의 납세지를 그 법인의 납세지로 함 |

### 오쌤 Tip 신고 비교

| | |
|---|---|
| 사업자 등록 | 사업개시일부터 20일 이내 |
| 법인설립신고 | 설립등기일부터 2월 이내 |
| 국내 사업장이 있는 외국법인의 국내 사업장 설치신고 | 국내 사업장을 갖게 된 날부터 2월 내 |
| 국내 사업장이 없는 외국법인의 부동산 소득 등의 발생신고 | 최초 발생일 부터 1개월 내 |

# 02 법인세 계산구조

## 1 각사업연도소득에 대한 법인세의 계산구조

중요도 ★★★

각사업연도 소득금액 = 익금총액 - 손금총액

**각사업연도 소득금액의 계산**
- 결산서상 당기순이익 … [회계상 소득]
- + 익금산입·손금불산입
- - 손금산입·익금불산입
- 차가감소득금액
- + 기부금한도초과
- - 기부금한도초과이월액의 손금산입
- 각사업연도 소득금액 … [세법상 소득]

→ 세무조정으로 차이 조정

**과세표준의 계산**
- - 이월결손금 ······→ 15년 이내 발생한 세무계산상 결손금 중 미공제액[*1]
- - 비과세소득 ······→ 법인세법과 조특법상 비과세소득
- - 소득공제 ······→ 법인세법과 조특법상 소득공제
- 과세표준

**산출세액의 계산**
- × 세율 ······→
- 산출세액
- + 토지 등 양도소득에 대한 법인세
- + 미환류 소득에 대한 법인세 ······
- 산출세액 합계

| 2억이하 | 9% |
| 2억 초과 200억원 이하 | 19% |
| 200억 초과 3천억 이하 | 21% |
| 3천억 초과 | 24% |

비사업용토지 10%, 주택 및 별장, 조합원입주권 및 분양권 20%, 미등기자산 40%

······→ 미환류소득 × 20%

**차가감납부세액의 계산**
- - 감면·공제세액
- + 가산세
- + 감면분 추가납부세액 ······→ 조특법상 사후관리의무 위반에 따른 추가납부세액, 미사용준비금 환입 시 이자상당가산액 등
- 총부담세액
- - 기납부세액 ······→ 중간예납세액·원천징수세액·수시부과세액
- 차가감납부세액

[*1] 2020.1.1. 이후 개시하는 사업연도에 발생한 결손금부터 15년간 이월공제하며, 2020.1.1.전에 개시하는 사업연도에 발생한 결손금은 종전 규정에 따라 10년간 이월공제함

## 2 세무조정

### ❶ 세무조정

중요도 ★☆☆

| 결산서의 내용 | 세무조정 | | 「법인세법」의 내용 |
|---|---|---|---|
| 수익 | (+)익금산입 (−)익금불산입 | = | 익금총액 |
| − | | | − |
| 비용 | (+)손금산입 (−)손금불산입 | = | 손금총액 |
| = | | | = |
| 결산서상 당기순이익<br>(회계상 소득) | (+)익금산입·손금불산입<br>(−)손금산입·익금불산입 | = | 각 사업연도의 소득금액<br>(세법상 소득) |

① 익금산입: 결산서에 수익으로 계상되어 있지 않지만 「법인세법」에 따른 익금에 해당하는 금액은 소득금액에 가산
② 익금불산입: 결산서에 수익으로 계상되어 있으나 「법인세법」에 따른 익금에 해당하지 않는 금액은 소득금액에서 차감
③ 손금산입: 결산서에 비용으로 계상되어 있지 않지만 「법인세법」에 따른 손금으로 인정되는 금액은 소득금액에서 차감
④ 손금불산입: 결산서에 비용으로 계상되어 있으나 「법인세법」에 따른 손금으로 인정되지 않는 금액은 소득금액에 가산

### ❷ 결산조정과 신고조정

중요도 ★★★

#### 2.1 결산조정과 신고조정의 의미

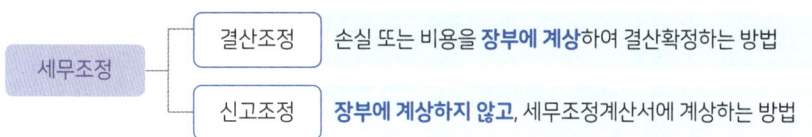

세무조정 ┬ 결산조정 — 손실 또는 비용을 **장부에 계상**하여 결산확정하는 방법
            └ 신고조정 — **장부에 계상하지 않고**, 세무조정계산서에 계상하는 방법

## 2.2 결산조정사항과 신고조정사항의 범위

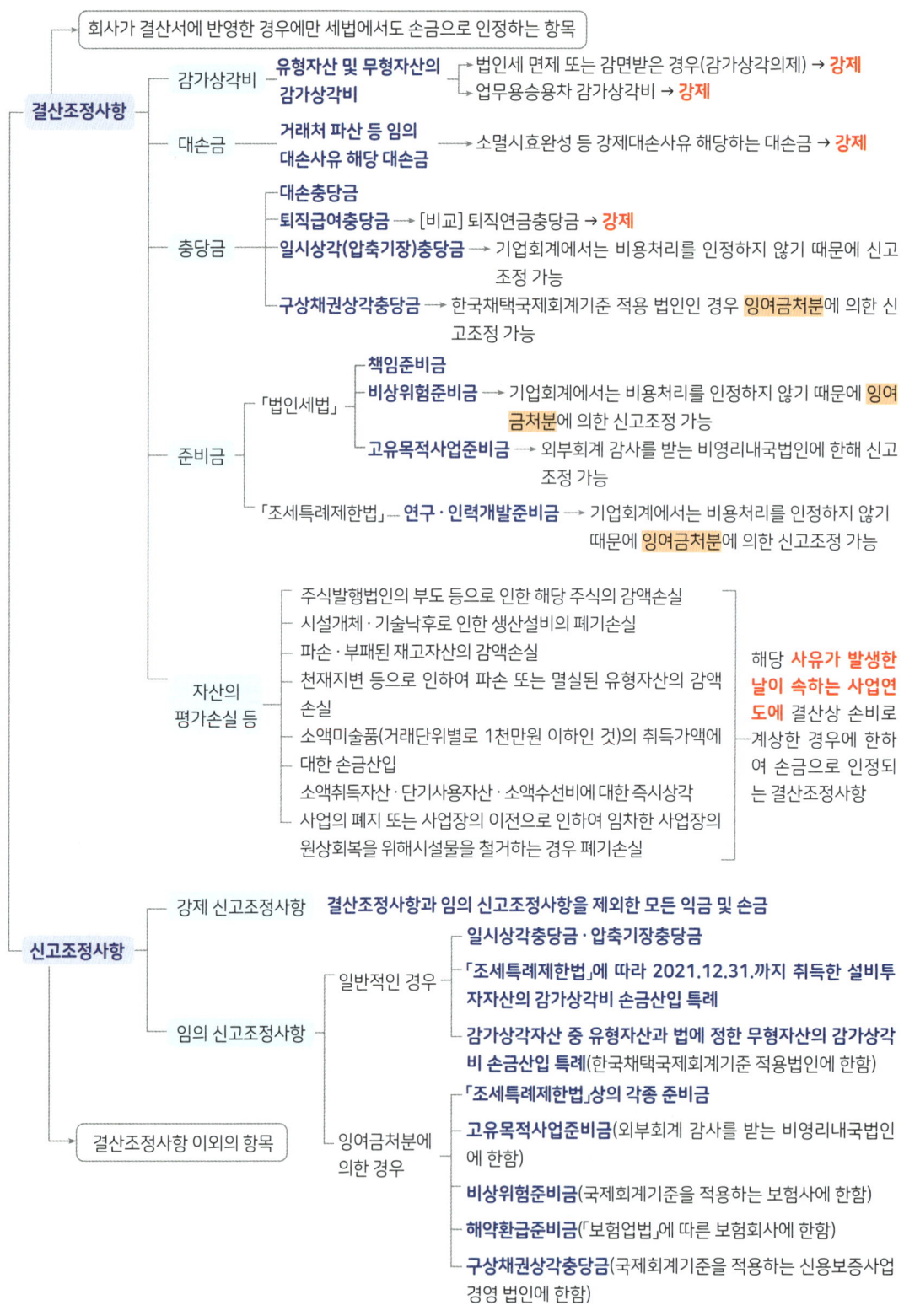

## 2.3 결산조정사항과 신고조정사항의 손익 귀속 시기

| 결산조정사항 | 신고조정사항 |
|---|---|
| 법인이 결산서에 반영한 때에 손금으로 인정됨 (단, 자산의 평가차손은 **감액사유가 발생한 사업연도**에 결산서에 계상한 경우에 한하여 손금 인정)<br>⇒ 즉, 법인의 선택에 따라 귀속시기를 조정할 수 있음<br>IF 결산조정사항을 당기에 결산서에 계상하지 않은 경우에는 추후에 경정청구 등을 통해 손금으로 산입할 수 없음 주의 | 법인이 임의로 귀속시기를 조절할 수 없고 반드시 **세법상에 규정된 사업연도에 귀속**됨<br><br>IF 신고조정사항을 세법상 규정된 귀속시기에 손금산입하지 못한 경우에 경정청구를 통해 손금에 산입할 수 있음 |

### EX 결산조정사항 vs 신고조정사항 세무조정 예시

**결산조정사항**

| 감가상각비 | ×1 | ×2 | ×3 |
|---|---|---|---|
| 기업회계 | 100만원 | (25만원) | (20만원) | (15만원) |
| 세법 | 100만원 | (20만원) | (20만원) | (20만원) |
| 세무조정 | | +5만원<br>손금불산입 | – | – |

**신고조정사항**

| 퇴직연금충당금 | ×1 | ×2 | ×3 |
|---|---|---|---|
| 기업회계 | 100만원 | (25만원) | (20만원) | (15만원) |
| 세법 | 100만원 | (20만원) | (20만원) | (20만원) |
| 세무조정 | | +5만원<br>손금불산입 | – | –5만원<br>손금산입 |

### 오쌤 Tip 법인별 임의 신고조정사항 정리

| 일반 법인 | ① 일시상각충당금(압축기장충당금)<br>② 「조세특례제한법」에 따라 2021. 12. 31. 까지 취득한 설비투자 자산의 감가상각비 손금산입 특례<br>③ 「조세특례제한법」상 준비금 |
|---|---|
| 회계감사 대상 비영리 법인 | 고유목적사업준비금 |
| 한국채택 국제회계 기준적용법인 | ① 비상위험준비금<br>② 구상채권상각충당금<br>③ 감가상각자산 중 유형자산과 법에 정한 무형자산의 감가상각비 손금산입 특례 |

# 3 소득처분

## ❶ 소득처분 개념과 유형   중요도 ★★☆

| 의미 | 결산서상 당기순이익과 세법상 각 사업연도 소득금액의 차액, 즉 세무조정금액에 대하여 그 귀속을 확정하는 절차 | |
|---|---|---|
| 유형 | 유보 (△유보) | 세무조정금액이 법인 내부에 남아서 회계와 세법 간에 자산·부채의 차이를 유발하면 '유보(△유보)'로 처분하며 이를 **회계상 자본에 가감하여 세법상 자본을 계산**하는 데 사용함 |
| | 사외유출 | 세무조정금액이 법인 외부로 유출되었으면 '사외유출'로 처분하며 이 금액이 누구에게 어떤 소득의 형태로 귀속되었는지를 확정한 후 그 귀속자의 소득세 과세자료로 활용함 |
| | 기타 | 유보도 아니고 사외유출이 아닌 것은 '기타'로 처분하여 사후관리 하지 않음 |
| 대상 법인 | 법인세 납세의무가 있는 모든 법인에 적용 (영리법인 / 비영리법인 / 내국법인 / 외국법인) | |

**오쌤 Tip** 소득처분의 유형

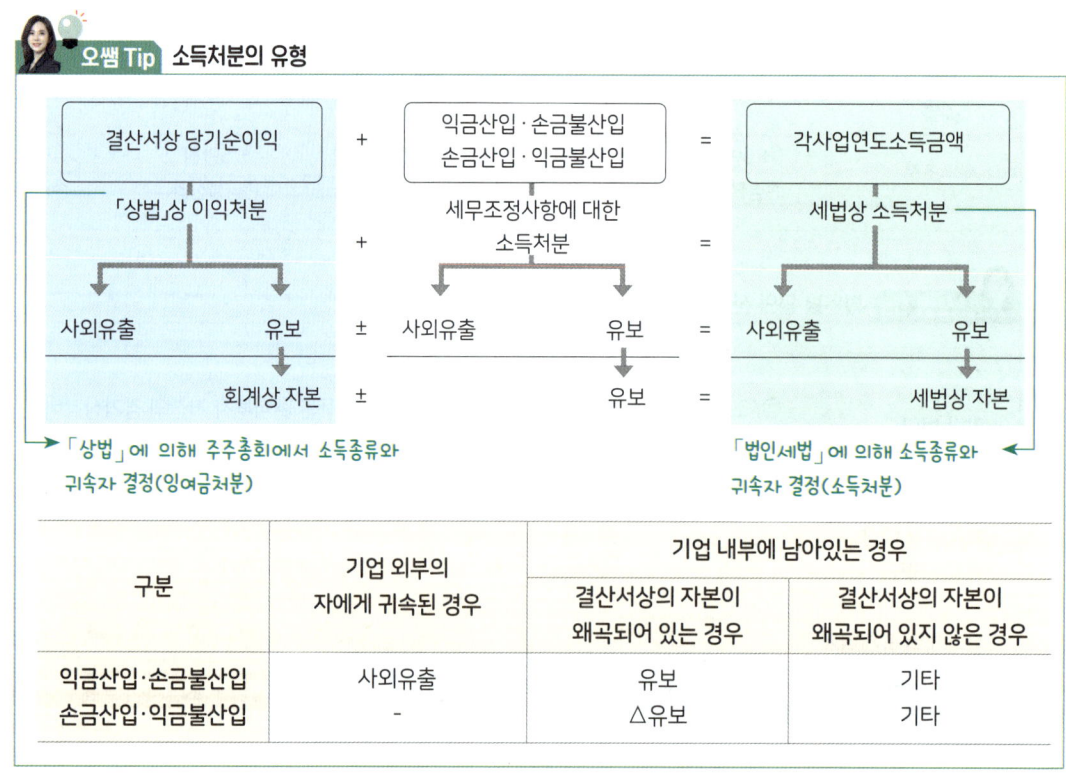

| 구분 | 기업 외부의 자에게 귀속된 경우 | 기업 내부에 남아있는 경우 | |
|---|---|---|---|
| | | 결산서상의 자본이 왜곡되어 있는 경우 | 결산서상의 자본이 왜곡되어 있지 않은 경우 |
| 익금산입·손금불산입 | 사외유출 | 유보 | 기타 |
| 손금산입·익금불산입 | - | △유보 | 기타 |

❷ **사외유출** → 손금산입·익금불산입한 금액에 대해서는 사외유출처분이 있을 수 없음 　　중요도 ★★★

: **익금산입·손금불산입**한 금액이 기업 외부의 자에게 귀속된 것으로 인정하는 처분

경정이 있을 것을 미리 알고 사외유출된 금액을 익금산입하는 경우

① 세무조사 통지를 받거나 또는 착수된 것을 알게 된 경우
② 세무공무원이 과세자료의 수집 또는 민원 등을 처리하기 위하여 현지 출장이나 확인업무에 착수한 경우
③ 납세지 관할 세무서장으로부터 과세자료 해명 통지를 받은 경우
④ 수사기관의 수사 또는 재판과정에서 사외유출사실이 확인된 경우
⑤ 그 밖에 위와 유사한 경우로서 경정이 있을 것을 미리 안 것으로 인정되는 경우

## 추계결정·경정하는 경우

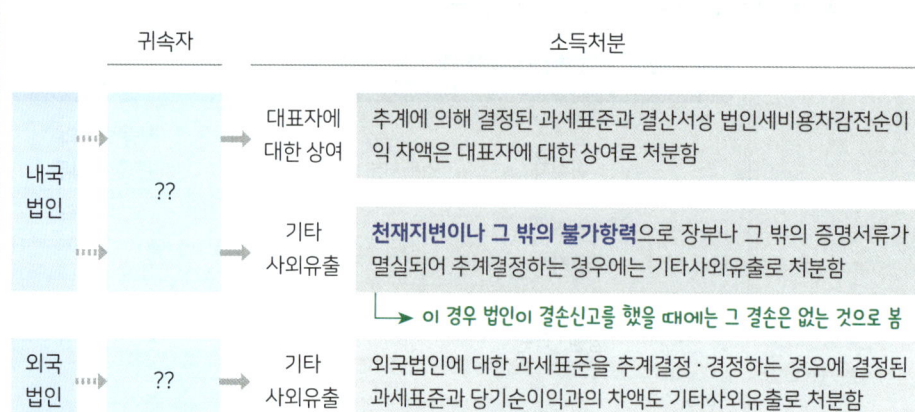

## 무조건 기타사외유출로 처분해야 하는 경우

**무조건 기타사외유출**

① 임대보증금 등의 간주익금
② 기업업무추진비의 손금불산입액 ← 적격증명서류 미수취 기업업무추진비 및 기업업무추진비 한도초과액의 손금불산입액은 포함, 증빙누락 기업업무추진비 미포함
③ 특례기부금·우리사주조합기부금·일반기부금 한도초과액의 손금불산입액
④ 업무용승용차 임차료 중 감가상각비 상당액 또는 업무용승용차 처분손실 중 한도(800만원) 초과액의 손금불산입액
⑤ 업무무관자산 등에 대한 지급이자의 손금불산입액
⑥ 사외유출된 금액의 귀속이 불분명하거나 추계로 과세표준을 결정·경정할 때 대표자에 대한 상여로 처분을 한 경우 해당 법인이 그 처분금액에 대한 소득세 등을 대납하고 이를 손비로 계상하거나 그 대표자와의 특수관계가 소멸될 때까지 회수하지 않음에 따라 손금불산입한 금액
⑦ 불공정자본거래(이에 준하는 행위·계산)로 인한 부당행위계산의 부인규정에 따라 익금에 산입한 금액으로서 귀속자에게「상속세 및 증여세법」에 따라 증여세가 과세되는 금액
⑧ 외국법인의 국내사업장의 각 사업연도의 소득에 대한 법인세의 과세표준을 신고하거나 결정·경정할 때 익금에 산입한 금액이 그 외국법인 등에 귀속되는 소득
⑨ 채권자 불분명 사채이자 및 비실명 채권·증권의 이자의 손금불산입액 중 원천징수세액에 상당하는 금액
⑩「국제조세조정에 관한 법률」에 따른 정상가격·정상원가분담액 등에 따른 과세조정으로 익금에 산입한 금액이 국외특수관계인으로부터 반환되지 않은 소득

## 2.1 소득처분 중복 시

| 구분 | 소득처분 | 이유 |
|---|---|---|
| 출자임원·직원 | 상여 | 회사의 연말정산으로 귀속자의 납세절차가 종결 |
| 법인주주 | 기타사외유출 | 법인에 대한 이중과세 방지 |
| 위 외의 주주 | 배당 | 일반원칙에 따름 |

## 2.2 사외유출의 원천징수

### 2.2.1 원천징수 대상

| 원천징수 대상에 해당하는 경우 | 사외유출 중 배당, 상여, 기타소득 |
|---|---|
| 원천징수 대상에 해당하지 않는 경우 | 사외유출 중 기타사외유출 |

### 2.2.2 원천징수 지급시기 의제
: 소득처분된 금액에 대해 법인이 소득세를 원천징수하여 그 지급일이 속하는 달의 다음 달 10일까지 납부해야 함 → 이 경우 배당·상여·기타소득으로 처분된 금액은 다음의 날에 지급된 것으로 봄

| 법인세 신고시 처분한 금액 | 당해 법인의 법인세 과세표준 및 세액의 신고일 또는 수정신고일 |
|---|---|
| 법인세 결정·경정 시 처분한 금액 | 당해 법인 등이 소득금액변동통지서를 받은 날 |

## ❸ 유보(△유보)　　　중요도 ★★☆

| 의미 | 익금산입·손금불산입(또는 손금산입·익금불산입)한 세무조정금액의 효과가 사외로 유출되지 않고 사내에 남아 있는 것으로 인정하는 처분　→ 영구적인 차이가 아니라 일시적인 차이 |
|---|---|
| 사후관리 | 회계상 자산·부채와 세무상 자산·부채의 차이는 당해 자산·부채가 미래에 손익으로 대체될 때 해소됨. 따라서 재무상태표에 과대 또는 과소계상된 자산·부채의 가액이 손익계산서에 영향을 미치는 시점에서는 반대의 세무조정이 유발됨<br><br>EX)　　　　　　　　　X1　　X2　　X3　　X4 (손익계산서에 영향을 미치는 시점)<br>재무상태표에 과소계상된 자산　유보 ←상쇄→ △유보<br>재무상태표에 과소계상된 부채　　　　　　　　　△유보 ←상쇄→ 유보 |
| 자본금과 적립금 조정명세서 | 유보(△유보)는 일시적인 차이이므로 소멸시점까지 사후관리를 해야 하는데, 이를 위해 자본금과 적립금조정명세서(을)과 자본금과 적립금 조정명세서(갑)을 작성함<br>↳ 당기에 유보(△유보)로 소득처분이 된 것을 당기 이후 반대의 세무조정으로 추인될 때까지 사후관리하기 위해 작성하는 표<br>↳ 당기말 유보잔액을 기업회계(결산)상 자본금액에 합산하여 세법상의 자본금액(순자산)을 나타내는 조정계산서 |

### 오쌤 Tip　유보 정리

| 결산서상 자산·부채·자본의 상태 | | | 세무조정 | 소득처분 |
|---|---|---|---|---|
| 자산의 과소계상<br>부채의 과대계상 | 자본의 과소계상 | 자산↓ ➡ 자본↓<br>부채↑ ➡ 자본↓ | 익금산입·손금불산입 | 유보 |
| 자산의 과대계상<br>부채의 과소계상 | 자본의 과대계상 | 자산↑ ➡ 자본↑<br>부채↓ ➡ 자본↑ | 손금산입·익금불산입 | △유보 |

### ❹ 기타  중요도 ★★☆

| | |
|---|---|
| 의미 | 익금산입·손금불산입(또는 손금산입·익금불산입)한 세무조정사항의 효과가 사내에 남아 있으나, 그럼에도 불구하고 결산서상의 자산·부채가 적정하다고 인정하는 처분<br>**EX**<br>① 자본잉여금으로 계상한 항목을 익금산입하는 경우 (**EX** 자기주식처분이익)<br>② 잉여금에 계상한 전기오류수정손익을 익금산입 또는 손금산입하는 경우<br>③ 익금불산입항목 중 △유보로 처분하는 경우가 아닌 경우<br>　　(**EX** 수입배당금액 익금불산입, 국세·지방세의 과오납금 환급금이자 등) |
| 사후관리 | 사외유출이 일어나지 않았기 때문에 귀속자에 대한 납세의무가 유발되지 않고, 결산서상 자산·부채가 왜곡되지 않았기 때문에 차기 이후에 반대의 세무조정도 유발되지 않음<br>→ 즉, 사후관리 없음 |

#### 오쌤 Tip  소득처분 유형별 사후관리

| 소득처분 | 사후관리 |
|---|---|
| 사외유출 중 상여·배당·기타소득 | 귀속자에 소득세 납세의무 발생(원천징수) |
| 유보(△유보) | 당해 법인의 차기 이후 각 사업연도 소득금액에 영향 (사후관리) |
| 기타, 사외유출 중 기타사외유출 | 처분 자체로 종결 (사후관리 없음) |

# 03 익금과 익금불산입

제5편 법인세법

## 1 익금

중요도 ★★★

　　결 산 서 상　당 기 순 이 익
(+) 익금산입 및 손금불산입
(-) 손금산입 및 익금불산입
　　차 가 감 소 득 금 액
(+) 기 부 금　한 도 초 과 액
(-) 기 부 금 한 도 초 과 이 월 액
　　각 사 업 연 도 소 득 금 액

→ 익금: 해당 법인의 순자산을 증가시키는 거래로 인하여 발생하는 이익 또는 수입

### 일반적인 익금
① 사업수입금액
② 자산의 양도금액
③ 자기주식 양도금액
④ 자산의 임대료
⑤ 일정한 자산의 평가이익
⑥ 자산수증이익과 채무면제이익(채무의 출자전환 시 채무면제이익 포함)
⑦ 손금에 산입한 금액 중 환입된 금액
⑧ 불공정 자본거래로 인하여 특수관계인으로부터 분여받은 이익
⑨ 정당한 사유 없이 회수하지 않은 가지급금 등
⑩ 법에 따른 보험회사의 책임준비금 감소액

### 익금의 범위
익금의 범위에 열거한 항목이 아니더라도 법인의 순자산을 증가시키는 거래는 법에서 별도로 정하는 **익금불산입 항목**에 해당하지 않는 한 모두 익금에 산입 → **포괄주의**
(**EX** 이자수익, 배당수익, 자산취득에 충당할 공사부담금·국고보조금, 보험차익 등)

### 간주익금
→ 순자산을 증가시키는 거래에서 발생한 수익으로 보기는 어려운 금액이지만, 증여세 회피방지, 부동산 투기억제, 공평과세 등 조세정책의 목적을 달성하기 위해 익금으로 보는 것
① 특수관계인인 개인으로부터 저가매입한 유가증권의 시가와 매입가액의 차액
② 간접납부외국법인세액
③ 동업기업으로부터 배분받은 소득금액 또는 결손금
④ 의제배당
⑤ 임대보증금 등의 간주익금 (간주임대료)

### 익금불산입 항목
㉠ 자본거래에 대한 익금불산입
㉡ 미실현소득에 대한 과세방지
㉢ 이중과세방지를 위한 익금불산입
㉣ 기타 보상 성격의 익금
㉤ 기타 부채 성격의 익금

### 익금으로 보지 않는 것
① 자본 또는 출자의 납입
② 「법인세법」상 익금불산입항목으로 규정한 것
　→ 순자산을 증가시키더라도 정책적 목적 등에서 익금으로 보지 않는 것

# ❶ 일반적인 익금항목   중요도 ★★★

## 1.1 사업수입금액
: 기업의 주된 영업활동에서 발생한 제품·상품·용역 등의 매출액(금융보험업의 경우에는 영업수익)

> 사업수입금액(매출액*) = 매출액 - 매출에누리 - 매출환입 - 매출할인

- (매출액*) → 도급금액·판매금액·보험수익 등 포함
- (매출할인) → '상대방과의 약정에 의한 지급기일(그 지급기일이 정해지지 않은 경우 지급한 날)'이 속하는 사업연도의 매출액에서 차감

* 내국법인이 생산·공급하는 재화 또는 용역을 시가보다 낮은 가액으로 해당 내국법인의 임원 또는 직원에게 판매 또는 제공하는 경우 그 판매가액 또는 용역대가와 시가와의 차액은 사업수입금액에 포함함 NEW

## 1.2 자산의 평가이익

| 구분 | | | 내용 |
|---|---|---|---|
| 원칙 | | | 미실현손익이므로 익금으로 인정하지 않음 → 익금불산입 (△유보) |
| 예외 | ① 평가증을 익금으로 인정하는 경우: 다음의 평가차익은 익금으로 봄 → 평가증, 즉 장부가액을 증액한 경우에만 세법에서 인정함 주의 ㉠「보험업법」이나 기타 법률에 의한 유형자산 및 무형자산의 평가이익 ㉡ 화폐성 외화자산 및 부채의 환율변동으로 인한 평가이익 ㉢ 통화선도·통화스왑 및 환변동보험의 평가이익 ㉣ 자본시장과 금융투자업에 관한 법률에 의한 투자회사가 보유하고 있는 유가증권 평가이익 ② 평가손실을 손금으로 인정하는 경우: (link-p.318) ||||
| | 구분 | 원칙 | 예외 |
| | 유형자산 | 원가평가 | 천재지변, 화재, 법령에 따른 수용 등, 채굴예정량의 채진으로 인한 폐광 등의 사유로 파손 또는 멸실된 것이 있는 경우 평가손실을 손금으로 인정 |
| | 재고자산 | 원가법과 저가법 중 선택 | 파손·부패 등 외관상 명백한 사유로 재고자산을 정상가격으로 판매할 수 없는 것이 있는 경우에 원가법으로 신고한 경우에도 평가손실을 손금으로 인정 |
| | 유가증권 | 원가법만 인정 | 주식 등을 발행한 법인이 파산한 경우의 해당 주식 등 (평가손실 1,000원 제외) |

## 1.3 자산의 임대료
: 일시적으로 자산을 임대하여 얻는 수익
→ 일시적이 아닌 계속적·반복적인 임대료 수익은 사업수입금액에 해당함

### 1.4 자산의 양도금액

: 재고자산 외의 자산의 양도에서 발생한 양도금액은 익금, 양도한 자산의 양도 당시의 장부가액은 손금 (총액법)

↳ 재고자산의 양도금액은 위 1.1 사업수입금액에 해당

### 1.5 자기주식 양도금액

→ 주식매수선택권의 행사에 따라 주식을 양도하는 경우에는 주식매수선택권을 행사하는 당시의 시가

| 자기주식 처분 | 무상취득한 자기주식의 시가 상당액은 「법인세법」상 익금(수익)에 해당하여 법인세가 과세되며 해당 자기주식 처분 시 자기주식의 양도금액은 익금, 그 장부가액은 손금에 산입함 → 세무상으로 손익거래로 취급함 |
|---|---|
| 자기주식 소각 | 자기주식을 소각하는 것은 자기발행주식을 내부적으로 소각한 것(자본 감소)이므로 자기주식을 소각함으로써 생긴 손익은 각 사업연도 소득 계산상 익금 또는 손금에 산입하지 않음 |

### 1.6 자산수증이익과 채무면제이익(채무의 출자전환 시 채무면제이익 포함)

| 원칙 | 자산을 수증받거나 채무를 면제받음으로써 법인의 순자산이 증가하는 자산수증이익과 채무면제이익은 원칙적으로 익금에 해당 |
|---|---|
| 예외 | 이월결손금*1 보전에 충당*2할 목적으로 수증·면제받은 경우 익금불산입함 → 익금불산입 (기타)<br>일시상각충당금(압축기장충당금)을 설정할 수 있는 국고보조금 등은 제외 |

*1 충당 대상 이월결손금의 범위

  ㉠ 결손금 발생연도의 제한이 없는 세법상의 결손금(적격합병 및 적격분할 시 승계받은 결손금은 제외)으로 결손금 발생 후 각 사업연도의 과세표준계산 시 공제되지 않고 당기로 이월된 결손금
  ㉡ 신고된 각 사업연도의 과세표준에 포함되지 않았으나 다음에 해당하는 세법상 이월결손금
    ⓐ 「채무자 회생 및 파산에 관한 법률」에 따른 회생계획인가의 결정을 받은 법인의 결손금으로서 법원이 확인한 것
    ⓑ 「기업구조조정 촉진법」에 따른 기업개선계획의 이행을 위한 약정이 체결된 법인으로서 금융채권자협의회가 의결한 결손금

*2 자산수증이익 및 채무면제이익과 직접 상계하여 충당하는 것도 가능하고, 기업회계기준에 따라 수익으로 계상한 후 자본금과 적립금조정명세서(갑)에 동 금액을 이월결손금의 보전에 충당한다는 뜻을 표시하고 세무조정으로 익금불산입하는 것도 인정함(즉, 충당에 특별한 절차를 요하지 않음)

> **참고** 채무면제이익의 이월결손금 보전 충당 후 잔액
> 채무면제이익을 이월결손금 보전에 충당하고도 남은 잔액이 있는 경우 다음과 같이 처리함
>
> | 원칙 | 추가적인 세무조정이 불가능 |
> |---|---|
> | 예외 | 일정한 요건을 충족한 법인*3에 의한 채무의 출자전환인 경우, **잔액을 해당 사업연도에 익금불산입**할 수 있으며, 익금불산입된 금액은 **이후 사업연도에 발생한 결손금 보전에 충당**하고, 충당하기 전에 사업을 폐지하거나 해산하게 되는 경우에 충당하지 않은 금액 전액을 익금에 산입함 |

*3 일정한 요건을 충족한 법인이란 다음과 같음

① 「채무자 회생 및 파산에 관한 법률」에 따라 채무를 출자로 전환하는 내용이 포함된 회생계획인가의 결정을 받은 법인
② 「기업구조조정 촉진법」에 따라 채무를 출자로 전환하는 내용이 포함된 기업개선계획의 이행을 위한 약정을 체결한 부실징후기업
③ 해당 법인에 대하여 채권을 보유하고 있는 금융기관과 채무를 출자로 전환하는 내용이 포함된 경영정상화계획의 이행을 위한 협약을 체결한 법인
④ 「기업 활력 제고를 위한 특별법」에 따른 사업재편계획승인을 받은 법인

### 1.7 손금에 산입한 금액 중 환입된 금액

: 손금산입된 금액(**EX** 재산세)의 환입은 익금에 해당하고 손금불산입된 금액(**EX** 법인세)의 환입은 익금불산입에 해당함

> 지출 당시 손금불산입한 금액은 이미 법인세가 과세되었으므로 환입되는 때에도
> 익금산입하면 이중과세하는 결과가 되기 때문에 익금불산입함

| 구분 | 환입액 | 사례 |
|---|---|---|
| 지출 당시 손금에 산입된 금액 | 익금산입 | 재산세, 종부세 등 |
| 지출 당시 손금에 산입되지 않은 금액 | 익금불산입 | 법인세, 벌과금 등 |

### 1.8 불공정 자본거래로 인하여 특수관계인으로부터 분여받은 이익

: 불공정자본거래로 인하여 특수관계인으로부터 분여받은 이익은 제재의 취지로 익금으로 봄 (link-p.375)

↳ 불공정합병, 불균등증자, 불균등감자

### 1.9 정당한 사유 없이 회수하지 않은 가지급금 등

→ 실제 현금 지출은 있었지만 거래의 내용이 불분명한 경우 그 지출액을 일시적으로 표시한 것을 말함

| | |
|---|---|
| 익금으로 보는 경우 | 가지급금 및 그 이자(미수이자)로서 다음에 해당하는 금액은 익금에 해당함<br>① 특수관계가 소멸되는 날까지 회수하지 않은 가지급금 등(아래 ②에 따라 익금에 산입한 이자는 제외)<br>② 특수관계가 소멸되지 않은 경우로서 가지급금의 이자를 이자발생일이 속하는 사업연도 종료일부터 1년이 되는 날까지 회수하지 않은 경우 그 이자 |
| 익금으로 보지 않는 경우 | 채권·채무에 대한 쟁송으로 회수가 불가능한 경우 등 정당한 사유가 있는 경우는 익금으로 보지 않음 |

### 1.10 「보험업법」에 따른 보험회사의 책임준비금 감소액

| | |
|---|---|
| 원칙 | 「보험업법」에 따른 보험회사의 책임준비금 감소액으로서 보험감독회계기준에 따라 수익으로 계상된 금액은 익금으로 봄 |
| 예외 | 할인율의 변동으로 인한 책임준비금 공정가치 평가금액은 제외함 |

## ❷ 간주익금

중요도 ★★★

### 2.1 유가증권의 저가매입에 따른 이익

| 원칙 | 자산의 저가매입에 따른 이익은 일반적으로 매입시점에는 익금에 해당하지 않음 |
|---|---|
| 예외 | **특수관계인인 개인**으로부터 **유가증권**을 **시가보다 저가로 매입**하는 경우 시가와 매입가액과의 차액에 대해서는 **그 매입일이 속하는 사업연도에 익금산입**하여 법인세를 과세함 |

→ 궁극적으로 처분과정에서 그 차액이 과세소득에 포함되기 때문에

**오쌤 Tip** 유가증권 저가매입 정리

| 구분 | 익금 여부 | 과세 | 세무계산상 유가증권 취득가액 |
|---|---|---|---|
| 특수관계인인 개인으로부터 저가매입한 경우 | 익금산입 (유보) | 매입 시 과세 | 시가 (시가와 매입가액의 차액을 유가증권 취득가액에 가산) |
| 그 외 저가매입한 경우 | 익금으로 보지 않음 | 처분 시 과세 | 취득가액 |

### 2.2 간접외국납부법인세액

: 간접외국납부법인세액이란 내국법인이 외국자회사로부터 수입배당금액을 받는 경우로서 그 외국자회사가 납부한 외국법인세액 중 해당 수입배당금액에 대응하는 금액을 말하는데 이때 외국납부세액공제의 대상이 되는 금액은 외국자회사의 배당확정일이 속하는 사업연도에 익금산입(기타사외유출)함

### 2.3 동업기업으로부터 배분 받은 소득금액(또는 결손금)

: 동업기업과세특례 규정을 적용받는 경우 동업기업에는 과세하지 않고 동업자에게 과세하는데, 이에 따라 법인이 배분받은 소득금액은 익금에 산입하고, 배분받은 결손금은 손금에 산입함

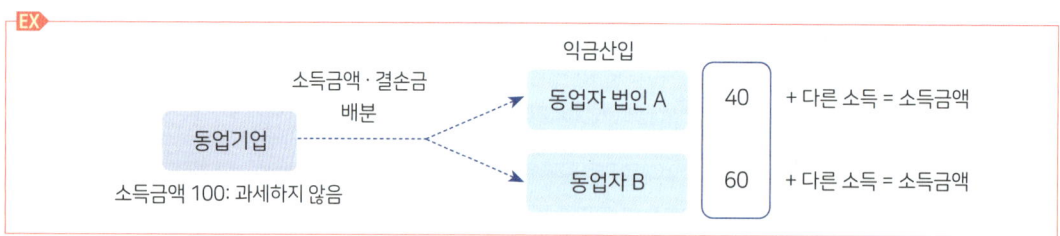

### 2.4 의제배당

: 형식상 배당이 아니더라도 사실상 회사의 이익이 주주에게 귀속되는 경우에는 배당으로 의제함 → 이 경우 법인주주가 얻은 이익은 익금으로 봄(link-p.335)

### 2.5 임대보증금 등의 간주익금

| | |
|---|---|
| 취지 | 부동산을 임대하고 받는 임대료는 익금에 해당하지만, 임대보증금이나 전세금은 부채이므로 익금이 될 수 없음. 따라서 부동산 임대업을 영위하는 법인이 임대보증금만을 받는 방법으로 임대할 경우 법인세 부담 없이 계속적인 부동산 취득이 가능하게 되므로 부동산 투기를 조장할 수 있음 → <u>부동산투기방지</u> 목적으로 정기예금이자 상당액을 임대료로 간주하여 익금에 산입함<br>└→ 부동산 또는 부동산에 관한 권리를 대여하고 받은 보증금만을 대상으로 함 |
| 적용 법인 | ① 추계결정의 경우: 모든 법인 장부작성을 안해? 괘씸해!<br>② 추계결정 외의 경우: <u>일정 요건</u>을 **모두 충족**한 법인에 한하여 적용    돈 빌려서 부동산투기하는 법인이네? 괘씸해!!<br>    ⊙ 부동산임대업을 주업으로 하는 영리내국법인일 것 → 사업연도 종료일 현재의 자산총액 중 임대사업에 사용된 자산가액이 50% 이상인 법인<br>    ⓒ 차입금이 자기자본의 2배를 초과할 것<br>      (적수를 기준으로 판단) |
| 간주임대료 | ① 추계결정의 경우: 주택과 그 부수토지에 대한 보증금에 대해서도 간주임대료를 계산하고, 건설비적수와 금융수익은 차감하지 않음<br><br>$$\text{간주임대료} = \text{해당 사업연도의 임대보증금의 적수} \times \frac{1}{365(\text{or } 366)} \times \text{정기예금이자율}$$<br>익금산입(대표자 상여)<br><br>② 추계결정 외의 경우<br>$$\text{간주임대료} = \left[\text{해당 사업연도의 보증금}^{*1} \text{등의 적수} - \text{임대용 부동산의 건설비 상당액의 적수}\right] \times \frac{1}{365(\text{or } 366)} \times \text{정기예금이자율} - \text{금융수익}$$<br>익금산입(기타사외유출)    취득가액에 자본적 지출액을 더한 금액으로 하되, 토지가액은 제외함    발생주의에 따른 수입이자·수입배당금 등 |

*1 주택과 부수토지분 제외

## 2 익금불산입

### ❶ 자본거래로 인정되어 익금불산입하는 항목  중요도 ★★★

#### 1.1 주식발행액면초과액

| 일반적인 경우 | 주식발행액면초과액은 자본의 납입이기 때문에 익금항목이 아니며, 동일한 이유에서 주식할인발행차금 또한 손금항목으로 인정되지 않음 |
|---|---|
| 채무의 출자 전환의 경우 | 채무를 출자로 전환하는 경우 주식의 발행가액이 시가(시가가 액면가액에 미달하는 경우에는 액면가액)를 초과하는 금액을 채무면제이익으로 보며, 시가가 액면가액을 초과하는 금액을 주식발행액면초과액으로 봄 |

**오쌤 Tip 채무면제이익과 주식발행액면초과액의 구분**

#### 1.2 감자차익

→ 감자를 통해 그 형태만 바꾸어 법인 내에 유보되는 성격이므로

: 감자차익은 성격상 **자본의 납입에 해당**하기 때문에 **익금항목이 아니며**, 동일한 이유에서 감자차손 또한 손금항목으로 인정되지 않음

감자차익 = 자본금 감소액 - 주식소각에 소요된 금액 - 결손금의 보전에 충당된 금액

**오쌤 Tip 자본거래**

| 구분 | 기업회계기준 | 「법인세법」 | 세무조정 |
|---|---|---|---|
| 주식발행액면초과액 | 자본거래 | 자본거래 | 없음 |
| 감자차손익 | 자본거래 | 자본거래 | 없음 |

#### 1.3 주식의 포괄적 교환차익 · 이전차익

: 완전모회사의 자본금 증가 한도액이 완전모회사의 증가한 자본금(주식의 포괄적 이전의 경우에는 설립된 완전모회사의 자본금)을 초과하는 경우 그 초과액은 「상법」상 자본준비금으로서 사실상 출자의 납입에 해당하므로 익금불산입함

### 1.4 합병차익 · 분할차익

| | |
|---|---|
| 합병차익 | 합병차익은 「상법」에 따른 합병의 경우로서 소멸된 회사로부터 승계한 순자산가액이 피합병법인의 주주 등에게 지급한 합병대가를 초과하는 경우의 그 초과금액(「법인세법」에서 익금으로 규정한 금액은 제외)을 말하며 이는 주식발행액면초과액과 유사한 성격이므로 익금항목이 아님 → ex. 합병매수차익(link-p.403) |
| 분할차익 | 분할차익이란 분할 또는 분할합병으로 인해 설립된 회사 또는 존속하는 회사가 분할법인(또는 소멸한 분할합병의 상대방법인)으로부터 승계한 순자산가액이 분할법인의 주주에게 지급한 분할대가를 초과하는 경우 그 초과금액(「법인세법」에서 익금으로 규정한 금액은 제외)을 말하며 이는 주식발행액면초과액과 유사한 성격이므로 익금항목이 아님 → ex. 분할매수차익(link-p.409) |

### 1.5 자본준비금을 감액하여 받는 배당

| | |
|---|---|
| 원칙 | 「상법」에 따라 자본준비금을 감액하여 받는 배당(내국법인이 보유한 주식의 장부가액을 한도로 함)은 자본의 환급에 해당하기 때문에 익금불산입함 |
| 예외 | 다음의 어느 하나에 해당하는 자본준비금을 감액하여 받는 배당금액은 익금산입함<br><br>⊙ 의제배당 재원으로 보는 자본준비금<br>ⓒ 적격합병에 따른 합병차익 중 피합병법인의 재평가적립금(1% 세율이 적용된 토지의 재평가차액에 상당하는 금액은 제외)에 상당하는 금액<br>ⓒ 적격분할에 따른 분할차익 중 분할법인의 재평가적립금(1% 세율이 적용된 토지의 재평가차액에 상당하는 금액은 제외)에 상당하는 금액 |

## ❷ 미실현소득에 대한 과세방지 목적으로 익금불산입하는 항목  중요도 ★★★

| | |
|---|---|
| 원칙 | 자산의 평가손익은 미실현손익이므로 익금 또는 손금으로 인정하지 않음 |
| 예외 | 「보험업법」이나 그 밖의 법률에 따른 유형자산 및 무형자산 등의 평가(장부가액을 증액한 경우만 해당)로 인한 평가이익은 익금으로 인정함 |

## ❸ 내국법인 수입배당금액의 익금불산입                    중요도 ★★★

▶ 법에 따라 고유목적사업준비금을 손금에 산입하는 비영리내국법인이 받은 수입배당금은 익금불산입하지 않음

내국법인 수입배당금액의 익금불산입

▶ 의제배당액 포함

(수입배당금액 × 익금불산입 비율)
- 차감 지급이자
―――――――――――――
익금불산입액 ← 익금불산입(기타)

| 출자비율 | 익금불산입률 |
|---|---|
| 20% 미만 | 30% |
| 20% 이상 50% 미만 | 80% |
| 50% 이상 | 100% |

배당금을 지급받은 법인의 각 사업연도에 지급한 차입금의 이자가 있는 경우에는 다음 금액을 차감함

$$지급이자^* \times \frac{피투자회사의\ 세무상\ 주식\ 등의\ 장부가액\ 적수}{투자회사의\ 재무상태표상\ 자산총액적수} \times 익금불산입률$$

* 이자비용을 뜻하며 다음의 사항은 제외함
  ㉠ 지급이자 손금불산입 규정에 따라 이미 손금불산입된 지급이자
  ㉡ 현재가치할인차금상각비, 연지급수입이자

### 익금불산입 규정을 적용하지 않는 수입배당금

다음에 해당하는 수입배당금액에 대하여는 익금불산입 규정을 적용하지 않음

① 배당기준일 전 3개월 이내에 취득한 주식 등을 보유함으로써 발생하는 수입배당금
② 「법인세법」또는 「조세특례제한법」에 따라 지급배당에 대하여 소득공제가 되거나 법인세가 비과세·면제 또는 감면되는 다음의 어느 하나에 해당하는 법인으로부터 받은 수입배당금

  ㉠ 유동화전문회사 등에 대한 소득공제의 규정을 적용받는 법인
  ㉡ 공장 및 본사를 수도권 밖으로 이전함에 대한 세액감면을 적용받는 법인
  ㉢ 제주첨단과학기술단지, 제주투자진흥지구(또는 제주자유무역지역) 입주기업에 대한 세액감면을 적용받는 법인
  ㉣ 동업기업 과세특례를 적용받는 법인

③ 지급한 배당에 대하여 법인과세 신탁재산에 대한 소득공제를 적용받는 법인과세 신탁재산으로부터 받은 수입배당금
④ 「자산재평가법」을 위반하여 재평가적립금(1% 세율이 적용된 토지의 재평가차액에 상당하는 금액은 제외)을 감액하여 지급받은 수입배당금
⑤ 적격합병에 따른 합병차익 중 피합병법인의 「자산재평가법」에 따른 재평가적립금(1% 세율이 적용된 토지의 재평가차액에 상당하는 금액은 제외)에 해당하는 자본준비금을 감액하여 지급받은 수입배당금
⑥ 적격분할에 따른 분할차익 중 분할법인의 「자산재평가법」에 따른 재평가적립금(1% 세율이 적용된 토지의 재평가차액에 상당하는 금액은 제외)에 해당하는 자본준비금을 감액하여 지급받은 수입배당금
⑦ 자본의 감소로 주주 등인 내국법인이 취득한 재산가액이 당초 주식 등의 취득가액을 초과하는 금액 등 피출자법인의 소득에 법인세가 과세되지 아니한 수입배당금액으로서 법령으로 정하는 수입배당금

## ❹ 외국자회사 수입배당금액의 익금불산입

: 외국자회사가 외국에서 납부한 법인세액과의 이중과세를 보다 합리적으로 조정하기 위해 내국법인이 10퍼센트 이상의 출자지분을 보유하는 외국자회사로부터 받은 배당소득의 95퍼센트에 해당하는 금액에 대해서는 익금에 산입하지 않도록 하고, 외국납부세액공제의 적용대상에서는 제외함

→ 즉, 신설 규정이 적용되지 않는 경우 기존과 동일하게 외국납부세액공제를 적용한다는 의미임

| 구분 | 내용 |
|---|---|
| 익금불산입 대상 | ① 내국법인(외국납부세액 규정에 따른 간접투자회사 등은 제외)이 해당 법인이 출자한 외국자회사로부터 받은 수입배당금액(이익의 배당금·잉여금의 분배금 및 「법인세법」에 따라 배당금 또는 분배금으로 보는 금액)<br>② 내국법인이 해당 법인이 출자한 외국법인(외국자회사는 제외한다)으로부터 자본준비금을 감액하여 받는 배당으로서 「상법」에 따른 익금에 산입되지 아니하는 배당에 준하는 성격의 수입배당금액 (link-p.307) |
| 외국자회사 요건 | ① 내국법인이 의결권 있는 발행주식총수 또는 출자총액의 10%(해외자원개발사업을 하는 외국법인의 경우에는 5%) 이상을 배당기준일 현재 6개월 이상 계속 보유하고 있는 외국법인<br>② 위 익금불산입 대상 중 ②에 해당하는 경우에는 지분율에 관계 없이 적용 |
| 익금불산입률 | 수입배당금액의 95% |
| 적용제외<br>(익금 산입 대상) | ① 「국제조세조정에 관한 법률」에 따라 특정외국법인의 유보소득에 대하여 내국법인이 배당받은 것으로 보는 금액 및 해당 유보소득이 실제 배당된 경우의 수입배당금액<br>② 「국제조세조정에 관한 법률」에 따른 특정외국법인의 유보소득 배당간주 규정의 요건을 모두 충족하는 특정 외국법인으로부터 받은 수입배당금액(실제부담세액이 실제발생소득의 15퍼센트 이하인 특정외국법인의 해당 사업연도에 대한 이익의 배당금 등에 한정)<br>③ 혼성금융상품(자본 및 부채의 성격을 동시에 가지고 있는 금융상품으로서 대통령령으로 정하는 금융상품)의 거래에 따라 내국법인이 지급받는 수입배당금액<br>④ 위 ②, ③과 유사한 것으로서 대통령령으로 정하는 수입배당금액 |
| 신청 절차 | 내국법인은 법인세 과세표준 신고 시 외국자회사 수입배당금액 명세서를 납세지 관할 세무서장에게 제출하여야 함. |

## ❺ 그 밖의 익금불산입 항목  중요도 ★★★

| 각 사업연도의 소득으로 이미 과세된 소득 | 동일한 소득에 대해 이중으로 과세하는 것을 방지하기 위해 각 사업연도의 소득으로 이미 과세된 소득(법에 따라 비과세되거나 면제되는 소득을 포함)은 익금으로 보지 않음 | |
|---|---|---|
| 지출 시 손금으로 인정받지 못한 조세의 환급액 | 지출 시 손금불산입 항목 | 환급 시 익금불산입 |
| | 지출 시 손금산입 항목 | 환급 시 익금산입 |
| 보상성격 | 국세·지방세 과오납금의 환급금에 대한 이자 | 국가 또는 지방자치단체가 초과하여 수취한 금액에 대하여 보상의 일종으로 지급하는 환급가산금은 전액 익금불산입함 |
| 부채성격 | 연결모법인이 연결자법인으로부터 지급받았거나 지급받을 연결법인별 법인세 상당액 | 연결모법인이 연결자법인으로부터 지급받았거나 지급받을 연결법인별 법인세는 예수금 성격이기 때문에 익금으로 보지 않음 |
| | 부가가치세 매출세액 | 부가가치세 매출세액은 예수금 성격이기 때문에 익금으로 보지 않음 |

연결자법인은 각 연결사업연도의 종료일이 속하는 달의 말일부터 4개월 이내에 연결법인별 법인세 상당액을 계산하여 연결모법인에게 지급해야 함. 계산한 금액이 음수인 경우에는 연결모법인이 연결자법인에게 지급해야 하며 그 지급받은 금액도 익금으로 보지 않음

### 오쌤 Tip  납부한 조세의 손금산입 여부에 따른 환급금 vs 환급가산금의 익금산입 여부

| 구분 | 관련 조세 | 환급금 | 환급가산금 |
|---|---|---|---|
| 납부 시 손금산입한 조세 | 재산세 등 | 익금산입 | 익금불산입 |
| 납부 시 손금불산입한 조세 | 법인세 등 | 익금불산입 | 익금불산입 |

# 04 손금과 손금불산입

제5편 법인세법

## 1 손금

중요도 ★★★

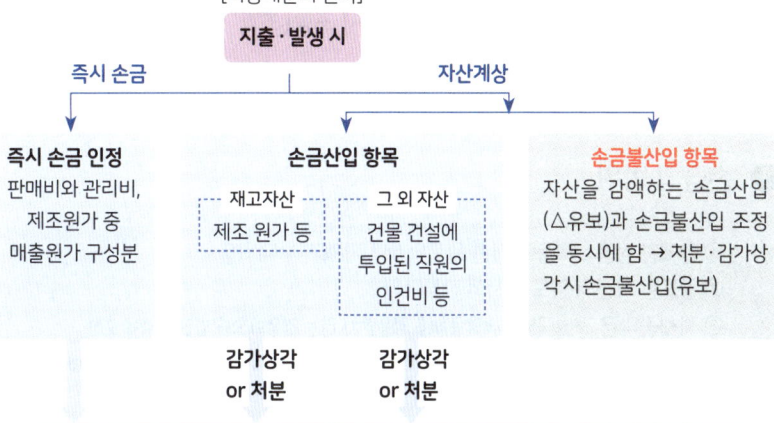

결산서상 당기순이익
( + ) 익금산입 및 손금불산입
( − ) 손금산입 및 익금불산입
　　　　차 가 감 소 득 금 액
( + ) 기 부 금  한 도 초 과 액
( − ) 기부금 한도초과 이월액
　　　각 사 업 연 도 소 득 금 액

**손금**: 해당 법인의 순자산을 감소시키는 거래로 인하여 발생하는 손비

### 손금으로 보는 손비 일반원칙
사업과 관련된 손실·비용으로서
① 수익과 직접 관련 or
② 일반적으로 인정되는 통상적인 것

### 손금으로 보지 않는 것
① 자본 또는 출자의 환급
② 「법인세법」상 손금불산입 항목으로 규정한 것
③ 잉여금 처분

### 주요 손금 항목
① 판매한 상품·제품에 대한 원료의 매입가액과 부대비용
② 세금과 공과금
③ 인건비
④ 양도한 자산의 양도 당시의 장부가액
⑤ 자산의 임차료
⑥ 자산의 평가손실
⑦ 영업자조직 조합·협회에 대한 회비
⑧ 기타 손금항목

### 손금불산입 항목
법인의 순자산을 감소시키더라도 적절치 않다고 규정하여 **손금으로 인정하지 않는** 항목
① 자본거래 및 이익처분
② 별도로 정한 벌과금 및 세금과 공과금
③ 징벌적 목적의 손해배상금
④ 미실현손실
⑤ 각종 한도초과액
⑥ 과다경비
⑦ 업무무관비용
⑧ 업무용승용차 특례
⑨ 지급이자 손금불산입

> **손금의 증명서류 요건**

① 원칙: 법인은 모든 거래에 관한 증명서류를 작성하거나 받아서 **과세표준신고기한이 지난 날부터 5년간** 보관해야 함
② 종류: 법정 적격증명서류(신용카드매출전표·현금영수증·세금계산서 또는 계산서 등), 그 외의 증명서류
③ 미수령 또는 적격증빙서류 외의 증빙서류 수령 시

| 구분 | | 손금 인정 여부 | 증빙서류 수취 불성실가산세 부과 여부 |
|---|---|---|---|
| 증명서류 미수령 | | X (상여, 배당 등) | X |
| 적격증빙서류 외의 증빙서류 | 한 차례 기업업무추진비 지출액이 3만원 초과(경조금은 20만원) | X (기타사외유출) | X |
| | 사업자에게 공급받은 재화나 용역의 건당 거래액이 3만원(VAT 포함) 초과 | ○ | ○ (2% 가산세) |
| | 그 외(3만원 이하) | ○ | X |

## ❶ 손금의 범위  중요도 ★★★

① 판매한 상품·제품에 대한 원료의 매입가액과 부대비용
② 양도한 자산의 양도 당시의 장부가액
③ 제세공과금 → 외국납부세액공제를 적용받지 않는 경우의 외국법인세액을 포함
④ 회수할 수 없는 부가가치세 매출세액 미수금 → 「부가가치세법」에 따라 대손세액공제를 받지 않은 것만 해당
⑤ 인건비
⑥ 업무와 관련있는 해외시찰·훈련비
⑦ 자산의 임차료
⑧ 일정한 자산의 평가차손
⑨ 영업자가 조직한 단체로서 법인이거나 주무관청에 등록된 조합 또는 협회에 지급한 회비
⑩ 장식·환경미화 등의 목적으로 사무실·복도 등 여러 사람이 볼 수 있는 공간에 항상 전시하는 미술품의 취득가액을 그 취득한 날이 속하는 사업연도의 손비로 계상한 경우의 그 취득가액
  → 취득가액이 거래단위별로 1,000만원 이하인 것에 한정
⑪ 보건복지가족부장관이 정하는 무료진료권 또는 새마을진료권에 따라 행한 무료진료의 가액
⑫ 우리사주조합에 출연하는 자사주의 장부가액 또는 금품 ← 기부금으로 보지 않고 전액 손금 인정
⑬ 식품 등(「식품 등 기부 활성화에 관한 법률」에 따른 식품 및 생활용품)의 제조업·도매업 또는 소매업을 영위하는 내국법인이 해당 사업에서 발생한 잉여 식품 등을 같은 법에 따른 제공자 또는 제공자가 지정하는 자에게 무상으로 기증하는 경우 기증한 잉여식품 등의 장부가액
⑭ 광고선전 목적으로 기증한 물품의 구입비용
  → 특정인에게 기증한 물품(개당 3만원 이하의 물품은 제외)의 경우에는 연간 5만원 이내의 금액으로 한정
⑮ 유형자산의 수선비
⑯ 유형자산 및 무형자산의 감가상각비
⑰ 차입금 이자
⑱ 특수관계인으로부터 자산 저가양수 시 시가(또는 취득가액)와 기업회계기준에 따라 장부에 계상한 가액과의 차액에 대한 감가상각비
⑲ 광업의 탐광비(탐광을 위한 개발비 포함)
⑳ 대손사유를 충족한 대손금
㉑ 동업기업 결손금 배분규정에 따라 배분받는 결손금

㉒ 근로청소년을 위한 특별학급 또는 산업체부설 중·고등학교의 운영비, 교육기관이 해당 법인과의 계약에 따라 채용을 조건으로 설치·운영하는 직업교육 훈련과정·학과 등의 운영비, 현장실습에 참여하는 학생들에게 지급하는 수당, 현장실습수업에 참여하는 학생들에게 지급하는 수당
㉓ 임직원이 다음에 해당하는 주식매수선택권 등을 부여하거나 지급한 법인에게 그 행사 또는 지급비용으로서 보전하는 금액
- ㉠ 금융지주회사로부터 부여받거나 지급받은 주식매수선택권 등
  → 주식매수선택권은 법에 따라 주권상장법인이 해당 법인의 임직원 외 관계법인의 임직원에게 부여한 경우에 한정
- ㉡ 해외모법인으로부터 부여받거나 지급받은 주식매수선택권

㉔ 「상법」, 「벤처기업육성에 관한 특별조치법」, 「소재·부품·장비산업 경쟁력강화를 위한 특별조치법」에 따른 주식매수선택권* 또는 「근로복지기본법」에 따른 우리사주매수선택권 또는 금전을 부여받거나 지급받은 자에 대한 다음의 금액
→ 해당 법인의 발행주식총수의 10% 범위에서 부여하거나 지급한 경우로 한정
- ㉠ 주식매수선택권 또는 우리사주매수선택권을 부여받은 경우로서 약정된 주식매수시기에 **약정된 주식의 매수가액과 시가의 차액**을 금전 또는 해당 법인의 주식으로 지급하는 경우의 해당 금액
- ㉡ 주식매수선택권 또는 우리사주매수선택권을 부여받은 경우로서 약정된 주식매수시기에 주식매수선택권 또는 우리사주매수선택권 행사에 따라 주식을 시가보다 낮게 발행하는 경우 **그 주식의 실제 매수가액과 시가의 차액**
- ㉢ 주식기준보상으로 금전을 지급하는 경우 해당 금액

*상장법인이 「상법」 제542조의3에 따라 주식매수선택권을 부여하는 경우는 해당 법인의 임직원에게 주식매수선택권을 부여하는 경우로 한정 NEW

㉕ 중소기업 및 중견기업이 핵심인력성과보상기금('내일채움공제')에 부담하는 기여금
㉖ 임원 또는 직원(지배주주 등인 자는 제외)의 사망 이후 유족에게 학자금 등으로 일시적으로 지급하는 금액
  ← 구체적으로 임직원의 사망 전에 정관이나 주주총회·사원총회·이사회의 결의에 의해 결정되어 임직원에게 공통적으로 적용되는 지급기준에 따라 지급되는 것
㉗ 다음 기금에 출연하는 금품
- ㉠ 「근로복지기본법」에 따른 사내근로복지기금 및 공동근로복지기금
- ㉡ 내국법인의 협력중소기업이 설립한 사내근로복지기금 및 공동근로복지기금

㉘ 그 밖의 손비로서 법인에 귀속되었거나 귀속될 금액

## ❷ 주요 손금 항목

중요도 ★★★

### 2.1 판매한 상품·제품에 대한 원료의 매입가액과 부대비용

「부가가치세법」과 「조세특례제한법」에 따라 공제받은 매입세액

| 원료의 매입가액 | 매입액 - 매입에누리 - 매입환출 - 매입할인 - 의제매입세액 |
|---|---|
| 판매부대비용 | 판매한 상품·제품의 보관료, 포장비, 운반비, 판매장려금 및 판매수당 등 |

사전 약정 없이 지급하는 경우에도 기업업무추진비로 보지 않고 전액 손금 인정

## 2.2 세금

| 원칙 | 업무와 관련된 것인 한 원칙적으로 손금으로 인정 | |
|---|---|---|
| | 구분 | 종류 |
| | 지출하는 사업연도에 손금으로 인정되는 것 | 인지세, 재산세, 종합부동산세, 자동차세, 주민세 등 |
| | 원가에 가산한 후 추후 손금으로 인정되는 것 | 취득세(농어촌특별세와 지방교육세 포함)·등록면허세 등 |

| 예외 | 손금불산입으로 규정된 다음의 것은 손금불산입함 | |
|---|---|---|
| | 법인세 및 법인지방소득세·농어촌특별세 | 이익처분하는 성격의 조세이므로 손금불산입하며 본세인 법인세에 종속되어 있는 농어촌특별세 또한 본세의 성격과 동일하게 손금불산입함 |
| | 연결법인세비용 | 연결자법인이 연결모법인에 지급하는 법인세 비용도 손금불산입 항목에 해당함 ↳ 계산한 금액이 음수인 경우에는 연결모법인이 연결자법인에게 지급해야 하며 그 금액도 손금불산입 항목에 해당함 |
| | 선급금 성격의 간접세 | ① 부가가치세 매입세액 (일부 손금산입 예외)<br>② 판매하지 아니한 제품에 대한 반출필의 개별소비세, 주세 또는 교통·에너지·환경세의 미납액 (단, 제품가격에 그 세액상당액을 가산한 경우에는 예외) |
| | 제재 성격의 세금<br>(가산세 포함) | 의무불이행으로 납부하였거나 납부할 세액은 손금불산입함 |

**오쌤 Tip** 부가가치세 매입세액 中 매입세액공제 대상이 아닌 경우 「법인세법」상 처리

| 구분 | 내용 | |
|---|---|---|
| 손금불산입<br>(법인에게<br>귀책사유가<br>있음) | ⓐ 등록 전 매입세액<br>ⓑ 사업과 관련없는 매입세액<br>ⓒ 세금계산서 미수령·부실기재분 매입세액, 매입처별세금계산서합계표 미제출·부실기재분 매입세액 | |
| 손금산입<br>(법인에게<br>귀책사유가<br>없음) | ⓓ 토지조성 관련 매입세액<br>ⓔ 비영업용승용자동차의 구입, 임차, 유지관련 매입세액<br>ⓕ 영수증 교부거래분 매입세액<br>ⓖ 면세 관련 매입세액 | ㉮ 자본적 지출: 취득원가 가산 후 감가상각, 처분과정을 거쳐 손금 인정<br>㉯ 수익적 지출: 지출한 사업연도의 손금 인정 |
| | ⓗ 기업업무추진비 관련 매입세액 | 기업업무추진비로 보아 한도액의 범위에서 손금 인정 |
| | ⓘ 간주임대료 관련 매입세액 | 임차인 또는 임대인 중 부담한 자의 손금으로 인정 |

## 2.3 공과금

| 원칙 | 손금으로 인정 (EX▶ 폐기물처리부담금, 교통유발부담금) |
|---|---|
| 예외 | 다음의 것은 손금불산입함<br>㉠ 법령에 따라 **의무적으로 납부하는 것이 아닌** 공과금<br>㉡ 법령에 따른 **의무의 불이행** 또는 금지·제한 등의 **위반을 이유로** NEW 부과되는 공과금<br>　　(EX▶ 장애인고용부담금, 폐수배출부담금) |

## 2.4 인건비

### 2.4.1 일반급여

| 원칙 | 급여·임금·급료·보수·수당 등 일반급여는 손금으로 인정하며, 다음의 요건을 모두 갖춘 인건비도 손금으로 인정함<br>㉠ 중소기업 및 중견기업인 내국법인이 지급할 것<br>㉡ 해당 내국법인이 발행주식 총수 또는 출자지분의 100%를 직접 또는 간접 출자한 해외현지법인에 파견된 임원 또는 직원에게 지급할 것<br>㉢ 해당 내국법인이 지급한 인건비(퇴직급여를 포함)로서「소득세법」에 따라 근로소득세를 원천징수한 인건비가 해당 내국법인 및 해외출자법인이 지급한 인건비 합계의 50% 미만일 것 |
|---|---|
| 예외 | 다음의 경우에는 적합한 보수가 아닌 것으로 보고 손금불산입함<br>㉠ 합명회사·합자회사의 **노무출자사원**에 지급하는 보수 → 이익처분에 의해 지급하는 상여로 봄<br>㉡ 법인이 지배주주 등(특수관계인 포함)인 임원 또는 직원에게 **정당한 사유 없이** 동일 직위에 있는 지배주주 등 외의 임원 또는 직원에게 지급하는 금액을 **초과하여 지급**하는 보수<br>㉢ 비상근임원에게 지급하는 보수 중 **부당행위계산에 해당**하는 보수 |

### 2.4.2 상여금

| 구분 | 직원 | 임원 |
|---|---|---|
| 일반 상여금 | 손금 인정<br>↳ 급여지급기준 초과 여부와 무관하게 손금으로 인정 | 손금 인정<br>↳ but 급여지급기준 초과 시 손금불산입 |
| 이익처분에 의해 지급하는 상여금 | 손금불산입 | 손금불산입 |

### 2.4.3 퇴직급여: 퇴직급여를 지급한 경우

| 구분 | 직원 | 임원 |
|---|---|---|
| 현실적 퇴직으로 퇴직급여를 지급한 경우 | 손금 인정 | 손금 인정 but **한도 초과 시 손금불산입**<br>[1순위] 정관에 퇴직급여(퇴직위로금 등 포함)로 지급할 금액이 정해진 금액<br>[2순위] 퇴직 전 1년간 총급여액[*1] × 10% × 근속연수<br>　　　　1년 미만은 월수로 계산<br>　　　　1개월 미만은 절사 |
| 비현실적 퇴직으로 퇴직급여를 지급한 경우 | 손금불산입 (유보) | 손금불산입 (유보) → 이후 현실적 퇴직이 있을 때 손금에 산입됨 |

[*1] 「소득세법」에 따라 ㉠근로의 제공으로 인하여 받는 봉급·급료·상여·기타 이와 유사한 급여 및 ㉡이익처분에 따라 받은 상여금에 해당하는 금액으로 하되, 「소득세법」상 비과세 근로소득, 손금불산입되는 인건비, 「법인세법」에 의해 상여로 소득처분된 금액, 퇴직으로 인하여 받는 소득으로서 퇴직소득에 속하지 않는 소득, 직무발명보상금은 제외

> **현실적 퇴직**
> ① 직원이 임원으로 취임한 경우
> ② 상근임원이 비상근임원으로 된 경우
> ③ 임원 또는 직원이 그 법인의 조직변경·합병·분할 또는 사업양도에 따라 퇴직한 때
> ④ 「근로자퇴직급여 보장법」의 규정에 따라 퇴직금을 중간정산하여 지급한 경우[*2]
> ⑤ 정관에서 위임된 퇴직급여지급규정에 따라 법에 정한 사유로 임원에게 퇴직급여를 중간정산하여 지급한 때[*2]

[*2] 종전에 퇴직급여를 중간정산하여 지급한 적이 있는 경우에는 직전 중간정산 대상기간 종료일의 다음 날부터 기산하여 퇴직급여를 중간정산하는 경우만 해당

**EX 비현실적 퇴직으로 퇴직급여를 지급한 경우 예시**

| 기업회계기준 | 「법인세법」 |
|---|---|
| 임원이 연임된 때 퇴직급여 100을 지급한 경우 | 임원이 연임된 때 퇴직급여 100을 지급한 경우 |
| (차) 퇴직급여 100　　(대) 현금 100 | (차) **업무무관가지급금** 100　　(대) 현금 100 |
| ↓ 손금불산입 100(유보) | ↑ 업무무관가지급금이므로 업무무관자산에 대한 지급이자 손금불산입, 가지급금 인정이자 익금산입 추가조정 |

'비현실적 퇴직'이란 다음의 경우를 말함
① 임원이 연임된 경우
② 법인의 대주주 변동으로 인하여 계산의 편의, 기타 사유로 전 직원에게 퇴직급여를 지급한 경우
③ 외국법인의 국내지점 종업원이 본점(본국)으로 전출하는 경우
④ 정부투자기관 등이 민영화됨에 따라 전 종업원의 사표를 일단 수리한 후 다시 채용한 경우
⑤ 「근로자퇴직급여 보장법」에 따라 퇴직급여를 중간정산하기로 하였으나 이를 실제로 지급하지 않은 경우

### 2.4.4 해산수당

: 법인의 해산에 의하여 퇴직하는 임원 또는 직원에게 지급하는 해산수당 또는 퇴직위로금 등은 **최종 사업연도의 손금**으로 함

### 2.4.5 복리후생비

| | |
|---|---|
| 원칙 | 사회통념상 타당하다고 인정되는 다음의 복리후생비는 임원·직원(파견근로자 포함) 불문하고 손금으로 인정<br>① 법에 따른 국민건강보험료·고용보험료 등의 사용자부담분<br>② 직장체육비와 직장문화비, 우리사주조합의 운영비 등<br>③ 그 밖에 사회통념상 타당하다고 인정되는 범위에서 지급되는 경조사비 등 |
| 예외 | 그 외의 것은 손금불산입 |

### 2.4.6 여비와 교육훈련비 및 해외시찰·훈련비

| | |
|---|---|
| 원칙 | 임직원을 위해 지출하는 여비와 교육훈련비는 손금으로 인정. 또한 업무수행상 통상 필요하다고 인정되는 부분에 해당하는 해외시찰비와 훈련비는 손금으로 함 |
| 예외 | 법인이 임직원이 아닌 지배주주 등(특수관계 있는 자 포함)에게 지급한 여비 또는 교육훈련비는 손금불산입 |

### 2.4.7 임원 또는 종업원 등에 대한 할인금액

| | |
|---|---|
| 할인금액 NEW | 「소득세법」상 근로소득으로 보는 임원 또는 종업원 등에 대한 할인금액에 해당하는 경우 (link-p.453)로서 해당 임원 또는 직원이 얻는 이익에 상당하는 금액 |

## 2.5 영업자조직 조합·협회에 대한 회비

: 조합 또는 협회가 법령 또는 정관이 정하는 바에 따라 정상적인 회비징수방법에 의하여 경상경비 충당 등을 목적으로 조합원 또는 회원에게 부과하는 회비는 손금으로 인정함

| 구분 | 처리 |
|---|---|
| ① 영업자가 조직한 단체로서 법인이거나 주무관청에 등록한 조합 또는 협회에 지급한 회비 (법정단체) | 손금산입 |
| ② 위 이외에 임의로 조직된 조합 또는 협회에 지급한 회비(임의단체) | 손금불산입 |

## 2.6 자산의 양도와 임차료

| | |
|---|---|
| 양도한 자산의 양도 당시의 장부가액 | 재고자산 외의 자산의 양도 시, 해당 자산의 양도 당시의 장부가액을 손금에 산입함<br>→ 재고자산의 경우엔 '2.1 판매한 상품·제품에 대한 원료의 매입가액과 부대비용'에 해당 |
| 자산의 임차료 | 법인이 자산을 임차하고 지급하는 임차료는 손금에 산입함. 또한 임차법인이 부담한 임차보증금에 대한 간주임대료에 대한 부가가치세도 손금에 산입함. 이때, 간주임대료에 대한 부가가치세를 임대 법인이 부담하는 경우에는 임대 법인의 손금으로 산입함 (즉, 부담한 자의 손금으로 인정) |

## 2.7 자산의 평가손실

: 자산의 평가손실은 미실현손실로서 손금으로 인정하지 않으나 다음 중 어느 하나에 해당하는 자산은 그 장부가액을 감액사유가 발생한 사업연도(②에 해당하는 경우에는 파손·멸실이 확정된 사업연도를 포함)에 평가액으로 감액하고, 손비로 계상하면 손금으로 인정함

| 구분 | 감액 사유 | 평가액 |
|---|---|---|
| ① 재고자산 | 재고자산으로서 파손·부패 등의 사유로 정상가격으로 판매할 수 없는 것 | 사업연도 종료일 현재의 처분 가능한 시가 |
| ② 유형자산 | 유형자산으로서 천재지변, 화재, 법령에 따른 수용 등, 채굴예정량의 채진으로 인한 폐광(토지를 포함한 광업용 유형자산이 그 고유의 목적에 사용될 수 없는 경우를 포함) 등의 사유로 파손 또는 멸실된 것 | 사업연도 종료일 현재의 시가 |
| ③ 유가증권 | 주식 등을 발행한 법인이 파산한 경우의 해당 주식 등<br>→ 상장·비상장 불문<br><br>일정한 주식 등을 발행한 법인이 부도가 발생한 경우 등 일정한 사유에 해당할 경우<br><br>㉠ 주권상장법인이 발행한 주식 등<br>㉡ 중소기업창업투자회사 또는 신기술사업금융업자가 보유하는 주식 등 각각 창업자 또는 신기술사업자가 발행한 것<br>㉢ 특수관계인이 아닌 비상장법인이 발행한 주식 등<br><br>㉠ 부도가 발생한 경우<br>㉡ 「채무자 회생 및 파산에 관한 법률」에 따른 회생계획인가의 결정을 받은 경우<br>㉢ 「기업구조조정촉진법」에 따른 부실징후기업이 된 경우<br><br>비상장법인과 특수관계인에 해당하는 유무를 판단할 때 주식 등의 발행법인의 발행주식총수 또는 출자총액의 5% 이하를 소유하고 그 취득가액이 10억원 이하인 주주 등에 해당하는 법인은 소액주주 등으로 보아 특수관계인에 해당하는 지를 판단함 | 사업연도 종료일 현재의 시가<br>(비망가액 1,000원) |

## 2.8 임직원 손해배상금 지출액

: 법인이 임원·직원의 행위 등으로 인하여 타인에게 손해를 끼침으로써 손해배상금을 지출한 경우 다음 요건을 **모두 충족**하면 손금으로 인정함

↪ 교통사고 벌과금은 업무관련성이 인정되더라도 전액 손금불산입함 주의

① 업무관련성이 있을 것
② 임원·직원의 고의·중과실로 인한 것이 아닐 것

### 2.9 미술품 취득비용

| 원칙 | 미술품 취득원가로 자산 계상 |
|---|---|
| 예외 | 다음 요건을 **모두 충족**할 경우 취득한 날이 속하는 사업연도의 손비로 계상하면 손금으로 인정함<br>① 장식·환경미화 등의 목적일 것<br>② 사무실·복도 등 여러 사람이 볼 수 있는 공간에 항상 전시하는 미술품일 것<br>③ 미술품의 취득가액이 거래단위별로 1,000만원 이하인 것<br>→ 1,000만원 초과하는 미술품은 전액 손금불산입, 초과분만 손금불산입 아님 주의 |

### 2.10 기부금 성격의 전액 손금인정 특례

① 보건복지가족부장관이 정하는 무료진료권 또는 새마을진료권에 따라 행한 무료진료의 가액
② 우리사주제도를 실시하는 법인이 우리사주조합에 출연하는 자사주의 장부가액 또는 금품
③ 「식품 등 기부 활성화에 관한 법률」에 따른 식품 및 생활용품의 제조업·도매업 또는 소매업을 영위하는 내국법인이 해당 사업에서 발생한 잉여 식품 등을 같은 법에 따른 제공자 또는 제공자가 지정하는 자에게 무상으로 기증하는 경우 기증한 잉여식품 등의 장부가액

### 2.11 광고선전비

| 원칙 | 광고선전 목적으로 기증한 물품의 구입비용은 전액 손금으로 인정 |
|---|---|
| 예외 | 특정인에 기증한 물품(개당 3만원 이하의 물품은 제외)의 경우 연간 5만원 이내의 금액에 한정하여 손금에 산입하며, 5만원을 초과하는 경우 전액을 특정거래처에 대한 기업업무추진비로 보아 한도 내에서 손금산입 |

### 2.12 「보험업법」에 따른 보험회사의 책임준비금 증가액

| 원칙 | 「보험업법」에 따른 보험회사의 책임준비금 증가액으로서 보험감독회계기준에 따라 비용으로 계상된 금액은 손금으로 봄 |
|---|---|
| 예외 | 할인율의 변동으로 인한 책임준비금 공정가치 평가금액은 제외함 |

## 2 손금불산입

### ❶ 자본거래 및 이익처분

① 결산 확정 시 잉여금의 처분을 손비로 계상한 금액: 잉여금은 손금이 차감되어 계산된 금액이므로 잉여금을 처분하여 배당금 등을 지급할 때 손금으로 다시 산입할 수 없음
② 주식할인발행차금 ← [비교] 사채할인발행차금은 강제 손금산입 항목, 주식발행초과금은 익금불산입 항목
③ 감자차손 ← [비교] 감자차익은 익금불산입 항목

## ❷ 세법에서 정한 세금과 공과금 등

> 외국자회사 수입배당금액의 익금불산입 규정이 적용되는 수입배당금에 대하여 외국에 납부한 세액과 외국납부세액공제를 적용하는 경우의 외국법인세액을 포함

중요도 ★★★

| 세법에서 정한 세금 | ① 세법에서 정한 다음의 세금은 손금불산입함 | | |
|---|---|---|---|
| | 이익처분적 성격 | 법인세, 법인 지방소득세, 법인세에 대한 농어촌특별세 | |
| | 간접세 | ⊙ 부가가치세 매입세액(일정한 것은 제외)<br>ⓒ 반출하였으나 판매하지 아니한 제품에 대한 개별소비세 또는 주세의 미납액<br>(단, 제품가격에 그 세액에 상당하는 금액을 가산한 경우는 예외) | |
| | ② **의무불이행**으로 납부하였거나 납부할 세액(가산세 포함)은 손금불산입함 | | |
| 벌금·과료·과태료, 가산금 및 강제징수비 | **벌금 등**은 징벌목적의 취지에서 손금불산입함 ← [비교] 벌과금은 손금불산입, 연체금은 손금으로 인정됨 | | |

**벌금 등으로 보아 손금불산입하는 항목**
① 법인의 임원 또는 직원이 「관세법」을 위반하고 지급한 벌과금
② 교통사고벌과금 ← 업무관련성 여부와 상관없이 손금불산입
③ 산업재해보상보험료의 가산금
④ 금융기관이 최저예금지불준비금 부족으로 한국은행에 납부하는 과태료
⑤ 「국민건강보험법」에 따라 징수하는 연체료
⑥ 외국의 법률에 의하여 국외에서 납부한 벌금

**벌금 등에 해당하지 않아 손금으로 인정되는 항목**
① 사계약상의 의무불이행으로 인하여 과하는 지체상금(정부와 납품계약으로 인한 지체상금을 포함하며, 구상권행사가 가능한 지체상금은 제외)
② 보세구역에 장치되어 있는 수출용 원자재가 「관세법」상의 장치기간 경과로 국고귀속이 확정된 자산의 가액
③ 연체이자 등
  ⊙ 전기요금의 납부지연으로 인한 연체가산금
  ⓒ 산업재해보상보험료의 연체금
  ⓒ 국유지사용료의 연체료
  ⓔ 철도화차사용료의 미납액에 대한 연체이자

## ❸ 손해배상금

중요도 ★★☆

| 원칙 | 손금 | | |
|---|---|---|---|
| 예외 | 징벌적 목적의 손해배상금으로서 실제 발생한 손해를 초과하여 지급하는 금액은 손금불산입함 | | |
| | ① 실제 발생한 손해액을 아는 경우 | 법률(외국의 법령을 포함) 또는 그 밖에 이와 유사한 방식으로 실제 발생한 손해액의 일정배수를 한도로 손해배상 책임을 정하는 법률에 따른 손해배상금 중 **실제 발생한 손해액을 초과**하여 지급하는 금액을 손금불산입 | |
| | ② 실제 발생한 손해액을 모르는 경우 | 다음 계산식에 따라 계산한 금액을 손금불산입<br><br>손금불산입 대상 손해배상금 = ⊙ × $\dfrac{ⓒ - 1}{ⓒ}$<br><br>⊙: 법률에 따라 지급한 손해배상금<br>ⓒ: 법률상 손해배상액의 상한이 되는 배수 | |

## ❹ 업무용승용차 특례    중요도 ★★★

| 범위 | 개별소비세 과세대상 승용자동차 중 다음의 승용차(영업용 승용차)를 제외한 것 ① 운수업, 자동차판매업, 자동차임대업, 운전학원업, 무인경비업 등에 해당하는 업종 또는 시설대여업에서 사업상 수익을 얻기 위하여 직접 사용하는 승용자동차 ② 장례식장 및 장의관련 서비스업 영위 법인이 소유하거나 임차한 운구용 승용자동차 ③ 연구개발 목적으로 국토교통부장관의 임시운행허가를 받은 자율주행 승용자동차 |
|---|---|
| 감가상각 의무화 | 2016.1.1.이후 개시하는 사업연도에 취득하는 업무용승용차에 대한 감가상각비의 경우 **정액법(내용연수 5년)**을 적용하여 계산한 감가상각비를 손금에 산입해야 함 |
| 업무무관 사용금액 손금불산입 | 업무용승용차를 취득하거나 임차함에 따라 해당 사업연도에 발생하는 업무용승용차 관련비용 중 업무사용금액에 해당하지 않는 금액은 해당 사업연도의 소득금액을 계산할 때 손금에 산입하지 않음 (감가상각비, 임차료, 유류비 등 업무용승용차의 취득·유지를 위해 지출한 비용 / 귀속자에 따라 배당, 상여, 기타소득 등으로 소득처분)  **업무전용자동차보험 등** ① 업무전용자동차보험에 가입한 경우   업무사용금액 = 업무용승용차 관련비용 × 업무사용비율 ② 업무전용자동차보험에 가입하지 않은 경우: 전액 손금 불인정 ③ 법인업무용 자동차번호판을 부착하여야 하는 업무용승용차가 해당 자동차번호판을 부착하지 않은 경우: 전액 손금 불인정  **업무사용비율** ㉠ 운행기록 등을 작성·비치한 경우: $\dfrac{업무용 사용거리}{총주행거리}$ ㉡ 운행기록 등을 작성·비치하지 않은 경우 | 해당 사업연도의 업무용승용차 관련비용이 1,500만원[*1] 이하인 경우 | 100% | | 해당 사업연도의 업무용승용차 관련비용이 1,500만원[*1]을 초과하는 경우 | $\dfrac{1,500만원^{*1}}{업무용승용차 관련비용}$ |  [*1] 해당 사업연도가 1년 미만인 경우에는 월할계산한 금액을 기준으로 하며, 부동산임대업을 주업으로 하는 내국법인 등은 500만원 |

| | |
|---|---|
| 감가상각비 한도초과액 | 업무무관 사용금액의 손금불산입의 규정을 적용할 때 업무사용금액 중 다음에 해당하는 비용이 해당 사업연도에 각각 800만원(부동산임대업을 주업으로 하는 법인 등은 400만원)을 초과하는 경우 그 한도초과액은 해당 사업연도의 손금에 산입하지 않고 이월방법에 따라 이월한 후 손금에 산입함<br>① 업무용승용차별 감가상각비<br>② 업무용승용차별 임차료 중 감가상각비 상당액<br><br>**감가상각비 한도 초과액**<br>각 업무용승용차별로 감가상각비 한도초과액은 다음과 같이 계산함<br>① 업무용승용차별 감가상각비 × 업무사용비율 - 800만원(400만원) → 손금불산입 (유보)<br>② 업무용승용차별 임차료 중 감가상각비 상당액 × 업무사용비율 - 800만원(400만원) → 손금불산입 (기타사외유출)<br><br>**이월액**<br>감가상각비 한도초과액은 다음 각 방법에 따라 산정한 금액을 한도로 이월하여 손금에 산입함<br><br>\| 감가상각비 이월액 \| 해당 사업연도의 다음 사업연도부터 업무용승용차의 업무사용금액 중 **감가상각비**가 800만원(400만원)에 미달하는 경우 그 미달하는 금액을 한도로 하여 손금으로 추인함 \|<br>\| 임차료 중 감가상각비 상당액 이월액 \| 해당 사업연도의 다음 사업연도부터 업무용승용차의 업무사용금액 중 **감가상각비 상당액**이 800만원(400만원)에 미달하는 경우 그 미달하는 금액을 한도로 손금에 산입함 \| |
| 처분손실 한도초과액 | 업무용승용차를 처분하여 발생하는 손실 중 다음의 한도초과액은 해당 사업연도에 손금에 산입하지 않고 기타사외유출로 소득처분함<br><br>처분손실 한도초과액 = 업무용승용차 처분손실 - 800만원(400만원)<br><br>해당 사업연도의 다음 사업연도부터 800만원(400만원)을 균등하게 손금산입(기타)하되, 남은 금액이 800만원(400만원) 미만인 사업연도에는 남은 금액을 모두 손금산입(기타)함 |
| 명세서 제출의무 | 업무용승용차 관련비용 또는 처분손실을 손금에 산입한 법인은 법인세과세표준 신고와 함께 업무용승용차 관련비용 명세서를 첨부하여 납세지 관할 세무서장에게 제출해야 함 |
| 명세서 미제출 가산세 등 | 업무용승용차 관련 비용을 손금산입하여 신고한 사업자가 해당 명세서를 미제출·불성실 제출한 경우<br>① 미제출: 신고 시 업무용승용차 관련비용으로 손금산입한 금액 전체 × 1%<br>② 불성실: 신고 시 업무용승용차 관련비용으로 손금산입한 금액 중 사실과 다른 금액 × 1% |
| 해산하는 경우 | 내국법인이 해산(합병·분할 또는 분할합병에 따른 해산을 포함)한 경우에는 업무용승용차별 임차료 중 감가상각비 상당액 이월액 및 업무용승용차 처분손실로서 800만원(400만원) 초과이월액 중 남은 금액을 해산등기일(합병·분할 또는 분할합병에 따른 해산의 경우에는 합병등기일 또는 분할등기일)이 속하는 사업연도에 모두 손금에 산입함 |

## ❺ 기타

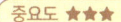 중요도 ★★★

| 미실현손실 | 자산의 평가손실 중 임의평가손실은 미실현손실이므로 원칙적으로 손금불산입함 → [비교] 자산의 평가이익 중 임의평가이익은 익금불산입 항목 |
|---|---|
| 각종 한도초과액 | 법에 정한 한도를 초과한 감가상각비, 기업업무추진비, 기부금, 충당금, 비지정기부금 등은 손금불산입함 |
| 지급이자 | 세법에서 정한 일정한 지급이자는 손금불산입함(link-p.348) |
| 과다경비 | 과다하게 지출된 다음의 경비는 손금불산입함<br>① 세법에서 정한 인건비: 상여금 및 퇴직급여 한도초과액 등<br>② 임직원이 아닌 지배주주(특수관계인 포함)에게 지급한 여비와 교육훈련비<br>③ 공동경비 기준초과액: 법인이 그 법인 외의 자와 동일한 조직 또는 사업 등을 공동으로 운영하거나 경영함에 따라 발생되거나 지출된 손비 중 분담금액을 초과하는 금액 |
| 업무무관비용 | 다음의 비용은 주요 업무와 관련없는 지출이므로 손금불산입함<br>① 업무무관자산*¹을 취득 및 관리함으로써 생기는 비용, 유지비, 수선비 및 이에 관련되는 비용<br>② 주주 등(1% 미만의 소액 주주 제외)이 사용하는 사택·물건 등에 대한 유지비 및 이와 관련된 지출금 → 이외의 임원·직원이 사용하고 있는 사택은 손금<br>③ 해당 법인이 공여한 「형법」 등에 따른 뇌물에 해당하는 금전 및 금전 외의 자산과 경제적 이익의 합계액<br>④ 법을 위반하여 지급하는 노조전임자 급여<br>⑤ 업무무관자산을 취득하기 위하여 지출한 자금의 차입과 관련되는 비용<br>⑥ 대손불능채권의 처분 손실 → 보증채무대위변제로 인한 구상채권과 특수관계인에 대한 업무무관가지급금 |

*¹

| 구분 | 업무무관자산의 범위 |
|---|---|
| ㉠ 업무무관부동산 | ⓐ 법인의 업무에 직접 사용하지 않는 부동산(다만, 유예기간*이 경과하기 전까지의 기간 중에 있는 부동산은 제외)<br>ⓑ 유예기간 중에 해당 법인의 업무에 직접 사용하지 않고 양도하는 부동산(부동산매매업을 주업으로 영위하는 법인의 경우는 제외) |
| ㉡ 업무무관동산 | ⓐ 서화 및 골동품(장식·환경미화 등의 목적으로 사무실·복도 등 여러 사람이 볼 수 있는 공간에 상시 비치되는 것은 제외)<br>ⓑ 업무에 직접 사용하지 않는 자동차·선박 및 항공기<br>ⓒ 기타 위 ⓐ·ⓑ와 유사한 자산으로서 해당 법인의 업무에 직접 사용하지 않는 자산 |

* '유예기간'이란 다음에 해당하는 기간을 말한다(법칙 26 ①).
  ① 건축물 또는 시설물 신축용 토지는 취득일로부터 5년
  ② 부동산매매업을 주업으로 하는 법인이 취득한 매매용 부동산은 취득일로부터 5년
  ③ 위 외의 부동산은 취득일로부터 2년

**오쌤 Tip** 업무무관자산의 취득, 보유, 처분단계에서의 세법상 처리

| 취득단계 | 보유단계 | 처분단계 |
|---|---|---|
| 취득세를 자산 원가로 인정함 (특례) | ㉠ 감가상각비 → 손금불산입(유보)<br>㉡ 기타 조세 (재산세, 종합부동산세) → 손금불산입(기타사외유출) | 양도가액 → 익금<br>장부가액 → 손금 |

# 05 손익의 귀속시기

## 1 권리의무확정주의

중요도 ★★☆

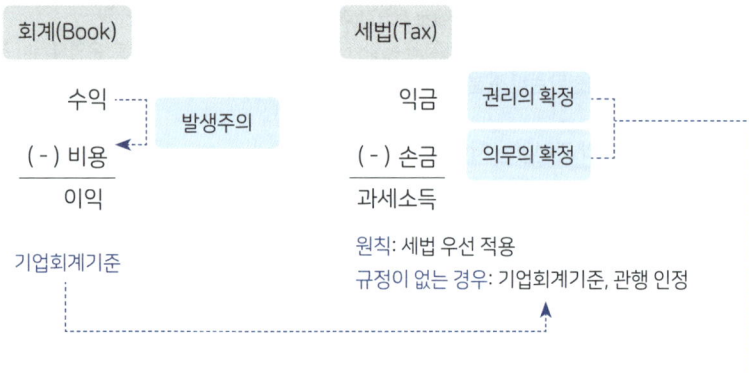

'권리의무확정주의'란 임의적인 손익의 귀속을 방지하기 위하여 익금은 수취할 권리가 확정된 시점에, 손금은 그 의무가 확정된 시점에 인식하도록 하는 손익 인식의 원칙

| 세법과 기업회계의 우선 관계 | 세법을 우선적으로 적용하고 세법에 달리 규정이 없는 경우에만 기업회계기준 또는 관행을 따름 |
|---|---|
| 세법 규정체계 | ① 자산의 판매손익 등의 귀속사업연도<br>② 용역제공 등에 의한 손익의 귀속사업연도<br>③ 이자소득 등의 귀속사업연도<br>④ 임대료 등 기타 손익의 귀속사업연도 |

## 2 자산의 판매손익 등의 귀속사업연도

### ❶ 일반적인 판매의 귀속시기  중요도 ★★★

| ① 재고자산 | 재고자산을 인도한 날(단, 부동산매매업을 하는 법인의 부동산은 아래 ②를 적용) |||
|---|---|---|---|
| | '인도한 날'이란 다음 경우별 규정된 날을 말함 |||
| | 납품계약·수탁가공계약에 의하여 물품을 납품하거나 가공하는 경우 | 해당 물품을 계약상 인도해야 할 장소에 보관한 날<br>← 계약에 따라 검사를 거쳐 인수 및 인가가 확정되는 물품의 경우 당해 검사가 완료된 날 ||
| | 물품을 수출하는 경우 | 수출물품을 계약상 인도해야 할 장소에 보관한 날<br>← 계약상 명시가 없는 경우 선적을 완료한 날 ||
| | 상품권을 발행하는 경우 | 그 상품권과 교환으로 제품 등을 인도한 날<br>← 상품권을 판매하는 날이 아님 주의 ||
| ② 재고자산 외 자산 | 대금청산일, 소유권 이전등기·등록일, 인도일, 사용수익일 중 빠른 날<br>→ 대금청산일에 어음을 받은 때에는 그 어음이 실제로 결제된 날을 대금청산일로 봄 |||
| ③ 재고자산의 시용 판매 | 상대방이 재고자산에 대한 구입의 의사를 표시한 날<br>← 반송기간 또는 거절기간이 지나면 그 판매가 확정되는 경우 그 기간의 만료일 |||
| ④ 위탁판매 | 수탁자가 그 위탁자산을 매매한 날 ← 위탁자가 수탁자에게 자산을 인도한 날이 아님 주의 |||
| ⑤ 매출할인 | 상대방과의 약정에 따른 지급기일(그 지급기일이 정해져 있지 않은 경우에는 지급한 날) |||
| ⑥ 유가증권의 매매 | 증권시장에서 보통거래방식으로 한 유가증권의 매매: 매매계약을 체결한 날<br>← 유가증권을 인도한 날이 아님 주의 |||

### ❷ 할부판매  중요도 ★★★

| 단기할부판매 | | 인도기준 + 명목가액 평가 |
|---|---|---|
| 장기할부판매 | 조건 | ① 대가를 2회 이상 분할하여 수입할 것<br>② 인도일(상품 등 외의 자산은 소유권이전 등기·등록일, 인도일, 사용수익일 중 빠른 날)의 다음 날부터 **최종할부금의 지급기일까지의 기간이 1년 이상**일 것 |
| | 기준 | 각 사업연도에 회수하였거나 회수할 금액과 이에 대응하는 비용을 각각 해당 사업연도의 익금과 손금에 산입<br>중소기업인가?<br>YES ① 원칙: 인도기준 + 명목가액 평가<br>② 예외: 회수기일도래기준 계상 여부에 관계없이 적용 가능(인도기준으로 계상 후 신고조정으로 회수기일도래기준 적용 가능)<br>NO ① 원칙: 인도기준 + 명목가액 평가<br>② 예외: 회수기일도래기준에 따라 **계상한 경우에만** 회수기일도래기준 적용 가능<br>→ 기업회계기준에 따라 현재가치할인차금*1을 계상한 경우 현재가치평가 인정 |
| | | *1 채권 회수기간 동안 기업회계기준에 따라 환입하였거나 환입할 금액을 각 사업연도의 익금에 산입 |

## ❸ 용역제공 등에 대한 특례  중요도 ★★★

| 원칙<br>진행기준 | 건설 등(도급공사 및 예약매출 포함)의 제공으로 인한 익금과 손금은 그 목적물의 건설 등의 **착수일이 속하는 사업연도부터 그 목적물의 인도일**(용역제공의 경우에는 그 제공을 완료한 날)이 속하는 사업연도까지 **작업진행률**을 기준으로 하여 **계산한 수익과 비용을 각각 해당 사업연도의 익금과 손금**에 산입함<br><br>공사계약의 해약으로 인해 확정된 금액과 진행기준에 의한 금액 간 차액이 발생하는 경우 차액을 해약일이 속하는 사업연도의 익금 또는 손금에 산입함<br><br>$$작업진행률 = \frac{해당\ 사업연도\ 말까지\ 발생한\ 총공사비\ 누적액}{총공사예정비}$$<br><br>세법에서는 공사손실충당금을 인정하지 않기 때문에 충당금의 계상은 손금으로 인정되지 않음 주의<br><br>① 익금 = 계약금액 × 작업진행률 − 직전 사업연도 말까지 익금에 산입한 금액<br>② 손금 = 해당 사업연도에 발생된 총비용 |
|---|---|
| 특례1<br>인도기준<br>선택가능 | 다음의 어느 하나에 해당하는 경우에는 그 목적물의 인도일이 속하는 사업연도의 익금과 손금에 **산입할 수 있음**<br>① 1년 미만 단기건설 등(도급공사 및 예약매출 포함) + 중소기업<br>② 기업회계기준에 따라 그 목적물의 인도일이 속하는 사업연도의 수익과 비용으로 계상한 경우 |
| 특례2<br>인도기준<br>강제적용 | 장부가 없거나 그 내용이 충분하지 않아 작업진행률을 계산할 수 없는 경우에는 그 목적물의 인도일(용역제공의 경우 그 제공을 완료한 날)이 속하는 사업연도의 익금과 손금에 **각각 산입함** |

### 오쌤 Tip  수입시기의 세법별 차이 정리

[장기할부판매손익의 수입시기의 세법별 차이]

| 구분 | 「부가가치세법」 | 「법인세법」 | 「소득세법」 |
|---|---|---|---|
| 원칙 | 대가의 각 부분을 받기로 한 때 | 인도기준을 원칙으로 하되 회수기일도래기준에 따라 계상한 경우 회수기일도래기준 적용 가능 | 없음 |
| 중소기업특례 | | 인도기준을 원칙으로 하되 회수기일도래기준 적용 가능 (회수기일도래기준에 따라 계상하지 않더라도 신고조정 가능) | |

[용역 매출손익 수입시기의 세법별 차이]

| 구분 | 「부가가치세법」 | 「법인세법」 | 「소득세법」 |
|---|---|---|---|
| 단기 | 완성도기준지급조건부: 대가의 각 부분을 받기로 한 때 | 원칙: 진행기준<br>특례: 인도기준 선택가능 특례 + 인도기준 강제적용 특례 | 원칙: 인도기준<br>특례: 진행기준으로 계상하면 진행기준 인정 |
| 장기 | | 진행기준 | 진행기준 |

## 3  이자소득 및 배당소득의 귀속사업연도

### ❶ 이자소득 등의 손익귀속시기

「보험업법」에 따른 보험회사가 보험계약과 관련해 수입·지급하는 이자 및 할인액, 보험료 등, 보험금 및 보험 관련 사업비 중 책임준비금 산출에 반영되는 항목은 보험감독회계기준에 따라 수익 또는 손비로 계상한 사업연도의 익금 또는 손금으로 함

중요도 ★★★

| 구분 | | 수입이자 | 지급이자 | 수입배당 |
|---|---|---|---|---|
| 원칙 | 일반법인 | 「소득세법」상 이자소득의 수입시기에 해당하는 날 (link-p.433) | 「소득세법」상 이자소득의 수입시기에 해당하는 날 <br> 차입일부터 이자지급일이 1년을 초과하는 특수관계인과의 거래에 따른 이자 및 할인액은 제외 | 「소득세법」상 배당소득의 수입시기가 속하는 사업연도 (link-p.436) |
| | 금융보험업 영위 법인 | 실제로 받은 날 (현금주의) <br> 선수이자 등은 제외 | | |
| 예외 | | 기간경과분을 수익으로 계상한 경우에는 수익으로 인정 <br> → 원천징수되지 않는 이자수익에 한정 | 기간경과분을 비용으로 계상한 경우에는 비용으로 인정 <br> → 원천징수 여부와 상관없이 인정 | 유동화 전문회사로부터 수입하는 배당금은 실제로 지급받은 날 (현금주의) |

### ❷ 투자회사의 기간경과분 이자소득 및 배당소득의 손익귀속시기

중요도 ★☆☆

: 투자회사 등이 결산을 확정할 때 증권 등의 투자와 관련된 수익 중 이미 경과한 기간에 대응하는 이자 및 할인액과 배당소득을 해당 사업연도의 수익으로 계상한 경우에는 그 계상한 사업연도의 익금으로 함

## 4  임대료 등 기타 손익의 귀속사업연도

### ❶ 임대료손익의 손익귀속시기

중요도 ★★★

| 임대료 지급 기간* | 1년 이하인 단기임대료 | 원칙 | 계약상의 **지급일** (지급일이 정해지지 않은 경우 그 지급을 받은 날) |
|---|---|---|---|
| | | 예외 | **발생주의 선택**: 이미 경과한 기간에 대응하는 임대료 상당액과 이에 대응하는 비용을 해당 사업연도의 수익과 손비로 계상한 경우 각각 당해 사업연도의 익금과 손금으로 함 |
| | 1년 초과하는 장기 임대료 | | **발생주의 강제**: 이미 경과한 기간에 대응하는 임대료 상당액과 이에 대응하는 비용은 이를 각각 당해 사업연도의 익금과 손금으로 함 |

* 임대계약체결기간과는 구별되는 개념으로 임대료를 얼마나 자주 지급받느냐와 관련됨

## ❷ 기타 손익의 수입시기  중요도 ★★★

| 금전등록기 사용 | ① 일반 업종: 자산의 판매손익 등의 귀속시기에 따름<br>② 소매업 등 영수증 교부가능 업종: **현금주의 선택 가능** |
|---|---|
| 사채할인발행차금 | 기업회계기준에 따른 상각방법에 따라 이를 손금에 산입함(강제 사항) |
| 매출채권의 양도 | 기업회계기준에 따른 손익인식방법에 따라 손익의 귀속시기를 정함 |
| 차액 정산 파생상품 거래손익 | 목적물 인도없이 가액변동에 따른 차액을 정산하는 파생상품 거래로 인한 손익은 대금결제일이 속하는 사업연도의 익금과 손금으로 함 |
| 개발비의 취소 | 판매가능·사용가능시점 도래 전 개발취소<br>: 요건을 **모두 충족**하는 날<br>① 해당 개발로부터 상업적인 생산 또는 사용을 위해 개선한 결과를 식별할 수 없을 것<br>② 해당 개발비를 전액 손비로 계상할 것 |
| 리스의 경우 | 기업회계기준에 따름 |

### 오쌤 Tip 할부조건부 판매, 용역의 제공, 임대료수익 귀속시기 규정의 비교

| 구분 | 특례 규정이 적용되는 기간 | '장기'의 기준 | 중소기업 특례 규정 유무 |
|---|---|---|---|
| 할부조건부 판매 | 장기 | 1년 이상 | ○ |
| 용역의 제공 | 단기 및 장기 | 1년 이상 | ○ |
| 임대료 수익 | 단기 | 1년 '초과' | X |

# 06 자산의 취득가액 및 자산·부채의 평가

제5편 법인세법

## 1 일반적인 경우의 취득가액 계산

### ❶ 매입 및 자가제조    중요도 ★★★

법인이 토지와 그 토지에 정착된 건물 및 그 밖의 구축물 등을 함께 취득하여 토지의 가액과 건물 등의 가액의 구분이 불분명한 경우 부당행위계산의 규정에 따른 시가에 비례하여 안분계산함

| 타인으로부터 매입한 자산 | 원칙 | 매입가액 + 취득세(농어촌특별세와 지방교육세 포함) + 등록면허세 + 부대비용 |
|---|---|---|
| | 단기금융자산 | 매입가액 ← 부대비용은 발생 당시 손금 산입 |
| | 외국자회사 인수로 취득한 주식 등 | 매입가액 − 익금불산입된 수입배당금액 |
| 자가 제조·생산 또는 건설 등 | | 제작원가 + 부대비용 |

㉠ 내국법인이 최초로 외국자회사의 의결권 있는 발행주식총수 또는 출자총액의 100분의 10 이상을 보유하게 된 날의 직전일 기준 이익잉여금을 재원으로 한 수입배당금액
㉡ 외국자회사 수입배당금액의 익금불산입 규정에 따라 익금불산입된 수입배당금액

### ❷ 현물출자    중요도 ★★★

| 현물출자 거래로 인해 새로 취득한 자산 | 해당 자산의 시가 |
|---|---|
| 출자법인이 현물출자로 피출자법인을 새로 설립하면서 그 대가로 주식만 취득하는 경우 | 현물출자한 순자산의 시가 ← 취득한 주식의 시가가 아직 시장에서 확정되지 않은 상황이기 때문 |

### ❸ 채무의 출자전환    중요도 ★★☆

| 원칙 | 취득 당시의 시가 |
|---|---|
| 채무면제이익의 이연이 가능한 요건충족 법인의 출자전환 시 → link-p.302 참고의 요건충족법인 | 기존 채권의 장부가액 |
| 대손불능채권(보증채무대위변제로 인한 구상채권과 특수관계인에 대한 업무무관가지급금)을 출자전환 시 | 시가 |

→ 제재성격으로 인해 대손이 발생하더라도 세법상 손금으로 인정하지 않고, 처분손실 또한 손금으로 인정하지 않음
→ 이러한 제재성격을 유지하기 위해 시가로 주식을 계상, 차액을 손금불산입함

## ❹ 합병 및 분할  중요도 ★★☆

| 자산 | 적격합병, 적격인적분할 | 피합병법인 또는 분할법인 자산의 장부가액 |
|---|---|---|
| | 비적격합병, 비적격인적분할, 물적분할, 현물출자 | 해당 자산의 시가 |
| 주식 | 물적분할 | 물적분할한 순자산의 시가 |
| | 합병 및 인적분할 | 종전의 주식장부가액 + 합병·분할로 인한 의제배당금액 + 불공정 자본거래로 분여받은 이익 − 합병·분할 교부금 |

## ❺ 자산 취득 시 매입한 채권  유형자산의 취득 시 불가피하게 매입한 국공채  중요도 ★★★

| 원칙 | 국·공채를 **명목가액**으로 평가 |
|---|---|
| 예외 | 기업회계기준에 따라 국·공채를 **현재가치**로 평가하고 매입가액과 현재가치의 차액을 유형자산의 취득가액으로 계상한 경우 이를 인정 ← 유형자산의 취득인 경우에만 인정될 뿐 재고자산의 취득인 경우에는 인정되지 않음 |

## ❻ 기타  중요도 ★☆☆

### 6.1 기타

| 공익법인 등이 기부받은 자산[*1] | 기부한 자의 기부 당시의 장부가액 (개인인 경우로서 사업소득과 관련이 없는 자산의 경우 취득 당시의 「소득세법」에 따른 취득가액) |
|---|---|
| 정부로부터 무상으로 할당받은 온실가스배출권 | 영(0)원 |

[*1] 「상속세 및 증여세법」상 과세가액불산입대상인 공익법인이 특수관계인 외의 자로부터 기부받은 10%(20%) 한도기부금에 해당하는 자산 → 이후에 과세요인이 발생하여 과세가액에 산입하지 않은 출연재산에 대해 증여세의 전액이 부과되는 경우에는 기부 당시의 시가로 평가함

### 6.2 그 외의 자산

: 위 1~6.1 외의 방법으로 취득한 자산은 **취득 당시의 시가**로 함

> ex) 유형자산의 교환의 경우 기업회계기준에 따르면 상업적 실질 유무에 따라 회계처리 방식이 달라지지만, 세법상으로는 상업적 실질 유무를 따질 필요 없이 해당 자산의 취득 당시 시가를 취득가액으로 함

## 2 특별한 경우의 취득가액 계산

### ❶ 무상취득·저가매입·고가매입  중요도 ★★★

| 무상취득 | | 무상으로 취득한 자산의 시가를 자산수증이익으로 익금에 산입함 |
|---|---|---|
| 저가매입 | 원칙 | 취득가액 그대로 인정함 |
| | 예외 | 특수관계가 있는 개인으로부터 유가증권을 저가에 매입한 경우에는 **시가**를 취득가액으로 함 |
| 고가매입 | 원칙 | 취득가액 그대로 인정 |
| | 특수관계인 | 특수관계인 경우 + 부당행위계산의 부인에 해당(시가와 거래가액의 차액이 3억원 이상이거나 시가의 5% 이상)하는 경우에는 **시가**를 취득가액으로 함 |
| | 특수관계인 외의 자 | 특수관계가 없는 경우 + 정상가액(시가 × 130%)을 초과하는 경우 **정상가액**을 취득가액으로 하고 초과하는 금액은 의제기부금으로 봄 |

### ❷ 채권 및 채무에 대한 현재가치평가  중요도 ★★★

> 현재가치할인차금을 계상하기로 선택했다면 유효이자율 법에 따라 상각해야 함

| 구분 | 「법인세법」 | | 기업회계 |
|---|---|---|---|
| | 원칙 | 예외 | |
| 장기할부조건 매입거래 | **명목가액** 평가를 원칙으로 함 | 현재가치할인차금 계상하면 인정 | **현재가치** 평가를 원칙으로 함 |
| 장기금전대차거래 | | - | |
| 채권의 재조정 | | 현재가치평가하면 인정 | |
| 채무의 재조정 | | - | |

### ❸ 자산의 취득과 관련된 지급이자  중요도 ★★☆

| 건설자금이자 | 재고자산·투자자산 | 지급이자로서 손금산입 ← 당기 손금 |
|---|---|---|
| | 사업용 유·무형자산 | 자산의 취득가액에 산입<br>① 특정차입금이자는 취득원가에 산입해야 함(자본화 강제)<br>② 일반차입금이자는 취득원가 산입과 이자비용으로 손금산입 중 선택 가능(자본화 선택) |
| 연지급수입이자 | 원칙 | 자산의 취득가액에 산입 |
| | 예외 | 기업회계기준에 따라 지급이자로 계상하면 인정 |

▶ 현재가치할인차금 상각액과 마찬가지로 손금산입 또는 자산원가산입 중 선택이 가능한 이자비용임. 따라서 현재가치할인차금 상각액과 연지급수입이자는 수입배당금의 익금불산입액의 계산식(link-p.308)과 업무무관자산에 대한 지급이자 손금불산입액의 계산식(link-p.351)에서 지급이자로 보지 않음

## 3 재고자산과 유가증권의 평가

### ❶ 재고자산의 범위와 평가방법  중요도 ★★★

| 범위 | 제품 및 상품, 재공품·반제품, 원재료, 저장품 등 → 법인의 재고자산 평가는 자산과목별로 구분하여 종류별·영업장별로 각각 다른 방법으로 평가할 수 있음<br>↳ 부동산매매업자의 부동산은 포함, 유가증권은 제외 |
|---|---|
| 평가방법 | ① **원칙**: **원가법과 저가법 중 법인이 납세지 관할 세무서장에게 신고한 방법을 적용**<br>　　원가법 ｜ 개별법·선입선출법·**후입선출법**·총평균법·이동평균법 및 **매출가격환원법(소매재고법)** 중 선택<br>　　저가법 ｜ 원가법으로 평가한 가액(취득가액)과 기업회계기준에 따라 시가로 평가한 가액(순실현가능가액, 원재료는 현행대체원가) 중 낮은 가액을 평가액으로 하는 방법<br>② 예외: 원가법을 선택했더라도 **파손·부패 시** 해당 감액 사유가 발생한 연도에 손비로 계상하면 **사업연도 종료일 현재 처분가능한 시가**로 그 장부가액을 감액할 수 있음 → 즉, 결산조정사항임 |
| 세무조정 | ① 결산상 재고자산 가액 < 세법상 재고자산 평가액: 차액을 익금산입 (유보)<br>② 결산상 재고자산 가액 > 세법상 재고자산 평가액: 차액을 손금산입 (△유보) |

### ❷ 유가증권의 범위와 평가방법  중요도 ★★★

| 범위 | 주식, 출자지분, 채권, 「간접투자자산운용업법」에 따른 유가증권 | |
|---|---|---|
| 평가방법 | ① 원칙: 다음의 방법 중 법인이 납세지 관할 세무서장에게 신고한 방법을 적용 | |
| | 주식 ｜ 총평균법·이동평균법 중 선택 | |
| | 채권 ｜ **개**별법·**총**평균법·**이**동평균법 중 선택  암기팁▷ 체 게바라 총리 | |
| | ② 특수한 법인 | |
| | 투자회사의 집합투자재산 ｜ 시가법 ← 강제적용 | |
| | 보험회사의 특별계정에 속하는 자산 ｜ ㉠ 주식: 총평균법·이동평균법·**시가법** 중 선택 ······ 선택한 방법을 이후 사업연도에도<br>㉡ 채권: 개별법·총평균법·이동평균법·**시가법** 중 선택 ······ 계속하여 적용해야 함 주의 | |
| | ③ 유가증권 평가방법 특례 ← 결산조정 사항<br>다음의 경우 유가증권의 장부가액을 **사업연도 종료일 현재의 시가**(발행법인별 보유주식총액을 시가로 평가한 가액이 1,000원 이하인 경우 1,000원)로 **감액할 수 있음**<br>　㉠ 주식을 발행한 법인이 파산한 경우<br>　㉡ 부도가 발생한 경우, 회생계획인가의 결정을 받은 경우 및 부실징후기업이 된 경우의 일정한 주식 | |

## ❸ 재고자산과 유가증권 평가방법의 신고와 변경    중요도 ★★★

### 3.1 평가방법의 최초 신고기한 및 변경 신고기한

| 최초 신고기한 | 해당 법인의 **설립일이 속하는** 사업연도의 법인세 과세표준 신고기한까지 신고해야 함<br>↳ 새로 수익사업을 개시한 비영리내국법인의 경우 수익사업 개시일<br>저가법을 신고하는 경우에는 시가와 비교되는 원가법을 함께 신고해야 함 주의 |
|---|---|
| 변경 신고기한 | 변경할 평가방법을 적용하려는 사업연도의 종료일 **이전 3월**이 되는 날까지 신고해야 함 |

### 3.2 신고기한 경과 후 신고한 경우 평가방법

| 최초 신고기한 경과 후 신고 | 신고일이 속하는 사업연도까지는 무신고로 보아 **무신고 시 평가방법**을 적용하고 그 후 사업연도부터 법인이 신고한 평가방법을 적용 |
|---|---|
| 변경 신고기한 경과 후 신고 | 변경신고일이 속하는 사업연도까지는 기존의 평가방법을 적용해야 함 → 곧바로 변경한 평가방법을 적용한 경우에는 **임의변경 시 평가방법**을 적용하고 그 후 사업연도부터 변경신고한 평가방법을 적용 |

### 3.3 무신고·임의변경 시의 평가방법

| 구분 | 무신고 시 평가방법 | 임의변경 시 평가액 |
|---|---|---|
| 재고자산 (부동산 제외) | 선입선출법 | MAX[무신고 시의 평가방법에 따른 가액, 당초 적법 신고방법에 따른 가액] |
| 유가증권 (주식 및 채권) | 총평균법 | |
| 매매목적용 부동산 | 개별법 | |

## ❹ 재고자산 평가 관련 기타 세부사항    중요도 ★☆☆

| 재고자산 평가차익 익금불산입 특례 | 내국법인이 한국채택국제회계기준을 최초로 적용하는 사업연도에 재고자산 평가방법을 후입선출법에서 다른 재고자산 평가방법으로 납세지 관할 세무서장에게 변경신고한 경우에는 재고자산평가차익을 익금불산입 할 수 있음 → 익금불산입한 재고자산평가차익은 한국채택국제회계기준을 최초로 적용하는 사업연도의 **다음 사업연도 개시일부터 5년(60개월)간 균등**하게 나누어 익금산입함 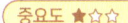 해산(적격합병 및 적격분할로 인한 해산은 제외)하는 경우에는 남은 금액을 해산등기일이 속하는 사업연도에 익금산입함 |
|---|---|
| 자산·부채의 평가기준 | 내국법인이 보유하는 자산과 부채의 장부가액을 증액 또는 감액(감가상각은 제외)한 경우에는 그 평가일이 속하는 사업연도와 그 후의 각 사업연도의 소득금액을 계산할 때 그 자산과 부채의 장부가액은 **평가 전의 장부가액**으로 하되, 다음의 경우는 **평가한 후의 금액**으로 함<br>① 「보험업법」이나 그 밖의 법률에 따른 유형자산 및 무형자산 등의 평가(장부가액을 증액한 경우만 해당)<br>② 재고자산, 유가증권, 화폐성 외화자산 등 일정한 자산과 부채의 평가 |

## 4 외화자산·부채의 평가손익 및 상환손익

### ❶ 기말 외화자산·부채의 평가손익  중요도 ★★☆

| 특정 금융회사 및 은행 | 화폐성 외화자산·부채 | 마감환율 평가방법 적용(강제평가)<br>사업연도 종료일 현재의 매매기준율 또는 재정된 매매기준율 |
|---|---|---|
| | 통화선도·통화스왑·환변동보험 | 둘 중 선택 가능    통화선도·통화스왑·환변동보험의 경우에는 계약체결일<br>① 평가하지 않는 방법: 외화자산·부채의 **취득일 또는 발생일** 현재의 매매기준율 또는 재정된 매매기준율<br>② 평가하는 방법: **사업연도 종료일 현재**의 매매기준율 또는 재정된 매매기준율 ← 단, 최초로 ②의 방법을 신고하여 적용하기 이전 사업연도의 경우 ①의 방법을 적용하므로 평가방법을 신고하지 않은 경우에는 외화평가손익을 인식할 수 없음<br>→ 법인이 신고한 방법은 그 후의 사업연도에도 계속하여 적용하며, 일반법인은 신고한 방법을 적용한 사업연도를 포함하여 5개 사업연도가 지난 후에는 다른 방법으로 신고를 하여 변경된 평가방법을 적용할 수 있음 |
| 일반 법인 | 화폐성 외화자산·부채 | |
| | 환위험 회피용 통화선도·통화스왑·환변동보험 | |

### ❷ 외화자산·부채의 상환손익  중요도 ★★☆

: 실현된 손익이므로 당해 사업연도의 익금 또는 손금으로 산입함

## 5 가상자산

가상자산은 **선입선출법**에 따라 평가함

# 07 의제배당

## 1 개요

### ❶ 의제배당의 의미

중요도 ★★★

: 형식상 배당이 아니더라도 사실상 회사의 이익이 주주 등에게 귀속되는 경우 배당으로 간주하는 제도

**① 잉여금의 자본전입에 따른 의제배당**

익금으로 인정되는 잉여금이 자본전입되는 경우에만 의제배당으로 과세함(p.337 오쌤Tip 참고)

의제배당액 = 의제배당에 해당하는 주식수 × [ 발행가액(주식배당) / 액면가액(무상증자) ]

**귀속시기**
잉여금 자본전입을 결의한 날
→ 이사회의 결의에 의하는 경우: 상법의 규정에 따라 정한 날

**② 감자·퇴사·탈퇴·해산, 합병·분할 등으로 인한 의제배당**

주식의 소각, 자본의 감소, 사원의 퇴사·탈퇴 또는 출자의 감소 등으로 인하여 주주 등인 내국법인이 취득하는 금전과 그 밖의 재산가액의 합계액이 해당 주식 또는 출자지분을 취득하기 위하여 사용한 금액을 초과하는 금액*2은 이익을 배당받았거나 잉여금을 분배받은 금액으로 보아 과세함

의제배당액 = 감자·퇴사·탈퇴·해산, 합병·분할로 인하여 주주 등이 받은 대가 − 해당 주식 등의 취득가액

**귀속시기**

| 자본금 감소, 사원의 퇴사·탈퇴 등으로 인한 의제배당 | 주식소각·자본금 감소를 결의한 날 또는 사원이 퇴사·탈퇴한 날 |
|---|---|
| 해산으로 인한 의제배당 | 잔여재산가액 확정일 ← 해산등기일 아님 주의 |
| 합병으로 인한 의제배당 | 합병등기일 |
| 분할로 인한 의제배당 | 분할등기일 |

**받은 대가**

① 원칙: 받은 자산의 시가*1
② 특례: 적격합병 또는 적격분할로 인해 주주 등이 주식을 받는 경우

| 구분 | 받는 대가 |
|---|---|
| 주식으로만 받는 경우 | 종전의 장부가액 |
| 합병교부금을 일부 받는 경우 | MIN [시가, 종전의 장부가액] |

**주식 등 취득가액**

① 원칙: 회계상 취득가액 ± 주식 관련 유보금액
② 예외: 감자로 의한 의제배당액 계산하는 경우

| 단기소각주식* | 해당 주식의 취득가액 |
|---|---|
| 있음 (단기소각주식 먼저 소각) | ㉠ 단기소각주식: 0원<br>㉡ 그 외의 주식: 평균법 계산 |
| 없음 | 평균법 계산 |

* 주식 등의 감자 전 2년 이내에 취득한 무상주 중 수령 시 의제배당으로 과세되지 않은 무상주

*1 부당행위계산부인으로 보는 자본거래로 인하여 특수관계인으로부터 분여받은 이익이 있는 경우 그 금액을 차감한 금액

*2
① 주식의 소각 또는 자본의 감소로 인하여 주주 등인 내국법인이 취득하는 금전과 그 밖의 재산가액의 합계액이 해당 주식 등을 취득하기 위하여 사용한 금액을 초과하는 금액
② 해산한 법인의 주주 등(법인으로 보는 단체의 구성원을 포함)인 내국법인이 법인의 해산으로 인한 잔여재산의 분배로서 취득하는 금전과 그 밖의 재산의 가액이 그 주식 등을 취득하기 위하여 사용한 금액을 초과하는 금액
③ 피합병법인의 주주 등인 내국법인이 취득하는 합병대가가 그 피합병법인의 주식 등을 취득하기 위하여 사용한 금액을 초과하는 금액
④ 분할법인 또는 소멸한 분할합병의 상대방 법인의 주주인 내국법인이 취득하는 분할대가가 그 분할법인 또는 소멸한 분할합병의 상대방 법인의 주식(분할법인이 존속하는 경우에는 소각 등에 의하여 감소된 주식만 해당)을 취득하기 위하여 사용한 금액을 초과하는 금액

## ❷ 특례1: 자기주식소각이익의 자본전입 중 특수한 경우

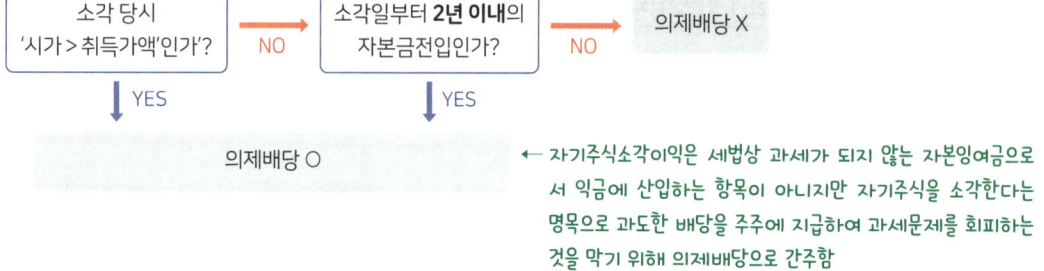

← 자기주식소각이익은 세법상 과세가 되지 않는 자본잉여금으로서 익금에 산입하는 항목이 아니지만 자기주식을 소각한다는 명목으로 과도한 배당을 주주에 지급하여 과세문제를 회피하는 것을 막기 위해 의제배당으로 간주함

## ❸ 특례2: 자기주식 보유로 인해 타 주주의 지분비율이 증가하는 자본전입

: 법인이 자기주식 또는 자기출자지분을 보유한 상태에서 자본전입을 함에 따라 그 법인 외의 법인주주의 지분 비율이 증가한 경우 **증가한 지분 비율에 상당하는 주식가액**을 의제배당으로 보아 법인주주의 익금에 산입함 ← 익금불산입 항목인 자본잉여금을 자본에 전입한 경우도 해당

### 오쌤 Tip 무상주 의제배당 정리

| 자본금 전입 잉여금 | | | | 의제배당 여부 |
|---|---|---|---|---|
| 자본잉여금 | 주식발행초과금 | 일반적인 주식발행초과금 | | X |
| | | 채무면제익 의제액 | | O |
| | | 상환주식의 주식발행초과금 중 이익잉여금으로 상환된 금액 | | O |
| | 주식의 포괄적 교환차익 | | | X |
| | 주식의 포괄적 이전차익 | | | X |
| | 감자차익 | 일반적인 감자차익 | | X |
| | | 자기주식소각이익 | 원칙 | X |
| | | | 예외 (2년 내 전입 등) | O |
| | 재평가적립금 | 3% 세율 적용분 (건물 등) | | X |
| | | 1% 세율 적용분 (토지) | | O |
| | 기타자본잉여금 (자기주식처분이익 등) | | | O |
| 이익잉여금 | 법정적립금, 임의적립금, 미처분이익잉여금 등 | | | O |
| 적격요건을 갖춘 경우 합병차익·분할차익 (link-p.404, 408) | 의제배당 대상 | | | O |
| | 그 외 | | | X |

### 오쌤 Tip 의제배당으로 보는 자기주식소각이익

| 소각 당시 자기주식 | 2년 이내 자본전입 | 2년 이후 자본전입 |
|---|---|---|
| 자기주식 시가 > 취득가액 | 의제배당 | 의제배당 |
| 자기주식 시가 ≤ 취득가액 | 의제배당 | 의제배당 아님 |

### 오쌤 Tip 기업회계와 세법에서 잉여금의 자본전입에 대한 배당인정 여부

| 자본전입되는 잉여금 성격 | 기업회계 | 세법 |
|---|---|---|
| 이익잉여금 | X | O |
| 과세되는 자본잉여금 (EX▶ 자기주식처분이익) | X | O |
| 과세되지 않는 자본잉여금 (EX▶ 주식발행초과금) | X | X |

# 08 감가상각비

## 1 감가상각 개요

### ❶ 감가상각의 의미  중요도 ★☆☆

: '감가상각'이란 유·무형자산의 취득원가(잔존가액이 있다면 잔존가액을 차감한 잔액)를 그 자산의 경제적 효익이 지속되는 기간(내용연수) 동안 배분하는 과정

### ❷ 감가상각자산의 범위  중요도 ★★★

| | |
|---|---|
| 감가상각자산 | 재고자산은 감가상각자산이 아니며 유형자산 및 무형자산에 대해서만 감가상각함<br><br>건물(부속설비 포함) 및 구축물, 차량 및 운반구, 공구, 기구 및 비품, 선박 및 항공기, 기계 및 장치, 동물 및 식물, 기타 그 밖에 유사한 유형자산 / 영업권(합병·분할로 인하여 합병법인 등이 계상한 영업권은 제외), 특허권, 광업권, 개발비, 사용수익기부자산, 주파수이용권, 공항시설관리권 및 항만시설관리권 등 기타 일반 무형자산<br><br>※ 개발비와 달리 연구비는 자산으로 계상할 수 없으며, 확정된 사업연도의 손금으로 봄 |
| 포함하는 것 | 장기할부조건매입자산(해당 자산의 가액 전액을 자산으로 계상하고 사업에 사용하는 경우)<br>리스자산(금융리스자산은 리스이용자, 운용리스자산은 리스회사의 감가상각자산으로 함) |
| 포함하지 않는 것 | 재고자산, 미사용 자산(유휴설비 제외), 건설중인자산, 시간의 경과에 따라 가치가 감소되지 않는 자산(토지·서화·골동품 등), 합병 및 분할로 인하여 합병법인 등이 계상한 영업권 |

## 2  감가상각시부인계산의 구조 및 특징

### ❶ 감가상각시부인계산    중요도 ★★★

: 회사가 손익계산서에 계상한 감가상각비와 세법상 상각범위액을 (개별 자산별로) 비교하여 회사가 계상한 감가상각비를 시인 또는 부인하는 것을 결정하는 절차

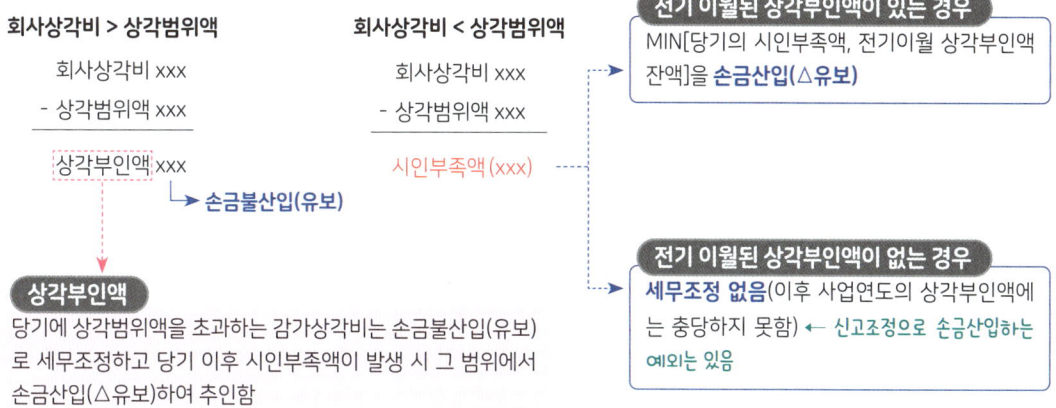

**상각부인액**
당기에 상각범위액을 초과하는 감가상각비는 손금불산입(유보)로 세무조정하고 당기 이후 시인부족액이 발생 시 그 범위에서 손금산입(△유보)하여 추인함

**전기 이월된 상각부인액이 있는 경우**
MIN[당기의 시인부족액, 전기이월 상각부인액 잔액]을 **손금산입(△유보)**

**전기 이월된 상각부인액이 없는 경우**
세무조정 없음(이후 사업연도의 상각부인액에는 충당하지 못함) ← 신고조정으로 손금산입하는 예외는 있음

### ❷ 시부인계산의 특징    중요도 ★★☆

| 시부인계산 단위 | 시부인계산은 개별 자산별로 함 |
|---|---|
| 손비 계상방법 | 법인이 감가상각비를 손비로 계상하거나 손금에 산입하는 경우에는 해당 감가상각자산의 장부가액을 **직접 감액하는 직접상각법** 또는 장부가액을 감액하지 않고 **감가상각누계액으로 계상하는 간접상각법** 중 선택해야 함 |

### ❸ 감가상각제도의 특징    중요도 ★★★

#### 3.1 임의상각제도
: 상각범위액 안에서는 감가상각비의 손금산입 여부와 그 금액을 법인이 자유롭게 결정할 수 있으며, 감가상각비의 계상시기도 자유롭게 선택할 수 있음 → 법인이 해당 사업연도에 감가상각비를 손비로 계상하지 않은 경우에도 상각범위액을 한도로 전기 이월된 상각부인액을 손금에 산입함

#### 3.2 결산조정과 신고조정

| 원칙 | 결산조정 | | 상각범위액 내에서 상각 여부를 법인이 선택 ← 임의상각 |
|---|---|---|---|
| 예외 | 강제신고조정 | | ① 2016.1.1 이후 개시하는 사업연도에 취득한 업무용승용차의 감가상각비<br>② 특수관계인으로부터 자산을 양수하면서 기업회계기준에 따라 장부에 계상한 장부가액이 시가에 미달하는 경우 감가상각비 손금산입 특례<br>③ 세액감면을 받는 경우의 감가상각의제 |
| | 임의신고조정 | | 한국채택국제회계기준을 적용하는 법인의 유형자산과 내용연수가 비한정인 무형 자산의 감가상각비 |

## 3 회사계상 감가상각비의 계산

### ❶ 회사계상 감가상각비 계산식  중요도 ★★★

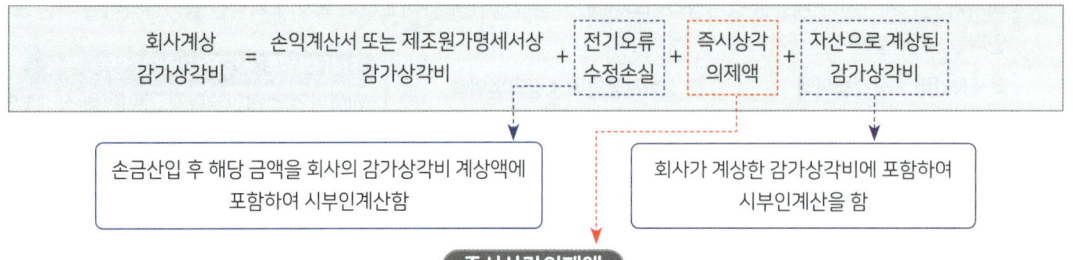

**즉시상각의제액**

① 원칙: 자산의 취득가액을 구성하는 항목을 비용으로 처리한 경우, **즉시 전액 감가상각비로 계상한 것으로 보아** 시부인대상에 포함 → 동시에 상각범위액 계산할 때, 즉시상각의제액은 취득가액을 구성하는 항목이기 때문에 감가상각 기초가액에 합산되어 상각범위액을 증가시키게 됨
② 예외: 다음의 항목은 감가상각자산을 사업에 사용한 날이 속하는 사업연도의 손비로 계상한 경우 시부인계산 없이 그 즉시상각의제액을 **손금으로 전액 인정**

| 소액자산의 취득가액 | 취득가액이 거래단위별로 **100만원 이하**인 감가상각자산. 단 다음의 자산은 시부인계산을 해야 함<br>㉠ 그 고유업무의 성질상 대량으로 보유하는 자산<br>㉡ 그 사업의 개시 또는 확장을 위하여 취득한 자산 |
|---|---|
| 어구 등의 취득가액 | ㉠ 금액과 무관하게 손금으로 인정: 어구(어선용구 포함), 영화필름, 공구, 가구, 전기기구, 가스기기, 가정용 기구·비품, 시계, 시험기기, 측정기기 및 간판, 전화기(휴대용 전화기 포함) 및 개인용 컴퓨터(그 주변기기 포함)<br>㉡ 개별자산의 취득가액이 **30만원 미만**인 것<br>: 대여사업용 비디오테이프 및 음악용 콤팩트디스크 |
| 소액수선비 등 | 자산별 수선비로서 다음의 금액 미만인 경우 ▶ 자본적 지출과 수익적 지출액의 연간 합계액<br>Max[**600만원**, 직전 사업연도 종료일 현재 재무상태표상 자산가액 × 5%] |
| 주기적인 수선비 | **3년 미만**의 기간마다 주기적인 수선을 위하여 지출하는 경우 |
| 생산설비의 폐기손실 | 다음의 어느 하나에 해당하는 경우 해당 자산의 **장부가액에서 1천원을 공제한 금액**을 폐기일이 속하는 사업연도의 손금에 산입할 수 있음(결산조정 사항)<br>㉠ 시설개체 또는 기술낙후로 인하여 생산설비의 일부를 폐기한 경우<br>㉡ 사업의 폐지 또는 사업장의 이전으로 임대차계약에 따라 임차한 사업장의 원상회복을 위하여 시설물을 철거하는 경우 |

③ 진부화, 물리적 손상 등으로 기업회계기준에 따라 손상차손을 계상한 경우(천재지변 등의 경우는 제외): 해당 금액을 감가상각비로 계상한 것으로 보아 시부인계산함

## 4 상각범위액의 계산

### ❶ 취득가액  중요도 ★★★

**1.1 구입 단계**

: 감가상각자산의 취득가액은 **06 자산의 취득가액 및 자산·부채의 평가**에서 설명한 자산의 취득가액 규정을 적용함 (link-p.329)

**1.2 보유 단계**

| 자본적 지출을 한 경우 | 그 자본적 지출액(사업용 유형자산 및 무형자산에 대한 건설자금이자 포함)을 취득가액에 가산 |
|---|---|
| 자산을 평가증한 경우 | ① 법에 의한 평가이익: 취득가액에 포함<br>② 임의평가이익: 취득가액에 불포함 |

**1.3 지출 단계**

| 구분 | 자본적 지출 | 수익적 지출 |
|---|---|---|
| 의미 | 감가상각자산의 **내용연수를 연장**시키거나 그 자산의 **가치를 현실적으로 증가**시키는 수선비 | 감가상각자산의 **원상회복이나 능력유지** 등을 위하여 지출한 수선비 |
| 예시 | ㉠ 본래의 용도를 변경하기 위한 개조<br>㉡ 엘리베이터 또는 냉난방장치의 설치<br>㉢ 빌딩 등에 있어서 피난시설 등의 설치<br>㉣ 재해 등으로 멸실·훼손되어 본래 용도로 이용가치가 없는 건축물·기계 등의 복구<br>㉤ 설치하는 기계장치로 인한 지반침하와 진동을 방지하기 위한 기초공사 | ㉠ 건물 또는 벽의 도장<br>㉡ 파손된 유리나 기와의 대체<br>㉢ 기계의 소모된 부속품 또는 벨트의 대체<br>㉣ 자동차의 타이어의 대체<br>㉤ 재해를 입은 자산에 대한 외장의 복구·도장 및 유리의 삽입 |
| 세무조정 | **취득원가에 가산**해야 함. 이를 비용처리한 경우에는 **즉시상각의제규정을 적용** | **지출한 연도의 비용으로 처리**해야 함. 이를 자산의 취득원가에 포함한 경우에는 **손금산입** |

### ❷ 내용연수  중요도 ★★★

: 내용연수는 상각범위액계산에 적용하는 상각률을 결정하는 역할을 함. 세법은 자산별·업종별·구조별로 내용연수를 별도로 정하고 있음

## 2.1 자산별 내용연수

| 구분 | 내용 | 비고 |
|---|---|---|
| 시험연구용자산 | 자산의 종류별로 내용연수 규정 | 내용연수의 **선택이 불가능** |
| 일반 무형자산 | | |
| 건축물 등 | 자산의 종류별, 건축물 구조별로 내용연수 규정 | 내용연수범위 내에서 내용연수를 선택해 신고[*1] → 신고기한 내에 신고하지 않은 경우 기준내용연수 적용<br>기준내용연수 ± 기준내용연수×25% |
| 기계 등 업종별 자산 | 업종별로 내용연수 규정 | |
| 개발비 | 20년 이내에서 선택 | 무신고 시 5년 |
| 사용수익기부자산가액 | 특약에 따른 사용수익기간(특약이 없는 경우 신고내용연수) 동안 균등 상각 | |
| 주파수이용권·공항시설관리권·항만시설관리권 | 주무관청에서 고시하거나 주무관청에 등록한 기간 내에서 사용 기간에 따라 균등 상각 | |

[*1] 내용연수의 신고는 영업개시일이 속하는 사업연도의 법인세 과세표준 신고기한(각 사업연도 종료일이 속하는 달의 말일부터 3개월)까지 하여야 하며, 내용연수의 신고는 연단위로 해야 함

## 2.2 내용연수 특례 및 변경

| | |
|---|---|
| 의미 | 건축물 등과 기계 등 업종별 자산이라도 일정 사유에 해당하는 경우에는 기준내용연수에 **기준내용연수의 50%**(결산내용연수 및 기준내용연수의 변경 사유에 해당하면 **25%**)를 **가감하는 범위**에서 사업장별로 납세지 관할 지방국세청장의 승인을 받아 특례내용연수를 적용하거나, 적용하던 내용연수를 변경할 수 있음<br><br>**일반 변경사유**<br>① 사업장의 특성으로 자산의 부식·마모 및 훼손의 정도가 현저한 경우<br>② 영업개시 후 3년이 경과한 법인으로서 해당 사업연도의 생산설비(건축물 제외)의 가동률이 직전 3개 사업연도의 평균가동률보다 현저히 증가한 경우<br>③ 새로운 생산기술 및 신제품의 개발·보급 등으로 기존 생산설비의 가속상각이 필요한 경우<br>④ 경제적 여건의 변동으로 조업을 중단하거나 생산설비의 가동률이 감소한 경우<br><br>**결산내용연수 및 기준내용연수의 변경 사유**<br>① **한국채택국제회계기준을 최초로 적용하는 사업연도에 결산내용연수를 변경**한 경우(결산내용연수가 연장된 경우 내용연수를 연장하고 결산내용연수가 단축된 경우 내용연수를 단축하는 경우에만 해당하되, 내용연수를 단축하는 경우에는 결산내용연수보다 짧은 내용연수로 변경할 수 없음)<br>② **기준내용연수가 변경된 경우**(단, 내용연수를 단축하는 경우로서 결산내용연수가 변경된 기준내용연수의 25%를 가감한 범위 내에 포함되는 경우에는 결산내용연수보다 짧은 내용연수로 변경할 수 없음) |
| 적용 절차 | 법인이 특례내용연수의 승인 또는 변경승인을 얻고자 할 때에는 다음의 날까지 납세지 관할 세무서장을 거쳐 관할 지방국세청장에게 신청해야 함 → 이 경우 내용연수의 승인·변경승인의 신청은 연단위로 해야 함<br>① 신설법인과 새로 수익사업을 개시한 비영리내국법인의 경우: 영업을 개시한 날부터 3월<br>② 위 ① 외의 법인이 자산별·업종별 구분에 따라 기준내용연수가 다른 감가상각자산을 새로 취득하거나 새로운 업종의 사업을 개시한 경우: 그 취득한 날 또는 개시한 날부터 3월<br>③ 그 변경할 내용연수를 적용하고자 하는 최초 사업연도의 종료일까지 |
| 제한 | 변경한 내용연수를 최초로 적용한 **사업연도종료일부터 3년이 경과해야** 다시 변경할 수 있음 |

### 2.3 수정내용연수

| | |
|---|---|
| 의미 | 기준내용연수의 **50% 이상이 경과**된 중고자산을 **다른 법인 또는 개인사업자**로부터 취득(합병·분할에 의한 승계 포함)한 경우 수정내용연수 범위에서 선택하여 내용연수를 할 수 있음<br>↳ 기준내용연수 × 50% ~ 기준내용연수(단, 1년 미만은 없는 것으로 함) |
| 신청 | 다음의 날이 속하는 사업연도의 법인세 과세표준 신고기한까지 내용연수변경신고서를 제출한 경우 적용<br>① 중고자산을 취득한 경우: 그 취득일<br>② 합병·분할로 승계한 자산의 경우: 합병·분할등기일 |

## ❸ 잔존가액  중요도 ★★☆

| | |
|---|---|
| 원칙 | 0원 |
| 예외 | 정률법 적용한 경우 취득가액의 5%<br>→ 이 금액은 미상각잔액이 최초로 취득가액의 5% 이하가 되는 사업연도의 상각범위액에 가산하므로 상각이 완료되면 정률법을 적용하는 경우에도 잔존가액이 0원이 됨 |
| 감가상각이 종료되는 자산의 비망기록관리 | MIN[취득가액의 5%, 1,000원]을 장부가액으로 하고 이 금액은 손금에 산입하지 않음<br>← 감가상각자산의 처분 시 손금에 산입 |

## ❹ 자산별 감가상각방법  중요도 ★★★

### 4.1 자산별 감가상각방법
: 자산별로 법에서 정한 상각방법 중 선택하여 납세지 관할 세무서장에게 **신고한 방법을 적용함**

| 구분 | | 선택 가능한 상각방법 | 무신고의 경우 |
|---|---|---|---|
| 유형자산 | 건축물 | 정액법 | 정액법 |
| | 광업용 유형자산 | 정액법·정률법·생산량비례법 | 생산량비례법 |
| | 폐기물매립시설 | 정액법·생산량비례법 | 생산량비례법 |
| | 위 외의 유형자산 | 정액법·정률법 | 정률법 |
| 무형자산 | 광업권, 해저광물자원 채취권 | 정액법·생산량비례법 | 생산량비례법 |
| | 개발비 | 판매가능·사용가능 시점부터 20년의 범위에서 연단위로 신고한 내용연수에 따라 매 사업연도별 경과월수에 비례하여 상각 | 판매가능·사용가능 시점부터 5년 동안 매년 균등액을 상각 |
| | 사용수익 기부자산가액 | 해당 자산의 사용수익기간(기간에 관한 특약이 없는 경우 신고내용연수)에 따라 균등하게 안분한 금액 | |
| | 주파수이용권·공항시설관리권 및 항만시설관리권 | 주무관청에서 고시하거나 주무관청에 등록한 기간 내에서 사용 기간에 따라 균등액을 상각 | |
| | 위 외 무형자산 | 정액법 | 정액법 |

### 4.2 감가상각방법 신고와 적용

| 신고 | **영업을 개시한 날 또는 해당 자산을 취득한 날**이 속하는 사업연도의 법인세 과세표준의 신고기한까지 감가상각방법신고서를 납세지 관할 세무서장에게 제출(국세정보통신망에 의한 제출 포함)해야 함 |
|---|---|
| 적용 | 법인이 신고한 상각방법(상각방법을 신고하지 않은 경우 무신고 시 상각방법)은 **계속 적용**해야 함 |

## ❺ 감가상각방법별 상각범위액의 계산  중요도 ★☆☆

| 정액법 | **세무상 취득가액** × $\frac{1}{n}$ ← n은 내용연수 | | |
|---|---|---|---|
| 정률법 | **세무상 미상각잔액** × 상각률 → 상각범위액이 매년 체감되는 상각방법임<br>↳ 취득가액에서 이미 감가상각비로 손금에 산입한 금액을 공제한 잔액 | | |
| 생산량비례법 | **세무상 취득가액** × $\frac{\text{당기 중 그 광구에서의 채굴량 또는 매립량}}{\text{그 자산이 속하는 광구의 총 채굴예정량 또는 매립예정량}}$ | | |
| 정상적인 사업연도가<br>1년 미만인 경우 | 아래와 같이 환산한 내용연수와 그에 따른 상각률을 적용하여 상각범위액을 계산함<br>환산내용연수 = 본래의 내용연수 × $\frac{12}{\text{사업연도의 개월 수}^*}$ | | |
| 일시적으로 사업연도가<br>1년 미만이 된 경우 | 정상적인 상각범위액 × $\frac{\text{해당 사업연도의 개월 수}^*}{12}$ | | |
| 기중에 신규로 자산을<br>취득한 경우 | 일반적인 상각범위액 × $\frac{\text{사업에 사용한 날부터 해당 사업연도 종료일까지의 개월 수}^*}{\text{해당 사업연도의 개월 수}}$ | | |
| 감가상각<br>방법을 다음의<br>방법으로<br>변경한 경우 | 정액법 | **세법상 장부가액** × 상각률 | |
| | 정률법 | **세법상 장부가액** × 상각률 | |
| | 생산량<br>비례법 | **세법상 장부가액** × $\frac{\text{당기의 채굴량 또는 매립량}}{\text{총채굴(매립)예정량 - 변경전 총채굴(매립)예정량}}$ | |
| 기중에 자본적 지출이<br>있는 경우 | 사업연도 중에 자본적 지출이 발생한 경우 해당 자산에 대한 감가상각범위액은 자산의 취득가액 및 미상각 잔액에 자본적 지출액을 포함하여 재평가한 자산의 가액을 해당 사업연도 개시일로 소급하여 계산함<br>자본적 지출액을 지출일을 기준으로 월할상각하지 않고 기초에 지출한 것으로 가정해 해당 사업연도의 전 기간에 대한 상각범위액을 계산함 | | |
| 기중에 자산을 양도한<br>경우 | 사업연도 중에 양도한 자산에 대해서는 시부인계산을 하지 않으므로 상각부인액 계산도 하지 아니함 | | |

* 초일을 산입해 역에 따라 계산하며, 1개월 미만은 1개월로 함

## ❻ 감가상각방법의 변경

중요도 ★★★

| 변경 사유 | 다음에 해당하는 경우 납세지 관할 세무서장의 **승인을 얻어** 적용하던 감가상각방법을 변경할 수 있음<br>① **상각방법이 서로 다른 법인이 합병(분할합병 포함)한 경우**<br>② 상각방법이 서로 다른 사업자의 사업을 인수 또는 승계한 경우<br>③ 외국투자자가 내국법인의 주식 등을 20% 이상 인수 또는 보유하게 된 경우<br>④ 해외시장의 경기변동, 경제적 여건의 변동으로 인하여 종전의 상각방법을 변경할 필요가 있는 경우<br>⑤ 회계정책의 변경에 따라 결산상각방법이 변경된 경우(같은 방법으로 변경하는 경우에만 해당) |
|---|---|
| 변경 절차 | ① 법인: 변경할 상각방법을 **적용하고자 하는 최초 사업연도의 종료일**까지 감가상각방법변경신청서를 납세지 관할 세무서장에게 제출(국세정보통신망에 의한 제출을 포함)해야 함<br>② 납세지 관할 세무서장: **신청서의 접수일이 속하는 사업연도 종료일부터 1개월 이내**에 그 승인여부를 결정하여 통지해야 함 ← 법인이 변경승인을 얻지 아니하고 상각방법을 변경한 경우 상각범위액은 변경하기 전의 상각방법에 의하여 계산함 |

### 오쌤 Tip 재고자산의 평가방법과 감가상각방법의 차이

| 구분 | 재고자산 평가방법 | 감가상각방법 |
|---|---|---|
| 신고기한 | 납세지 관할 세무서장에게 법인세 과세표준 신고기한까지 신고 | |
| 신고기한이 지난 후 신고 | 무신고 시 간주되는 평가방법·상각방법을 적용 | |
| 변경 신고기한 | 변경할 평가방법을 적용하고자 하는 **사업연도의 종료일 이전 3개월까지** | 변경할 방법을 적용하고자 하는 **사업연도의 종료일까지** |
| 변경 요건 | 단순한 신고로 평가방법이 변경될 뿐 별도 제한은 없음 | 변경사유를 충족해야만 변경이 가능함 |
| 변경 승인 여부 | 불필요 | 관할 세무서장 승인 필요 |

## 5 상각부인액의 사후관리

중요도 ★★☆

: 상각부인액(유보)은 추후 다음의 경우가 발생 시 반대의 세무조정을 거쳐 추인(소멸)됨

| | |
|---|---|
| 시인부족액이 발생하는 경우 | 전기이월 상각부인액이 존재하는 경우에만 당기 발생 시인부족액의 범위에서 그 상각부인액을 손금산입(△유보)하여 추인 |
| 상각부인액이 있는 자산을 법률에 의하여 평가증하는 경우<br>먼저 감가상각을 한 후 평가증을 한 것으로 보아 상각범위액을 계산함 주의 | 평가증하게 되면 장부상 평가이익은 세법상 평가이익보다 상각부인액만큼 과대계상되므로 해당 감가상각자산의 상각부인액은 평가증의 한도까지 익금에 산입된 것으로 보아 손금에 산입(△유보)하여 추인 ← 한도를 초과하는 금액은 그 후의 사업연도에 이월할 상각부인액으로 함 |
| 감가상각자산을 전부 양도한 경우 | 해당 자산의 상각부인액을 **양도일이 속하는 사업연도**에 손금산입(△유보)하여 추인 |
| 감가상각자산 일부만을 양도한 경우 | 해당 양도자산에 대한 감가상각누계액 및 상각부인액 또는 시인부족액은 해당 감가상각자산 전체의 감가상각누계액 및 상각부인액 또는 시인부족액에 양도부분의 가액이 당해 감가상각자산의 전체가액에서 차지하는 비율을 곱하여 계산한 금액으로 함<br><br>유보잔액 × (양도 부분의 취득가액 / 감가상각자산 전체의 취득가액) = 손금산입 (△유보) |

## 6 감가상각의 의제

중요도 ★★☆

| | |
|---|---|
| 의미 | ① 각 사업연도의 소득에 대하여 법인세를 면제받거나 감면받은 경우에는 감면기간 동안 개별 자산에 대한 감가상각비가 상각범위액이 되도록 감가상각비를 손금에 산입해야 함 ← 강제신고조정<br>② 추계·결정 및 경정의 경우에는 감가상각자산에 대한 감가상각비를 손금에 산입한 것으로 봄 |
| 적용 요건 | 특정사업에서 생긴 소득에 대하여 실제로 법인세(토지 등 양도소득 제외)를 **면제받았거나 감면**받은 법인이어야 하며, 적용대상 여부의 예시는 다음과 같음<br><br>| 감가상각의제 규정 적용 대상법인 | 감가상각의제 규정 적용 제외 법인 |<br>|---|---|<br>| 다음의 규정에 따라 법인세를 면제·감면받는 법인<br>① 농업회사법인에 대한 법인세 면제 등<br>② 창업중소기업 등에 대한 세액 감면<br>③ 중소기업에 대한 특별세액감면<br>④ 수도권 밖으로 공장을 이전하는 기업에 대한 세액감면 | 기술이전 및 대여소득에 대한 세액감면 | |
| 의제액 계산식 | 감가상각의제액 = 상각범위액 - (회사 상각비 + 전기 이월 상각부인액의 추인액) |

## 7 기타 세부사항

### ❶ 한국채택국제회계기준 도입 법인에 대한 감가상각비 신고조정 특례  [중요도 ★☆☆]

| 취지 | 한국채택국제회계기준을 새로 도입하는 법인들의 세부담 완화를 위한 특례 |
|---|---|
| 적용 대상 | 한국채택국제회계기준을 새롭게 도입하는 법인이 보유하는 유형자산과 법에 정한 무형자산<br>① 감가상각비를 손비로 계상할 때 적용하는 결산내용연수를 확정할 수 없는 것으로서 법정 요건을 갖춘 무형자산<br>② 한국채택국제회계기준을 최초로 적용하는 사업연도 전에 취득한 영업권 |
| 특례 내용 | ① 2013.12.31.이전에 취득한 감가상각자산<br>: '**종전** 감가상각비 > 상각범위액의 범위에서 손금인정된 금액' 인 경우, 그 차액을 신고조정으로 손금산입할 수 있음<br>↳ 한국채택국제회계기준을 적용하지 않고 종전의 방식에 따라 감가상각비를 손비로 계상한 경우 손금에 산입할 감가상각비 상당액<br>② 2014.1.1.이후 취득한 감가상각자산<br>: '**개별자산의 기준** 감가상각비 > 상각범위액의 범위에서 손금인정된 금액' 인 경우, 그 차액을 신고조정으로 손금산입할 수 있음<br>↳ 해당 사업연도의 결산상각방법과 기준내용연수를 적용하여 계산한 금액 |

### ❷ 특수관계인으로부터 자산양수 시 감가상각비 손금산입 특례  [중요도 ★☆☆]

: 특수관계인으로부터 자산 양수를 하면서 기업회계기준에 따라 장부에 계상한 감가상각자산의 가액이 시가에 미달하는 경우 감가상각비규정을 준용하여 계산한 감가상각비 상당액을 손금에 산입함 ← 강제상각

# 09 지급이자 손금불산입

## 1 지급이자 손금불산입의 구분과 계산순서

중요도 ★★★

: 지급이자는 순자산을 감소시키는 금액이므로 손금에 산입하는 것을 원칙으로 하지만, 다음의 차입금의 이자는 내국법인의 각 사업연도의 소득금액을 계산할 때 손금에 산입하지 않음 [암기팁] 채비건업

| 손금불산입 대상 지급이자 | 소득처분 | 계산순서 |
|---|---|---|
| **채**권자가 불분명한 사채이자 ← 귀속이 불분명 | 대표자에 대한 상여<br>단, 원천징수세액은 기타사외유출 | 1순위 |
| **비**실명 채권·증권의 이자 ← 귀속이 불분명 | | 2순위 |
| **건**설자금에 충당한 차입금이자 ← 자산원가를 비용처리 | 유보 | 3순위 |
| **업**무무관자산 등에 대한 지급이자 ← 업무무관자산에 대한 제재 성격 | 기타사외유출 | 4순위 |

국외지배주주(「국제조세 조정에 관한 법률」에서 내국법인이나 외국법인의 국내사업장을 실질적으로 지배하는 자)에게 지급하는 지급이자의 손금불산입 적용 순서는 「법인세법」보다 우선하여 적용함 주의. 즉, 국외지배주주에게 지급한 이자가 0순위

## 2 1순위: 채권자가 불분명한 사채이자

중요도 ★★★

| 의미 | 다음에 해당하는 차입금의 이자를 말함<br>① 채권자의 주소 및 성명을 확인할 수 없는 차입금<br>② 채권자의 능력 및 자산상태로 보아 금전을 대여한 것으로 인정할 수 없는 차입금<br>③ 채권자와의 금전거래 사실 및 거래내용이 불분명한 차입금 → 거래일 현재 주민등록표에 의해 그 거주사실 등이 확인된 채권자가 차입금을 변제받은 후 소재불명이 된 경우의 차입금에 대한 이자는 채권자 불분명 사채이자로 보지 않음 |
|---|---|
| 세무조정·소득처분 | ① 해당 금액: 손금불산입 (대표자 상여)<br>② 원천징수세액 상당액: 손금불산입 (기타사외유출) |

## 3 2순위: 비실명 채권·증권의 이자

중요도 ★★★

| 의미 | 채권·증권의 이자 등(이자·할인액 또는 차익) 중 그 **지급받은 자가 불분명한 것**으로서 금융기관을 통하지 않고 채권·증권의 이자 등을 해당 **발행법인이 직접 지급**하는 경우 그 지급사실이 객관적으로 인정되지 않는 이자 등을 말함 |
|---|---|
| 세무조정·소득처분 | ① 해당 금액: 손금불산입 (대표자 상여)<br>② 원천징수세액 상당액: 손금불산입 (기타사외유출) |

## 4  3순위: 건설자금에 충당한 차입금이자

### ❶ 차입금에 대한 건설자금이자 적용 범위  중요도 ★★☆

| 의미 | 명목 여하에 불구하고 **사업용 유형자산 및 무형자산**의 건설 등(매입·제작 또는 건설)에 소요되는 차입금(자산의 건설 등에 소요된지의 여부가 분명하지 않은 차입금은 제외한 특정차입금)에 대한 지급이자 또는 이와 유사한 성질의 지출금을 말함 |
|---|---|

| 기업회계와 차이점 | 구분 | 기업회계 | 세법 |
|---|---|---|---|
| | 자본화대상자산 | 적격자산 | 사업용 유·무형자산 ← 투자부동산 X, 재고자산 X |
| | 특정차입금이자 | 취득원가 산입<br>→ 자본화 강제 | 취득원가 산입 ← 자본화 강제 |
| | 일반차입금이자 | | 선택 가능 or ① 취득원가 산입 ← 자본화 선택<br>② 당기 지급이자로 계상 (손금산입) |

### ❷ 차입금에 대한 건설자금이자 처리방법 및 계산식  중요도 ★★☆

**차입금에 대한 건설자금이자**

**특정차입금에 대한 건설자금이자**

| 처리방법 | ① 건설 등이 준공된 날까지 이를 자본적 지출로 하여 그 취득원가에 가산(필수)<br>② 건설 등이 준공된 후에 남은 차입금에 대한 이자는 각 사업연도의 손금<br>③ 특정차입금의 연체이자를 취득원가에 가산한 경우 그 금액은 자본적 지출로 하고, 그 가산한 금액에 대한 지급이자는 손금으로 함 |
|---|---|

특정차입금에 대한 건설자금이자 = 준공기간 중의 이자 − 운영자금전용분 이자 − 일시예금분 수입이자

- 준공기간 중의 이자: 차입하는 때 지급하는 지급보증료와 차입금의 연체이자를 포함
- 운영자금전용분 이자: 차입한 건설자금의 일부를 운영자금에 전용한 경우 그 부분에 대한 지급이자를 포함
- 일시예금분 수입이자: 특정차입금의 일시예금에서 생기는 수입이자는 일시예금분 수입이자로 원본에 가산하는 자본적 지출금액에서 차감함

**일반차입금에 대한 건설자금이자**

| 처리방법 | 손금에 산입하거나 취득원가에 산입할 수 있음(선택) |
|---|---|

일반차입금이자 = MIN [①,②]
① 건설기간 중에 실제로 발생한 일반차입금의 지급이자
② 한도: (건설비 연평균지출액−특정차입금 연평균지출액) × 일반차입금의 연평균 이자율

## ❸ 특수한 경우의 세무조정 자금   중요도 ★★☆

### 2.1 특정차입금에 대한 건설자금이자를 지급이자로 계상한 경우

| 구분 | | 세무조정 | |
|---|---|---|---|
| | | 당기 | 차기 이후 |
| 비상각자산 | | 손금불산입 (유보) | 처분 시 손금산입 (△유보) |
| 상각자산 | 당기 말까지 건설이 완료되지 않은 경우 | 손금불산입 (유보) → 건설중인자산 계정에 가산 | 건설완료 시 손금불산입액을 상각부인액으로 봄 → 추후 시인부족액 발생 시, 처분 시 또는 법률에 의한 평가증 시 손금산입 (△유보) |
| | 당기 말까지 건설이 완료된 경우 | 감가상각비로 보아 시부인계산 (즉시상각의제) | — |

### 2.2 회사가 건설자금이자를 취득원가로 과대계상한 경우

: 회사가 건설자금이자를 취득원가로 과대계상한 경우 자산에 대한 과대계상액을 손금산입(△유보)한 후, 해당 자산의 처분 혹은 감가상각 시 익금산입(유보)으로 추인함

## 5  4순위: 업무무관자산 등에 대한 지급이자

### ❶ 의의

중요도 ★★☆

link-p.323

: 법인이 ① 업무무관자산을 취득·보유하고 있거나 ② 특수관계인에게 업무와 관련없는 가지급금 등(가지급금 및 그 이자)을 지급하고 있는 경우 그에 해당하는 지급이자를 말함

> 업무무관부동산과 업무무관동산의 취득가액으로 평가
> 특수관계인으로부터 고가매입한 경우 부당행위계산의 부인규정에 의한 시가초과액을 포함함 주의

### ❷ 손금불산입액 계산식

중요도 ★★☆

$$\text{손금불산입액} = \text{지급이자} \times \frac{\text{MIN}[\text{업무무관자산가액적수} + \text{업무무관가지급금적수},\ \text{차입금적수}]}{\text{차입금적수}}$$

> 가지급금 적수를 계산할 때 동일인에 대한 가지급금과 가수금이 함께 있는 경우 이를 상계한 금액으로 함(약정이 있어 상계할 수 없는 경우는 제외)

**차입금적수**

$$\text{차입금적수} = \text{총차입금적수} - \text{채권자 불분명 사채 적수} - \text{비실명채권·증권 적수} - \text{건설자금이자 계산 대상 차입금 적수}$$

**지급이자**

$$\text{지급이자} = \text{총지급이자} - \text{채권자 불분명 사채 이자} - \text{비실명채권·증권 이자} - \text{건설자금이자}$$

| 지급이자에 포함되는 것 | 지급이자에 포함되지 않는 것 |
|---|---|
| ① 금융어음의 할인료 | ① 상업어음의 할인료 (매각거래인 경우에 한함) |
| ② 금융리스료 중 이자상당액 | ② 운용리스료 |
| ③ 사채할인발행차금 상각액 | ③ 현재가치할인차금상각액, 연지급수입이자 |
| ④ 미지급이자 계상액 | ④ 선급이자 |
| ⑤ 사채이자 | ⑤ 기업구매자금대출이자 |
|  | ⑥ 선순위에서 손금불산입된 이자 |

**업무무관가지급금**

명칭 여하에 불구하고 해당 법인의 **업무와 관련이 없는 자금의 대여액**을 말하며 다음의 금액은 제외함

① 법인이 우리사주조합 또는 그 조합원에게 해당 우리사주조합이 설립된 회사의 주식취득에 소요되는 자금을 대여한 금액 (상환할 때까지의 기간에 상당하는 금액에 한정)
② 직원에 대한 월정급여액의 범위에서의 일시적인 급료의 가불금
③ 직원에 대한 경조사비의 대여액
④ 직원(직원의 자녀 포함)에 대한 학자금 대여액
⑤ 중소기업에 근무하는 직원(지배주주 등인 자는 제외)에 대한 주택구입 또는 전세자금의 대여액
⑥ 그 밖에 법에서 정한 것

> **참고** 그 밖에 업무무관가지급금으로 보지 않는 것
> ① 미지급소득 (지급한 것으로 의제되는 배당금과 상여금)에 대한 소득세를 법인이 대납한 금액
> ② 국외에 자본을 투자한 내국법인이 해당 국외투자법인에 종사하거나 종사할 자의 여비·급료·기타 비용을 대신하여 부담한 금액
> ③ 「국민연금법」에 따라 근로자가 지급받은 것으로 보는 퇴직금전환금 (해당 근로자가 퇴직할 때까지의 기간에 상당하는 금액에 한정)
> ④ 익금산입액의 귀속자가 불분명하거나 추계로 과세표준을 결정·경정할 때에 대표자상여로 처분한 금액에 대한 소득세를 법인이 대납한 금액 (특수관계가 소멸될 때까지의 기간에 상당하는 금액에 한정)
> ⑤ 한국자산관리공사가 출자총액의 전액을 출자하여 설립한 법인에 대여한 금액

# 10 기업업무추진비와 기부금

## 1 기업업무추진비 개념과 범위

### ❶ 기업업무추진비의 의미   중요도 ★☆☆

: 접대, 교제, 사례 또는 그 밖에 어떠한 명목이든 상관없이 이와 유사한 목적으로 지출한 비용으로서 내국법인이 직간접적으로 업무와 관련이 있는 자와 업무를 원활하게 진행하기 위하여 지출한 금액

### ❷ 기업업무추진비의 범위 ← 기업업무추진비에 해당하는지의 여부는 거래명칭·계정과목 등과 관계없이 실질적 내용에 따라 판정함   중요도 ★★★

#### 2.1 기업업무추진비에 해당하는 항목

| | | | |
|---|---|---|---|
| 직원이 조직한 조합·단체에 지출한 복리시설비 | ① 법인인 경우: 기업업무추진비<br>② 법인이 아닌 경우: 경리의 일부 → 법인의 회계처리에 따라 자산 또는 비용으로 처리 | | |
| 약정에 따라 포기한 채권 | 구분 | | 처리방법 |
| | ① 특수관계인 + 조세부담 부당감소 목적 | | 부당행위계산의 부인으로 보아 손금불산입 |
| | ② 특수관계인 외의 자 + 정당한 사유 | | 전액 손금 인정 |
| | ③ 그 외 | 업무와 관련된 지출 | 기업업무추진비로 보아 한도 계산 |
| | | 업무와 무관한 지출 | 기부금으로 보아 한도 계산 |
| 접대 목적의 부가가치세 매입세액과 매출세액 | ① 기업업무추진비 관련 매입세액: 기업업무추진비로 봄 →「부가가치세법」에서는 불공제됨 주의<br>② 현물접대의 경우 매출세액: 기업업무추진비로 봄 →「부가가치세법」에서는 사업상 증여로 보아 부가가치세 매출세액을 부담함 주의 | | |
| 회의비 | ① 사회통념상 인정될 수 있는 범위 내의 금액(통상회의비): 회의비로 보아 손금에 산입함<br>② 통상회의비를 초과하는 금액과 유흥을 위해 지출한 금액: 기업업무추진비로 봄 | | |

#### 2.2 기업업무추진비에 해당하지 않는 항목

| | |
|---|---|
| 주주·출자자·임원·직원이 부담해야 할 성질의 기업업무추진비 | 주주 또는 출자자나 임원 또는 직원이 부담해야 할 성질의 기업업무추진비를 법인이 지출한 것은 기업업무추진비로 보지 않음 |
| 광고선전 목적으로 기증한 물품의 구입비용 | 광고선전 목적으로 기증한 물품의 구입비용[특정인에게 기증한 물품(개당 3만원 이하의 물품은 제외)의 경우에는 연간 5만원 이내의 금액으로 한정]은 광고선전비로 전액 손금인정 |
| 판매장려금·판매수당 등 판매부대비용 | 판매한 상품·제품의 판매장려금 및 판매수당 등 판매와 관련된 부대비용은 사전약정과 관계없이 손금으로 인정 |

### ❸ 기타  〔중요도 ★★★〕

| 기업업무추진비의 귀속시기 | 지급할 의무가 확정된(접대행위가 일어난) 사업연도*1 |
|---|---|
| 현물기업업무추진비의 평가 | 현물기업업무추진비 평가액 = MAX [시가, 장부가액] |

*1 법인이 기업업무추진비를 지출한 사업연도의 손비로 처리하지 않고 이연처리한 경우에도 이를 지출한 사업연도의 기업업무추진비로서 시부인 계산하고 그 후 사업연도에 있어서는 이를 기업업무추진비로 보지 않음

## 2 기업업무추진비의 계산

> 기업업무추진비 한도미달액 또는 한도초과액 = 기업업무추진비 해당액 - 기업업무추진비 한도액

### ❶ 기업업무추진비 해당액  〔중요도 ★★★〕

**1.1 기업업무추진비 해당액 개요**

: 법인이 지출한 기업업무추진비 중 다음의 지출은 기업업무추진비에 포함하지 않으며 현물기업업무추진비의 평가 및 손금 귀속시기에 오류가 있을 경우 세무조정함

① 증빙서류 미수취분: 손금불산입 (상여) ← 증빙서류를 받지 않음
② 업무와 관련없는 기업업무추진비: 손금불산입 (상여, 배당 등)
③ 적격증빙서류 미수취분: 손금불산입 (기타사외유출) ← 서류를 받았으나 적격증빙서류가 아님

**1.2 증빙서류 및 적격증빙서류 미수취**

| | |
|---|---|
| 증빙서류 미수취 | 지출한 기업업무추진비에 대한 증명서류가 없는 경우 귀속이 불분명하므로 **금액과 무관하게 손금불산입하고 대표자에 대한 상여**로 처분함 |
| 적격증빙서류 미수취 | 한 차례의 접대에 지출한 기업업무추진비 중 3만원(경조금은 20만원)을 초과하는 기업업무추진비로서 <u>적격증빙서류</u>에 해당하지 않는 것은 손금불산입(기타사외유출)함<br>　① 신용카드(신용카드와 유사한 것으로서 직불카드·외국에서 발행된 신용카드·기명식선불카드·직불전자지급수단·기명식선불전자지급수단·기명식전자화폐 포함) 또는 현금영수증을 사용하여 지출한 기업업무추진비<br>　② 세금계산서·계산서를 발급받아 지출한 기업업무추진비<br>　③ 매입자발행세금계산서·<u>원천징수영수증</u>을 발행하여 지출한 기업업무추진비<br>　　↳ 사업자등록을 하지 않은 개인사업자로부터 용역을 제공받고 발급하는 원천징수영수증<br>▶ 적격증빙서류로 인정되는 신용카드 등은 법인의 명의로 발급받은 신용카드 등에 한함 주의. 즉, 임직원 명의로 발급받은 신용카드 등과 다른 가맹점 명의로 작성된 신용카드 등 사용액은 적격증빙서류 사용액으로 보지 않아 전액을 손금불산입(기타사외유출)함 |
| 적격증빙서류 구비대상에서 제외되는 항목 | 성격상 적격증빙서류를 구비할 수 없는 다음의 경우에는 적격증빙서류를 미수취하더라도 기업업무추진비에 포함하여 한도 내에서 계산하고 손금에 산입함<br>① 국외장소에서 지출한 기업업무추진비로 현금 외 다른 지출수단이 없어 적격증빙서류를 구비하기 어려운 경우<br>② 법인이 아닌 농·어민으로부터 직접 재화를 공급받으며 그 대가를 금융회사 등을 통하여 지급한 경우<br>③ 법인이 직접 **생산한 제품** 등으로 제공한 현물기업업무추진비<br>④ 거래처와 약정에 의한 **매출채권의 포기액** |

## ❷ 기업업무추진비 한도액의 계산

중요도 ★☆☆

기업업무추진비 한도액 = 일반기업업무추진비 한도액 + 문화기업업무추진비한도액

일반기업업무추진비 한도액 = ① + ② + ③

① 일반한도: $\begin{pmatrix} 일반기업: 1,200만원 \\ 중소기업: 3,600만원 \end{pmatrix} \times \dfrac{해당\ 사업연도의\ 개월수}{12}$

② 일반수입금액 한도: 일반수입금액 × 적용률
③ 특정수입금액 한도: 특수관계수입금액 × 적용률 × 10%
  ↳ 특수관계인과의 거래에서 발생하는 수입금액

문화기업업무추진비 한도액 = MIN[①, ②]
① 문화기업업무추진비 (25.12.31. 까지 적용)
② 일반기업업무추진비 한도액 × 20%

## 3  기업업무추진비의 세무조정

중요도 ★★★

| 한도미달액 | 따로 세무조정하지 않음 |
|---|---|
| 한도초과액 | 손금불산입(기타사외유출)<br>단, 자산으로 계상한 기업업무추진비가 있는 경우 한도초과액은 다음의 순서로 구성됨<br><br>① 비용계상액(재고자산 구성분 포함) ← 이미 손금불산입하였으므로 추가 세무조정이 없음<br>② 건설중인 자산 ◁------ 한도초과로 손금불산입된 금액은 세법상 자산의 원가를 구성할 수 없으므로 자산을<br>▼③ 유형자산·무형자산 ◁ 감액하는 세무조정을 함. 즉, 손금산입(△유보)을 함 |

## 4 기부금의 개념과 범위

### ❶ 기부금과 의제기부금   중요도 ★★★

| 기부금 | 법인이 **사업과 직접적인 관계없이** 특수관계인 외의 자에게 무상으로 지출하는 재산적 증여<br><br>사업과 직접적인 관계 X + 특수관계인 X + 무상지출 ⇒ **기부금** (한도 내 손금)<br><br>사업과 직접적인 관계 X + 특수관계인 O + 무상지출 ⇒ **부당행위부인** (손금불산입)<br>└ If. 특수관계인이 세법에 열거된 기부금대상 단체 등인 경우 ⇒ 기부금 |
|---|---|
| 의제기부금 | 특수관계인 외의 자에게 업무와 무관하게 지출하는 재산적 증여의 가액으로, 정당한 사유없이 자산을 **정상가액 보다 낮은 가액으로 양도하거나 정상가액보다 높은 가액으로 매입**함으로써, 그 차액 중 실질적으로 증여한 것으로 인정되는 금액<br><br>정상가액 = 시가 ± (시가 × 30%)<br><br>저가양도: 양도가액 50 ─ 의제기부금 ─ 정상가액 70 ─ 시가 100<br>고가매입: 시가 100 ─ 정상가액 130 ─ 의제기부금 ─ 매입가액 150 |

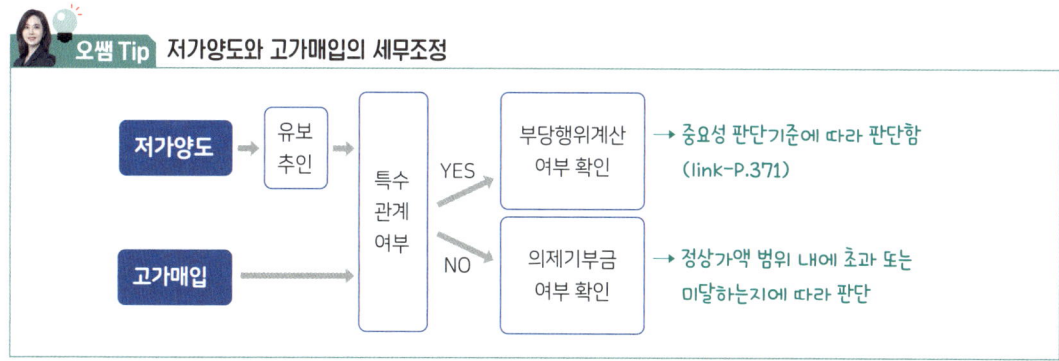

**오쌤 Tip** 저가양도와 고가매입의 세무조정

저가양도 → 유보추인 → 특수관계 여부 → YES → 부당행위계산 여부 확인 → 중요성 판단기준에 따라 판단함 (link-P.371)
고가매입 →                              → NO  → 의제기부금 여부 확인 → 정상가액 범위 내에 초과 또는 미달하는지에 따라 판단

### ❷ 기부금의 범위   중요도 ★★★

| 구분 | 세무조정 |
|---|---|
| 특례기부금 | 일정 한도 내에서 손금산입하고 한도초과액은 손금불산입 (기타사외유출) |
| 우리사주조합기부금 | |
| 일반기부금 | |
| 그 외 기부금 (비지정기부금) | 손금불산입(상여·배당·기타사외유출) |

## 5 기부금의 구분

### ❶ 특례기부금   중요도 ★★★

① 국가·지방자치단체에 무상으로 기증하는 금품의 가액 ← 「기부금품의 모집 및 사용에 관한 법률」의 적용을 받는 기부금품은 같은 법에 따라 접수하는 것만 해당

② 국방헌금과 국군장병 위문금품의 가액

③ 천재지변으로 생기는 이재민을 위한 구호금품의 가액 ← 천재지변에는 특별재난지역으로 선포된 경우 그 선포의 사유가 된 재난을 포함

④ 특정 기관에 시설비·교육비·장학금·연구비로 지출하는 기부금
  → 사립학교, 사립·공립·사립학교의 시설비, 교육비, 장학금 또는 연구비 지급을 목적으로 설립된 비영리교육재단, 기능대학, 평생교육시설, 비영리법인이 운영하는 국제학교, 산학협력단, 한국과학기술원·광주과학기술원·대구경북과학기술원·울산과학기술원, 서울대학교, 인천대학교, 국제대학원, 법에 따라 설립된 대학원, 법에 따른 한국학교, 한국에너지공과대학교, 「한국장학재단 설립 등에 관한 법률」에 따른 한국장학재단

⑤ 특정 병원에 시설비·교육비 또는 연구비로 지출하는 기부금
  → 국립대학병원, 국립대학치과병원, 서울대학교병원, 서울대학교치과병원, 사립학교가 운영하는 병원, 국립암센터, 지방의료원, 국립중앙의료원, 대한적십자사가 운영하는 병원, 한국보훈복지의료공단이 운영하는 병원, 한국원자력의학원, 국민건강보험공단이 운영하는 병원, 「산업재해보상보험법」에 따른 의료기관, 특례기부금 대상 병원이 설립하는 의료기술협력단 NEW

⑥ 사회복지사업, 그 밖의 사회복지활동의 지원에 필요한 재원을 모집·배분하는 것을 주된 목적으로 하는 비영리법인으로서 기획재정부장관이 지정·고시하는 법인에 지출하는 기부금   전문모금기관의 지정요건을 갖춘 법인만 해당 ←

⑦ 특례기부금 지정기간까지 공공기관(공기업 제외) 또는 법률에 따라 직접 설립된 기관으로서 법에 정한 요건을 갖춘 기관에 지출하는 기부금

### ❷ 우리사주조합기부금   중요도 ★★☆

: 법인이 「근로복지기본법」에 따른 우리사주조합에 출연하는 자사주의 장부가액 또는 금품
  → 협력업체 등 다른 법인의 우리사주조합을 말함 주의

### ❸ 일반기부금   중요도 ★★☆

① 특정 비영리법인(단체 및 비영리법인을 포함)에 대한 고유목적사업비 지출 기부금
  → 사회복지법인, 어린이집, 유치원, 초중고등학교, 기능대학, 평생교육시설, 의료법인 및 의료기술협력단(특례기부금 대상 병원이 설립하는 의료기술협력단은 제외) NEW, 종교 단체, 주무관청의 허가를 받아 설립된 비영리법인, 비영리외국법인, 법에 따라 설립된 사회적협동조합, 공공기관, 종전 규정에 따라 인·허가 받은 학술연구단체·장학단체·기술진흥단체 및 문화·예술단체 또는 환경보호운동단체, 국민건강보험공단, 박물관, 미술관 등 종전 규정에 따라 지정한 공익법인

② 특정 용도로 지출하는 기부금
  → 유치원장·초중고등학교 교장·기능대학의 장·평생교육시설의 장이 추천하는 개인에게 교육비·연구비 또는 장학금으로 지출하는 기부금, 상증법에 따른 요건을 갖춘 공익신탁으로 신탁하는 기부금, 사회복지·문화·예술·교육·종교·자선·학술과 같은 공익목적으로 지출하는 기부금으로서 기획재정부장관이 지정하여 고시하는 기부금

③ 특정 기관에 기부하는 금품의 가액
  → 아동복지시설, 노인복지시설, 장애인복지시설, 다문화가족지원센터, 한부모가족복지시설, 청소년복지시설, 건강가정지원센터 등 무료·실비로 이용할 수 있는 법정 시설 또는 기관, 유엔난민기구, 세계식량계획 등 기획재정부장관이 지정하여 고시하는 국제기구 → 유료복지시설에 대한 것은 비지정기부금에 해당함 주의

### ❹ 비지정기부금  중요도 ★★★

: 손금에 산입되는 기부금으로 **인정하지 않는 항목**으로 위 외의 기부금 (EX) **새마을금고** 기부금, **정치자금**, 또는 향우회, 종친회, 동창회, 신용협동조합 등에 지출하는 기부금)

「소득세법」상 정치자금 기부금은 종합소득 산출세액에서 공제(15%, 25%)함 주의 (link-p.448)

> **오쌤 Tip** 시설비·교육비·연구비 또는 장학금으로 지출하는 기부금 정리

| | |
|---|---|
| 국·공립학교, 사립학교에 시설비·교육비·장학금·연구비로 지출하는 기부금<br>↳ 국·공립학교는 국가·지방자치단체에 해당함 | 특례기부금 |
| 국립대학병원, 사립학교 또는 특정 기관이 운영하는 병원 등에 시설비·교육비 또는 연구비로 지출하는 기부금 ↳ 장학금 없음 주의 | 특례기부금 |
| 학교·교육시설의 장이 추천하는 개인에게 교육비·연구비 또는 장학금으로 지출하는 기부금 | 일반기부금 |

## 6 기부금의 손금산입 한도액

중요도 ★★☆

: 내국법인이 각 사업연도에 지출한 기부금 및 이월된 기부금은 <u>기부금의 구분에 따라 산출한 손금산입 한도액</u> 내에서 해당 사업연도의 소득금액을 계산할 때 손금에 산입하고, 손금산입 한도액을 초과하는 금액은 손금에 산입하지 않음

| | |
|---|---|
| 특례기부금 | {기준소득금액*1 − 이월결손금*2} × 50% |
| 우리사주조합<br>기부금 | {기준소득금액*1 − 이월결손금*2 − 특례기부금 인정액} × 30% |
| 일반기부금 | {기준소득금액*1 − 이월결손금*2 − 특례기부금 인정액 − 우리사주조합기부금 인정액} × 10%<br>(20%) |

*1 기준소득금액 = 차가감소득금액 + (특례기부금 + 우리사주조합기부금 + 일반기부금)
  ↳ '기부금한도초과액의 손금불산입'과 '기부금한도초과이월액의 손금산입'을 제외한
   모든 세무조정이 완료된 후의 소득금액(합병·인적분할로 발생하는 양도손익은 제외)

*2 이월결손금: 각 사업연도 개시일 전 15년 이내에 개시한 사업연도에서 발생한 세무상 결손금으로서 그 후의 각 사업연도의 과세표준을 계산할 때 공제되지 않은 금액을 말하며, 기부금의 손금산입 한도액 계산 시 기준소득금액의 80%를 한도로 이월결손금을 뺌
   ↳ 중소기업의 경우 100%

## 7 기부금의 평가와 손익시기

### ❶ 기부금의 손금귀속시기 　　중요도 ★★★

| | |
|---|---|
| 원칙 | 기부금은 그 지출한 날이 속하는 사업연도에 귀속함<br>① 기부금을 가지급금 등으로 이연계상한 경우 이를 그 **지출**한 사업연도의 기부금으로 함<br>② 법인이 기부금을 미지급금으로 계상한 경우에는 **실제로 이를 지출**할 때까지 기부금으로 보지 않음<br>③ 기부금의 지출을 위해 어음을 발행(배서를 포함)한 경우에는 그 어음이 **실제로 결제된 날**에 지출한 것으로 봄<br>④ 기부금의 지출을 위해 수표를 발행한 경우에는 당해 수표를 **교부한 날**에 지출한 것으로 봄 |
| 예외 | 정부로부터 인·허가를 받기 이전의 설립 중인 공익법인 및 단체 등에 지출한 기부금의 경우에는 **지출한 사업연도가 아닌** 그 법인 및 단체가 정부로부터 **인가 또는 허가를 받은 날**이 속하는 사업연도의 기부금으로 봄(현금주의에 대한 예외) |

### ❷ 현물기부금의 평가 　　중요도 ★★★

| 구분 | | 현물기부금의 평가액 |
|---|---|---|
| 특례기부금 | | 기부한 때의 장부가액 |
| 일반기부금 | 특수관계인이 아닌 자에게 기부한 경우 | |
| | 특수관계인에게 기부한 경우 | 기부한 때의 MAX [시가, 장부가액] |
| 비지정기부금 | | |

## 8 기부액의 세무조정

### ❶ 기부금에 대한 세무조정 구조 　　중요도 ★★★

| | |
|---|---|
| 기부금 해당액 > 기부금 한도액 | 손금불산입(기타사외유출) |
| 기부금 해당액 < 기부금 한도액 | ① 이월된 기부금 한도초과액이 있는 경우<br>　: MIN[이월된 기부금 한도초과액, 한도미달액]을 손금산입 (기타)<br>② 이월된 기부금 한도초과액이 없는 경우<br>　: 세무조정을 하지 않음 |

### ❷ 기부금 한도초과액의 이월손금산입 　　중요도 ★★★

: 특례기부금 및 일반기부금의 한도초과액은 해당 사업연도의 **다음 사업연도 개시일부터 10년 이내에 끝나는 각 사업연도**로 이월하여, 그 이월된 사업연도의 소득금액을 계산할 때 특례기부금 및 일반기부금 각각의 손금산입한도액의 범위에서 손금에 산입함.

### ❸ 비지정기부금 　　중요도 ★★★

: 한도계산을 하지 않고 전액 손금불산입 (상여, 배당 또는 기타사외유출)

# 11 충당금

## 1 개요

중요도 ★★☆

| 원칙 | 원칙적으로 아직 실현(확정)되지 않은 충당부채와 충당금을 인정하지 않음 | | |
|---|---|---|---|
| 예외 | 다음의 충당금만 손금산입 인정 | | |
| | 퇴직급여충당금 | 손금산입 한도액까지 인정 | 결산조정사항 |
| | 퇴직연금충당금 | 손금산입 한도액까지 계상해야 함 | 강제신고조정사항 |
| | 대손충당금 | 손금산입 한도액까지 인정 | 결산조정사항 |
| | 일시상각충당금 (압축기장충당금) | 요건 충족 시 별도로 계상할 수 있음 | 임의신고조정사항 |
| | 구상채권상각충당금 | 신용보증사업을 영위하는 특정 법인에 한하여 별도로 계상할 수 있음 | 임의신고조정사항 |

## 2 퇴직급여충당금

### ❶ 퇴직급여충당금과 퇴직연금충당금의 의미

중요도 ★☆☆

| 퇴직급여충당금 | 퇴직연금충당금 |
|---|---|
| **내부적으로** 퇴직급여재원의 확보를 위해 설정하는 충당금 | **외부적으로** 퇴직연금사업자와 퇴직연금계약을 체결하면서 분담금을 부담하고 설정하는 충당금 |
| 계산순서: 퇴직급여충당금 한도액 계산 → 퇴직연금충당금 한도액 계산 | |

## ❷ 퇴직급여충당금의 손금산입 한도액 계산식 　　　　중요도 ★☆☆

> 손금산입 한도액 = MIN [①, ②]　　↘ 사업연도가 1년 미만인 경우에도 해당 사업연도 총급여액으로 계산함
> ① <u>총급여액</u> 기준: 임직원의 해당 사업연도의 총급여액 × 5%
> ② 추계액 기준: <u>퇴직급여추계액</u> × 0% − <u>세법상 퇴직급여충당금 이월잔액</u> + 퇴직금전환금 기말잔액
> 　↳ 음수가 나오면 0으로 봄　　　　1999년 4월 1일 이전에 존재하던 ↙
> 　　　　　　　　　　　　　　　　법규에 의해 설정하던 금액

| 총급여액: 퇴직급여 지급대상 임직원에게 지급한 총급여액 ||
|---|---|
| 대상<br>급여 | 퇴직급여 지급대상 임직원에게 지급한 총급여액 |
| 범위 | 「소득세법」상 근로소득의 범위(link-p.452) 중 다음 금액을 제외한 금액을 말함<br>① 「소득세법」상 **비과세 근로소득**<br>② **손금불산입되는 인건비**<br>③ 인정상여<br>④ 퇴직으로 인하여 받는 소득으로서 퇴직소득에 속하지 않는 소득<br>⑤ 직무발명보상금 |

퇴직급여추계액 = MAX [①, ②]
① 일시퇴직기준 퇴직급여추계액
② 보험수리적기준 퇴직급여추계액

세법상 퇴직급여충당금 이월잔액:
전기말까지 세법상 손금으로 인정된 퇴직급여충당금의 당기말 현재 잔액

> 세법상 퇴직급여충당금 이월잔액 = 기초잔액 − 당기 중 세법상 퇴직급여충당금 감소액

## ❸ 퇴직급여충당금의 세무조정 　　　　중요도 ★☆☆

| 한도초과액 (퇴직급여충당금 설정액 > 한도액) | 손금불산입(유보) |
|---|---|
| 한도미달액 (퇴직급여충당금 설정액 < 한도액) | 세무조정 없음 |

## ❹ 퇴직금 지급 　　　　중요도 ★☆☆

| 퇴직급여 지급 | 퇴직급여충당금을 손금에 산입한 내국법인이 임원이나 직원에게 퇴직금을 지급하는 경우에는 그 퇴직급여충당금에서 먼저 지급한 것으로 봄(상계)<br>　　상계하고도 남은 금액이 있으면 이전 퇴직급여충당금 설정액 중 손금불산입된 한도초과액이 있는 경우 해당 손금불산입된 금액을 손금으로 추인함 |
|---|---|
| 비현실적 퇴직으로<br>퇴직급여 지급 | 현실적으로 퇴직할 때까지 업무무관가지급금으로 의제 → 지급이자 손금불산입, 대손금 설정채권 배제, 부당행위계산의 부인으로 인정이자 등을 계산해야 함 |
| 임원퇴직금 한도초과액 | 퇴직급여충당금 **손금산입(△유보)** 하고 동시에 **손금불산입(상여)** 로 처분함 |

## 3 퇴직연금충당금

### ❶ 퇴직연금제도의 종류    중요도 ★☆☆

| 확정기여형<br>퇴직연금제도 | **회사의 부담금이 이미 확정**되어 있기 때문에 **회사가 해당 부담금을 납입한 이후 추가적인 의무가 없으며** 납입 이후 근로자가 받는 연금급여는 적립금의 운용결과에 따라 달라지게 되는 형태의 연금제도로, 이때 법인이 지출하는 확정기여형 퇴직연금의 부담금은 전액 손금 산입 |
|---|---|
| 확정급여형<br>퇴직연금제도 | **근로자가 받는 연금급여가 이미 확정**되어 있기 때문에 회사는 부담금을 납입하더라도 적립금의 운용결과에 따라 추가적인 의무를 부담할 수 있는 형태의 연금제도 → 반대로 확정급여형 퇴직연금에서 발생하는 수익은 그 확정일이 속하는 사업연도의 익금으로 산입함 |
| 중소기업<br>퇴직연금기금제도 | 「근로자퇴직급여보장법」에 따라 중소기업(상시 30명 이하의 근로자를 사용하는 사업에 한정) 근로자의 노후생활 보장을 지원하기 위해 둘 이상의 중소기업 사용자 및 근로자가 납입한 부담금 등으로 공동의 기금을 조성·운영하여 근로자에게 급여를 지급하는 제도로서, 사업자 부담금이 전액 손금 산입됨 |

### ❷ 퇴직연금충당금의 설정    중요도 ★☆☆

손금산입 한도액 = MIN [①, ②]
① 추계액 기준: 추계액 대비 퇴직급여충당금 부족설정액 - 세법상 퇴직연금충당금 이월 잔액
② 불입액 기준: 퇴직연금운용자산 잔액 - 세법상 퇴직연금충당금 이월 잔액

추계액 대비 퇴직급여충당금 부족설정액 =
퇴직급여추계액 총액 - 세법상 퇴직급여충당금 기말 잔액

세법상 퇴직연금충당금 이월 잔액 = 세법상 퇴직연금충당금 기초 잔액 - 퇴직연금충당금 감소액

퇴직연금운용자산 잔액 = 기초 퇴직연금운용자산 - 기중 퇴직연금운용자산 감소액 + 기중 퇴직연금운용자산 납입액

### ❸ 퇴직연금충당금의 세무조정    중요도 ★☆☆

| 한도초과액(회사계상액 > 한도액) | 손금불산입(유보) |
|---|---|
| 한도미달액(회사계상액 < 한도액) | 손금산입(△유보) ← 강제신고조정사항 |

### ❹ 퇴직금 지급    중요도 ★☆☆

: 확정급여형 퇴직연금에 가입한 법인에서 현실적 퇴직으로 퇴직급여를 지급하는 경우 다음의 순서로 상계

① 퇴직연금충당금 → ② 퇴직급여충당금(총액관리) → ③ 퇴직급여

## 4 대손충당금

### ❶ 기업회계와 세법의 차이점  중요도 ★★★

| 구분 | 기업회계 | 법인세법 |
|---|---|---|
| 대손금 | 회수불가능한 채권은 대손으로 처리 | 「법인세법」에서 규정된 **요건을 충족한 채권에 한해서만** 대손으로 처리<br>→ 그 외에는 손금불산입(유보) |
| 대손충당금 | 합리적이고 객관적인 기준에 따라 대손추산액을 산출하고 대손충당금으로 설정<br><br>보충법에 의한 회계처리<br>: 기말 대손추산액에서 계상된 대손충당금을 제외한 **잔액만큼을 보충**하여 설정 | 세법상 **한도액의 범위에서만** 대손충당금을 설정 (결산조정사항)<br>→ 한도초과액은 손금불산입(유보)<br><br>총액법에 의한 회계처리<br>: 기초 대손충당금에서 대손금을 차감한 금액을 **익금산입(환입)**하고, 당기말 기준 대손추산액을 **다시 손금산입하여 설정** |

▶ 보충법과 총액법은 방법의 차이일 뿐 결과에 차이는 없으므로 법인이 당해 사업연도의 대손충당금 손금산입 범위액에서 익금에 산입하여야 할 대손충당금을 차감한 잔액만을 대손충당금으로 계상한 경우 차감한 금액은 이를 각각 익금 또는 손금에 산입한 것으로 봄

### ❷ 대손충당금의 세무조정  중요도 ★★★

#### 2.1 대손충당금 설정

| 한도초과액(당기에 설정한 대손충당금 > 한도액) | 손금불산입(유보) |
|---|---|
| 한도미달액(당기에 설정한 대손충당금 < 한도액) | 세무조정 없음 |

#### 2.2 대손금 발생 시
: 대손충당금을 손금산입한 내국법인은 대손금이 발생한 경우 그 대손금을 **대손충당금과 먼저 상계**하고 남은 금액은 다음 사업연도의 소득금액을 계산할 때 **익금에 산입**

**오쌤 Tip** 대손충당금 관련 세무조정의 기본구조

① 전기 대손충당금 한도초과액(유보): 무조건 당기에 익금불산입 (△유보) → 자동 추인
② 당기 대손충당금 한도초과액: 손금불산입(유보)
   ↳ 대손충당금 기말잔액 − 한도액
      ↳ 기업회계기준에 따른 채권의 재조정에 따라 채권의 장부가액과 현재가치의 차액을 대손금으로 계상한 경우 그 대손금과 관련된 대손충당금은 제외

## ❸ 대손금

중요도 ★★★

: 채권 중 법으로 정한 사유로 회수할 수 없는 채권의 금액은 손금에 산입

### 3.1 신고조정사항

: 다음에 해당하는 채권의 금액은 **해당 사유가 발생한 날**이 속하는 사업연도의 손금으로 함

→ 회계처리하였는지 여부에 관계없이 반드시 대상채권 전액을 해당 사업연도의 손금에 산입해야 하는 신고조정사항에 해당

| 구분 | 구체적인 대손사유 |
| --- | --- |
| 소멸시효가 완성된 채권 | ① 「상법」에 따른 **소멸시효가 완성**된 외상매출금 및 미수금<br>② 「어음법」에 따른 **소멸시효가 완성**된 어음<br>③ 「수표법」에 따른 **소멸시효가 완성**된 수표<br>④ 「민법」에 따른 **소멸시효가 완성**된 대여금 및 선급금 |
| 그 밖의 채권 | ① **회생계획인가의 결정** 또는 **법원의 면책결정**에 따라 회수불능으로 확정된 채권<br>② 「서민의 금융생활 지원에 관한 법률」에 따른 채무조정을 받아 신용회복지원협약에 따라 **면책**으로 확정된 채권<br>③ 「민사집행법」에 따라 채무자의 재산에 대한 **경매가 취소**된 압류채권 |

### 3.2 결산조정사항

: 다음에 해당하는 채권의 금액은 **해당 사유가 발생하여 손비로 계상한 날**이 속하는 사업연도의 손금으로 함

→ 법인이 대손처리하지 않은 경우 신고조정으로 손금산입할 수 없는 결산조정사항에 해당함

| 구분 | 구체적인 대손사유 |
| --- | --- |
| 일정기간 지난 채권 | ① **부도발생일부터 6개월 이상** 지난 수표 또는 어음상의 채권 및 외상매출금(중소기업의 외상매출금으로서 부도발생일 이전의 것에 한정)[*1]<br>　→ 단, 해당 법인이 채무자의 재산에 대하여 저당권을 설정하고 있는 경우는 제외<br>② **회수기일이 6개월 이상** 지난 채권 중 채권가액이 30만원 이하인 채권<br>　→ 채무자별 채권가액의 합계액 기준<br>③ 중소기업의 외상매출금 및 미수금으로서 **회수기일이 2년 이상** 지나고 특수관계인과의 거래로 인하여 발생하지 않은 것<br>[*1] 대손금으로 손비에 계상할 수 있는 금액은 사업연도 종료일 현재 회수되지 않은 해당 채권의 금액에서 1,000원(비망가액)을 뺀 금액임 |
| 그 외의 채권 | ① 채무자의 **파산, 강제집행, 형의 집행** 등으로 인하여 회수할 수 없는 채권<br>② 재판상 **화해 또는 조정 확정판결** 같은 효력을 가진 것으로 회수불능으로 확정된 채권<br>③ 금융회사 등의 채권으로 **금융감독원장이 대손을 인정**한 채권<br>④ 물품의 수출 또는 외국에서 용역제공으로 발생한 채권으로 법으로 정하는 사유에 해당하여 **무역에 관한 법령에 따라** 회수불능으로 확인된 채권<br>⑤ 중소기업창업투자회사의 **창업자에 대한 채권**으로서 법에 정한 기준에 해당한다고 인정한 채권 |
| 예외 | 결산조정사항임에도 불구하고 법인이 다른 법인과 합병하거나 분할하는 경우로서 결산조정사항에 해당하는 대손금을 합병등기일·분할등기일이 속하는 사업연도까지 손비로 계상하지 않은 경우 그 대손금은 해당 법인의 **합병등기일·분할등기일이 속하는 사업연도**의 손비로 함 |

### 3.3 대손금의 손금산입 대상채권

| 원칙 | 대손처리할 수 있는 채권의 범위에 대해서는 별다른 제한이 없음(회수할 수 없는 부가가치세 매출세액 미수금도 포함) 「부가가치세법」에 따른 대손세액공제를 받은 것은 제외 |
|---|---|
| 예외 | 다음의 채권은 대손사유가 충족되더라도 손금에 산입할 수 없음<br>① 채무보증(법에 정한 채무보증은 제외)으로 인하여 발생한 **구상채권**<br>② 대여 시점의 **특수관계인**에 대한 **업무무관가지급금**<br>③ 「부가가치세법」에 따른 **대손세액공제를 받은 부가가치세 매출세액** |

채무보증(법에 정한 채무보증은 제외)으로 인하여 발생한 구상채권과 특수관계인에 대한 업무무관가지급금 등의 채권의 **처분손실도 손금에 산입하지 않음 주의** → 외형상 처분손실의 모양을 취할 뿐, 실직적으로는 대손금에 해당하기 때문

### 3.4 대손금 회수액의 처리

| 손금산입한 대손금을 회수 | 그 회수한 날이 속하는 사업연도의 소득금액 계산 시 익금에 산입 |
|---|---|
| 손금불산입한 대손금을 회수 | 익금에 산입할 수 없음 |

## ④ 대손충당금의 손금산입한도액  중요도 ★★★

**장부가액**

설정대상채권 장부가액 = 기말 재무상태표상 채권가액 − 설정제외대상 채권가액 ± 채권 유보

손금산입 한도액 = 당기말 설정 대상 채권의 장부가액 합계 × 설정률

**설정 대상 채권의 범위**

기업회계기준에 따라 설정대상이 되는 채권 중
다음을 제외한 채권
① 채무보증으로 인하여 발생한 구상채권
② 대여 시점의 특수관계인에 대한 업무무관가지급금
③ 매각거래성격의 할인어음 및 배서양도어음
④ 부당행위계산규정을 적용받는 고가매입 거래에 있어서 시가초과액에 상당하는 채권

**설정률**

설정률 = MAX [①, ②]

① 1%
② 대손실적률
$$= \frac{\text{해당 사업연도의 대손금(요건을 충족한 것에 한정)}}{\text{직전 사업연도 종료일 현재의 채권잔액}}$$

## ⑤ 기타 세부사항  중요도 ★★★

| 동일인에 대한 채권·채무의 상계여부 | 법인이 동일인에 대하여 매출채권과 매입채무를 가지고 있는 경우에는 당해 매입채무를 상계하지 아니하고 대손충당금을 계상할 수 있음(당사자간의 약정에 의하여 상계하기로 한 경우에는 제외) |
|---|---|
| 합병·분할의 경우 대손충당금의 승계 | 대손충당금을 손금에 산입한 내국법인이 합병·분할하는 경우 그 법인의 합병·분할등기일 현재의 해당 대손충당금 중 합병법인 등이 승계(해당 대손충당금에 대응하는 채권이 함께 승계되는 경우만 해당)받은 금액은 그 합병법인 등이 합병·분할등기일에 가지고 있는 대손충당금으로 봄 |
| 채권가액의 재조정에 따른 대손금의 손금산입 | 내국법인이 기업회계기준에 따른 채권의 재조정에 따라 채권의 장부가액과 현재가치의 차액을 대손금으로 계상한 경우에는 이를 손금에 산입하며, 손금에 산입한 금액은 기업회계기준의 환입방법에 따라 익금에 산입함 |

## 5 일시상각충당금(압축기장충당금)과 구상채권상각충당금

### ❶ 일시상각충당금(압축기장충당금)의 의미  〔중요도 ★★☆〕

(일시상각충당금 → 감가상각자산에 대한 경우 / 압축기장충당금 → 비상각자산에 대한 경우)

: 익금에 해당하는 일정 금액에 대하여 과세시점을 이연하여 법인세 부담을 완화시키기 위해 당기에 일시에 상각할 목적으로 설정하는 충당금

### ❷ 일시상각충당금(압축기장충당금)의 설정 대상  〔중요도 ★★★〕

「법인세법」상 다음의 대상에 한하여 일시상각충당금(압축기장충당금)을 설정할 수 있음

① 공사부담금, 국고보조금, 보험차익
② 물적분할·현물출자·교환으로 인한 자산양도차익

### ❸ 일시상각충당금(압축기장충당금)의 손금산입  〔중요도 ★★★〕

**3.1 손금산입 방법**

: 충당금은 원칙적으로 결산조정항목이지만 일시상각충당금(압축기장충당금)은 신고조정에 의한 손금산입이 허용됨
→ 기업회계기준에서는 일시상각충당금(압축기장충당금)의 비용계상을 인정하지 않기 때문

**3.2 국고보조금·공사부담금·보험차익에 대한 일시상각충당금**

| 구분 | 국고보조금 | 공사부담금 | 보험차익 |
|---|---|---|---|
| 대상 | 사업용 자산을 취득·개량하기 전후로 법률에 따라 보조금 등을 지급받은 법인 | 전기·가스·집단에너지공급사업, 초고속정보통신기반구축사업 및 수도사업 영위법인 | 유형자산의 멸실이나 손괴로 인하여 보험금을 지급받아 보험차익이 발생한 법인 |
| 손금산입 시기 | 해당 보조금·공사부담금·보험차익을 **지급받은 사업연도** (현금주의) | | |
| 손금산입 금액 | 사업용자산의 취득 또는 개량에 사용된 국고보조금·공사부담금·보험차익 상당액 | | |
| 손금산입 요건 | 지급받은 사업연도의 다음 사업연도 개시일로부터 **1년 이내**에 사용할 것 | 지급받은 사업연도의 다음 사업연도 개시일로부터 **1년 이내**에 사용할 것 | 지급받은 사업연도의 다음 사업연도 개시일로부터 **2년 이내**에 사용할 것 |

> 허가 또는 인가의 지연 등 법으로 정하는 사유로 기한 내 미사용 시 해당 사유가 끝나는 날이 속하는 사업연도의 종료일을 그 기한으로 봄

### 3.3 익금산입 시기

| 일반적인 경우 | 감가상각하거나 처분할 때 익금에 산입함 |
|---|---|
| 손금산입 요건 기간 내에 자산을 취득하지 않은 경우 | 국고보조금 등 상당액을 손금에 산입한 내국법인이 손금에 산입한 금액을 기한 내에 사업용 자산의 취득 또는 개량에 사용하지 않거나 사용하기 전에 폐업 또는 해산하는 경우 그 미사용 금액은 **해당 사유가 발생한 날이 속하는 사업연도**의 소득금액을 계산할 때 익금에 산입함 |
| 자산을 취득하기 전에 폐업 또는 해산하는 경우 | |

단, 합병·분할하는 경우로서 합병법인 등이 승계한 경우 제외
→ 이 경우 그 금액은 합병법인 등이 해당 사유가 끝나는 날
 이 속하는 사업연도의 종료일에 손금에 산입한 것으로 봄

## ❹ 구상채권상각충당금    중요도 ★☆☆

### 4.1 구상채권과 구상채권상각충당금의 의미

| 구상채권 | 보증기금 등(법률에 따라 신용보증사업을 하는 내국법인 중 법으로 정하는 법인)이 채권자를 대신하여 채무관계자에게 법령 또는 계약에 따라 반환을 청구할 수 있는 채권 |
|---|---|
| 구상채권상각충당금 | 보증기금 등이 보유하는 구상채권에 대해서 설정하는 충당금 |

### 4.2 구상채권상각충당금의 손금산입방법

| 원칙 | 결산조정<br>: 보증기금 등이 **구상채권상각충당금을 손비로 계상한 경우** 법으로 정하는 바에 따라 계산한 금액의 범위에서 그 계상한 구상채권상각충당금을 해당 사업연도의 소득금액을 계산할 때 **손금에 산입** |
|---|---|
| 예외 | 신고조정 가능<br>: 한국채택국제회계기준을 적용하는 대한주택보증주식회사에 한해 이익처분에 의한 신고조정으로 손금산입을 허용 |

### 4.3 구상채권상각충당금의 상계와 환입

| 상계 | 손금에 산입한 내국법인은 신용보증사업으로 인하여 발생한 구상채권 중 대손금이 발생한 경우 그 대손금을 구상채권상각충당금과 먼저 상계함 |
|---|---|
| 환입 | 상계하고 남은 구상채권상각충당금의 금액은 다음 사업연도의 소득금액을 계산할 때 익금에 산입함 |

# 12 준비금

제5편 법인세법

## 1 개요

**❶ 준비금의 의미**   중요도 ★☆☆

> 세법은 권리의무확정주의를 따르기 때문에 미실현부채에 해당하는 준비금을 손금으로 인정하지 않는 것이 원칙이나 정책적 목적을 위해 법에 열거된 준비금은 한도 내에서 손금으로 인정하는 예외를 둠

: 사업을 영위하는 법인이 그 사업의 목적을 달성하기 위하여 적립하는 금액

**❷ 세법상 인정되는 준비금의 종류**   중요도 ★★☆

- 준비금
  - 「법인세법」
    - 보험업 영위법인
      - **책임준비금**: 보험회사가 보험 가입자에게 보험금을 지급하는 것에 대비하여 미리 적립해두는 준비금
      - **비상위험준비금**: 보험회사가 거액의 보험금이 지급될 것으로 예상되는 경우 책임준비금에 부수적으로 더 적립하는 준비금
      - **해약환급금준비금**: 보험회사가 보험계약의 해약 등에 대비하여 적립하는 준비금
    - 비영리법인 — **고유목적사업준비금**: 비영리법인이 고유목적사업이나 일반기부금에 지출하기 위해 계상한 준비금
  - 「조세특례제한법」 — 신용회복목적회사 — 손실보전준비금

## 2 법인세법상 준비금

**❶ 보험업 영위법인 대상 준비금**   중요도 ★☆☆

### 1.1 손금산입방법

| | |
|---|---|
| 원칙 | **결산조정**  〔「보험업법」에 따른 보험회사는 제외〕<br>: 보험사업을 하는 내국법인이 각 사업연도의 결산을 확정할 때 법률에 따른 책임준비금, 비상위험준비금을 손비로 계상한 경우에는 법에 따라 계산한 금액의 범위에서 그 계상한 금액을 해당 사업연도의 소득금액을 계산할 때 손금에 산입함 |
| 예외 | **이익처분에 의한 신고조정**<br>① 한국채택국제회계기준을 적용하는 내국법인이 비상위험준비금을 *세무조정계산서*에 계상하고 해당 사업연도의 이익처분 시 비상위험준비금으로 적립한 경우 결산을 확정할 때 손비로 계상한 것으로 보아 손금에 산입함<br>② 「보험업법」에 따른 보험회사가 해약환급금준비금을 세무조정계산서에 계상하고 해당 사업연도의 이익처분 시 해약환급금준비금으로 적립한 경우 결산을 확정할 때 손비로 계상한 것으로 보아 손금에 산입함<br>　　해약환급금준비금 명세서를 관할 세무서장에게 제출해야 함 |

## ❷ 비영리법인을 대상으로 하는 고유목적사업준비금　　　중요도 ★★★

### 2.1 손금산입방법

| 원칙 | 결산조정<br>: 법인이 고유목적사업준비금을 손비로 계상한 경우에는 일정 금액 범위에서 그 계상한 고유목적사업준비금을 해당 사업연도의 소득금액을 계산할 때 손금에 산입함 |
|---|---|
| 예외 | 신고조정 가능<br>: 「주식회사의 외부감사에 관한 법률」에 따라 감사인의 회계감사를 받는 비영리내국법인은 고유목적사업준비금을 손익계산서에 비용으로 계상할 수 없으므로 「법인세법」에 따른 고유목적사업준비금을 *세무조정계산서*에 계상한 경우 **이익처분에 의한 신고조정 가능** |

### 2.2 손금산입 한도액

$$\text{손금산입 한도액} = \text{이자·배당소득금액} + \left(\text{수익사업소득금액} - \text{이자·배당소득금액} - \text{이월결손금} - \text{특례기부금 손금산입액}\right) \times 50\%(\text{또는 특례비율})$$

- 이자·배당소득금액 → 비영업대금의 이익과 상속·증여세가 부과되는 주식 등으로부터 발생한 배당소득은 제외
- 수익사업소득금액 → 고유목적사업준비금 및 특례기부금을 손금산입하기 전의 소득금액에서 경정으로 증가된 소득금액 중 특수관계인에게 상여 및 기타소득으로 처분된 금액을 제외
- 이월결손금 → 각 사업연도의 개시일 전 15년(2020.1.1.이전에 개시하는 사업연도에 발생한 결손금은 10년) 이내에 개시한 사업연도에서 발생한 결손금으로 그 후 각 사업연도의 과세표준에서 아직 공제되지 않은 금액

**특례비율**

| | |
|---|---|
| 고유목적사업 등에 대한 지출액 중 장학금으로 지출하는 비율이 50% 이상인 법인 | 80% |
| 고유목적사업 등에 대한 지출액 중 장학금으로 지출하는 비율이 80% 이상인 법인 | 100% |
| 「사립학교법」에 따른 학교법인, 산학협력단, 평생교육시설을 운영하는 비영리법인 등 법령에서 열거하는 법인 (2025.12.31. 이전에 끝나는 사업연도까지 적용) | 100% |

### 2.3 중복적용 배제

: 해당 비영리 내국법인의 수익사업에서 발생한 소득에 대하여 「법인세법」 또는 「조세특례제한법」에 따른 비과세·면제, 준비금의 손금산입, 소득공제 또는 세액감면을 적용받는 경우는 제외함 → 단, 고유목적사업준비금만을 적용받는 것으로 수정신고한 경우는 제외

→ 열거된 공제·감면 등에 세액공제는 없음 주의

### 2.4 상계, 승계, 환입

| | |
|---|---|
| 상계 | 고유목적사업준비금을 손금에 산입한 이후, 그 금액을 고유목적사업 또는 일반기부금에 지출한 금액이 있는 경우에는 **먼저 계상한 연도의 준비금분부터 차례로 상계** → 이 경우 고유목적사업이나 일반기부금에 지출한 금액이 직전 사업연도 종료일 현재의 고유목적사업준비금의 잔액을 초과한 경우 초과하는 금액은 그 사업연도에 계상할 고유목적사업준비금에서 지출한 것으로 봄 |
| 승계 | 사업에 관한 모든 권리와 의무를 다른 비영리내국법인에게 포괄적으로 양도하고 해산하는 경우 해산등기일 현재의 고유목적사업준비금 잔액은 그 다른 비영리법인에게 승계 가능 |
| 환입 | 손금에 산입한 고유목적사업준비금의 잔액이 있는 비영리법인이 다음에 해당하게 된 경우 그 잔액(⑤의 경우에는 고유목적사업 등이 아닌 용도에 사용한 금액)은 해당 사유가 발생하는 날이 속하는 사업연도의 익금에 산입함<br><br>**환입사유**<br>① 미사용: 손비로 계상한 사업연도의 종료일 이후 5년이 되는 날까지 고유목적사업 등에 사용하지 않은 경우(5년 내에 사용하지 않은 잔액으로 한정) → 손금에 산입한 고유목적사업준비금의 잔액이 있는 경우 손금에 산입한 사업연도의 종료일 이후 5년 이내에 그 잔액 중 일부를 감소시켜 익금에 산입할 수 있으며, 이 경우 대통령령으로 정하는 바에 따라 계산한 이자상당액을 해당 사업연도의 법인세에 더하여 납부하여야 함<br>② 해산*1<br>③ 폐지: 고유목적사업을 전부 폐지한 경우<br>④ 승인취소: 법인으로 보는 단체가 승인이 취소되거나 거주자로 변경되는 경우<br>⑤ 고유목적사업준비금을 고유목적사업 등이 아닌 용도에 사용한 경우 |

*1 포괄적으로 양도하여 다른 비영리법인에게 고유목적사업준비금을 승계한 경우는 제외

## 3 조세특례제한법상 준비금

### ❶ 설정가능 준비금
중요도 ★☆☆

: 신용회복목적회사는 손실보전준비금을 설정할 수 있음(26.12.31. 까지)

### ❷ 손금산입 방법
중요도 ★☆☆

: 결산조정을 원칙으로 하되 이익처분에 의한 신고조정도 허용함

# 13 부당행위계산의 부인

## 1 부당행위계산의 부인 개괄

### ❶ 부당행위계산의 부인의 의미

중요도 ★★★

→ 그 행위 당시를 기준으로 특수관계인 자

: 내국법인의 행위 또는 소득금액의 계산이 **특수관계인과의 거래**로 인하여 **법인의 소득에 대한 조세의 부담을 부당하게 감소**시킨 경우, 납세지 관할 세무서장(또는 관할 지방국세청장)이 법인의 행위 또는 계산과 관계없이 다시 법인의 각 사업연도의 소득금액을 계산하는 것

즉, 법인의 손해로 특수관계인이 부당하게 이익을 취한 거래

| 법률적 효과 | 해당 거래 등에 대한 법적 효과는 그대로 유지되며 조세포탈범으로 처벌되지 않음 |
|---|---|
| 세무조정 | 익금 산입 후 귀속자에 따라 배당·상여·기타사외유출 또는 기타소득으로 처분됨 |

### ❷ 부당행위계산의 적용 요건

중요도 ★★★

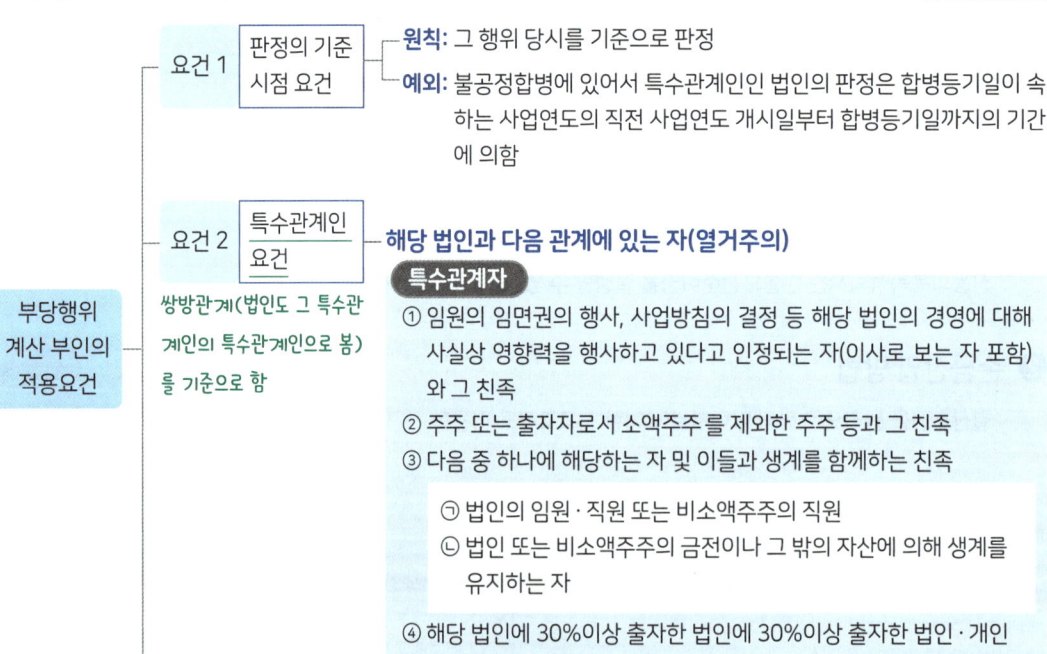

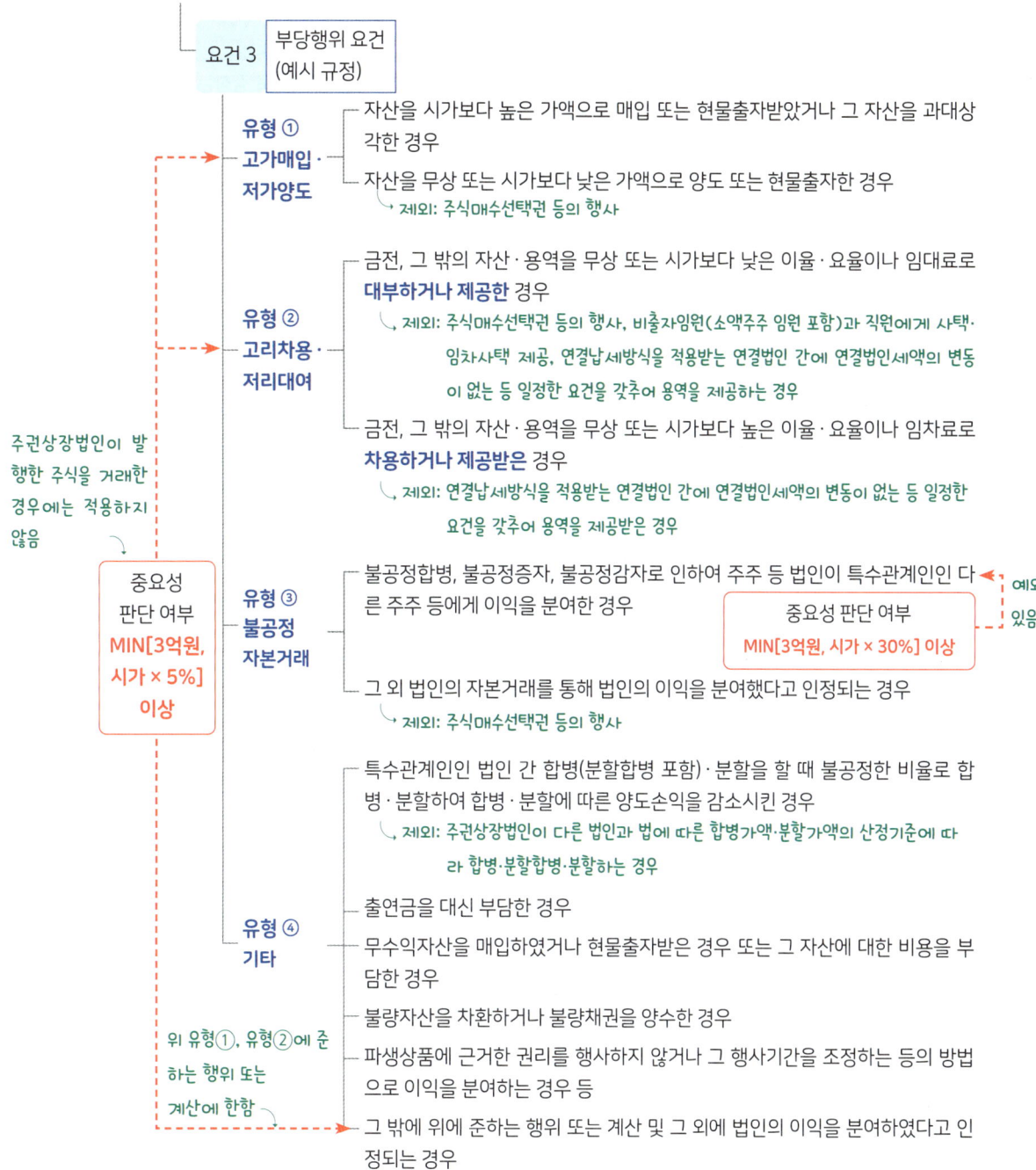

**❸ 부당행위계산 해당 여부의 판단기준으로서 시가**  중요도 ★★★

: 부당행위계산의 부인 규정을 적용할 때에는 시가(건전한 사회 통념 및 상거래 관행과 특수관계인이 아닌 자 간의 정상적인 거래에서 적용되거나 적용될 것으로 판단되는 가격)를 기준으로 함

## ❹ 시가의 계산  중요도 ★★★

| 시가가 분명한 경우 | 상장주식 | 증권시장 외에서 거래하거나 대량매매 등 법으로 정하는 방법으로 거래한 경우 그 **거래일의 거래소 최종 시세가액**<br>→ 사실상 경영권의 이전이 수반되는 경우에는 그 가액의 20%를 가산함(해당 주식이 중소기업이 발행한 주식 등 「상속세 및 증여세법 시행령」에서 정하는 주식인 경우는 제외) |
|---|---|---|
| | 그 외의 자산 | 해당 거래와 유사한 상황에서 해당 법인이 특수관계인 외의 불특정다수인과 계속적으로 거래한 가격 또는 특수관계인이 아닌 제3자 간에 일반적으로 거래된 가격 |
| 시가가 불분명한 경우 | 주식·출자지분 및 가상자산 | 「상속세 및 증여세법」에 따른 보충적 평가방법을 준용한 평가액 |
| | 그 외의 자산 | [1순위] 감정평가업자의 감정가액 ← 단, 주식 등 및 가상자산은 제외<br>→ 감정가액이 둘 이상일 경우 그 평균액<br>[2순위] 「상속세 및 증여세법」에 따른 보충적 평가방법을 준용한 평가액<br>→ 토지는 개별공시지가, 건물은 국세청장 고시가액, 주택은 개별주택가격 및 공동주택가격 |
| 금전의 대여 또는 차용 | 원칙 | **가중평균차입이자율** |
| | 예외 | 법인이 가중평균차입이자율을 선택하기 어렵거나 과세표준신고를 할때 당좌대출이자율을 선택한 경우에는 **당좌대출이자율** |

## ❺ 시가 적용의 특례  중요도 ★★★

: 자산(금전 제외) 또는 용역을 제공하거나 제공받는 경우로서 위 ❹ 시가의 계산을 적용할 수 없는 경우 다음의 금액을 시가로 함

| 유형 또는 무형의 자산을 제공하거나 제공받는 경우 | $\left(\text{해당 자산의 시가} \times 50\% - \text{전세금 또는 보증금}\right) \times \text{정기예금 이자율} \times \dfrac{\text{임대일수}}{365(366)}$ |
|---|---|
| 건설 기타 용역을 제공하거나 제공받는 경우 | 용역제공에 소요된 원가 × (1 + 유사거래의 수익률)<br>특수관계인 외의 자에게 제공한 유사한 용역제공거래 또는 특수관계인이 아닌 제3자 간의 일반적인 용역제공거래<br><br>기업회계기준에 따라 계산한 $\dfrac{\text{매출액} - \text{원가}}{\text{원가}}$ = 원가대이익률 |

## 2 유형1: 재화 및 용역의 수수

### ❶ 자산의 고가매입 또는 저가양도  중요도 ★★★

**1.1 고가매입 또는 저가양도의 적용**
: 특수관계인과의 자산의 고가매입 또는 저가양도의 경우 중요성 요건을 만족하는 경우에만 부당행위계산으로 보아 부인함
→ 특수관계인이 아닌 경우 '매입가액 – 정상가액'(저가양도의 경우, '정상가액 – 양도가액')을 기부금으로 봄 주의

> 중요성 요건: 시가와 거래가액의 차액 ≥ MIN [시가 × 5%, 3억원]
> → 상장법인이 발행한 주식을 한국거래소에서 거래한 경우에는 중요성 기준을 별도로 적용하지 않음 주의

**1.2 부당행위계산에 해당하는 경우 세무조정**

| | |
|---|---|
| 고가매입 | ① 부당행위계산부인을 한 후 부당금액 익금산입(배당, 상여 등)<br>② 자산의 시가초과액을 손금산입(△유보)<br>③ 감가상각자산이라면 시가초과액에 대한 감가상각비 손금불산입(유보) |
| 저가양도 | ① 해당 자산은 양도에 해당하기 때문에 기존에 계상되어 있던 유보를 추인<br>② 시가에 미달하여 지급받은 금액은 부당행위계산부인에 따라 익금산입 후 귀속자에 따라 소득처분 |

→ 고가양도의 경우 그대로 인정하므로 세무조정 없음 주의.

→ 부당행위계산부인의 적용을 받는 고가매입의 시가초과액 상당액을 매도자가 미수금으로 계상한 경우 매도자는 대손충당금 설정 채권에서 해당 금액을 제외함 (link-P.364) 설정 대상 채권의 범위 ④

### ❷ 사택임대  중요도 ★★★

→ (시가×50% – 보증금) × 정기예금이자율 × $\dfrac{\text{임대일수}}{365(366)}$

| 사택의 사용자 | 사택유지비의 처리 | 사택임대료의 처리 |
|---|---|---|
| 출자임원 및 그 친족<br>→ 1% 이상의 지분을 보유하는 임원 | 손금불산입(상여)<br>→ 업무무관비용 | 적정 임대료에 미달하게 임대한 경우 부당행위계산부인 규정을 적용하여 차액을 익금산입(상여)<br>→ MIN [시가×5%, 3억원] 중요성 요건 적용함 |
| 직원·비출자임원·소액주주 | 손금 | - |

## 3　유형2: 가지급금 인정이자

### ❶ 개요  중요도 ★★★

: 특수관계인에게 금전을 무상·저리대여한 경우 또는 특수관계인으로부터 고리차용한 경우 중요성 요건을 만족하는 경우에만 부당행위계산부인을 적용함

> 중요성 요건: 시가와 거래가액의 차액 ≥ MIN [시가 × 5%, 3억원]

### ❷ 세무조정  중요도 ★★★

: 세법에서 정하는 적정이자율로 계산한 인정이자와 회사가 계상한 이자와의 차이에 해당하는 금액을 익금산입 후 귀속자에 따라 소득처분함

$$\text{가지급금 인정이자} = \text{가지급금 적수} \times \text{이자율} \times \frac{1}{365(366)}$$

**이자율**

| | |
|---|---|
| 원칙 | 가중평균차입이자율 $\left(= \dfrac{(\text{자금대여시점 각 차입금 잔액} \times \text{차입 당시 각 이자율})\text{의 합계액}}{\text{자금 대여시점의 차입금 잔액의 총액}}\right)$ |
| 예외 | 다음의 경우에는 당좌대출이자율을 시가로 적용함<br>① 가중평균차입이자율의 적용이 불가능한 경우(해당 대여금 또는 차입금에 한정) ← 특수관계인으로부터 차입한 금액만 존재하는 경우, 차입금 전액이 채권자불분명사채 또는 비실명 채권·증권인 경우 등<br>② 대여한 날(계약을 갱신한 경우에는 그 갱신일)부터 해당 사업연도 종료일까지의 기간이 5년을 초과한 대여금(해당 대여금에 한정)<br>③ 과세표준 신고 시 당좌대출이자율을 시가로 선택하는 경우 그 선택한 사업연도와 이후 2개 사업연도까지 적용 |

### ❸ 업무무관가지급금의 범위  중요도 ★★★

: 가지급금 인정이자의 계산 대상이 되는 업무무관가지급금의 범위는 **09 지급이자 손금불산입**에서 설명한 업무무관가지급금의 범위와 동일함(link-p.351)

### ❹ 법인이 미수이자를 계상한 경우 세무조정  중요도 ★★★

| | | |
|---|---|---|
| 이자 약정이 있는 경우 | 미수이자 계상액 | 약정 있는 미수이자는 인정하되, 손익귀속시기가 미도래한 원천징수대상 미수이자는 인정할 수 없으므로 익금불산입(△유보) |
| | 인정이자 | 인정이자와 미수이자와의 차액을 익금산입하고 귀속자에 따라 소득처분 |
| 이자 약정이 없는 경우 | 미수이자 계상액 | 약정 없는 미수이자는 가공자산으로 보아 미수이자 계상액을 익금불산입(△유보) |
| | 인정이자 | 인정이자 총액을 익금에 산입하고 귀속자에 따라 소득처분 |

# 4 유형3: 불공정자본거래로 인한 이익분여

## ❶ 불공정자본거래의 의미    중요도 ★★☆

: 기존의 지분 비율이 아닌 불공정한 비율로 자본거래(합병·증자·현물출자·감자)를 하는 행위

## ❷ 불공정자본거래로 인한 이익분여에 대한 세법의 처리    중요도 ★★★

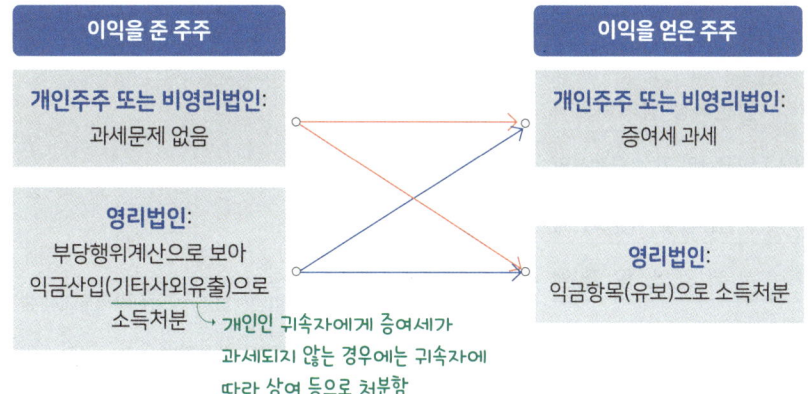

## ❸ 불공정자본거래 해당여부의 판단기준    중요도 ★★★

: 불공정자본거래에서는 다음의 중요성 요건(현저한 이익 요건)을 적용함

> 중요성 요건: 시가와 거래가액의 차액 ≥ MIN [시가 × **30%**, 3억원]

## ❹ 불공정자본거래로 인한 이익분여    중요도 ★★☆

| | |
|---|---|
| 불공정합병 | 특수관계인인 법인 간의 합병(분할합병 포함)에 있어 주식 등을 시가보다 높거나 낮게 평가하여 불공정한 비율로 합병한 경우 법인의 주주가 그 상대방법인(손실법인)의 주주로부터 다음의 이익을 얻은 것으로 보아 과세함<br>　불공정합병이익 = 1주당 평가차액 × 과대평가된 법인 대주주의 합병 후 주식수 |
| 불공정증자 | 법인의 자본을 증가시키는 거래에서 주주 등인 법인이 신주(전환사채, 신주인수권부사채 또는 교환사채 등을 포함)를 배정·인수받을 수 있는 권리의 전부 또는 일부를 포기(법에 따른 모집방법으로 배정되는 경우는 제외)하거나 신주를 시가보다 높은 가액으로 인수하여 특수관계인인 다른 주주 등에게 이익을 분여하는 경우 |
| 불공정감자 | 법인의 감자에 있어서 주주 등의 소유주식 등의 비율에 의하지 않고 일부 주주 등의 주식만을 무상 또는 저가로 소각하는 경우 주식을 소각당한 주주가 특수관계인인 다른 주주에게 이익을 분여한 것으로 봄 |

# 14 과세표준의 계산

## 1 과세표준의 계산

중요도 ★★★

```
        결산서상 당기순이익
  (+) 익금산입 및 손금불산입
  (-) 손금산입 및 익금불산입
       차 가 감 소 득 금 액
  (+) 기 부 금  한 도 초 과 액
  (-) 기부금 한도초과 이월액
       각 사 업 연 도  소 득 금 액
  (-) 이 월 결 손 금
  (-) 비 과 세 소 득
  (-) 소 득 공 제
       과  세  표  준
```

순차적으로 적용 (이.비.소)

- 이월결손금 ← 공제하고 남은 잔액은 15년간 이월공제 가능
- 비과세소득·소득공제 ← 이월공제 불가능(소득공제의 경우 예외 있음)

### 비과세소득

| 법인세법 | 「법인세법」의 공익신탁재산에서 생긴 소득 |
|---|---|
| 조세특례제한법 | 「조세특례제한법」에서 규정하고 있는 비과세소득 |

### 「법인세법」상 소득공제

배당소득공제

| 대상법인 | 유동화전문회사 및 법에 열거된 투자회사 |
|---|---|
| 적용 | 배당가능이익의 90% 이상을 배당한 경우 배당을 결의한 잉여금 처분의 대상이 되는 사업연도의 소득금액에서 배당액 전액을 공제함 |

## 2 이월결손금

### ❶ 결손금과 이월결손금

#### 1.1 결손금과 이월결손금 개요

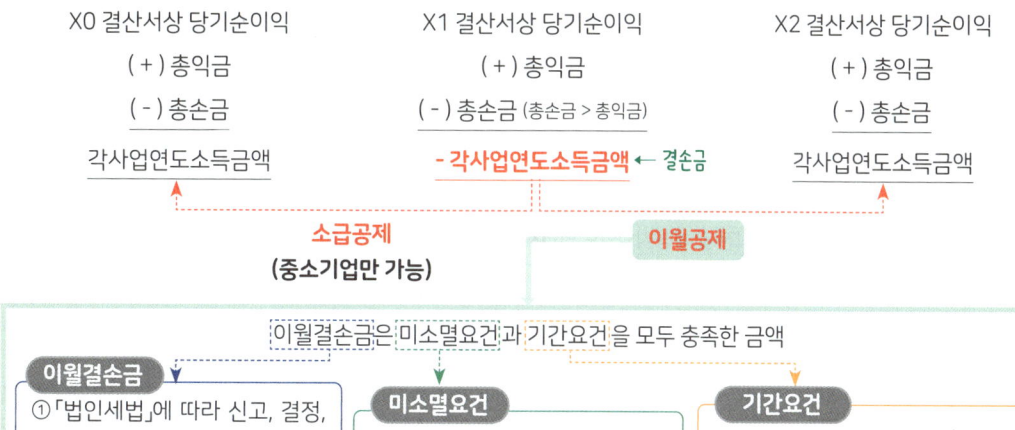

이월결손금은 미소멸요건과 기간요건을 모두 충족한 금액

**이월결손금**
① 「법인세법」에 따라 신고, 결정, 경정되거나 「국세기본법」에 따라 수정신고한 과세표준에 포함된 결손금이어야 함
② 두 사업연도 이상에서 발생되어 이월된 결손금이 있는 경우 먼저 발생한 사업연도의 결손금부터 차례대로 공제함

**미소멸요건**
각 사업연도의 개시일 전 발생한 결손금으로 과세표준을 계산할 때 공제되지 않은 금액

**기간요건**
각 사업연도의 개시일 전 15년[*1] 이내에 개시한 사업연도에서 발생한 금액

**공제된 것으로 보는 공제불가능한 이월결손금**
① 결손금소급공제제도에 따라 **이미 소급공제받은** 결손금
② 당기 전 과세표준 계산 시 **이미 공제된** 이월결손금
③ 자산수증이익 및 채무면제이익으로 **충당된** 이월결손금
④ 일정 요건을 충족한 법인이 결손보전에 충당되지 않은 채무면제이익 잔액을 익금불산입한 후, 이월하여 **충당된** 이월결손금

[*1] 2020.1.1.전에 개시하는 사업연도에 발생한 결손금은 종전 규정에 따라 10년간 이월공제함

#### 1.2 공제한도

| 일반기업 | MIN[공제대상 이월결손금, 각 사업연도 소득금액 × 80%] |
|---|---|
| 중소기업 등* 법인 | MIN[공제대상 이월결손금, 각 사업연도 소득금액 × 100%] |

* 중소기업 및 중소기업 외에 법으로 정하는 법인 (회생·기업개선·경영정상화계획을 이행하는 법인 등)

#### 1.3 추계결정·경정의 경우 이월결손금공제 배제

| 원칙 | 이월결손금 공제규정 배제 ← 법인의 장부기장을 장려하기 위하여 |
|---|---|
| 예외 | 천재지변 등에 의해 장부가 멸실되어 추계하는 경우에는 이월결손금 공제규정 그대로 적용 |

## ❷ 결손금의 소급공제

### 2.1 소급공제 요건 및 환급세액의 계산

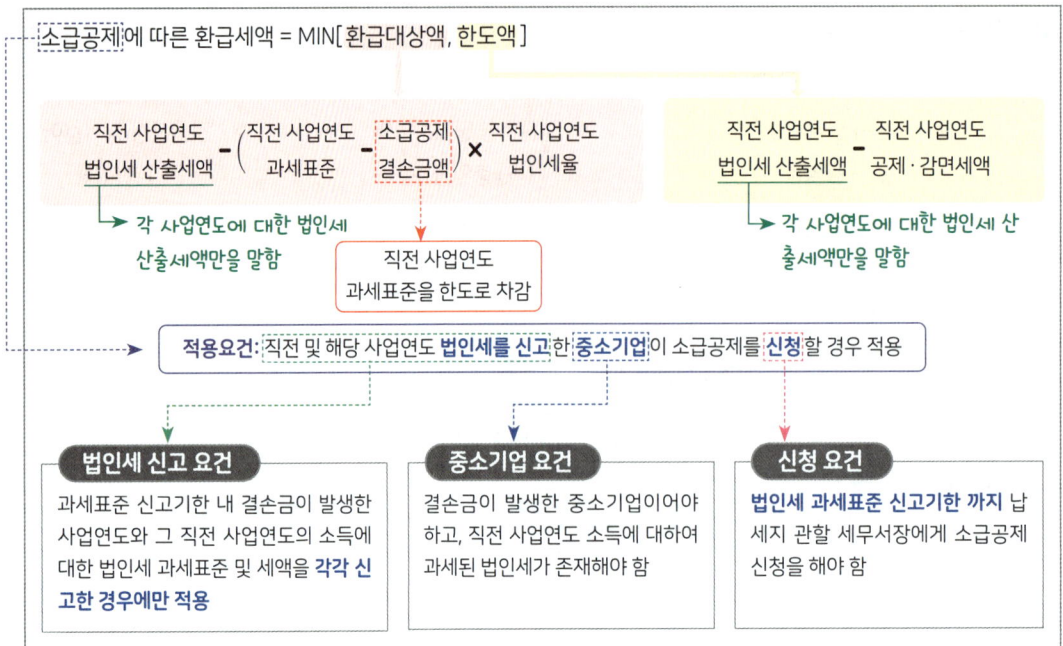

### 2.2 환급세액의 추징

| | |
|---|---|
| 의미 | 추징 사유가 발생한 경우 **환급취소세액**에 이자상당액을 더한 금액을 **해당 결손금이 발생한 사업연도**의 법인세로서 징수함<br>↳ 환급취소세액 × 기간 일수 × 0.022%<br><br>환급취소세액 = 당초 환급세액 × (감소된 결손금 − 소급공제 받지 않은 결손금) / 소급공제 결손금액 |
| 추징 사유 | ① 소급공제 규정에 따라 환급한 후 **결손금이 발생한 사업연도**에 대한 법인세 과세표준과 세액을 **경정함으로써 결손금이 감소**된 경우<br>② **결손금이 발생한 사업연도의 직전 사업연도**에 대한 법인세 과세표준과 세액을 경정함으로써 **환급세액이 감소**된 경우<br>③ 중소기업에 해당하지 않은 법인이 환급받은 경우 |

## 3 비과세소득 및 소득공제

### ❶ 비과세소득  *중요도 ★★☆*

#### 1.1 비과세소득의 의미
: 순자산이 증가했으나 정책적인 목적으로 과세에서 제외되는 소득

#### 1.2 비과세소득의 종류

| | |
|---|---|
| 「법인세법」 | 공익신탁의 신탁재산에서 생기는 소득<br>↳ 학술·종교·제사·자선 기타 공익을 목적으로 하는 신탁 |
| 「조세특례제한법」 | 「조세특례제한법」에서 규정하고 있는 비과세소득 |

#### 1.3 비과세소득의 특징

| | |
|---|---|
| 차감 방법 | 일단 각 사업연도 소득금액에 포함한 후 과세표준을 계산하는 과정에서 차감함<br>→ [비교] 익금불산입 항목은 각 사업연도 소득금액에 포함되지 않음 |
| 이월 불가 | 이월결손금 차감 후의 각 사업연도 소득금액보다 비과세소득이 크다고 하더라도 차기로 이월할 수 없음 |
| 신청 무관 | 신청을 요하지 않음 (신청과 무관하게 비과세 적용) |

### ❷ 「법인세법」상 소득공제 (배당소득공제)  *중요도 ★★☆*

#### 2.1 소득공제의 의미
: 소득공제는 과세표준 계산 과정에서 조세 정책상 일부 소득을 공제하여 세부담을 경감시켜 주는 것으로서 「법인세법」상 소득공제에 해당하는 항목으로는 배당소득공제가 있음 ← 법인 소득의 이중과세문제를 완화하기 위함

#### 2.2 소득공제 요건
: 내국법인이 소득공제를 받기 위해서는 아래 요건을 **모두 충족**해야 함

| | |
|---|---|
| 법인 요건 | 다음에 해당하는 법인이 배당소득공제 대상임<br><br>유동화전문회사, 투자회사·투자목적회사·투자유한회사·투자합자회사, 투자유한책임회사, 기업구조조정투자회사, 기업구조조정 부동산투자회사, 위탁관리 부동산투자회사, 선박투자회사, 임대사업을 위한 특수목적법인, 문화산업전문회사, 해외자원개발투자회사 |
| 배당 요건 | 해당 법인의 배당가능이익 중 **90% 이상을 배당**해야 함 |
| 신청 요건 | 과세표준신고와 함께 소득공제신청서를 납세지 관할 세무서장에게 제출해야 함 |

### 2.3 소득공제금액의 계산

| 원칙 | 배당을 결의한 잉여금 처분의 대상이 되는 사업연도의 소득금액에서 배당액 전액을 공제 |
|---|---|
| 이월공제 NEW | ① 이월공제배당금액<br>　㉠ 배당금액이 해당 사업연도의 소득금액에서 이월결손금을 뺀 금액을 최초로 초과하는 경우에는 그 초과하는 금액<br>　㉡ 최초로 이월된 사업연도 이후 사업연도의 배당금액이 해당 사업연도의 소득금액에서 이월결손금과 해당 사업연도로 이월된 금액을 순서대로 뺀 금액(해당 금액이 0보다 작은 경우에는 0으로 함)을 초과하는 경우에는 그 초과하는 금액<br>② 이월공제 기간<br>　해당 사업연도의 다음 사업연도 개시일부터 **5년** 이내에 끝나는 각 사업연도로 이월하여 그 이월된 사업연도의 소득금액에서 공제할 수 있음<br>　→ 단, 내국법인이 이월된 사업연도에 배당가능이익의 90% 이상을 배당하지 아니하는 경우에는 그 이월된 금액을 공제하지 아니함<br>③ 이월공제 방법<br>　㉠ 이월공제배당금액을 해당 사업연도의 배당금액보다 먼저 공제할 것<br>　㉡ 이월공제배당금액이 둘 이상인 경우에는 먼저 발생한 이월공제배당금액부터 공제할 것 |

### 2.4 소득공제의 배제
: 다음에 해당하는 경우 소득공제를 적용하지 않음

① 배당을 받은 주주 등에 대하여 법에 따라 그 배당에 대한 **소득세 또는 법인세가 비과세되는 경우**
　→ 단, 배당을 받은 주주 등이 특례를 적용받는 동업기업인 경우 그 동업자들(그 동업자들의 전부 또는 일부가 상위 동업기업에 해당하는 경우에는 그 상위 동업기업에 출자한 동업자들)에 대하여 배분받은 배당에 해당하는 소득에 대한 소득세 또는 법인세가 전부 과세되는 경우는 제외
② 배당을 지급하는 내국법인이 사모방식으로 설립되었고, 개인 2인 이하(또는 개인 1인 및 그 친족)가 발행주식총수(또는 출자총액)의 95% 이상의 주식 등을 소유한 법인인 경우
　→ 단, 개인에게 배당 및 잔여재산의 분배에 관한 청구권이 없는 경우는 제외

# 15 산출세액 및 차감납부세액

## 1 산출세액의 계산

중요도 ★★☆

### 일반 법인의 산출세액

법인세 산출세액
= 각 사업연도 소득에 대한 법인세 + 토지 등 양도소득에 대한 법인세 + 미환류소득에 대한 법인세

**산출세액**

**사업연도가 1년인 경우**

각 사업연도 소득에 대한 법인세 = 과세표준 × 세율

| 과세표준 | 세율 |
| --- | --- |
| **2억원 이하** | 9%* |
| 2억원 초과 **200억원 이하** | 1천 8백만원 + 2억원 초과금액 × **19%** |
| 200억원 초과 3천억원 이하 | 37억 8천만원 + 200억원 초과금액 × **21%** |
| 3천억원 초과 | 625억 8천만원 + 3천억원 초과금액 × **24%** |

**사업연도가 1년 미만인 경우**

각 사업연도 소득에 대한 법인세 = (과세표준 × $\frac{12}{\text{사업연도의 월수}}$ × 세율) × $\frac{\text{사업연도의 월수}}{12}$

↳ 1개월 미만의 일수는 1개월로 함

* 부동산임대업을 주된 사업으로 하는 등 법령으로 정하는 요건에 해당하는 내국법인은 19% NEW

### 토지 등의 양도소득이 있는 법인의 산출세액

토지 등 양도소득의 귀속시기는 대금청산일·소유권이전등기일·인도일·사용수익일 중 빠른 날 (단, 예약매출에 의해 토지를 양도하는 경우는 계약일)

법인세 산출세액
= 각 사업연도 소득에 대한 법인세 + 토지 등 양도소득에 대한 법인세 + 미환류소득에 대한 법인세

**토지 등 양도소득에 대한 법인세**
(토지 등의 양도금액 - 양도 당시의 장부가액) × 적용 세율

하나의 자산이 둘 이상의 경우에 해당할 경우
그 중 가장 높은 세액을 적용

**세율**
① 국내에 소재하는 주택 및 별장*1: 20% → 미등기자산은 40%
② 비사업용 토지: 10%
③ 주택을 취득할 수 있는 권리로서 조합원입주권 및 분양권: 20%

**양도소득**
각 자산별로 계산한 양도소득을 합산하며, 양도차손이 발생하는 경우 다음 순서로 차감하여 양도소득을 계산함
① 양도차손이 발생한 자산과 같은 세율을 적용받는 자산의 양도소득에서 차감
② 양도차손이 발생한 자산과 다른 세율을 적용받는 자산의 양도소득에서 차감
단, 순차로 차감하고도 남은 양도차손은 이월공제하지 않음

*1 법에서 정하는 농어촌 주택(부속토지 포함)을 제외하고 비과세 항목에 해당하지 않는 것은 모두 과세

## 2 차감납부세액의 계산구조

중요도 ★★★

```
        산   출   세   액
(-)     세        액        감        면 ┐
(-)     세        액        공        제 ┤
(+)     가             산             세 ┘
(+)  감 면 분 추 가 납 부 세 액  ←---- 미사용 준비금으로 인한 이자상당액
─────────────────────────────
        총   부   담   세   액
(-)     기   납   부   세   액  ←---- 원천징수세액, 중간예납세액, 수시부과세액
─────────────────────────────
        차   감   납   부   세   액
```

별도의 규정이 없는 경우 세액감면과 세액공제의 적용순서는 다음과 같음

세액**감**면 → **이월**공제가 인정되지 **않는** 세액공제 → **이월**공제가 인정되는 세액공제 → **사실**과 다른 회계처리로 인한 경정에 따른 세액공제

**암기팁** 감은 2월에 없어, 2월엔 사과지

## 3 세액감면

### ❶ 세액감면의 의미

중요도 ★☆☆

: 정책적 목적 등으로 특정한 소득에 대해 사후적으로 세금을 완전히 면제해 주거나 또는 일정한 비율만큼 경감해 주는 것 → 현행 「법인세법」상 규정하고 있는 세액감면은 없고 「조세특례제한법」에서 다양한 세액감면을 규정하고 있음

### ❷ 감면세액의 계산

중요도 ★☆☆

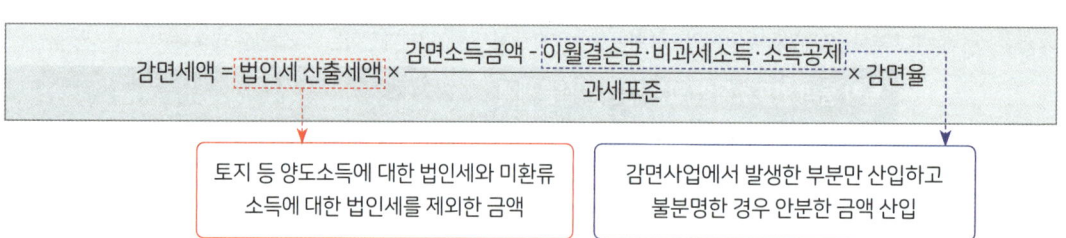

감면세액 = 법인세 산출세액 × (감면소득금액 - 이월결손금·비과세소득·소득공제) / 과세표준 × 감면율

- 법인세 산출세액: 토지 등 양도소득에 대한 법인세와 미환류소득에 대한 법인세를 제외한 금액
- 감면소득금액 - 이월결손금·비과세소득·소득공제: 감면사업에서 발생한 부분만 산입하고 불분명한 경우 안분한 금액 산입

## 4 세액공제

### ❶ 세액공제의 의미  중요도 ★☆☆
: 일정한 요건을 만족하는 법인에 대하여 정책적 목적 등으로 산출세액에서 일정금액을 공제하는 제도

### ❷ 세액공제의 종류  중요도 ★★★

| 법 규정 | 세액공제 | 이월공제 가능여부 |
|---|---|---|
| 「법인세법」 | ① 외국납부세액공제 | **10년간** 이월공제가능 |
|  | ② 재해손실세액공제 | 불가 |
|  | ③ 사실과 다른 회계처리로 인한 경정에 따른 세액공제 | 공제 후 남아 있는 과다 납부한 세액은 이후 사업연도로 이월공제 가능 (기한 제한 없음) |
| 「조세특례제한법」상의 세액공제 (일정한 것 제외) | | **10년간** 이월공제가능(최저한세적용대상) |

→ ex. 연구 및 인력개발비 세액공제, 각종 투자세액공제 등

### ❸ 외국납부세액공제  중요도 ★★★

→ 외국자회사 수입배당금액 익금불산입 규정(link-p.309)의 적용대상이 되는 수입배당금액에 대해서는 외국납부세액공제 규정을 적용하지 아니함

**3.1 외국납부세액공제의 계산**
: 내국법인의 각 사업연도의 소득에 대한 과세표준에 국외원천소득이 포함되어 있는 경우로서 그 국외원천소득에 대하여 법령으로 정하는 외국법인세액을 납부하였거나 납부할 것이 있는 경우에는 공제한도금액 내에서 외국법인세액을 해당 사업연도의 **산출세액에서 공제할 수 있음**

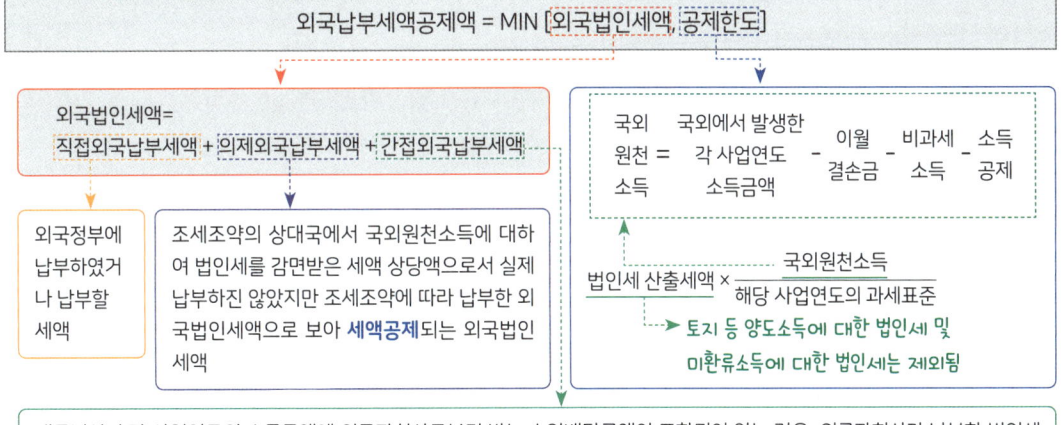

→ 배당기준일 현재 6개월 이상 계속하여(적격구조조정 중 적격합병, 적격분할, 적격물적분할, 적격현물출자에 따라 외국자회사의 주식 등을 승계받은 때에는 그 승계받기 전 법인이 취득한 때를 기준으로 판단) 의결권 있는 발행주식총수 또는 출자총액의 10%(해외자원개발사업을 하는 외국법인의 경우 5%) 이상을 출자하고 있는 외국법인

### 3.2 외국납부세액공제의 특징

| 국가별 한도 방식 | 국외사업장이 2 이상의 국가에 있는 경우 국가별로 구분하여 계산함 |
|---|---|
| 이월공제 | ① 외국법인세액이 해당 사업연도의 공제한도를 초과하는 경우 그 초과하는 금액은 해당 사업연도의 다음 사업연도 개시일부터 **10년 이내**에 끝나는 각 사업연도로 이월하여 그 이월된 사업연도의 공제한도 내에서 공제받을 수 있음<br>② 당해 사업연도 중에 발생한 외국납부세액공제액과 기초 이전에 발생한 이월된 미공제액이 있는 경우 미공제액 먼저 공제함<br>③ 외국법인세액을 이월공제기간 내에 공제받지 못한 경우 그 공제받지 못한 외국법인세액은 이월공제기간의 종료일 다음 날이 속하는 사업연도의 소득금액을 계산할 때 손금에 산입할 수 있음 |
| 추계 시 공제 배제 | 법인세의 과세표준과 세액을 추계결정·경정하는 경우에는 외국납부세액공제를 적용하지 않음<br>→ 단, 천재지변 등으로 장부나 그 밖에 증명서류가 멸실되어 추계하는 경우에는 적용 가능 |
| 서류 제출 방법 — 원칙 | 과세표준신고와 함께 *외국납부세액공제세액계산서*를 납세지 관할 세무서장에게 제출해야 함 |
| 서류 제출 방법 — 예외 | 외국정부의 국외원천소득에 대한 법인세의 결정 및 통지의 지연, 과세기간의 상이 등의 사유로 외국납부세액공제세액계산서를 제출할 수 없는 경우 외국정부의 국외원천소득에 대한 **법인세 결정통지를 받은 날부터 3개월 이내**에 *외국납부세액공제세액계산서*에 증빙서류를 첨부하여 제출할 수 있음 |

## ❹ 재해손실세액공제  〔중요도 ★★★〕

### 4.1 적용대상
: 법인이 각 사업연도 중 천재지변, 그 밖의 재해로 인하여 자산총액의 **20%** 이상을 상실하여 납세가 곤란하다고 인정되는 경우 재해손실세액공제액을 산출세액에서 공제함

### 4.2 재해손실세액공제의 계산

재해손실세액공제액 = MIN [공제세액, 한도액]

공제세액 = 공제대상 법인세액 × 재해상실비율

한도액 = 상실된 자산가액

※ 재해자산이 보험에 가입되어 있어 보험금을 수령하더라도 상실된 자산총액에서 수령한 보험금을 차감하지 않음 주의

**[공제대상 법인세]**

| 공제대상 법인세 | 계산 |
|---|---|
| 재해발생일 현재 부과되지 않은 법인세와 부과된 법인세로서 미납된 법인세 | 미부과 및 미납된 법인세액(가산세* **포함**) |
| 재해발생일이 속하는 사업연도의 소득에 대한 법인세 | 법인세 산출세액 + 가산세* − 다른 법률에 의한 감면·공제세액 (→「법인세법」외의 다른 법률에 의한 감면·공제세액) |

* 장부의 기록·보관 불성실가산세, 무신고가산세, 과소신고·초과환급신고가산세 및 납부지연가산세

**[재해상실비율]**

$$재해상실비율 = \frac{상실된\ 자산총액}{상실\ 전의\ 자산총액}$$

← 토지는 상실되는 종류의 자산이 아니기 때문에 제외되며, 재해자산이 보험에 가입되어 있어 보험금을 수령하더라도 상실된 자산총액을 계산할 때 그 보험금은 차감하지 않음

자산총액: 사업용 자산가액 및 변상책임이 있는 타인 소유의 자산가액의 합계액
→ 재해발생일 현재 그 법인의 장부가액에 따라 계산하되, 장부가 소실 또는 분실되어 장부가액을 알 수 없는 경우에는 납세지 관할 세무서장이 조사하여 확인한 재해발생일 현재의 가액(시가)에 따라 계산함

### 4.3 재해손실세액공제의 신청방법
: 다음의 기한 내에 *재해손실세액공제신청서*를 납세지 관할 세무서장에게 제출

| 재해발생일 현재 미납된 법인세와 납부해야 할 법인세 | 재해발생일부터 3개월 |
|---|---|
| 과세표준 신고기한이 경과되지 않은 법인세 | 그 신고기한 ← 단, 재해발생일부터 신고기한까지의 기간이 3개월 미만인 경우에는 재해발생일부터 3개월 |

### 4.4 재해손실세액공제 시 징수유예
: 납세지 관할 세무서장은 법인이 재해손실세액공제를 받을 법인세에 대하여 해당 세액공제가 확인될 때까지「국세징수법」에 따라 그 법인세의 지정납부기한·독촉장에서 정하는 **기한을 연장하거나** 납부고지를 **유예할 수 있음**

## ❺ 사실과 다른 회계처리로 인한 경정에 따른 세액공제  ⟨중요도 ★★★⟩

: 사실과 다른 회계처리를 하고 이에 대한 경고·주의 등의 조치를 받은 경우 제재성격으로 해당 법인에 대해서는 과다납부세액을 즉시 환급하지 않고 각 사업연도별로 과다납부세액의 **20%를 한도로 세액공제를 한 후 이월하여 공제함**

### 5.1 세액공제 대상법인

: 내국법인이 다음의 요건을 **모두 충족**하는 사실과 다른 회계처리를 하여 과세표준 및 세액을 계상함으로써「국세기본법」에 따라 경정청구하여 감액경정을 받은 경우, 그 **경정일이 속하는 사업연도부터** 각 사업연도의 법인세액에서 과다납부한 세액의 **20%를 한도로 공제하고 남아있는 과다납부 세액은 이월하여 공제함**

> ①「자본시장과 금융투자업에 관한 법률」에 따른 사업보고서 및「주식회사의 외부감사에 관한 법률」에 따른 감사보고서를 제출할 때 수익 또는 자산을 과다계상하거나 손비 또는 부채를 과소계상할 것
> ② 내국법인, 감사인 또는 그에 소속된 공인회계사가 경고·주의 등의 조치를 받을 것

### 5.2 기타 규정

| | |
|---|---|
| 수정신고 납부세액이 있는 경우 | 내국법인이 해당 사실과 다른 회계처리와 관련해 수정신고를 하여 납부할 세액이 있는 경우에는 그 납부할 세액에서 사실과 다른 회계처리로 인한 과다납부한 세액을 그 과다납부한 세액의 20%를 한도로 **먼저 공제함** |
| 다른 경정청구 사유가 있는 경우 | 동일한 사업연도에 사실과 다른 회계처리로 인한 과다납부세액에 대한 경정청구의 사유 외에 **다른 경정청구의 사유가 있는 경우**에는 다음의 금액을 그 공제세액으로 함<br><br>공제세액 = 과다납부한 세액 × (사실과 다른 회계처리로 인하여 과다계상한 과세표준 / 과다계상한 과세표준의 합계액) |
| 해산하는 경우 | 과다납부한 세액을 공제받은 내국법인으로서 과다납부한 세액이 남아 있는 내국법인이 해산하는 경우에는 다음에 따름 |
| | **합병 또는 분할에 따른 해산**: 합병법인 또는 분할신설법인 등이 남아 있는 과다납부한 세액을 **승계**하여 세액공제를 적용함 |
| | **그 외 해산**: 납세지 관할 세무서장(관할 지방국세청장)은 과다납부한 세액에서 청산소득에 대한 법인세 납부세액을 빼고 **남은 금액을 즉시 환급** |

### 5.3 세액공제의 순서

: 해당 사업연도의 사실과 다른 회계처리로 인한 경정에 따른 세액공제액과 이월된 미공제액이 함께 있을 때에는 **이월된 미공제액을 먼저 공제함** → 즉, 사실과 다른 회계처리로 인한 경정에 따른 세액공제는 가장 마지막에 공제함

## 5 기납부세액

### ❶ 기납부세액의 의미 및 종류  중요도 ★★★

지급받는 자가 개인이면 「소득세법」 원천징수 규정을 적용하고,
지급받는 자가 법인이면 「법인세법」 원천징수 규정을 적용함

**기납부세액**
: 조세채권의 일실 방지 또는 세수의 조기확보 등의 목적으로 **사업연도 중 미리 납부된 법인세**

- **원천징수세액**: '원천징수'란, 원천징수대상 소득금액을 지급하는 자(원천징수의무자)가 소득을 지급받는 자에게 그 금액을 지급하는 경우에 그 소득과 관련된 세금을 징수하여, 그 징수일이 속하는 달의 다음 달 10일까지 이를 납세지 관할세무서 등에 납부하는 제도

- **중간예납세액**: '중간예납'이란, 사업연도가 6개월을 초과하는 내국법인이 해당 사업연도의 개시일부터 6개월이 되는 날까지를 중간예납기간으로 하여 이 기간에 대한 법인세액을 사업연도 기중에 납부하는 것

- **수시부과세액**: '수시부과'란 납세지 관할 세무서장(또는 관할 지방국세청장)이 법인의 사업연도 중에 법에서 정한 수시부과사유로 인하여 수시로 그 법인에 대한 법인세를 부과할 수 있는 제도

### ❷ 원천징수세액  중요도 ★★★

→ 원천징수 대상 소득금액이 투자신탁재산에 귀속되는 시점에는 해당 소득금액이 어느 누구에게 지급되지 않은 것으로 보아 원천징수하지 않음

#### 2.1 원천징수대상소득 및 원천징수세율
: 내국법인에게 다음의 원천징수 대상 소득을 지급할 때는 원천징수세율을 적용하여 계산한 금액에 상당하는 **법인세**를 원천징수함

→ 원천징수세액이 1,000원 미만인 경우 해당 법인세를 징수하지 않음 주의

| 원천징수대상소득 | | 원천징수세율 |
|---|---|---|
| 이자소득금액 | 일반 | 14% |
| | 비영업대금의 이익 | 25% |
| 집합투자기구로부터의 이익 중 투자신탁이익 | | 14% |

외국법인이 발행한 채권 또는 증권에서 발생하는 원천징수대상소득을 내국법인에 지급하는 경우에는 국내에서 **그 지급을 대리하거나 그 지급권한을 위임·위탁받은 자**가 그 소득에 대한 법인세를 원천징수해야 함

↓ 금융위원회에 등록한 온라인투자연계금융업자를 통하여 지급받는 이자소득에 대해서는 14%의 세율을 적용

→ 투자신탁이익의 금액을 지급하는 원천징수의무자가 투자신탁이익에 대하여 외국법인세액을 납부한 경우에는 원천징수세액에서 그 외국법인세액을 뺀 금액(0보다 작은 경우에는 0으로 봄)을 원천징수함

## 2.2 원천징수세액의 납부 및 징수

| 원천징수대상에서 제외되는 소득 | 이자소득금액이나 투자신탁이익이라도 다음의 소득에 대해서는 법인세를 원천징수하지 않음 ① **법인세가 부과되지 않거나 면제되는 소득** ② 「은행법」에 의한 은행·보험회사 등 법이 정하는 금융회사 등의 수입금액 ③ 신고한 과세표준에 이미 산입된 미지급소득 ④ 「산업재해보상보험법」에 따른 근로복지공단에 지급하는 소득(「근로자퇴직급여 보장법」에 따른 중소기업 퇴직연금기금으로 한정) | |
|---|---|---|
| 납부 | 원칙 | 그 원천징수일이 속하는 달의 다음 달 **10일**까지 납부 |
| | 예외 | 직전연도 **상시 고용인원이 20인 이하**이며 원천징수 관할 세무서장의 승인을 얻거나 국세청장의 지정을 받은 법인(금융, 보험업을 영위하는 법인 제외)은 그 징수일이 속하는 **반기의 마지막 달의 다음 달 10일**까지 납부 |
| 미납된 원천징수세액의 징수 | 납세지 관할 세무서장은 원천징수의무자가 그 징수해야 할 세액을 징수하지 않았거나 징수한 세액을 기한까지 납부하지 않으면, **지체 없이** 원천징수의무자로부터 그 원천징수세액에 원천징수납부 불성실가산세를 더한 금액을 법인세로서 징수해야 함 | |

## ❸ 중간예납세액   중요도 ★★★

### 3.1 중간예납의무자

| 원칙 | 사업연도가 6개월을 초과하는 내국법인 → 합병이나 분할에 의하지 아니하고 새로 설립된 법인의 최초 사업연도는 제외 |
|---|---|
| 예외 | 다음에 해당하는 법인은 사업연도가 6개월을 초과하더라도 중간예납세액을 납부할 의무가 없음 ① 「**고등교육법**」에 따른 **사립학교를 경영하는 학교법인**, 국립대학법인 서울대학교, 국립대학법인 인천대학교 및 산학협력단, 「**초·중등교육법**」에 따른 **사립학교를 경영하는 학교법인** ② **합병이나 분할에 의하지 아니하고 새로 설립된 법인** ③ 중간예납기간 중 휴업 등의 사유로 사업수입금액이 없는 법인 ④ 청산법인과 국내사업장이 없는 외국법인 ⑤ 직전 사업연도의 중소기업으로서 직전 사업연도의 산출세액을 기준으로 하는 방법에 따라 계산한 중간예납세액이 **50만원 미만**인 내국법인 |

## 3.2 중간예납세액의 계산 방법

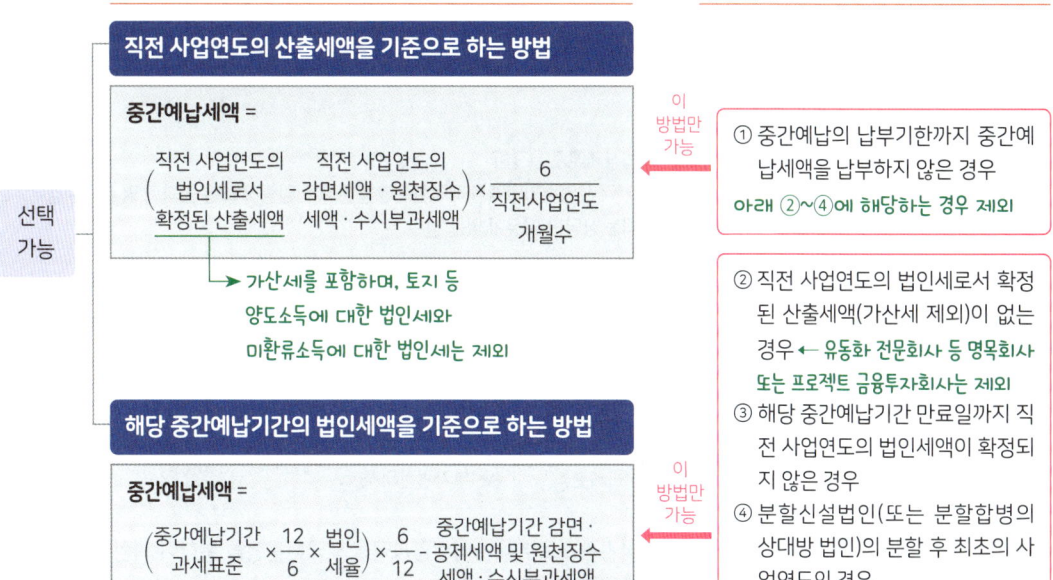

## 3.3 중간예납세액의 납부 및 징수

| | |
|---|---|
| 납부기한 | 중간예납기간이 지난 날부터 **2개월** 이내에 중간예납세액을 납세지 관할세무서, 한국은행 (그 대리점 포함) 또는 체신관서에 납부해야 함 |
| 분납 규정 | 내국법인이 납부할 중간예납세액이 **1천만원을 초과**하는 경우에는 납부할 세액의 일부를 납부기한이 지난 날부터 **1개월(중소기업의 경우에는 2개월)** 이내에 분납할 수 있음 ← 세무서장의 승인 요하지 않음<br>① 납부할 세액이 2천만원 이하인 경우에는 **1천만원을 초과하는 금액**<br>② 납부할 세액이 2천만원을 초과하는 경우에는 **그 세액의 50% 이하**의 금액 |
| 중간예납의무 면제 | 직전 사업연도의 **중소기업**으로서 직전 사업연도의 산출세액을 기준으로 하는 방법에 따라 계산한 중간예납세액이 **50만원 미만**인 내국법인 |
| 징수 | 납세지 관할 세무서장은 법인이 중간예납세액의 전부 또는 일부를 납부하지 않으면 그 미납된 중간예납세액을 「국세징수법」에 따라 징수해야 함 → 단, 중간예납세액을 납부하지 않은 법인이 위 **3.2**의 예외 중 ②~④에 해당하는 경우에는 **중간예납세액을 결정**하여 「국세징수법」에 따라 징수해야 함<br>→ 이 경우 납부지연가산세를 징수함 |

## ❹ 수시부과세액  중요도 ★★★

### 4.1 수시부과 사유
: 다음에 해당하는 경우 납세지 관할 세무서장(또는 관할 지방국세청장)은 수시로 그 법인에 대한 법인세를 부과할 수 있음

> ① 신고를 하지 않고 본점 등을 이전한 경우
> ② 사업부진 기타 사유로 인하여 휴업 또는 폐업상태에 있는 경우
> ③ 법인이 주한국제연합군 또는 외국기관으로부터 사업수입금액을 외국환은행을 통해 외환증서 또는 원화로 영수하는 경우
> ④ 그 밖에 조세를 포탈할 우려가 있다고 인정되는 상당한 이유가 있는 경우

### 4.2 수시부과세액의 계산 방법

→ 직전 사업연도에 대한 과세표준 신고기한 이전에 수시부과사유가 발생한 경우 직전 사업연도 개시일부터 수시부과사유가 발생한 날까지

| 원칙 | 사업연도 개시일부터 수시부과사유가 발생한 날까지를 '수시부과기간'으로 하여 다음과 같이 그 과세표준과 수시부과세액을 결정함 ← 가산세는 적용하지 않음 주의<br><br>$$수시부과세액 = \left(수시부과기간의\ 과세표준 \times \frac{12}{수시부과기간의\ 월수} \times 세율\right) \times \frac{수시부과기간의\ 월수}{12}$$ |
|---|---|
| 예외 | 법인이 주한국제연합군 또는 외국기관으로부터 사업수입금액을 외국환은행을 통하여 외환증서 또는 원화로 영수하는 경우에는 다음의 산식에 따라 계산함<br><br>$$수시부과세액 = 사업수입금액 \times (1 - 기준경비율) \times 세율$$ |

## 6 최저한세 및 농어촌특별세

### ❶ 최저한세  ← 취지: 요건을 충족하는 법인이 「조세특례제한법」상의 세액감면 등을 적용받음으로써
그렇지 않은 법인에 비해 과도한 혜택을 받게 되는 불공평을 해소하기 위함

중요도 ★☆☆

#### 1.1 최저한세의 의미
: 「조세특례제한법」 등에 의해 세액감면을 적용받는 법인이 감면을 받더라도 납부해야 할 최소한의 법인세

#### 1.2 최저한세의 적용

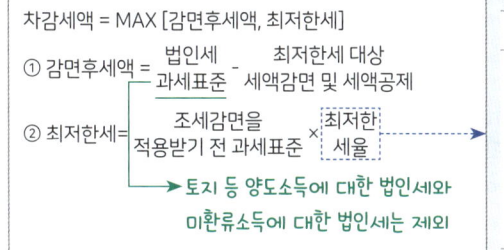

| | | |
|---|---|---|
| 중소기업 | | 7% |
| 일반 기업 | 조세감면 전 과세표준 100억원 이하분 | 10% |
| | 조세감면 전 과세표준 100억원 초과 1,000억원 이하분 | 12% |
| | 조세감면 전 과세표준 1,000억원 초과분 | 17% |

#### 1.3 최저한세 적용대상 조세특례
: 「조세특례제한법」상의 손금산입·익금불산입, 비과세, 소득공제, 세액감면, 세액공제

→ 「법인세법」에 의한 특례는 적용되지 않음 주의

#### 1.4 최저한세 적용으로 인한 조세감면의 배제순서
: 감면후세액이 최저한세액에 미달하는 경우에는 감면후세액이 최저한세액 이상이 되도록 최저한세 적용대상 조세감면 중 일부를 다음 순서로 배제해야 함

| 법인세를 신고하는 경우 | 납세의무자가 임의로 선택함 |
|---|---|
| 법인세를 경정하는 경우 | 다음의 순서에 따라 순차로 배제함<br>① 준비금·특별감가상각비 ➡ ② 손금산입 및 익금불산입 ➡ ③ 세액공제 ➡ ④ 세액감면 ➡ ⑤ 소득공제 및 비과세 |

### ❷ 농어촌특별세

중요도 ★☆☆

#### 2.1 농어촌특별세의 의미
: 농어업의 경쟁력을 강화하기 위해 과세하는 목적세

#### 2.2 농어촌특별세의 적용
「조세특례제한법」상의 감면혜택을 받는 법인은 다음과 같이 농어촌특별세를 계산하여 본세인 법인세의 신고납부기한 내에 신고납부해야 함

↳ 손금으로 인정하지 않음 주의

농어촌특별세 = 「조세특례제한법」에 의한 법인세 감면세액 × 20%

# 16 법인세 납세절차

## 1 법인세의 신고와 납부

### ❶ 법인세 과세표준의 신고    중요도 ★★☆

#### 1.1 신고기한
: 법인세 납세의무가 있는 법인은 **각 사업연도 종료일이 속하는 달의 말일부터 3개월 이내**에 당해 사업연도의 소득에 대한 법인세의 과세표준과 세액을 납세지 관할 세무서장에게 신고해야 함
→ 각 사업연도의 소득금액이 없거나 결손금이 있는 법인도 신고는 해야 함 주의

**EX** 법인세의 신고와 납부기한 요약 (사업연도는 1.1. ~ 12.31. 가정 시)

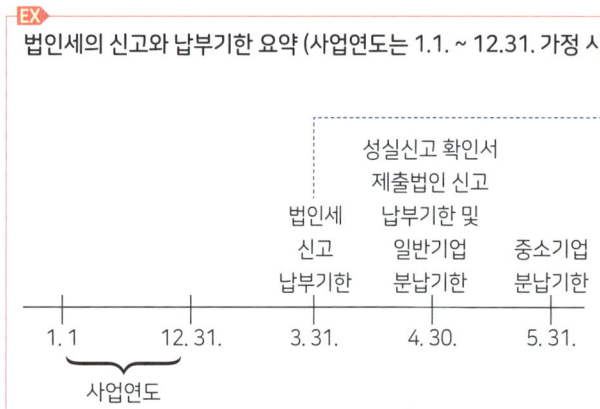

**신고기한 연장**
외부감사인의 감사를 받아야 하는 내국법인이 해당 사업연도의 **감사가 종결되지 않아** 결산이 확정되지 않았다는 사유로 **신고기한 종료 3일 전**까지 신고기한의 연장을 신청한 경우에는 그 신고기한을 **1개월**의 범위에서 연장할 수 있음
→ 이 경우 연장일수에 **법에서 정한 기본이자율**을 적용하여 계산한 금액을 가산하여 납부해야 함 → 1일 0.022% 아니고 '기본이자율'임을 주의
(link-p.64)

#### 1.2 제출서류

| | |
|---|---|
| | 과세표준 신고 시, 법인세과세표준및세액신고서에 다음의 필수첨부서류를 제출해야 하며 **미첨부 시, 무신고로 보아** 무신고 가산세를 적용함 → 단, 법으로 정한 비영리내국법인은 필수첨부서류를 첨부하지 않아도 무신고로 보지 않음 주의 |
| 필수 첨부서류 | ① 기업회계기준을 준용하여 작성한 개별 내국법인의 재무상태표, 포괄손익계산서, 이익잉여금처분계산서 (또는 결손금처리계산서)<br>② 세무조정계산서 ← 외부세무조정 대상법인의 경우 외부조정계산서를 세무사, 세무사등록부 또는 공인회계사 세무대리업무등록부에 등록한 공인회계사, 세무사등록부 또는 변호사 세무대리업무등록부에 등록한 변호사가 제출해야 함<br>③ 합병 또는 분할로 해산하는 경우 합병등기일 또는 분할등기일 현재의 피합병법인·분할법인 또는 소멸한 분할합병의 상대방법인의 재무상태표와 합병법인 등이 그 합병 또는 분할에 따라 승계한 자산 및 부채의 명세서 |
| 기타 첨부서류 | 과세표준신고 시, 세무조정계산서 부속서류 및 성실신고확인서와 기업회계기준에 따라 작성한 현금흐름표 (외부감사의 대상이 되는 법인에 한함)는 제출하지 않을 수 있음 |

## ❷ 성실신고확인서 제출  중요도 ★★☆

| 구분 | 내용 |
|---|---|
| 제출대상자 | 다음에 해당하는 내국법인은 과세표준과 세액을 신고할 때 세무사 등 성실신고확인서 작성자가 작성한 성실신고확인서를 납세지 관할 세무서장에게 제출해야 함<br>→ 단, 「주식회사 등의 외부감사에 관한 법률」에 따라 감사인에 의한 감사를 받은 내국법인은 이를 제출하지 아니할 수 있음<br>① 부동산임대업을 주된 사업으로 하는 등 법으로 정하는 요건에 해당하는 내국법인<br>   → 단, 유동화 전문회사 등에 해당하는 내국법인 및 프로젝트금융투자회사는 제외<br>② 「소득세법」에 따른 성실신고확인대상사업자가 사업용 자산을 현물출자하는 등 법으로 정한 방법에 따라 내국법인으로 전환한 경우의 그 내국법인<br>   → 사업연도 종료일 현재 법인으로 전환한 후 3년 이내의 내국법인으로 한정<br>③ 위 ②에 따라 전환한 내국법인이 그 전환에 따라 경영하던 사업을 위 ②에서 정하는 방법으로 인수한 다른 내국법인<br>   → ②에 따른 전환일부터 3년 이내인 경우로서 그 다른 내국법인의 사업연도 종료일 현재 인수한 사업을 계속 경영하고 있는 경우로 한정 |
| 작성자 | 세무사(「세무사법」에 따라 등록한 공인회계사를 포함), 세무법인 또는 회계법인<br>→ 성실신고확인자 선임신고서 제출의무는 2022년 폐지됨 |
| 과세표준<br>신고기한 | 성실신고확인대상 사업자가 성실신고확인서를 제출하는 경우 법인세의 과세표준과 세액을 각 사업연도 종료일이 속하는 달의 말일부터 **4개월 이내**에 납세지 관할 세무서장에게 신고해야 함 |
| 보정요구 | 납세지 관할 세무서장은 제출된 성실신고확인서에 미비한 사항 또는 오류가 있을 시 보정요구를 할 수 있음 |
| 세액공제 | 성실신고 확인비용에 대한 세액공제는 아래와 같이 적용함<br>세액공제액= MIN[①, ②] ← 성실신고확인대상자가 해당 과세연도의 과세표준을 과소신고한 경우로서 그 과소신고한 과세표준이 경정된(수정신고로 인한 경우를 포함) 과세표준의 10% 이상인 경우 공제받은 세액공제액 전액을 추징하고, 경정일이 속하는 과세연도의 다음 과세연도부터 3개 과세연도 동안 성실신고 확인비용에 대한 세액공제를 적용하지 않음<br>① 성실신고확인에 직접 사용한 비용 × 60%<br>② 한도: 150만원 |

## ❸ 법인세의 납부  중요도 ★★★

| 구분 | 내용 |
|---|---|
| 납부기한 | 과세표준 신고기한 내에 납부해야 함 |
| 분납규정 | 가산세와 감면분 추가납부세액은 분납대상세액에서 제외됨<br>내국법인이 납부할 세액이 **1천만원을 초과**하는 경우에는 납부할 세액의 일부를 납부기한이 지난 날부터 **1개월(중소기업의 경우에는 2개월)** 이내에 분납할 수 있음<br>→ 세무서장의 승인을 요하지 않음<br>① 납부할 세액이 2천만원 이하인 경우에는 **1천만원을 초과하는 금액**<br>② 납부할 세액이 2천만원을 초과하는 경우에는 **그 세액의 50% 이하의 금액** |
| 물납규정 | 2016년부터 폐지 ← 상속세와 재산세(지방세목)만 물납 가능함 주의 |

## 2 법인세의 결정·경정·징수 및 환급

### ❶ 결정 및 경정

#### 1.1 결정
: 납세지 관할 세무서장 또는 관할 지방국세청장은 내국법인이 법인세 과세표준신고를 하지 않은 경우 그 법인의 각 사업연도 소득에 대한 법인세의 과세표준과 세액을 결정하며 결정은 법인세 과세표준신고기한부터 **1년 내**에 완료해야 함

*국세청장이 조사기간을 따로 정하거나 부득이한 사유로 인해 국세청장의 승인을 받은 경우는 그러하지 않음*

#### 1.2 경정
: 납세지 관할 세무서장 또는 관할 지방국세청장은 법인세 과세표준신고를 한 법인이 다음에 해당하는 경우 그 법인의 각 사업연도 소득에 대한 법인세의 과세표준과 세액을 경정함

① 신고내용에 오류 또는 누락이 있는 경우
② 지급명세서, 매출·매입처별 계산서합계표의 전부 또는 일부를 제출하지 않은 경우
③ 시설규모나 영업현황으로 보아 신고 내용이 불성실하다고 판단되는 아래의 경우

㉠ 신용카드가맹점 가입 요건에 해당하는 법인이 정당한 사유 없이 신용카드가맹점(법인만 해당)으로 가입하지 않은 경우
㉡ 신용카드가맹점이 정당한 사유 없이 신용카드거래를 거부하거나 신용카드매출전표를 사실과 다르게 발급한 경우
㉢ 현금영수증가맹점으로 가입해야 하는 법인 및 가입 대상자로 지정받은 법인이 정당한 사유 없이 가입하지 않은 경우
㉣ 현금영수증가맹점이 정당한 사유 없이 현금영수증 발급을 거부하거나 사실과 다르게 발급한 경우

#### 1.3 재경정
: 납세지 관할 세무서장 또는 관할 지방국세청장은 법인세 과세표준과 세액을 결정 또는 경정한 후 그 결정 또는 경정에 오류나 누락이 있는 것을 발견한 경우에는 **즉시** 이를 다시 경정함

#### 1.4 결정 및 경정방법

| 원칙 | 법인세의 과세표준과 세액을 결정 또는 경정하는 경우에는 장부나 그 밖의 증명서류를 근거로 해야 함 |
|---|---|
| 예외 | 다음의 사유로 실지조사를 할 수 없는 경우 **추계할 수 있음**<br>① 소득금액을 계산할 때 필요한 장부 또는 증명서류가 없거나 **중요한 부분이 미비 또는 허위**인 경우<br>② 기장 내용이 시설규모, 종업원수, 원자재·상품·제품 또는 각종 요금의 시가 등에 비추어 **허위임이 명백**한 경우<br>③ 기장 내용이 원자재사용량·전력사용량 기타 조업상황에 비추어 **허위임이 명백**한 경우<br><br>**추계결정·경정 시 불이익**<br>㉠ 이월결손금공제, 외국자회사 수입배당금액의 익금불산입 및 외국납부세액공제에 관한 규정을 적용하지 않음 → 단, 천재지변 등으로 추계하는 경우 제외<br>㉡ 추계로 결정된 과세표준과 결산서상 법인세비용차감전순이익과의 차이에 대한 소득처분은 대표자에 대한 상여로 함 ← 단, 천재지변 등으로 추계하는 경우 기타사외유출로 처분함 주의 |

### ❷ 징수와 환급

| 징수 | 납세지 관할 세무서장은 내국법인이 각 사업연도의 소득에 대한 법인세로서 납부해야 할 세액(중간예납의 경우 중간예납세액)의 전부 또는 일부를 납부하지 않으면 그 미납된 법인세액을 「국세징수법」에 따라 징수해야 함 |
|---|---|
| 환급 | 납세지 관할 세무서장은 중간예납·수시부과·원천징수한 법인세액이 각 사업연도의 소득에 대한 법인세액(가산세 포함)을 초과하는 경우 그 초과금액은 「국세기본법」에 따라 **환급하거나** 다른 국세 및 강제징수비에 **충당해야 함** |

# 17 기타 법인세

## 1 비영리법인의 법인세

### ❶ 비영리법인의 의미    중요도 ★☆☆

: 학술·종교·자선·기예·사교 등 영리가 아닌 사업을 목적으로 설립된 법인으로서 구성원에게 이익을 분배할 목적으로 사업을 영위하지 않는 법인

### ❷ 비영리법인의 범위    중요도 ★★☆

: 비영리법인은 다음에 해당하는 법인을 말함

① 「민법」제32조에 따라 설립된 법인
　→ 비영리 사업을 목적으로 하는 사단·재단으로 주무관청의 허가를 얻어 설립등기를 함으로써 설립된 법인
② 「사립학교법」이나 그 밖의 특별법에 따라 설립된 법인으로서 「민법」제32조에 규정된 목적과 유사한 목적을 가진 법인
　→ 단, 조합법인 등이 아닌 법인으로서 그 주주·사원 또는 출자자에게 이익을 배당할 수 있는 법인은 제외
③ 「국세기본법」에 따른 법인으로 보는 단체
④ 외국법인 중 외국의 정부·지방자치단체 및 영리를 목적으로 하지 않는 법인 → 법인으로 보는 법인 아닌 단체를 포함

### ❸ 과세소득의 범위    중요도 ★★★

: 비영리법인의 경우 **수익사업에서 생기는 소득**만 각 사업연도소득에 대한 법인세 납세의무가 있음

| 구분 | 각 사업연도의 소득 | 토지 등 양도소득 | 청산소득 |
|---|---|---|---|
| 비영리내국법인 | 국내외 수익사업에서 생기는 소득 | ○ | X |
| 비영리외국법인 | 국내원천 수익사업에서 생기는 소득 | | |

> **수익사업**
> 
> ① 사업소득: 제조업, 건설업, 도·소매업 등 한국표준산업분류에 따른 사업으로 법에 규정된 것. 단, 다음의 사업들은 제외함
> 
> 　㉠ 축산업·조경관리 및 유지 서비스업 외의 농업
> 　㉡ 연구 개발업 → 대가를 받고 연구 및 개발용역을 제공하는 사업은 제외
> 　㉢ 「유아교육법」에 따른 유치원, 「초·중등교육법」 및 「고등교육법」에 따른 학교 등 교육서비스업
> 　㉣ 보건업 및 사회복지 서비스업 중 법에서 정하는 사회복지시설에서 제공하는 사회복지사업
> 
> ② 「소득세법」상 이자소득·배당소득
> ③ 주식·신주인수권 또는 출자지분의 양도로 인한 수입
> ④ 유형자산 및 무형자산의 처분으로 인한 수입
> 　→ 단, 고유목적사업에 직접 사용한 자산의 처분으로 인하여 생기는 수입은 제외
> ⑤ 「소득세법」상 양도소득세 과세대상자산인 부동산에 관한 권리와 기타자산의 양도로 인한 수입
> ⑥ 채권매매익: 이자소득이 발생하는 채권 등(그 이자소득에 대하여 법인세가 비과세 되는 것은 제외)을 매도함에 따른 채권 등의 매매익(채권 등의 매각익에서 채권 등의 매각손을 차감한 금액)을 말함
> 　→ 단, 예금보험제도 운영사업 또는 부실자산 등의 인수·정리와 관련된 사업에 귀속되는 채권매매익은 제외

## ❹ 과세 방법  `중요도 ★★☆`

| 원칙 | 비영리법인의 수익사업소득에 대한 과세표준과 세액의 계산방법, 신고 및 납부절차는 영리법인의 규정을 준용함 |
|---|---|
| 예외 | 이자소득(비영업대금의 이익은 제외하고 투자신탁이익은 포함)으로서 원천징수된 이자소득에 대하여는 과세표준신고를 하지 않고 분리과세를 선택할 수 있음<br>→ 이때 원천징수된 이자소득은 이자소득을 지급받을 때 원천징수로 과세가 종결되어, 각 사업연도 소득금액이나 과세표준에 포함하지 않음 주의 |

## ❺ 자산양도소득 과세특례   → 다만, 제조업 등 사업소득에 해당하는 수익사업을 하는 비영리내국법인을 제외함   `중요도 ★★☆`

| 내용 | 비영리내국법인이 일정한 자산을 양도한 경우 다음의 양도소득의 과세 방법을 선택하여 신고할 수 있음<br>① 각 사업연도 소득에 대한 법인세를 정상적으로 신고·납부하는 방법<br>②「소득세법」상 양도소득세의 규정을 준용하여 계산한 금액을 법인세로 신고·납부하는 방법 |
|---|---|
| 대상자산의 범위 | ① 토지 또는 건물<br>② 양도소득세 과세대상이 되는 부동산에 관한 권리, 특정주식, 기타자산 |
| 납세 절차 | ① 신고·납부·결정·경정 및 징수: 법인세의 과세표준 규정 준용<br>② 양도소득과세표준 예정신고: 자산을 양도한 날이 속하는 달의 말일(특정주식의 경우 그 양도일이 속하는 분기의 말일)부터 2개월이 되는 날까지 양도소득과세표준 예정신고 및 자진납부를 해야 함<br>→ 예정신고를 한 경우에는 위 ①에 따른 과세표준 신고를 한 것으로 봄 |

## ❻ 구분경리  `중요도 ★★☆`

| 의미 | | | 구분해야 할 사업 또는 수입별로 자산·부채 및 손익을 법인의 장부상 각각 독립된 계정과목에 따라 구분하여 회계처리 하는 것 |
|---|---|---|---|
| 방법 | 공통자산과 공통부채 | | 수익사업에 속하는 것으로 의제 |
| | 공통익금과 공통손금 | 공통익금 | 수입금액 또는 매출액에 비례하여 안분계산 |
| | | 공통손금 동일 업종 | |
| | | 공통손금 상이 업종 | 개별 손금액(공통손금 외의 손금의 합계액)에 비례하여 안분계산 |
| | 자본금 계산 | | 수익사업의 자산의 합계액 - 수익사업의 부채(충당금을 포함)의 합계액 |

## ❼ 기타규정  `중요도 ★★★`

| 고유목적사업준비금의 설정 | 고유목적사업 또는 일반기부금 등에 지출하기 위하여 고유목적사업준비금 설정 가능 |
|---|---|
| 첨부서류 미제출 시 무신고 가산세 완화 | 수익사업*을 영위하지 않는 비영리법인은 재무상태표 등을 첨부하지 않은 경우에도 무신고로 보지 않음 |
| 무기장가산세 배제 | ① 수익사업을 영위하지 않는 비영리내국법인: 기장의무 없음<br>② 수익사업*을 영위하는 비영리내국법인: 기장·비치의무가 있지만 이를 이행하지 않았을 시 가산세 부과대상은 아님 |

* 수익사업 중 제조업, 건설업, 도매 및 소매업 등 대통령령으로 정하는 것에 한정

## 2 청산소득에 대한 법인세

### ❶ 의미 및 납세의무자  중요도 ★★★

| 의미 | 법인이 해산(합병이나 분할에 의한 해산은 제외)한 경우에 그 법인의 해산에 따른 잔여재산가액이 해산등기일 현재의 자기자본총액을 초과하는 경우 그 초과하는 금액 |
|---|---|
| 납세 의무자 | 다음의 경우를 제외하고 해산으로 소멸하는 **영리내국법인**<br>→ 비영리내국법인과 외국법인은 청산소득에 대한 납세의무가 없음에 주의<br>① 「상법」에 따라 조직변경하는 경우<br>② 특별법에 따라 설립된 법인이 해당 특별법의 개정이나 폐지로 인하여 「상법」에 따른 회사로 조직변경하는 경우<br>③ 「변호사법」에 따라 법무법인이 법무법인(유한)으로 조직변경하는 경우, 「관세사법」에 따라 관세사법인이 관세법인으로 조직변경하는 경우, 「변리사법」에 따라 특허법인이 특허법인(유한)으로 조직변경하는 경우<br>④ 「협동조합 기본법」에 따라 법인 등이 협동조합으로 조직변경하는 경우 및 「지방공기업법」에 따라 지방공사가 지방공단으로 조직변경하거나 지방공단이 지방공사로 조직변경하는 경우 |

### ❷ 청산소득에 대한 법인세의 계산  중요도 ★★★

> 청산소득에 대한 법인세 = 과세표준(청산소득금액) × 세율

#### 2.1 과세표준(청산소득 금액)

| 청산소득 금액 | ① 일반적인 경우: 잔여재산가액 − 자기자본총액<br>② 계속사업의 경우: 잔여재산분배액 − 자기자본총액 |
|---|---|
| 청산기간 중의 소득 | ① 각 사업연도의 소득금액이 있는 경우: 해당 각 사업연도의 소득금액에 산입<br>② 해산등기일 현재의 자산을 처분한 금액: 청산소득에 포함<br>③ 해산 전의 사업을 계속하여 영위하는 경우: 당해 사업에서 발생한 사업 수입이나 임대수입, 공·사채·예금의 이자수입 등을 청산소득에 포함하지 않음 |

#### 2.2 잔여재산가액 및 잔여재산분배액

| 잔여재산 가액 | 잔여재산가액 = 자산총액 − 부채총액<br>자산총액에서 추심할 채권이나 환가처분할 자산이 있는 경우 다음의 방법으로 평가함 | |
|---|---|---|
| | **추심할 채권과 환가처분할 자산** | 추심 또는 환가처분한 날 현재의 금액 |
| | **추심 또는 환가처분 전에 분배한 경우** | 그 분배한 날 현재의 시가에 의한 평가액 |
| 잔여재산 분배액 | 해산으로 인하여 청산 중인 내국법인이 그 해산에 의한 잔여재산의 일부를 주주에게 분배한 후, 「상법」 규정에 의하여 사업을 계속하는 경우 그 해산등기일부터 계속등기일까지의 사이에 분배한 잔여재산의 분배액의 총합계액 | |

### 2.3 자기자본총액

| 자기자본총액 = 납입자본금(출자금) + 잉여금 - 이월결손금 + 법인세환급액 |
|---|

| 납입자본금(출자금) | 청산소득금액 계산 시 해산등기일 전 2년 이내에 자본금 또는 출자금에 전입한 잉여금이 있으면 해당 금액을 자본금 또는 출자금에 전입하지 않은 것으로 봄 |
|---|---|
| 잉여금 | 잉여금은 세법상의 잉여금으로 보기 때문에 유보금액을 반영함 |
| 이월결손금 | 상계하는 이월결손금은 발생연도에 제한없이 적용함 |
| 법인세환급액 | 청산기간에「국세기본법」에 따라 환급되는 법인세액이 있는 경우 그 법인의 해산등기일 현재의 자기자본의 총액에 가산함 |

### 2.4 세율
: 청산소득에 대한 법인세는 각 사업연도 소득에 대한 법인세율과 동일하게 적용

## ❸ 청산소득에 대한 법인세의 신고와 납부   중요도 ★★☆

### 3.1 확정신고납부
: 다음의 날이 **속하는 달의 말일부터 3개월 이내**에 신고해야 함 ← 청산소득이 없는 때에도 해야 함 주의

| 해산의 경우 | 잔여재산가액 확정일 |
|---|---|
| 잔여재산 분배 후 사업을 계속하는 경우 | 계속등기일 |

### 3.2 중간신고납부
: 다음의 날이 속하는 달의 **말일부터 1개월 이내**에 신고해야 함

| 해산에 따른 잔여재산가액이 확정되기 전에 그 일부를 주주 등에게 분배한 경우 | 그 분배한 날 |
|---|---|
| 해산등기일부터 1년이 되는 날까지 잔여재산가액이 확정되지 않은 경우 | 그 1년이 되는 날 |

### 3.3 원천징수의무의 승계

| 법인이 해산한 경우 | 원천징수하여야 할 법인세를 징수하지 아니하였거나 징수한 법인세를 납부하지 아니하고 잔여재산을 분배한 때에는 청산인과 잔여재산의 분배를 받은 자가 각각 그 분배한 재산의 가액과 분배받은 재산의 가액을 한도로 그 법인세를 **연대**하여 납부할 책임을 짐 |
|---|---|
| 법인이 합병 또는 분할로 인하여 소멸한 경우 | 합병법인 등은 피합병법인 등이 원천징수하여야 할 법인세를 징수하지 아니하였거나 징수한 법인세를 납부하지 아니한 것에 대하여 납부할 책임을 짐 |

### 3.4 결정·경정 및 가산세

| 결정·경정 | 납세지 관할 세무서장 또는 관할 지방국세청장이 결정·경정·재경정함 |
|---|---|
| 징수 | 미납된 청산소득에 대한 법인세를「국세징수법」에 따라 징수해야 함 |
| 납부지연 가산세 배제 | 납부지연가산세 중 1일 0.022%씩 부과되는 가산세 및 납부기한까지 완납하지 않는 경우 부과되는 3% 가산세 규정을 적용하지 않음 → 납부고지서에 따른 납부기한의 다음 날부터 부과되는 분에 한정해서만 적용 제외임 |

## 3 외국법인의 법인세납세의무

### ❶ 외국법인 및 납세의무의 범위 〔중요도 ★★☆〕

| 의미 | 외국에 본점·주사무소를 둔 단체로서 다음에 해당하는 단체 (→ 사업의 실질적 관리장소가 국내에 있지 않은 경우만 해당) <br> ① 설립된 국가의 법에 따라 법인격이 부여된 단체 <br> ② 구성원이 유한책임사원으로만 구성된 단체 <br> ③ 그 밖에 해당 외국단체와 동종 또는 유사한 국내의 단체가 상법 등 국내의 법률에 따른 법인인 경우의 그 외국단체 |
|---|---|

| 납세의무의 범위 | | | |
|---|---|---|---|
| 법인세<br>법인 | 각 사업연도 소득 | 토지 등 양도소득 | 청산소득 |
| 영리외국법인 | 국내원천소득 | ○ | X |
| 비영리외국법인 | 국내원천의 수익사업 소득 | | |

### ❷ 국내원천소득의 범위 〔중요도 ★☆☆〕

| 구분 | 범위 |
|---|---|
| 이자소득 | 이자의 지급지가 국내인「소득세법」에 따른 이자소득(비영업대금의 이익은 제외) |
| 배당소득 | 내국법인 또는 법인으로 보는 단체나 그 밖에 국내에 소재하는 자로부터 지급받는 배당소득 및「국제조세조정에 관한 법률」에 따라 배당으로 처분된 금액 |
| 부동산 소득 | 국내에 소재하는 부동산 또는 부동산상의 권리 및 국내에서 취득한 광업권, 조광권, 흙, 모래, 돌의 채취에 관한 권리 또는 지하수의 개발 및 이용권의 양도, 임대 또는 그 밖의 운영으로 인하여 발생하는 소득 |
| 선박 등 임대소득 | 거주자, 내국법인, 외국법인, 비거주자의 국내사업장에 선박, 항공기, 등록된 자동차나 건설기계, 또는 산업상, 상업상, 과학상의 기계, 설비, 장치, 그 밖에 일정한 용구를 임대함으로써 발생하는 소득 |
| 사업소득 | 외국법인이 국내에서 경영하는 사업에서 발생하는 소득과 국외에서 발생하는 법소정 소득으로서 국내사업장에 귀속되는 것 |
| 인적용역소득 | 국내에서 인적용역을 제공함으로써 발생하는 소득 |
| 부동산 등 양도소득 | 토지·건물, 부동산에 관한 권리, 사업에 사용하는 토지·건물·부동산에 관한 권리와 함께 양도하는 영업권, 시설물이용권, 비상장 부동산주식 등의 양도로 인하여 발생하는 소득 → 양도소득금액은 그 소득을 발생시키는 자산의 양도가액에서 취득가액, 양도하기 위해 직접 지출한 비용을 뺀 금액으로 함 → 이때 취득가액과 양도가액은 실지 거래가액으로 하되, 실지 거래가액이 불분명한 경우에는「소득세법」을 준용하여 계산한 가액으로 함 |
| 사용료소득 | 저작권·특허권·상표권 등 일정한 자산, 정보 또는 권리를 국내에서 사용하거나 그 대가를 국내에서 지급하는 경우 그 대가 및 그 자산, 정보 또는 권리의 양도로 인하여 발생하는 소득 |
| 유가증권 양도소득 | 다음에 해당하는 주식 등을 양도함으로 인하여 발생하는 소득 <br> ① 내국법인이 발행한 주식 등 기타의 유가증권 <br> ② 외국법인이 발행한 주식 등(증권시장에 상장된 것에 한정) <br> ③ 외국법인의 국내사업장이 발행한 그 밖의 유가증권 |
| 기타소득 | 위 항목 외에 법에 열거된 소득 EX▶ 국내에 있는 자산을 증여받아 생기는 소득 |

## ❸ 외국법인에 대한 과세방법  중요도 ★★☆

### 3.1 과세방법

| 종합과세 적용 | 국내사업장을 가진 외국법인과 국내원천 부동산소득이 있는 외국법인 |
|---|---|
| 분리과세 적용 | 종합과세로 규정된 법인을 제외한 외국법인<br>→ 단, 국내원천 부동산 등 양도소득은 예납적 원천징수 후 별도로 신고·납부해야 함 |

→ 국내사업장과 실질적으로 관련되지 않거나 그 국내사업장에 귀속되지 않은 소득금액에 대하여는 분리과세함

### 3.2 국내사업장

**3.2.1 국내사업장의 의미**
: 외국법인이 국내에서 사업의 전부 또는 일부를 수행하는 고정된 장소

**3.2.2 국내사업장의 범위**

**국내사업장에 해당되는 장소**

① **지점·사무소 또는 영업소, 상점 그 밖의 고정된 판매장소, 작업장·공장 또는 창고**
② **6개월을 초과하여 존속하는 건축장소**, 건설·조립·설치공사의 현장 또는 이와 관련된 감독활동을 수행하는 장소
③ 고용인을 통하여 용역을 제공하는 경우로서 다음 중 어느 하나에 해당되는 장소
  ㉠ 용역의 제공이 계속되는 12개월 중 총 6개월을 초과하는 기간 동안 용역이 수행되는 장소
  ㉡ 용역의 제공이 계속되는 12개월 중 총 6개월을 초과하지 않는 경우로서 유사한 종류의 용역이 2년 이상 계속적 반복적으로 수행되는 장소
④ 광산·채석장 또는 해저천연자원이나 그 외 천연자원의 탐사 및 채취장소

**국내사업장을 둔 것으로 보는 경우**

: 외국법인이 고정된 장소를 가지고 있지 않은 경우에도 다음의 종속대리인을 두고 사업을 영위하는 경우에는 그 자의 사업장 소재지에 국내사업장을 둔 것으로 봄

→ 사업장이 없는 경우에는 주소지, 주소지가 없는 경우에는 거소지

① 국내에서 그 외국법인을 위하여 다음 중 어느 하나의 계약(이하 '외국법인 명의 계약 등')을 체결할 권한을 가지고 그 권한을 반복적으로 행사하는 자
  ㉠ 외국법인의 명의의 계약
  ㉡ 외국법인이 소유하는 자산의 소유권 이전 또는 소유권이나 사용권을 갖는 자산의 사용권 허락을 위한 계약
  ㉢ 외국법인의 용역제공을 위한 계약
② 국내에서 그 외국법인을 위하여 외국법인 명의 계약 등을 체결할 권한을 가지고 있지 아니하더라도 계약을 체결하는 과정에서 중요한 역할(외국법인이 계약의 중요사항을 변경하지 아니하고 계약을 체결하는 경우로 한정)를 반복적으로 수행하는 자
③ 외국법인의 자산을 상시 보관하고 관례적으로 이를 배달 또는 인도하는 자
④ 중개인 일반위탁매매인 기타 독립적 지위의 대리인으로서 주로 특정 외국법인만을 위하여 계약체결 등 사업에 관한 중요한 부분의 행위를 하는 자
⑤ 보험사업(재보험사업을 제외)을 경영하는 외국법인을 위하여 보험료를 징수하거나 국내소재 피보험물에 대한 보험을 인수하는 자

**국내사업장에 해당되지 않는 장소(≒외국법인 연락사무소)**

: 다음의 장소가 외국법인의 사업 수행상 예비적 또는 보조적인 성격을 가진 활동을 하기 위하여 사용되는 경우에는 국내사업장에 포함되지 않음

① 자산의 **단순한 구입**만을 위하여 사용하는 일정한 장소
② 판매를 목적으로 하지 아니하는 자산의 **저장이나 보관**을 위하여 사용하는 일정한 장소
③ 광고, 선전, 정보의 수집 및 제공, 시장조사, 그 밖에 이와 유사한 활동만을 하기 위하여 사용하는 일정한 장소
④ 자기의 자산을 타인으로 하여금 가공하게 할 목적으로만 사용하는 장소

## 3.3 종합과세 적용 시 계산

```
        국내원천 소득금액의 총합계액
 ( - )  이    월    결    손    금    ← 15년(2020.1.1. 전에 개시하는 사업연도 발생분은 10년) 이내
 ( - )  비    과    세    소    득       국내발생분, 80%범위에서 공제
 ( - )  선박·항공기의 외국항행소득
        과    세    표    준
 ( × )  세                    율
        산    출    세    액    ← 토지 등 양도소득에 대한 법인세 포함
```

## 3.4 분리과세하는 경우의 계산방법

: 외국법인에 대하여 국내원천소득으로서 국내사업장과 실질적으로 관련되지 아니하거나 그 국내사업장에 귀속되지 아니하는 소득의 금액(국내사업장이 없는 외국법인에 지급하는 금액을 포함)을 지급하는 자(국내원천 부동산 등 양도소득의 금액을 지급하는 거주자 및 비거주자는 제외)는 그 지급을 할 때에 다음의 원천징수세액을 원천징수하여 그 **원천징수한 날이 속하는 달의 다음 달 10일**까지 납세지 관할 세무서장 등에 납부해야 함

| | |
|---|---|
| 이자소득, 배당소득, 사용료소득, 기타소득 | 지급액 × 20% ← 국가, 지방자치단체 및 내국법인이 발행한 채권에서 발생하는 이자소득은 14% |
| 선박 등 임대소득, 사업소득 | 지급액 × 2% |
| 인적용역소득 | 지급액 × 20% |
| 부동산 등·유가증권 양도소득 | MIN[지급액 × 10%, 양도차익 × 20%] |

## 3.5 신고기한의 연장

| | |
|---|---|
| 신고기한 연장 신청 | 외국법인의 본점 등의 결산이 확정되지 않았거나 기타 부득이한 사유로 그 신고기한까지 신고서를 제출할 수 없는 외국법인은 해당 **사업연도 종료일부터 60일** 이내에 사유서를 갖추어 납세지 관할 세무서장의 **승인을 받아** 그 신고기한을 연장할 수 있음 |
| 승인 여부 결정 | 납세지 관할 세무서장은 신청을 받은 그 날부터 7일 이내에 승인 여부를 결정해야 함 |
| 이자상당액 납부 | 신고세액에 기한연장일수에 대한 이자를 가산하여 납부해야 함 |

# 18 합병 및 분할

## 1 합병

### ❶ 합병의 의미와 과세체계  중요도 ★★★

| 의미 | 둘 이상의 회사가 「상법」의 절차에 따라 청산절차를 거치지 않고 합쳐지면서 최소 하나 이상의 법인격을 소멸시키되, 합병 후 존속하는 회사 또는 합병으로 신설되는 회사가 소멸하는 회사의 권리의무를 포괄적으로 승계하는 회사법상의 법률사실 |
|---|---|
| 과세체계 | 적격 합병 요건을 모두 갖춘 합병의 경우 해당 과세를 이연시킴으로써 기업의 세부담을 완화시켜줌 |

**적격 합병 요건**

| 사업목적성 | 합병등기일 현재 1년 이상 사업을 계속하던 내국법인* 간의 합병 |
|---|---|
| 지분의 연속성 | 다음의 요건을 모두 갖춘 합병<br>① 피합병법인의 주주가 받은 합병대가의 총합계액 중 합병법인의 주식가액이 **80% 이상**이거나 합병법인의 모회사의 주식가액이 **80% 이상**<br>   ↳ 합병등기일 현재 합병법인의 발행주식 총수 또는 출자총액을 소유하고 있는 내국법인<br>② 피합병법인의 주주에게 주식을 배정할 때 특정 지배주주에게 '피합병법인의 주주가 지급받은 합병교부주식가액의 총합계액 × 각 해당 주주의 피합병법인에 대한 지분비율' 이상의 주식을 각각 배정<br>③ 피합병법인의 지배주주가 합병등기일이 속하는 사업연도의 종료일까지 그 주식을 보유 ← 특정지배주주가 합병으로 교부받은 전체 주식의 1/2 미만을 처분한 경우에도 보유요건을 충족한 것으로 봄 |
| 사업의 계속성 | 합병법인이 합병등기일이 속하는 사업연도의 종료일까지 피합병법인으로부터 승계받은 사업을 계속할 것 (단, 피합병법인이 다른 법인과 합병하는 것을 유일한 목적으로 하는 법인으로서 법으로 정하는 법인인 경우에는 사업의 계속성 요건을 갖춘 것으로 봄) ← 승계한 자산가액의 1/2 이상을 처분하거나 사업에 사용하지 않으면 사업의 계속성 요건을 충족하지 않은 것으로 봄 |
| 고용의 승계 및 유지 | **합병등기일 1개월 전** 당시 피합병법인에 종사하는 「근로기준법」에 따라 근로계약을 체결한 내국인 근로자 중 합병법인이 승계한 근로자의 비율이 **80% 이상**이고, 합병등기일이 속하는 사업연도의 종료일까지 그 비율을 유지 |

*다른 법인과 합병하는 것을 유일한 목적으로 하는 기업인수목적회사도 포함

## ❷ 비적격합병에 대한 과세

중요도 ★★☆

: 적격합병의 요건을 만족하지 못한 합병으로서 회사 자체의 매매과정에서 생긴 손익에 대하여 **즉시 과세함**

### 2.1 피합병법인에 대한 과세문제

: 피합병법인이 합병으로 인하여 해산하는 경우, 피합병법인의 자산을 합병법인에 양도한 것으로 보며 양도손익은 피합병법인이 합병등기일이 속하는 사업연도의 소득금액을 계산할 때 익금 또는 손금에 산입함

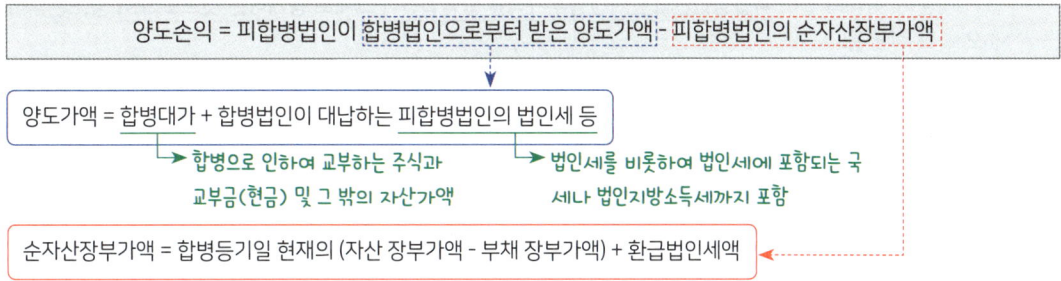

### 2.2 합병법인에 대한 과세문제

: 합병법인은 피합병법인의 자산을 합병등기일 현재의 시가로 양도받은 것으로 보아 합병매수차손익을 계산하여 과세함

← 비적격합병의 경우, 피합병법인의 세무조정사항 및 이월결손금은 모두 합병법인에게 승계되지 않으나 퇴직급여충당금과 대손충당금을 합병법인이 승계한 경우에는 적격요건과 상관없이 세무조정사항을 승계함

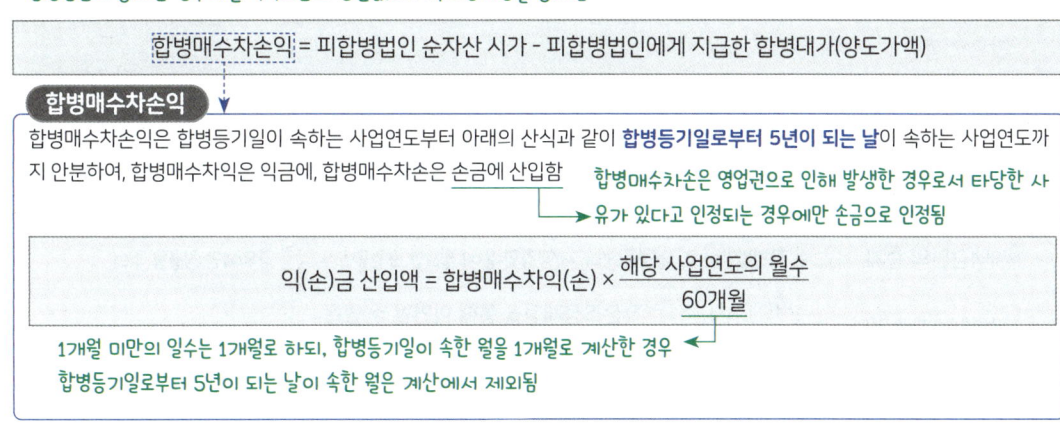

## ❸ 적격합병에 대한 과세  [중요도 ★★★]

: 적격합병은 과세이연요건을 만족한 합병으로서, 비적격합병과 다르게 자산을 양도 또는 매입하면서 손익이 발생하더라도 해당 과세를 이연할 수 있음

### 3.1 피합병법인에 대한 과세문제

: 비적격합병과 마찬가지로 피합병법인의 양도손익을 동일하게 과세함. 단, 적격합병의 경우에는 과세이연을 인정하고 있기 때문에, 아래와 같이 **피합병법인의 순자산장부가액을 합병법인이 그대로 승계하는 것으로 보아** 양도손익이 없는 것으로 할 수 있음

> 양도손익 = 피합병법인의 순자산장부가액 − 피합병법인의 순자산장부가액 = 0

다음의 부득이한 사유가 있는 경우 적격합병의 요건 중 사업목적성을 제외한 요건이 만족되지 않더라도 양도손익이 없는 것으로 특례를 적용할 수 있음   *즉, 비적격합병이라고 하더라도*

① 내국법인이 발행주식총수 또는 출자총액을 소유하고 있는 다른 법인을 합병하거나 그 다른 법인에 합병되는 경우
② 동일한 내국법인이 발행주식총수 또는 출자총액을 소유하고 있는 서로 다른 법인 간에 합병하는 경우

### 3.2 합병법인에 대한 과세문제

: 양도받은 자산 및 부채의 가액을 합병등기일 현재의 시가로 계상하되, 피합병법인의 자산을 장부가액으로 양도받은 것으로 함

→ 이때, 시가와 장부가액의 차액은 비적격합병과 마찬가지로, 합병매수차손익으로 볼 수 있으나 적격합병인 경우 과세를 이연할 수 있기 때문에 자산조정계정으로 계상함

| | |
|---|---|
| 이월결손금, 세무조정사항, 세액감면의 승계 | 적격합병을 한 합병법인은 피합병법인의 합병등기일 현재 이월결손금과 세무조정 사항을 승계하고, 합병 전에 피합병법인에 적용되는 세액공제 및 세액감면의 혜택을 받을 수 있음 ← 단, 이는 합병법인이 그 세액공제나 세액감면 등에 필요한 요건을 **모두 갖춘** 경우에만 적용됨 주의 |
| 합병매수차손익의 과세이연 | 합병매수차손익을 **자산조정계정을 통해 이연**할 수 있음<br>자산조정계정 = 피합병법인의 순자산 시가 − 피합병법인의 회계상 장부가액 |
| 자산조정계정의 세무조정 | 자산조정계정 계상으로 과세를 이연하고, 추후에 **감가상각 또는 처분하면서 자산조정계정을 익금 또는 손금에 산입하여 추인**함<br>→ 자기주식을 소각하는 경우에는 익금 또는 손금에 산입하지 아니하고 소멸함 |

## 3.3 과세이연의 중단

: 합병등기일이 속하는 사업연도의 **다음 사업연도 개시일부터 2년 이내**(③ 고용승계 요건은 3년) 적격 요건 이탈사유가 발생할 경우 자산조정계정의 총합계액 잔액을 익금으로 추인함

→ 총합계액 잔액이 0보다 작은 경우라고 하더라도 손금으로 추인하지 않고, 없는 것으로 봄

| 적격 요건 이탈사유 | ① 사업의 계속성 요건 이탈: 합병법인이 피합병법인으로부터 **승계받은 사업을 폐지**<br>② 지분의 연속성 요건 이탈: 피합병법인의 지배주주가 합병법인으로부터 받은 **주식을 처분**<br>③ 고용의 승계 및 유지 요건 이탈: 각 사업연도 종료일 현재 합병법인에 종사하는 「근로기준법」에 따라 근로계약을 체결한 내국인 근로자 수가 합병등기일 1개월 전 당시 피합병법인과 합병법인에 각각 종사하는 전체 근로자 수의 **80% 미만으로 하락**하는 경우 |
|---|---|
| 과세이연 중단 효과 | ① 승계한 이월결손금: 적격요건 이탈사유가 발생하기 전 피합병법인으로부터 승계한 이월결손금 중 공제한 금액이 있는 경우에는 해당 금액 또한 이탈사유가 발생한 때에 전액 익금산입함<br>② 승계한 세액감면·세액공제: 피합병법인으로부터 승계하여 공제한 감면세액공제액을 해당 사유가 발생한 사업연도의 법인세에 더하여 납부하고, 해당 사업연도부터 감면 또는 세액공제를 적용하지 않음<br>③ 승계한 기부금한도초과액: 피합병법인으로부터 승계받은 사업에서 발생한 소득금액을 기준으로 법에 따른 기부금 각각의 손금산입한도액의 범위에서 손금에 산입한 금액은 전액 익금산입함<br>④ 합병매수차손익: 자산조정계정을 추인한 이후에는 비적격합병으로 취급하여 합병 시 과세하지 않은 합병매수차손익을 과세하기 위하여 합병매수차손익을 계산하여 세무조정함 |

## 3.4 합병으로 인한 의제배당에 대한 과세

: 합병 시 피합병법인의 주주는 다음의 의제배당액에 대한 법인세(개인주주는 소득세)의 납세의무를 짐

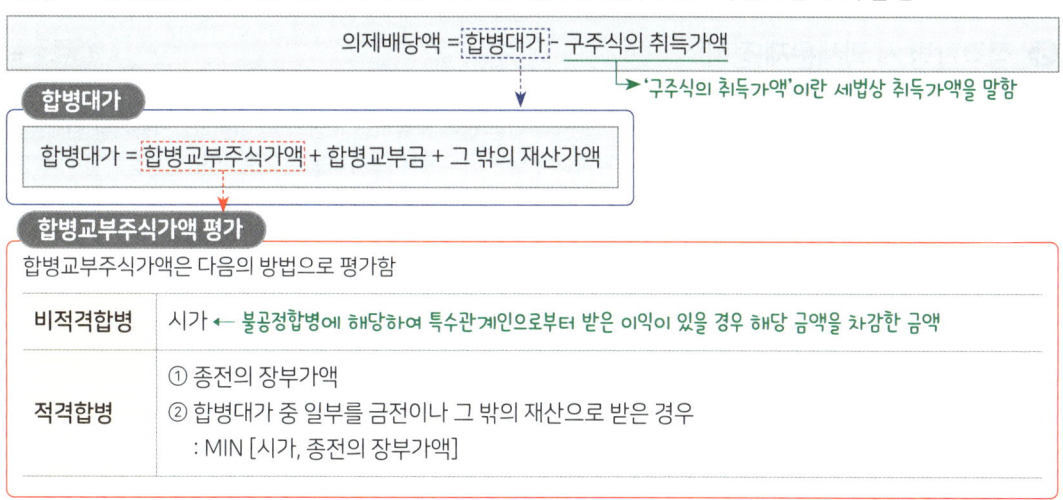

## ❹ 합병 시 이월결손금의 공제제한  중요도 ★★☆

| 합병법인의 이월결손금 | 피합병법인으로부터 승계받은 사업에서 발생한 소득금액의 범위에서는 공제하지 않음 ↳ 승계받은 사업에서 발생한 소득금액과 그 밖의 사업에 속하는 것을 구분 경리해야 함 주의 |
|---|---|
| 피합병법인의 이월결손금 | 합병법인에게 승계되지 않는 것을 원칙으로 하되, **적격합병의 경우 승계**되며 해당 결손금은 피합병법인으로부터 **승계받은 사업에서 발생하는 소득금액의 범위**에서 공제 |
| 공제한도 | ① 중소기업 등의 법인은 아래 소득금액의 **100%**, 일반 법인은 아래 소득금액의 **80%**를 한도로 공제 가능<br>　㉠ 합병법인의 합병등기일 현재 결손금: 합병법인의 소득금액 - 피합병법인으로부터 승계받은 사업에서 발생한 소득금액<br>　㉡ 합병법인이 승계한 피합병법인의 결손금: 피합병법인으로부터 승계받은 사업에서 발생한 소득금액<br>② 내국법인이 다른 내국법인의 사업을 양수하는 경우로서 다음의 요건을 모두 만족하는 경우 사업양수일 현재 사업을 양수한 내국법인의 이월공제 대상 결손금은 그 내국법인의 각 사업연도의 과세표준을 계산할 때 양수한 사업부문에서 발생한 소득금액의 범위에서는 공제하지 아니함 → 사업 양수를 통한 조세회피 방지 목적<br>　㉠ 양수자산이 사업양수일 현재 양도법인의 자산총액의 100분의 70 이상이고, 양도법인의 자산총액에서 부채총액을 뺀 금액의 100분의 90 이상인 경우<br>　㉡ 사업의 양도·양수 계약일 현재 양도·양수인이 특수관계인인 법인인 경우 |

## ❺ 적격합병 시 과세문제 정리  중요도 ★★☆

| 적격합병의 경우 자산의 처분손실에 대한 처리 | 적격합병의 당사 법인들이 합병 전에 보유하던 자산의 처분손실(합병등기일 현재 해당 자산의 시가가 장부가액보다 낮은 경우로서 그 차액을 한도로 하며, 합병등기일 이후 5년 이내에 끝나는 사업연도에 발생한 것만 해당)을 각각 합병 전 해당 법인의 사업에서 발생한 소득금액의 범위에서 해당 사업연도의 소득금액을 계산할 때 손금에 산입함 → 이 경우 손금에 산입하지 않은 처분손실은 자산 처분 시 각각 합병 전 해당 법인의 사업에서 발생한 결손금으로 봄 |
|---|---|
| 합병법인의 기부금한도초과 이월액의 손금산입 방법 | 합병법인의 합병등기일 현재 특례기부금 및 일반기부금의 기부금한도초과이월액 중 적격합병 규정에 따라 합병법인이 승계한 기부금한도초과이월액을 제외한 금액은 합병법인의 각 사업연도의 소득금액을 계산할 때 합병 전 합병법인의 사업에서 발생한 소득금액을 기준으로 기부금 각각의 손금산입한도액의 범위에서 손금에 산입함 |
| 피합병법인으로부터 승계한 기부금한도초과 이월액의 손금산입 방법 | 피합병법인의 합병등기일 현재 기부금한도초과이월액으로서 적격합병규정에 따라 합병법인이 승계한 금액은 합병법인의 각 사업연도의 소득금액을 계산할 때 피합병법인으로부터 승계받은 사업에서 발생한 소득금액을 기준으로 기부금 각각의 손금산입한도액의 범위에서 손금에 산입함 |

## 2 분할

### ❶ 분할의 의미와 종류  중요도 ★★★

| 의미 | 회사가 회사의 재산이나 사원 등 일부를 분리하여 다른 회사에 출자하거나 새로 회사를 설립함으로써 수 개의 법인격으로 만드는 「상법」상의 절차 |
|---|---|
| 종류 | ① 물적분할: 분할신설법인 등의 주식을 **분할법인이 전부 교부받는 형태**의 분할<br>② 인적분할: 분할신설법인 등의 주식을 분할법인의 **주주가 교부받는 형태**의 분할 |

### ❷ 물적분할  중요도 ★★☆

#### 2.1 과세체계

: 분할법인이 분할신설법인에 사업부의 자산을 출자한 것과 유사해 현물출자 과세구조와 유사

**분할법인**
분할신설법인으로부터 분할대가를 수령하고 분할법인이 기존에 보유하고 있던 자산을 양도한 것과 같으므로 자산의 **양도차익을 각 사업연도 소득금액에 포함하여 과세**하는 것을 원칙으로 하되, 적격분할 여부에 따라 과세이연을 선택할 수 있음

**분할신설법인**
분할대가(대가로 발행한 주식의 액면가액)를 지급하고 분할법인으로부터 자산을 매입한 것과 같음 ← 이 때, 취득한 자산은 시가로 평가하며, 취득한 자산의 시가와 대가로 발행한 주식의 액면가액과의 차이는 주식발행초과금에 해당함

**적격분할 요건**

| 사업<br>목적성 | 분할등기일 현재 5년 이상 사업을 계속하던 내국법인이 다음 요건을 **모두 갖추어** 분할하는 것일 것(분할합병의 경우에는 소멸한 분할합병의 상대방법인 및 분할합병의 상대방 법인이 분할등기일 현재 1년 이상 사업을 계속하는 내국법인일 것)<br>㉠ 분리하여 사업이 가능한 독립된 사업부문을 분할할 것 → 부동산임대업을 주업으로 하는 사업부문 등 대통령령으로 정하는 사업부문을 분할하는 경우에는 적격분할로 보지 아니함<br>㉡ 분할하는 사업부문의 자산 및 부채가 포괄적으로 승계될 것<br>→ 단, 공동으로 사용하는 자산 등 대통령령으로 정하는 것은 제외함<br>㉢ 분할법인 등만의 출자에 의해 분할할 것 |
|---|---|
| 지분의<br>연속성 | 다음 요건을 **모두 갖출 것**<br>㉠ 분할법인 등의 주주가 분할신설법인 등으로부터 받은 분할대가의 전액이 주식일 것<br>→ 단, 분할합병의 경우에는 분할대가의 80% 이상이 분할신설법인 등의 주식이거나 분할합병의 상대방 법인의 발행주식 총수(출자총액)을 소유하고 있는 내국법인의 주식일 것<br>㉡ 그 주식이 분할법인 등의 주주가 소유하던 주식의 비율에 따라 배정할 것<br>㉢ 분할법인 등의 특정지배주주가 분할등기일이 속하는 사업연도의 종료일까지 그 주식을 보유할 것 → 특정지배주주가 합병으로 교부받은 전체 주식의 1/2 미만을 처분한 경우에도 보유요건을 충족한 것으로 봄 |
| 사업의<br>계속성 | 분할신설법인 등이 분할등기일이 속하는 사업연도의 종료일까지 분할법인 등으로부터 **승계받은 사업을 계속**할 것 (단, 피합병법인이 다른 법인과 합병하는 것을 유일한 목적으로 하는 법인으로서 법으로 정하는 법인인 경우에는 사업의 계속성 요건을 갖춘 것으로 봄) → 승계한 자산가액의 1/2 이상을 처분하거나 사업에 사용하지 않으면 사업의 계속성 요건을 충족하지 않은 것으로 봄 |
| 고용의<br>승계 및<br>유지 | 분할등기일 1개월 전 당시 분할하는 사업부문에 종사하는 「근로기준법」에 따라 근로계약을 체결한 내국인 근로자 중 분할신설법인 등이 승계한 근로자의 비율이 **80% 이상**이고, 분할등기일이 속하는 사업연도의 종료일까지 그 **비율을 유지**할 것 |

## 2.2 비적격분할에 대한 과세

| | |
|---|---|
| 분할법인 | 자산의 양도차익에 대해 과세하되, 분할대가로 취득한 주식은 물적분할한 순자산의 시가로 평가하는 것을 원칙으로 함 |
| 분할신설법인 | 분할로 취득한 자산은 취득 당시 시가로 평가함. 현물출자와 유사하기 때문에 취득한 자산의 시가와 분할대가로 지급한 주식의 액면가액 간의 차이는 주식발행초과금으로 보므로 **분할매수차손익은 없음** |
| 분할법인의 주주 | 주주가 분할대가를 받는 것이 아니므로 의제배당액이 발생하지 않음 |

## 2.3 적격분할에 대한 과세

| | |
|---|---|
| 분할법인 | ① 분할하는 사업연도: 분할대가로 취득한 주식을 물적분할한 순자산의 시가로 평가하여 양도차익을 계산하여 과세하거나 양도차익에 대한 과세를 이연하기 위해 압축기장충당금 등을 설정하여 손금에 산입할 수 있음<br>② 주식 또는 자산을 처분하는 사업연도: 압축기장충당금을 설정하여 분할사업연도에 과세를 이연한 후, 주식과 자산을 처분할 경우 설정된 압축기장충당금 등에 해당 자산의 처분비율을 곱한 금액만큼을 익금에 산입함<br>③ 과세이연 중단하는 사업연도: 분할등기일이 속하는 사업연도의 다음 사업연도 개시일로부터 2년 이내(ⓒ의 경우 3년 이내) 다음 중 하나의 사유가 발생하는 경우, 손금산입된 압축기장충당금 잔액을 익금에 산입함<br><br>　㉠ 분할신설법인이 분할법인으로부터 승계받은 사업을 폐지하는 경우<br>　ⓒ 분할법인이 분할신설법인의 발행주식총수 또는 출자총액의 50% 미만으로 주식 등을 보유하게 되는 경우<br>　ⓒ 각 사업연도 종료일 현재 분할신설법인에 종사하는 「근로기준법」에 따라 근로계약을 체결한 내국인 근로자 수가 분할등기일 1개월 전 당시 분할하는 사업부문에 종사하는 근로자 수의 80% 미만으로 하락하는 경우 |
| 분할신설법인 | 비적격분할과 마찬가지로 분할로 취득한 자산은 취득 당시 시가로 평가 |

## ❸ 인적분할

**중요도 ★★☆**

### 3.1 인적분할의 과세체계

: 인적분할의 실질은 **분할신설법인**이 분할하는 사업부의 자산 및 부채를 인수하는 대가로 **분할법인의 주주**에게 주식 등을 지급하는 것으로 **분할법인**의 과세문제는 합병의 구조와 거의 유사함

> **분할법인**
> 분할신설법인으로부터 대가를 수령하면서 보유하고 있던 사업부의 자산을 매각하는 과정에서 양도손익이 발생하므로 분할법인에 대해서는 **양도손익을 과세함**

> **분할신설법인**
> 분할법인에게 사업부의 자산을 매입하는 조건으로 분할대가를 지급하는 과정에서 분할매수차손익이 발생하므로 분할신설법인에 대해서는 **분할매수차손익을 과세함**

> **분할법인 주주**
> 분할법인을 통해 분할대가를 수령하며 주식을 매각하는 과정에서 **의제배당**과 관련된 과세문제가 발생함

### 3.2 비적격분할에 대한 과세

: 비적격 인적분할은 비적격합병과 처리방식이 유사함

| 분할법인 | 존속분할의 경우 양도손익을 과세<br><br>양도손익 = 분할신설법인 등으로부터 받은 양도가액 - 분할사업부분의 순장부가액 |
|---|---|
| 분할신설법인 | 분할매수차손익을 과세하며 **분할등기일로부터 5년이 되는 날이 속하는 사업연도까지 균등**하게 안분하여 분할매수차손익을 익금 또는 손금에 산입<br><br>분할매수차손익 = 순자산시가 - 분할법인에 지급한 분할대가 |

### 3.3 적격분할에 대한 과세

: 적격 인적분할은 적격합병과 유사하게 과세를 이연할 수 있음

| 분할법인 | 다음과 같이 양도손익을 계산하여 과세함<br>　㉠ 원칙: (양가가액 - 순자산 장부가액)으로 양도차익을 계산하여 과세<br>　㉡ 특례: 분할법인이 분할신설법인으로부터 받은 양도가액을 분할법인의 순자산 장부가액으로 보아 양도손익이 없는 것으로 할 수 있음 |
|---|---|
| 분할신설법인 | 분할법인의 자산을 분할신설법인이 장부가액으로 양도받은 것으로 봄<br>→ 이때, 장부가액과 시가와의 차액을 자산조정계정을 사용하여 과세를 이연시킬 수 있고, 이에 대한 사후관리 또한 적격합병의 규정을 그대로 준용함 (이월결손금 승계규정도 준용하되, 분할 후 분할법인이 존속하는 경우 분할법인의 결손금은 승계하지 않음) |

## 3.4 분할로 인한 의제배당에 대한 과세

: 합병으로 인한 의제배당에 대한 과세와 마찬가지로 다음과 같이 해당 규정을 준용함

의제배당액 = 분할대가 - 구주식의 취득가액

→ '구주식의 취득가액'이란 세법상 취득가액을 말함

**[분할대가]**

분할대가 = 분할교부주식가액 + 분할교부금 + 그 밖의 재산가액

**[분할교부주식가액]**

분할교부주식가액은 다음의 방법으로 평가함

| 비적격분할 | 시가 |
|---|---|
| 적격분할 | ① 종전의 장부가액<br>② 분할대가 중 일부를 금전이나 그 밖의 재산으로 받은 경우: MIN[시가, 종전의 장부가액] |

## 3.5 기타사항

| 분할합병의 상대방 법인의 이월결손금 | 분할합병의 상대방법인의 분할등기일 현재 이월결손금 중 적격분할 규정에 따라 분할신설법인 등이 승계한 결손금을 제외한 금액은 분할합병의 상대방법인의 각 사업연도의 과세표준을 계산할 때 '분할법인으로부터 승계받은 사업에서 발생한 소득금액'의 범위에서는 공제하지 않음 |
|---|---|
| 분할법인 등의 이월결손금 | 분할법인 등의 이월결손금은 원칙적으로 분할신설법인 등에 승계되지 않음<br>→ 단, 적격분할로 자산을 장부가액으로 승계하는 경우에는 분할법인 등의 이월결손금을 승계하되, 해당 결손금은 분할법인 등으로부터 승계받은 사업에서 발생한 소득금액의 범위에서 분할신설법인 등의 각 사업연도의 과세표준을 계산할 때 공제함 |
| 공제한도 | 중소기업 등의 법인은 아래 소득금액의 **100%**, 일반 법인은 아래 소득금액의 **80%**를 한도로 공제 가능<br>㉠ 분할합병의 상대방법인의 분할등기일 현재 결손금의 경우<br>: 분할합병의 상대방 법인의 소득금액에서 분할법인으로부터 승계받은 사업에서 발생한 소득금액을 차감한 금액<br>㉡ 분할신설법인 등이 승계한 분할법인 등의 결손금의 경우<br>: 분할법인 등으로부터 승계받은 사업에서 발생한 소득금액 |
| 적격분할합병의 경우 자산의 처분손실에 대한 처리 | 적격분할의 당사 법인들이 분할합병 전에 보유하던 자산의 처분손실(분할등기일 현재 해당 자산의 시가가 장부가액보다 낮은 경우로서 그 차액을 한도로 하며, 분할등기일 이후 5년 이내에 끝나는 사업연도에 발생한 것에 한함)을 각각 분할합병 전 해당 법인의 사업에서 발생한 소득금액의 범위에서 해당 사업연도의 소득금액을 계산할 때 손금에 산입함<br>→ 이 경우 손금에 산입하지 않은 처분손실은 자산 처분 시 각각 분할합병 전 해당 법인의 사업에서 발생한 결손금으로 봄 |
| 분할합병의 상대방법인의 기부금 한도초과이월액의 손금산입 방법 | 분할합병의 상대방법인의 분할등기일 현재 특례기부금 및 일반기부금 한도초과이월액 중 적격분할 규정에 따라 분할신설법인 등이 승계한 기부금 한도초과이월액을 제외한 금액은 분할신설법인 등의 각 사업연도의 소득금액을 계산할 때 분할합병 전 분할합병의 상대방법인의 사업에서 발생한 소득금액을 기준으로 기부금 각각의 손금산입한도액의 범위에서 손금에 산입함 |

| 분할법인으로부터 승계한 기부금한도초과이월액의 손금산입 방법 | 분할법인 등의 분할등기일 현재 기부금 한도초과이월액으로서 적격분할 규정에 따라 분할신설법인 등이 승계한 금액은 분할신설법인 등의 각 사업연도의 소득금액을 계산할 때 분할법인 등으로부터 승계받은 사업에서 발생한 소득금액을 기준으로 기부금 각각의 손금산입한도액의 범위에서 손금에 산입함 |
|---|---|

## 3 현물출자 시 과세이연 특례

: 법인이 다른 법인에게 현물을 출자하고 주식을 수령하는 경우 발생하는 양도차익에 대해 법인세를 과세하되, 적격현물출자의 요건을 만족하는 경우 주식을 처분하는 시점까지 양도차익에 대한 과세를 이연함(부득이한 사유가 있는 경우에는 지분의 연속성 요건 또는 사업의 계속성 요건을 만족하지 못하더라도 과세이연이 가능)

### ❶ 적격현물출자의 요건

중요도 ★☆☆

| 사업목적성 | 출자법인이 현물출자일 현재 5년 이상 사업을 계속한 법인일 것 |
|---|---|
| 지분의 연속성 | 출자법인이 현물출자일 다음 날 현재 피출자법인의 발행주식총수 또는 출자총액의 80% 이상의 주식 등을 보유하고, 현물출자일이 속하는 사업연도의 종료일까지 그 주식을 보유할 것(보유요건 충족여부 판정 시 1/2 미만을 처분한 경우에도 보유요건을 충족한 것으로 봄) |
| 사업의 계속성 | 피출자법인이 그 현물출자일이 속하는 사업연도의 종료일까지 출자법인이 현물출자한 자산으로 영위하던 사업을 계속할 것 |
| 출자 독립성 | 다른 내국인 또는 외국인과 공동으로 출자하는 경우 공동으로 출자한 자가 출자법인의 특수관계인이 아닐 것 |

### ❷ 적격현물출자 시 각 당사자의 세무처리 방법

중요도 ★☆☆

| 출자법인 | ① 현물출자하는 사업연도<br>: 현물출자로 인하여 발생한 자산의 양도차익에 대해 과세하거나 압축기장충당금 등을 설정하여 손금에 산입함으로써 과세를 이연할 수 있음<br>② 주식 또는 자산을 처분하는 사업연도<br>: 압축기장충당금을 설정하여 분할 사업연도에 과세 이연한 이후, 주식과 자산을 처분할 경우 설정된 압축기장충당금 등에 해당 자산의 처분비율을 곱한 금액만큼을 익금에 산입함<br>③ 과세이연 중단하는 사업연도<br>: 분할등기일이 속하는 사업연도의 다음 사업연도 개시일로부터 2년 이내 다음 중 하나의 사유가 발생하는 경우, 손금산입된 압축기장충당금 잔액을 익금에 산입함<br>  ㉠ 피출자법인이 출자법인이 현물출자한 자산으로 영위한 사업을 폐지하는 경우<br>  ㉡ 출자법인이 피출자법인의 발행주식총수 또는 출자총액의 50% 미만으로 주식을 보유하게 된 경우 |
|---|---|
| 피출자법인 | 현물출자로 취득한 자산은 취득 당시 시가로 평가 |

# 19 연결납세제도

## 1 연결납세제도

### ❶ 연결납세제도의 의미 　　　　　　　　　　　　　　　　　　　중요도 ★★★
: 경제적 실질에 따라 지배종속관계에 있는 두 회사를 하나의 과세 단위로 보아 소득을 통산하여 법인세를 과세하는 제도

### ❷ 연결납세제도의 관련 용어의 정의 　　　　　　　　　　　중요도 ★★☆

| | |
|---|---|
| 연결납세방식 | 둘 이상의 내국법인을 하나의 과세표준과 세액을 계산하는 단위로 하여 법인세를 신고·납부하는 방식<br><br>**EX 개별납세제도와 연결납세제도의 비교**<br>개별납세제도는 각 법인을 관할하는 세무서에 개별적으로 납부하지만, 연결납부제도를 적용할 경우 자법인(종속법인)은 모법인(지배법인)에 법인세를 지급하고 모법인이 법인세를 취합하여 모법인 납세지 관할 세무서에 납부함 |
| 연결법인 | 연결납세방식을 적용하는 내국법인 |
| 연결집단 | 연결법인 전체 |
| 연결모법인 | 연결집단 중 다른 연결법인을 연결지배하는 연결법인 |
| 연결자법인 | 연결모법인의 연결지배를 받는 연결법인 |
| 연결사업연도 | 연결집단의 소득을 계산하는 1회계기간 |
| 연결지배 | 연결지배란 내국법인이 다른 내국법인의 발행주식총수 또는 출자총액의 **100분의 90** 이상을 보유하고 있는 것<br>㉠ 의결권 없는 주식 또는 출자지분을 포함<br>㉡ 「상법」 등에 따라 보유하는 자기주식은 제외<br>㉢ 우리사주조합을 통하여 근로자가 취득한 주식 및 그 밖에 대통령령으로 정하는 주식으로서 발행주식총수의 100분의 5 이내의 주식은 해당 법인이 보유한 것으로 봄<br>㉣ 다른 내국법인을 통하여 또 다른 내국법인의 주식 또는 출자지분을 간접적으로 보유하는 경우에는 합산함 |

## 2 연결납세방식의 적용과 변경

### ❶ 연결납세방식의 적용  중요도 ★★★

| 적용대상 | 연결가능 모법인의 납세지 관할 지방국세청장의 승인을 받은 경우 적용 가능<br>→ 단, 연결가능 자법인이 둘 이상일 때에는 해당 법인 모두가 적용됨 주의 | |
|---|---|---|
| 적용대상 배제 | 다음에 해당하는 법인은 연결납세방식을 적용받을 수 없음 | |
| | **연결가능 모법인이 될 수 없는 법인** | **연결가능 자법인이 될 수 없는 법인** |
| | ① 해산으로 청산 중인 법인<br>② 동업기업과세특례를 적용하는 동업기업<br>③ 해운기업에 대한 법인세 과세표준계산특례를 적용하는 법인<br>④ 소득공제를 적용받을 수 있는 유동화전문회사 등과 프로젝트금융투자회사의 명목 회사 | |
| | ⑤ 비영리내국법인<br>⑥ 다른 내국법인(비영리내국법인 제외)으로부터 연결 지배를 받는 법인 | - |
| 사업 연도 | **원칙**: 연결납세방식을 적용받는 각 연결법인의 사업연도는 연결사업연도와 일치해야 함<br>→ 이 경우 연결사업연도의 기간은 1년을 초과하지 못하며, 연결사업연도의 변경에 관하여는 일반적인 내국법인의 사업연도 변경규정을 준용함(link-p.284) | |
| | **예외**: 본래의 사업연도가 법령 등에 규정되어 연결사업연도와 일치시킬 수 없는 연결가능 자법인으로서 다음 요건을 **모두 갖춘** 내국법인인 경우에는 연결사업연도를 해당 내국법인의 사업연도로 보아 연결납세방식을 적용할 수 있음<br>① 사업연도가 법령 등에 규정되어 있어 임의로 변경하는 것이 불가능할 것<br>② 법령 등에 따라 연결사업연도말에 분기별 또는 반기별 재무제표를 작성하여 「주식회사 등의 외부감사에 관한 법률」에 따른 감사인의 감사의견을 받을 것 | |
| 납세지 | 연결모법인의 납세지로 함 | |
| 신청 및 승인 | **신청**: 연결납세방식을 적용받으려는 내국법인과 해당 내국법인의 연결가능 자법인(연결대상법인)은 **최초의 연결사업연도 개시일부터 10일 이내**에 연결납세방식 적용 신청서를 해당 내국법인의 납세지 관할 세무서장을 경유하여 관할 지방국세청장에게 제출해야 함 | |
| | **승인**: 연결납세방식의 적용 신청을 받은 관할 지방국세청장은 최초의 연결사업연도 개시일부터 2개월이 되는 날까지 승인 여부를 서면으로 통지해야 하며, 그 날까지 통지하지 않은 경우에는 승인한 것으로 봄 | |

## ❷ 연결납세방식의 취소　　　　　　　　　　　　　　중요도 ★★☆

### 2.1 승인 취소 사유
: 연결모법인의 납세지 관할 지방국세청장은 다음 사유에 해당하는 경우에는 연결납세방식의 적용 승인을 취소할 수 있음

① 연결법인의 사업연도가 연결사업연도와 일치하지 않는 경우
② 연결모법인이 연결지배하지 아니하는 내국법인에 대하여 연결납세방식을 적용하는 경우
③ 연결모법인의 연결가능 자법인에 대하여 연결납세방식을 적용하지 아니하는 경우
④ 추계조사결정사유로 장부나 그 밖의 증명서류에 의해 연결법인의 소득금액을 계산할 수 없는 경우
⑤ 연결법인에 수시부과사유가 있는 경우
⑥ 연결모법인이 다른 내국법인(비영리내국법인 제외)의 연결지배를 받는 경우

### 2.2 승인 취소 시의 처리 방법

| | |
|---|---|
| 결손금 | 각 연결사업연도의 개시일 전 15년 이내에 개시한 연결사업연도의 결손금 중 각 연결법인에 귀속하는 금액으로서 각 연결사업연도의 과세표준을 계산할 때 공제되지 않은 금액은 해당 연결법인의 결손금으로 봄 |
| 중간예납세액 | 연결중간예납세액 중 연결법인별 중간예납세액은 연결법인의 해당 사업연도 중간예납세액으로 봄 |

### 2.3 승인 취소 시의 세무조정
: 연결납세방식을 적용받은 각 연결법인은 연결납세방식을 적용받은 연결사업연도와 그 다음 연결사업연도의 개시일부터 4년 이내에 끝나는 연결사업연도 중에 연결납세방식의 적용 승인이 취소된 경우 다음의 구분에 따라 소득금액이나 결손금을 연결납세방식의 적용 승인이 취소된 사업연도의 익금 또는 손금에 각각 산입해야 함 → 단, 법에서 정하는 부득이한 사유가 있는 경우 그러하지 않음

① 연결사업연도 동안 다른 연결법인의 결손금과 합한 해당 법인의 소득금액: 익금에 산입
② 연결사업연도 동안 다른 연결법인의 소득금액과 합한 해당 법인의 결손금: 손금에 산입

### 2.4 승인 취소 시의 기타 사항

| | |
|---|---|
| 연결납세방식 재적용 제한 | 승인이 취소된 연결법인은 취소된 날이 속하는 사업연도와 **그 다음 사업연도의 개시일부터 4년 이내에 끝나는 사업연도까지**는 연결납세방식의 적용 당시와 동일한 법인을 연결모법인으로 하여 연결납세방식을 적용받을 수 없음 |
| 승인취소 시의 사업연도 | 다음의 기간을 각각 1사업연도로 봄<br>① 승인이 취소된 날이 속하는 연결사업연도의 개시일로부터 그 연결사업연도의 종료일까지의 기간<br>② 승인이 취소된 날이 속하는 연결사업연도의 종료일의 다음 날부터 본래 사업연도 개시일 전날까지의 기간 |

## ❸ 연결납세방식의 포기   중요도 ★★☆

| 포기 절차 | 연결납세방식의 적용을 포기하려는 연결법인은 연결납세방식을 적용하지 않으려는 사업연도 개시일 전 3개월이 되는 날까지 연결모법인의 납세지 관할 지방국세청장에게 신고해야 함 ← 단, 연결납세방식을 최초로 적용받은 연결사업연도와 그 다음 연결사업연도의 개시일부터 4년 이내에 끝나는 연결사업연도까지는 연결납세방식의 적용을 포기할 수 없음 주의 |
|---|---|
| 준용 규정 | 연결납세방식의 적용을 포기하는 경우, 연결납세방식의 적용 승인이 취소된 경우의 결손금 규정 및 연결납세방식 재적용 제한 규정을 준용함 |
| 포기 시 사업연도 | 연결모법인의 납세지 관할 지방국세청장에게 신고한 날이 속하는 연결사업연도의 종료일 다음 날부터 본래 사업연도 개시일 전날까지의 기간을 1사업연도로 봄 |

## ❹ 연결자법인의 추가   중요도 ★★☆

| 의의 | 연결모법인이 새로 다른 내국법인을 연결지배하게 된 경우에는 연결지배가 성립하는 날이 속하는 연결사업연도의 다음 연결사업연도부터 해당 내국법인은 연결납세방식을 적용해야 함 ← 단, 법인의 설립등기일부터 연결모법인이 연결지배하는 내국법인은 설립등기일이 속하는 사업연도부터 연결납세방식을 적용해야 함 |
|---|---|
| 변경신고 절차 | 연결자법인이 변경된 경우에는 변경일 이후 중간예납기간 종료일과 사업연도 종료일 중 먼저 도래한 날부터 1개월 이내에 납세지 관할 지방국세청장에게 신고해야 함 |

## ❺ 연결자법인의 배제   중요도 ★★☆

| 의미 | 연결모법인의 연결지배를 받지 아니하게 되거나 해산한 연결자법인은 해당 사유가 발생한 날이 속하는 연결사업연도의 개시일부터 연결납세방식을 적용하지 않음 ← 단, 연결자법인이 다른 연결법인에 흡수합병되어 해산하는 경우에는 해산등기일이 속하는 사업연도에 연결납세방식을 적용할 수 있음 | |
|---|---|---|
| 변경신고 절차 | 연결자법인의 배제사유가 발생하여 연결자법인이 변경된 경우 그 변경사유가 발생한 날부터 1개월 이내에 법령으로 정하는 바에 따라 납세지 관할지방국세청장에게 신고하여야 함 | |
| 준용 규정 | 연결자법인이 배제되어 연결납세방식을 적용하지 않는 경우의 연결납세제도의 재적용의 제한, 결손금, 중간예납세액 및 사업연도는 위 2.2, 2.4 규정을 준용함 | |
| 세무 조정 | 연결납세방식을 적용받은 연결사업연도와 그 다음 연결사업연도의 개시일부터 4년 이내에 끝나는 연결사업연도 중에 연결납세방식을 적용하지 않는 경우 다음의 구분에 따라 소득금액 또는 결손금을 해당 사유가 발생한 날이 속하는 사업연도의 익금 또는 손금에 각각 산입해야 함 → 단, 연결자법인이 파산함에 따라 해산하는 경우 등은 제외 | |
| | 연결사업연도 동안 다른 연결법인의 결손금과 합한 연결배제법인의 소득금액 | 연결배제법인의 익금산입 |
| | 연결사업연도 동안 다른 연결법인의 소득금액과 합한 연결배제법인의 결손금 | 연결배제법인의 손금산입 |
| | 연결사업연도 동안 연결배제법인의 결손금과 합한 해당 법인의 소득금액 | 해당 법인의 익금산입 |
| | 연결사업연도 동안 연결배제법인의 소득금액과 합한 해당 법인의 결손금 | 해당 법인의 손금산입 |

## 3 연결소득금액의 계산

### ❶ 계산순서
중요도 ★☆☆

: 각 연결사업연도의 소득은 각 연결법인별로 다음의 순서에 따라 계산한 소득 또는 결손금을 합한 금액으로 함

> 연결법인별 각 사업연도 소득금액의 계산 ⇒ 연결조정항목의 제거 ⇒ 연결법인 간 거래손익의 조정 ⇒ 연결조정항목의 배분

### ❷ 연결법인별 각 사업연도 소득금액의 계산
중요도 ★☆☆

: 개별납세방식에 따라 각 연결법인의 각 사업연도의 소득 또는 결손금을 계산함

### ❸ 연결조정항목의 제거
중요도 ★☆☆

: 연결납세방식은 여러 연결법인을 하나의 법인으로 보고 세무조정하는 방식이므로 각 연결법인별로 행한 다음의 연결조정항목을 제거함

| 연결조정항목 | 제거 |
| --- | --- |
| 각 연결법인의 수입배당금 이중과세조정에 따른 익금불산입액 | 익금산입(기타) |
| 각 연결법인이 지급한 기업업무추진비 손금불산입액 | 손금산입(기타) |
| 각 연결법인이 지출한 기부금 손금불산입액 | 손금산입(기타) |

### ❹ 연결법인 간 거래손익의 조정
중요도 ★☆☆

| 연결법인 간 거래손익 | 세무조정 |
| --- | --- |
| 다른 연결법인으로부터 받은 수입배당금 | 익금불산입(기타) |
| 다른 연결법인에게 지급한 기업업무추진비 | 손금불산입(기타) |
| 다른 연결법인에 대한 채권에 대하여 설정한 대손충당금 | 손금불산입(기타) |
| 양도손익이연자산을 다른 연결법인에게 양도함에 따라 발생하는 소득과 손실<br>→ 연결법인 간에 유·무형자산, 채권 등 법에 규정된 자산을 양도한 거래가 있는 경우 해당 자산 | ㉠ 양도법인의 소득: 익금불산입(△유보)<br>㉡ 양도법인의 손실: 손금불산입(유보)<br>→ 양수법인이 해당 자산을 양도(다른 연결법인에 양도하는 경우는 제외)하거나 감가상각하는 시점에 양도법인이 익금산입(유보) 또는 손금산입(△유보)으로 추인함 |

### ❺ 연결조정항목의 배분
중요도 ★☆☆

| 원칙 | 연결집단을 하나의 내국법인으로 보아 법에 정한 산식을 통해 조정된 익금불산입액과 조정된 손금불산입액을 각 연결법인의 출자비율(또는 지출비율)대로 안분하여 연결법인으로 배분함 |
| --- | --- |
| 예외 | 다음의 경우에는 안분하지 않고 해당 연결법인에만 배분<br>① 각 연결법인의 지출 중 적격증빙 등의 미비로 손금불산입된 금액<br>② 기부금 중 비지정기부금으로 손금불산입된 금액 |

## 4 연결과세표준의 계산

### ❶ 과세구조  중요도 ★☆☆

```
        연 결 소 득 금 액
    (-) 이   월   결   손   금
    (-) 각 연결법인의 비과세소득의 합계액
    (-) 각 연결법인의 소득공제액의 합계액
    ─────────────────────
        연   결   과   세   표   준
```

각 연결사업연도의 개시일 전 15년 이내에 개시한 연결사업연도의 결손금(연결법인의 연결납세방식의 적용 전에 발생한 결손금을 포함)으로서 그 후의 각 연결사업연도(사업연도를 포함)의 과세표준을 계산할 때 공제되지 아니한 금액

→ 단, 먼저 발생한 사업연도의 결손금부터 공제함

[공제한도]

| 일반적인 연결법인 | 연결소득 개별귀속액의 80% |
|---|---|
| 중소기업 등에 해당하는 연결법인 | 연결소득 개별귀속액의 100% |

### ❷ 결손금  중요도 ★☆☆

| 의미 | 연결사업연도의 결손금이란 다음의 금액으로 신고하거나 결정·경정되거나, 「국세기본법」에 따라 수정신고한 과세표준에 포함된 결손금을 말함<br>① 각 연결사업연도의 소득이 0보다 적은 경우 해당 금액<br>② 해당 연결사업연도의 소득금액을 계산할 때 손금에 산입하지 아니하는 처분손실 |
|---|---|
| 공제<br>한도 | 결손금을 공제하는 경우에 다음의 금액을 한도로 공제함 |

| | 공제되는 결손금 | 한도 |
|---|---|---|
| 공제<br>한도 | 연결납세방식의 적용 전에 발생한 결손금 | 각 연결사업연도의 소득 중 해당 연결법인에 귀속되는 소득금액(연결소득 개별귀속액) |
| | 연결모법인이 적격합병에 따라 피합병법인의 자산을 양도받는 경우 합병등기일 현재 피합병법인의 결손금<br>(합병등기일 현재 연결법인이 아닌 법인만 해당) | 연결모법인의 연결소득 개별귀속액 중 피합병법인으로부터 승계받은 사업에서 발생한 소득 |
| | 연결모법인이 적격분할합병에 따라 소멸한 분할법인의 자산을 양도받는 경우 분할등기일 현재 소멸한 분할법인의 결손금 중 연결모법인이 승계받은 사업에 귀속하는 금액 | 연결모법인의 연결소득 개별귀속액 중 소멸한 분할법인으로부터 승계받은 사업에서 발생한 소득 |

## 5 연결산출세액의 계산

### ❶ 차감납부세액 계산구조  중요도 ★☆☆

```
        연 결 산 출 세 액
( - )  각  연결법인의  감면·
       공 제 세 액 의  합 계 액
( + )  각 연결법인별 가산세의 합계액
        연 결 총 부 담 세 액
( - )  연 결 중 간 예 납 세 액
( - )  각 연결법인의 원천징수세액 합계액
        차  감  납  부  세  액
```

연결산출세액 = 연결과세표준 × 세율 + 토지 등 양도소득에 대한 법인세 + 미환류소득에 대한 법인세

계산한 연결산출세액을 다음과 같이 연결법인별로 배분함

연결법인별 산출세액 = 과세표준 개별귀속액 × 연결세율

해당 연결법인의
연결소득 개별귀속액 - (공제된 결손금 + 비과세소득 + 소득공제액)

연결사업연도의 과세표준에 대한 연결산출세액(토지 등 양도소득에 대한 법인세 제외)의 비율

## 6 신고 및 납부

### ❶ 연결과세표준의 신고  중요도 ★★☆

| 신고 | 연결모법인은 각 연결사업연도의 종료일이 속하는 달의 말일부터 4개월 이내에 해당 연결사업연도의 소득에 대한 법인세의 과세표준과 세액을 납세지 관할 세무서장에게 신고해야 함 |
|---|---|
| 첨부서류 | 연결사업연도의 소득에 대한 과세표준과 세액을 신고할 때는 그 신고서에 다음의 서류를 첨부해야 하며, 아래 ①과 ② 서류를 첨부하지 않을 경우 「법인세법」에 따른 신고로 보지 않음<br>① 연결소득금액 조정명세서<br>② 각 연결법인의 재무상태표, 포괄손익계산서, 이익잉여금처분계산서<br>③ 연결법인 간 출자 현황 및 연결법인 간 거래명세서 |
| 신고연장 | 「주식회사 등의 외부감사에 관한 법률」에 따라 감사인에 의한 감사를 받아야 하는 연결모법인 또는 연결자법인이 해당 사업연도의 감사가 종결되지 않아 결산이 확정되지 않았다는 사유로 신고기한 종료일 3일 전까지 신고기한의 연장을 신청한 경우에는 그 신고기한을 1개월의 범위에서 연장할 수 있음 |

## ❷ 연결중간예납

중요도 ★★☆

### 2.1 중간예납의 계산

: 연결사업연도가 6개월을 초과하는 연결모법인은 각 연결사업연도 개시일부터 6개월이 되는 날까지를 중간예납기간으로 하여 다음 중 어느 하나에 해당하는 방법을 선택하여 계산한 금액을 중간예납기간이 지난 날부터 2개월 이내에 납세지 관할 세무서 등에 납부해야 함

| 방법 ① | 직전 연결사업연도의 산출세액을 기준으로 하는 방법<br><br>연결중간예납세액 = $\left(\dfrac{\text{직전 연결사업연도에}}{\text{확정된 연결산출세액}} - \dfrac{\text{직전 연결사업연도의 감면세액 및}}{\text{각 연결법인이 납부한 원천징수세액 합계액}}\right) \times \dfrac{6}{\text{직전 연결사업연도 월수}}$ |
|---|---|
| 방법 ② | 해당 중간예납기간(1사업연도로 봄)의 법인세액을 기준으로 하는 방법<br><br>연결중간예납세액 = $\left(\text{중간예납기간의 과세표준} \times \dfrac{12}{6} \times \text{세율} \times \dfrac{6}{12}\right) - \dfrac{\text{중간예납기간에 해당하는 감면세액 및}}{\text{각 연결법인이 납부한 원천징수세액 합계액}}$ |
| 강제<br>규정 | 직전 연결사업연도의 확정된 연결산출세액이 없거나 해당 중간예납기간의 만료일까지 직전 연결사업연도의 연결산출세액이 확정되지 아니한 경우는 방법 ②만 가능 |

### 2.2 특별한 경우의 중간예납의 계산

| 연결납세방식을 처음으로 적용받는 경우 | 각 연결법인의 중간예납세액의 합계액을 연결중간예납세액으로 함 |
|---|---|
| 연결법인이 추가된 경우 | 연결중간예납세액과 추가된 연결법인의 중간예납세액 합계액을 연결중간예납세액으로 함 |
| 연결가능 자법인에 해당하지 않게 되거나 해산하는 경우 | 연결법인이 중간예납기간이 지나기 전 연결가능 자법인에 해당하지 않게 되거나 해산(연결자법인이 다른 연결법인에 흡수합병되어 해산함에 따라 연결납세방식을 적용하는 경우는 제외)하는 경우 연결모법인은 해당 연결법인의 중간예납세액 귀속분을 빼고 납부할 수 있음 |

## ❸ 연결법인세액의 납부  중요도 ★★☆

| 연결모법인의 납부의무 | 연결모법인은 연결산출세액에서 다음의 법인세액(가산세 제외)을 공제한 금액을 각 연결사업연도의 소득에 대한 법인세로 연결과세표준 신고기한까지 납세지 관할세무서 등에 납부해야 함 → 이 경우 분납은 일반적인 내국법인에 대한 규정을 준용함(link-p.393) |
|---|---|
| | ① 해당 연결사업연도의 감면세액·세액공제액<br>② 해당 연결사업연도의 연결중간예납세액<br>③ 해당 연결사업연도의 각 연결법인의 원천징수된 세액의 합계액 |
| 연결자법인의 지급의무 | 연결자법인은 연결과세표준 신고기한까지 연결법인별 산출세액에서 다음의 금액을 뺀 금액에 「법인세법」에 따른 가산세를 가산하여 연결모법인에 지급해야 함 |
| | ① 해당 연결사업연도의 해당 법인의 감면세액<br>② 해당 연결사업연도의 연결법인별 중간예납세액<br>③ 해당 연결사업연도의 해당 법인의 원천징수된 세액 |
| 연결법인의 연대납부의무 | 연결법인은 각 연결사업연도의 소득에 대한 법인세(토지 등 양도소득에 대한 법인세와 미환류소득에 대한 법인세 포함)를 연대하여 납부할 의무가 있음 |

## ❹ 연결법인세액의 정산

연결산출세액이 없는 경우로서 다음의 어느 하나에 해당하는 경우에는 결손금 이전에 따른 손익을 정산한 금액(정산금)을 연결법인별로 배분하여야 함.

| | |
|---|---|
| 연결자법인의 해당 연결사업연도 소득금액에 다른 연결법인의 결손금이 합하여진 경우 | 해당 연결자법인이 법령으로 정하는 바에 따라 계산한 정산금을 연결과세표준 신고기한까지 연결모법인에 지급 |
| 연결자법인의 연결소득 개별귀속액에서 다른 연결법인의 결손금이 이월공제된 경우 | |
| 연결자법인의 해당 연결사업연도 결손금이 다른 연결법인의 소득금액에 합하여진 경우 | 연결모법인이 법령으로 정하는 바에 따라 계산한 정산금을 연결과세표준 신고기한까지 해당 연결자법인에 지급 |
| 연결자법인의 결손금이 다른 연결법인의 연결소득 개별귀속액에서 이월공제된 경우 | |

• MEMO

# 제 6 편

# 소득세법

01 총칙

02 금융소득

03 사업소득

04 근로소득

05 연금소득 및 기타소득

06 소득금액계산의 특례

07 종합소득과세표준의 계산

08 차감납부세액의 계산

09 퇴직소득세

10 양도소득세

11 소득세의 납세절차

# 01 총칙

## 1 소득세 개요

### ❶ 용어의 정의  중요도 ★★★

| 거주자 | 국내에 주소를 두거나 183일 이상의 거소를 둔 개인 |
|---|---|
| 비거주자 | 거주자가 아닌 개인 |
| 내국법인 | 본점, 주사무소 또는 사업의 실질적 관리장소가 국내에 있는 법인 |
| 외국법인 | 본점 또는 주사무소가 외국에 있는 단체(사업의 실질적 관리장소가 국내에 있지 아니하는 경우만 해당)로서 다음 어느 하나에 해당하는 단체<br>㉠ 설립된 국가의 법에 따라 법인격이 부여된 단체<br>㉡ 구성원이 유한책임사원으로만 구성된 단체<br>㉢ 그 밖에 해당 외국단체와 동종 또는 유사한 국내의 단체가 「상법」 등 국내의 법률에 따른 법인인 경우의 그 외국단체 |
| 사업자 | 사업소득이 있는 거주자 |

### ❷ 소득세의 목적과 특징  중요도 ★★★

| 목적 | 소득 성격과 납세자의 담세력을 감안하여 조세부담의 형평을 도모 등 |
|---|---|
| 과세대상 소득 | 종합소득, 퇴직소득, 양도소득으로 나누어 각각 다른 과세체계를 적용 |
| 열거주의 | 법령에 구체적으로 열거된 소득에 대해서만 과세<br>(이자소득·배당소득·사업소득의 경우 예외적으로 포괄주의 적용) |
| 소득원천설 | 사업 등의 원천에서 계속적·경상적으로 발생하는 소득만을 과세<br>(기타소득·퇴직소득·양도소득의 경우 예외적으로 순자산증가설 적용) |
| 종합과세 | 소득 종류와 관계없이 모든 소득을 기간 단위로 합산하여 과세<br>(분리과세와 분류과세를 예외적으로 적용하는 경우가 있음) |
| 개인단위 과세 | 개인이 얻은 소득에 대해 그 개인에게 과세하되 공동사업합산과세가 적용되는 경우 세대단위 등으로 합산과세, 소득종류에 따라 차별과세 |
| 담세력에 따른 과세 | 누진세율 및 인적공제제도를 채택하여 부담능력에 따라 과세함 |
| 신고납부제도 채택 | 다음 해의 5. 1.부터 5. 31.까지 신고함으로써 납세의무가 확정됨 |
| 광범위한 원천징수제도 채택 | ① 완납적 원천징수: 원천징수로 과세가 종결되는 분리과세<br>② 예납적 원천징수: 원천징수 이후 별도로 신고해야 하는 종합과세 |

## ③ 소득세의 계산구조  중요도 ★★★

| 법인세 계산구조 | 종합소득세 계산구조 |
|---|---|
| 익　　　　　　금<br>(-) 손　　　　　　금<br>**각사업연도소득금액**<br>(-) 이　월　결　손　금<br>(-) 비　과　세　소　득<br>(-) 소　득　공　제<br>**과　세　표　준**<br>(×) 세　　　　　　율<br>**산　출　세　액**<br>(-) 감　면·공　제　세　액<br>**결　정　세　액**<br>(+) 가　　산　　세<br>(-) 기　납　부　세　액<br>**차　감　납　부　세　액** | 총　수　입　금　액<br>(-) 필　요　경　비<br>**종　합　소　득　금　액**<br><br>(-) 종　합　소　득　공　제<br>**과　세　표　준**<br>(×) 기　본　세　율<br>**산　출　세　액**<br>(-) 감　면·공　제　세　액<br>**결　정　세　액**<br>(+) 가　　산　　세<br>(-) 기　납　부　세　액<br>**차　감　납　부　세　액** |

| 소득과 소득금액 | 필요경비를 차감하기 이전의 금액이 소득, 이후의 금액을 소득금액이라고 함 | | | |
|---|---|---|---|---|
| **총수입금액과 필요경비의 적용** | 구분 | 이자·배당소득 | 사업·기타소득 | 근로·연금소득 |
| | 총수입금액 | 총수입금액 | 총수입금액 | 총급여액·총연금액 |
| | 필요경비 | 인정하지 않음 | 인정함 | 법정 산식에 따라 근로·연금소득공제를 대신 적용 |
| 결손금의 적용 | 해당 과세기간의 다른 소득금액에서 먼저 공제한 이후 잔액을 15년간 이월 | | | |

| 퇴직소득세 계산구조 | 양도소득세 계산구조 |
|---|---|
| 환　산　급　여<br><br>(-) 환　산　급　여　공　제<br>**퇴직소득 과세표준**<br><br>(×) 세　　　　　　율<br>**퇴직소득 산출세액**<br>(-) 외　국　납　부　세　액　공　제<br>**퇴직소득 결정세액**<br>(+) 가　　산　　세<br>(-) 기　납　부　세　액<br>**차　감　납　부　세　액** | 양　도　가　액<br>(-) 필　요　경　비<br>**양　도　차　익**<br>(-) 장　기　보　유　특　별　공　제<br>**양도소득 과세표준**<br>(×) 양　도　소　득　세　율<br>**양도소득 산출세액**<br>(-) 감　면·공　제　세　액<br>**양도소득 결정세액**<br>(+) 가　　산　　세<br>(-) 기　납　부　세　액<br>**차　감　납　부　세　액** |

## 2 납세의무자

### ❶ 「소득세법」상 납세의무자의 범위　　중요도 ★★★

| 개인(자연인) | 거주자 | 「소득세법」상 납세의무자 |
|---|---|---|
| | 비거주자 | |
| 법인이 아닌 단체 | 법인으로 보는 단체 외의 법인 아닌 단체 | |
| | 법인으로 보는 단체 | 「법인세법」상 납세의무자 |

### ❷ 거주자와 비거주자　　중요도 ★★★

| 구분 | 의미 | 납세의무 범위 |
|---|---|---|
| 거주자 | 국내에 **주소**나 **183일 이상** 거소를 둔 개인 | 국내원천소득·국외원천소득을 포함한 모든 소득에 대한 무제한적 납세의무 |
| 비거주자 | 거주자가 아닌 개인 | 국내원천소득에 대한 제한적 납세의무 |

#### 2.1 거주기간의 계산

| 원칙: 거소기간의 계산과 판정 | 계산: 입국하는 날의 **다음 날** ~ 출국하는 날<br>판정: 1과세기간 동안 183일 이상 거소를 둔 경우 |
|---|---|
| 거소를 둔 개인이 출국 후 다시 입국한 경우 | 생계를 같이 하는 가족의 거주지, 자산소재지 등을 고려하여 출국 목적이 관광, 질병의 치료 등 기획재정부령으로 정하는 사유에 해당하여 그 출국한 기간이 ᴺᴱᵂ 명백히 일시적인 경우 그 출국한 기간도 거소를 둔 것으로 봄 |
| 재외동포가 입국한 경우 | 생계를 같이 하는 가족의 거주지, 자산소재지 등을 고려하여 입국 목적이 단기관광, 질병의 치료 등 명백히 일시적인 경우 해당기간은 거소를 둔 것으로 보지 않음 |

#### 2.2 주소의 판정: 생활관계의 '객관적' 사실에 따라 판정

| 국내에 주소를 가진 것으로 보는 경우 | ① 계속하여 183일 이상 국내에 거주할 것을 통상 필요로 하는 직업을 가진 때<br>② 국내에 생계를 같이하는 가족이 있고, 그 직업 및 자산상태에 비추어 계속하여 183일 이상 국내에 거주할 것으로 인정되는 때<br>③ 거주자나 내국법인의 국외사업장·해외현지법인(내국법인이 발행주식총수 또는 출자지분의 100%를 출자한 경우에 한정) 등에 파견된 임원·직원 또는 국외 근무 공무원 |
|---|---|
| 국내에 주소가 없는 것으로 보는 경우 | ① 국외에 거주·근무하는 자가 외국국적을 가졌거나 외국법령에 의하여 그 외국의 영주권을 얻은 자로서 국내에 생계를 같이 하는 가족이 없고 그 직업 및 자산상태에 비추어 다시 입국하여 주로 국내에 거주하리라고 인정되지 아니하는 때<br>② 주한외교관과 그 외교관의 세대에 속하는 가족(단, 대한민국 국민은 예외)<br>③ 한미행정협정에 규정한 합중국 군대의 구성원·군무원 및 그들의 가족(단, 합중국의 소득세를 회피할 목적으로 국내에 주소가 있다고 신고한 경우에는 예외) |

| 외국항행선박 및 항공기 승무원 | 그 승무원과 생계를 같이하는 가족이 거주하는 장소 또는 그 승무원이 근무기간 외의 기간 중 통상 체재하는 장소가 | 주소 |
|---|---|---|
| | ① '국내'에 있는 때 | 국내에 있는 것으로 봄 |
| | ② '국외'에 있는 때 | 국외에 있는 것으로 봄 |
| 해외현지법인 등의 임직원 등에 대한 거주자 판정 | ① 거주자·내국법인의 국외사업장 또는 해외현지법인(내국법인이 발행주식총수 또는 출자지분의 100%를 출자한 경우에 한정) 등에 파견된 임원·직원 또는 국외 근무 공무원은 거주자로 봄<br>② 위 규정에 준하여 국내에 생활의 근거가 있는 자가 국외에서 거주자 또는 내국법인의 임직원이 되는 경우 국내에서 파견된 것으로 봄 | |

### 2.3 거주자 또는 비거주자가 되는 시기

| 비거주자 → 거주자 | ① 국내에 주소를 둔 날<br>② 국내에 주소를 가지거나 국내에 주소가 있는 것으로 보는 사유가 발생한 날<br>③ 국내에 거소를 둔 기간이 183일이 되는 날 |
|---|---|
| 거주자 → 비거주자 | ① 거주자가 주소 또는 거소의 국외 이전을 위하여 출국하는 날의 **다음 날**<br>② 국내에 주소가 없거나 국외에 주소가 있는 것으로 보는 사유가 발생한 날의 **다음 날** |

## ❸ 소득세 원천징수의무자  중요도 ★★★

: 거주자, 비거주자, 내국법인, 외국법인의 국내지점 또는 국내영업소(출장소 등 포함), 그 밖에 「소득세법」에서 정하는 원천징수의무자 중 하나에 해당하는 자는 「소득세법」에 따라 원천징수한 소득세를 납부할 의무를 짐

## ❹ 법인 아닌 단체  중요도 ★★★

| 원칙 | 국내에 주사무소 또는 사업의 실질적 관리장소를 둔 경우에는 1 거주자로, 그 외에는 1 비거주자로 봄 |
|---|---|
| 예외 | ① 이익이 분배되는 경우로 그 사실이 확인될 때는 구성원별로 「소득세법」 또는 「법인세법」에 따라 납세의무를 부담하며, 확인되지 않은 경우에는 해당 단체를 1 거주자 또는 1 비거주자로 보아 소득세에 대한 납세의무 부담<br>② 비거주자에 한정하여 아래 요건을 모두 충족하는 경우, 해당 단체의 거주자인 구성원 1인(대표신고자)이 일괄하여 소득신고 가능<br><br>㉠ 비거주자구성원의 전부 또는 일부가 대표신고자가 자신의 종합소득과세표준을 대신 신고하는 것에 동의할 것<br>㉡ 비거주자구성원이 자신이 거주자인 국가에서 부여한 「국제조세조정에 관한 법률」에 따른 납세자번호를 대표신고자에게 제출할 것 |
| 국외투자기구 | 법인으로 보는 단체 외의 법인 아닌 단체에 해당하는 국외투자기구를 국내원천소득의 실질귀속자로 보는 경우, 1비거주자로서 소득세에 대한 납세의무 부담 |

### ❺ 특수한 경우 　　　　　　　　　　　　　　　　　　　　　　　　　　　중요도 ★★★

| | |
|---|---|
| 공동사업 | ① 원칙: 손익분배비율(없는 경우 지분비율)에 따라 분배 후 공동사업자별로 납세의무를 부담<br>② 공동사업합산과세: 합산과세되는 소득금액에 대해서는 주된 공동사업자의 특수관계인은 손익분배비율에 해당하는 그의 소득금액을 한도로 주된 공동사업자와 연대하여 납세의무를 부담 |
| 상속 | 피상속인과 상속인의 소득금액은 구분하여 계산하되, 상속인이 피상속인의 소득금액에 대한 과세에 대하여 납세의무를 부담 |
| 증여를 통한 우회양도 | 증여를 통한 우회양도 규정에 의하여 증여자가 자산을 직접 양도한 것으로 보는 경우 그 양도소득에 대해서는 증여자와 수증자가 연대하여 납세의무를 부담 |
| 분리과세 소득 | 원천징수되는 소득으로서 종합소득과세표준 계산 시 합산하지 않는 소득이 있는 자는 해당 원천징수되는 소득세에 대한 납세의무를 부담 |
| 공동소유자산의 양도 | 자산을 공동소유하는 각 거주자가 납세의무를 부담 |
| 신탁재산 | 원칙 | 수익자(수익자가 사망하는 경우에는 그 상속인)가 납세의무를 부담 |
| | 예외 | 위탁자가 신탁재산을 실질적으로 통제하는 경우 등에 해당하면 위탁자가 납세의무를 부담 |
| | 구분경리 | 신탁업을 경영하는 자는 각 과세기간의 소득금액을 계산할 때 신탁재산에 귀속되는 소득과 그 밖의 소득을 구분하여 경리해야 함 |

## 3 과세기간

중요도 ★★★

| | |
|---|---|
| 원칙 | 1월 1일 ~ 12월 31일 ← 일괄적으로 적용하여 임의로 결정할 수 없음 |
| 거주자가 사망한 경우 | 1월 1일 ~ 사망한 날 ← 당해 생존한 기간 |
| 거주자가 출국하여 비거주자가 된 경우 | 1월 1일 ~ 출국한 날 ← 거주자였던 기간 |

## 4 납세지

### ❶ 납세지 일반 　　　　　　　　　　　　　　　　　　　　　　　　　　　중요도 ★★★

#### 1.1 일반적인 납세지

| | | |
|---|---|---|
| 거주자 | ① 원칙 | 주소지 |
| | ② 주소지가 없는 경우 | 거소지 |
| | ③ 주소지가 2 이상일 경우 | 「주민등록법」에 의하여 등록된 곳 |
| | ④ 거소지가 2 이상일 경우 | 생활관계가 보다 밀접한 곳 |
| | ⑤ 거주자가 취학·질병의 요양, 근무상 또는 사업상의 형편 등의 사유로 일시퇴거한 경우 | 본래의 주소지 또는 거소지 |

| 비거주자 | ① 원칙 | 국내사업장의 소재지 |
|---|---|---|
| | ② 국내사업장이 2 이상일 경우 | 주된 국내사업장의 소재지 |
| | ③ 주된 사업장을 판단하기가 곤란한 경우 | 납세지로 신고한 장소 |
| | ④ 국내사업장이 없는 경우 | 국내원천소득이 발생하는 장소 |
| | ⑤ 국내원천소득이 발생하는 장소가 2 이상일 경우 | 납세지로 신고한 장소 |

## 1.2 원천징수하는 소득세의 납세지

| | | |
|---|---|---|
| 개인 | ① 원칙 | 거주자: 주된 사업장 소재지<br>비거주자: 주된 국내사업장 소재지 |
| | ② 주된 (국내)사업장 외의 사업장에서 원천징수한 경우 | 그 사업장의 소재지 |
| | ③ 거주자로서 사업장이 없는 경우 | 거주자의 주소지 또는 거소지 |
| | ④ 비거주자로서 국내사업장이 없는 경우 | 비거주자의 거류지 또는 체류지 |
| 법인 | ① 원칙 | 법인의 본점 또는 주사무소의 소재지 |
| | ② 그 법인의 지점 등에서 독립채산제에 의하여 독자적으로 회계사무를 처리하는 경우 | 그 사업장의 소재지(그 사업장의 소재지가 국외에 있는 경우는 제외) |
| | ③ 「부가가치세법」에 따라 사업자단위로 등록한 경우 또는 법인이 지점 등에서 지급하는 소득에 대한 원천징수세액의 납세지를 그 법인의 본점 또는 주사무소의 소재지로 신고한 경우 | 법인의 본점 또는 주사무소의 소재지 |

## 1.3 특별한 경우의 납세지

| | |
|---|---|
| 납세조합이 징수하는 소득세의 경우 | 납세조합의 소재지 |
| 상속의 경우 | 피상속인·상속인 또는 납세관리인의 주소지나 거소지 중 상속인 또는 납세관리인이 그 관할 세무서장에게 납세지로서 신고하는 장소(신고하지 않은 경우 피상속인의 최종 주소지 또는 거소지) |
| 비거주자가 납세관리인을 둔 경우 | 국내사업장의 소재지 또는 그 납세관리인의 주소지나 거소지 중 납세관리인이 그 관할 세무서장에게 납세지로서 신고하는 장소(신고하지 않은 경우 일반적인 납세지 규정에 따름) |
| 국내에 주소가 없는 공무원 등의 경우 | 가족의 생활근거지 또는 소속기관의 소재지 |
| 거주자로 보는 법인격 없는 단체의 경우 | 단체의 대표자 또는 관리인의 주소지(「소득세법」 규정에 따라 납세지를 지정받은 경우에는 그 지정받은 장소) |

## ❷ 납세지의 지정 및 변경  중요도 ★★☆

### 2.1 지정 개괄

| 지정권자 | 지정 사유가 발생한 경우 국세청장 또는 관할 지방국세청장은 납세지를 따로 지정 |
|---|---|
| 지정 사유 | ① 사업소득이 있는 거주자가 사업장 소재지를 납세지로 신청한 경우<br>② 거주자 또는 비거주자로서 납세지가 납세의무자의 소득 상황으로 보아 부적당하거나 납세의무를 이행하기에 불편하다고 인정되는 경우 |

### 2.2 지정 및 통지절차

| 구분 | | 절차 |
|---|---|---|
| 신청에 따른 납세지 지정 및 통지 | 신청 | 해당 과세기간의 10. 1. ~ 12. 31. 에 납세지지정신청서를 관할 세무서장에게 제출해야 함 |
| | 통지 | 납세지 지정신청이 있는 경우 특수한 경우를 제외하고는 사업장을 납세지로 지정하여 다음 연도 2월 말일까지 지정 여부를 서면으로 통지해야 함(기한 내에 통지를 하지 아니한 때에는 지정신청한 납세지를 납세지로 함) |
| 지정권자의 직권에 따른 납세지 지정 및 통지 | | 해당 과세기간의 과세표준확정신고 또는 납부기간 개시일 전에 서면으로 통지하되 중간예납 또는 수시부과의 사유가 있는 때에는 그 납기개시 15일 전에 통지해야 함 |
| 부적절한 납세지 지정 또는 신청인 경우의 통지 의무 | | 납세지를 지정하거나 신청이 있는 경우로서 사업장 소재지를 납세지로 지정하는 것이 세무관리상 부적절하다고 인정되어 그 신청대로 납세지 지정을 하지 아니한 경우에는 국세청장 또는 관할 지방국세청장은 그 뜻을 납세의무자 또는 그 상속인, 납세관리인이나 납세조합에 서면으로 각각 통지하여야 함 |

### 2.3 지정취소 및 효력

| 납세지의 지정 취소 | 지정 사유가 소멸한 경우 지정권자는 납세지 지정을 취소하여야 함 |
|---|---|
| 지정 취소의 효력 | 지정 취소 전에 한 행위의 효력에는 영향을 미치지 않음 |

### 2.4 변경신고

| 기한 | 납세지가 변경된 날부터 15일 이내에 변경 후의 납세지 관할 세무서장에게 신고 |
|---|---|
| 신고 간주 | 납세자의 주소지가 변경됨에 따라 「부가가치세법」 규정에 의하여 사업자등록정정을 한 경우 변경신고한 것으로 봄 |

## ❸ 과세관할  중요도 ★★☆

: 납세지를 관할하는 세무서장 또는 지방국세청장이 과세

# 02 금융소득

## 1 이자소득

### ❶ 이자소득의 범위

중요도 ★★★

| 구분 | 이자소득<br>(포괄주의 과세방식에 따라 아래 열거된 항목과 유사한 경우 이자소득에 포함) | 예외 |
|---|---|---|
| ① 채권·증권의 이자와 할인액 | 발행주체와 무관하게 과세함 | 국채 등을 공개시장에서 통합 발행하는 경우 해당 채권의 할인액은 과세소득으로 보지 않음 |
| ② 예금의 이자 | ㉠ 국내외 예금(적금·부금·예탁금 및 우편대체를 포함) 모두 과세함<br>㉡ 「상호저축은행법」에 따른 상호신용계 또는 신용부금으로 인한 이익도 이자소득으로 과세 | - |
| ③ 채권 또는 증권의 환매조건부 매매차익 | 금융기관이 환매기간에 따른 사전약정이율을 적용하여 환매수·환매도하는 조건으로 매매하는 채권 또는 증권의 매매차익은 실질적으로 이자에 해당하므로 이자소득으로 과세함 | 채권, 증권의 매매차익은 과세하지 않음 |
| ④ 일정한 저축성 보험의 보험차익 | 저축성 보험의 보험차익은 과세함<br><br>보험차익 = 만기에 받는 보험금·공제금 또는 중도해지로 인한 환급금 - 납입보험료 또는 납입공제료 | ㉠ 다음 중 어느 하나의 저축성 보험의 보험차익은 과세하지 않음<br>  ⓐ 일시납 저축성 보험: 계약기간 10년 이상 + 1인당 납입 합계액이 1억원 이하<br>  ⓑ 월적립식 저축성 보험: 계약기간 10년 이상 + 납입기간 5년 이상 등의 요건<br>  ⓒ 종신형 연금보험: 55세 이후부터 사망 시까지 연금 형태로 수령<br>㉡ 보장성 보험의 보험차익은 과세하지 않음<br>  ← 단, 사업용자산의 손실로 인한 보험차익은 사업소득으로 과세함 |
| ⑤ 직장공제회 초과반환금 | 1999. 1. 1. 이후 가입하고 받는 반환금부터 이자소득으로 분리과세함 | - |
| ⑥ 비영업대금의 이익 | 일시적으로 금전을 대여하고 대가로 수령하는 이자는 이자소득으로 과세함 | 사업적으로 대금업을 영위하는 자의 경우는 사업소득으로 과세함 |

| ⑦ 특정 소기업·소상공인 공제부금 발생 소득 | 법정사유(폐업, 해산, 사망 등)에 따라 2015. 12. 31. 이전 가입자가 받은 소득은 이자소득으로 과세함 | ㉠ 법정사유에 따라 2016. 1. 1. 이후 가입자가 받은 소득은 퇴직소득<br>㉡ 법정사유 외에 따른 지급은 기타소득 |
|---|---|---|
| ⑧ 유사이자 | 위 ①~⑦의 소득과 유사한 소득으로서 이자의 성격이 있는 것* (**EX** 채권 대차거래에서 발생하는 소득) | - |
| ⑨ 파생금융상품의 이자 | 위 ①~⑧의 소득을 야기하는 거래와 파생상품이 결합된 거래로부터의 이익 | - |
| ⑩ 그 외 | ㉠ 외상매출금이나 미수금이 소비대차로 전환된 경우에는 이자소득<br>㉡ 당초 계약내용에 의하여 매입가액이 확정된 후 그 대금의 지급지연으로 실질적인 소비대차로 전환되어 발생되는 이자는 이자소득<br>㉢ 거주자가 일정기간 후에 같은 종류로서 같은 양의 채권을 반환받는 조건으로 채권을 대여하고 해당 채권의 차입자로부터 지급받는 해당 채권(채권대차거래)에서 발생하는 이자에 상당하는 금액 | ㉠ 사업관련 발생분 중 다음의 것은 사업소득과 관련된 금액으로 봄<br>ⓐ 매입에누리, 매입할인, 장기할부조건으로 추가로 지급받는 금액<br>ⓑ 대금결제·지급기일 연장에 따른 추가 수령액<br>㉡ 계약의 위약 또는 해약을 원인으로 지급받는 손해배상금과 법정이자는 기타소득 ← 그 외의 손해배상금과 법정이자는 과세하지 않음 |

* 거주자가 환매기간에 따른 사전약정이율을 적용하여 환매수하는 조건으로 채권 또는 채권에 준하는 증권을 매도하고 환매수하는 날까지 해당 채권 등의 매수인으로부터 지급받는 해당 채권 등에서 발생하는 이자에 상당하는 금액은 유사이자에 포함함 NEW

## ❷ 이자소득금액의 계산  중요도 ★★★

이자소득 총수입금액 = 이자소득 - 비과세소득 - 분리과세소득
            = 이자소득금액 ← 필요경비를 인정하지 않으므로 이자소득 총수입금액 = 이자소득금액임

**비영업대금이익의 총수입금액**

비영업대금을 채무자의 파산, 사망, 사업의 폐지 등으로 회수할 수 없는 경우, 원금부터 회수한 것으로 보아 수령액에서 원금을 차감한 금액을 이자소득금액으로 간주하며, 회수한 금액이 원금에 미달하는 때에는 총수입금액은 없는 것으로 함

수령액 - 원금 = 남는 금액 ← 이자소득금액으로 간주

## ❸ 이자소득의 수입시기  중요도 ★★★

| 채권 등의 이자와 할인액 | ① 무기명 | 그 지급을 받은 날 |
|---|---|---|
| | ② 기명 | 약정에 의한 지급일 |
| 예금의 이자 | ① 보통예금·정기예금·적금 또는 부금 | ㉠ 원칙: 실제로 이자를 지급받는 날<br>㉡ 원본에 전입하는 뜻의 특약이 있는 이자: 원본전입일<br>㉢ 해약으로 인하여 지급되는 이자: 그 해약일<br>㉣ 계약기간을 연장하는 경우: 그 연장하는 날<br>㉤ 정기예금연결정기적금의 경우 정기예금의 이자: 정기예금 또는 정기적금이 해약되거나 정기적금의 저축기간이 만료되는 날 |
| | ② 통지예금 | 인출일 |
| 채권 또는 증권의 환매조건부 매매차익 | | ① 원칙: 약정에 의한 당해 채권 또는 증권의 환매수일 또는 환매도일<br>② 기일 전에 환매수 또는 환매도하는 경우: 그 환매수일 또는 환매도일 |
| 저축성 보험의 보험차익 | | ① 원칙: 보험금 또는 환급금의 지급일<br>② 기일 전에 해지하는 경우: 그 해지일 |
| 직장공제회의 초과반환금 | | ① 원칙: 약정에 따른 납입금 초과이익 및 반환금 추가이익의 지급일<br>② 반환금을 분할하여 지급하는 경우 원본에 전입하는 뜻의 특약이 있는 납입금 초과이익: 특약에 따라 원본에 전입된 날 |
| 비영업대금의 이익 | | ① 원칙: 약정에 의한 이자지급일<br>② 이자지급일의 약정이 없는 경우, 약정에 의한 이자 지급일 전에 이자를 지급받는 경우, 회수할 수 없는 채권에 해당하여 총수입금액계산에서 제외하였던 이자를 지급받는 경우: 그 이자지급일 |
| 채권 등의 보유기간 이자와 할인액 상당액 | | 해당 채권 등의 매도일 또는 이자 등의 지급일 |
| 이자소득이 발생하는 상속재산이 상속되거나 증여되는 경우 | | 상속개시일 또는 증여일 |
| 특정 요건을 갖춘 소기업·소상공인 공제부금에서 발생한 소득 | | 실제로 지급받은 날 |
| 유사이자 | | ① 원칙: 약정에 따른 상환일<br>② 기일 전에 상환 시: 그 상환일 |
| 파생금융상품 이자 | | |

## 2 배당소득

### ❶ 배당소득의 범위

중요도 ★★★

: 이자소득과 마찬가지로 포괄주의 과세방식에 따라 아래 열거된 항목과 유사한 경우 과세대상 소득에 포함

| | |
|---|---|
| ① 일반적인 배당 | ㉠ 내국법인 또는 외국법인으로부터 받는 이익이나 잉여금의 배당 또는 분배금<br>㉡ 법인으로 보는 단체로부터 받는 배당 또는 분배금<br>㉢ 동업기업과세특례에 따라 배분받은 소득<br>㉣ 법인과세 신탁재산으로부터 받는 배당금·분배금 |
| ② 인정배당 | 「법인세법」에 따라 배당으로 소득처분된 금액 |
| ③ 의제배당 | 세법에서 배당으로 간주하는 의제배당 |
| ④ 집합투자기구로부터의 이익 | 국내·국외에서 받는 집합투자기구로부터의 이익 |
| ⑤ 파생결합증권·파생결합사채로부터의 이익 | 국내·국외에서 받는 법에 정한 파생결합증권·파생결합사채로부터의 이익 |
| ⑥ 비금전 신탁 수익증권으로부터의 이익 NEW* | 금전이 아닌 재산의 신탁계약에 의한 수익권이 표시된 수익증권으로서 법령으로 정하는 수익증권으로부터의 이익(2025.7.1.부터 적용) |
| ⑦ 투자계약증권으로부터의 이익 NEW* | 「자본시장과 금융투자업에 관한 법률」에 따른 투자계약증권으로서 법령으로 정하는 투자계약증권으로부터의 이익(2025.7.1.부터 적용) |
| ⑧ 간주배당 | 「국제조세조정에 관한 법률」에 따라 배당받은 것으로 간주된 금액 |
| ⑨ 출자공동사업자의 배당 | 공동사업에서 발생한 소득금액 중 경영에 참여하지 않고 출자만 하는 출자공동사업자의 손익분배비율에 해당하는 금액<br>← 출자공동사업자가 아닌 경영참가사업자의 소득은 이자소득이 아닌 사업소득으로 과세하며, 성명 등을 사용하거나 채무 등에 대하여 무한책임을 부담하기로 약정된 경우 출자공동사업자가 아닌 경영참가사업자에 해당하므로 사업소득으로 과세함 |
| ⑩ 유사배당 | 위 ①~⑥ 소득과 유사한 소득으로서 수익분배의 성격이 있는 것<br>EX▶ 거주자가 일정기간 후에 같은 종류로서 같은 양의 주식을 반환받는 조건으로 주식을 대여하고 해당 주식의 차입자로부터 지급받는 해당 주식(주식대차거래)에서 발생하는 배당에 상당하는 금액<br>EX▶ 거주자가 환매기간에 따른 사전약정이율을 적용하여 환매수하는 조건으로 증권(채권 또는 채권에 준하는 증권은 제외)을 매도하고 환매수하는 날까지 해당 증권의 매수인으로부터 지급받는 해당 증권에서 발생하는 배당에 상당하는 금액 NEW |
| ⑪ 파생금융상품 배당 | 위 ①~⑩ 중 어느 하나에 해당하는 소득을 발생시키는 "거래 또는 행위"와 "파생상품"이 결합된 경우 해당 파생상품의 거래 또는 행위로부터의 이익으로서 법에 정한 요건을 갖춘 것 |

* 비금전 신탁 수익증권 또는 투자계약증권(이하 "조각투자상품")으로부터의 이익에는 조각투자상품을 계좌간 이체, 계좌의 명의변경, 조각투자상품의 실물양도의 방법으로 거래하여 발생한 이익을 포함하며, 조각투자상품으로부터의 이익은 각종 보수·수수료 등을 뺀 금액으로 함 NEW

**오쌤 Tip** 집합투자기구 외의 신탁으로 인한 이익

| 구분 | 과세여부 |
|---|---|
| ㉠ 학술·종교·자선 등 공익신탁의 이익 | 비과세 |
| ㉡ 확정급여형 퇴직연금의 보험차익과 신탁계약의 이익 또는 분배금 | 사업소득 총수입금액에 해당<br>(관련된 퇴직연금부담금 등을 사업소득 필요경비에 산입) |
| ㉢ 위 외의 신탁의 이익 | 「신탁법」에 따라 수탁자에게 이전되거나 그 밖에 처분된 재산권에서 발생하는 소득의 내용별로 구분 |

## ❷ 배당소득금액의 계산

중요도 ★★★

→ 필요경비를 인정하지 않음 주의

배당소득금액 = 배당소득 - 비과세소득 - 분리과세소득 + Gross-up(귀속법인세액)

**Gross-up(귀속법인세액)제도**

이중과세를 방지하기 위한 제도로, 아래와 같이 계산함

Gross-up 금액 = 배당소득 × 10%

### 2.1 Gross-up 대상소득의 요건

[요건 1] 법인단계에서 법인세가 과세된 소득을 재원으로 지급받은 배당일 것
[요건 2] 내국법인으로부터 받은 배당일 것
[요건 3] 종합과세대상 배당소득이면서 기본세율 적용분일 것

### 2.2 Gross-up 대상에서 배제되는 배당소득

| [요건 1] 위배 | ① 집합투자기구로부터의 이익<br>② 다음의 의제배당<br>  ㉠ 법인의 소득에 법인세가 과세되지 아니한 배당으로서 '자본의 감소'로 인하여 주주가 취득하는 재산가액이 당초 주식의 취득가액을 초과하는 금액 NEW<br>  ㉡ 자기주식소각이익의 자본전입으로 인한 의제배당<br>  ㉢ 법인이 자기주식을 보유한 상태에서 의제배당으로 보지 않는 자본잉여금의 자본전입시 자본전입 법인 외의 주주의 지분비율이 증가함에 따른 의제배당<br>  ㉣ 1%의 재평가세율이 적용된 토지의 재평가차액을 자본에 전입함으로 인한 의제배당<br>③ 다음의 법인으로부터 받는 일정한 배당<br>  ㉠ 「법인세법」상 소득공제를 적용받는 유동화전문회사 등 명목회사, 「조세특례제한법」상 동업기업 과세특례를 적용받는 동업기업<br>  ㉡ 다음의 세액감면을 적용받은 법인<br>    ⓐ 법인의 공장 및 본사를 수도권 밖으로 이전하는 경우 법인세감면<br>    ⓑ 외국인투자 및 증자에 대한 법인세감면<br>    ⓒ 제주첨단과학기술단지 입주기업에 대한 법인세감면<br>    ⓓ 제주투자진흥지구 또는 제주자유무역지역입주기업에 대한 법인세감면 |
|---|---|

| | | |
|---|---|---|
| | ④ 파생결합증권·파생결합사채로부터의 이익, 유사배당, 파생금융상품배당, 비금전 신탁 수익증권으로부터의 이익·투자계약증권으로부터의 이익 NEW | |
| | ⑤ 법인과세 신탁재산으로부터 받는 배당금·분배금 | |
| | ⑥ 출자공동사업자의 배당 | |
| | ⑦ 「자산재평가법」을 위반하여 3% 재평가세율이 적용된 재평가적립금을 감액하여 받은 배당 NEW | |
| | ⑧ 적격합병차익 및 적격분할차익 중 피합병법인 및 분할법인의 「자산재평가법」에 따른 3% 재평가세율이 적용된 재평가적립금에 해당하는 자본준비금을 감액하여 받은 배당 NEW | |
| [요건 2] 위배 | ⑨ 외국법인으로부터 받는 배당 | |
| [요건 3] 위배 | ⑩ 분리과세가 적용되는 배당소득 | |
| | ⑪ 종합과세되는 배당소득 중 종합과세기준금액(2,000만원)을 초과하지 않는 배당소득* | |

* 2,000만원을 초과하지 않는 배당소득 판단 시 금융소득은 '이자소득 → Gross-up이 적용되지 않는 배당소득 → Gross-up이 적용되는 배당소득'의 순서로 구성된 것으로 봄

### ❸ 배당소득의 수입시기  중요도 ★★★

| | | |
|---|---|---|
| 일반배당 | ① 잉여금처분에 의한 배당 | 잉여금처분결의일 |
| | ② 무기명주식의 이익이나 배당 | 그 지급을 받은 날 |
| 인정배당 | | 해당 사업연도의 결산확정일 |
| 의제배당 | ① 잉여금의 자본전입 | 자본전입을 결정한 날 |
| | ② 주식의 소각·자본감소, 퇴사·탈퇴로 인한 의제배당 | 소각·감자결의일, 퇴사일·탈퇴일 |
| | ③ 해산으로 인한 의제배당 | 잔여재산가액확정일 |
| | ④ 합병·분할로 인한 의제배당 | 합병등기일·분할등기일 |
| 집합투자기구로부터의 이익 | | ① 원칙: 이익을 지급받은 날 |
| 파생결합증권·파생결합사채로부터의 이익 | | ② 원본에 전입하는 뜻의 특약이 있는 분배금: 원본에 전입된 날 |
| 간주배당(「국제조세조정에 관한 법률」상 특정외국법인의 유보소득의 배당간주) | | 특정외국법인의 해당 사업연도 종료일의 다음 날부터 60일이 되는 날 |
| 출자공동사업자가 받는 손익분배비율 상당액 | | 과세기간 종료일 |
| 유사배당 | | 그 지급을 받은 날 |
| 파생금융상품 배당 | | |
| 조각투자상품으로부터의 이익 NEW | | 그 이익을 지급받은 날(2025.7.1.부터 적용) |

## 3 금융소득의 과세방법

### ❶ 금융소득의 원천징수    중요도 ★★★

: 이자소득·배당소득의 금융소득(국외수령분 제외)을 지급할 경우 지급자는 지급받는 자에 대한 원천징수의무를 부담하며, 아래에 따라 처리함

| 분리과세 | 완납적 원천징수이기에 과세가 종결됨 |
|---|---|
| 종합과세 | 예납적 원천징수이기에 종합소득금액 계산 시 포함한 후 기납부세액으로 공제 |

#### 1.1 원천징수세율의 적용

| | | |
|---|---|---|
| 이자소득 | 일반적인 경우의 이자소득 | 14% |
| | 비영업대금의 이익 | 25% |
| | 「온라인투자연계금융업 및 이용자 보호에 관한 법률」에 따라 금융위원회에 등록한 온라인투자연계금융업자를 통하여 지급받는 P2P 투자 이자소득 | 14% |
| | 비실명 이자소득 | 45% ← 금융실명제에 위배된 경우 90% |
| | 직장공제회 초과반환금 | 기본세율 |
| | 개인종합자산관리계좌(ISA) 과세분 | 9% |
| 배당소득 | 일반적인 경우의 배당소득 | 14% |
| | 법인으로 보지 아니하는 법인 아닌 단체 중 수익을 구성원에게 분배하지 아니하는 단체가 단체명을 표시하여 금융거래 | 14% |
| | 출자공동사업자 배당 | 25% |
| | 비실명 배당소득 | 45% ← 금융실명제에 위배된 경우 90% |

## ❷ 금융소득의 과세

중요도 ★★★

### 2.1 금융소득 과세구조

| 비과세 대상 | 특정 경영상의 목적으로 소득세를 과세하지 아니함 |
|---|---|
| 무조건 분리과세 대상 | 정책상 목적 등으로 무조건 원천징수를 통해 과세를 종결함 |
| 무조건 종합과세 대상 | 종합소득금액에 합산하여 과세함 |
| 조건부 종합과세 대상 | ① 합산액이 2,000만원 이하인 경우: 분리과세<br>② 합산액이 2,000만원 초과인 경우: 합산액 전체를 종합과세 |

### 2.2 금융소득의 과세구조에 따른 항목

| ① 비과세 대상 | ㉠ 학술, 종교 등 공익을 목적으로 하는 공익신탁의 이익<br>㉡ ISA(개인종합자산관리계좌)에서 받는 200만원(400만원)까지의 이자·배당소득 |
|---|---|
| ② 무조건 분리과세 대상 | ㉠ 비실명 금융소득(이자·배당소득)<br>㉡ 직장공제회 초과반환금<br>㉢ 「민사집행법」에 의한 경매입찰 법원 보증금 및 경락대금에서 발생하는 이자소득<br>㉣ 법인으로 보는 단체 외의 단체 중 수익을 구성원에게 배분하지 않는 단체로서 단체명을 표기하여 금융거래를 하는 단체가 금융회사 등으로부터 받는 이자·배당소득<br>㉤ ISA에서 받는 금융소득으로서 200만원(400만원)을 초과하는 이자·배당소득 |
| ③ 무조건 종합과세 대상 | ㉠ 국내에서 원천징수되지 않은 국외금융소득<br>㉡ 출자공동사업자의 배당 |
| ④ 조건부 종합과세 대상 | 위 ①~③에 해당하지 않는 소득 |

### 2.3 금융소득 종합과세의 세액산출

산출세액 = 2,000만원 × 14% + (종합소득 과세표준 − 2,000만원) × 기본세율

→ 합산액이 2,000만원 초과인 경우만 종합과세하므로 최소 2,000만원은 있음

이때 금융소득 구성순서는 다음과 같음

이자소득 → Gross - up이 적용되지 않는 배당소득 → Gross - up이 적용되는 배당소득

### 2.4 금융소득 관련 세액공제

| 외국납부세액공제 | MIN[외국납부세액, 산출세액 × $\dfrac{\text{국외원천소득금액}}{\text{종합소득금액}}$] |
|---|---|
| 배당세액공제 | MIN[Gross - up 금액, 일반 산출세액 − 비교 산출세액(분리과세 가정 세액)] |

# 03 사업소득

## 1 사업소득의 범위

### ❶ 사업소득의 의미 및 범위    중요도 ★★☆

| | |
|---|---|
| 의미 | 개인 사업자가 이익을 얻을 목적으로 독립적인 지위에서 계속적·반복적으로 영위하는 사업으로부터 일정한 과세기간 동안 얻는 소득으로 유형별 포괄주의를 적용하여 열거된 항목과 유사한 소득은 과세대상에 포함 |
| 범위 | ① 농업·임업·어업·광업에서 발생하는 소득으로 과세되지 않는 항목을 제외한 소득<br>② 제조업, 도소매업에서 발생하는 소득<br>③ 전기, 가스, 증기 및 공기조절공급업에서 발생하는 소득<br>④ 수도, 하수 및 폐기물처리, 원료재생업에서 발생하는 소득<br>⑤ 건설업, 부동산업에서 발생하는 소득으로「공익사업을 위한 토지 등의 취득 및 보상에 관한 법률」에 따른 공익사업과 관련하여 지역권·지상권을 설정하거나 대여함으로써 발생하는 소득을 제외한 소득<br>⑥ 운수 및 창고업, 숙박 및 음식점업에서 발생하는 소득<br>⑦ 출판, 영상, 방송통신 및 정보서비스업에서 발생하는 소득<br>⑧ 금융 및 보험업에서 발생하는 소득<br>⑨ 전문, 과학 및 기술서비스업(법령으로 정하는 연구개발업은 제외. 단, 계약 등에 따라 그 대가를 받고 연구 또는 개발용역을 제공하는 것은 과세)에서 발생하는 소득<br>⑩ 복식부기의무자가 차량 및 운반구 등 사업용 유형고정자산을 양도함으로써 발생하는 소득(양도소득에 해당하는 토지 및 건물의 양도소득은 제외)<br>⑪ 그 밖에 법령에서 정하는 소득 |

## ❷ 특수한 사업소득  중요도 ★★★

| 연예인 등의 전속계약금 | 사업소득으로 간주하며 수입시기는 인적용역의 수입시기 규정에 따름 | | | |
|---|---|---|---|---|
| | | 사업소득 | | 기타 소득 |
| | 구분 | 부동산 임대업 | 일반 사업소득 | |
| 부동산임대업 | ① 부동산·부동산상의 권리를 계속적·반복적으로 대여하는 사업 | ○ | | |
| | ② 부동산 또는 부동산상의 권리를 일시적으로 대여하는 사업 | | | ○ |
| | ③ 일반적인 지역권·지상권을 대여하는 사업 | ○ | | |
| | ④ 공익사업 관련 지역권·지상권을 설정·대여하는 사업 | | | ○ |
| | ⑤ 공장재단 또는 광업재단을 대여하는 사업 | ○ | | |
| | ⑥ 공장재단과 분리하여 별도로 시설(EX▶ 기계)을 임대하는 사업 | | ○ | |
| | ⑦ 광업권자 등이 채굴을 할 수 있는 시설과 함께 광산을 대여하는 사업 | ○ | | |
| | ⑧ 광업권자 등이 자본적·수익적 지출의 일부 또는 전부를 제공하는 것을 조건으로 광업권·조광권 또는 채굴권을 대여하고 받는 분철료 | | ○ | |
| 통신판매 중개자를 통한 물품·장소 대여 사업소득 | ① 계속적·반복적으로 영위하는 경우 | 사업소득 | | |
| | ② 연간 수입금액이 500만원 이하의 사용료로서 받은 금품을 기타소득으로 원천징수하거나 과세표준확정신고를 한 경우 | 기타소득 | | |

## ❸ 과세되지 않는 항목  중요도 ★★★

| 농업 | 작물재배업 중 곡물 및 기타 식량 작물재배업 |
|---|---|
| 전문, 과학 및 기술서비스업 | 연구개발업 ← 다만, 계약 등에 따라 그 대가를 받고 연구 또는 개발용역을 제공하는 사업은 과세 |
| 교육서비스업 | 유치원, 「초·중등교육법」 및 「고등교육법」에 의한 학교, 직업능력개발훈련시설, 노인학교 |
| 보건 및 사회복지사업 | 사회복지사업 및 장기요양사업 |
| 협회 및 단체 | 한국표준산업분류의 중분류에 따른 협회 및 단체 |

## ❹ 비과세 사업소득

| | |
|---|---|
| 작물생산목적의 논·밭 임대소득 | 논·밭을 작물생산에 이용하게 함으로써 발생하는 소득 |
| 농어가부업소득 | 축산·고공품 제조·민박·음식물판매·특산물제조·전통차제조·양어 및 그 밖에 이와 유사한 활동에서 발생한 소득 중 다음 중 하나에 해당하는 소득<br>① 농어가부업규모의 축산에서 발생하는 소득<br>② 위 ①외의 소득으로서 소득금액의 합계액이 연 3,000만원 이하인 경우 |
| 전통주 제조 소득 | 수도권 밖의 읍·면 지역에서 제조로 발생하는 소득으로서 소득금액의 합계액이 연 1,200만원 이하의 것 ← 1,200만원을 초과 시 초과분만 과세하는 것이 아니라 전액을 과세함에 주의 |
| 특정 임목의 벌채·양도소득 | 조림기간 5년 이상인 임지의 임목의 벌채·양도로 발생하는 소득으로서 연 600만원 이하의 것 ← 임목과 임지를 함께 양도하는 경우 임지의 양도로 인한 소득은 양도소득에 해당 |
| 어로어업· 양식어업 소득 | 한국표준산업분류에 따른 연근해어업과 내수면어업 또는 양식어업에서 발생하는 소득으로서 해당 과세기간의 소득금액의 합계액이 5천만원 이하의 것 |
| 작물재배업 소득 | 곡물 및 기타 식량을 제외한 작물재배업에서 발생하는 소득으로서 해당 과세기간의 수입금액의 합계액이 10억원 이하의 것 |
| 1개 주택 소유자의 주택 임대소득 | 1주택 소유자의 주택임대소득은 비과세함. 단, 고가주택[과세기간 종료일 또는 주택 양도일 현재 기준시가가 12억원을 초과하는 주택] 및 국외소재 주택의 임대소득은 주택 수와 관계없이 과세함 |

| 구분 | 주택 수의 계산방법 |
|---|---|
| 다가구주택 | 1개의 주택으로 보되, 구분등기된 경우에는 각각을 1개의 주택으로 계산 |
| 공동소유주택 | 지분이 가장 큰 사람의 소유로 계산하되, 지분이 가장 큰 사람이 2명 이상인 경우에는 그들이 합의하여 그들 중 1명을 해당 주택의 임대수입의 귀속자로 정함 |
| 임차 또는 전세받은 주택 | 임차 또는 전세받은 주택을 전대하거나 전전세하는 경우, 해당 주택을 임차인 또는 전세받은 자의 주택으로 계산 |
| 부부 소유주택 | 본인과 배우자가 각각 소유하는 경우, 주택 수는 합산하여 계산 |
| 겸용주택의 임대 | 「부가가치세법」상 면세 규정을 적용하여 계산 |

## ❺ 분리과세를 선택할 수 있는 사업소득

: 주거용 건물 임대업에서 발생한 수입금액의 합계액이 2천만원 이하인 자의 주택임대소득

## 2 사업소득금액의 계산

### ❶ 사업소득금액의 계산 구조

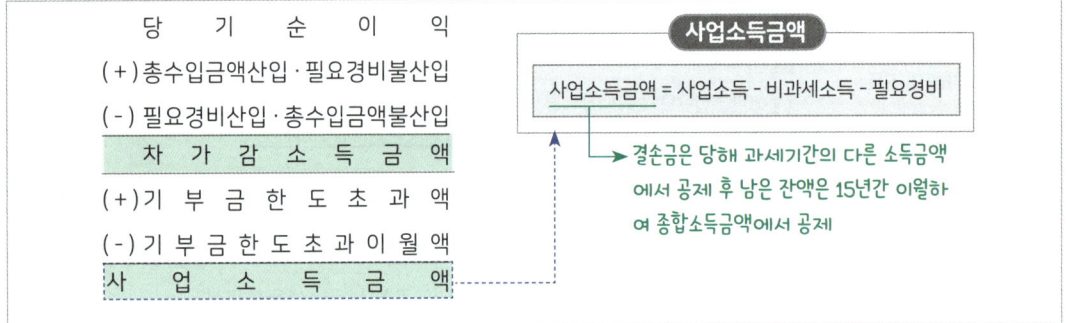

### ❷ 부동산임대업의 사업소득금액 계산

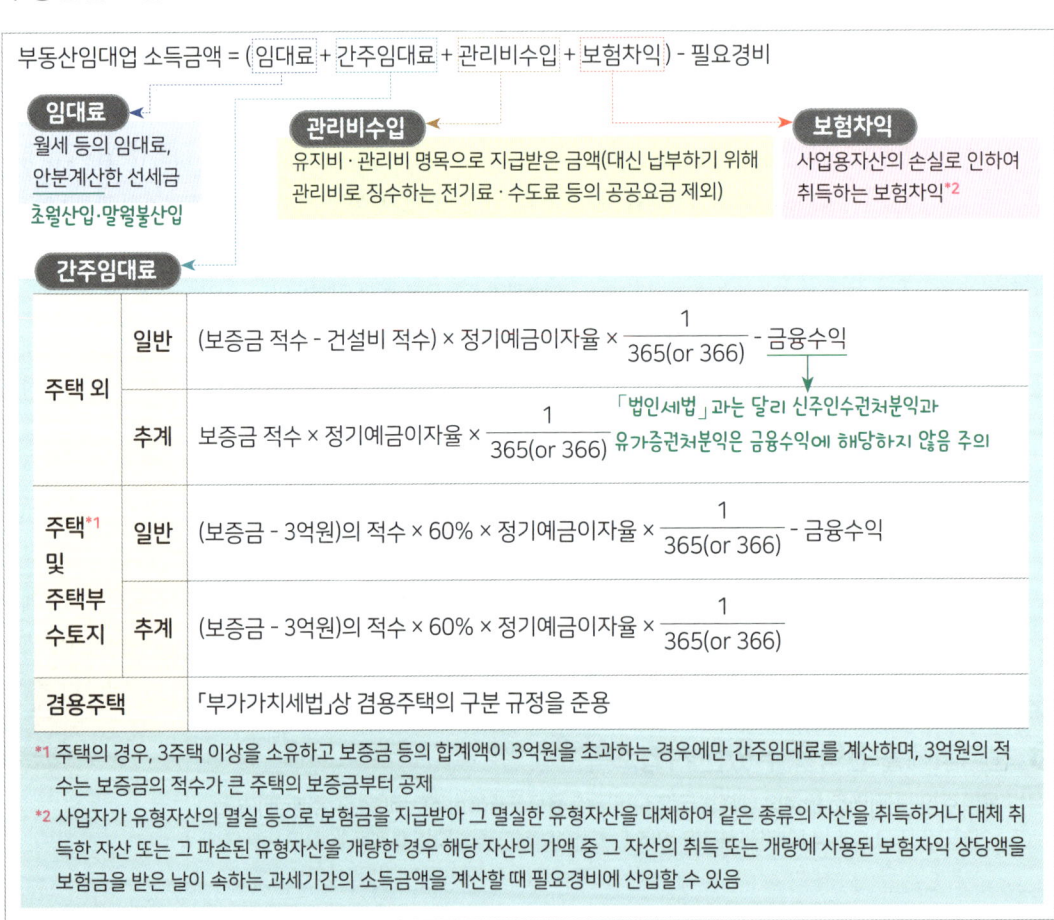

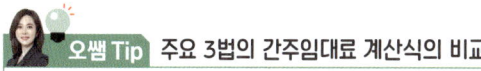

**오쌤 Tip** 주요 3법의 간주임대료 계산식의 비교

| 법인세법 | 추계결정 | | 보증금적수 × 정기예금이자율 × $\frac{1}{365}$ |
|---|---|---|---|
| | 추계결정 외 요건충족 | | (보증금적수 − 건설비적수) × 정기예금이자율 × $\frac{1}{365}$ − 금융수익 |
| | 그 이외의 경우 | | 계산하지 않음 |
| 소득세법 | 상가 | 추계 | 보증금적수 × 정기예금이자율 × $\frac{1}{365}$ |
| | | 추계 외 | (보증금적수 − 건설비적수) × 정기예금이자율 × $\frac{1}{365}$ − 금융수익 |
| | 주택 | 추계 | (보증금 − 3억원)의 적수 × 60% × 정기예금이자율 × $\frac{1}{365}$ |
| | | 추계 외 | (보증금 − 3억원)의 적수 × 60% × 정기예금이자율 × $\frac{1}{365}$ − 금융수익 |
| 부가가치세법 | 일반적인 경우 | | 보증금적수 × 정기예금이자율 × $\frac{1}{365}$ |

「소득세법」에서 주택의 간주임대료는 추계 여부와 관련없이 3주택 이상을 소유하고, 보증금합계액이 3억원을 초과하는 경우에만 계산한다.

## ❸ 일반사업소득의 총수입금액과 필요경비  중요도 ★★★

| 총수입금액*1 | 산입되는 항목 | 사업수입금액, 판매장려금, 사업관련 자산수증이익, 채무면제이익, 사업과 관련된 사업용 자산의 손실로 인하여 취득하는 보험차익, 가사용으로 소비된 재고자산*2 등 사업과 관련된 수입금액으로 당해 사업자에게 귀속되었거나 귀속될 금액, 자사제품 등을 임원 등에게 시가보다 낮은 가격으로 판매 또는 제공하는 경우 그 판매 또는 제공가액과 시가와의 차액 NEW |
|---|---|---|
| | 산입되지 않는 항목 | 소득세 환급액, 이월결손금의 보전에 충당한 자산수증이익 및 채무면제이익, 부가가치세 매출세액, 국세 중 과오납금 환급가산금, 임의적 평가차익 등의 항목 등 |
| 필요경비 | 산입되는 항목 | 원료 매입가액 및 부대비용, 급여, 수선비, 관리유지비, 임차료, 업무와 관련 있는 해외시찰·훈련비, 임원 또는 종업원 등에 대한 할인금액 NEW*3, 사용자로서 부담하는 보험료 등 총수입금액에 대응하는 비용 등 |
| | 산입되지 않는 항목 | 소득세, 뇌물, 벌금, 과료(통고처분에 따른 벌금 또는 과료에 해당하는 금액 포함) 가사 관련 경비, 부가가치세 매입세액*4, 사업무관비용, 각 계정의 한도초과액 등 |

*1 다음의 어느 하나에 해당하는 금액은 총수입금액에서 차감하지 아니함
  ㉠ 거래수량 또는 거래금액에 따라 상대편에게 지급하는 장려금과 그 밖에 이와 유사한 성질의 금액
  ㉡ 대손금
*2 시가를 총수입금액으로 하며, 원가를 필요경비에 산입
*3 사업자·법인의 임원 등에게 그 계열회사제품 등을 시가보다 낮은 가격으로 판매 또는 제공하고, 사업자·법인이 계열회사에 해당 임원 등이 할인받은 금액을 지급하는 경우 그 금액은 인건비에 포함된 것으로 봄
*4 부가가치세가 면제되거나 필요경비로 인정되는 매입세액과 간이과세자가 납부한 부가가치세액은 제외

**사업소득금액**

### 금전 외의 물품을 수입하는 경우 총수입금액의 계산

| | |
|---|---|
| 제조업자·생산업자 또는 판매업자로부터 그 제조·생산 또는 판매하는 물품을 인도받을 때 | 그 제조업자·생산업자 또는 판매업자의 판매가액 |
| 제조업자·생산업자 또는 판매업자가 아닌 자로부터 물품을 인도받을 때 | 시가 |
| 법인으로부터 이익배당으로 받은 주식 | 그 액면가액 |
| 주식의 발행법인으로부터 신주인수권을 받은 때 (주주로서 받은 경우 제외) | 신주인수권에 의하여 납입한 날의 신주가액에서 당해 신주의 발행가액을 공제한 금액(단, 신주가액이 그 납입한 날의 다음 날 이후 1월 내에 하락한 때에는 그 최저가액을 신주가액으로 함) |
| 그 외 | 「법인세법」상 부당행위계산의 부인 여부 판정시 기준이 되는 시가 |

# ❹ 각사업연도소득금액 계산방법과 사업소득금액 계산방법의 차이

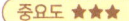

## 4.1 인건비

| 구분 | | 법인세법 | 소득세법 |
|---|---|---|---|
| 사업자 본인의 인건비 및 퇴직연금충당금 | | 손금산입 | 필요경비불산입* |
| 사업자 가족의 인건비 | 사업에 직접 종사 | 손금산입 | 필요경비산입 |
| | 그 외의 경우 | 손금불산입 | 필요경비불산입 |
| 그 외 종업원의 인건비 | | 손금산입 | 필요경비산입 |

* 직장가입자 또는 지역가입자로서 부담하는 사용자 본인의 국민건강보험료와 노인장기요양보험료는 필요경비에 산입

## 4.2 수입이자 및 수입배당금

| 구분 | 법인세법 | 소득세법 |
|---|---|---|
| 수입이자 | 익금산입 | 이자소득으로 과세하기 때문에, 총수입금액불산입 |
| 수입배당금 | 익금산입 | 배당소득으로 과세하기 때문에, 총수입금액불산입 |
| 수입배당금 익금불산입 규정 | 익금불산입(30%, 80%, 100%) 규정 존재 | 해당사항 없음 |

## 4.3 유형자산 등의 처분손익

| 구분 | | 법인세법 | 소득세법 |
|---|---|---|---|
| 유형자산 또는 유가증권 등의 처분손익 | | 양도가액: 익금<br>장부가액: 손금 | 복식부기의무자가 사업용 유형자산을 양도하여 발생하는 경우 사업소득으로 과세하고, 나머지의 경우 과세하지 않음<br>→ 단, 해당 자산이 양도소득세 과세대상인 경우 양도소득으로 과세 |
| 사업연도 중 양도한 자산 | | 감가상각시부인 계산은 별도로 하지 않고 기존 상각부인액을 손금산입 | 감가상각시부인 계산을 행하며, 기존의 상각부인액은 별도의 세무조정 없이 장부에서 소멸 |
| 시설개체 및 기술낙후에 의한 생산설비 | 폐기 | 결산서에 계상 시 1,000원을 제외한 금액을 손금인정 | 필요경비불산입 |
| | 처분 | 1,000원을 손금산입 | 필요경비 산입 가능 |

### 4.4 지급이자

| 원칙 | 필요경비에 산입 |
|---|---|
| 예외 | ① 건설자금이자 |

<table>
<tr><th>구분</th><th>법인세법</th><th>소득세법</th></tr>
<tr><td>특정차입금의 자본화</td><td>자본화 강제</td><td>자본화 강제</td></tr>
<tr><td>일반차입금의 자본화</td><td>자본화 선택 가능</td><td>자본화 불가</td></tr>
</table>

② 초과인출금에 대한 지급이자: 사업용 자산의 합계액 < 부채

$$\text{초과인출금에 대한 지급이자} = \text{지급이자} \times \frac{\text{해당 과세기간 중 초과인출금의 적수}^{*1}}{\text{해당 과세기간 중 차입금의 적수}}$$

③ 업무무관자산에 대한 지급이자: 업무무관자산의 취득과 관련된 지급이자

$$\text{업무무관자산에 대한 지급이자} = \text{지급이자} \times \frac{\text{업무무관자산 적수}^{*2}}{\text{차입금 적수}}$$

이때 서로 다른 이자율이 적용되는 이자가 함께 있는 경우에는 높은 이자율이 적용되는 것부터 먼저 필요경비에 산입하지 않음

| 부인 순서 | 법인세법 | 소득세법 |
|---|---|---|
| 1순위 | 채권자 불분명 사채이자 | 채권자 불**분명** 사채이자 |
| 2순위 | 비실명 채권·증권의 이자 | **건**설자금이자 |
| 3순위 | 건설자금이자 | **초**과인출금에 대한 지급이자 |
| 4순위 | 업무무관자산 등에 대한 지급이자 | **업**무무관자산 등에 대한 지급이자 |

> **암기팁** 소는 분명 건초없음(무) 못 살아

*1 초과인출금적수가 차입금적수를 초과하는 경우 그 초과하는 부분은 없는 것으로 보며, 적수의 계산은 매월말 현재의 초과인출금 또는 차입금의 잔액에 경과일수를 곱하여 계산함
*2 업무무관자산적수가 차입금적수를 초과하는 경우에는 그 초과하는 부분은 없는 것으로 봄

### 4.5 업무용승용차 규정

#### 4.5.1. 의의

: 복식부기의무자가 해당 과세기간에 업무용승용차(개별소비세 과세대상 승용자동차로 「부가가치세법」상 매입세액 공제대상인 업종의 영업용 승용차를 제외한 자동차)를 취득하거나 임차하여 해당 과세기간에 필요경비로 계상하거나 지출한 업무용승용차 관련 비용 중 업무용 사용금액에 해당하는 금액은 필요경비에 산입하며, 업무용승용차 관련 비용 등을 필요경비에 산입한 복식부기의무자는 관련 비용 등에 관한 명세서를 납세지 관할 세무서장에게 제출하여야 함

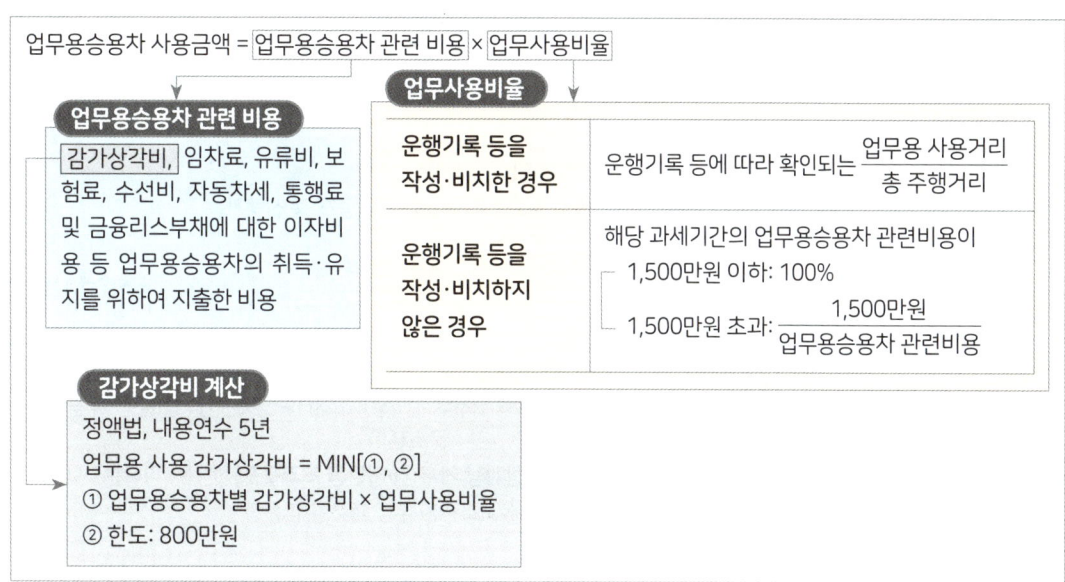

### 4.5.2. 업무용승용차 처분손실

: 복식부기의무자가 업무용승용차를 처분하여 발생하는 손실로서 업무용승용차별로 800만원을 초과하는 금액은 이월하여 필요경비에 산입하며, 복식부기의무자가 사업을 폐업하는 경우에는 이월된 금액 중 남은 금액을 폐업일이 속하는 과세기간에 모두 필요경비에 산입함.

#### 오쌤 Tip 업무용승용차 특례규정 비교

| 구분 | 법인세법 | 소득세법 |
| --- | --- | --- |
| 특례 적용 대상 | 모든 법인 | 복식부기의무자 |
| 부동산임대업을 주업으로 하는 법인 등에 대한 특례 규정 | 손금인정 한도를 다르게 적용하는 규정이 있음 | 해당 규정 없음 |
| 소득처분 | 업무사용금액으로 인정되지 않는 금액은 귀속자에 따라 상여나 배당으로 소득처분 | 별도 소득처분 없음 |
| 업무전용자동차보험 가입의무 | 모든 법인이 가입해야 하며, 가입하지 않은 경우 전액 손금불산입 | 모든 복식부기의무자가 가입* |

* 24.1.1.부로 모든 복식부기의무자로 가입의무 대상이 확대되었으며 다음과 같이 규정을 적용함

① 보유 업무용승용차 중 1대: 업무전용자동차보험 가입 여부와 무관하게 업무사용금액 전액 인정
② 보유 업무용승용차 중 1대를 제외한 나머지 차량(공동사업장은 1사업자로 보아 1대만 제외)
  ㉠ 업무전용자동차보험에 가입한 경우: 업무사용금액 전액 인정
  ㉡ 업무전용자동차보험에 가입하지 아니한 경우: 전액 불인정

단, 성실신고확인대상자 또는 전문직 업종 사업자가 아닌 경우 25년까지는 50%만 불인정

### 4.6 기부금

| 기부금의 지출대상 | 사업자 및 사업자의 기본공제대상자 |
|---|---|
| 세법상 처리방법 | ① 사업소득만 있는 경우: 필요경비 산입<br>② 사업소득 외의 소득도 있는 경우: 필요경비 산입과 세액공제 중 선택가능 |
| 기부금의 구분 | 「소득세법」에서만 기부금으로 인정되는 항목은 다음과 같음<br>① 특별재난지역의 복구를 위하여 자원봉사한 경우 그 용역의 가액: 국가 등 기부금(특례기부금)<br>② 정치자금 기부금, 고향사랑 기부금<br>③ 사회환원기부신탁에 신탁한 금액: 공익성을 고려하여 정하는 기부금(일반기부금)<br>④ 노동조합비, 교원단체회비, 공무원직장협의회회비: 공익성을 고려하여 정하는 기부금(일반기부금) |
| 기부금의 한도 | ① 정치자금기부금(10만원 초과분), 고향사랑 기부금(10만원 초과 2천만원 NEW 이하분): 100%<br>② 국가 등 기부금(특례기부금): 100%<br>③ 우리사주조합 기부금: 30%<br>④ 공익성을 고려하여 정하는 기부금(일반기부금): 30%(종교단체기부금이 있는 경우는 10%)<br>⑤ 비지정기부금: 0%(전액 손금불산입) |
| 기부금 이월공제 | ① 정치자금기부금, 고향사랑기부금: 이월공제 안됨<br>② 우리사주조합 기부금: 이월공제 안됨<br>③ 국가 등 기부금(특례기부금), 공익성을 고려하여 정하는 기부금(일반기부금): 해당 과세기간의 다음 과세기간 개시일부터 10년 이내에 끝나는 각 과세기간에 이월하여 필요경비에 산입 |
| 현물기부금 평가 | MAX[장부가액, 시가] |

**오쌤 Tip** 「소득세법」상 정치자금기부금 및 고향사랑 기부금 처리 방법

| 구분 | | 정치자금기부금 | 고향사랑 기부금 |
|---|---|---|---|
| 10만원 이하분 | | 기부금 × $\frac{100}{110}$ 을 종합소득산출세액에서 공제 | |
| 10만원 초과분<br>(고향사랑 기부금은<br>10만원 초과<br>2천만원 이하) | 사업자인 거주자 | 기준금액의 100% 범위에서 필요경비산입 | |
| | 사업자가 아닌 거주자 | 10만원 초과분에 대하여 해당 금액의 15%(3,000만원 초과 시 초과분은 25%)를 종합소득산출세액에서 공제 | 10만원 초과분에 대하여 해당 금액의 15%를 종합소득산출세액에서 공제 |

### 4.7 자산의 평가차익 및 외화자산·부채의 평가

| 자산의 평가차익 | 규정이 없으므로 모든 평가차익은 총수입금액 불산입 |
|---|---|
| 외화자산·부채의 평가손익 | 인정하지 않되, 상환손익은 실현된 손익으로서 인정함 |

### 4.8 재고자산의 가사소비

| 법인세법 | 별도 규정 없음 |
|---|---|
| 소득세법 | 거주자가 재고자산 또는 임목을 가사용으로 소비하거나 종업원 또는 타인에게 지급한 경우, 이를 소비하거나 지급하였을 때의 가액에 해당하는 금액은 그 소비하거나 지급한 날이 속하는 과세기간의 사업소득금액 또는 기타소득금액을 계산할 때 총수입금액에 산입하며, 해당 재고자산 등의 원가는 필요경비에 산입함 |

### 4.9 대손충당금

: 사업자는 외상매출금, 미수금, 그 밖에 이에 준하는 채권에 대한 대손충당금을 필요경비로 계상한 경우에는 일정 범위 내에서 이를 해당 과세기간의 소득금액을 계산할 때 필요경비에 산입함

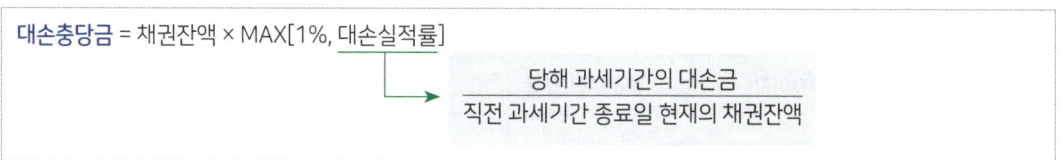

**대손충당금** = 채권잔액 × MAX[1%, 대손실적률]

대손실적률 = $\dfrac{\text{당해 과세기간의 대손금}}{\text{직전 과세기간 종료일 현재의 채권잔액}}$

필요경비에 산입한 대손충당금의 잔액은 다음 과세기간의 소득금액을 계산할 때 총수입금액에 산입하며, 필요경비에 산입한 대손금 또는 대손충당금과 상계한 대손금 중 회수된 금액은 그 회수한 날이 속하는 과세기간의 총수입금액에 산입함

### 4.10 기업업무추진비

: 다음에 따라 계산하되, 중소기업은 주업종을 기준으로, 둘 이상의 사업장 중 당기 신규로 사업을 개시하거나 중도에 폐업하는 사업장이 있는 경우에는 당기 중 영업월수가 가장 긴 사업장(추계조사 사업장 제외)의 월수를 기준으로 계산함

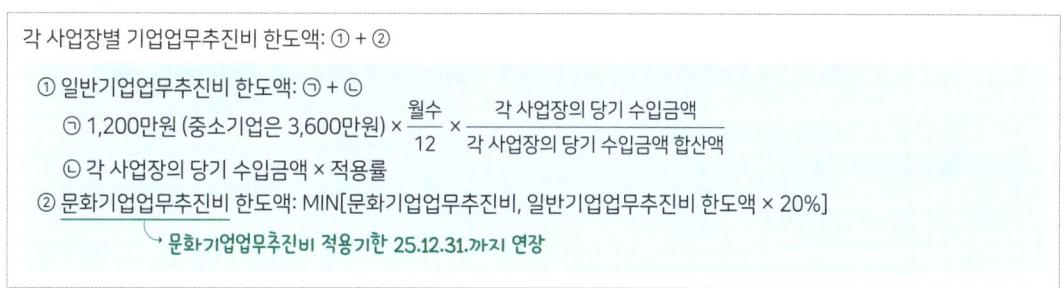

각 사업장별 기업업무추진비 한도액: ① + ②

① 일반기업업무추진비 한도액: ㉠ + ㉡
  ㉠ 1,200만원 (중소기업은 3,600만원) × $\dfrac{월수}{12}$ × $\dfrac{\text{각 사업장의 당기 수입금액}}{\text{각 사업장의 당기 수입금액 합산액}}$
  ㉡ 각 사업장의 당기 수입금액 × 적용률
② 문화기업업무추진비 한도액: MIN[문화기업업무추진비, 일반기업업무추진비 한도액 × 20%]
  → 문화기업업무추진비 적용기한 25.12.31.까지 연장

**오쌤 Tip** 「법인세법」vs「소득세법」

| 구분 | 법인세법 | 소득세법 |
|---|---|---|
| 임직원 명의 신용카드사용액 | 기업업무추진비: 건당 3만원 이하 손금 산입 가능<br>기업업무추진비 외: 적격증명으로 인정<br>→ 증명서류 수취불성실 가산세 미부과 | 적격증명으로 인정 |
| 부동산임대업을 주업으로 하는 법인 등에 대한 특례 | 일반기업업무추진비 한도액의 50%를 한도로 적용하는 특례 있음 | 해당 사항 없음 |

### 4.11 이월결손금 공제

| 법인세법 | ① 중소기업 등: 각사업연도 소득금액 × 100%<br>② 비중소기업: 각사업연도 소득금액 × 80% |
|---|---|
| 소득세법 | 별도의 한도 규정 없음 |

### 4.12 기타사항

| 소득처분 | 별도 규정이 없어 소득처분이 없음. 단, 내부에 남아있는 경우 실무상 유보로 처리함 |
|---|---|
| 가사관련경비 | 필요경비불산입 |
| 자산수증이익 및 채무면제이익 | 사업과 관련된 것만 총수입금액에 산입하고, 무관한 것은 증여세로 과세 |
| 대표이사 가지급금 인정이자 | 별도 제재 규정 없음 |
| 판매장려금 | 총수입금액 산입 |

## ❺ 사업용계좌의 개설   중요도 ★★☆

### 5.1 사업용계좌의 사용의무

| 의미 | 복식부기의무자가 사업과 관련하여 재화 또는 용역을 공급받거나 공급하는 거래의 경우로 요건 중 어느 하나에 해당하는 때에는 사업용 계좌를 사용해야 함 |
|---|---|
| 요건 | ① 거래의 대금을 금융회사 등을 통하여 결제하거나 결제 받는 경우<br>② 인건비 및 임차료를 지급하거나 지급받는 경우<br>→ 단, 인건비의 경우 상대방의 사정으로 사업용계좌를 사용하기 어려운 것으로서 법에 정한 거래는 제외 |

### 5.2 사업용계좌의 신고

| 대상 | 복식부기의무자 |
|---|---|
| 기간 | 복식부기의무자에 해당하는 과세기간의 개시일(사업 개시와 동시에 복식부기의무자에 해당되는 경우에는 다음 과세기간 개시일)부터 6개월 이내에 사업용계좌를 해당 사업자의 사업장(또는 납세지) 관할 세무서장에게 신고 |

### 5.3 사업용계좌 변경 및 추가

: 변경하거나 추가하는 경우 복식부기의무자는 과세표준 확정신고기한까지 신고해야 함

## ❻ 총수입금액 및 필요경비의 귀속연도   중요도 ★★★

: 권리의무확정주의에 따라 다음에 따라 수입시기를 결정함

| 재고자산(단, 건물건설업과 부동산을 제외)의 판매 | 그 재고자산을 인도한 날 |
|---|---|
| 재고자산의 시용판매 | 상대방이 구입의 의사를 표시한 날 |
| 재고자산의 위탁판매 | 수탁자가 그 위탁품을 판매한 날 |

| 장기할부조건에 의한 재고자산의 판매 | ① 원칙: 그 재고자산을 인도한 날(명목가액)<br>② 예외: 현재가치평가와 회수기일도래기준도 인정(결산조정) |
|---|---|
| 건설·제조 기타 용역 (도급공사 및 예약매출을 포함)의 제공 | ① 단기건설 등의 경우<br>   ㉠ 원칙: 용역의 제공을 완료한 날<br>      → 목적물을 인도하는 경우에는 목적물을 인도한 날<br>   ㉡ 예외: 진행기준 인정(결산조정)<br>② 장기건설 등의 경우: 진행기준 적용 |
| 무인판매기에 의한 판매 | 해당 사업자가 무인판매기에서 현금을 인출하는 때 |
| 인적용역의 제공 | 용역대가를 지급받기로 한 날 또는 용역제공완료일 중 빠른 날 |
| 연예인 등 전속계약 | ① 원칙: 용역대가를 지급받기로 한 날 또는 용역제공완료일 중 빠른 날<br>② 예외: 계약기간 1년 초과 일신전속계약 대가를 일시에 받는 경우 계약기간에 따라 해당 대가를 균등하게 안분한 금액을 과세기간 종료일에 과세 |
| 어음의 할인 | 그 어음의 만기일 (다만, 만기 전 어음 양도 시에는 그 양도일) |
| 금융보험업에서 발생하는 이자·할인액 | 실제로 수입된 날 |
| 자산을 임대하거나 지역권·지상권을 설정하여 발생하는 소득 | ㉠ 계약 또는 관습에 의하여 지급일이 정하여진 것<br>   : 그 정하여진 날<br>㉡ 계약 또는 관습에 의하여 지급일이 정하여지지 아니한 것<br>   : 그 지급을 받은 날 |
| 위에 해당하지 아니하는 자산의 매매 | 대금을 청산한 날·소유권이전등기일(등록일)·사용수익일 중 빠른 날 |

## ❼ 사업소득의 과세방법    중요도 ★★★

| 원칙 | 종합소득금액에 합산하여 과세하며, 특정한 경우를 제외하고는 원천징수를 하지 않음 |
|---|---|
| 예외 | 법에 정한 원천징수의무자는 원천징수대상 사업소득 관련 세액을 계산하여 징수일이 속하는 달의 다음 달 10일까지 원천징수세액을 납부하여야 함<br>① 사업소득이 있는 개인사업자<br>② 법인, 국가·지방자치단체(조합), 법인으로 보는 단체<br>① 부가가치세가 면세되는 의료보건용역<br>② 부가가치세가 면세되는 일정한 인적용역<br>외국인 직업운동가가 프로 스포츠 구단과의 계약(계약기간에 관계없이 NEW)에 따라 용역을 제공하고 받는 소득에 대해서는 20%<br>수입금액 × 3% |

### 7.1 연말정산 특례

| 연말정산대상자 | 간편장부대상자에 해당하는 보험모집인, 방문판매원·후원방문판매원, 음료품배달판매원의 사업소득(수당)을 지급하는 원천징수의무자(방문판매원·후원방문판매원, 음료품배달판매원이 받는 사업소득은 원천징수의무자가 사업장 관할 세무서장에게 연말정산 신청을 하는 경우만 해당) |
|---|---|
| 연말정산의 시기 | 해당 과세기간의 다음 연도 2월분의 사업소득을 지급할 때 또는 해당 사업자와의 거래계약을 해지하는 달의 사업소득을 지급할 때 연말정산 → 2월분의 사업소득을 2월 말일까지 지급하지 않거나, 2월분의 사업소득이 없는 경우에는 2월 말일을 연말정산의 시기로 함 |

# 04 근로소득

## 1 근로소득의 범위

### ❶ 근로소득의 의미

중요도 ★★★

| | |
|---|---|
| 의미 | 근로자가 고용계약으로 타인에게 고용되어 근로를 제공하고 대가를 받는 **모든 금품** → 명칭이나 지급방법과 관계없이 모든 금품 |
| 계산 구조 | 근로소득금액 = (**근로소득** - **비과세소득**) - **근로소득공제** |

**비과세소득**
① 병역의무 이행 관련 급여
② 위자성질의 급여
③ 근로자 본인에 대한 일정한 학자금
④ 대학생의 근로장학금
⑤ 법에 따라 사용자가 부담하는 보험료
⑥ 실비변상적 성질의 급여
⑦ 복리후생적 성질의 급여
⑧ 연 700만원 이하의 직무발명보상금
⑨ 일정한 국외(북한 포함) 근로수당
⑩ 일정한 식사 및 식대
⑪ 생산직근로자 등의 시간외근무수당
⑫ 일정금액 이하의 출산·보육비
⑬ 기타 법률에 따라 받는 급여

**근로소득공제**
필요경비와 상관없이 일정한 산식에 따라 금액을 계산하여 총급여액에서 공제하며, 총급여액이 근로소득공제액보다 적은 경우 공제액은 총급여액으로 함

① **상용근로자** → 최대 2천만원을 한도로 주어진 산식을 적용
② **일용근로자** → 1일 15만원
③ **다중근로자** → 2인 이상으로부터 받은 근로소득의 합계액을 총급여액으로 하여 그를 기반으로 계산한 근로소득공제액을 총급여액에서 공제

**근로소득**

| 근로소득 |
|---|
| ① 근로를 제공함으로써 받는 봉급·급료·보수·세비·임금·상여·수당과 이와 유사한 성질의 급여 |
| ② 법인의 주주총회·사원총회 또는 이에 준하는 의결기관의 결의에 따라 상여로 받는 소득 |
| ③ 인정상여(「법인세법」에 따라 상여로 처분된 금액) |
| ④ 퇴직함으로써 받는 소득으로서 퇴직소득에 속하지 아니하는 소득 |
| ⑤ 직무발명보상금 |

+

| 근로소득으로 보는 항목 | 근로소득으로 보지 않는 항목 |
|---|---|
| ① 기밀비·판공비·교제비 등으로 업무를 위하여 사용한 것이 분명하지 않은 금액<br>② 각종 수당, 휴가비 및 유사한 명목 금액<br>③ 공로금·위로금 등<br>④ 주택자금·임차자금의 대여이익<br>⑤ 주식매수선택권 행사이익(재직기간 중 행사)<br>⑥ 법에 따라 공무원에게 지급되는 직급보조비 등<br>⑦ 손금불산입되는 임원퇴직급여한도초과액<br>⑧ 종업원 및 그의 가족을 수익자로 하는 보험의 보험료대납액 | ① 사회통념상 타당한 경조금<br>② 퇴직급여로 지급되기 위하여 법에 정한 방법으로 적립되는 급여<br>③ 사내근로복지기금으로부터 수령하는 장학금 |

## ❷ 근로소득으로 보는 항목 중요도 ★★★

| 기밀비 | 기밀비·판공비·교제비 기타 이와 유사한 명목으로 받는 것으로 업무를 위하여 사용한 것이 분명하지 아니한 급여 |
|---|---|
| 각종 수당 및 혜택 | 근로수당·가족수당·전시수당·물가수당·출납수당·직무수당 등의 급여 및 그 밖에 이와 유사한 성질의 급여 |
| 공로금·위로금 등 | 공로금·위로금·개업축하금·학자금·장학금(종업원의 수학 중인 자녀가 사용자로부터 받는 학자금·장학금을 포함) 기타 이와 유사한 성질의 급여 |
| 주택자금·임차자금의 대여이익 | 종업원이 주택(주택에 부수된 토지 포함)의 구입·임차에 소요되는 자금을 저리 또는 무상으로 대여받음으로써 얻은 이익 |
| 주식매수선택권 행사이익 | 재직기간 중 행사함으로써 얻은 이익 → 근로소득 |
| | 퇴직 후에 행사하거나 고용관계 없이 주식매수선택권을 부여받아 행사함으로써 얻은 이익 → 기타소득 |
| 법에 따라 공무원에게 지급되는 직급보조비 등 | ① 「공무원 수당 등에 관한 규정」 등 여러 법률에 의하여 지급되는 직급보조비<br>② 상금과 부상 |
| 임원 또는 종업원 등에 대한 할인금액 NEW | 사업자나 법인이 생산·공급하는 재화 또는 용역을 그 사업자나 법인(「독점규제 및 공정거래에 관한 법률」에 따른 계열회사를 포함)의 사업장에 종사하는 임원 등에게 법령으로 정하는 바에 따라 시가보다 낮은 가격으로 제공하거나 구입할 수 있도록 지원함으로써 해당 임원 등이 얻는 이익 |
| 기타 | ① 「법인세법」에 따라 손금불산입되는 임원퇴직급여한도초과액<br>② 종업원 및 그의 가족을 수익자로 하는 보험의 보험료 등 대납액 |

## ❸ 근로소득으로 보지 않는 항목 중요도 ★★★

| 사회통념상 타당한 경조금 | 사회통념상 타당한 범위 내에서만 인정 |
|---|---|
| 퇴직급여로 지급되기 위하여 법에 정한 방법으로 적립되는 급여 | 근로자가 적립 시 적립금액을 선택할 수 없는 것으로서 기획재정부령이 정하는 방법에 따라 적립되는 경우에 한함 |
| 사내근로복지기금으로부터 수령하는 학자금 등 | 법에 의해 설립된 사내근로복지기금으로부터 수령하는 장학금 등을 말함 |

## ❹ 비과세 근로소득  중요도 ★★★

| | | |
|---|---|---|
| 병역의무 이행 관련 급여 | ① 병역의무 수행을 위해 징집·소집·지원에 의하여 복무 중인 병장급 이하의 현역병(지원 없이 임용된 하사 포함), 의무경찰 등이 받는 급여<br>② 법률에 따라 동원된 사람이 그 동원직장에서 받는 급여<br>③ 작전임무를 수행하기 위하여 외국에 주둔 중인 군인·군무원이 받는 급여<br>④ 종군한 군인·군무원이 전사한 경우 전사한 날이 속하는 과세기간의 급여 | 전액 |
| 위자성질의 급여 | 근로 중 부상·질병·장애·사망 등과 관련하여 본인 또는 유족이 지급받는 금액, 실업급여, 육아휴직급여, 육아휴직수당* 등에 대하여는 소득세를 과세하지 않음 | 전액 |
| 근로자 본인에 대한 일정한 학자금 | 근로자 본인에 대한 것으로, 다음의 요건을 갖춘 학자금<br>① 업무 관련 교육·훈련을 위하여 지급받는 것<br>② 정해진 지급기준에 따라 지급받는 것<br>③ 교육·훈련기간이 6개월 이상인 경우 이후 해당 기간을 초과하여 근무하지 않으면 반납하는 것을 조건으로 할 것 | 전액 |
| 대학생의 근로장학금 | 장학금 중 대학생이 근로의 대가로 지급받는 장학금<br>→ 재학하는 대학생에 한함 주의 | 전액 |
| 법에 따라 사용자가 부담하는 보험료 | 법에 따라 국가·지방자치단체 또는 사용자가 부담하는 국민건강보험료, 고용보험료, 노인장기요양보험료 | 전액 |
| 직무발명보상금 | 「발명진흥법」에 따라 종업원이 수령하거나, 대학과 고용관계에 있는 자가 산학협력단으로부터 받는 보상금(보상금을 지급한 사용자 등과 법령으로 정하는 특수관계에 있는 자가 받는 보상금은 제외) | 연 700만원 |
| 실비변상적 성질의 급여 | ① 자가운전보조금(차량유지비): 종업원 소유차량 또는 종업원이 본인 명의로 임차한 차량을 직접 업무수행에 이용하여 실제 여비 대신 받는 소요경비<br>② 승선수당, 취재수당, 벽지수당<br>③ 연구보조비 또는 연구활동비: 교원, 특정연구기관의 연구활동 종사자, 중소기업·벤처기업의 연구활동 종사자<br>④ 이전지원금: 수도권 외의 지역으로 이전하는 공공기관 소속 공무원이나 직원 | 월 20만원 이내 |
| | ⑤ 일직료·숙직료 또는 여비로서 실비변상정도의 금액<br>⑥ 작업복·피복<br>⑦ 천재지변 기타 재해로 인하여 받는 급여<br>⑧ 위험수당, 종교활동수당, 그 밖의 실비변상적 급여 | 전액 |

*「사립학교법」에 따라 임명된 사무직원이 학교의 정관·규칙에 따라 지급받는 육아휴직수당은 월 150만원을 한도로 비과세

| 구분 | 내용 | 한도 |
|---|---|---|
| 복리후생적 성질의 급여 | ① 출자임원(소액주주 제외)을 제외한 임직원의 사택제공 이익<br>② 임직원 책임배상보험: 고의·중과실 외의 업무상 행위에 기인하고 임직원을 피보험자로 하는 보험의 보험료 | 전액 |
| | ③ 단체순수보장성보험과 단체환급부보장성보험의 보험료<br>계약기간 만료 전 또는 만기에 종업원에게 귀속되는 단체환급부보장성보험의 환급금은 근로소득 | 70만원 |
| | ④ 중소기업 종업원이 주택(부수된 토지 포함)의 구입·임차자금을 저리 또는 무상으로 대여받아 얻는 이익<br>　다만, 다음의 하나에 해당하는 종업원이 얻은 이익은 제외<br>　　㉠ 해당 중소기업이 개인사업자인 경우<br>　　　: 해당 사업자와「국세기본법 시행령」에 따른 친족관계에 해당하는 자<br>　　㉡ 해당 중소기업이 법인사업자인 경우<br>　　　: 해당 법인의 주주로서「법인세법 시행령」에 따른 지배주주 등에 해당하는 자 | 전액 |
| | ⑤ 공무원이 공무 수행과 관련하여 받는 상금과 부상 | 연 240만원 |
| 일정한 국외(북한 포함) 근로수당 | ① 원양어업선박, 국외 등을 항행하는 선박, 국외 등의 건설현장 등에서 근로(설계, 감리 포함)를 제공하고 받는 보수 | 월 500만원 |
| | ② 공무원 등이 국외 등에서 근무하고 받는 수당 중 국내 근무 시 지급액을 초과하여 받는 금액 중 실비변상적 급여 | 기재부장관과 협의한 고시 금액 |
| | ③ 위 외의 국외 근로수당 | 월 100만원 |
| 일정한 식사 및 식대 | ① 식사 기타의 음식물 | 전액 |
| | ② 식사대 | 월 20만원 |
| | ③ 식사 기타의 음식물 + 식사대 | 식사만 비과세 |
| 생산직근로자 등 (일용근로자 포함) 이 받는 시간외근무수당 | 월정액급여 210만원 이하, 직전 과세기간 총급여액 3천만원 이하인 근로자로서<br>① 공장 또는 광산근로자 및 일용근로자 | 전액 |
| | ② 어업을 영위하는 자에게 고용되어 근로를 제공하는 자<br>③ 위 ①, ② 외의 생산직 근로자 | 연 240만원 |
| 출산수당 NEW | 근로자 또는 그 배우자의 출산과 관련하여 자녀의 출생일 이후 2년 이내에 사용자로부터 법령으로 정하는 바에 따라 최대 두 차례에 걸쳐 지급받는 급여 (2021년 1월 1일 이후 출생한 자녀에 대하여 2024년 1월 1일부터 2024년 12월 31일 사이에 지급받은 급여를 포함) | 전액 |
| 자녀보육수당 | 근로자 또는 그 배우자의 해당 과세기간 개시일을 기준으로 6세 이하(6세가 되는 날과 그 이전 기간을 말함 NEW)인 자녀의 보육과 관련하여 사용자로부터 지급받는 급여 | 월 20만원<br>(자녀 수 무관) |

| 기타 법률에 따라 받는 급여 | ① 외국정부 등에 근무하는 자 중 대한민국국민이 아닌 자가 그 직무수행의 대가로서 받는 급여(상호주의)<br>② 국가유공자 등이 받는 보훈급여금·학습보조비<br>③ 「전직대통령 예우에 관한 법률」에 따라 받는 연금<br>④ 국군포로가 받는 보수 및 퇴직일시금<br>⑤ 사망으로 「국민연금법」에 따라 받는 반환일시금 및 사망일시금 | 전액 |
|---|---|---|
| 요건을 만족하는 임원 또는 종업원 등에 대한 할인금액 NEW | 임원 등에 대한 할인에 따른 소득 중 다음의 요건을 모두 충족하는 소득<br>㉠ 임원 또는 종업원 본인이 소비하는 것을 목적으로 제공받거나 지원을 받아 구입한 재화 또는 용역으로서 법령으로 정하는 기간 동안 재판매가 허용되지 아니할 것<br>㉡ 해당 재화 또는 용역의 제공과 관련하여 모든 임원 등에게 공통으로 적용되는 기준이 있을 것 | 법령상 금액* |

*다음 중 큰 금액을 말함 NEW

㉠ 임원 등이 해당 과세기간 동안 시가보다 낮은 가격으로 구입한 재화 또는 용역의 시가를 합한 금액 × 20%
㉡ 연간 240만원

## 2  근로소득금액의 계산

중요도 ★★☆

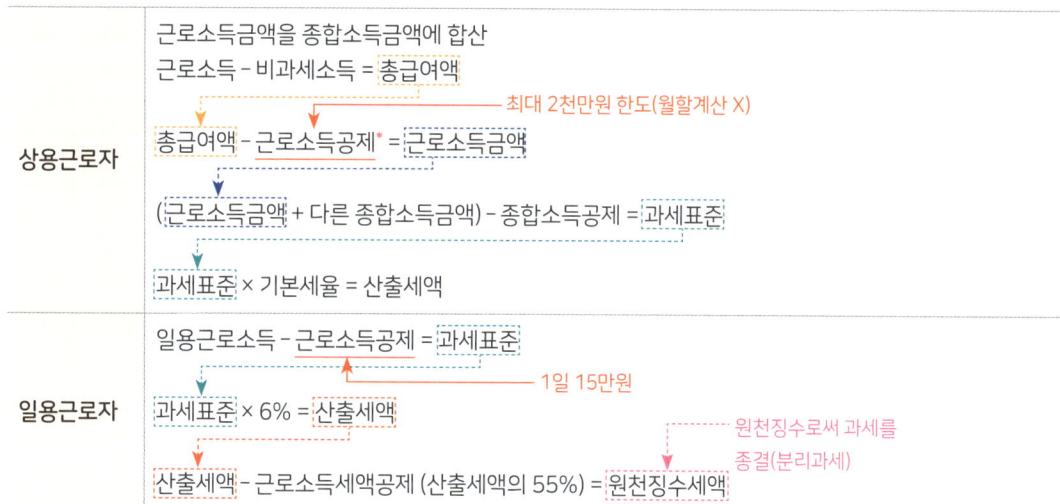

* 상용근로자의 경우 근로소득공제액은 다음의 산식에 따라 계산하며, 해당 과세기간의 총급여액이 근로소득공제액보다 적은 경우 근로소득공제액은 그 총급여액으로 함

| 총급여액 | 근로소득공제액 |
|---|---|
| ① 500만원 이하 | 총급여액 × 70% |
| ② 500만원 초과 1,500만원 이하 | 350만원 + 500만원 초과액의 40% |
| ③ 1,500만원 초과 4,500만원 이하 | 750만원 + 1,500만원 초과액의 15% |
| ④ 4,500만원 초과 1억원 이하 | 1,200만원 + 4,500만원 초과액의 5% |
| ⑤ 1억원 초과 | 1,475만원 + 1억원 초과액의 2% |

## 3  근로소득의 수입시기

중요도 ★★★

| 급여 | 근로를 제공한 날 |
|---|---|
| 인정상여 | 해당 사업연도 중의 근로를 제공하는 날 |
| 잉여금 처분에 의한 상여 | 당해 법인의 잉여금처분결의일 |
| 임원퇴직소득 한도초과액 | 지급받거나 지급받기로 한 날 |
| 주식매수선택권 행사차익 | 주식매수선택권을 행사한 날 |
| 도급 기타 이와 유사한 계약에 의한 급여 | 과세표준확정신고기간 개시일 전에 당해 급여가 확정되지 아니한 때에는 그 확정된 날 ← 단, 그 확정된 날 전에 실제로 받은 금액은 그 받은 날 |

## 4 근로소득의 과세방법

### ❶ 상용근로자의 근로소득 과세방법  중요도 ★★☆

| | |
|---|---|
| 원천징수 | (1) 근로소득은 원천징수대상이 되는 소득으로서 매월분의 근로소득을 지급할 때 근로소득 간이세액표에 따라 소득세를 원천징수하여 징수일이 속하는 달의 다음 달 10일까지 납부해야 함.<br>(2) 원천징수의무자가 1월부터 11월까지의 근로소득을 해당 과세기간의 12월 31일까지 지급하지 아니한 경우 그 근로소득을 12월 31일에 지급한 것으로 보며, 12월분의 근로소득을 다음 연도 2월 말일까지 지급하지 아니한 경우에는 그 근로소득을 다음 연도 2월 말일에 지급한 것으로 보아 소득세를 원천징수 하여야 함.<br>(3) 다음의 ㉠, ㉡에 해당하는 자가 속한 납세조합에 해당되는 경우, 아래와 같이 적용<br>　㉠ 외국기관, 국내에 주둔하는 국제연합군(미군 제외)으로부터 받는 근로소득이 있는 자<br>　㉡ 국외 소재 비거주자 또는 외국법인(국내 지점 또는 국내영업소 제외)으로부터 받는 근로소득이 있는 자<br>① 납세조합의 징수 납부의무: 조합원의 소득세를 매월 징수하여 다음 달 10일까지 납부<br>② 납세조합공제: 조합원에 대한 매월 분 소득세액의 5%를 공제하고 징수<br>③ 공제한도: 조합원 1인당 연간 100만원 → 근로제공기간 등에 따라 월할 계산 |
| 연말정산 | ① 의미: 연말정산 시기에 해당 과세기간의 1년간 지급액의 합계를 정산하는 제도<br>② 연말정산 시기<br>　㉠ 해당 과세기간의 다음 연도 2월분의 근로소득을 지급할 때(2월분의 근로소득을 2월 말일까지 지급하지 않거나 2월분의 근로소득이 없는 경우에는 2월 말일)<br>　㉡ 퇴직하는 경우 퇴직하는 달의 근로소득을 지급할 때<br>③ 연말정산 징수 및 환급: 연말정산 시<br>　㉠ 근로소득에 대한 결정세액 > 원천징수세액<br>　　추가납부세액 = 근로소득에 대한 결정세액 - 원천징수세액<br>　㉡ 근로소득에 대한 결정세액 < 원천징수세액<br>　　환급세액 = 원천징수세액 - 근로소득에 대한 결정세액<br>④ 확정신고 여부: 근로소득 외에 다른 종합소득이 없는 경우에는 확정신고를 하지 않을 수 있으나, 다른 종합소득이 있는 경우에는 합산하여 확정신고를 해야 함 |

### ❷ 일용근로자의 근로소득 과세방법  중요도 ★★☆

| | |
|---|---|
| 원천징수 | 원천징수세액 = {(일급여액 - 1일당 15만원) × 세율} - 근로소득세액공제<br>　　　　　　　　　　　　　　　　　　　　6%　　　　　산출세액 × 55% |
| 분리과세 | 종합소득과세표준 계산 시 합산하지 않고 분리과세 하므로, 급여 지급 시 원천징수세율을 적용한 그 세액을 다음 달 10일까지 납부함으로써 과세를 종결함 |

# 05 연금소득 및 기타소득

## 1 연금소득

### ❶ 연금소득 과세방식

중요도 ★★☆

| 연금소득의 의미 | 과세방식구분 | 납입연도 | 수령연도 | 우리나라 채택 |
|---|---|---|---|---|
| 일정기간 납입한 기여금을 토대로 퇴직·노령·장애·사망 등의 사유가 발생하였을 때 매월 또는 매년도 등의 단위로 지급받는 수입 | 납입연도 과세방식 | 공제없음 | 과세 없음 | |
| | 수령연도 과세방식 | 소득공제 or 세액공제 | 과세 | ✓ |

### ❷ 연금소득 과세체계

중요도 ★★★

#### 2.1 공적연금

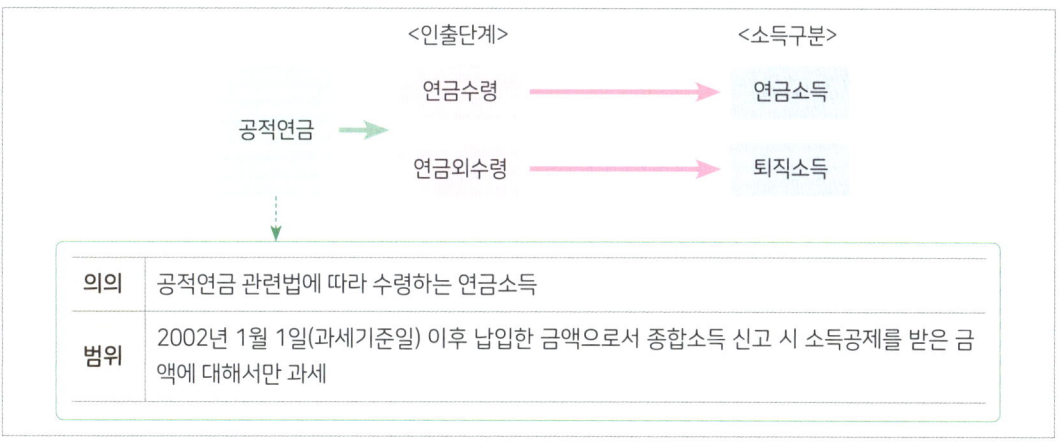

| 의의 | 공적연금 관련법에 따라 수령하는 연금소득 |
|---|---|
| 범위 | 2002년 1월 1일(과세기준일) 이후 납입한 금액으로서 종합소득 신고 시 소득공제를 받은 금액에 대해서만 과세 |

## 2.2 사적연금
### 2.2.1 과세체계

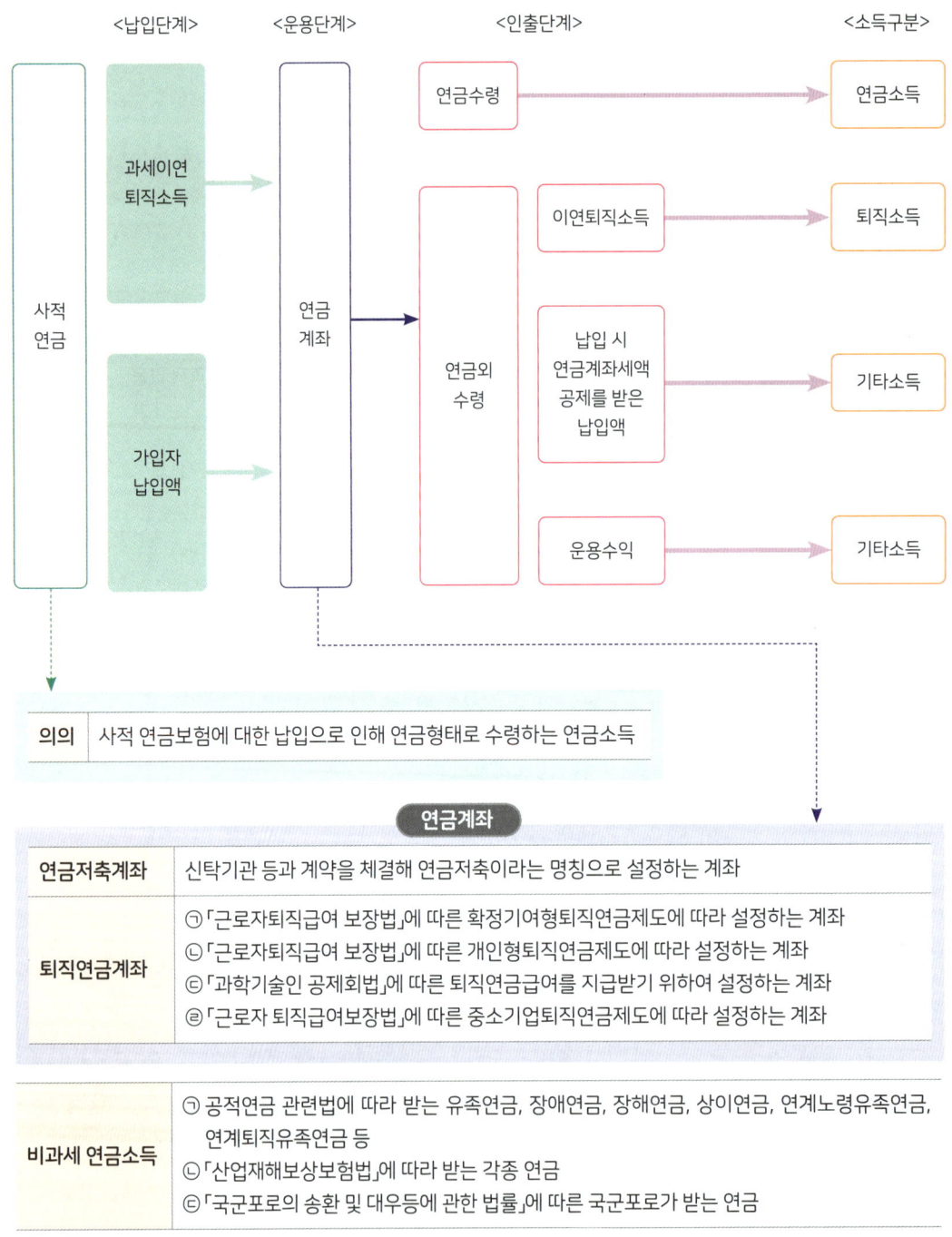

| 의의 | 사적 연금보험에 대한 납입으로 인해 연금형태로 수령하는 연금소득 |
|---|---|

**연금계좌**

| 연금저축계좌 | 신탁기관 등과 계약을 체결해 연금저축이라는 명칭으로 설정하는 계좌 |
|---|---|
| 퇴직연금계좌 | ㉠「근로자퇴직급여 보장법」에 따른 확정기여형퇴직연금제도에 따라 설정하는 계좌<br>㉡「근로자퇴직급여 보장법」에 따른 개인형퇴직연금제도에 따라 설정하는 계좌<br>㉢「과학기술인 공제회법」에 따른 퇴직연금급여를 지급받기 위하여 설정하는 계좌<br>㉣「근로자 퇴직급여보장법」에 따른 중소기업퇴직연금제도에 따라 설정하는 계좌 |

| 비과세 연금소득 | ㉠ 공적연금 관련법에 따라 받는 유족연금, 장애연금, 장해연금, 상이연금, 연계노령유족연금, 연계퇴직유족연금 등<br>㉡「산업재해보상보험법」에 따라 받는 각종 연금<br>㉢「국군포로의 송환 및 대우등에 관한 법률」에 따른 국군포로가 받는 연금 |
|---|---|

## 2.2.2 사적연금 연금수령과 연금외수령

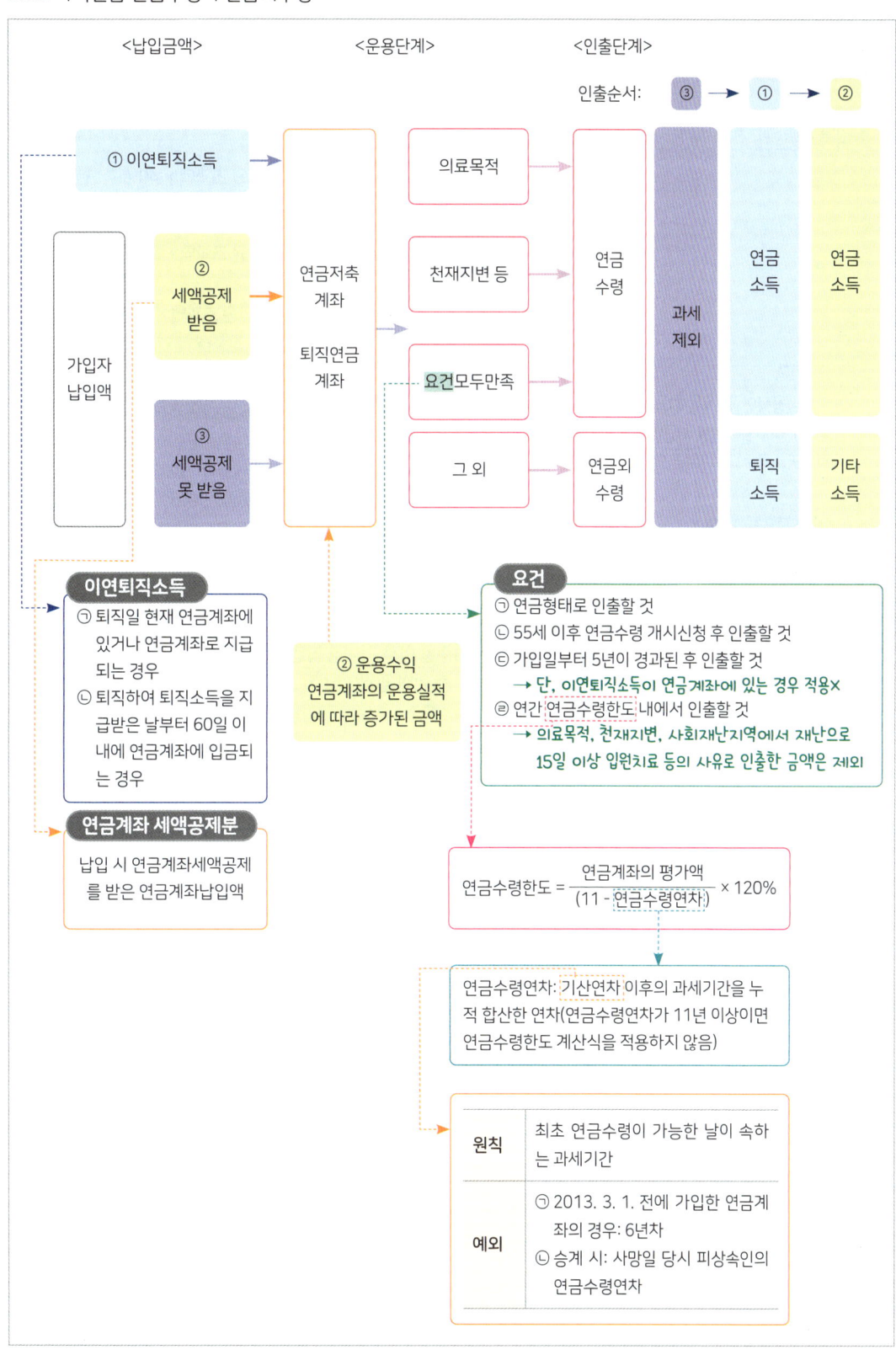

## ❸ 연금소득금액의 계산구조

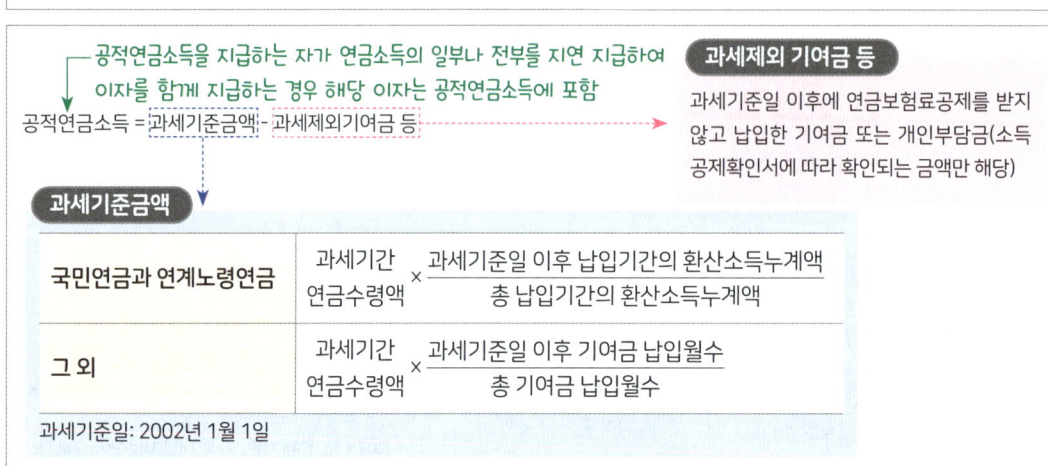

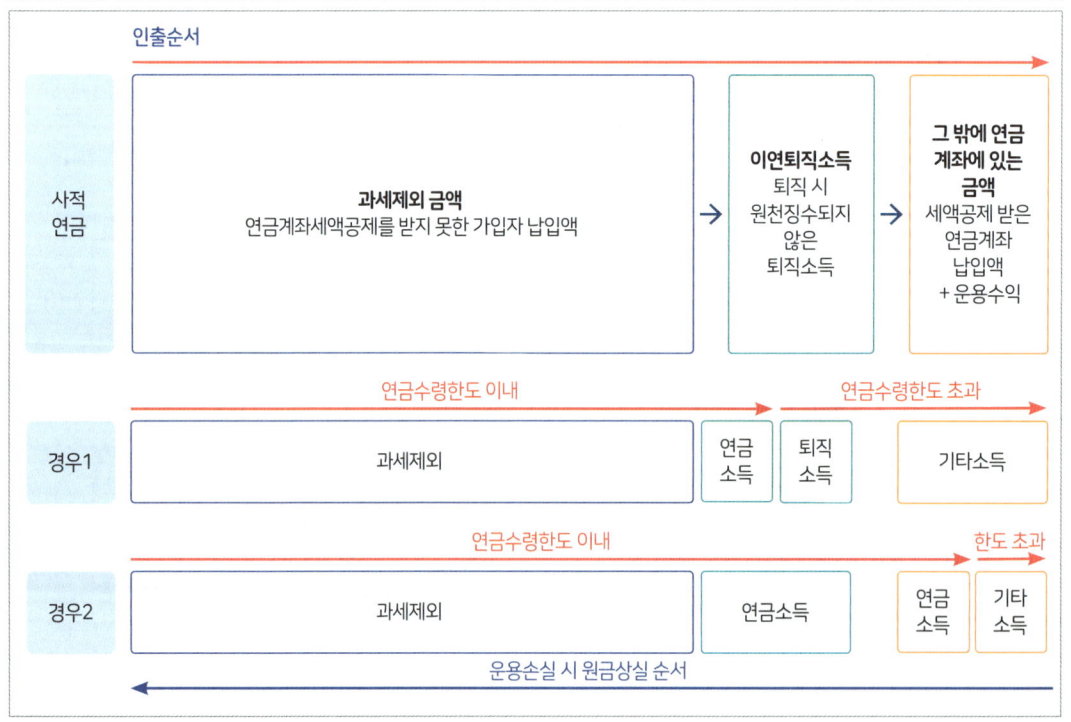

## ❹ 연금소득의 과세방법  중요도 ★★☆

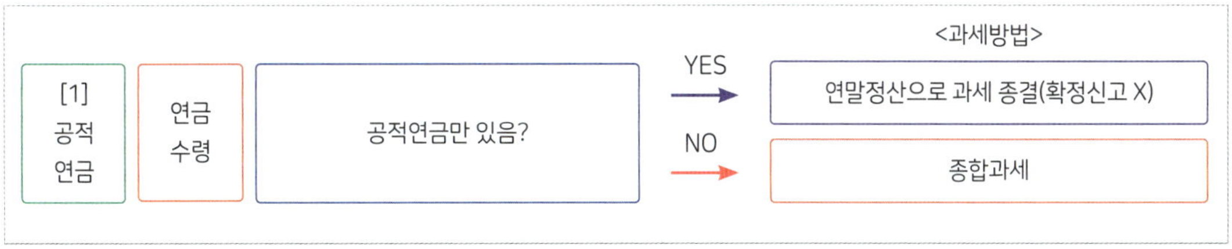

### [1] 공적연금
연금수령 → 공적연금만 있음?
- YES → <과세방법> 연말정산으로 과세 종결(확정신고 X)
- NO → 종합과세

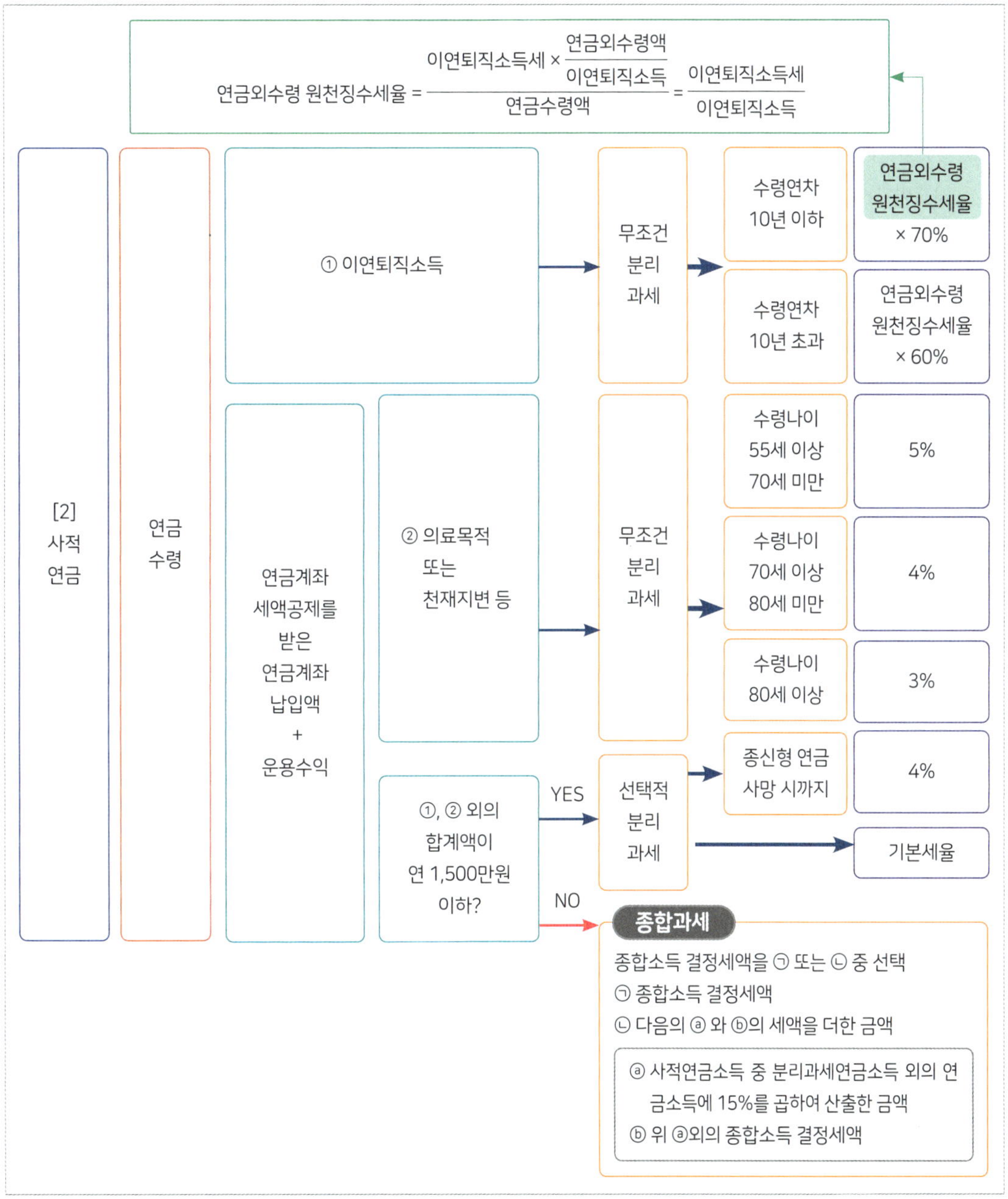

### [2] 사적연금
연금수령

① 이연퇴직소득 → 무조건 분리과세
- 수령연차 10년 이하 → 연금외수령 원천징수세율 × 70%
- 수령연차 10년 초과 → 연금외수령 원천징수세율 × 60%

$$\text{연금외수령 원천징수세율} = \frac{\text{이연퇴직소득세} \times \frac{\text{연금외수령액}}{\text{이연퇴직소득}}}{\text{연금수령액}} = \frac{\text{이연퇴직소득세}}{\text{이연퇴직소득}}$$

연금계좌 세액공제를 받은 연금계좌 납입액 + 운용수익

② 의료목적 또는 천재지변 등 → 무조건 분리과세
- 수령나이 55세 이상 70세 미만 → 5%
- 수령나이 70세 이상 80세 미만 → 4%
- 수령나이 80세 이상 → 3%

①, ② 외의 합계액이 연 1,500만원 이하?
- YES → 선택적 분리과세
  - 종신형 연금 사망 시까지 → 4%
  - → 기본세율
- NO → **종합과세**
  - 종합소득 결정세액을 ㉠ 또는 ㉡ 중 선택
  - ㉠ 종합소득 결정세액
  - ㉡ 다음의 ⓐ 와 ⓑ의 세액을 더한 금액
    - ⓐ 사적연금소득 중 분리과세연금소득 외의 연금소득에 15%를 곱하여 산출한 금액
    - ⓑ 위 ⓐ외의 종합소득 결정세액

## ❺ 연금소득의 수입시기  중요도 ★★☆

| 공적연금소득 | 「공적연금관련법」에 따라 공적연금을 지급받기로 한 날 |
|---|---|
| 사적연금소득 | 연금수령한 날 |
| 그 밖의 소득 | 해당 연금을 지급받은 날 |

## ❻ 원천징수  중요도 ★★★

| 공적연금소득 | 매월 지급 시 연금소득 간이세액표에 의하여 기본세율을 적용하여 원천징수하며, 해당 과세기간의 다음 연도 1월분 연금소득을 지급할 때(해당 과세기간 중에 사망한 경우에는 사망일이 속하는 달의 다음다음 달 말일까지)에 연말정산 |
|---|---|
| 사적연금소득 | 연금계좌납입액 및 운용수익, 이연퇴직소득에 대한 원천징수세율로 원천징수하며, 공적연금소득과 달리 연말정산은 하지 않음 |

## 2  기타소득

### ❶ 기타소득 개요  중요도 ★★★

: 이자소득·배당소득·사업소득·근로소득·연금소득·퇴직소득 및 양도소득 외의 소득으로, 법에 열거된 소득에 한해 과세 (기타소득이면서 다른 소득에도 해당되는 경우 다른 소득으로 먼저 구분함)

### ❷ 기타소득의 범위  중요도 ★★★

#### 2.1 과세되는 기타소득

| 상금 | 상금, 현상금, 포상금, 보로금 또는 이에 준하는 금품 |
|---|---|
| 복권<br>당첨금 등 | ① 복권, 경품권, 그 밖의 추첨권에 당첨되어 받는 금품<br>② 사행행위 등 (적법·불법 여부는 고려하지 아니함)에 참가하여 얻은 재산상의 이익<br>③ 승마투표권, 승자투표권 등의 환급금 |
| 양도 또는<br>대여로 얻은<br>소득 | ① 저작자 외의 자가 저작권 또는 저작인접권의 양도 또는 사용의 대가로 받는 금품<br>② 영화필름 등의 자산 또는 권리의 양도·대여 또는 사용의 대가로 받는 금품<br>③ 광업권 및 어업권 등의 자산이나 권리를 양도하거나 대여하고 그 대가로 받는 금품<br>④ 물품(유가증권 포함) 또는 장소를 일시적으로 대여하고 사용료로서 받는 금품<br>⑤ 통신판매중개를 하는 자를 통하여 물품 또는 장소를 대여하고 연간 수입금액 500만원 이하의 사용료로서 받는 금품 → 500만원 초과 시 사업소득으로 과세<br>⑥ 공익사업 관련 지역권·지상권(지하 또는 공중에 설정된 권리 포함) 설정·대여소득 |
| 보상금 등<br>우발적인<br>소득 | ① 계약의 위약·해약으로 인하여 받는 위약금, 배상금, 부당이득 반환 시 지급받는 이자<br>② 유실물의 습득 또는 매장물의 발견으로 인하여 받는 보상금 또는 자산<br>③ 소유자가 없는 물건의 점유로 소유권을 취득하는 자산<br>④ 특수관계로 인하여 받는 경제적 이익으로서 급여·배당 또는 증여로 보지 않는 금품<br>⑤ 슬롯머신·비디오게임 및 투전기 등을 통해 받는 당첨금품·배당금품 등의 금품 |

| 인적 용역 소득 | ① 문예·학술·미술·음악·사진 등의 창작품에 대한 원작자로서 받는 원고료, 인세 등 일시적 문예창작 소득에 대한 대가<br>② 재산권에 관한 알선 수수료<br>③ 고용관계 없이 다수인에게 강연을 하고 강연료 등 대가를 받는 용역<br>④ 라디오·텔레비전방송 등을 통하여 해설·계몽·심사 등을 하고 받는 보수<br>⑤ 변호사·공인회계사·세무사·건축사 그 밖에 전문적 지식 또는 특별한 기능을 가진 자가 그 지식 또는 기능을 활용하여 보수 또는 그 밖의 대가를 받고 제공하는 용역<br>⑥ 그 밖에 고용관계 없이 수당 또는 이와 유사한 성질의 대가를 받고 제공하는 용역 |
|---|---|
| 종교인소득 | 종교관련 종사자가 종교의식을 집행하는 등 종교관련 종사자로서의 활동과 관련하여 종교단체로부터 받은 소득 ← 근로소득으로 원천징수 또는 신고납부한 경우에는 근로소득 |
| 서화· 골동품 | 개당·점당 또는 조당 양도가액이 6천만원 이상인 서화·골동품의 양도로 발생하는 소득<br>→ 단, 양도일 현재 생존한 국내원작자의 작품은 비과세하며, 다음의 경우는 금액과 무관하게 사업소득으로 함<br>　㉠ 서화·골동품의 거래를 위하여 사업장 등 물적시설(정보통신망을 이용한 가상의 사업장 포함)을 갖춘 경우<br>　㉡ 서화·골동품을 거래하기 위한 목적으로 사업자등록을 한 경우 |
| 기타 | ① 사례금<br>② 소기업·소상공인 공제부금의 해지일시금<br>③ 「법인세법」에 따라 기타소득으로 소득처분된 금액<br>④ 세액공제를 받은 연금계좌 납입액 및 운용수익을 연금외수령한 소득<br>⑤ 퇴직 전에 부여받은 주식매수선택권을 퇴직 후에 행사하거나 고용관계 없이 부여받아 이를 행사함으로써 얻는 이익<br>⑥ 종업원 등 또는 대학의 교직원이 퇴직한 후에 지급받는 직무발명보상금<br>⑦ 뇌물, 알선수재 및 배임수재에 의하여 받는 금품 → 몰수 또는 추징된 경우 비과세<br>⑧ 「노동조합 및 노동관계 조정법」을 위반하여 노동조합 전임자가 지급받는 급여 |

### 2.2 비과세되는 기타소득

| 보훈급여금 및 정착금 등 | ① 「국가유공자등 예우 및 지원에 관한 법률」에 따라 받는 보훈급여금·학습보조비<br>② 「북한이탈주민의 보호 및 정착 지원에 관한 법률」에 따라 받는 정착금·보로금 등 |
|---|---|
| 상금 등 | ① 「국가보안법」에 따라 받는 상금과 보로금<br>② 「상훈법」에 따른 훈장과 관련하여 받는 부상이나 그 밖에 국가·지방자치단체로부터 받는 상금과 부상 등 대통령령이 정하는 상금과 부상 |
| 직무발명 보상금 | 종업원 등 또는 대학의 교직원이 퇴직한 후에 지급받거나 대학과 고용관계가 있는 학생이 소속 대학에 설치된 산학협력단으로부터 받는 직무발명보상금으로서 연 700만원 이하의 금액(직무발명보상금을 지급한 사용자 등 또는 산학협력단과 법령으로 정하는 특수관계에 있는 자가 받는 직무발명보상금은 제외) |
| 위로지원금 | 「국군포로의 송환 및 대우등에 관한 법률」에 따라 국군포로가 받는 위로지원금 등 |
| 서화·골동품 양도소득 | ① 「문화재보호법」에 따라 국가지정문화재로 지정된 서화·골동품의 양도소득<br>② 서화·골동품을 박물관·미술관에 양도함으로써 발생하는 소득 |

| | |
|---|---|
| 종교인소득 | 학자금 등, 실비변상적 성질의 지급액, 제공받은 사택, 월 20만원 이내의 출산·자녀보육 관련 금액, 식사나 그 밖의 음식물을 제공받지 아니하는 종교관련 종사자가 받는 월 20만원 이하의 식사대 |
| 무보수 위원수당 | 법령·조례에 따른 위원회 등의 보수를 받지 아니하는 위원(학술원 및 예술원의 회원을 포함) 등이 받는 수당 |

### ❸ 기타소득의 수입시기  중요도 ★★★

| | |
|---|---|
| 원칙 | 그 지급을 받은 날 |
| 「법인세법」에 의하여 소득처분된 기타소득 | 그 법인의 해당 사업연도 결산확정일 |
| 광업권·어업권 등을 양도하고 그 대가로 받는 금품 | 대금청산일·인도일·사용수익일 중 빠른 날<br>→ 다만, 대금을 청산하기 전에 자산을 인도 또는 사용·수익하였으나 대금이 확정되지 않는 경우에는 그 대금의 지급일 |
| 광업권·어업권 등을 대여하고 그 대가로 받는 금품 | 그 지급을 받은 날 |
| 계약금이 위약금·배상금으로 대체되는 경우의 기타소득 | 계약의 위약 또는 해약이 확정된 날 |
| 연금계좌에서 연금외수령한 기타소득 | 연금외수령한 날 |

### ❹ 기타소득의 과세최저한  중요도 ★★★

| | |
|---|---|
| 원칙 | 건별로 5만원 이하인 경우<br>→ 단, 연금계좌에서 연금외수령하는 기타소득금액은 과세최저한을 적용하지 않고 금액에 관계없이 과세함 |
| 승마투표권·승자투표권·<br>소싸움경기투표권·체육진흥투<br>표권 환급금 | 권면에 표시된 금액의 합계액이 10만원 이하이고 다음 중 어느 하나에 해당하는 경우<br>① 적중한 개별투표당 환급금이 10만원 이하인 경우<br>② 단위투표금액당 환급금이 단위투표금액의 100배 이하이면서 적중한 개별 환급금이 200만원 이하인 경우 |
| 슬롯머신 등 및 복권 당첨금 | 건별로 200만원 이하인 경우 |

## ❺ 기타소득금액의 계산  중요도 ★★★

기타소득금액 = 기타소득 총수입금액 − 필요경비

① 원칙: 일반적으로 용인되는 통상적인 것의 합계액

| 승마투표권·승자투표권 등의 환급금 | 그 구매자가 구입한 적중된 투표권의 단위투표금액 |
|---|---|
| 슬롯머신 등의 당첨금품 등 필요경비 | 당첨 직전에 슬롯머신 등에 투입한 금액 |

② 예외: 필요경비 계산 [암기팁] 순공주 지인통해문무경비

| 구분 | 최소경비율 |
|---|---|
| ㉠ 다수**순**위경쟁대회 입상자의 상금·부상<br>㉡ **공**익법인이 주무관청의 승인을 받아 시상하는 상금 및 부상<br>㉢ 위약금·배상금 중 **주**택입주지체상금 | 80% |
| ㉣ 공익사업 관련 **지**역권·지상권 설정·대여<br>㉤ 고용관계없이 다수**인**에게 강연<br>㉥ **통**신판매중개를 하는 자를 통하여 물품·장소를 대여하고 연간 수입금액이 500만원 이하의 사용료<br>㉦ 라디오·텔레비전방송 등을 통하여 **해**설·계몽·심사 등을 하고 받은 보수<br>㉧ 일간지에 기고하고 받은 원고료 등 일시적인 **문**예창작소득<br>㉨ 광업권·어업권·산업재산권·산업정보·산업상비밀·상표권·영업권·점포임차권·토사석채취허가권 등의 **무**체재산권을 양도·대여하고 받는 금품<br>㉩ 변호사·공인회계사·세무사·건축사·측량사·변리사, 그 외 전문가의 보수 | 60% |
| ㉪ 받은 금액 1억 이하 또는 보유기간 10년 이상의 서화·골동품 양도소득 | 90% |
| ㉫ 받은 금액 1억 초과 + 보유기간 10년 미만의 서화·골동품 양도소득 | 9천만원 + 초과액 × 80% |
| ㉬ 종교인소득 | 20%~80% |

기타소득 − 비과세 소득 − 분리과세 소득

**선택적 분리과세**
기타소득금액(무조건 분리과세, 무조건 종합과세 및 비과세 제외)의 연간 합계액이 300만원 이하인 경우 분리과세와 종합과세 중 선택 가능

① 계약금 중 위약금·배상금 대체액
② 소기업·소상공인 공제부금 해지 일시금
③ 위 외의 소득

**무조건 종합과세**
뇌물·알선수재·배임수재에 의하여 받는 금품

**무조건 분리과세**

확정신고해야 함

| | 원천징수 대상 아님 |
|---|---|
| ① 연금계좌에서 연금외수령한 기타소득 | 15% |
| ② 서화·골동품 양도소득 | |
| ③ 복권당첨금 | |
| ④ 승마투표권·승자투표권·소싸움경기투표권·체육진흥투표권의 환급금 | 20% |
| ⑤ 슬롯머신 등 당첨금품 등 | |
| ⑥ 위와 유사한 소득으로서 기획재정부령이 정하는 소득 | |

## ❻ 원천징수  중요도 ★★★

기타소득에 대한 원천징수세액 = 기타소득금액 × 원천징수세율

→ 징수일이 속하는 달의 다음 달 10일까지 납부

**원천징수 제외되는 기타소득**
① 뇌물·알선수재·배임수재에 의하여 받는 금품
② 계약금이 위약금·배상금으로 대체되는 경우의 위약금·배상금

분리과세를 선택하더라도 확정신고를 해야 함
결정세액 = 위약금·배상금으로 대체된 계약금 × 20%

**원천징수세율**

| | |
|---|---|
| ① 원칙 | 20% |
| ② 특정봉사료의 수입 | 5% |
| ③ 연금계좌에서 연금외수령한 기타소득<br>④ 소기업·소상공인 공제부금 해지 일시금 | 15% |
| ⑤ 3억원을 초과하는 복권당첨금, 승마투표권 등의 환급금, 슬롯머신 등 당첨금품 | 30% |
| ⑥ 종교인소득 | 간이세액표 기준 |

# 06 소득금액계산의 특례

제6편 소득세법

## 1 부당행위계산의 부인

중요도 ★★★

| 의미 | 특수관계인과의 거래로 인하여 세부담을 부당하게 감소시킨 것으로 인정되는 경우 거주자의 행위나 계산과 관계없이 국가에서 과세기간의 소득금액을 계산하는 것 ||
|---|---|---|

- 세부담을 부당하게 감소시킨 것으로 인정되는 경우 → 출자공동사업자 배당소득, 사업소득, 기타소득, 양도소득
- 거주자의 행위 → 친족관계, 경제적 연관관계, 경영지배관계(본인이 개인인 경우로 한정)

| | 세부담을 부당하게 감소시킨 것으로 인정되는 경우 | 조건 |
|---|---|---|
| 의미 | ① 특수관계인으로부터 시가보다 높은 가격으로 자산을 매입하거나 특수관계인에게 시가보다 낮은 가격으로 자산을 양도한 경우 | 차액이 3억원 이상이거나 시가의 5% 이상 |
| | ② 특수관계인에게 금전이나 그 밖의 자산 또는 용역을 무상 또는 낮은 이율 등으로 대부하거나 제공한 경우* | |
| | ③ 특수관계인으로부터 금전이나 그 밖의 자산 또는 용역을 높은 이율 등으로 차용하거나 제공받는 경우 | |
| | ④ 특수관계인으로부터 무수익자산을 매입하고 그 자산에 대한 비용을 부담하는 경우 | - |
| | ⑤ 그 밖에 특수관계인과의 거래에 따라 해당 과세기간의 총수입금액 또는 필요경비를 계산할 때 조세의 부담을 부당하게 감소시킨 것으로 인정되는 경우 | 차액이 3억원 이상이거나 시가의 5% 이상 |

| 적용효과 | ① 사법상 효과: 거래가 법적으로 계속 유효함<br>② 세법상 효과: 소득금액만 재계산하는 효과가 있을 뿐이며 조세포탈범으로 보지 않음 |
|---|---|

* 직계존비속에게 주택을 무상으로 사용하게 하고 직계존비속이 그 주택에 실제 거주하는 경우에는 부당행위계산부인을 적용하지 않되, 그 주택에 관련된 경비는 가사관련 경비로 보아 필요경비 불산입함.

### 오쌤 Tip 부당행위계산의 부인 「법인세법」 vs 「소득세법」

| 법인세법 | 소득세법 |
|---|---|
| ① 특수관계인과의 거래여야 함 ||
| ② 그 거래로 인하여 조세부담이 부당하게 감소된 것으로 인정되어야 함 ||
| ③ 범위: 별도 제한 없음 | ③ 출자공동사업자의 배당소득·사업소득, 기타소득, 양도소득이 있는 자에게만 적용함 |

## 2　결손금 및 이월결손금의 공제

### ❶ 결손금 및 이월결손금의 의미　　　　　　　　　　　　중요도 ★☆☆

| 결손금 | 총수입금액보다 필요경비가 더 큰 경우 총수입금액에서 해당 필요경비를 뺀 금액 |
|---|---|
| 이월결손금 | 차후 과세기간으로 이월된 경우 해당 결손금 |

### ❷ 결손금 및 이월결손금의 공제　　　　　　　　　　　　중요도 ★★★

#### 2.1 원칙

| 구분 | 일반사업소득 | 부동산임대업 사업소득<br>(주거용 건물 임대업 제외) |
|---|---|---|
| 결손금 | 사업 → 근로 → 연금 → 기타 → 이자 → 배당<br>↳ 부동산임대업에서 발생한 소득금액이 있는 경우 결손금을 먼저 부동산임대업의 소득금액에서 공제함 | 부동산임대업의 소득금액에서만 공제(단, 주거용 건물 임대업에서 발생한 결손금은 다른 종합소득에서 공제 가능)<br>→ 다른 종합소득에서 공제할 수 없음 주의 ← |
| 이월결손금 | 15년간 이월하여<br>사업 → 근로 → 연금 → 기타 → 이자 → 배당<br>↳ 중소기업은 직전 과세기간에서 소급공제 가능 | 15년간 이월하여 부동산임대업의 소득금액에서만 공제 |

① 해당 과세기간에 결손금이 발생하고 이월결손금도 있는 경우 그 과세기간의 결손금을 먼저 소득금액에서 공제하며, 먼저 발생한 과세기간의 이월결손금부터 순서대로 공제하되, 자산수증이익·채무면제이익으로 충당된 이월결손금은 공제할 수 없음
② 해당 과세기간의 소득금액에 대하여 추계신고를 하거나 추계조사결정하는 경우에는 이월결손금 공제규정을 적용하지 아니하나, 천재지변이나 그 밖의 불가항력으로 장부나 그밖의 증명서류가 멸실되어 추계신고를 하거나 추계조사결정을 하는 경우에는 적용함.

#### 2.2 금융소득에 대한 사업소득 결손금 및 이월결손금의 공제특례

| 원천징수세율이 적용되는 금융소득 | 결손금 및 이월결손금 공제불가 |
|---|---|
| 기본세율이 적용되는 금융소득 | 소득금액 범위 내에서 공제 여부와 그 금액을 선택 가능 |

## ❸ 결손금 소급공제  *중요도 ★★★*

| 의미 | 중소기업을 경영하는 거주자가 그 중소기업의 사업소득금액을 계산할 때 해당 과세기간의 이월결손금이 발생한 경우에는 결손금 소급공제세액을 환급신청할 수 있으며, 소급공제한 이월결손금에 대해서 이월결손금 공제를 적용할 때에는 그 이월결손금을 공제받은 금액으로 봄 |
|---|---|
| | • 한도: 직전 과세기간의 그 중소기업의 사업소득에 부과된 종합소득 결정세액<br>• 과세표준확정신고기한까지 관할 세무서장에게 환급을 신청해야 하고 관할 세무서장은 지체 없이 환급세액을 결정하여 환급해야 함<br>• 부동산임대업에서 발생한 이월결손금 제외 |
| 조건 | 신고기한까지 결손금이 발생한 과세기간과 그 직전 과세기간의 소득에 대한 소득세의 과세표준 및 세액을 각각 신고한 경우에만 적용 가능 |
| 신청 절차 | 과세표준 확정신고기한까지 납세지 관할 세무서장에게 환급을 신청해야 하며, 납세지 관할 세무서장은 지체 없이 환급세액을 결정하여 환급해야 함 |
| 결손금의 처리순서 | 사업소득의 결손금을 해당 과세기간의 다른 종합소득에서 먼저 공제하고 남은 결손금은 중소기업에 한해 직전 과세기간에서 소급공제할 수 있음 |
| 환급세액의 추징 | 다음 중 어느 하나에 해당하는 경우 환급세액 및 이자상당액을 이월결손금이 발생한 과세기간의 소득세로서 징수함 |

| 구분 | | 환급 or 추징 | 이자상당액 |
|---|---|---|---|
| 소급공제 대상 이월결손금 변동 | 증가 | 경정청구를 통한 추가 환급가능 | X |
| | 감소 | 환급세액 추징 | 이자상당액 징수 |
| 직전 과세표준과 세액 경정으로 환급세액 변동 | 증가 | 환급세액 재결정하여 추가 환급가능 | X |
| | 감소 | 환급세액 재결정하여 그 차액을 징수 | 이자상당액 징수 |
| 환급 시 중소기업 | 요건 불충족 | 환급세액 추징 | 이자상당액 징수 |

# 3 공동사업 합산과세

## ❶ 공동사업장의 소득금액 계산

### 1.1 개요

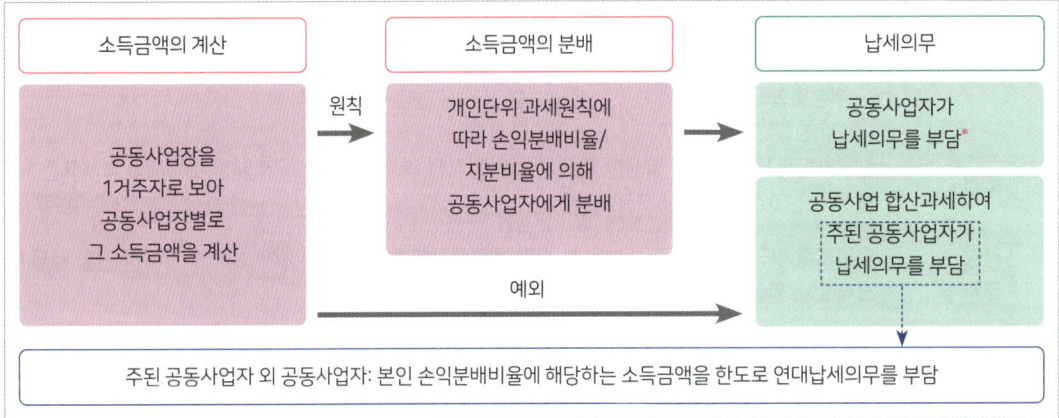

* 「국세기본법」에서는 공동사업 또는 그 공동사업에 속하는 재산과 관계되는 국세 및 강제징수비는 공동사업자가 연대하여 납부할 의무를 진다고 규정하고 있으나 「소득세법」은 이에 대한 예외로서 공동사업자별로 납세의무가 있으며 연대납세의무가 없다고 규정하고 있음(개별세법 > 「국세기본법」)

### 1.2 결손금 및 이월결손금의 분배

| 결손금 | 각 공동사업자별로 분배된 금액 범위에서 각 공동사업자의 다른 사업장의 동일소득 또는 다른 종합소득과 통산 |
|---|---|
| 이월결손금 | 이월결손금을 공제하지 아니한 해당 과세기간의 소득금액을 공동사업자별로 분배한 후, 각 공동사업자의 차후 소득금액에서 이월결손금으로 공제 |

## ❷ 공동사업 합산과세  `중요도 ★★★`

적용요건에 해당하는 경우 특수관계인의 소득금액을 주된 공동사업자의 소득으로 합산과세하는 것

**주된 공동사업자**

**적용방법** 주된 공동사업자 소득으로 합산과세하며 주된 공동사업자는 다음 순서로 적용
- 1순위  손익분배비율이 큰 공동사업자
- 2순위  공동사업소득 외의 종합소득금액이 많은 자
- 3순위  직전 과세기간의 종합소득금액이 가장 많은 자
- 4순위  해당 사업에 대한 종합소득과세표준을 신고한 자

**공동사업 합산과세 요건**
① 거주자가 특수관계인과 함께 공동사업을 영위하면서
② 조세를 회피할 목적 등 공동사업 합산과세 사유에 해당하는 경우
③ 공동사업 합산과세 대상이 되는 소득에 한해 규정을 적용함

**특수관계인**
해당 과세기간종료일 현재 거주자 1인과 「국세기본법 시행령」에 따른 친족관계·경제적 연관관계·경영지배관계에 있는 자로서 생계를 같이하는 자

**공동사업합산과세 사유**
① 공동사업자가 확정신고 시 제출한 신고서와 첨부서류상에 기재한 사업의 종류, 소득금액의 내역, 지분비율, 약정된 손익분배비율 및 공동사업자 간의 관계 등이 사실과 현저하게 다른 경우
② 공동사업자의 경영참가, 거래관계, 손익분배비율 및 자산·부채 등의 재무상태 등을 보아 조세를 회피하기 위해 공동으로 사업을 경영하는 것으로 확인되는 경우

**사업소득**
공동사업장에서 발생하는 '사업소득'

## ❸ 기타사항  `중요도 ★★☆`

| | |
|---|---|
| 원천징수세액 및 가산세 | 각 공동사업자의 손익분배비율에 따라 배분(공동사업장으로부터 분배받은 소득금액에 대하여 장부의 기록·보관 불성실 가산세를 적용할 경우에는 거주자별로 가산세를 계산) |
| 급료명목의 보수 | 보수를 받은 공동사업자의 소득분배로 보고 그 공동사업자의 분배소득에 가산 |
| 장부기장 및 사업자등록 | 공동사업장을 1사업자로 보아 장부기장 및 사업자등록 규정을 적용(기업업무추진비 한도액 및 기부금 한도액 등을 각 공동사업장별로 계산해야 함을 의미) |
| 과세표준확정신고 | 분배된 소득금액을 종합소득금액에 합산하여 신고 |
| 부당행위계산의 부인 | 부당행위계산의 부인 적용하는 경우 공동사업자를 거주자로 간주 |
| 소득세액의 결정 또는 경정 | 대표 공동사업자의 주소지 관할 세무서장(국세청장이 특히 중요하다고 인정하는 경우 사업장 관할 세무서장 또는 주소지 관할 지방국세청장)이 공동사업에서 발생하는 소득금액의 결정 또는 경정 |

## 4  기타 소득금액계산의 특례

### ❶ 상속 시 소득금액의 구분계산  〔중요도 ★★★〕

| 원칙 | 피상속인의 소득금액에 대해 상속인이 납세의무를 지되, 피상속인의 소득세와 상속인의 소득세는 구분하여 계산 |
|---|---|
| 예외 | 연금계좌의 가입자가 사망하였으나 그 배우자가 연금외수령 없이 해당 연금계좌를 상속으로 승계하는 경우, 연금계좌에 있는 피상속인의 소득금액을 상속인의 것으로 보아 소득세를 계산 |

### ❷ 채권 등에 대한 소득금액의 계산 특례  〔중요도 ★★☆〕

| 채권 등에 대한 소득금액 계산 특례 | 거주자가 채권(또는 증권)의 발행법인으로부터 해당 채권(또는 증권)에서 발생하는 이자(또는 할인액)을 지급받거나 해당 채권(또는 증권)을 매도(환매조건부채권매매 제외)하는 경우에는 다음과 같이 계산함<br>① 보유기간을 입증하는 경우: 거주자에게 그 보유기간별로 귀속되는 이자(또는 할인액)을 해당 거주자의 이자소득으로 보아 소득금액을 계산<br>② 보유기간을 입증하지 못하는 경우: 원천징수 기간의 이자 상당액이 해당 거주자에게 귀속되는 것으로 보아 소득금액을 계산 |
|---|---|
| 보유기간 이자상당액 원천징수 특례 | 매도자 → 매수자 / 원천징수의무자<br>① 개인 → 개인 / 원천징수의무 없음<br>② 개인 → 법인 / 매수법인<br>③ 법인 → 개인 / 매도법인<br>④ 법인 → 법인 / 매도법인 |

### ❸ 중도해지로 인한 이자소득계산의 특례  〔중요도 ★★☆〕

: 종합소득과세표준 확정신고 후 예금 또는 신탁계약의 중도해지로 이미 지난 과세기간에 속하는 이자소득금액이 감액된 경우 그 중도해지일이 속하는 과세기간의 종합소득금액에 포함된 이자소득금액에서 그 감액된 이자소득금액을 뺄 수 있음 (단, 경정청구한 경우에는 제외)

### ❹ 비거주자 등과의 거래에 대한 소득금액의 계산 특례  〔중요도 ★★☆〕

: 우리나라가 조세의 이중과세 방지를 위하여 체결한 조세조약의 상대국과 그 조세조약의 상호 합의 규정에 따라 거주자가 국외에 있는 비거주자 또는 외국법인과 거래한 그 금액에 대하여 권한 있는 당국 간에 합의를 하는 경우에는 그 합의에 따라 납세지 관할 세무서장 또는 지방국세청장은 그 거주자의 각 과세기간의 소득금액을 조정하여 계산할 수 있음

# 07 종합소득과세표준의 계산

## 1 종합소득과세표준의 계산구조

종합소득과세표준 = 종합소득금액 - 종합소득공제

중요도 ★☆☆

「소득세법」상 종합소득공제
인적공제, 연금보험료공제, 주택담보노후연금이자비용공제, 특별소득공제

「조세특례제한법」상 소득공제
신용카드 등 사용금액에 대한 소득공제 등

## 2 인적공제

### ❶ 인적공제 개요

중요도 ★★★

인적공제 = 기본공제 + 추가공제

의미: 납세의무자의 가족 수에 따른 담세력의 차이를 고려하여 일정한 금액을 종합소득금액에서 공제

기본공제대상 가족: 1명 × 150만원
비거주자: 본인에 대한 공제만 적용
법인이 아닌 단체: 기본공제를 적용할 수 없음

중복적용 가능, 부녀자공제와 한부모공제에 모두 해당되면 한부모공제만 적용

**기본공제**

| 기본공제대상 가족 | | 나이 요건 | 소득금액 요건 |
|---|---|---|---|
| 본인 | | 없음 | 없음 |
| 배우자 | | 없음 | 100만원 이하 |
| 생계를 같이하는 부양가족 | 직계존속 | 60세 이상 | |
| | 직계비속·입양자 | 20세* 이하 | |
| | 형제자매 | 20세* 이하 또는 60세 이상 | |
| | 장애인·기초생활수급자 | 없음 | |
| | 위탁아동 | 18세 미만 | |

**추가공제**

| 구분 | 추가공제 사유 | 1명당 공제금액 |
|---|---|---|
| 경로우대자 공제 | 기본공제대상자가 70세 이상인 경우 | 100만원 |
| 장애인공제 | 기본공제대상자가 장애인인 경우 | 200만원 |
| 부녀자공제 | 거주자 본인이 다음 중 하나인 경우<br>① 배우자가 있는 여성<br>② 배우자가 없는 여성으로서 기본공제대상 부양가족이 있는 세대주 | 50만원 |
| 한부모공제 | 거주자가 배우자가 없는 사람으로서 기본공제대상자인 직계비속 또는 입양자가 있는 경우 | 100만원 |

- 보호기간이 연장된 경우로서 20세 이하인 위탁아동 포함
- 직계비속·입양자와 그 배우자가 모두 장애인이면 그 배우자 포함
- 주민등록표의 동거가족으로서 해당 거주자의 주소·거소에서 현실적으로 생계를 같이 하는 사람. 단, 배우자, 직계비속·입양자, 주거 형편에 따라 별거하고 있는 직계존속 등 일정사유로 동거하지 않더라도 부양가족으로 간주
- 비과세·과세제외 및 분리과세대상 소득을 제외한 종합·퇴직·양도소득금액의 연간 합계액으로 계산하며 근로소득만 있는 경우 총 급여액이 500만원(근로소득금액 150만원) 이하인 경우를 포함
- 해당 과세기간에 종합소득과세표준을 계산할 때 합산하는 종합소득금액이 3,000만원 이하인 거주자로 한정

* 20세가 되는 날과 그 이전 기간을 말함 NEW

## ❷ 기타사항  `중요도 ★★★`

| 인적공제 한도 | | | 인적공제 합계액이 종합소득금액을 초과하는 경우 초과액은 없는 것으로 봄 |
|---|---|---|---|
| 기본공제 대상자의 판정시기 | 원칙 | | 과세기간 종료일 현재의 상황에 따름 |
| | 예외 | 과세기간 종료일 전에 사망한 사람 또는 장애가 치유된 사람 | 사망일 전날 또는 치유일 전날의 상황에 따름 |
| | | 공제대상자의 적용대상 나이가 정해진 경우 | 당해 과세기간 중 하루라도 적용대상 나이에 해당한 경우 인적공제 적용 가능 |
| 중복공제의 배제 | 신고서 기재가 명확한 경우 | | 해당 과세기간의 신고서에 기재된 바에 따라 그 중 1명의 공제대상가족으로 함 |
| | 신고서 기재가 명확하지 않은 경우 | | 다음 중 한 사람이 다른 거주자의 부양가족에도 해당하면 아래에 따름 |
| | 중도에 사망하거나 출국한 거주자의 경우 | | 피상속인 또는 출국한 거주자의 공제대상가족으로 간주 |

| 구분 | 공제방법 |
|---|---|
| 거주자의 배우자 | 거주자의 배우자로 간주 |
| 거주자의 부양가족 | 직전 과세기간에 공제받은 자(해당 사실이 없는 경우 종합소득금액이 가장 많은 자)의 부양가족으로 간주 |

## 3 연금보험료공제 및 주택담보노후연금이자비용공제

### ❶ 연금보험료공제  `중요도 ★★★`

: 공적연금소득 납입액에 적용하는 소득공제

| 공제액 | 해당 과세기간에 납입한 공적연금 관련법에 따른 기여금 또는 개인부담금(연금보험료) 전액 공제 |
|---|---|
| 공제한도 | 종합소득공제(「소득세법」, 「조세특례제한법」상의 소득공제) 합계액이 종합소득금액을 초과하는 경우 초과액을 한도로 연금보험료공제를 받지 않은 것으로 간주 |

### ❷ 주택담보노후연금 이자비용공제  `중요도 ★★☆`

: 연금소득이 있는 거주자가 일정한 요건을 갖춘 주택담보노후연금을 수령하는 경우, 그 받은 연금에 대해서 해당 과세기간에 발생한 이자비용 상당액을 해당 과세기간 연금소득금액에서 공제

> 주택담보노후연금 이자비용공제액: MIN[①, ②, ③]
> ① 지급받은 주택담보노후연금에 대하여 해당 과세기간에 발생한 이자비용 상당액
> ② 200만원
> ③ 연금소득금액

## 4 특별소득공제

중요도 ★★☆

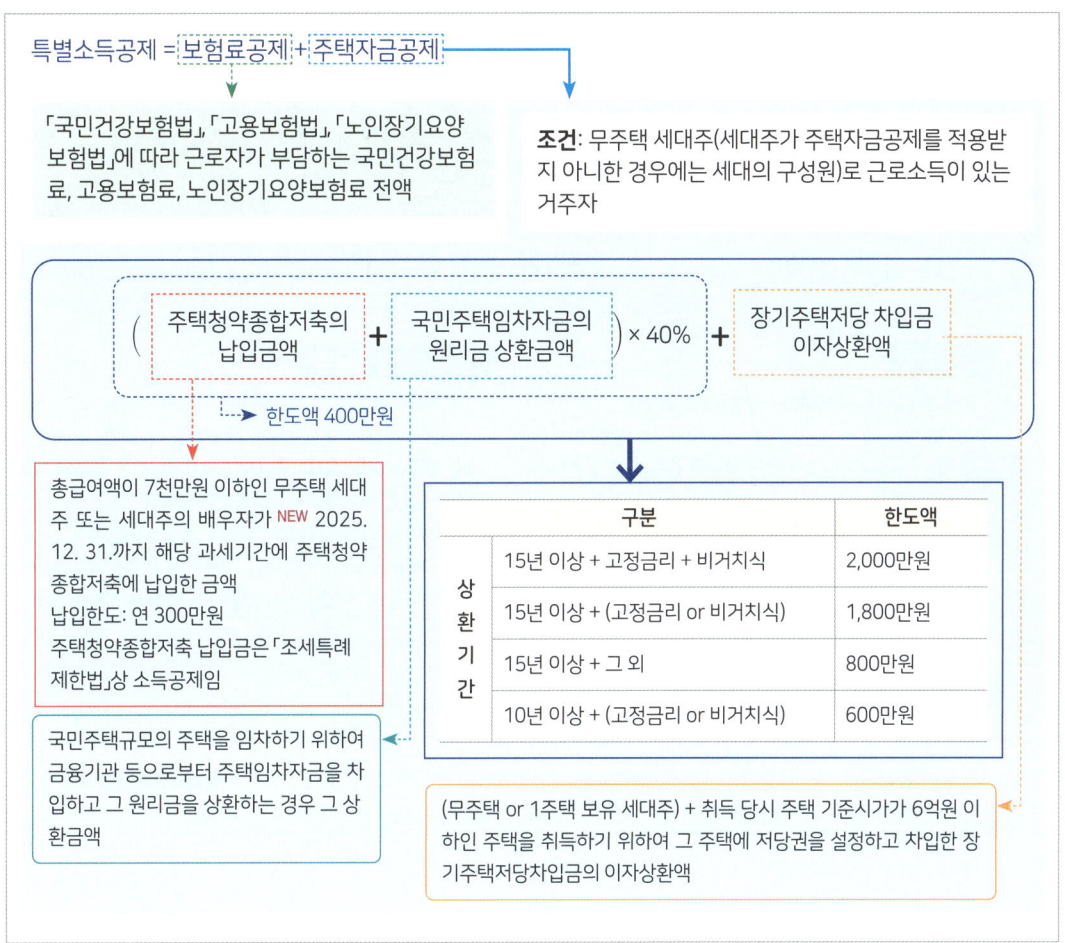

## 5. 「조세특례제한법」상 소득공제

중요도 ★☆☆

**「조세특례제한법」상 소득공제**
- **소기업·소상공인 공제부금에 대한 소득공제**: 소기업·소상공인공제에 가입하여 공제부금을 납부하는 경우 법에 따른 금액을 사업소득 금액에서 공제
- **우리사주조합출자자에 대한 소득공제**: 우리사주조합원이 우리사주를 취득하기 위해 우리사주조합에 출자하는 경우 법에 따른 금액을 근로소득 금액에서 공제
- **신용카드 등 사용금액에 대한 소득공제**: 증빙과세 정착을 위해 상용근로자가 사업자로부터 재화·용역을 제공받고 신용카드 등을 사용한 경우, 일정 금액을 근로소득금액에서 공제

**공제대상**
① 근로소득이 있는 거주자 ← 일용근로자 제외
② 그 거주자의 배우자로서 연간소득금액이 100만원 이하인 자 ← 총급여액이 500만원 이하인 근로소득만 있는 자 포함
③ 그 거주자와 생계를 같이하는 직계존비속으로서 연간소득금액의 합계액이 100만원 이하인 자 ← 나이제한은 없으며 총급여액이 500만원 이하인 근로소득만 있는 자 포함

**제외되는 사용금액**
① 신용카드의 비정상적 사용행위에 기인한 거래금액
② 세법상 다른 공제가 적용되는 거래금액 ← 사업소득 관련 비용 또는 법인의 비용, 정치자금세액공제를 적용받은 정당에 기부한 정치자금, 월세세액공제를 적용받은 월세액
③ 증빙과세 정착과는 무관한 항목 ← 각종 보험료, 공적 교육비, 자동차 구입비용, 세금 및 공과금, 상품권 등 구입비, 국외에서의 신용카드 사용액, 차입금 이자상환액 등 법에서 정하는 항목

**신용카드 등 사용금액에 대한 소득공제액**

① 공제액

(전통시장 사용분 × 40%) + (대중교통 이용분 × 40%) + (문화활동 사용분 × 30%) + (현금 등 사용분 × 30%) + (신용카드 사용분 × 15%)

**최저사용금액을 제외한 금액** → 근로소득자 총급여액의 25%

② 공제 한도

| 공제한도 | 총급여 | 7천만원 이하 | 7천만원 초과 |
|---|---|---|---|
| 기본공제 한도 | | 300만원 | 250만원 |
| 추가 공제 한도 | 전통시장 | 300만원 | 200만원 |
| | 대중교통 | | |
| | 도서공연 등 | | - |

## 6 소득공제 기타 규정

중요도 ★★☆

| | |
|---|---|
| 공동사업 합산과세 소득공제 특례 | 공동사업합산과세가 적용될 때, 연금보험료공제, 「조세특례제한법」에 따른 소득공제, 연금계좌세액공제 관련 특수관계인이 지출한 금액이 있는 경우 주된 공동사업자의 합산과세되는 종합소득금액 또는 종합소득산출세액을 계산할 때에 소득공제 또는 세액공제 적용 가능 |
| 소득공제 등의 종합한도 | 특별소득공제 중 주택자금공제액 및 「조세특례제한법」에 따른 소득공제액의 총합계액이 2,500만원을 초과하는 경우에는 그 초과하는 금액은 없는 것으로 봄 |
| 종합소득공제의 배제 | ① 분리과세소득만 있는 경우: 분리과세이자소득·분리과세배당소득·분리과세연금소득과 분리과세기타소득만 있는 자에 대하여는 종합소득공제 미적용<br>② 수시부과결정의 경우: 기본공제 중 거주자 본인에 대한 공제만 적용<br>③ 신고서류 미제출의 경우: 기본공제 중 거주자 본인에 대한 공제와 표준세액공제만 적용 → 단, 과세표준확정신고 여부와 관계없이 그 서류를 나중에 제출하는 경우에는 그러하지 아니함 |
| 비거주자 소득공제 | 거주자에 대한 소득세의 과세표준과 세액의 계산에 관한 규정을 준용함<br>→ 단, 인적공제 중 비거주자 본인 외의 자에 대한 공제와 특별소득공제, 자녀세액공제 및 특별세액공제는 하지 아니함 |

# 08 차감납부세액의 계산

## 1 종합소득 차감납부세액의 계산구조

중요도 ★★☆

```
      종 합 소 득 과 세 표 준
 (×)  기     본     세     율
      종 합 소 득 산 출 세 액
 (−)  세 액 감 면 · 세 액 공 제
      결     정     세     액
 (+)  가     산     세
      총     결    정    세    액
 (−)  기   납   부   세   액
      차  감  납  부  할  세  액
```

[8단계 초과누진세율]

| 과세표준 | | 세율 |
|---|---|---|
| 1,400만원 이하 | | 6% |
| 1,400만원 | ~ 5,000만원 이하 | 15% |
| 5,000만원 | ~ 8,800만원 이하 | 24% |
| 8,800만원 | ~ 1.5억원 이하 | 35% |
| 1.5억원 | ~ 3억원 이하 | 38% |
| 3억원 | ~ 5억원 이하 | 40% |
| 5억원 | ~ 10억원 이하 | 42% |
| 10억원 초과 | | 45% |

종합소득산출세액 = 종합소득과세표준 × 기본세율

- 종합소득 합산 금융소득이 있는 경우 세액계산 특례
- 부동산매매업자의 세액계산 특례
- 주택임대소득에 대한 세액계산 특례

### 부동산매매업자의 세액계산 특례
비거주용 건물건설업과 부동산개발 및 공급업을 영위하는 부동산매매업자로 법에 정하는 부동산의 매매차익이 있는 경우 부동산매매업자의 세액계산 특례 적용
산출세액 = MAX[①, ②]
① 종합소득과세표준 × 기본세율
② (대상 자산 매매차익 − 장기보유 특별공제 − 양도소득 기본공제) × 양도소득 세율 + (과세표준 − 대상 자산 매매차익) × 기본세율

### 주택임대소득에 대한 세액계산 특례
주거용건물 임대업에서 발생한 수입금액의 합계액이 2천만원 이하인 자의 주택임대소득은 분리과세를 적용하는데, 종합소득결정세액은 다음 중 하나를 선택하여 적용
① 주택임대소득을 종합과세하는 경우의 종합소득 결정세액
② ㉠ + ㉡ (주택임대소득을 분리과세하는 경우의 종합소득 결정세액)
  ㉠ (총수입금액 − 필요경비의제액 − 공제액) × 14% − 감면세액
  ㉡ '㉠' 외의 종합소득 결정세액

### 금융소득이 있는 경우 세액계산 특례

| 금융소득이 2,000만원 초과 | MAX[① 일반세액, ② 비교세액]<br>① 2,000만원 × 14% + (과세표준 − 2,000만원) × 기본세율<br>② 금융소득* × 원천징수세율 + MAX[㉠, ㉡]<br>  ㉠ (출자공동사업자배당 + 다른 종합소득금액 − 소득공제) × 기본세율<br>  ㉡ 출자공동사업자배당 × 14% + (다른 종합소득금액 − 소득공제) × 기본세율 |
|---|---|
| 금융소득이 2,000만원 이하 | 위의 ② 비교세액의 계산 방식에 따라 세액을 계산 |

* Gross − up 금액 제외

## 2 세액감면 및 세액공제

중요도 ★★★

결정세액 = 종합소득산출세액 - 세액감면·세액공제

세액감면 → 이월공제가 인정되지 아니하는 세액공제 → 이월공제가 인정되는 세액공제

[주의] 세액감면과 세액공제의 합계액이 납부할 세액을 초과하는 경우 초과하는 금액은 없는 것으로 보며 이월공제가 인정되는 세액공제를 적용할 때, 이전 과세기간에서 이월된 미공제액을 먼저 공제함

### 「소득세법」상 세액감면

**종류:** ㉠ 정부 간의 협약에 따라 우리나라에 파견된 외국인이 그 양쪽 또는 한쪽 당사국의 정부로부터 받는 급여
㉡ 거주자 중 외국인이 선박과 항공기의 외국항행사업으로부터 얻는 소득(상호주의)

**계산:** 종합소득산출세액 × $\dfrac{\text{감면대상소득금액}}{\text{종합소득금액}}$ × 감면율

### 「소득세법」상 세액공제

| 세액공제 | 이월공제기간 |
|---|---|
| ① 자녀세액공제<br>② 연금계좌세액공제<br>③ 근로소득세액공제<br>④ 배당세액공제 | 이월공제 안됨 |
| ⑤ 외국납부세액공제 | 10년간 |
| ⑥ 재해손실세액공제<br>⑦ 기장세액공제<br>⑧ 특별세액공제 | 이월공제 안됨<br>(기부금세액공제 제외) |

### 「조특법」상 세액공제

| 세액공제 | 이월공제기간 |
|---|---|
| ① 정치자금세액공제, 고향사랑기부금 세액공제<br>② 월세세액공제<br>③ 성실신고확인비용에 대한 세액공제<br>④ 혼인에 대한 세액공제 NEW | 이월공제 안됨 |

# ❶ 「소득세법」상 세액공제   중요도 ★★☆

| | |
|---|---|
| 자녀세액<br>공제 | ① 기본공제: 기본공제대상자에 해당하는 8세 이상 자녀(입양자·위탁아동 포함) 및 손자녀에 대해 적용<br><br>| 자녀 수 | 세액공제액 NEW |<br>|---|---|<br>| 1명인 경우 | 연 25만원 |<br>| 2명인 경우 | 연 55만원 |<br>| 3명 이상인 경우 | 연 55만원 + (자녀수 − 2명) × 연 40만원 |<br><br>② 출산·입양공제: 해당 과세기간에 자녀를 출산·입양한 경우 적용<br><br>| 해당 자녀가 | 세액공제액 |<br>|---|---|<br>| 첫째인 경우 | 연 30만원 |<br>| 둘째인 경우 | 연 50만원 |<br>| 셋째 이상인 경우 | 연 70만원 | |
| 연금계좌<br>세액공제 | 연금계좌에 납입액이 있는 종합소득 보유 거주자에 대해 적용하며 다음을 한도액으로 함<br>[세액공제 한도액]<br>= {MIN[㉠, 900만원] + ㉡} × 12%(or 15%*)<br>  ㉠ MIN[연금저축계좌납입액, 연 600만원] + 퇴직연금계좌납입액<br>  ㉡ MIN[ISA 만기 전환금액 × 10%, 300만원]<br>* 종합소득금액 4,500만원(총급여 5,500만원 이하) |
| 근로소득<br>세액공제 | ① 일용근로자: 산출세액의 55%를 적용<br>② 상용근로자: 법에 정한 한도 내에서 다음의 산식을 적용<br><br>| 근로소득에 대한 산출세액 | 세액공제액 |<br>|---|---|<br>| ㉠ 130만원 이하인 경우 | 근로소득에 대한 산출세액 × 55% |<br>| ㉡ 130만원을 초과하는 경우 | MIN[ⓐ, ⓑ]<br>ⓐ 715,000원 + (근로소득에 대한 산출세액 − 1,300,000원) × 30%<br>ⓑ 한도 | |
| 배당세액<br>공제 | 배당소득이 있는 거주자로 해당 소득에 Gross - up 대상 배당소득금액이 합산된 때 (MIN[Gross - up 금액,<br>일반산출세액 - 비교세액])만큼을 종합소득산출세액에서 공제 |
| 재해손실<br>세액공제 | 사업소득이 있는 거주자로 과세기간에 천재지변이나 그 밖의 재해로 자산총액의 20% 이상에 해당하는 자산을 상실하여 납세가 곤란하다고 인정되는 경우 다음의 세액공제를 적용<br><br>재해손실세액공제 = MIN[A, 한도(= 상실된 재산가액)]   토지의 가액 포함×<br>A = (① + ②)에 재해상실비율(상실된 사업용 자산가액 ÷ 상실전 사업용 자산가액)을 곱한 금액<br>① 재해발생일 현재 부과되지 아니한 소득세와 부과된 소득세로서 미납된 소득세액(가산금을 포함)<br>② 재해발생일이 속하는 연도의 소득에 대한 소득세액<br>   = (산출세액 − 배당·기장·외국납부세액공제) × $\dfrac{\text{사업소득금액}}{\text{종합소득금액}}$ |

| | |
|---|---|
| 외국납부<br>세액공제 | ① 외국납부세액의 처리방법<br><br>\| 사업소득 \| 필요경비산입과 외국납부세액공제 중 선택 \|<br>\|---\|---\|<br>\| 위 외의 소득 \| 외국납부세액공제 적용 \|<br><br>② 한도액의 계산: 종합소득 산출세액 × $\dfrac{\text{국외원천소득금액}}{\text{종합소득금액(or 퇴직소득금액)}}$<br>③ 국가별 한도: 국외사업장이 둘 이상의 국가에 위치한 경우 국가별로 구분하여 계산<br>④ 이월공제<br>   ㉠ 외국정부에 납부하였거나 납부할 외국소득세액이 해당 과세기간의 공제한도금액을 초과하는 경우 그 초과하는 금액은 해당 과세기간의 다음 과세기간부터 10년 이내에 끝나는 과세기간으로 이월하여 그 이월된 과세기간의 공제한도금액 내에서 공제<br>   ㉡ 사업소득의 경우 이월공제기간 내에 공제받지 못한 외국소득세액을 이월공제기간의 종료일 다음날이 속하는 과세기간의 소득금액을 계산할 때 필요경비에 산입할 수 있음<br>   ㉢ 공제한도금액을 초과하는 외국소득세액 중 직·간접비용과 관련된 외국소득세액에 대해서는 이월공제를 적용하지 않음<br>⑤ 법인세법과의 차이: 간접외국납부세액과 관련된 규정이 없음 |
| 기장세액<br>공제 | 간편장부대상자가 복식부기에 따라 기장하여 소득금액을 계산하고 기업회계기준을 준용하여 작성한 재무상태표·손익계산서와 그 부속서류, 합계잔액시산표 및 조정계산서를 제출하는 경우 기장세액공제를 적용함<br><br>기장세액공제액 = MIN[종합소득산출세액 × $\dfrac{\text{기장된 사업소득금액}}{\text{종합소득금액}}$ × 20%, 100만원]<br><br>단, 다음의 어느 하나에 해당하는 경우 기장세액공제를 적용하지 아니함<br>   ㉠ 비치·기록한 장부에 의하여 신고하여야 할 소득금액의 20% 이상을 누락하여 신고한 경우<br>   ㉡ 기장세액공제와 관련된 장부 및 증명서류를 해당 과세표준확정신고기간 종료일부터 5년간 보관하지 아니한 경우 (천재지변 등 법령으로 정하는 부득이한 사유에 해당하는 경우는 제외) |
| 전자계산서 발급 세액공제 | ① 대상사업자: 직전연도 사업장별 총수입금액이 3억원 미만인 개인사업자(해당 연도에 신규로 사업을 시작한 사업자를 포함)<br>② 적용 기간: 22.7.1. ~ 27.12.31. NEW<br>③ 공제금액: 발급건수 당 200원(연간 100만원 한도) |

| | |
|---|---|
| **특별세액 공제** | ① 보험료세액공제: 근로소득자가 기본공제대상자를 피보험자로 하는 보험 중 환급액이 납입보험료를 초과하지 않는 보장성 보험에 대한 보험료를 지급한 경우 다음의 세액공제를 적용<br><br>| 공제대상 | 적용 공제율 | 한도액 |<br>\|---\|---\|---\|<br>\| ⓐ 장애인전용 보장성보험료 \| 15% \| 각 100만원 \|<br>\| ⓑ 일반 보장성보험료 \| 12% \| \|<br><br>② 의료비세액공제: 근로소득자가 기본공제대상자(나이·소득금액 요건 불필요)를 위해 법에 정한 의료비(연 50만원 이내의 시력보정용 안경·콘택트렌즈는 포함하며, 국외지출 의료비나 미용·건강증진을 위한 의료비는 제외함)를 지급한 경우 법령으로 정하는 금액을 한도로 세액공제를 적용<br><br>③ 교육비세액공제: 근로소득자가 거주자·배우자·직계비속·형제자매·입양자·위탁아동(나이 요건 불필요)을 위해 법에 정한 교육비(50만원 한도의 교복구입비·30만원 한도의 현장체험학습비를 포함하며 장학금은 제외함)를 지급한 경우 다음의 세액공제를 적용<br><br>| 공제대상 | 적용 공제율 | 한도액 |<br>\|---\|---\|---\|<br>\| 직업능력개발훈련비 세액공제 \| 15% \| 한도 없음 \|<br>\| 장애인특수교육비 세액공제 \| \| \|<br>\| 일반교육비 세액공제 \| \| 대학생: 900만원<br>미취학 아동 및 초중고생*: 300만원 \|<br><br>\* 교육비 세액공제 대상에 수능응시료, 대학입학전형료 포함<br><br>④ 기부금세액공제: 거주자(연말정산대상사업자 포함)가 기본공제대상자(나이 요건 불필요)가 과세기간에 지급한 기부금이 있는 경우 법령에 따라 세액공제액을 계산하여 해당 과세기간의 합산과세되는 종합소득산출세액에서 공제함(단, 사업소득만 있는 자는 필요경비로 산입하기 때문에 세액공제 적용이 불가) |
| **표준세액 공제** | 다음에 따라 표준세액공제액을 상이하게 적용<br><br>| 구 분 | 표준세액공제 |<br>\|---\|---\|<br>\| 근로소득이 있는 거주자로서 「소득세법」상 특별소득공제, 특별세액공제, 월세세액공제를 신청하지 않은 사람 \| 연 13만원 \|<br>\| 종합소득이 있는 거주자(근로소득이 있는 자는 제외)로서 「조세특례제한법」상 성실사업자에게 적용되는 의료비세액공제, 교육비세액공제, 월세세액공제를 신청하지 않은 자로서<br>㉠ 성실사업자<br>㉡ 그외의 자 \| <br><br>연 12만원<br>연 7만원 \| |

## ❷ 「조세특례제한법」상 세액공제　　중요도 ★☆☆

| 정치자금 세액공제,<br>고향사랑기부금 세액공제 | 정당 등에 기부한 정치자금 및 지방자치단체에 기부한 고향사랑기부금액에 대해 적용하는 세액공제 |
|---|---|
| 월세세액공제 | 과세기간 종료일 현재 무주택세대주(세대주가 월세세액공제, 주택자금공제를 받지 않는 경우에는 세대의 구성원)로서 총급여액 7천만원 이하인 근로자(종합소득금액 6천만원 초과자 제외)가 국민주택규모의 주택 또는 기준시가 4억원 이하인 주택을 임차하기 위하여 지출한 월세액에 대해 적용하는 세액공제<br><br>세액공제액 = MIN[월세액, 750만원] × 17%(단, 총급여액이 5,500만원 또는 종합소득금액이 4,500만원을 초과하는 자는 15%) |
| 성실신고확인비용에<br>대한 세액공제 | 성실신고확인대상 사업자가 성실신고확인서를 제출하는 경우 적용하는 세액 공제<br><br>세액공제액 = MIN[지출비용 × 60%, 120만원] |
| 혼인에 대한 세액공제 NEW | 거주자가 2026년 12월 31일 이전에 혼인신고를 한 경우로서 1회(혼인신고 후 그 혼인이 무효가 되어 신고를 한 경우는 제외)에 한정하여 혼인신고를 한 날이 속하는 과세기간의 종합소득산출세액에서 50만원을 공제함 |

## ❸ 세액감면액 및 세액공제액의 산출세액 초과 시의 적용방법 등　　중요도 ★☆☆

| 근로소득산출세액을<br>한도로 하는 것 | 보험료세액공제액, 의료비세액공제액, 교육비세액공제액 및 월세세액공제액의 합계액 |
|---|---|
| 공제기준산출세액*을<br>한도로 하는 것 | 자녀세액공제액, 연금계좌세액공제액, 특별세액공제액, 정치자금세액공제액, 고향사랑기부금세액공제액 NEW, 우리사주조합기부금세액공제액의 합계액<br><br>* 공제기준산출세액 = 종합소득산출세액 − 종합소득산출세액 × (원천징수세율을 적용받는 이자소득금액 및 배당소득금액의 합계액 ÷ 종합소득금액) |

# 3 기납부세액

## ❶ 원천징수세액　　중요도 ★★★

### 1.1 원천징수의 종류

| 완납적 원천징수(분리과세) | 원천징수로 과세가 종결 |
|---|---|
| 예납적 원천징수(종합과세) | 원천징수 후 별도로 확정신고를 통해 정산 |

### 1.2 원천징수대상소득 및 원천징수세율

| 이자소득 | ① 일반적인 이자소득: 14%<br>② 비영업대금의 이익: 25%<br>③ 비실명이자: 45%(금융실명제 위배대상은 90%)<br>④ 직장공제회초과반환금: 기본세율(연분연승법 적용) |
|---|---|

| | |
|---|---|
| 배당소득 | ① 일반적인 배당소득: 14%<br>② 출자공동사업자 배당: 25%<br>③ 비실명배당: 45%(금융실명제 위배대상은 90%) |
| 사업소득 | ① 부가가치세가 면세되는 의료보건·인적용역: 수입금액 × 3%<br>② 외국인 연예인·직업운동가: 20%<br>③ 위 외의 사업소득(부동산임대업, 제조업 등): 원천징수대상 아님 |
| 근로소득 | ① 상용근로자: 기본세율(근로소득 간이세액표)<br>② 일용근로자: 6% |
| 연금소득 | ① 공적연금소득: 기본세율(연금소득 간이세액표)<br>② 사적연금소득: 3% ~ 5% 적용 |
| 기타소득 | ① 소기업·소상공인 공제부금의 해지일시금, 연금계좌에서 연금외수령한 기타소득: 15%<br>② 복권당첨금 등: 소득금액 3억원까지는 20%, 3억원 초과분은 30%<br>③ 위 외의 기타소득: 20% |
| 특정봉사료수입 | 수입금액 × 5% |
| 퇴직소득 | 기본세율(연분연승법 적용) |
| 양도소득 | 거주자의 양도소득은 원천징수 대상이 아니며, 요건을 충족한 비거주자의 양도소득은 원천징수 대상 |

## 1.3 납부

| | |
|---|---|
| 원칙 | 원천징수의무자는 그 징수일이 속하는 달의 다음 달 10일까지 관할세무서 등에 납부 |
| 예외<br>(반기별 납부) | 법에 정하는 경우를 제외하고는 다음의 원천징수의무자는 매 반기별로 납부할 수 있도록 승인·지정을 받아 징수일이 속하는 반기의 마지막 달의 다음 달 10일까지 관할세무서 등에 납부할 수 있음<br>① 직전 과세기간 상시고용인원수가 20명 이하인 원천징수의무자(금융 및 보험업은 제외)<br>② 종교단체<br>단, 다음의 원천징수세액에 대하여는 위의 원천징수의무자라고 하더라도 반기별 납부를 허용하지 않음<br>①「법인세법」에 따라 배당·상여 및 기타소득으로 소득처분된 금액에 대한 원천징수세액<br>②「국제조세조정에 관한 법률」에 따라 이전가격세제 및 과소자본세제에 따라 처분된 배당소득에 대한 원천징수세액<br>③ 비과세 연예인 등의 용역제공과 관련된 원천징수절차 특례규정에 따른 원천징수세액 |

## 1.4 소액부징수 및 원천징수 면제

| | |
|---|---|
| 소액부징수 | 원천징수세액 또는 납세조합의 징수세액이 1,000원 미만인 경우<br>→ 단, 이자소득 및 원천징수대상 사업소득 중 법령으로 정하는 사업소득은 제외 |
| 원천징수 면제 | 다음의 경우에는 원천징수를 하지 않음<br>① 소득세가 과세되지 아니하거나 면제되는 소득을 지급할 때<br>② 소득 발생 후 지급되지 아니함으로써 소득세가 원천징수되지 아니한 소득이 이미 종합소득에 합산되어 소득세가 과세된 후 그 소득을 실제로 지급할 때 |

## 1.5 지급시기의 의제

: 다음 시점에 원천징수대상 소득을 지급하지 않았어도 지급한 것으로 의제하여 그 시점에 원천징수하여 다음 달 10일까지 납부하도록 하는 제도

| 구분 | 지급시기의제 시점 |
|---|---|
| 잉여금처분에 따른 배당 | 잉여금처분결의일부터 3개월이 되는 날 |
| 잉여금처분에 따른 상여 | |
| 동업기업으로부터 배분받은 이자·배당·기타소득 | 해당 동업기업의 과세기간 종료 후 3개월이 되는 날까지 지급하지 아니한 소득은 해당 동업기업의 과세기간 종료 후 3개월이 되는 날 |
| 출자공동사업자의 배당소득 | 과세기간 종료후 3개월이 되는 날까지 지급하지 아니한 소득은 과세기간 종료 후 3개월이 되는 날 |
| 배당·상여·기타소득으로 소득처분된 소득을 법인이 신고하는 경우 | 법인의 과세표준 및 세액의 신고일 또는 수정신고일 |
| 배당·상여·기타소득으로 소득처분된 소득을 세무서장이 경정하는 경우 | 소득금액변동통지서를 받은 날 |
| 의제배당 및 그 밖의 배당소득 | 총수입금액의 수입시기 |
| 연말정산대상 사업·근로·퇴직소득 | ① 1월~11월 분을 12월 31일까지 지급하지 아니한 경우: 12월 31일<br>② 12월 분을 다음 연도 2월 말일까지 지급하지 아니한 경우: 다음 연도 2월 말일 |
| 이자소득 | ① 금융회사 등이 매출·중개하는 어음, 전자단기사채 등, 은행 및 상호저축은행이 매출하는 표지어음으로서 보관통장으로 거래되는 것의 이자와 할인액<br>　: 할인매출하는 날<br>② 외국법인 또는 비거주자가 비거주자에게 지급하는 소득으로서 지급하는 외국법인·국내사업장의 손금 또는 필요경비에 산입되는 것<br>　: 그 이자를 지급하는 외국법인·비거주자의 해당 사업연도 또는 과세기간의 소득에 대한 과세표준의 신고기한 종료일<br>③ 직장공제회 반환금을 분할하여 지급하는 경우 납입금초과이익<br>　: 원본에 전입하는 뜻의 특약에 따라 원본에 전입된 날<br>④ 금융회사 등이 정기예금 이자를 실제로 지급하지 않고 납입할부금에 대체하는 정기예금연결정기적금에 가입한 경우<br>　: 그 정기예금 또는 정기적금이 해약되거나 정기적금의 저축기간이 끝나는 때<br>⑤ 위 외의 이자소득: 총수입금액의 수입시기 |

## 1.6 특정지역 비거주자 원천징수 특례

| 원칙 | 법으로 정하는 비거주자에 따른 원천징수의무자는 기획재정부장관이 고시하는 국가 또는 지역에 소재하는 비거주자의 국내원천소득 중 양도소득 등에 대하여 원천징수하는 경우 조세조약에 따른 비과세·면제 또는 제한세율에 관한 규정에도 불구하고 법에 따른 세율을 우선 적용하여 원천징수하여야 함 |
|---|---|
| 예외 | 법으로 정하는 바에 따라 조세조약에 따른 비과세·면제 또는 제한세율에 관한 규정을 적용받을 수 있음을 국세청장이 사전 승인하는 경우는 제외함 |

### 1.7 비거주 연예인 등의 용역 제공과 관련된 원천징수 특례

| 원천징수 특례 | 비거주자인 연예인 또는 운동가 등이 국내에서 제공한 용역과 관련하여 지급받는 보수 또는 대가에 대해서 조세조약에 따라 국내사업장이 없거나 국내사업장에 귀속되지 아니하는 등의 이유로 과세되지 않은 '비과세 외국연예 등 법인'에 보수 또는 대가를 지급하는 자는 조세조약에도 불구하고 그 지급하는 금액의 20%를 원천징수하여 그 원천징수한 날이 속하는 달의 다음 달 10일까지 원천징수 관할 세무서, 한국은행 또는 체신관서에 납부해야 함 |
|---|---|

### 1.8 원천징수의 승계

| 청산인 등의 납세의무 승계 | 법인이 해산한 경우에 원천징수를 하여야 할 소득세를 징수하지 아니하였거나 징수한 소득세를 납부하지 아니하고 잔여재산을 분배하였을 때에는 청산인은 그 분배액을 한도로 하여 분배를 받은 자와 연대하여 납세의무를 짐 |
|---|---|
| 합병법인의 납세의무 승계 | 법인이 합병한 경우에 합병 후 존속하는 법인이나 합병으로 설립된 법인은 합병으로 소멸된 법인이 원천징수를 하여야 할 소득세를 납부하지 아니하면 그 소득세에 대한 납세의무를 짐 |

## ❷ 중간예납세액  중요도 ★★☆

| 의미 | | 사업소득 등 일정소득이 있는 자가 1월 1일부터 6월 30일까지의 중간예납기간에 대한 소득세를 11월 30일까지 미리 납부하는 제도<br>단, 다음에 해당할 경우 중간예납의무를 부담하지 않음<br>① 신규사업자<br>② 사업소득 중 사무지원서비스업에서 발생하는 소득만 있는 자<br>③ 사업소득 중 수시부과하는 소득만 있는 자<br>④ 분리과세 주택임대소득만 있는 자<br>⑤ 보험모집인·방문판매원·저술가·화가·배우·가수 등 특정한 소득만 있는 자 → 1,000원 미만 단수 버림 |
|---|---|---|
| 계산 및 납부절차 | 원칙 | 가산세를 포함한 전년도 납부세액(중간예납기준액)의 1/2를 세무서장이 11월 1일부터 11월 15일까지 중간예납세액의 납부고지서를 발급하여 11월 30일까지 징수 |
| | 예외 | 다음의 경우에는 법에 따라 해당 중간예납기간의 실적을 기준으로 계산한 납부세액(중간예납추계액)을 11월 1일부터 11월 30일까지의 기간에 납세지 관할 세무서장에게 신고납부<br>① 중간예납추계액이 중간예납기준액의 30%에 미달하는 경우 중간예납추계액을 중간예납세액으로 신고 가능<br>② 중간예납기준액이 없는 복식부기의무자가 해당 중간예납기간 중 사업소득이 있는 경우 중간예납추계액을 중간예납세액으로 신고해야 함 |
| 소액부징수 | | 중간예납세액이 50만원 미만인 경우 징수하지 않음 |
| 분납 | | 중간예납세액이 1,000만원을 초과하는 경우 확정신고세액의 분납규정을 준용하여 일부를 납부기한이 지난 후 2개월 이내에 분납가능 |
| 납세조합 | | 납세조합이 중간예납기간 중 그 조합원의 소득에 대한 소득세를 매월 징수하여 납부한 경우에는 그 소득에 대한 중간예납을 하지 아니함 |

## ❸ 수시부과세액  중요도 ★★☆

| | | |
|---|---|---|
| 의미 | | 다음의 사유가 발생한 경우 조세채권을 사전에 확보하기 위해 과세기간 종료일 전에 수시로 과세표준을 결정하여 소득세를 부과하는 제도<br>① 사업부진이나 그 밖의 사유로 장기간 휴업 또는 폐업상태에 있을 때 소득세를 포탈할 우려가 있다고 인정되는 경우<br>② 그 밖에 소득세를 포탈할 우려가 있다고 인정되는 법에 정한 경우<br>③ 주소·거소 또는 사업장의 이동이 빈번하다고 인정되는 경우<br>④ 주한국제연합군 또는 외국기관으로부터 수입금액을 외국환은행을 통해 외환증서 또는 원화로 영수하는 경우 |
| 수시부과기간 | 원칙 | 거주자가 수시부과 사유에 해당하면 해당 과세기간의 사업 개시일부터 수시부과 사유발생 날까지를 수시부과기간으로 함 |
| | 예외 | 수시부과 사유가 확정신고기한 이전에 발생한 경우로 납세자가 직전 과세기간에 대해 과세표준확정신고를 하지 않은 경우 직전 과세기간을 수시부과기간에 포함 |
| 계산 | | 일반적인 경우 수시부과세액은 다음과 같이 계산하며, 무신고·과소신고가산세는 적용하지 아니함<br>종합소득 수시부과세액 = (수시부과기간 동안의 종합소득금액 − 거주자 본인에 대한 기본공제) × 기본세율 |
| 효과 | | 수시부과된 소득은 확정신고 시에 종합소득에 포함하여 신고하여야 하며, 수시부과세액은 기납부세액으로 공제함 → 수시부과 후 추가로 발생한 소득이 없는 경우 수시부과로만 과세를 종결할 수 있음 |

## ❹ 토지 등 매매차익 예정신고 산출세액  중요도 ★★☆

| | | |
|---|---|---|
| 의미 | | 확정신고 전에 미리 발생한 일정한 소득에 대해 신고하는 제도(매매차익이 없거나 매매차손이 발생한 경우도 신고) |
| 종류 및 대상 | 종류 | 예정신고 대상자 |
| | 토지 등 매매차익 예정신고 | 토지나 건물을 매매한 부동산매매업자 |
| | 양도소득 과세표준 예정신고 | 양도소득세 과세대상 자산(토지·건물, 부동산에 관한 권리, 기타자산, 일반주식, 파생상품 등)을 양도한 자 |
| 예정신고세액의 계산 | | 양도소득세 계산구조를 준용하여 계산한 다음의 금액을 매매일이 속하는 달의 말일부터 2개월이 되는 날까지 납세지 관할세무서, 한국은행 또는 체신관서에 납부해야 함<br>예정신고세액 = (매매가액 − 필요경비) × 양도소득세율 |
| 매매차익의 결정방법 및 통지 | | ① 토지 등 매매차익예정신고 또는 토지 등 매매차익예정신고납부를 한 자<br>  : 그 신고 또는 신고납부를 한 날부터 1개월 내<br>② 매매차익예정 신고를 하지 아니한 자: 즉시 |
| 통지 | | 해당 부동산매매업자에게 서면으로 통지 |
| 확정신고와의 관계 | | 확정신고 시 포함하여 신고하며, 예정신고세액은 기납부세액으로 공제 |

# 09 퇴직소득세

## 1 퇴직소득 개괄

### ❶ 의미 및 범위

| 의미 | 임원이나 사용인이 퇴직하면서 받는 소득과 공적연금 관련법에 따라 받는 일시금 등의 소득을 말함. 별도의 계산구조를 두어 분류과세를 적용 |
|---|---|
| 범위 | ① 공적연금 관련법에 따라 받는 일시금<br>② 사용자 부담금을 기초로 하여 현실적인 퇴직을 원인으로 지급받는 소득<br>③ 위와 유사한 소득으로서 다음의 소득<br>　㉠ 공적연금 관련법에 따라 받는 일시금을 지급하는 자가 퇴직소득의 일부 또는 전부를 지연하여 지급하면서 지연지급에 대한 이자를 함께 지급하는 경우 해당 이자<br>　㉡ 과학기술발전장려금, 퇴직공제금, 종교관련종사자의 퇴직 원인 수령소득 등 법에 정하는 소득 |

| 공적연금<br>일시금의<br>과세 범위 | 구분 | 퇴직소득으로 보는 금액 |
|---|---|---|
| | 국민연금법<br>등에 따른<br>반환일시금 | MIN[①, ②] - 과세제외기여금 등<br>① 과세기준일(2002. 1. 1.) 이후 납입한 기여금·개인부담금의 누계액과 이에 대한 이자 및 가산이자<br>② 실제 지급받은 일시금 - 과세기준일 이전에 납입한 기여금·개인부담금 |
| | 그외의 공적연금<br>일시금 | 일시금 수령액 $\times \dfrac{\text{과세기준일 이후 기여금 납입월수}}{\text{총기여금 납입월수}}$ - 과세제외기여금 등 |
| | 임원퇴직소득의<br>한도 | 법에 정하는 한도 내의 금액 (한도를 초과할 경우 근로소득으로 과세) |

### ❷ 퇴직판정 특례

| 퇴직급여를 실제로 받지 않으면 현실적 퇴직으로 보지 않을 수 있는 경우 | ① 종업원이 임원이 된 경우<br>② 합병·분할 등 조직변경, 사업양도 또는 직·간접으로 출자관계에 있는 법인으로의 전출 또는 동일한 고용주의 다른 사업장으로의 전출<br>③ 법인의 상근임원이 비상근임원이 된 경우<br>④ 비정규직 근로자가 정규직 근로자로 전환된 경우 |
|---|---|
| 퇴직소득중간지급을 받으면 그 지급받은 날에 퇴직한 것으로 보는 경우<br>(임원인 근로소득자를 포함) | ①「근로자퇴직급여 보장법 시행령」에서 정하는 퇴직급여 중간정산 사유에 해당하는 경우<br>②「근로자퇴직급여 보장법」에 따라 퇴직연금제도가 폐지되는 경우 |

## ❸ 퇴직소득 비과세

: 비과세 근로소득의 범위와 동일

중요도 ★☆☆

## ❹ 퇴직소득의 수입시기

중요도 ★★☆

| 원칙 | 퇴직을 한 날 |
|---|---|
| 「국민연금법」에 따른 일시금과 건설근로자 퇴직공제금 | 소득을 지급받는 날(분할하여 지급받는 경우에는 최초로 지급받는 날) |

## 2 퇴직소득금액 및 퇴직소득세의 계산

### ❶ 퇴직소득 산출세액의 계산

중요도 ★☆☆

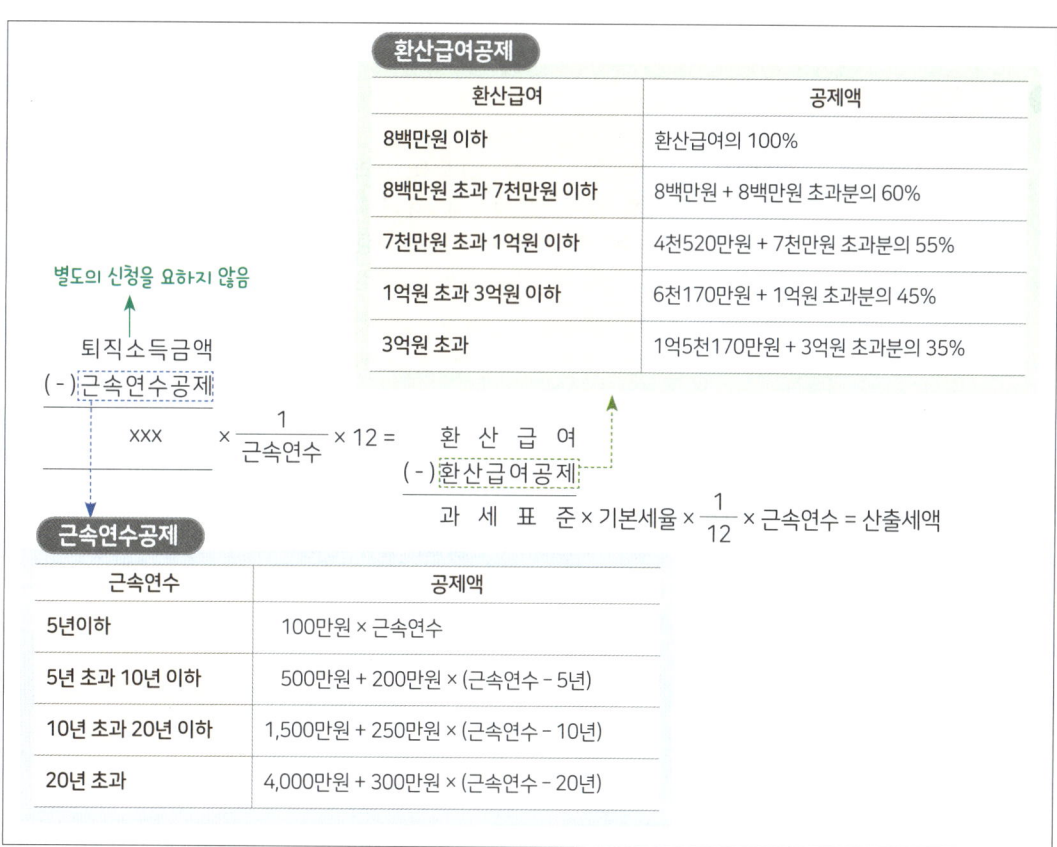

## ❷ 퇴직소득 결정세액의 계산

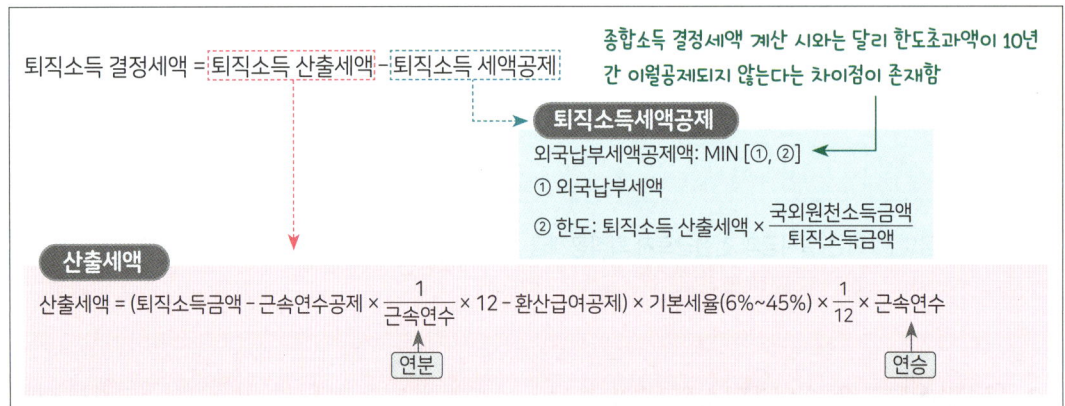

## 3 퇴직소득세 과세방법

### ❶ 원천징수

| | |
|---|---|
| 원칙 | ① 해당 과세기간의 퇴직소득금액이 있는 거주자는 그 퇴직소득과세표준을 그 과세기간의 다음 연도 5월 1일부터 5월 31일까지 납세지 관할 세무서장에게 퇴직소득 과세표준확정신고를 하여야 하나(퇴직소득 과세표준이 없는 경우 포함), 원천징수된 퇴직소득만 있는 자는 확정신고를 하지 않을 수 있음<br>② 단, 다음의 퇴직소득은 원천징수의무가 적용되지 않으므로 확정신고를 해야 함<br>　㉠ 외국기관 또는 우리나라에 주둔하는 국제연합군(미군 제외)으로부터 받는 퇴직급여<br>　㉡ 국외에 있는 비거주자 또는 외국법인(국내지점 또는 국내영업소는 제외)으로부터 받는 퇴직급여 |
| 예외 | 다음의 이연퇴직소득이 있는 경우 해당 퇴직소득에 대한 소득세를 연금외수령하기 전까지 원천징수하지 않으며, 소득세가 이미 원천징수된 경우 해당 거주자는 원천징수세액에 대한 환급을 신청할 수 있음<br>　㉠ 퇴직일 현재 연금계좌에 있거나 연금계좌로 지급되는 경우<br>　㉡ 퇴직하여 퇴직소득을 지급받은 날부터 60일 이내에 연금계좌에 입금되는 경우 |

## ❷ 퇴직소득세의 정산 　　　　　　　　　　　　　　　　　　　중요도 ★★☆

| | |
|---|---|
| 대상 | 퇴직자가 퇴직소득을 지급받을 때 이미 지급받은 다음의 퇴직소득에 대한 원천징수영수증을 원천징수의무자에게 제출하는 경우 원천징수의무자는 퇴직자에게 이미 지급된 퇴직소득과 자기가 지급할 퇴직소득을 합계한 금액에 대하여 정산한 소득세를 원천징수해야 함<br>　㉠ 해당 과세기간에 지급받은 퇴직소득<br>　㉡ 근로제공을 위해 사용자와 체결하는 계약으로서 사용자가 같은 하나의 계약(종업원이 임원이 되는 경우 등 현실적 퇴직으로 보지 아니하는 경우를 포함)에서 이미 지급받은 퇴직소득 |
| 방법 | ① 일반적인 경우<br>이미 지급받은 퇴직소득과 지급할 퇴직소득을 합계한 금액에 대한 퇴직소득세액에서 이미 지급된 퇴직소득에 대한 세액을 뺀 금액을 정산<br>② 이연퇴직소득이 있는 경우<br>이미 지급된 퇴직소득 중 이연퇴직소득이 있는 퇴직자가 퇴직소득을 지급받을 때에는 퇴직자가 퇴직소득에 대한 원천징수영수증과 연금계좌취급자로부터 발급받은 연금계좌 현황자료를 원천징수의무자에게 제출하여야 하며, 이 경우 정산하는 퇴직소득세는 퇴직소득누계액에 대한 퇴직소득세액에서 법령에 따라 계산한 금액을 뺀 금액으로 함(2025.7.1.부터 적용) NEW |

# 10 양도소득세

## 1 양도소득 개괄

### ❶ 양도소득과 과세방법   중요도 ★★★

양도소득: 개인이 법에 열거된 자산을 사업성 없이 양도로 인하여 발생한 개인의 소득

**소득구분**
자산의 등기·등록 여부와 관계없이 특정 자산을 유상으로 이전하는 실질적 행위
① 사업성이 있는 양도 ┄┄┄┄┄┄┄┄┄┄┄┄┄┄┄┄┄┄┄▶ 사업소득
② 광업권 등 무체재산권 양도 ┄┄┄┄┄┄┄┄┄┄┄┄┄▶ 기타소득
③ 저작자 등 외의 자의 저작권·영화필름 등 양도 ┄┄▶ 기타소득
④ 양도소득세 과세대상자산의 양도 ┄┄┄┄┄┄┄┄┄▶ 양도소득
⑤ 위 외의 자산의 양도 ┄┄┄┄┄┄┄┄┄┄┄┄┄┄┄┄┄▶ 과세하지 않음

**양도로 보는 경우**
실질과세원칙
① 미등기·미등록 자산 양도
② 유상으로 이전된 자산 양도 ▶ 유상으로 이전된 자산의 양도인 매매, 교환, 현물출자, 대물변제, 부담부증여(수증자가 부담하는 채무액에 해당하는 부분), 경매, 수용 등은 그 실질을 양도로 보아 양도소득으로 과세

**양도로 보지 않는 경우**
① 자산을 변제에 충당하지 않은 경우의 양도담보
②「도시개발법」이나 그 밖의 법률에 따른 환지처분으로 지목·지번이 변경되거나 보류지로 충당되는 경우
③ 토지 경계를 변경하기 위한 토지의 교환
④ 위탁자와 수탁자 간 신임관계에 기하여 위탁자의 자산에 신탁이 설정되고 그 신탁재산의 소유권이 수탁자에게 이전된 경우로서 위탁자가 신탁 설정을 해지하거나 신탁의 수익자를 변경할 수 있는 등 신탁재산을 실질적으로 지배하고 소유하는 것으로 볼 수 있는 경우
⑤ 법원의 확정판결에 의한 신탁해지를 원인으로 하는 소유권이전등기
⑥ 매매원인무효의 소에 의해 그 매매사실이 원인무효로 판시되어 환원
⑦ 공유토지의 단순분할(공유 지분이 변경되는 경우 변경되는 부분은 양도로 봄)
⑧ 증여추정
⑨ 이혼으로 인한 재산분할
⑩ 경매 등을 통한 소유자산 재취득

## ❷ 과세대상자산의 범위  ★★★

| [1그룹]<br>토지·건물·부동산 관련 권리 | ① 토지 | 지적공부에 등록해야 할 지목 | |
|---|---|---|---|
| | ② 건물 | 건물, 건물에 부속된 시설물·구축물 | |
| | ③ 부동산을 취득할 수 있는 권리 | 취득시기가 도래하기 전에 부동산을 취득할 수 있는 권리<br>(**EX** 아파트당첨권, 토지상환채권 및 주택상환사채 등) | |
| | ④ 지상권,<br>전세권,<br>등기된<br>부동산<br>임차권 | **부동산 관련 권리** | **양도소득** |
| | | ㉠ 지상권 | ○ |
| | | ㉡ 전세권 | ○ |
| | | ㉢ 지역권 | ×(과세대상이 아님) |
| | | ㉣ 등기된 부동산임차권 | ○ |
| | | ㉤ 등기되지 않은 부동산임차권(점포임차권 제외) | ×(과세하지 않음) |
| [1그룹]<br>기타자산 | ⑤ 영업권 | **구분** | **양도소득** |
| | | ㉠ 사업에 사용하는 토지·건물·부동산에 관한 권리와 함께 양도하는 영업권 | ○ |
| | | ㉡ 위 외의 영업권 양도 | × |
| | ⑥ 시설물<br>이용권 | 시설물을 배타적으로 이용 또는 타 회원보다 유리하게 이용할 수 있는 골프회원권, 콘도미니엄회원권 등 | |
| | ⑦ 특정주식 | ㉠ 법정주식 A: 과점주주가 소유하는 부동산과다보유법인 주식<br>㉡ 법정주식 B: 특정업종을 영위하는 부동산과다보유법인 주식 | |
| | ⑧ 이축권 | **구분** | **양도소득** |
| | | ㉠ 토지·건물과 함께 양도하는 이축권 | ○ |
| | | ㉡ 토지·건물과 함께 양도하였으나 감정평가액이 있는 경우로서 감정평가가액을 구분하여 신고한 이축권 | × |
| [2그룹]<br>주식 및<br>출자지분 | ⑨ 국내주식 및<br>출자지분 | **국내주식 및 출자지분** | **양도소득** |
| | | ㉠ 주권상장법인 주식 + 대주주가 양도 | ○ |
| | | ㉡ 주권상장법인 주식 + 장외거래(포괄적양도·이전 또는 이에 대한 주식매수청구권 행사로 양도하는 주식 등 제외) | ○ |
| | | ㉢ 주권비상장법인 주식 | ○ |
| | | ㉣ 주권비상장 중소·중견기업 주식 + 대주주 아닌 자 + 장외거래 | × |
| | ⑩ 국외주식 등 | ㉠ 외국법인이 발행한 주식(증권시장에 상장된 주식 등은 제외)<br>㉡ 내국법인이 발행하였으나 해외 증권시장에 상장된 주식 | |
| [3그룹]<br>파생상품 | ⑪ 파생상품 | 파생상품의 거래 또는 행위로 발생하는 소득(이자·배당소득으로 과세하는 파생상품의 거래 또는 행위로 발생하는 소득 제외) | |
| [4그룹]<br>신탁수익권 | ⑫ 신탁수익권 | 신탁의 이익을 받을 권리(신탁수익권)의 양도로 발생하는 소득<br>(단, 양도 시 신탁재산에 대한 지배 및 통제권이 사실상 이전되는 경우 신탁재산 자체의 양도로 봄) | |

## ❸ 비과세 양도소득  중요도 ★★★

| 파산선고에 의한 처분 | 법에 따른 파산선고에 의해 처분한 자산에서 발생한 소득 |
|---|---|
| 농지의 교환 및 분합으로 발생하는 소득 | 법에 정한 농지의 교환 및 분합에서 발생 (단, 쌍방 토지가액의 차액이 큰 편의 1/4 이하인 경우에 한해 비과세) |
| 1세대1주택(고가주택 제외)과 그 부수토지의 양도로 발생하는 소득 | (아래 상세 내용 참조) |

1세대가 일정기간 보유한 1주택을 양도 시 비과세(주택 및 부수토지의 실지거래가 합계액이 12억원을 초과하는 고가주택 제외)

**1세대 요건**
거주자 및 배우자[*1]가 같은 주소·거소에서 생계를 같이하는 가족과 함께 가족단위를 구성할 것

[*1] 거주자가 30세 이상, 배우자가 사망·이혼한 경우, 30세 미만이면서 종합·퇴직·양도소득이 기준 중위소득을 12개월로 환산한 금액의 40% 이상이고 독립생계를 유지할 수 있는 자의 경우 배우자 없이도 1세대로 봄

**1주택 요건**
1주택(주택[*2] 및 조합원입주권, 분양권 포함)만 보유할 것 (단, 공동으로 소유한 경우 공동소유자 각자가 그 주택을 소유한 것으로 봄)

[*2] 허가 여부나 공부상의 용도 구분과 관계없이 세대의 구성원이 독립된 주거생활을 할 수 있는 구조로서 법령으로 정하는 구조를 갖추어 사실상 주거용으로 사용하는 건물

**보유기간 요건**
① 원칙: 2년 이상 보유(취득 당시 조정대상지역에 있는 주택의 경우 해당 주택의 보유기간이 2년 이상이고 그 보유기간 중 거주기간이 2년 이상이어야 함)
② 특례:
  ㉠ 보유기간 및 거주기간을 따지지 않는 경우:
   ⓐ 공공건설임대주택·공공매입임대주택 양도(임차일~양도일까지의 기간 중 세대전원이 거주한 기간이 5년 이상)
   ⓑ 법률에 따른 협의매수·수용(양도·수용일부터 5년 이내 양도하는 잔존주택 및 그 부수토지 포함)
   ⓒ 해외이주로 세대전원이 출국하는 경우(출국일 현재 1주택 + 출국일부터 2년 이내에 양도)
   ⓓ 1년 이상 계속하여 국외거주를 필요로 하는 취학·근무상의 형편으로 세대전원이 출국하는 경우(출국일 현재 1주택 + 출국일부터 2년 이내에 양도)
   ⓔ 취학, 직장의 변경·전근, 질병의 치료·요양, 학교폭력으로 인한 전학 등으로 1년 이상 거주한 주택을 세대전원이 다른 시·군으로 주거를 이전함에 따라 양도

  ㉡ 거주기간을 따지지 않는 경우: 거주자가 조정대상지역의 공고가 있는 날 이전에 매매계약을 체결하고 계약금 지급 사실이 확인되는 경우로서 해당 거주자가 속한 1세대가 계약금 지급일 현재 주택을 보유하지 않은 경우

**보유기간의 기산일**

| | |
|---|---|
| 상속받은 자산 | 피상속인이 그 자산을 취득한 날 |
| 가업상속재산에 대한 이월과세가 적용되는 가업상속공제가 적용된 비율에 해당되는 자산 | |
| 배우자·직계존비속에 대한 이월과세가 적용되는 자산 | 증여자가 그 자산을 취득한 날 |
| 합병·인적분할로 인하여 취득한 주식 | 피합병법인·분할법인 등 주식을 취득한 날 |

| 구분 | 내용 |
|---|---|
| 요건을 충족한 조합원입주권 양도소득 | 조합원입주권 1개를 보유한 1세대(비과세되는 1세대1주택에 해당하는 기존주택을 소유하는 세대)가 다음 중 어느 하나의 요건을 충족하여 조합원입주권을 양도할 경우 조합원입주권 양도소득은 비과세함(해당 조합원입주권의 양도 당시의 실지거래가액의 합계액이 12억원을 초과하는 경우는 제외)<br>㉠ 양도일 현재 다른 주택 또는 분양권을 보유하지 않을 것<br>㉡ 양도일 현재 1개의 조합원입주권 외에 1주택을 보유한 경우(분양권을 보유하지 아니하는 경우로 한정)로서 해당 1주택을 취득한 날부터 3년 이내에 해당 조합원입주권을 양도할 것. |
| 요건을 충족한 주택 양도소득 | ① 원칙<br>: 1세대가 주택(주택부수토지를 포함)과 조합원입주권 또는 분양권을 보유하다가 그 주택을 양도하는 경우에는 1세대1주택 비과세 규정을 적용하지 않음<br>② 특례<br>: 국내에 1주택을 소유한 1세대가 그 주택(종전의 주택)을 양도하기 전에 조합원입주권을 취득함으로써 일시적으로 1주택과 1조합원입주권을 소유하게 된 경우 종전의 주택을 취득한 날부터 1년 이상이 지난 후에 조합원입주권을 취득하고 그 조합원입주권을 취득한 날부터 3년 이내에 종전의 주택을 양도하는 경우(3년 이내에 양도하지 못하는 경우로서 법으로 정하는 사유에 해당하는 경우를 포함)에는 이를 1세대 1주택으로 보아 비과세함 |
| 법정 조정금 | 법에 따른 경계확정으로 지적공부상의 면적이 감소되어 지급받는 조정금 |

## ❹ 1세대 2주택 보유 특례   중요도 ★☆☆

| 구분 | 양도 시 비과세 적용 주택 |
|---|---|
| 요건을 만족하며 거주를 이전하기 위해 주택을 취득하여 2주택이 된 경우 | 종전 주택(종전 주택 취득일부터 1년 이상이 지난 후 신규 주택을 취득하고 신규 주택의 취득일부터 3년 이내에 종전 주택을 양도하는 경우) |
| 수도권 소재 법인 및 공공기관이 수도권 밖으로 이전하면서 그 종사자 등이 그 인근 지역의 주택을 취득하여 2주택이 된 경우 | 신규 주택 취득 후 5년 이내 양도하는 종전주택 |
| 상속으로 인하여 2주택이 된 경우 | 상속으로 인해 취득한 주택 아닌 일반주택 |
| 60세 이상 직계존속을 동거봉양하기 위해 2주택이 된 경우 | 합친 날로부터 10년 이내 먼저 양도하는 주택 |
| 혼인으로 인하여 2주택이 된 경우 | 혼인일로부터 10년 NEW 이내 먼저 양도하는 주택 |
| 지정문화재 및 등록문화재에 해당하는 주택과 일반주택을 각각 1주택 보유하는 경우 | 문화재에 해당하는 주택이 아닌 일반주택 |
| 농어촌주택과 일반주택을 각각 1주택 보유하는 경우 | 농어촌주택이 아닌 일반주택(농어촌주택 중 귀농주택에 대해서는 그 주택을 취득한 날부터 5년 이내에 일반 주택을 양도한 경우에 한정) |
| 부득이한 사유로 취득한 수도권 밖 소재주택과 일반주택을 각각 1주택 보유하는 경우 | 부득이한 사유의 해소일로부터 3년 이내 양도하는 일반주택 |

## 2  취득시기 및 양도시기

중요도 ★★☆

| | |
|---|---|
| 일반 유상양도 | ① 원칙: 대금청산일<br>② 대금청산일이 불분명한 경우: 등기·등록접수일 또는 명의개서일<br>③ 대금청산 전 소유권이전등기(등록·명의개서 포함)를 한 경우: 등기접수일 |
| 장기할부조건부 양도 | 소유권이전등기(등록·명의개서 포함) 접수일·인도일·사용수익일 중 빠른 날 |
| 자가건설 건축물의 취득 | ① 원칙: 사용승인서 교부일<br>② 사용승인서 교부일 전에 사실상 사용하거나 임시사용승인을 받은 경우: 사실상의 사용일 또는 임시사용승인을 받은 날 중 빠른 날<br>③ 건축 허가를 받지 아니하고 건축하는 건축물의 경우: 그 사실상의 사용일 |
| 상속·증여에 의하여 취득한 자산 | 상속이 개시된 날 또는 증여를 받은 날 |
| 취득시기가 불분명한 자산의 양도 | 먼저 취득한 자산을 먼저 양도한 것으로 봄 |
| 「민법」상 점유로 인한 부동산소유권의 취득 | 그 부동산의 점유개시일 |
| 법에 따라 공익사업을 위해 수용되는 경우 | 대금청산일, 수용개시일, 소유권이전등기 접수일 중 빠른 날 |
| 완성 또는 확정되지 아니한 자산을 양도·취득한 경우 | 해당 자산이 완성 또는 확정된 날 |
| 환지처분으로 취득한 토지의 취득 | 환지 전 토지의 취득일 |
| 특정주식 A를 양도하는 경우 | 해당 법인의 주식 등의 합계액의 50% 이상 양도되는 날 |

# 3 양도소득세의 계산

## ❶ 계산구조   중요도 ★★★

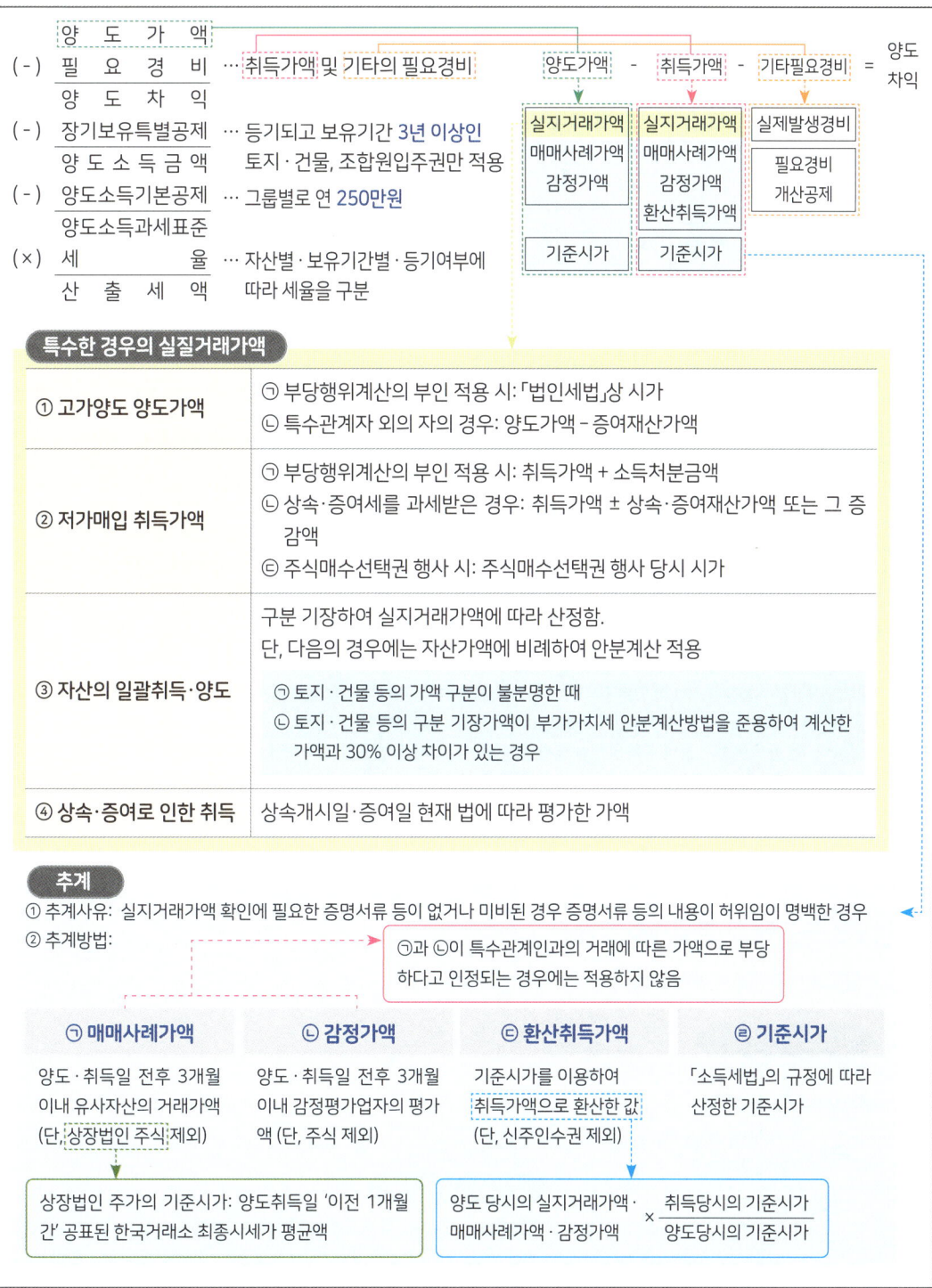

|  | 양 도 가 액 |  |
|---|---|---|
| (−) | 필 요 경 비 | … 취득가액 및 기타의 필요경비 |
|  | 양 도 차 익 |  |
| (−) | 장기보유특별공제 | … 등기되고 보유기간 3년 이상인 토지·건물, 조합원입주권만 적용 |
|  | 양 도 소 득 금 액 |  |
| (−) | 양도소득기본공제 | … 그룹별로 연 250만원 |
|  | 양도소득과세표준 |  |
| (×) | 세 율 | … 자산별·보유기간별·등기여부에 따라 세율을 구분 |
|  | 산 출 세 액 |  |

양도가액 − 취득가액 − 기타필요경비 = 양도차익

- 양도가액: 실지거래가액 / 매매사례가액 / 감정가액 / 기준시가
- 취득가액: 실지거래가액 / 매매사례가액 / 감정가액 / 환산취득가액 / 기준시가
- 기타필요경비: 실제발생경비 / 필요경비 개산공제

### 특수한 경우의 실질거래가액

| ① 고가양도 양도가액 | ㉠ 부당행위계산의 부인 적용 시: 「법인세법」상 시가<br>㉡ 특수관계자 외의 자의 경우: 양도가액 − 증여재산가액 |
|---|---|
| ② 저가매입 취득가액 | ㉠ 부당행위계산의 부인 적용 시: 취득가액 + 소득처분금액<br>㉡ 상속·증여세를 과세받은 경우: 취득가액 ± 상속·증여재산가액 또는 그 증감액<br>㉢ 주식매수선택권 행사 시: 주식매수선택권 행사 당시 시가 |
| ③ 자산의 일괄취득·양도 | 구분 기장하여 실지거래가액에 따라 산정함.<br>단, 다음의 경우에는 자산가액에 비례하여 안분계산 적용<br>㉠ 토지·건물 등의 가액 구분이 불분명한 때<br>㉡ 토지·건물 등의 구분 기장가액이 부가가치세 안분계산방법을 준용하여 계산한 가액과 30% 이상 차이가 있는 경우 |
| ④ 상속·증여로 인한 취득 | 상속개시일·증여일 현재 법에 따라 평가한 가액 |

### 추계

① 추계사유: 실지거래가액 확인에 필요한 증명서류 등이 없거나 미비된 경우 증명서류 등의 내용이 허위임이 명백한 경우
② 추계방법:

㉠과 ㉡이 특수관계인과의 거래에 따른 가액으로 부당하다고 인정되는 경우에는 적용하지 않음

| ㉠ 매매사례가액 | ㉡ 감정가액 | ㉢ 환산취득가액 | ㉣ 기준시가 |
|---|---|---|---|
| 양도·취득일 전후 3개월 이내 유사자산의 거래가액 (단, 상장법인 주식 제외) | 양도·취득일 전후 3개월 이내 감정평가업자의 평가액 (단, 주식 제외) | 기준시가를 이용하여 취득가액으로 환산한 값 (단, 신주인수권 제외) | 「소득세법」의 규정에 따라 산정한 기준시가 |

상장법인 주가의 기준시가: 양도취득일 '이전 1개월간' 공표된 한국거래소 최종시세가 평균액

환산취득가액 = (양도 당시의 실지거래가액·매매사례가액·감정가액) × (취득당시의 기준시가 / 양도당시의 기준시가)

## ❷ 양도차익의 계산   중요도 ★★☆

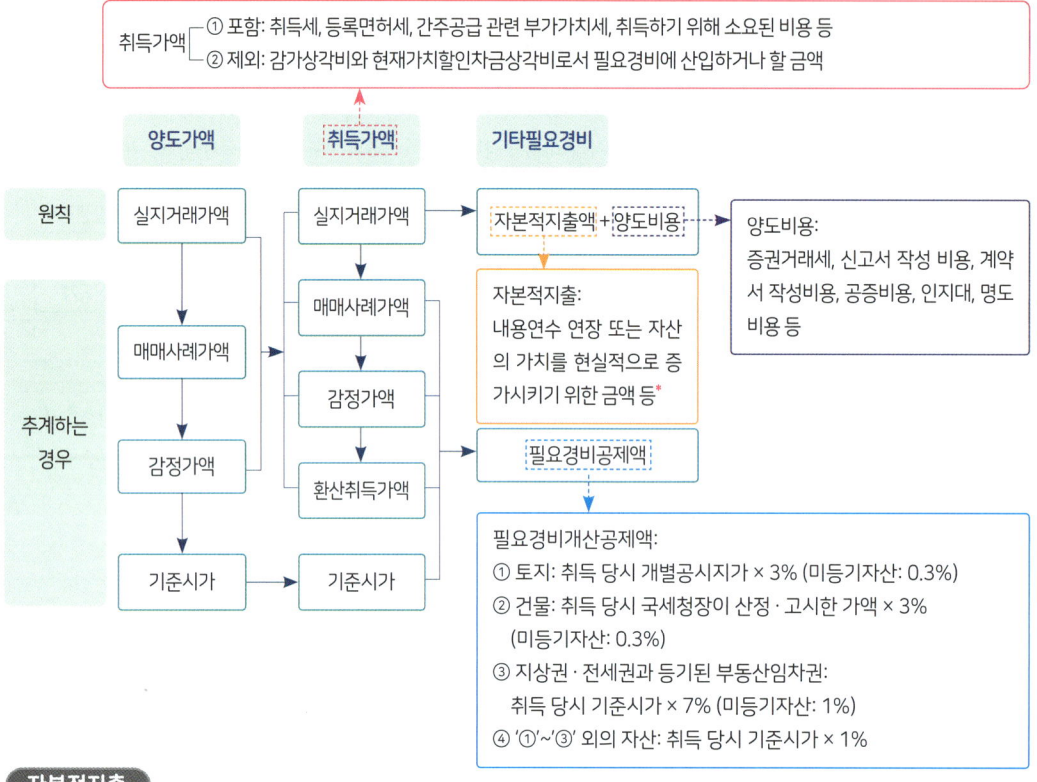

### 자본적지출

* ㉠ 내용연수를 연장시키거나 자산의 가치를 현실적으로 증가시키기 위한 수선비
  ㉡ 양도자산을 취득한 후 쟁송이 있는 경우에 그 소유권을 확보하기 위하여 직접 소요된 소송비용·화해비용 등의 금액으로서 그 지출한 연도의 각 소득금액 계산에 있어서 필요경비에 산입된 것을 제외한 금액
  ㉢ 「공익사업을 위한 토지 등의 취득 및 보상에 관한 법률」이나 그 밖의 법률에 따라 토지 등이 협의매수 또는 수용되는 경우로서 그 보상금의 증액과 관련하여 직접 소요된 소송비용·화해비용 등의 금액으로서 그 지출한 연도의 각 소득금액의 계산에 있어서 필요경비에 산입된 것을 제외한 금액
  ㉣ 양도자산의 용도변경·개량 또는 이용편의를 위하여 지출한 비용
  ㉤ 개발부담금 및 재건축부담금

## ❸ 양도소득금액 및 과세표준의 계산   중요도 ★★★

### 3.1 양도소득과세표준 계산구조

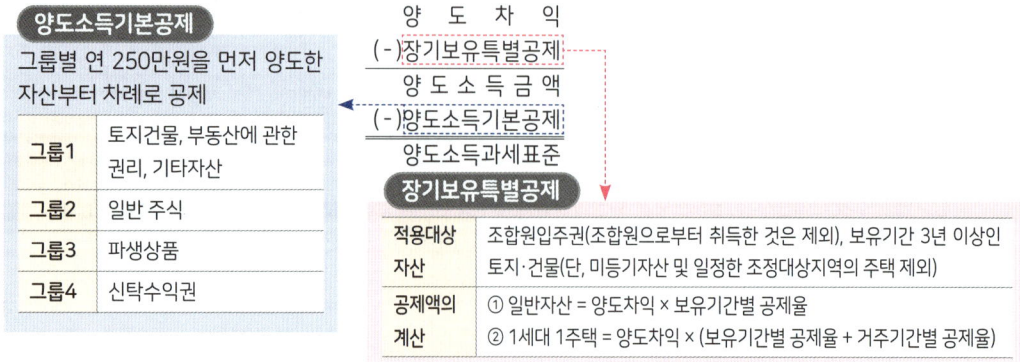

# ❹ 양도소득산출세액의 계산

> 하나의 자산이 다음 세율 중 둘 이상에 해당할 때에는 해당 세율을 적용하여 계산한 양도소득산출세액 중 큰 것을 그 세액으로 함

중요도 ★☆☆

양도소득산출세액 = 양도소득과세표준 × 양도소득 세율

| 구분 | | | | 세율 |
|---|---|---|---|---|
| [1그룹]<br>토지·건물·<br>부동산에<br>관한 권리 | ① 보유기간<br>2년 이상 | ㉠ 2021.6.1. 이후 양도하는 분양권 | | 60% |
| | | ㉡ 위 ㉠ 외의 자산 | | 기본세율(6~45%) |
| | ② 보유기간<br>1년 이상<br>2년 미만 | ㉠ 2021.6.1. 이후 양도하는 주택(부수토지 포함), 조합원입주권 및 분양권 | | 60% |
| | | ㉡ 주택(부수토지 포함) 및 조합원입주권 | | 기본세율(6~45%) |
| | | ㉢ 위 ㉠, ㉡ 외의 자산 | | 40% |
| | ③ 보유기간<br>1년 미만 | ㉠ 2021.6.1. 이후 양도하는 주택(부수토지 포함), 조합원입주권 및 분양권 | | 70% |
| | | ㉡ 주택(부수토지 포함) 및 조합원입주권 | | 40% |
| | | ㉢ 위 ㉠, ㉡ 외의 자산 | | 50% |
| | ④ 비사업용토지 | | | 기본세율 + 10%<br>(16~55%) |
| | ⑤ 미등기양도자산 | | | 70% |
| [1그룹]<br>기타자산 | ⑥ 영업권, 이축권, 특정시설물이용권, 법정주식A, 법정주식B | | | 기본세율(6~45%) |
| | ⑦ 특정주식 중 비사업용 토지 과다소유 법인(해당 법인의 자산총액 중 비사업용토지가액이 50% 이상인 법인)의 주식 등 | | | 기본세율 + 10%<br>(16~55%) |
| [2그룹]<br>주식 및<br>출자지분 | 국내<br>주식 | ⑧ 중소기업<br>주식 | ㉠ 대주주가 양도 | 20% (3억원<br>초과분은 25%) |
| | | | ㉡ 대주주가 아닌 자가 양도 | 10% |
| | | ⑨ 비중소기업<br>주식 | ㉠ 대주주가 양도 / 보유기간 1년 미만 | 30% |
| | | | ㉠ 대주주가 양도 / 보유기간 1년 이상 | 20% (3억원<br>초과분은 25%) |
| | | | ㉡ 대주주가 아닌 자가 양도 | 20% |
| | 국외<br>주식 | ⑩ 중소기업 주식 | | 10% |
| | | ⑪ 비중소기업 주식 | | 20% |
| [3그룹] 파생상품 | | | | 10% |
| [4그룹] 신탁수익권 | | | | 20% (3억원<br>초과분은 25%) |

## 4  특수한 경우의 양도소득 산출세액의 계산

### ❶ 양도차손이 발생한 경우  [중요도 ★★★]

| 양도차손 의미 | 양도가액보다 취득가액 및 필요경비 등이 큰 경우의 금액 |
|---|---|
| 공제방법 | 양도차손을 같은 그룹 내의 다른 자산에서 발생한 양도소득금액에서만 다음의 순서에 따라 공제함. 다른 그룹에 속하는 양도차손은 공제할 수 없음<br><1순위> 양도차손이 발생한 자산과 같은 세율을 적용받는 자산의 양도소득금액 ➡ <2순위> 양도차손이 발생한 자산과 다른 세율을 적용받는(둘 이상일 경우 안분하여 공제) 자산의 양도소득금액 |
| 이월공제 | 불가능 |

### ❷ 부당행위계산의 부인  [중요도 ★★★]

| 부당행위계산 부인 대상 | 시가를 초과하여 자산 취득 또는 시가에 미달하게 자산 양도 + 조세를 부당하게 감소시킨 것으로 인정되는 경우 + 시가와 거래가액의 차액이 3억원 이상 또는 시가의 5% 이상 |
|---|---|
| 계산 | 그 취득가액 또는 양도가액을 시가에 의하여 계산 |

### ❸ 이월과세와 우회양도  [중요도 ★★★]

| 배우자·직계존비속을 통한 양도 시 이월과세 | 적용 | 양도일로부터 소급하여 10년([2그룹] 일반주식에 해당하는 자산은 1년 NEW) 이내 배우자 또는 직계존비속으로부터 증여받은 토지·건물·부동산을 취득할 수 있는 권리·시설물이용권을 양도하는 경우 |
|---|---|---|
| | 이월과세 | 양도차익 = 양도시점의 양도가액 - 배우자 등의 취득가액 - 기타 필요경비<br>*자산 수증 시점에 납부한 증여세 및 증여자가 지출한 자본적지출액 등을 포함, 양도차익 한도* |
| | 이월배제 | ① 사업인정고시일부터 소급해 2년 이전에 증여 + 법에 따라 협의 매수·수용<br>② 이월과세 규정을 적용하여 계산한 양도소득 결정세액이 이월과세 규정을 적용하지 않고 계산한 양도소득 결정세액보다 적은 경우<br>③ 이월과세가 적용되면 양도소득세가 비과세되는 1세대1주택 양도에 해당하게 되는 경우 |
| 증여를 통한 우회양도 시 부당행위계산의 부인 | 적용 | 자산을 증여받은 특수관계인이 10년 이내 그 자산을 타인에게 양도하는 경우(이월과세가 적용되는 경우 제외) |
| | 과세방법 | 다음 중 큰 금액을 과세하며 ②에 해당하는 경우 당초 증여받은 자산에 대해서는 증여세를 부과하지 않고 수증자는 증여자와 함께 연대 납세의무를 부담<br>① 수증자의 증여세와 수증자가 양도하는 것으로 보아 계산한 양도소득세의 합계액<br>② 증여자가 직접 양도하는 경우로 보아 계산한 양도소득세<br>→ 양도소득이 수증자에게 실질적으로 귀속되는 경우 적용하지 아니함 |

### ❹ 가업상속공제가 적용된 자산에 대한 이월과세  〔중요도 ★☆☆〕

: 「상속세 및 증여세법」에 따른 가업상속공제를 적용받은 자산의 양도차익을 계산할 때, 취득가액은 다음의 금액을 합한 금액으로 계산하며, 필요경비·세율 및 장기보유특별공제는 피상속인의 취득시기를 기준으로 계산하여 적용함

> ① 이월과세가 적용되는 부분: 피상속인의 취득가액 × 가업상속공제적용률
> ② 이월과세가 적용되지 않는 부분: 상속개시일 현재 해당 자산가액 × (1 - 가업상속공제적용률)

### ❺ 고가주택 등의 양도  〔중요도 ★★☆〕

| 적용 | 시가가 12억원을 초과하는 고가주택 및 고가조합원입주권에 대해서는 1세대1주택이라고 하더라도 양도소득세를 과세하며, 이에 대해서는 12억원을 초과하는 부분에 대해서만 계산하고자 아래의 계산식에 따라 계산함 → 양도소득기본공제는 안분계산하지 않고 250만원을 그룹별로 공제할 수 있음 |
|---|---|
| 양도차익 계산식 | 원칙적인 양도차익 × $\dfrac{\text{양도가액} - 12억원}{\text{양도가액}}$ |
| 장기보유특별공제 계산식 | 원칙적인 장기보유특별공제 × $\dfrac{\text{양도가액} - 12억원}{\text{양도가액}}$ |

### ❻ 부담부증여  〔중요도 ★★★〕

| 의미 | 수증자가 증여자의 채무를 일부 부담하는 조건으로 자산 증여를 받는 거래 | |
|---|---|---|
| 세법상 처리방법 | ① 채무인수액 | 유상양도로 보아 양도소득세를 '양도자'에게 과세 |
| | ② 위 외의 부분 | 무상양도로 보아 증여세를 '수증자'에게 과세 |
| 양도가액 및 취득가액의 계산 | ① 양도가액 | 양도가액 × $\dfrac{\text{채무액}}{\text{증여가액}}$ <br>→ 양도 당시 「상속세 및 증여세법」에 의하여 평가한 가액 |
| | ② 취득가액 | 취득가액 × $\dfrac{\text{채무액}}{\text{증여가액}}$ <br>→ 기준시가에 따라 양도가액을 산정한 경우 기준시가 |

## 5 미등기양도자산의 의미

중요도 ★★★

| 의미 | 토지·건물 및 부동산에 관한 권리를 취득한 자가 취득과 관련된 등기를 하지 않고 양도하는 자산을 말하며, 다음의 자산은 등기할 수 없는 정당한 사유가 있는 것으로 간주하여 미등기양도자산으로 보지 않음 |
|---|---|
| | ① 장기할부조건으로 취득한 자산으로서 그 계약조건에 의하여 양도 당시 그 자산의 취득에 관한 등기가 불가능한 자산<br>② 법률의 규정 또는 법원의 결정에 의하여 양도 당시 그 자산의 취득에 관한 등기가 불가능한 자산<br>③ 비과세가 적용되는 교환·분합하는 농지, 감면이 적용되는 자경농지 및 대토하는 농지<br>④ 비과세가 적용되는 1세대 1주택(1세대 2주택 특례 포함)으로서 건축허가를 받지않아 등기가 불가능한 자산<br>⑤ 도시개발사업이 종료되지 아니하여 토지 취득등기를 하지 아니하고 양도하는 토지<br>⑥ 공사용역 대가로 취득한 체비지를 토지구획환지분공고 전에 양도하는 토지 |

| 불이익규정 | ① 장기보유특별공제 및 양도소득기본공제 | 미적용 |
|---|---|---|
| | ② 비과세 및 감면규정 | |
| | ③ 양도소득세율 | 70% |
| | ④ 필요경비개산공제율 | 0.3% |

## 6 양도소득 차감납부세액의 계산

### ❶ 양도소득 차감납부세액의 계산구조

중요도 ★☆☆

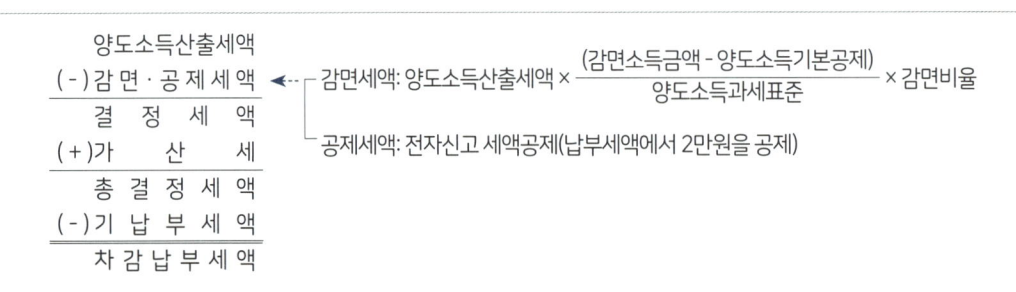

## ❷ 양도소득과세표준 예정신고산출세액　　중요도 ★★★

| 양도소득과세표준 예정신고 | 양도소득세 과세대상 자산을 양도할 경우, 양도차익·차손 여부와 관계없이 예정신고·납부기한까지 과세표준 및 세액을 신고·납부해야 함 | | |
|---|---|---|---|
| 예정신고 효과 | 아래 경우를 제외하고는 확정신고를 하지 않을 수 있음<br>① 해당 과세기간에 기본세율 적용대상 자산에 대한 예정신고를 2회 이상 한 자가 이미 신고한 양도소득금액과 합산하여 신고하지 아니한 경우<br>② 그룹별 자산을 2회 이상 양도한 경우로서 양도소득기본공제의 공제순서 규정을 적용할 경우 당초 신고한 양도소득산출세액이 달라지는 경우 | | |
| 예정신고·납부기한 | ① 토지·건물, 부동산에 관한 권리, 기타자산 | | 양도일이 속하는 달의 말일부터 2개월 이내 |
| | ② 일반주식 | ㉠ 국내주식 | 양도일이 속하는 반기의 말일부터 2개월 이내 |
| | | ㉡ 국외주식 | 예정신고대상 아님 |
| | ③ 파생상품 | | |
| | ④ 부담부증여의 채무액에 해당하는 부분으로 양도로 보는 경우 | | 양도일이 속하는 달의 말일부터 3개월 이내 |
| 분납 | 예정신고납부세액이 1천만원 초과 시 납부할 세액의 일부를 납부기한이 지난 후 2개월 이내에 분납할 수 있음(2천만원 이하는 1천만원 초과하는 금액, 2천만원 초과 시 그 세액의 50% 이하의 금액) | | |
| 가산세 | 양도소득 과세표준 예정신고·납부의무를 이행하지 않을 경우 신고 또는 납부관련 가산세가 부과됨 | | |

## 7　국외자산에 대한 양도소득세

### ❶ 개괄　　중요도 ★★★

| 의미 | 국외자산의 양도에 대해 과세하는 것으로, 외국납부세액은 필요경비에 산입하거나 세액공제를 적용 |
|---|---|
| 납세의무자 | 해당 자산의 양도일까지 계속 5년 이상 국내에 주소 또는 거소를 둔 거주자 |
| 과세대상자산 | 토지·건물·부동산 관련 권리, 기타자산에 대해 과세하되, 환차익을 포함하는 경우 해당 환차익은 과세대상에서 제외 |
| 납세절차 | 국내자산 양도소득 과세 시 적용하는 절차규정을 준용<br>→ 단, 장기보유특별공제를 적용하지 않는다는 점과 미등기 자산에도 양도소득 기본공제를 적용할 수 있다는 점에서 차이가 있음 |

## ❷ 계산구조  중요도 ★☆☆

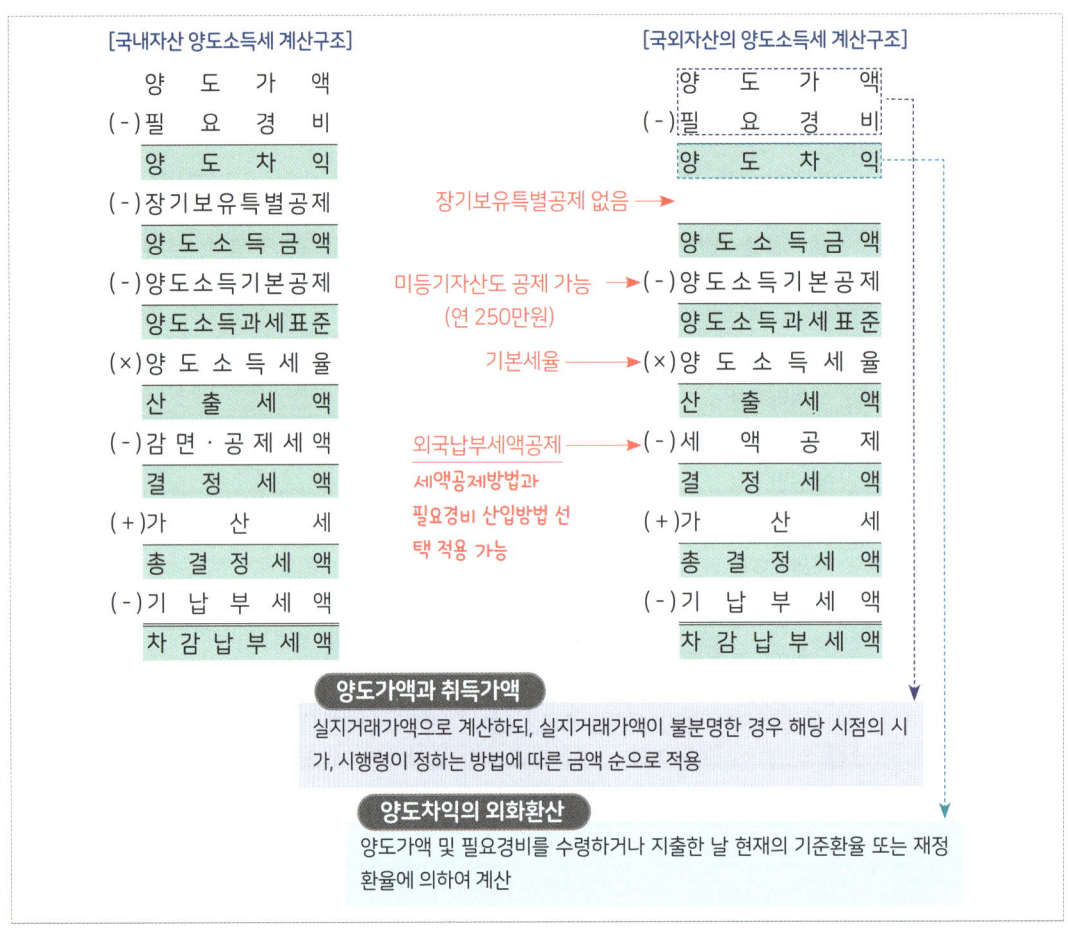

## 8 거주자 출국 시 국내 주식 등에 대한 과세특례

중요도 ★☆☆

| 의미 | 대주주가 국외로 전출할 때, 국내주식을 양도한 것으로 보아 양도소득세를 과세하는 조세회피방지제도 |
|---|---|
| 납세의무자 | 다음 요건을 모두 갖추어 출국하는 거주자<br>① 출국일 10년 전부터 출국일까지의 기간 중 국내에 주소나 거소를 둔 기간의 합계가 5년 이상<br>② 출국일이 속하는 연도의 직전 연도 종료일 현재 대주주에 해당 |
| 외국납부<br>세액공제 | 국내주식 등을 양도하여 외국납부세액이 있는 경우 외국납부세액공제를 산출세액에서 공제 |
| 신고·납부 | ① 납세관리인과 국내주식 등의 보유현황(신고일 전날 기준으로 작성)을 출국일 전날까지 납세지 관할 세무서장에게 신고<br>② 국외전출자는 출국일이 속하는 달의 말일부터 3개월 이내에 납세지 관할 세무서장에게 신고·납부 |

# 11 소득세의 납세절차

## 1 소득세의 신고와 납부

### ❶ 사업장 현황신고 및 지급명세서의 제출    중요도 ★★☆

#### 1.1 사업장 현황신고

| 사업장 현황<br>신고기한 | 신고서를 제출함으로써 사업장 현황을 해당 과세기간의 다음 연도 2월 10일까지 사업장 소재지 관할 세무서장에게 신고해야 하며, 둘 이상의 사업장이 있는 사업자는 각 사업장별로 사업장현황신고를 하여야 함 |
|---|---|
| 사업장 현황<br>신고 제외 | ① 사업장현황신고를 한 것으로 의제하는 경우<br>　: 사업자의 사망·출국에 따라 특정기한까지 과세표준확정신고를 해야 하는 경우, 「부가가치세법」상 과세사업자가 예정·확정신고를 한 경우<br>② 사업장현황신고를 하지 않을 수 있는 경우<br>　: 납세조합에 가입해 수입금액을 신고한 자 등 법에 정하는 경우 |
| 사업장 현황<br>조사·확인 | 사업장 관할세무서장 또는 지방국세청장은 다음의 사유가 있는 경우 사업장 현황을 조사·확인할 수 있음<br>① 법에 의한 사업장 현황신고를 하지 아니한 경우<br>② 사업장현황신고서 내용 중 수입금액 등 기본사항의 중요부분이 미비하거나 허위라고 인정되는 경우<br>③ 매출·매입에 관한 계산서 수수내역이 사실과 현저하게 다르다고 인정되는 경우<br>④ 사업자가 그 사업을 휴업 또는 폐업한 경우 |

#### 1.2 지급명세서의 제출
: 원천징수의무자는 지급명세서를 관할 세무서장 등에게 제출

| 제출기한 | 이자소득·배당소득, 일반적인 기타소득 | 다음 연도 2월 말일 |
|---|---|---|
| | 원천징수대상 사업소득과 근로소득·퇴직소득, 기타소득 중 종교인소득, 봉사료수입의 경우 | 다음 연도 3월 10일 |
| | 휴업·폐업 또는 해산한 경우 | 휴업일·폐업일·해산일이 속하는 달의 다음 다음 달 말일 |
| | 일용근로자의 근로소득 | 지급일이 속하는 달의 다음 달 말일 |

## ❷ 과세표준확정신고 및 납부

### 2.1 과세표준확정신고

| 원칙 | 해당 과세기간의 다음연도 5. 1. ~ 5. 31.(성실신고확인서 제출 시 6. 30.)까지 과세표준이 없거나 결손금이 있는 경우에도 확정신고납부를 해야 함 |
|---|---|
| 특례 | ① 거주자가 사망한 경우: 상속개시일이 속하는 달의 말일부터 6개월이 되는 날<br>② 거주자가 출국한 경우: 출국일 전날 |

### 2.2 확정신고의 면제
: 다음 중 어느 하나에 해당하는 자

① 근로소득, 퇴직소득, 공적연금소득 중 하나만 있는 자

② 원천징수되는 사업소득으로서 연말정산대상이 되는 사업소득만 있는 자

③ 원천징수되는 기타소득으로서 종교인소득만 있는 자

④ 위 '퇴직소득 + 근로소득·공적연금소득·연말정산대상 사업소득·기타소득 중 종교인소득만 있는 자

⑤ 위 '①'~'④'에 해당하는 자로서 분리과세이자소득·분리과세배당소득·분리과세연금소득 및 분리과세기타소득(「소득세법」에 따라 원천징수되지 아니한 소득은 제외)이 있는 자

⑥ 분리과세이자소득·분리과세배당소득·분리과세연금소득 및 분리과세기타소득만 있는 자

⑦ 소득세를 수시부과한 후 추가로 발생한 소득이 없을 경우

⑧ 양도소득에 대한 과세표준 예정신고를 한 자(확정신고해야 하는 예외 있음)

⑨ 원천징수제외대상 근로소득·퇴직소득이 있는 자로, 납세조합이 연말정산에 의해 소득세를 원천징수하여 납부한 자

### 2.3 납부

| 납부기한 | 거주자는 해당 과세기간의 과세표준에 대한 종합소득, 퇴직소득, 양도소득에 따른 소득세를 과세표준확정신고기한까지 관할 세무서, 한국은행 또는 체신관서에 납부해야 함 | |
|---|---|---|
| 분할납부 | 1천만원 초과 시 납부기한이 지난 후 2개월 이내 다음의 금액 분납가능 | |
| | ㉠ 납부세액이 2천만원 이하 | 1천만원을 초과하는 금액 |
| | ㉡ 납부세액이 2천만원 초과 | 그 세액의 50% 이하의 금액 |
| 물납 | 물납은 인정되지 않음 | |

### ❸ 성실신고확인제도  중요도 ★★★

| | |
|---|---|
| 의미 | 법에 정한 성실신고확인대상 사업자가 성실신고확인서를 작성자로부터 확인받아 6월 30일까지 확정신고 시 해당 확인서를 기타 서류와 함께 납세지 관할 세무서장에게 제출하는 제도 |
| 제출대상자 | 당기 수입금액(사업용 유형자산을 양도함으로써 발생한 수입금액은 제외)의 합계액이 업종별로 법에 정한 금액 이상인 개인사업자 |
| 성실신고확인서 작성자 | 세무사(「세무사법」에 따라 등록한 공인회계사 포함), 세무법인, 회계법인<br>↳ 세무사가 성실신고확인대상사업자에 해당하는 경우 자신의 사업소득금액의 적정성에 대하여 해당 세무사가 성실신고확인서를 작성·제출해서는 안 됨 |
| 성실신고확인 비용 세액공제 | 세액공제액 = MIN[㉠, ㉡]<br>㉠ 성실신고확인에 직접 사용한 비용 × 60%<br>㉡ 한도: 120만원 |
| 기타 세액공제 | 의료비세액공제, 교육비세액공제, 월세세액공제 적용 |

## 2 결정 및 경정

### ❶ 결정 및 경정  중요도 ★☆☆

| | |
|---|---|
| 결정 | 과세표준확정신고를 하지 않은 경우 과세표준확정신고기일로부터 1년 이내에 해당 과세기간의 과세표준과 세액을 납세지 관할 세무서장 등이 계산하여 결정함 |
| 경정 | 과세표준확정신고를 한 자가 신고내용에 오류·탈루가 있는 등 법에 정한 사유가 발생한 경우 해당 과세기간의 과세표준과 세액을 납세지 관할 세무서장 등이 계산하여 경정함 |

### ❷ 결정 및 경정의 방법  중요도 ★☆☆

| | | |
|---|---|---|
| 원칙 | 실지조사에 따라 결정 또는 경정 | |
| 예외 | 추계사유가 발생한 경우 추계에 따라 결정 또는 경정<br>↓ 장부와 증명서류가 미비, 허위인 경우 등 | |

추계에 따른 계산: 일반적으로 다음에 따라 계산

| 구분 | 추계 소득금액의 계산 |
|---|---|
| 단순경비율 적용대상자 | 수입금액 − 수입금액 × 단순경비율 + 충당금·준비금 등 환입액 |
| 기준경비율 적용대상자 | MIN[① 수입금액 − 증빙으로 확인되는 경비 − (수입금액 × 기준경비율), ② 한도: (수입금액 − 수입금액 × 단순경비율) × 기획재정부령이 정하는 배율] + 충당금·준비금 등 환입액 |

# 3 징수 및 환급

## ❶ 징수  중요도 ★☆☆

| 미납된 확정신고 세액의 징수 | 납세지 관할 세무서장은 중간예납추계액으로 중간예납세액을 신고·납부할 자, 확정신고·납부할 자가 납부세액의 전부 또는 일부를 납부하지 않은 경우에 「국세징수법」에 따라 징수 |
|---|---|
| 결정 또는 경정에 의한 징수 | 납세지 관할 세무서장은 거주자의 소득세액이 결정·경정한 소득세액에 미달한 경우, 그 미달하는 세액을 징수(중간예납세액의 경우 포함) |
| 원천징수세액의 징수 | [원칙]<br>납세지 관할 세무서장은 원천징수의무자가 징수하였거나 징수하여야 할 세액을 그 기한까지 납부하지 아니하였거나 미달하게 납부한 경우에는 그 징수하여야 할 세액에 원천징수불성실가산세액을 더한 금액을 그 세액으로 하여 징수해야 함. 다만, 원천징수의무자가 원천징수를 하지 아니한 경우로서<br><예외><br>다음의 어느 하나에 해당하는 경우 원천징수불성실가산세액만을 징수<br>① 납세의무자가 신고·납부한 과세표준금액에 원천징수하지 아니한 원천징수대상 소득금액이 이미 산입된 경우<br>② 원천징수하지 아니한 원천징수대상소득금액에 대해서 납세의무자의 관할 세무서장이 그 납세의무자에게 직접 소득세를 부과·징수하는 경우 |
| 소액부징수 | 다음의 경우에는 소득세를 징수하지 아니함<br>① 원천징수세액이 1,000원 미만인 경우 ← 단, 이자소득은 제외<br>② 납세조합의 징수세액이 1,000원 미만인 경우<br>③ 중간예납세액이 50만원 미만인 경우 |

## ❷ 환급 및 충당  중요도 ★☆☆

: 기납부세액이 종합소득 총결정세액과 퇴직소득 총결정세액의 합계액을 초과하는 경우 초과세액을 환급하거나 다른 국세 및 강제징수비에 충당해야 함

## 4 비거주자에 대한 과세방법

### ❶ 과세범위  *중요도 ★★☆*
: 국내원천소득에 대해서만 제한적 납세의무를 부담

### ❷ 과세방법  *중요도 ★★☆*

| | 구분 | 과세방법 |
|---|---|---|
| 종합소득 | 거주자와 관련된 납세절차 규정을 준용하되, 인적공제 중 비거주자 본인 외의 자에 대한 공제와 특별소득공제·자녀세액공제·특별세액공제를 적용하지 않음 | |
| | 국내사업장이 있거나 부동산소득이 있는 경우 | 국내원천소득을 종합하여 과세<br>→ 국내사업장과 관련되지 않은 소득금액은 분리과세 |
| | 국내사업장과 부동산소득이 모두 없는 경우 | 완납적 원천징수로 과세를 종결 |
| | 인적용역 소득이 있는 경우 특례 | 종합소득과세표준 확정신고를 하는 경우에는 퇴직소득·양도소득 외의 국내원천소득에 대하여 종합과세 |
| 퇴직소득 및 양도소득 | 거주자와 동일하게 분류하여 과세하되, 국내원천 부동산 등이 있는 비거주자에게 과세할 경우 양도소득 1세대 1주택 비과세·조합원 입주권 비과세, 1세대 1주택에 대한 장기보유특별공제는 적용하지 않음 | |

# 제 7 편

# 상속세 및 증여세법

01 상속세

02 증여세

03 상속세 및 증여세의 납세절차

04 재산의 평가

# 01 상속세

## 1 재산의 이전에 대한 과세체계

중요도 ★★★

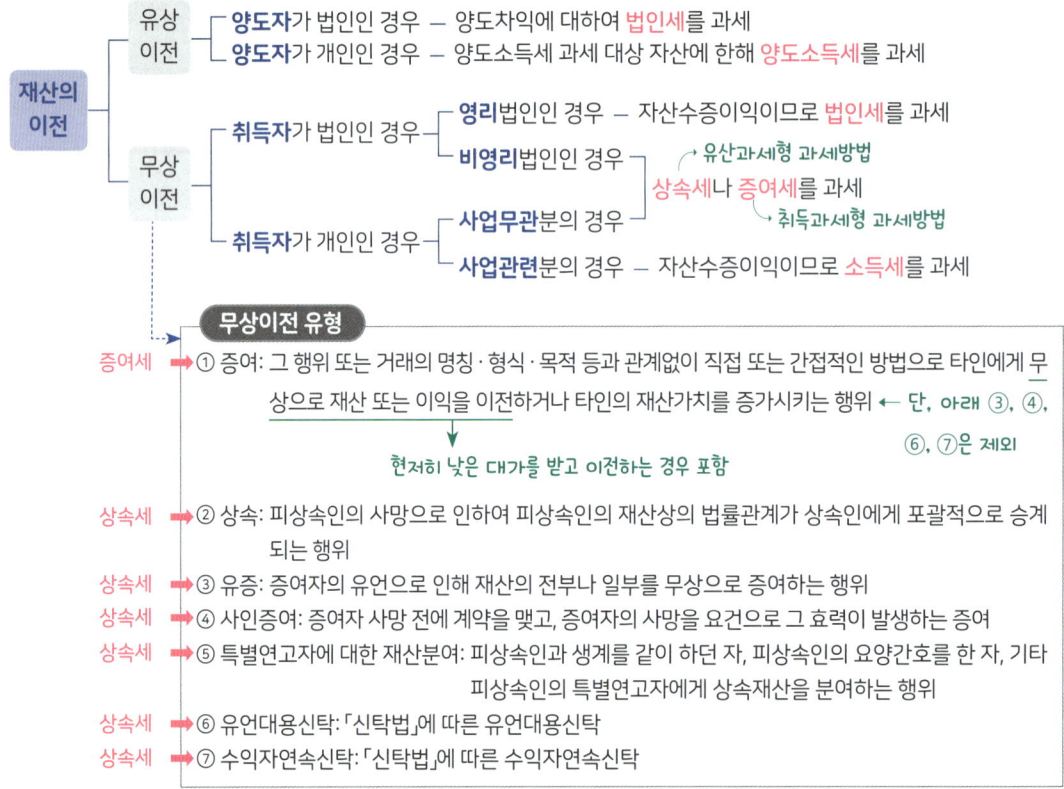

## 2 상속세 및 증여세

### ❶ 「상속세 및 증여세법」의 목적

중요도 ★★☆

: 상속세 및 증여세의 과세 요건과 절차를 규정함으로써 공정한 과세, 납세의무의 적정한 이행 확보 및 재정수입의 원활한 조달에 이바지하기 위함

## ❷ 용어의 정의  중요도 ★★☆

| 상속개시일 | 피상속인이 사망한 날 ← 단, 피상속인의 실종선고로 인하여 상속이 개시되는 경우에는 실종선고일 |
|---|---|

| 상속재산과 증여재산 | 상속재산 | 증여재산 |
|---|---|---|
| | 피상속인에게 귀속되는 모든 재산을 말하며, 다음의 물건과 권리를 포함함<br>→ 단, 피상속인의 일신에 전속하는 것으로서 피상속인의 사망으로 인하여 소멸되는 것은 제외<br>① 금전으로 환산할 수 있는 경제적 가치가 있는 모든 물건<br>② 재산적 가치가 있는 법률상 또는 사실상의 모든 권리 | 증여로 인하여 수증자에게 귀속되는 모든 재산 또는 이익을 말하며, 다음 물건, 권리 및 이익을 포함함<br>① 금전으로 환산할 수 있는 경제적 가치가 있는 모든 물건<br>② 재산적 가치가 있는 법률상 또는 사실상의 모든 권리<br>③ 금전으로 환산할 수 있는 모든 경제적 이익 |

| 상속인 | 「민법」에 따른 상속인 ← 「민법」에 따라 상속을 포기한 사람 및 특별연고자를 포함<br><br>참고 **상속순위**<br>유언상속 → 협의분할 → 법정상속<br>└→ 법정상속: 직계비속 → 직계존속 → 형제자매 → 4촌 이내 (배우자는 직계비속과 동순위, 직계비속이 없는 경우 직계존속과 동순위, 직계비속과 직계존속 모두 없는 경우 단독상속인) |
|---|---|
| 수유자 | ① 유증을 받은 자<br>② 사인증여에 의하여 재산을 취득한 자<br>③ 유언대용신탁 및 수익자연속신탁에 의하여 신탁의 수익권을 취득한 자 |
| 수증자 | 증여재산을 받은 거주자 또는 비거주자를 말함<br>　　　　　　　　　　└→ 본점이나 주된 사무소의 소재지가 외국에 있는 비영리법인을 포함<br>└→ 본점이나 주된 사무소의 소재지가 국내에 있는 비영리법인을 포함 |
| 거주자 | 국내에 주소를 두거나 183일 이상 거소를 둔 사람 |
| 비거주자 | 거주자가 아닌 사람 ← 비거주자가 국내에 영주를 목적으로 귀국하여 국내에서 사망한 경우에는 거주자로 봄 주의 |

## ❸ 과세대상  중요도 ★★★

| 상속세 | | 증여세 | |
|---|---|---|---|
| 피상속인이 거주자인 경우 | 모든 상속재산 | 수증자가 거주자 또는 비영리국내법인 | 증여세 과세대상이 되는 모든 증여재산* |
| 피상속인이 비거주자인 경우 | 국내에 있는 모든 상속재산 | 수증자가 비거주자 또는 비영리외국법인 | 증여세 과세대상이 되는 국내에 있는 모든 증여재산* |

\* 해당 증여재산에 대하여 수증자에게 소득세, 법인세가 부과되는 경우(비과세·감면되는 경우 포함)에는 증여세를 부과하지 아니함

## ❹ 납세의무  〔중요도 ★★★〕

| 상속세 | | | 증여세 | | |
|---|---|---|---|---|---|
| ① 납세의무 | | | ① 납세의무 | | |
| 상속인·수유자 | 영리법인인 경우 | 납세의무 없음<br>단, 특별연고자 또는 수유자가 영리법인인 경우로서 그 영리법인의 주주 또는 출자자 중 상속인과 그 직계비속이 있는 경우에는 법령으로 정한 산식에 따라 계산한 지분상당액을 그 상속인 및 직계비속이 납부할 의무가 있음 | 수증자 | 영리법인인 경우 | 증여세를 면제함<br>→ 단, 명의신탁재산의 증여의제규정에 따라 재산을 증여한 것으로 보는 경우에는 영리법인이 물적납세의무를 짐 |
| | 영리법인이 아닌 경우 | 각자가 받았거나 받을 재산을 기준으로 계산한 금액을 상속세로 납부할 의무가 있음 | | 영리법인이 아닌 경우 | 법에 따라 증여세를 납부할 의무가 있음<br>→ 법인격이 없는 단체 포함 |
| ② 연대납세의무<br>: 상속세는 상속인 또는 수유자 각자가 받았거나 받을 재산을 한도로 연대하여 납부 | | | ② 연대납세의무<br>: 증여자는 수증자가 비거주자이거나, 증여세를 납부할 능력이 없다고 인정되거나, 수증자의 주소나 거소가 분명하지 않은 경우에는 연대납세의무를 부담함 | | |

## ❺ 관할관청  〔중요도 ★★★〕

| 상속세 | | 증여세 | |
|---|---|---|---|
| 상속개시지에 따라 관할관청을 다음과 같이 함 | | ① 주소지 관할 세무서장 등이 과세하는 경우 | |
| 상속개시지가 국내인 경우 | **피상속인의 주소지**를 관할하는 세무서장(국세청장이 특히 중요하다고 인정하는 것에 대해서는 관할 지방국세청장, 이하 '세무서장 등')이 과세함<br>(주소지가 없거나 분명하지 않은 경우에는 거소지) | 원칙 | **수증자의 주소지**를 관할하는 세무서장 등이 과세함<br>(주소지가 없거나 분명하지 않은 경우에는 거소지) |
| 상속개시지가 국외인 경우 | **상속재산 소재지**를 관할하는 세무서장 등이 과세함 ← 상속재산이 둘 이상의 세무서장 등의 관할구역에 있을 경우에는 주된 재산의 소재지를 관할하는 세무서장 등이 과세함 | 예외 | 다음에 해당하는 경우에는 **증여자의 주소지**를 관할하는 세무서장 등이 과세함<br>㉠ 수증자가 비거주자인 경우<br>㉡ 수증자의 주소·거소가 분명하지 않은 경우<br>㉢ 명의신탁재산의 증여의제 규정에 따라 재산을 증여한 것으로 보는 경우 |
| | | ② 증여재산의 소재지 관할 세무서장이 과세하는 경우<br>다음의 경우 **증여재산 소재지**를 관할하는 세무서장 등이 과세함<br>㉠ 수증자와 증여자가 모두 비거주자인 경우<br>㉡ 수증자와 증여자 모두의 주소·거소가 분명하지 않은 경우<br>㉢ 수증자가 비거주자이거나 주소·거소가 분명하지 않고, 증여자가 법령에 따라 증여로 의제된 경우 | |

## ❻ 상속재산과 증여재산의 소재지

중요도 ★★☆

: 상속재산과 증여재산의 소재지는 재산별로 「상속세 및 증여세법」에 정하는 다음의 장소로 하며, 재산 소재지의 판정은 상속 개시 또는 증여 당시의 현황에 따름

| ① 부동산 또는 부동산에 관한 권리 | 부동산의 소재지 |
| --- | --- |
| ② 광업권 및 조광권 | 광산의 소재지 |
| ③ 어업권, 양식업권 및 입어권 | 어장에서 가장 가까운 연안 |
| ④ 선박 | 선적의 소재지 |
| ⑤ 항공기 | 항공기 정치장의 소재지 |
| ⑥ 주식, 출자지분, 사채 | 주식, 출자지분, 사채를 발행한 법인이나 그 출자가 된 법인의 본점·주된 사무소의 소재지<br>→ 단, 외국법인이 국내법에 따라 국내에서 발행한 주식 등 또는 사채에 대해서는 그 거래를 취급하는 금융회사 등 영업장의 소재지 |
| ⑦ 신탁업을 경영하는 자가 취급하는 금전신탁 | 그 신탁재산을 인수한 영업장의 소재지<br>→ 단, 금전신탁 외의 신탁재산에 대해서는 신탁한 재산의 소재지 |
| ⑧ 위 ⑥, ⑦ 외의 금융재산 | 그 재산을 취급하는 금융회사 등 영업장의 소재지 |
| ⑨ 위 ⑥~⑧ 외의 금전채권 | 채무자의 주소지 |
| ⑩ 위 ②~⑨ 외의 유형재산 또는 동산 | 그 유형재산의 소재지 또는 동산이 현재 있는 장소 |
| ⑪ 특허권 등 등록이 필요한 권리 | 권리를 등록한 기관의 소재지 |
| ⑫ 저작권, 출판권, 저작인접권 | 저작권의 목작물인 저작물이 발행되었을 경우 그 발행 장소 |
| ⑬ 위 ①~⑫에 규정된 재산을 제외한 그 밖의 영업장을 가진 자의 그 영업에 관한 권리 | 그 영업장의 소재지 |
| ⑭ 위 ①~⑬에 규정되지 않은 재산 | 그 재산의 권리자의 주소 |

## ❼ 과세최저한

중요도 ★★☆

| 상속세 | 증여세 |
| --- | --- |
| 상속세 과세표준이 **50만원 미만**이면 상속세를 부과하지 않음 | 증여세 과세표준이 **50만원 미만**이면 증여세를 부과하지 않음 |

## 3 상속세액의 계산

### ❶ 계산구조   중요도 ★★☆

```
        상 속 세 과 세 가 액  ------>     상 속 재 산 가 액
    (-) 상   속   공   제           (+) 의 제 상 속 재 산 가 액
    (-) 감 정 평 가 수 수 료 공 제   (+) 추 정 상 속 재 산 가 액
        상 속 세 과 세 표 준             총 상 속 재 산 가 액
    (×) 세             율           (-) 비 과 세 재 산 가 액
        산   출   세   액           (-) 과 세 가 액 불 산 입 액
    (-) 문화재 등 징수유예세액       (-) 과 세 가 액 공 제 액
    (-) 세   액   공   제           (+) 증 여 재 산 가 액
        신 고 납 부 세 액               상 속 세 과 세 가 액
```

### ❷ 상속세 과세가액의 계산   중요도 ★★★

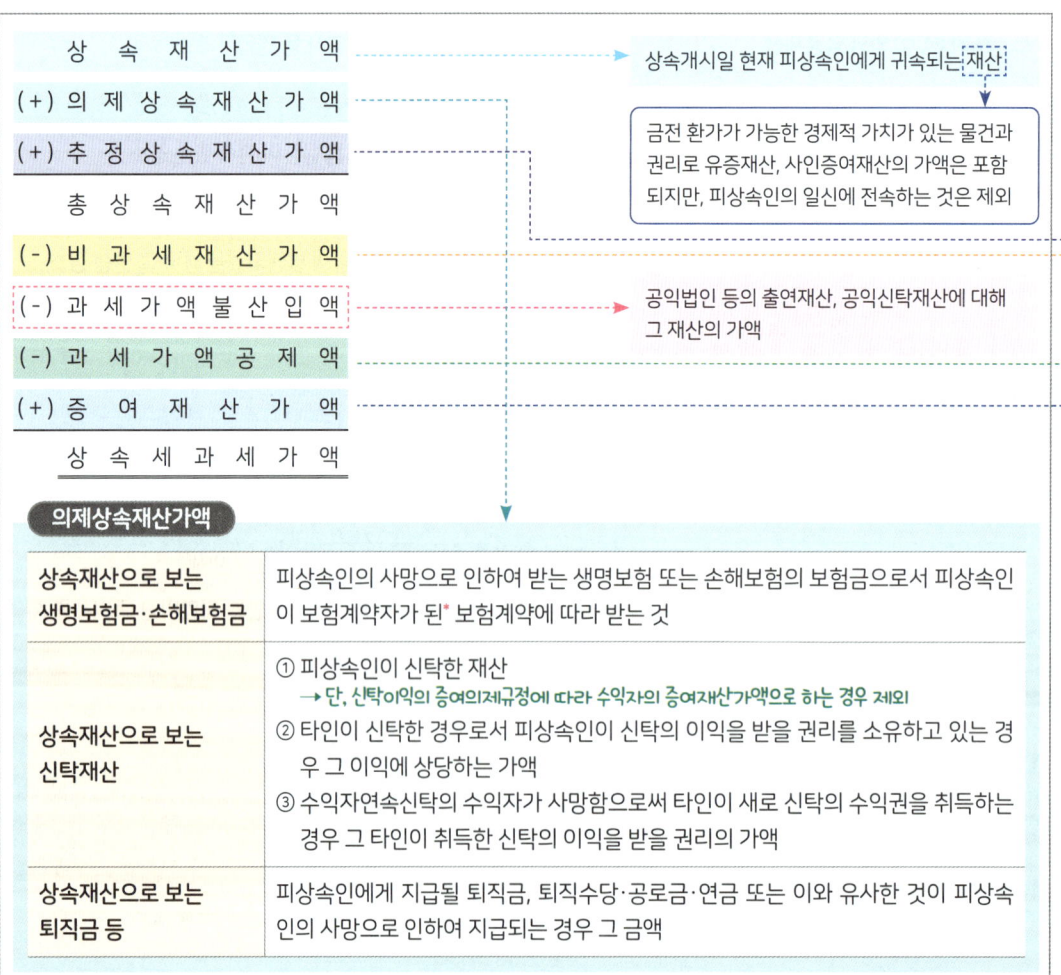

| 의제상속재산가액 | |
|---|---|
| 상속재산으로 보는 생명보험금·손해보험금 | 피상속인의 사망으로 인하여 받는 생명보험 또는 손해보험의 보험금으로서 피상속인이 보험계약자가 된* 보험계약에 따라 받는 것 |
| 상속재산으로 보는 신탁재산 | ① 피상속인이 신탁한 재산<br>  → 단, 신탁이익의 증여의제규정에 따라 수익자의 증여재산가액으로 하는 경우 제외<br>② 타인이 신탁한 경우로서 피상속인이 신탁의 이익을 받을 권리를 소유하고 있는 경우 그 이익에 상당하는 가액<br>③ 수익자연속신탁의 수익자가 사망함으로써 타인이 새로 신탁의 수익권을 취득하는 경우 그 타인이 취득한 신탁의 이익을 받을 권리의 가액 |
| 상속재산으로 보는 퇴직금 등 | 피상속인에게 지급될 퇴직금, 퇴직수당·공로금·연금 또는 이와 유사한 것이 피상속인의 사망으로 인하여 지급되는 경우 그 금액 |

* 보험계약자가 피상속인이 아닌 경우에도 피상속인이 실질적으로 보험료를 납입하였을 때에는 피상속인을 보험계약자로 봄

### 추정상속재산가액

상속한 것으로 추정하여 상속세 과세가액에 산입하는 `가액` → 용도가 명백하지 않은 금액 - 판단기준 금액

재산처분액·인출액·채무부담액 – 용도입증액

MIN[①, ②]
① 재산처분액·인출액·채무부담액 × 20%
② 2억원

| 구분 | 용도가 명백하지 않은 금액의 기준 |
|---|---|
| 재산처분·인출 | 상속개시일 전 1년 이내에 재산종류별로 2억원 이상<br>상속개시일 전 2년 이내에 재산종류별로 5억원 이상 |
| 채무부담 | 상속개시일 전 1년 이내에 2억원 이상<br>상속개시일 전 2년 이내에 5억원 이상 |

### 비과세재산가액

① 전쟁, 사변 등으로 작전업무 수행 중 사망하거나 해당 수행 중 입은 부상·질병으로 사망한 경우 상속세 비과세
② 비과세되는 `일정한 재산`

㉠ 국가·지방자치단체 또는 공공단체에 유증 또는 사인증여한 재산
㉡ 제사를 주재하는 상속인의 제사와 관련된 일정한 재산(**EX** 분묘지, 족보, 제구 등)
㉢ 정당이나 사내근로복지기금·우리사주조합·공동근로복지기금 등에 유증 또는 사인증여한 재산
㉣ 사회통념상 인정되는 이재구호금품, 치료비 등 불우한 자를 돕기 위해 유증 등을 한 재산
㉤ 상속재산 중 상속인이 상속세 과세표준 신고기한 이내에 국가·지방자치단체 또는 공공단체에 증여한 재산

### 과세가액공제액

| | |
|---|---|
| 거주자 | 과세가액공제액 = 공과금 + 장례에 소요된 금액 + 봉안시설 또는 자연장지 비용 + 채무<br>・공과금: 상속인의 귀책사유로 인한 가산세·벌금·강제징수비 등은 제외<br>・장례에 소요된 금액: 최저 500만원, 최대 1,000만원<br>・봉안시설 또는 자연장지 비용: 최대 500만원<br>・채무: 10년 이내 상속인에게 진 증여채무와 5년 이내 상속인 외의 자에게 진 증여채무는 제외 |
| 비거주자 | 공과금 및 채무에 대해서만 과세가액공제액으로 함 |

### 증여재산가액

| 구분 | 증여재산가액 (증여일 현재의 시가에 따름) |
|---|---|
| 상속인에게 증여한 경우 | 상속개시일 전 10년 이내에 증여한 재산가액 |
| 상속인이 아닌 자에게 증여한 경우 | 상속개시일 전 5년 이내에 증여한 재산가액 |

## ❸ 상속세 과세표준의 계산　　중요도 ★★☆

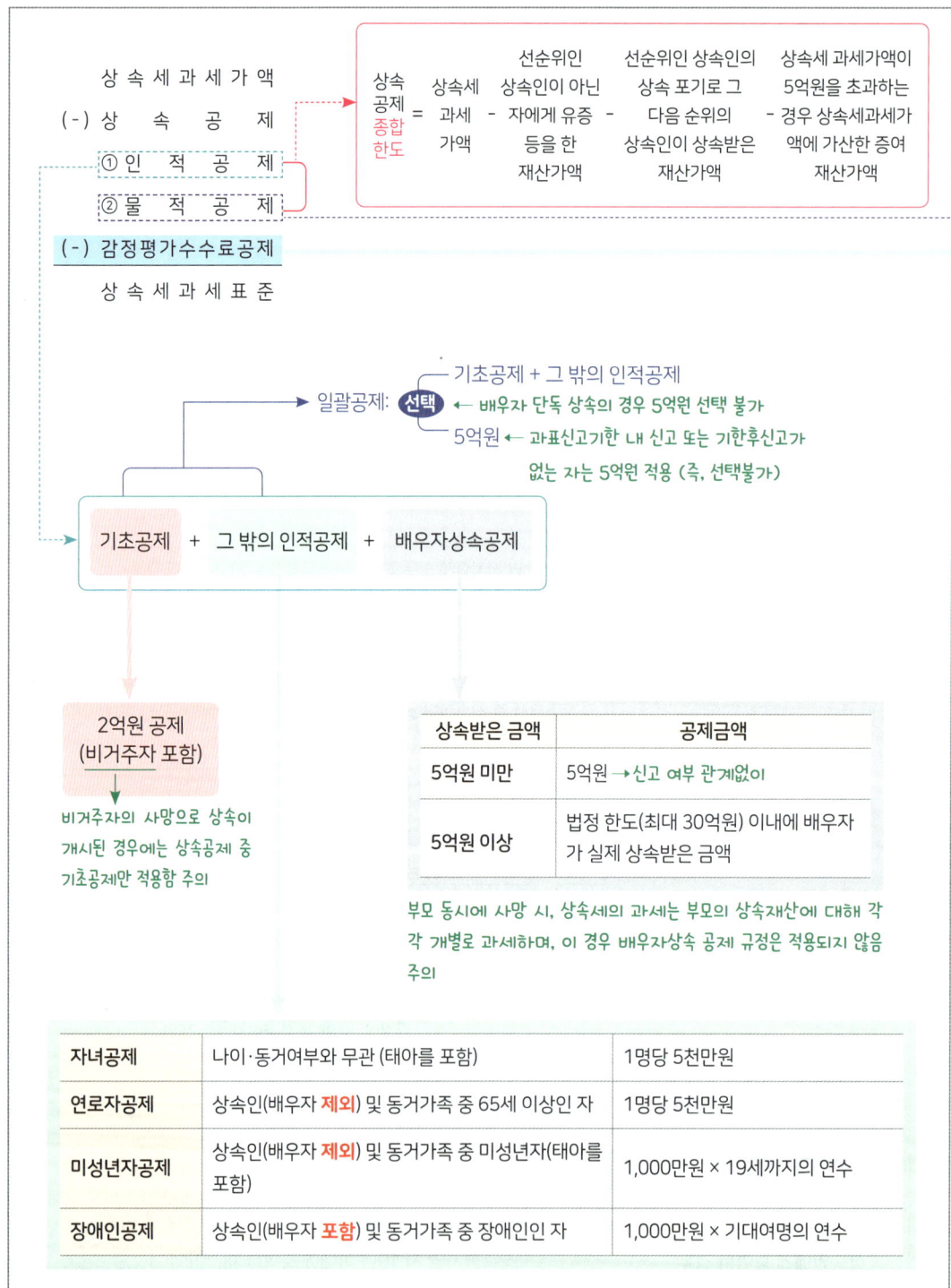

① 가업상속공제 또는 영농상속공제

② 금융재산상속공제

③ 재해손실공제

④ 동거주택상속공제

### 가업상속공제 등

거주자의 사망으로 중소·중견기업의 가업 또는 영농 등을 상속받는 경우, 법에 정한 산식에 따른 금액을 공제 → 단, 동일한 상속재산에 대해서는 가업상속공제와 영농상속공제를 동시에 적용하지 않음

### 금융재산상속공제

상속개시일 현재 상속재산가액 중 순금융재산 가액이 있으면 금융재산상속공제액 공제

| 구분 | 금융재산상속공제액 |
|---|---|
| 순금융재산가액이 2,000만원 이하인 경우 | 그 순금융재산가액 |
| 순금융재산가액이 2,000만원 초과하는 경우 | 순금융재산가액 × 20%(최소 2천만원, 최대 2억원) |

→ 순금융재산가액 = 금융재산가액 - 금융채무

### 재해손실공제

거주자의 사망으로 상속이 개시되는 경우로서 상속세 신고기한 이내에 재난으로 인하여 상속 재산이 멸실·훼손된 경우 그 손실가액을 공제하는 제도 ← 다만, 그 손실가액에 대한 보험금 등의 수령 또는 구상권 등의 행사에 의해 그 손실가액에 상당하는 금액을 보전받을 수 있는 경우에는 제외

### 동거주택상속공제

거주자의 사망으로 상속이 개시되는 경우로서 동거주택의 요건을 모두 갖춘 경우 주택가액에서 해당 주택에 담보된 채무액을 공제한 금액을 6억원을 한도로 하여 공제하는 제도

→ **Key word** 상속개시일부터 소급하여 10년 이상 계속하여, 무주택, 1세대 1주택 (=상속받은 주택)

### 감정평가 수수료 공제

감정평가 수수료 공제액: ① + ② + ③
① MIN[감정평가업자 평가에 따른 수수료, 500만원]
② MIN[비상장주식의 평가심의위원회 의뢰 신용평가 전문기관의 평가 수수료, 평가대상법인수 및 의뢰 신용평가전문기관수 별로 각 1,000만원]
③ MIN[판매용이 아닌 서화·골동품 등 예술적 가치가 있는 유형재산의 전문가 감정 수수료, 500만원]

## ❹ 상속세 산출세액의 계산   중요도 ★★☆

```
상 속 세 과 세 표 준
(×) 세           율
─────────────────
산   출   세   액
(−) 문 화 재 등
    징 수 유 예 세 액
(−) 세   액   공   제
─────────────────
신 고 납 부 세 액
```

| 과세표준 | 세액 |
|---|---|
| 1억원 이하 | 과세표준의 10% |
| 1억원 초과 5억원 이하 | 1천만원 + 1억원 초과액 × 20% |
| 5억원 초과 10억원 이하 | 9천만원 + 5억원 초과액 × 30% |
| 10억원 초과 30억원 이하 | 2억 4천만원 + 10억원 초과액 × 40% |
| 30억원 초과 | 10억 4천만원 + 30억원 초과액 × 50% |

**세대를 건너뛴 상속에 대한 할증과세 특례(대습상속 제외)**

$$\text{산출세액에 가산할 할증세액} = \text{산출세액} \times \frac{\text{그 상속인이나 수유자가 받았거나 받을 재산}}{\text{총상속재산가액}} \times 30\%$$

피상속인의 자녀를 제외한 직계비속이면서 미성년자에 해당하는 상속인 또는 수유자가 받았거나 받을 상속재산가액이 20억원을 초과하는 경우에는 40%를 적용

## ❺ 상속세 신고납부세액의 계산   중요도 ★★☆

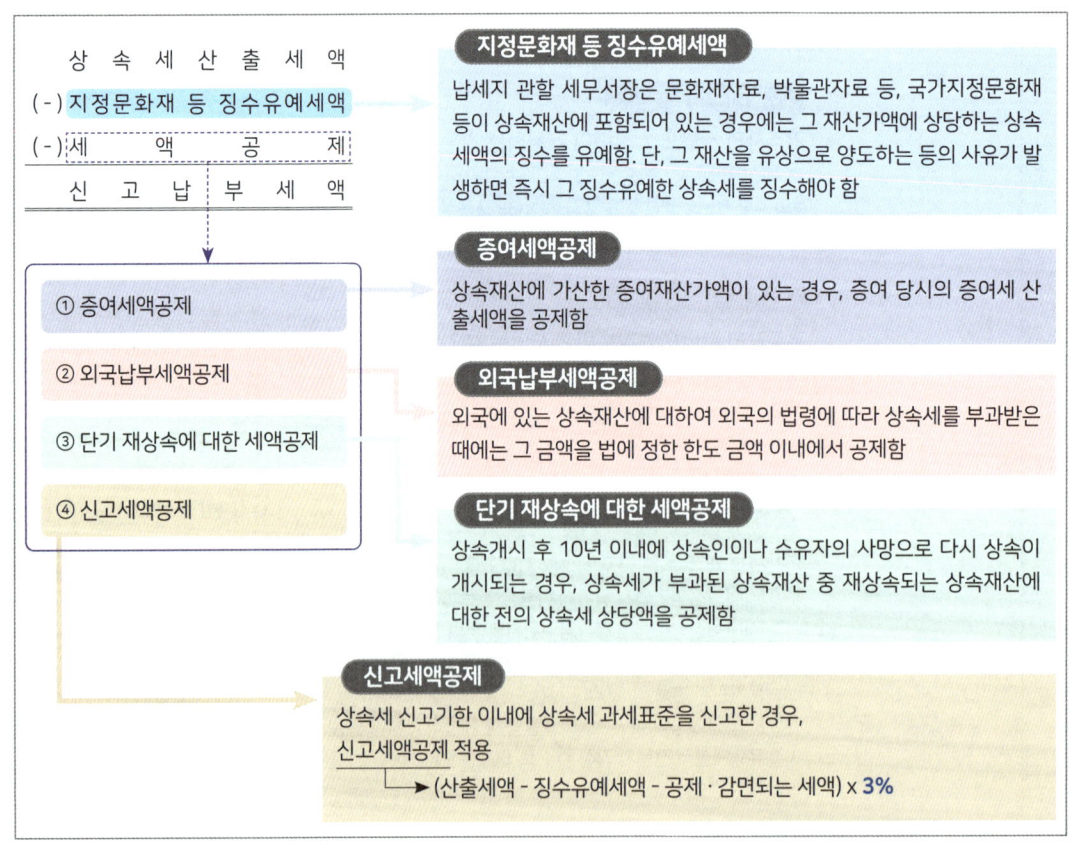

**지정문화재 등 징수유예세액**
납세지 관할 세무서장은 문화재자료, 박물관자료 등, 국가지정문화재 등이 상속재산에 포함되어 있는 경우에는 그 재산가액에 상당하는 상속세액의 징수를 유예함. 단, 그 재산을 유상으로 양도하는 등의 사유가 발생하면 즉시 그 징수유예한 상속세를 징수해야 함

**증여세액공제**
상속재산에 가산한 증여재산가액이 있는 경우, 증여 당시의 증여세 산출세액을 공제함

**외국납부세액공제**
외국에 있는 상속재산에 대하여 외국의 법령에 따라 상속세를 부과받은 때에는 그 금액을 법에 정한 한도 금액 이내에서 공제함

**단기 재상속에 대한 세액공제**
상속개시 후 10년 이내에 상속인이나 수유자의 사망으로 다시 상속이 개시되는 경우, 상속세가 부과된 상속재산 중 재상속되는 상속재산에 대한 전의 상속세 상당액을 공제함

**신고세액공제**
상속세 신고기한 이내에 상속세 과세표준을 신고한 경우, 신고세액공제 적용
→ (산출세액 − 징수유예세액 − 공제·감면되는 세액) × **3%**

# 02 증여세

## 1 개요

### ❶ 증여세의 특징 (중요도 ★★★)

| 실질과세원칙 | 포괄주의에 따라 법에 열거된 항목이 아니더라도 제3자를 통해서 간접적인 방법을 거치는 등의 행위로 증여세를 부당하게 감소시키는 것으로 인정될 경우 그 **경제적실질에 따라 증여세를 부과**함 |
|---|---|
| 수증자에 대한 과세 | 사인증여를 제외한 타인의 증여가 있는 경우에는 **증여자가 아니라 수증자에게 부과**하며 취득과세형 방법에 따라 **수증자별**로 과세가액을 계산함 |
| 누적합산과세 | 해당 **증여일 전 10년 이내에 동일인**으로부터 받은 증여재산의 합계액은 요건을 만족할 경우 과세가액에 가산하여 합산과세함 |

### ❷ 증여세 기타사항 (중요도 ★★☆)

: 증여세 과세대상, 증여세 납세의무, 연대납세의무, 관할관청에 대해서는 상속세에서 다루었음 link-p.515-516

### ❸ 증여재산의 취득시기 (중요도 ★★☆)

| 일반적인 경우 | 인도한 날 또는 사실상의 사용일 |
|---|---|
| 타인의 기여에 의해 재산가치가 증가한 경우 | 재산가치 증가 사유가 발생한 날 |
| 권리의 이전이나 그 행사에 등기나 등록을 요하는 자산 | 등기·등록 접수일 ← 단, 이를 요하지 않는 부동산의 경우 부동산 소유권 취득일 |
| 주식이나 출자지분을 증여받는 경우 | 해당 증여재산을 인도받은 사실이 객관적으로 확인되는 날 |
| 무기명채권을 증여받는 경우 | |

## 2 증여세액의 계산

### ❶ 계산구조 (중요도 ★★☆)

```
    증여세과세가액  →  증여재산가액
(-) 증여재산공제        (+) 10년 이내 동일인으
(-) 재해손실공제            로부터 증여받은 재산
(-) 감정평가수수료공제  (-) 비과세재산가액
    과세표준            (-) 과세가액불산입액
(×) 세율                (-) 부담부증여시채무인수액
    산출세액                증여세과세가액
(-) 징수유예세액
(-) 세액공제
    신고납부세액
```

포괄주의: 금전으로 환가할 수 있는 경제적 가치가 있는 모든 물건, 재산적 가치가 있는 법률상 또는 사실상의 모든 권리, 금전으로 환산할 수 있는 모든 경제적 이익을 포함

## ❷ 증여세 과세가액의 계산   중요도 ★★☆

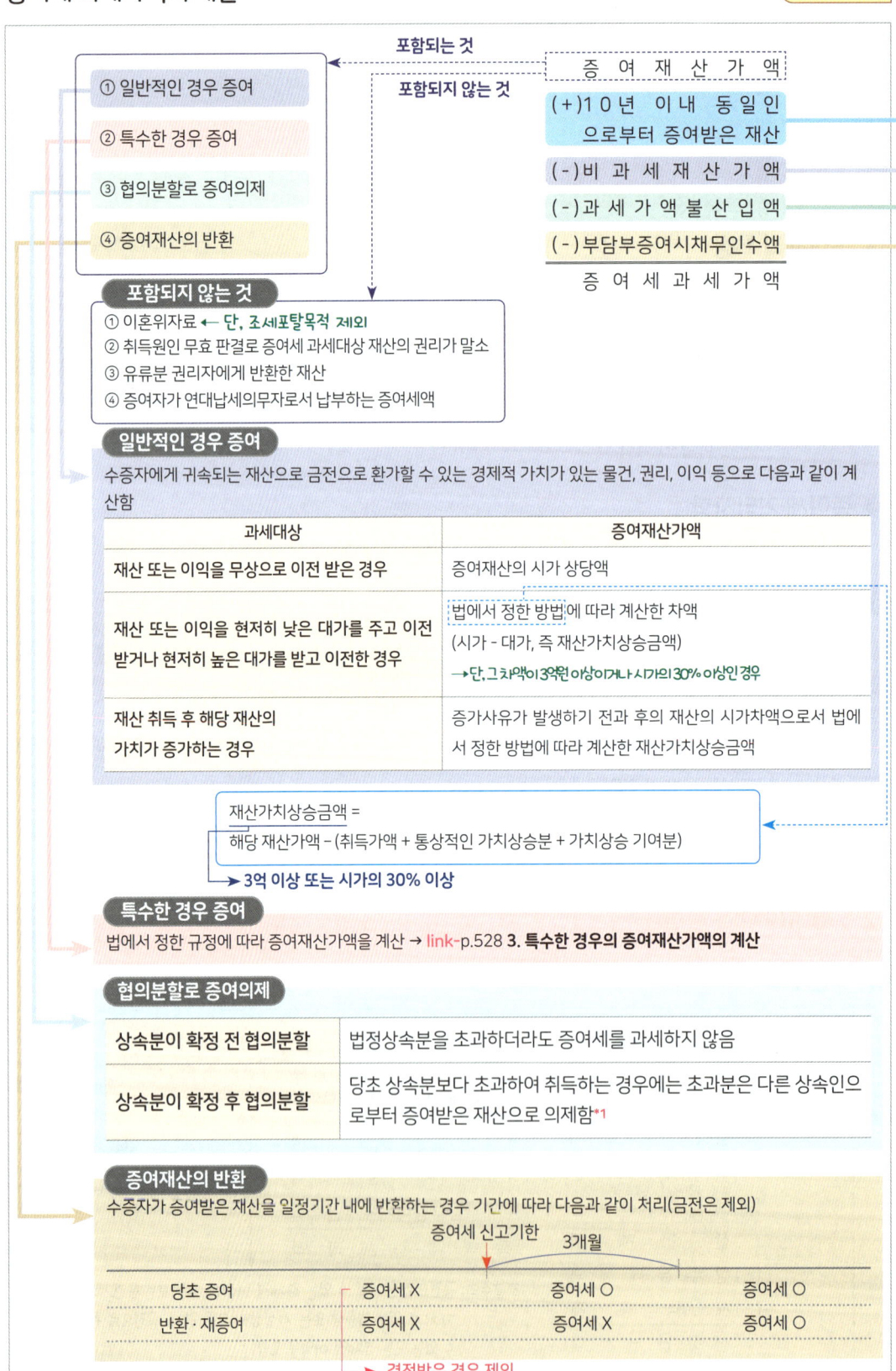

### 10년 이내 동일인으로부터 증여받은 재산

→ 증여자가 직계존속인 경우에는 그 직계존속의 배우자도 동일인으로 보아 포함

해당 증여일 전 10년 이내에 <u>동일인</u>으로부터 받은 증여재산가액을 합친 금액이 1천만원 이상인 경우에는 그 가액을 증여세 과세가액에 가산하되, 합산배제증여재산의 경우에는 규정을 적용하지 아니함

→ 증여세과세가액에 가산한 증여재산의 가액에 대해 납부하였거나 납부할 증여세액은 증여세 산출세액에서 공제함

### 비과세재산가액

다음에 해당하는 금액에 대해서는 증여세를 비과세함

① 국가나 지방자치단체로부터 증여받은 재산의 가액
② 우리사주조합 가입자인 내국법인의 종업원이 해당 법인의 주식을 우리사주조합을 통하여 취득한 경우로서 그 조합원이 소액주주에 해당하는 경우 그 주식의 취득가액과 시가의 차액으로 인하여 받은 이익상당액
③ 법에 따른 정당이 증여받은 재산의 가액, 법에 의하여 정당(후원회 포함)에 기부한 정치자금
④ 사내근로복지기금이나 그 밖에 이와 유사한 것으로서 법으로 정하는 단체가 증여받은 재산의 가액
⑤ 사회통념상 인정되는 이재구호금품·치료비·피부양자의 생활비·교육비 및 이와 유사한 것으로서 특정한 것
⑥ 신용보증기금·기술신용보증기금 및 법에 의한 단체가 증여받은 재산의 가액
⑦ 국가·지방자치단체 또는 공공단체가 증여받은 재산의 가액
⑧ 「소득세법」상 장애인공제 대상에 해당하는 자를 수익자로 한 보험의 보험금 (연간 4,000만원 한도)
⑨ 국가유공자의 유족 또는 의사자의 유족이 증여받은 성금 및 물품 등 재산의 가액
⑩ 설립근거가 되는 법령의 변경으로 비영리법인이 해산되거나 업무가 변경됨에 따라 해당 비영리법인의 재산과 권리·의무를 다른 비영리법인이 승계받은 경우 승계받은 해당 재산의 가액

### 과세가액불산입액

공익법인 등이 출연받은 재산, 공익신탁을 통하여 공익법인 등에 출연하는 재산은 과세가액에 산입하지 않으며, 장애인이 증여받은 재산의 경우로서 요건을 충족하는 경우 5억원을 한도로 하여 과세가액에 산입하지 않음

합산배제증여재산의 가액은 제외 ← 인수채무액(증여자가 해당 재산을 타인에게 임대한 경우 그 임대보증금을 포함)에 대해서는 양도소득세가 과세됨

### 부담부증여시채무인수액

| 원칙 | 증여일 현재 증여재산가액 합계액 - 그 증여재산에 담보된 채무로서 수증자가 인수한 금액 |
|---|---|
| 예외 | 배우자 또는 직계존비속 간의 부담부증여 시에는 수증자가 증여자의 채무를 인수한 경우에도 그 채무액은 수증자에게 인수되지 않은 것으로 추정함<br>→ 단, 그 채무액이 국가 및 지방자치단체에 대한 채무 등 객관적으로 인정되는 것인 경우에는 제외 |

*1 단, 다음의 경우에는 증여세를 부과하지 아니함
㉠ 상속세 과세표준 신고기한까지 분할에 의하여 당초 상속분을 초과하여 취득한 경우
㉡ 당초 상속재산의 분할에 대하여 무효 또는 취소 등 대통령령으로 정하는 정당한 사유가 있는 경우

> **참고** **합산배제증여재산**
> '합산배제증여재산'이란 다음의 재산을 말함
> ① 재산 취득 후 해당 자산의 가치가 증가하는 경우
> ② 전환사채 등의 주식전환이익 또는 특수관계인에게 양도하며 양도인이 얻는 이익
> ③ 주식의 상장 등에 따른 이익, 합병에 따른 상장 등 이익
> ④ 재산 취득 후 재산가치 증가에 따른 이익의 증여
> ⑤ 명의신탁재산의 증여의제, 특수관계법인과의 거래를 통한 이익의 증여의제
> ⑥ 특수관계법인으로부터 제공받은 사업기회로 발생한 이익의 증여의제
> ⑦ 재산취득자금의 증여 추정

## ❸ 증여세 과세표준 및 산출세액의 계산　　중요도 ★★☆

```
    증 여 세 과 세 가 액
(-) 증 여 재 산 공 제
(-) 혼인·출산 증여재산공제
(-) 재 해 손 실 공 제
(-) 감 정 평 가 수 수 료 공 제
    과   세   표   준
(×) 세            율
    산   출   세   액
(-) 징 수 유 예 세 액
(-) 세   액   공   제
    신 고 납 부 세 액
```

### 증여재산공제
증여세 과세가액에서 공제받을 금액과 수증자가 그 증여를 받기 전 10년 이내에 공제받은 금액(혼인·출산 증여재산 공제금액은 제외)을 합한 금액이 다음의 구분에 따른 금액을 초과하는 경우에는 그 초과하는 부분은 공제하지 아니함

| 구분 | 공제액 |
|---|---|
| ① 배우자로부터 증여를 받은 경우 | 6억원 |
| ② 미성년자가 직계존속으로부터 여를 받은 경우 | 2,000만원 |
| ③ 직계존속으로부터 증여를 받은 경우(위 ② 제외) | 5,000만원 |
| ④ 직계비속으로부터 증여를 받은 경우 | 5,000만원 |
| ⑤ 위 ①~④ 외에 6촌 이내 혈족, 4촌 이내 인척으로부터 증여를 받은 경우 | 1,000만원 |

### 재해손실공제
증여세 신고기한 이내에 재난으로 인하여 증여재산이 멸실·훼손된 경우에는 그 손실가액을 증여세과세가액에서 공제

### 감정평가수수료공제
감정평가 수수료 공제액: ①+②+③
① MIN[감정평가업자 평가에 따른 수수료, 500만원]
② MIN[비상장주식의 평가심의위원회 의뢰 신용평가 전문기관의 평가 수수료, 평가대상법인수 및 의뢰 신용평가전문기관수 별로 각 1,000만원]
③ MIN[판매용이 아닌 서화·골동품 등 예술적 가치가 있는 유형재산의 전문가 감정 수수료, 500만원]

### 과세표준

| 구분 | 과세표준 계산 |
|---|---|
| ① 명의신탁의 증여의제 | 명의신탁재산금액 - 감정평가수수료 공제 |
| ② 특수관계법인과의 거래를 통한 이익의 증여의제, 특수관계법인으로부터 제공받은 사업기회로 발생한 이익의 증여의제 | 증여의제이익 - 감정평가수수료 공제 |
| ③ 위 ① 및 ②를 제외한 합산배제증여재산 | 합산배제증여재산가액 - 3,000만원 - 감정평가수수료 공제 |
| ④ 위 외의 경우 | 증여세과세가액 - 증여재산공제 - 재해손실공제 - 감정평가수수료 공제 |

### 세율

| | |
|---|---|
| 1억원 이하 | 과세표준의 10% |
| 1억원 초과 5억원 이하 | 1천만원 + 1억원 초과액 × 20% |
| 5억원 초과 10억원 이하 | 9천만원 + 5억원 초과액 × 30% |
| 10억원 초과 30억원 이하 | 2억4천만원 + 10억원 초과액 × 40% |
| 30억원 초과 | 10억4천만원 + 30억원 초과액 × 50% |

### 세대를 건너뛴 상속에 대한 할증과세 특례(대습상속 제외)

산출세액에 가산할 할증세액 = 산출세액 × 30% → **수증자가 미성년자인 경우로서 증여재산가액**(10년 이내 동일인으로부터 증여받은 재산으로서 증여세 과세가액에 가산하는 증여재산을 포함)이 **20억원을 초과하는 경우에는 40%**

### 혼인·출산증여재산공제

**(1) 혼인 증여재산 공제**

| 요건 | 거주자가 직계존속으로부터 혼인일(혼인관계증명서상 신고일) 전후 2년 이내에 증여를 받는 경우에는 출산 증여재산 공제 및 직계존속으로부터의 증여재산공제와 별개로 1억원을 증여세 과세가액에서 공제함 → 이 경우 혼인 증여재산 공제에 따라 그 증여세 과세가액에서 공제받을 금액과 수증자가 이미 공제받은 금액을 합한 금액이 1억원을 초과하는 경우에는 그 초과하는 부분은 공제하지 아니함 |
|---|---|
| 반환 특례 | 거주자가 혼인 증여재산 공제를 받은 후 약혼자의 사망 등 법령으로 정하는 부득이한 사유가 발생하여 해당 증여재산을 그 사유가 발생한 달의 말일부터 3개월 이내에 증여자에게 반환하는 경우에는 처음부터 증여가 없었던 것으로 봄 |
| 가산세 면제 및 이자상당액 부과 | 혼인 증여재산 공제를 받은 거주자가 다음의 어느 하나에 해당하는 사유가 발생하여 신고기한까지 「국세기본법」에 따른 수정신고 또는 기한 후 신고를 한 경우에는 법령으로 정하는 바에 따라 「국세기본법」상 무신고가산세, 과소신고·초과환급신고가산세, 납부지연가산세의 전부 또는 일부를 부과하지 아니하되, 법령으로 정하는 바에 따라 계산한 이자상당액을 증여세에 가산하여 부과함 |

| 사유 | 신고기한 |
|---|---|
| 혼인 전에 혼인 증여재산 공제를 받은 거주자가 증여일(공제를 적용받은 증여가 다수인 경우 최초 증여일)부터 2년 이내에 혼인하지 아니한 경우 | 증여일부터 2년이 되는 날이 속하는 달의 말일부터 3개월이 되는 날 |
| 혼인 증여재산 공제를 받은 거주자가 혼인이 무효가 된 경우 | 혼인무효의 소에 대한 판결이 확정된 날이 속하는 달의 말일부터 3개월이 되는 날 |

**(2) 출산 증여재산 공제**

| 요건 | 거주자가 직계존속으로부터 자녀의 출생일 또는 입양일부터 2년 이내에 증여를 받는 경우에는 혼인 증여재산 공제 및 직계존속으로부터의 증여재산공제와 별개로 1억원을 증여세 과세가액에서 공제함 → 이 경우 출산 증여재산 공제에 따라 그 증여세 과세가액에서 공제받을 금액과 수증자가 이미 공제받은 금액을 합한 금액이 1억원을 초과하는 경우에는 그 초과하는 부분은 공제하지 아니함 |
|---|---|

**(3) 통합 공제 한도 및 적용 배제**

| 통합 공제 한도 | 혼인·출산 증여재산 공제에 따라 증여세 과세가액에서 공제받았거나 받을 금액을 합한 금액이 1억원을 초과하는 경우에는 그 초과하는 부분은 공제하지 아니함 |
|---|---|
| 적용 배제 | 증여추정·의제 등에 해당하는 경우 혼인·출산 증여재산 공제의 적용을 배제함 |

## ④ 증여세 신고납부세액의 계산     중요도 ★★☆

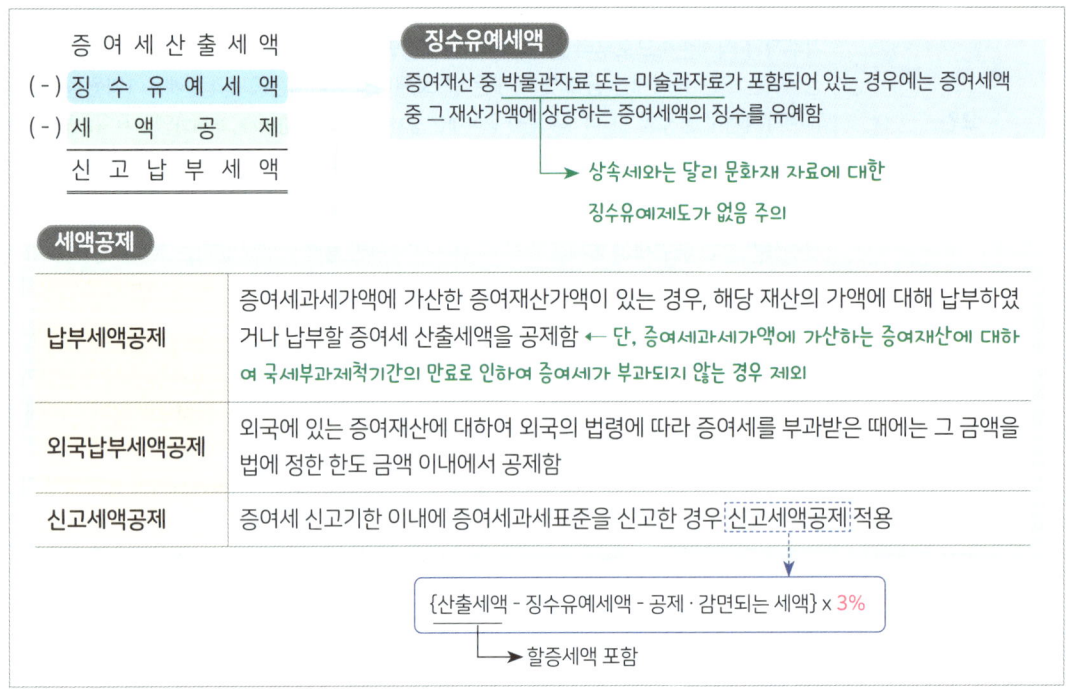

## 3 특수한 경우의 증여재산가액의 계산

### ① 신탁이익의 증여     중요도 ★☆☆

: 신탁계약에 의하여 위탁자가 타인을 신탁의 이익의 전부 또는 일부를 받을 수익자로 지정한 경우로서 다음에 해당하는 경우에는 신탁의 이익을 받을 권리의 가액을 수익자의 증여재산가액으로 함

| 원본의 이익을 받을 권리를 소유하게 한 경우 | 수익자가 그 원본을 받은 경우 |
|---|---|
| 수익의 이익을 받을 권리를 소유하게 한 경우 | 수익자가 그 수익을 받은 경우 |

### ② 보험금의 증여     중요도 ★☆☆

: 생명보험이나 손해보험에서 보험사고(만기보험금 지급의 경우를 포함)가 발생한 경우 해당 보험사고가 발생한 날을 증여일로 하여 다음의 금액을 보험금 수령인의 증여재산가액으로 함

| 보험금 수령인과 보험료 납부자가 다른 경우 (보험금 수령인이 아닌 자가 보험료의 일부를 납부한 경우를 포함) | 보험금 수령인이 아닌 자가 납부한 보험료 납부액에 대한 보험금 상당액 |
|---|---|
| 보험계약 기간에 보험금 수령인이 재산을 증여받아 보험료를 납부한 경우 | 증여받은 재산으로 납부한 보험료 납부액에 대한 보험금 상당액에서 증여받은 재산으로 납부한 보험료 납부액을 뺀 가액 |

## ❸ 부당행위계산의 부인 등 　　중요도 ★★☆

| 특수관계인 간의 거래인 경우 | 저가양수 또는 고가양도를 하며 시가와 대가와의 차액이 시가의 30% 이상이거나 3억원 중 적은 금액 이상일 때 다음의 금액을 그 이익을 얻은 자의 증여재산가액으로 함<br><br>증여재산가액 = 시가와 대가와의 차액 − MIN[시가 × 30%, 3억원] |
|---|---|
| 특수관계인이 아닌 자 간의 거래인 경우 | 저가양수 또는 고가양도를 하며 시가와 대가와의 차액이 시가의 30% 이상인 때 다음의 금액을 그 이익을 얻은 자의 증여재산가액으로 함<br><br>증여재산가액 = 시가와 대가와의 차액 − 3억원 |
| 적용 배제 | 전환사채, 상장주식, 개인과 법인 간의 거래로서 그 대가가 「법인세법」상의 시가인 경우, 개인과 개인 간의 거래로서 그 대가가 「소득세법」상의 시가인 경우에는 위 규정을 적용하지 아니함 |

## ❹ 채무면제 등에 따른 이익의 증여 　　중요도 ★☆☆

: 채권자로부터 채무를 면제받거나 제3자로부터 채무의 인수 또는 변제를 받은 경우 다음의 금액을 그 이익을 얻은 자의 증여재산가액으로 함

> 증여재산가액 = 면제·인수·변제로부터 받은 이익 − 그에 대한 보상액 지급액

## ❺ 부동산 무상사용에 따른 이익의 증여 　　중요도 ★☆☆

: 타인의 부동산(그 부동산 소유자와 함께 거주하는 주택과 그에 딸린 토지는 제외)을 무상으로 사용함에 따라 이익을 얻는 경우 그 이익에 상당하는 다음 금액을 부동산 무상사용자의 증여재산가액으로 함 ← 단, 그 이익에 상당하는 금액이 1억원 미만인 경우는 제외

> 각 연도의 부동산 무상사용 이익 =
> 부동산 가액 × 1년간 부동산 사용료를 고려하여 기획재정부령으로 정하는 율

## ❻ 합병·증자·감자에 따른 이익의 증여 　　중요도 ★☆☆

: 불공정합병·불공정증자·불공정감자로 인하여 법인이 분여받은 이익에 대해서는 법인세를, 개인이 분여받은 이익에 대하여는 증여세를 과세함

## ❼ 현물출자에 따른 이익의 증여 　　중요도 ★☆☆

: 현물출자에 의하여 법인이 발행한 주식 등을 인수함으로써 다음에 해당하는 이익을 얻은 경우에는 현물출자 납입일을 증여일로 하여 그 이익에 상당하는 금액을 그 이익을 얻은 자의 증여재산가액으로 함

| 주가를 저가로 인수한 경우 | 그 현물출자자가 얻은 이익 |
|---|---|
| 주가를 고가로 인수한 경우 | 현물출자자의 특수관계인(현물출자자 본인 제외)에 해당하는 주주 또는 출자자가 얻은 이익 |

### ❽ 전환사채 등의 주식전환 등에 따른 이익의 증여  『중요도 ★☆☆』

: 전환사채, 신주인수권부사채(신주인수권증권이 분리된 경우에는 신주인수권) 또는 그밖의 주식으로 일정한 이익을 얻은 경우에는 그 이익에 상당하는 금액을 그 이익을 얻은 자의 증여재산가액으로 함

### ❾ 초과배당에 따른 이익의 증여  『중요도 ★★☆』

: 법인이 이익이나 잉여금을 배당 등(배당 또는 분배)하는 경우로서 그 법인의 최대주주 또는 최대출자자가 본인이 지급받을 배당 등의 금액의 전부 또는 일부를 포기하거나 본인이 보유한 주식 등에 비례하여 균등하지 않은 조건으로 배당 등을 받음에 따라 그 최대주주 등의 특수관계인이 초과배당금액을 받은 경우에는 법인이 **배당을 실제로 지급한 날**을 증여일로 하여 다음의 금액을 그 최대주주 등의 특수관계인의 증여재산가액으로 함

> 증여재산가액 = 초과배당금액 - 해당 초과배당금액에 대한 소득세 상당액

### ❿ 주식 등의 상장 등에 따른 이익의 증여  『중요도 ★☆☆』

: 기업의 내부정보를 이용하여 비상장주식을 특수관계인에게 증여 등을 한 후 **5년 이내**에 그 주식의 상장으로 인해 특수관계인에게 이익을 주는 경우 상장 후 3개월이 되는 시점을 기준으로 이익을 계산하여 증여세를 과세함

### ⓫ 금전무상대출에 따른 이익의 증여  『중요도 ★☆☆』

: 타인으로부터 금전을 무상으로 또는 적정이자율보다 낮은 이자율로 대출받은 경우, 다음의 금액을 증여재산가액으로 함 ← 단, 그 금액이 1천만원 미만인 경우는 제외

| 무상으로 대출받은 경우 | 증여재산가액 = 대출금액 × 적정이자율 (당좌대출이자율을 고려하여 정한 이자율) |
|---|---|
| 적정이자율보다 저리로 대출받은 경우 | 증여재산가액 = 대출금액 × 적정이자율 - 실제 지급한 이자상당액 |

### ⓬ 합병에 따른 상장 등 이익의 증여  『중요도 ★☆☆』

: 최대주주 등의 특수관계인이 최대주주 등으로부터 해당 법인의 주식 등을 증여받거나 유상으로 취득한 경우 등 법에 정하는 경우로서 주식을 증여받거나 취득한 날부터 **5년 이내** 그 법인이나 다른 법인이 특수관계에 있는 주권상장법인과 합병될 때 이익을 얻는 경우 그 이익에 대해 증여세를 과세

### ⓭ 재산사용 및 용역제공 등에 따른 이익의 증여  『중요도 ★☆☆』

: 재산의 사용 또는 용역의 제공에 의하여 다음에 해당하는 이익을 얻은 경우에는 그 이익에 상당하는 금액(시가와 대가의 차액)을 그 이익을 얻은 자의 증여재산가액으로 함

> ① 시가보다 낮은 대가를 지급하거나 무상으로 타인의 재산[*1]을 사용하거나 용역을 제공받아 얻은 이익
> ② 시가보다 높은 대가를 지급하고 재산[*1]을 사용하게 하거나 용역을 제공함으로써 얻은 이익
> [*1] 부동산과 금전은 제외

### ⓴ 법인의 조직 변경 등에 따른 이익의 증여  　　　　중요도 ★☆☆

: 주식의 포괄적 교환 및 이전, 사업의 양수·양도, 사업 교환 및 법인의 조직 변경 등에 의하여 소유지분이나 그 가액이 변동됨에 따라 이익을 얻은 경우에는 그 이익에 상당하는 금액(소유지분이나 그 가액의 변동 전·후 재산의 평가차액)을 그 이익을 얻은 자의 증여재산가액으로 함

### ⓯ 재산 취득 후 재산가치 증가에 따른 이익의 증여  　　　　중요도 ★☆☆

: 객관적으로 볼 때 자력으로 해당 행위를 할 수 없음에도 불구하고 다음의 사유로 재산을 취득하고 **5년 이내** 재산가치 증가 사유로 인해 이익을 얻은 경우 그 이익에 상당하는 금액을 그 이익을 얻은 자의 증여재산가액으로 함

> ① 특수관계인으로부터 재산을 증여받은 경우
> ② 특수관계인으로부터 외부에 공표되지 않은 기업내부정보를 제공받아 그 정보와 관련된 재산을 유상으로 취득한 경우
> ③ 특수관계인으로부터 증여받거나 차입한 자금 또는 특수관계인의 재산을 담보로 차입한 자금으로 재산을 취득한 경우

### ⓰ 증여세 과세특례  　　　　중요도 ★☆☆

: 하나의 증여에 대하여 위 1~15에서 설명한 증여재산가액의 계산 및 증여추정 규정이 둘 이상 동시에 적용되는 경우에는 그 중 이익이 가장 많게 계산되는 것 하나만을 적용함

# 4 증여추정 및 증여의제

## ❶ 증여추정      중요도 ★★★

### 1.1 증여추정의 의미
: 거래의 실질이 증여와 동일하다고 판단되면 납세자가 입증하지 않는 이상 증여로 추정하는 것

### 1.2 배우자 등에 대한 양도 시 증여추정

| 직접 양도 | 배우자 등(배우자 또는 직계존비속)에게 양도한 재산은 양도자가 그 재산을 양도한 때에 그 재산의 가액을 배우자 등이 증여받은 것으로 추정하여 이를 배우자 등의 증여재산가액으로 함 |
|---|---|
| 우회 양도 | 특수관계인에게 양도한 재산을 그 특수관계인인 양수자가 양수일부터 3년 이내에 당초 양도자의 배우자 등에게 다시 양도한 경우에는 양수자가 그 재산을 양도한 당시의 재산가액을 그 배우자 등이 증여받은 것으로 추정하여 이를 배우자 등의 증여재산가액으로 함 ← 단, 당초 양도자 및 양수자가 부담한 소득세 결정세액을 합친 금액이 양수자가 그 재산을 양도한 당시의 재산가액을 당초 그 배우자 등이 증여받은 것으로 추정할 경우의 증여세액보다 큰 경우에는 추정하지 않음<br><br>양도자(A) →(양도)→ 특수관계인 →(3년 이내 양도)→ A의 배우자 또는 직계존비속 |
| 증여추정의 배제 | 해당 재산이 다음에 해당하는 경우에는 위 증여추정을 적용하지 않음<br>① 법원의 결정으로 경매절차에 의하여 처분된 경우<br>② 파산선고로 인하여 처분된 경우<br>③ 「국세징수법」에 의하여 공매된 경우<br>④ 증권시장을 통하여 유가증권이 처분된 경우 ← 단, 불특정다수인 간의 거래에 의하여 처분된 것으로 볼 수 없는 경우로서 시간외대량매매방법으로 매매된 경우(당일 종가로 매매된 것은 제외)는 제외<br>⑤ 배우자 등에게 대가를 받고 양도한 사실이 명백히 인정되는 일정한 경우 |

### 1.3 재산취득자금 등의 증여추정

| 재산취득자금 증여추정 | 재산 취득자의 직업, 연령, 소득, 재산 상태 등으로 볼 때 재산을 자력으로 취득했다고 인정하기 어려운 경우에는 그 재산을 취득한 때에 그 재산의 취득자금을 그 재산 취득자가 증여받은 것으로 추정하여 이를 그 재산 취득자의 증여재산가액으로 함 |
|---|---|
| 채무상환자금 증여추정 | 채무자의 직업, 연령, 소득, 재산 상태 등으로 볼 때 채무를 자력으로 상환(일부 상환을 포함)했다고 인정하기 어려운 경우에는 그 채무를 상환한 때에 그 상환자금을 그 채무자가 증여받은 것으로 추정하여 이를 그 채무자의 증여재산가액으로 함 |
| 증여추정의 배제 | 입증되지 않은 금액이 MIN[취득재산의 가액 또는 채무의 상환금액 × 20%, 2억원]에 미달하는 경우에는 증여추정으로 보지 않음<br>→ 미달이 아닐 시, '입증되지 않은 금액' 전액을 추정증여재산으로 계산함 주의 |
| 증여추정의 적용 배제 | 취득자금 또는 상환자금이 직업, 연령, 소득, 재산 상태 등을 고려하여 국세청장이 정하는 금액 이하인 경우 또는 자금출처에 관한 충분한 소명이 있는 경우에는 증여추정 규정을 적용하지 않음 |

## ❷ 증여의제

중요도 ★★★

### 2.1 명의신탁재산의 증여의제
#### 2.1.1 의미
: 등기 등이 필요한 재산(토지와 건물 제외)의 실제소유자와 명의자가 다른 경우 그 명의자로 등기 등을 한 날에 그 재산의 가액을 실제소유자가 명의자에게 증여한 것으로 의제함

#### 2.1.2 증여의제의 적용 배제
: 다음의 경우에는 증여의제를 적용하지 않음

> ① 조세회피의 목적 없이 타인명의로 재산의 등기 등을 하거나 소유권을 취득한 실제소유자 명의로 명의개서를 하지 않은 경우
> ② 「자본시장과 금융투자업에 관한 법률」에 따른 신탁재산인 사실의 등기 등을 한 경우
> ③ 비거주자가 법정대리인 또는 재산관리인의 명의로 등기 등을 한 경우

#### 2.1.3 주식명의신탁 명의개서 여부 판정
: 주식명의신탁에 대해 증여의제과세를 할 때 주주명부가 작성되지 않았다면 「법인세법」에 따라 납세지 관할 세무서장에게 제출한 주주등에 관한 서류 및 주식등변동상황명세서에 의해 명의개서 여부를 판정함

### 2.2 기타 증여의제

일반법인 30%, 중견기업 40%, 중소기업 50%

| | |
|---|---|
| 특수관계법인과의 거래를 통한 이익의 증여의제 | 법인의 매출액 중 특수관계법인과의 거래비율이 정상거래비율을 초과할 때 그 법인의 지배주주 등(지배주주 및 그의 친족)이 법령상의 금액을 증여받은 것으로 봄<br>→ 이 경우 수혜법인이 사업부문별로 회계를 구분하여 기록하는 등 대통령령으로 정하는 요건을 갖춘 경우에는 증여의제이익 계산 시 사업부문별로 특수관계법인거래비율 및 세후영업이익 등을 계산할 수 있음 |
| 특수관계법인으로부터 사업기회를 제공받는 경우 | 수혜법인이 특수관계에 있는 법인으로부터 사업기회를 제공받는 경우에는 사업기회제공일이 속하는 사업연도의 종료일에 그 수혜법인의 지배주주 등이 법령상의 금액을 증여받은 것으로 봄 |
| 특정법인 간의 거래를 통한 이익의 증여의제 | 특정법인(지배주주 등이 직접 또는 간접으로 보유하는 주식보유비율이 30% 이상인 법인)이 지배주주의 특수관계인과 다음의 거래를 하는 경우에는 거래한 날을 증여일로 하여 그 특정법인의 이익에 특정법인의 지배주주 등의 주식보유비율을 곱하여 계산한 금액을 그 특정법인의 지배주주 등이 증여받은 것으로 봄<br>① 재산이나 용역을 무상으로 제공받는 것<br>② 재산이나 용역을 통상적인 거래 관행에 비추어 볼 때 현저히 낮은 대가로 양도 및 제공받는 것<br>③ 재산이나 용역을 통상적인 거래 관행에 비추어 볼 때 현저히 높은 대가로 양도 및 제공받는 것<br>④ 그 밖에 위 ① ~ ③의 거래와 유사한 거래로서 일정한 거래 |

# 03 상속세 및 증여세의 납세절차

## 1 납세절차

### ❶ 과세표준의 신고 및 납부기한  중요도 ★★★

: 아래 기한까지 과세표준을 자진납부계산서에 의해 신고해야 함

| 상속세 | 증여세 |
|---|---|
| ① 일반적인 경우<br>  : **상속개시일**이 속하는 달의 말일부터 **6개월** 이내<br>② 피상속인이나 상속인이 외국에 주소를 둔 경우<br>  : **상속개시일**이 속하는 달의 말일부터 **9개월** 이내<br>③ 신고기한까지 상속인이 확정되지 않은 경우<br>  : **상속인이 확정된 날부터 30일 이내** 확정된 상속인의 상속관계를 적어 납세지 관할 세무서장에게 제출해야 함 | ① 일반적인 경우<br>  : **증여받은 날**이 속하는 달의 말일부터 **3개월** 이내<br>② 비상장주식의 상장 또는 법인의 합병의 경우<br>  : **정산기준일**이 속하는 달의 말일부터 **3개월**이 되는 날<br>③ 특수관계법인과의 거래를 통한 이익의 증여의제 규정의 경우, 특정 법인과의 거래를 통한 이익의 증여의제 규정의 경우<br>  : 수혜법인 또는 특정법인의 **법인세 과세표준의 신고기한**이 속하는 달의 말일부터 **3개월**이 되는 날 |

### ❷ 결정기한  중요도 ★★★

: 관할 세무서장 등은 아래 기한까지 납세자가 신고한 과세표준과 세액을 결정해야 함

| 상속세 | 증여세 |
|---|---|
| 상속세 과세표준 신고기한으로부터 **9개월** 이내<br>→ 단, 부득이한 사유로 그 기간 내 결정이 불가한 경우 그 사유를 상속인·수유자에게 알려야 함 | 증여세 과세표준 신고기한으로부터 **6개월** 이내<br>→ 단, 부득이한 사유로 그 기간 내 결정이 불가한 경우 그 사유를 수증자에게 알려야 함 |

## 2 신고세액의 납부

### ❶ 차감납부세액의 계산구조  중요도 ★★★

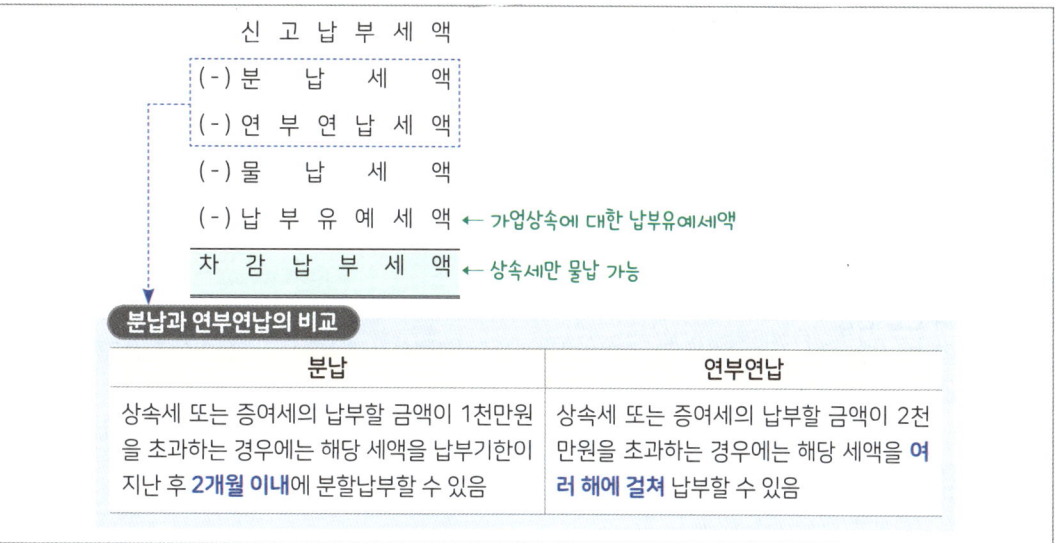

```
          신 고 납 부 세 액
      (-) 분   납   세   액
      (-) 연 부 연 납 세 액
      (-) 물   납   세   액
      (-) 납 부 유 예 세 액   ← 가업상속에 대한 납부유예세액
          차 감 납 부 세 액   ← 상속세만 물납 가능
```

**분납과 연부연납의 비교**

| 분납 | 연부연납 |
|---|---|
| 상속세 또는 증여세의 납부할 금액이 1천만원을 초과하는 경우에는 해당 세액을 납부기한이 지난 후 **2개월 이내**에 분할납부할 수 있음 | 상속세 또는 증여세의 납부할 금액이 2천만원을 초과하는 경우에는 해당 세액을 **여러 해에 걸쳐** 납부할 수 있음 |

### ❷ 차감납부세액의 납부  중요도 ★☆☆

: 상속세 또는 증여세를 신고하는 자는 각 신고기한까지 차감납부세액을 납세지 관할세무서·한국은행 또는 우체국에 납부해야 함

### ❸ 분납세액  중요도 ★★★

: 상속세 또는 증여세의 납부할 금액이 1천만원을 초과하는 경우에는 다음의 금액을 분할납부할 수 있음 ← 단, 연부연납을 허가받은 경우에는 분납할 수 없음

| 납부할 세액이 2,000만원 이하인 때 | 1,000만원을 초과하는 금액 |
|---|---|
| 납부할 세액이 2,000만원 초과인 때 | 납부할 세액의 50% 이하의 금액 |

### ❹ 연부연납세액  중요도 ★★☆

**4.1 연부연납의 조건**

: 납세지 관할 세무서장은 상속세 납부세액이나 증여세 납부세액이 2천만원을 초과하는 경우에는 납세의무자의 신청을 받아 연부연납을 허가할 수 있음 → 이 경우 납세의무자는 **담보를 제공해야 함**
　　↳ 금전, 국채 또는 지방채, 세무서장이 확실하다고 인정하는 유가증권·납세보증보험증권·납세보증서를 납세담보로 제공하여 연부연납 허가를 신청한 경우에는 그 신청일에 연부연납을 허가받은 것으로 봄

### 4.2 연부연납 기간
: 다음의 각 구분에 따른 기간의 범위에서 해당 납세의무자가 신청한 기간으로 하되, 각 회분의 분할납부세액이 1,000만원을 초과하도록 해야 함

| 구분 | | 연부연납기간의 범위 |
|---|---|---|
| 상속세 | 가업상속공제를 받았거나 법령에 따라 중소기업 또는 중견기업을 상속받은 경우의 상속재산 | 연부연납 허가일부터 20년 또는 연부연납 허가 후 10년이 되는 날부터 10년 |
| 상속세 | 그 밖의 상속재산의 경우 | 연부연납 허가일부터 10년 |
| 증여세 | 가업의 승계에 대한 증여세 과세특례를 적용받은 증여재산 | 연부연납 허가일부터 15년 |
| 증여세 | 그 밖의 증여재산의 경우 | 연부연납 허가일부터 5년 |

### 4.3 연부연납 신청
: 연부연납을 신청하려는 자는 상속세 또는 증여세의 과세표준신고를 하는 때(수정신고 또는 기한 후 신고를 하는 경우를 포함)에 연부연납신청서를 함께 납세지 관할 세무서장에게 제출해야 함

→ 단, 과세표준과 세액의 결정통지를 받은 자는 해당 납부고지서의 납부기한(연대납세의무자가 세무서장으로부터 통지를 받은 경우에는 해당 납부고지서상의 납부기한)까지 신청서를 제출할 수 있음

### 4.4 연부연납 허가
: 연부연납신청서를 받은 세무서장은 다음의 기간 이내에 신청인에게 그 허가 여부를 서면으로 결정·통지해야 함 → 이 경우 해당 기간까지 그 허가 여부에 대한 서면을 발송하지 않은 때에는 허가를 한 것으로 봄

| 상속세 또는 증여세 과세표준신고를 한 경우 | 과세표준신고기한 경과한 날부터 상속세는 6개월, 증여세는 3개월 |
|---|---|
| 수정신고 또는 기한후신고를 한 경우 | 신고한 날이 속하는 달의 말일부터 상속세는 9개월, 증여세는 6개월 |
| 결정통지를 받은 후 납부고지서의 납부기한까지 연부연납신청서를 제출한 경우 | 납부고지서에 의한 납부기한이 경과한 날부터 14일 |

### 4.5 연부연납가산금
: 연부연납의 허가를 받은 자는 연부연납가산금(이자)을 각 회분의 분할납부 세액에 가산하여 납부해야 함

### 4.6 연부연납 취소 또는 변경
: 연부연납을 허가받은 납세의무자가 다음에 해당하는 경우에 납세지 관할 세무서장은 그 연부연납 허가를 취소하거나 변경하고, 그에 따라 연부연납에 관계되는 세액의 전부 또는 일부를 징수할 수 있음

① 연부연납 세액을 지정된 납부기한까지 납부하지 않은 경우
② 담보의 변경 또는 그 밖에 담보 보전에 필요한 관할 세무서장의 명령에 따르지 않는 경우
③ 납부기한 전 징수사유에 해당되어 그 연부연납기한까지 그 연부연납세액의 전부를 징수할 수 없다고 인정되는 경우
④ 상속받은 사업을 폐업하거나 해당 상속인이 그 사업에 종시하지 않게 된 경우 등 법으로 정하는 사유에 해당하는 경우
⑤ 「유아교육법」에 따른 사립유치원에 직접 사용하는 재산 등 일정한 재산을 해당 사업에 직접 사용하지 않는 경우 등 법으로 정하는 사유에 해당하는 경우

## ❺ 물납세액  중요도 ★★☆

### 5.1 물납의 의미
: 조세를 금전이 아닌 다른 것으로 납부하는 것으로, 관할 세무서장은 물납을 허가하는 때에는 그 허가를 한 날부터 30일 이내의 범위에서 물납재산의 수납일을 지정해야 함 → 물납의 신청 및 허가절차에 관한 내용은 **4.3 연부연납 신청**을 준용함

### 5.2 물납의 요건
① 상속재산(상속재산에 가산하는 증여재산 중 상속인 및 수유자가 받은 증여재산 포함) 중 부동산과 유가증권의 가액이 해당 상속재산가액의 2분의 1을 초과할 것
② 상속세 납부세액이 2천만원을 초과할 것
③ 상속세 납부세액이 상속재산가액 중 법에서 정하는 금융재산의 가액(상속재산에 가산하는 증여재산의 가액은 포함하지 않음)을 초과할 것

### 5.3 물납에 충당할 수 있는 재산의 범위
: 물납에 충당할 수 있는 재산은 다음과 같음 → 이때 물납에 충당할 부동산 및 유가증권의 수납가액은 원칙적으로 상속재산의 가액으로 함

① 국내에 소재하는 부동산
② 국채·공채·주권 및 내국법인이 발행하는 채권 또는 증권과 그 밖의 법으로 정하는 유가증권. 단, 다음에 해당하는 유가증권은 제외함
  ㉠ 거래소에 상장된 것 ← 단, 최초로 거래소에 상장되어 물납허가통지서 발송일 전일 현재 법에 따라 처분이 제한된 경우 제외
  ㉡ 거래소에 상장되어 있지 아니한 법인의 주식 등 ← 단, 상속의 경우로서 그 밖의 다른 상속재산이 없거나 아래 **5.4 충당순서**의 1순위~3순위의 상속재산으로 상속세 물납에 충당하더라도 부족하면 그러하지 아니함

### 5.4 물납에 충당할 수 있는 재산의 충당순서
: 특별한 사유가 없는 한 다음의 순서에 따름

- **1순위** 국채 및 공채
- **2순위** 유가증권(국·공채 제외)으로서 거래소에 상장된 것
- **3순위** 국내에 소재하는 부동산 ← 단, 아래 6순위의 재산은 제외
- **4순위** 위 **5.3 재산의 범위**의 ②에 해당하는 유가증권 ← 단, 1순위, 2순위, 5순위의 재산은 제외
- **5순위** 위 **5.3 재산의 범위**의 ②의 ㉡ 단서에 해당하는 거래소에 상장되어 있지 않은 법인의 주식 등
- **6순위** 상속개시일 현재 상속인이 거주하는 주택 및 그 부수토지

### 5.5 물납청구의 한도

물납청구의 한도 = MIN[①, ②]
① 상속재산 중 물납에 충당할 수 있는 부동산 및 유가증권의 가액에 대한 상속세 납부세액
② 상속세 납부세액 - 상속재산 중 금융재산가액 - 거래소에 상장된 유가증권의 가액

### 5.6 비상장주식 물납의 제한
: 거래소에 상장되어 있지 않은 법인의 주식 등(비상장주식 등)으로 물납할 수 있는 납부세액은 상속세 납부세액에서 상속세 과세가액을 차감한 금액을 초과할 수 없음

### 5.7 물납허가의 제한 및 물납재산의 변경
: 세무서장은 물납신청을 받은 재산이 지상권·지역권·전세권·저당권 등 재산권이 설정되어 관리·처분상 부적당하다고 인정하는 경우에는 그 재산에 대한 물납허가를 하지 않거나 관리·처분이 가능한 다른 물납재산으로의 변경을 명할 수 있음 → 이 경우 변경명령의 통보를 받은 날부터 20일(납세의무자가 국외에 주소를 둔 때에는 3개월) 이내에 상속재산 중 물납에 충당하고자 하는 다른 재산을 납세지 관할 세무서장에게 신청함 → 기간 내에 신청이 없는 경우 해당 물납의 신청은 그 효력을 상실함 주의

### 5.8 연부연납의 물납
: 상속세의 연부연납허가를 받은 자가 연부연납기간 중 분납세액(첫 회분 분납세액으로 한정하되, 연부연납가산금을 제외한 것을 말함)에 대하여 물납하려는 경우에는 분납세액 납부기한 30일 전까지 납세지 관할 세무서장에게 신청할 수 있음

### 5.9 물납재산의 분할
: 재산을 분할하거나 재산의 분할을 전제로 하여 물납신청을 하는 경우에는 물납을 신청한 재산의 가액이 분할 전보다 감소되지 않는 경우에만 물납을 허가할 수 있음

### 5.10 문화재 등에 대한 물납

| | |
|---|---|
| 요건 | 다음 요건을 모두 갖춘 납세의무자는 상속재산에 법으로 정하는 문화재 등이 포함된 경우 납세지 관할 세무서장에게 해당 문화재 등에 대한 물납을 신청할 수 있음<br>㉠ 상속세 납부세액이 2천만원을 초과할 것<br>㉡ 상속세 납부세액이 상속재산가액 중 법으로 정하는 금융재산의 가액(상속재산에 가산하는 증여재산의 가액은 포함하지 아니함)을 초과할 것 |
| 물납 대상 | 물납 대상이 되는 문화재 및 미술품(부동산은 제외)이란 다음의 것을 말함<br>㉠ 「문화재보호법」에 따른 유형문화재 또는 민속문화재로서 같은 법에 따라 지정문화재 또는 등록 문화재로 지정 또는 등록된 문화재<br>㉡ 회화, 판화, 조각, 공예, 서예등 미술품 |
| 신청 절차 | 물납을 신청하려는 자는 상속세 과세표준신고를 하는 경우(수정신고 또는 기한 후 신고를 하는 경우를 포함)에는 납부해야 할 세액에 대하여 물납신청서를 상속세과세 표준신고 또는 증여세 과세표준신고와 함께 납세지 관할세무서장에게 제출해야 하며, 과세표준과 세액의 결정통지를 받은 자는 해당 납부고지서의 납부기한(연대납세의무자가 통지를 받은 경우에는 해당 납부고지서상의 납부기한)까지 그 신청서를 제출할 수 있음<br>* 연부연납의 경우에는 분납세액 납부기한 9개월 전까지 신청서 제출 |
| 한도 | 물납을 신청할 수 있는 납부세액은 상속재산 중 물납에 충당할 수 있는 문화재 등의 가액에 대한 상속세 납부세액을 초과할 수 없음 |
| 통보절차<br>(to 문체부) | 문화재 등에 대한 물납 신청을 받은 납세지 관할세무서장은 물납을 신청한 문화재 등의 역사적·학술적·예술적 가치를 판단하기 위하여 물납신청서 사본 및 관련 자료를 물납신청일부터 2주 이내에 문화체육관광부장관에게 통보하여야 함 |

| | |
|---|---|
| 허가 요청 | 문화체육관광부장관은 물납을 신청한 문화재 등이 역사적·학술적·예술적 가치가 있는 등 물납이 필요하다고 인정되는 경우 납세지 관할 세무서장에게 해당 문화재 등에 대한 물납을 요청하여야 하며, 납세지 관할 세무서장의 통보일이 속하는 달의 말일부터 120일(해당 문화재 등에 대한 조사, 가액의 평가 등에 소요되는 시일을 고려하여 그 기간을 연장하고자 하는 때에는 1회 30일 이내의 범위 내에서 연장 가능) 이내에 다음에 따른 자료를 납세지 관할세무서장에게 제출하여야 함<br>㉠ 문화재 등에 대한 평가의 적정성<br>㉡ 문화재 등의 역사적·학술적·예술적 가치를 입증하는 자료<br>㉢ 문화재 등의 활용 방안 및 계획<br>㉣ 그 밖에 문화체육관광부의내부 심의 과정에서 활용된자료 |
| 허가 절차 | 물납 요청을 받은 납세지 관할세무서장은 국고 손실의 위험이 크지 아니하다고 인정되는 경우 다음에 따른 기간 이내에 신청인에게 그 허가 여부를 서면으로 결정·통지해야 하며, 해당 기간까지 그 허가 여부에 대한 서면을 발송하지 않은 때에는 허가를 한 것으로 봄<br>㉠ 상속세 과세표준신고를 한 경우: 상속세 과세표준신고기한이 경과한 날부터 9개월<br>㉡ 수정신고 또는 기한 후 신고를 한 경우: 신고한 날이 속하는 달의 말일부터 9개월<br>㉢ 과세표준과 세액의 결정통지를 받은 경우: 납부기한이 경과한 날부터 9개월 |
| 수납 절차 | 납세지 관할세무서장은 물납을 허가하는 때에는 그 허가를 한 날부터 30일 이내의 범위에서 물납재산의 수납일을 지정하여야 하며, 물납재산의 분할 등의 사유로 해당 기간 내에 물납재산의 수납이 어렵다고 인정되는 경우에는 1회만 20일 이내의 범위에서 물납재산의 수납일을 다시 지정할 수 있음 → **물납재산의 수납일까지 수납이 이루어지지 아니하는 때에는 해당 물납 허가는 그 효력을 상실** |

## ❻ 가업상속에 대한 상속세의 납부유예

중요도 ★☆☆

| | |
|---|---|
| 요건 | 납세지 관할세무서장은 납세의무자가 다음의 요건을 모두 갖추어 상속세의 납부유예를 신청하는 경우에는 상속세 납부세액에 총 상속재산가액에서 가업상속재산가액이 차지하는 비율을 곱한 금액에 대하여 납부유예를 허가할 수 있으며, 납부유예 허가를 받으려는 납세의무자는 담보를 제공하여야 함<br>㉠ 상속인이 「상속세 및 증여세법」에 따른 가업(**중소기업으로 한정**)을 상속받았을 것<br>㉡ 가업상속공제를 받지 아니하였을 것(가업상속공제 대신 영농상속공제를 받은 경우에는 가업상속공제를 받은 것으로 본다) → **가업상속공제방식과 납부유예방식 중 선택 가능** |
| 납부유예 기간 | 상속인이 상속받은 가업상속재산을 양도·상속·증여하는 때까지 납부유예 |

## 3 결정 및 경정

### ❶ 결정   중요도 ★★☆

| | |
|---|---|
| 원칙 | 세무서장 등은 신고에 의하여 과세표준과 세액을 결정하되, 신고를 하지 않거나 과세표준 등을 결정할 수 없는 경우 또는 그 신고나 결정 후 내용의 탈루·오류가 있는 경우에는 그 과세표준과 세액을 조사하여 결정 |
| 결정기한 | 상속세는 과세표준신고기한으로부터 6개월 이내, 증여세는 과세표준신고기한으로부터 3개월 이내 |
| 수시부과결정 | 납부기한 전 징수의 사유가 있는 경우에는 신고기한 전이라도 수시로 결정 가능 |
| 고액상속인에 대한 사후조사 | 세무서장 등은 결정된 상속재산의 가액이 30억원 이상인 경우로서 상속개시일부터 5년 이내에 상속인이 보유한 주요재산의 가액이 상속개시 당시에 비해 크게 증가한 경우에는 그 결정한 과세표준과 세액에 탈루 또는 오류가 있는지를 조사해야 함 ← 단, 상속인이 그 증가한 재산의 자금 출처를 증명한 경우에는 제외 |
| 결정통지 | 세무서장 등은 결정한 과세표준과 세액을 상속인·수유자 또는 수증자에게 통지해야 함 ↳ 상속인이나 수유자가 2명 이상이면 그 상속인이나 수유자 모두에게 통지해야 함 |

### ❷ 경정청구의 특례   중요도 ★☆☆

| 상속세 | 증여세 |
|---|---|
| 다음에 해당하는 경우에는 그 사유발생일부터 6개월 이내에 결정·경정청구 가능 ① 상속회복청구소송 등 일정 사유로 상속개시일 현재 상속인 간에 상속재산가액이 변동된 경우 ② 상속개시 후 1년 이내의 상속재산 수용 등 일정 사유로 상속재산의 가액이 크게 하락한 경우 | 다음에 해당하는 경우에는 그 사유발생일부터 3개월 이내에 결정·경정청구 가능 ① 부동산 무상사용에 따른 이익증여에 따른 증여세를 결정·경정받은 자가 부동산 무상사용 기간 중 해당 부동산을 상속·증여받거나 해당 부동산을 무상으로 사용하지 않게 된 경우 ② 금전 무상대출 등에 따른 이익증여에 따른 증여세를 결정·경정받은 자가 대출기간 중에 대부자로부터 해당 금전을 상속·증여받거나 해당 금전을 무상 또는 저리로 대출받지 않게 된 경우 ③ 타인의 재산을 무상으로 담보로 제공하고 금전 등을 차입함에 따라 재산사용 및 용역제공 등에 따른 이익증여에 따른 증여세를 결정·경정받은 자가 재산의 사용기간 중에 해당 재산을 상속·증여받거나 무상 또는 저리로 차입하지 않게 된 경우 |

# 04 재산의 평가

제7편 상속세 및 증여세법

## 1 시가 평가의 원칙

### ❶ 원칙

중요도 ★★★

| 시가 의미 | 불특정다수인 사이에 자유롭게 거래가 이루어지는 경우에 통상적으로 성립된다고 인정되는 가액 |
|---|---|
| 평가방법 | 상속세·증여세가 부과되는 재산의 가액은 상속개시일 또는 증여일 현재의 시가로 평가<br>→ 단, 상장주식의 가액은 유가증권 평가방법에 따라 다르게 평가한 가액을 시가로 봄 |

### ❷ 간주시가

중요도 ★★☆

| 간주시가 의미 | 일정 요건을 만족하는 금액이 확인되는 경우 시가로 간주되는 금액 |
|---|---|
| 평가기간의 간주시가 | 평가기간[평가기준일 전후 6개월(증여재산의 경우에는 평가기준일 전 6개월부터 평가기준일 후 3개월)] 이내의 기간 중 확인되는 금액 |
| 유사자산을 통한 간주시가 | ① 해당 재산에 대한 매매사실이 있는 경우에는 그 **거래가액**. 다만, 다음의 경우는 제외<br>   ㉠ 특수관계인과의 거래 등으로 그 거래가액이 객관적으로 부당하다고 인정되는 경우<br>   ㉡ 거래된 비상장주식의 가액(액면가액의 합계액)이 액면가액의 합계액으로 해당법인의 발행주식총액 등의 1%에 해당하는 금액과 3억원 중 적은 금액 미만인 경우<br>② 해당 재산(주식 및 출자지분)에 대하여 둘 이상의 공신력 있는 감정기관이 평가한 감정가액이 있는 경우에는 그 **감정가액의 평균액**<br>③ 해당 재산에 대하여 수용·경매 또는 공매사실이 있는 경우에는 그 **보상가액·경매가액** 또는 **공매가액** |
| 적용순서 | 평가기준일로부터 가장 가까운 날에 해당하는 가액부터 적용 |

## 2 시가의 보충적 평가방법

### ❶ 유형재산의 평가: 각 유형재산별 평가방법에 따라 평가    중요도 ★☆☆

#### 1.1 부동산의 평가

| | |
|---|---|
| 토지 | ① 일반지역: 개별공시지가<br>② 국세청장이 지정한 지역: 개별공시지가 × 국세청장이 정하는 배율 |
| 건물 | 국세청장이 산정·고시하는 가액 |
| 오피스텔·상업용건물 | 국세청장이 토지와 건물가액을 일괄하여 산정·고시한 가액 |
| 주택 | 개별주택가격 및 공동주택가격 → 국세청장이 결정·고시한 공동주택가격이 있는 때에는 그 가격 |

#### 1.2 지상권 등의 평가

| | |
|---|---|
| 지상권 | 지상권이 설정되어 있는 토지의 가액에 2%를 곱하여 계산한 금액을 해당 지상권의 잔존연수를 고려하여 법에서 정한 방법으로 환산한 가액 |
| 부동산을 취득할 수 있는 권리 및 특정시설물을 이용할 수 있는 권리 | 평가기준일까지 납입한 금액과 평가기준일 현재의 프리미엄에 상당하는 금액의 합계액<br>→ 해당 권리에 대해 양도소득세 기준시가로 국세청장이 평가한 가액이 있는 경우 그 가액 |

#### 1.3 기타 유형재산의 평가

| | |
|---|---|
| 선박·항공기·차량·기계장비·입목 | 처분할 경우 다시 취득할 수 있다고 예상되는 가액<br>→ 그 가액이 확인되지 않은 경우 장부가액 및 지방세 시가표준액을 순차로 적용한 가액 |
| 상품·제품·반제품·재공품·원재료, 소유권의 대상이 되는 동물 및 따로 평가방법을 규정하지 아니한 그 밖의 유형재산, 이에 준하는 동산 및 소유권의 대상이 되는 동산 | 처분할 경우 다시 취득할 수 있다고 예상되는 가액<br>→ 그 가액이 확인되지 않은 경우 장부가액 |
| 판매용이 아닌 서화·골동품 | MAX[①, ②]<br>① 2인 이상 전문가의 감정가액의 평균액<br>② 국세청장이 위촉한 3인 이상의 전문가로 구성된 감정평가심의회의 감정가액 |
| 그 밖의 시설물 및 구축물 | 평가기준일에 그것을 다시 건축하거나 다시 취득할 때 소요되는 가액에서 그것의 설치일부터 평가기준일까지의 감가상각비상당액을 차감한 가액 |

## ❷ 무체재산권 등의 평가    중요도 ★☆☆

: 취득가액에서 취득한 날부터 평가기준일까지의 「법인세법」상 감가상각비를 차감한 값으로 평가

### 2.1 기타의 무체재산권

| 영업권 | 초과이익금액을 평가기준일 이후의 영업권 지속연수 (원칙적으로 5년)를 고려하여 현재가치로 환산한 가액 |
|---|---|
| 어업권 | 영업권에 포함하여 계산 |
| 특허권·실용신안권·의장권·상표권 및 저작권 | 그 권리에 의하여 장래에 받을 각 연도의 수입금액을 기준으로 기획재정부령이 정하는 바에 의하여 계산한 금액의 합계액 ← 각 연도의 수입금액이 확정되지 아니한 것은 평가기준일전 3년간의 각 연도 수입금액의 합계액을 기획재정부령이 정하는 바에 따라 평균한 금액을 각 연도의 수입금액으로 할 수 있음 |
| 광업권·채석권 등 | ① 조업할 수 있는 경우 | 평가기준일 이후의 채굴가능연수에 대하여 평가기준일 전 3년간 평균소득(실적이 없는 경우 예상순소득)을 평가기준일부터의 채굴가능연수에 따라 법에서 정한 방법으로 환산한 금액의 합계액 |
| | ② 조업할 가치가 없는 경우 | 설비 등에 의하여만 평가한 가액 |

### 2.2 유가증권의 평가

| 상장주식의 평가 | 평가기준일 이전·이후 각 2개월간에 공표된 매일의 거래소 최종시세가액(거래실적의 유무를 따지지 아니함)의 평균액 | |
|---|---|---|
| 비상장주식의 평가 | ① 일반법인의 경우 | MAX[㉠, ㉡]<br>㉠ (1주당 순손익가치* × 3 + 1주당 순자산가치** × 2) ÷ 5<br>㉡ 1주당 순자산가치 × 80% |
| | ② 부동산과다 법인의 경우 | MAX[㉠, ㉡]<br>㉠ (1주당 순손익가치* × 2 + 1주당 순자산가치** × 3) ÷ 5<br>㉡ 1주당 순자산가치 × 80% |
| | * 1주당 순손익가치의 계산식: $\dfrac{1주당 \ 최근 \ 3년간 \ 가중평균순손익액}{순손익가치환원율}$<br>** 1주당 순자산가치의 계산식: $\dfrac{해당 \ 법인의 \ 순자산가액}{발행주식총수}$ | |
| 순자산가치로 평가하는 특례 | 법인의 청산절차가 진행 중이거나 사업자의 사망 등 일정한 사유가 있는 경우 순자산가치에 의해 평가 | |
| 최대주주 보유주식의 할증평가 | 최대주주 등 중 보유주식 등의 수가 가장 많은 1인 및 그의 특수관계인에 해당하는 주주 등의 주식(중소기업 및 직전 3개 과세기간(또는 사업연도)의 매출액 평균금액이 5천억원 미만인 중견기업이 발행한 주식 등 법에 정한 주식은 제외)에 대하여는 위 규정에 의하여 평가한 가액에 20%를 가산하여 평가 | |

## ❸ 기타 유가증권의 평가  중요도 ★☆☆

### 3.1 국채·공채·사채

| 거래소에서 거래되는 경우 | MAX[①, ②]<br>① 평가기준일 이전 2개월간의 최종시세가액의 평균액<br>② 평가기준일 이전 최근일의 최종시세가액 |
|---|---|
| 위 외의 경우 | ① 타인으로부터 매입한 국채 등(국채 등의 발행기관 및 발행회사로부터 액면가액으로 직접 매입한 것을 제외): 매입가액에 평가기준일까지의 미수이자상당액을 더한 금액<br>② 위 외의 국채 등: 평가기준일 현재 처분하여 받을 수 있다고 예상되는 금액 |

### 3.2 기타 증권 등

| 대부금·외상매출금·받을어음 | 원본의 가액에 평가기준일까지의 미수이자 상당액을 가산한 금액으로 평가하되, 회수기간이 5년을 초과하는 경우 등에는 현재가치 할인금액의 합계액 |
|---|---|
| 집합투자증권 | 평가기준일 현재의 거래소의 기준가격으로 하거나 집합투자업자 또는 투자회사가 산정 또는 공고한 기준가격 |
| 예금·저금·적금 | 평가기준일 현재의 예입총액에 이미 지난 미수이자상당액을 가산하고 「소득세법」에 의한 원천징수세액을 차감한 값으로 평가 |

## ❹ 기타 자산의 평가  중요도 ★☆☆

### 4.1 조건부 권리 등의 평가

| 조건부 권리 | 본래의 권리의 가액을 기초로 하여 평가기준일 현재의 조건내용을 구성하는 사실, 조건성취의 확실성, 기타 제반사정을 고려한 적정가액 |
|---|---|
| 존속기간이 불확정된 권리 | 평가기준일 현재 권리의 성질, 목적물의 내용연수 기타 제반사정을 고려한 적정가액 |
| 소송 중인 권리 | 평가기준일 현재의 분쟁관계의 진상을 조사하고 소송진행의 상황을 고려한 적정가액 |
| 가상자산 | ① 국세청장이 고시하는 가상자산사업자의 사업장에서 거래되는 가상자산: 평가기준일 전·이후 각 1개월 동안에 해당 가상자산사업자가 공시하는 일평균가액의 평균액<br>② 그 밖의 가상자산: 위 ①에 해당하는 가상자산사업자 외의 가상자산사업자 및 이에 준하는 사업자의 사업장에서 공시하는 거래일의 일평균가액 또는 종료시각에 공시된 시세가액 등 합리적으로 인정되는 가액 |

### 4.2 그 외 기타 자산의 평가

| 국외재산에 대한 평가 | 위 규정을 적용하기 어려운 경우 당해 재산이 소재하는 국가에서 양도소득세·상속세·증여세 등의 부과목적으로 평가한 가액을 평가액으로 함 |
|---|---|
| 담보제공자산에 대한 평가 | 저당권 등이 설정된 자산, 양도담보재산, 전세권이 등기된 재산 등 담보제공자산은 「상속세 및 증여세법」상 평가액과 그 재산이 담보하는 채권액 등을 기준으로 한 평가액 중 큰 금액으로 평가<br>↳ 시가 → 보충적 평가방법에 의한 평가액 |